대행스님 법어집

허공을 걷는 길

표지 題字: 대행 스님

한 발 들면
우주의 근본에 모든 유생 무생이 다 한데 들리고
한 발 내리면 한데 덮고
한 손 돌리면 같이 돌고 있으니
우리가 천생 나와 남이 없는 거라

음지 양지 없는 천지
한 손 들어 삿갓 쓰고
해와 달을 석장에 걸어 메고
푸른 산 한 발 딛고 물 한 그릇 떠 마시니
대장부 살림살이 이만하면 족하지 않을까

나는 천당으로 가지 않고
지옥으로 가서 건지려고 했더니
지옥도 천당도 둘이 아닐세
삼라만상 내 마음에 다 들어 있으니
나지 않는다 난다 개의할 게 없노라

일반법회 4권 중 '부처님의 빛' 법문에서 읊으신 세 개의 게송 (날짜 미상)

대행 스님

1927년 일제강점기에 태어난 스님은 어려서부터
'나는 누구인가? 나는 어디에서 왔는가?' 하는
근본에 대한 의문을 참구하다 일찍이 자성의 발로를 체험하였다.
1950년, 스님은 오대산 상원사에서 방한암方漢岩 큰스님을 친견하고
불문에 귀의하였다.
이후 십여 년간의 산중 수행을 통해 불법의 궁극적인 도리를 체득한 스님은
중생 교화에 뜻을 두고 1972년 지금의 한마음선원을 세웠다.

스님의 가르침은 정신과 물질, 인간과 자연, 종교와 과학을 아우르며
서로 조화를 이루고 발전하는 공생의 길로 우리를 이끌고 있다.
불교는 지금 발 딛고 살아가는 이 땅 위에서, 우리의 삶 속에서
맛보고 꽃피울 수 있는 진리임을 알게 하고자
평생을 매진하였던 스님은 2012년 한마음선원 본원에서 입적하였다.

허공을 걷는 길

대행 스님 법어집

허공을 걷는 길

일반법회 4

대한불교조계종
한마음선원

발간사

부처님의 가르침은 모든 중생을 열반의 저 언덕에 이르게 하는 지혜의 뗏목이며 삼계에 비할 바 없는 보배이다. 대행 스님의 말씀 또한 그러하니, 마음을 열고 이 법어를 읽을 때 걸림 없는 지혜와 다함 없는 공덕을 얻게 될 것이다.

스님께서 늘 강조하시는 '생활과 불법이 둘 아닌 도리' 는, 하루하루의 삶 그대로가 불법에 어긋나지 않는 한마음의 묘리 바로 그것이다. 그러나 현대 과학 문명은 이러한 마음의 도리를 도외시한 나머지, 생명의 경시는 물론 자연환경의 파괴와 같은 재앙을 자초하고 있다.

스님의 가르침은 정신과 물질, 인간과 자연 그리고 종교와 과학이 조화를 이루며 발전하는 새 시대의 길을 일러 주고 있으니, 한마음으로 읽어 가다 보면 끝내 나와 너 또는 나와 대상이 하나를 이루어 무엇을 하든 걸림이 없는 경지를 체득하게 될 것이다.

스님의 법어는 화려하지는 않지만 깊고 그윽하다. 물이나 공기가 그러한 것처럼 누구에게든 차별을 두지 않으므로 마시고 호흡하는 데 조금의 어려움도 없다. 아무쪼록 이 법어집과 인연 닿는 모든 사람들이 고(苦)에서 벗어나 널리 세상을 이롭게 하는 자유인이 되기를 간절히 발원하는 바이다.

일반법회분 출간에 부쳐

『허공을 걷는 길』 일반법회분은 대행 스님 법어 전집 『허공을 걷는 길』의 다섯 번째 기획물입니다. 일반법회는 정기법회가 정례화되기 전인 1982년 6월 6일부터 1980년대 말까지 본원 법당이나 강당에서 개최된 법회를 말합니다. 선원 설립 초기에 설해진 일반법회 법문들은 우주의 창조, 생명의 진화, 지구 환경의 생성 등 다양한 주제들로 구성되어 있습니다. 그 외에 법회 장소나 형식, 설법 대상에 따라 선실 법회, 금요 친견 법회, 신행회 창립 법회, 법사단 법회, 전국 신도회 임원단 법회 등으로 분류된 법문들이 일반법회분에 포함되어 있습니다.

앞서 발간된 법회분들과 마찬가지로 스님 특유의 어투와 법회의 현장감을 그대로 살리되 독자들의 이해를 돕기 위한 최소한의 편집 과정을 거쳤습니다.

1. 비문법적인 표기

일반적인 용례에 맞지 않는 단어가 쓰였거나 문법의 기준에 맞지 않는 조사가 쓰인 경우들이 있습니다.

예) 부동자세 한 에너지, 한 점의 마음으로서에

2. 조어(造語)의 사용

• 우주 또는 정신세계나 물질세계를 표현하는 적합한 용어가 없거나 사회적으로 약속된 용어가 적절하지 않을 때 조어를 사용하신 경우가 있습니다.

예) 일식, 오토켈, 섭류, 섭유, 겉맥, 중맥, 건성맥, 식각, 무전자

• 뜻을 정의하신 조어

· 섭류: 우주 만물이 서로 귀합(歸合)돼서 돌아가는 것을 말한다.

· 섭유: 우주 만물이 서로 귀합이 돼서 같이 호응되는 것을 말한다.

3. 용어 · 숫자의 의미

현대 과학의 용어나 숫자를 쓰되 그 의미는 다르게 쓰인 경우가 많습니다.

예) · 생물, 광자, 원자, 전율, 전자, 질량, 광자력

· 수성에서 달나라에 가자면 30억 거리나 됩니다.

4. 외래어 표기

외래어는 검색 등의 편의를 위해 현행 외래어 표기법을 따랐습니다. 그러나 느낌을 제대로 살릴 수 없는 단어들에 한해서 스님이 쓰신 그대로 표기하였습니다.

예) 빽(백 back ground) 보당(버튼 button) 기소(기초 きそ)

바란스(밸런스 balance) 테레비(텔레비전 television)

5. 색인

법형제법회, 국내지원법회, 국외지원법회분에서 통권으로 달았던 색인을 일반법회분부터 각 권으로 기입하여 찾아보기의 편리함을 더했습니다.

일러두기

1. 대행 스님 법문의 원전(元典)

한마음선원 출판부에서는 30여 년에 걸쳐 설하신 대행 스님의 방대한 육성 법문을 문자화하여 보존하고, 앞으로 스님의 가르침을 여러 형태의 책으로 발간함에 있어 원전으로 삼고자 본 법어집을 발간하게 되었다. 전집의 형태로 기획된 본 법어집은 법회별로 묶어 전 26권이 발간될 예정이며, 법회별로 출간된 이후에 정리된 법문은 추후에 증보하여 발행할 계획이다.

법어집의 발간 순서와 법회별 법문의 분량은 다음과 같다.

1) 정기법회 4권 / 2) 법형제법회 2권 / 3) 국내지원법회 3권 / 4) 국외지원법회 3권 / 5) 일반법회 4권 / 6) 특별법회 5권 / 7) 담선법회 5권

* 권수나 발행 순서는 사정에 따라 달라질 수 있다.

2. 편집 원칙

본 법어집은 읽는 이로 하여금 마치 법회 현장에 있는 듯한 느낌이 들도록 육성법문 그대로를 문자화하는 것을 편집 원칙으로 삼았다. 이러한 원칙에 따라 스님께서 말씀하신 단어가 사전적인 의미와 달리 사용되었거나, 비유와 예화가 법문에 따라 조금씩 다른 경우도 그대로 두었다. 이에 대해 독자들은 사실에 대한 시비곡직보다는 스님께서 전하려 하신 참뜻을 마음으로 새기는 데 힘쓰기 바란다. 그러나 독자의 이해를 돕기 위해 법문의 본뜻에서 벗어나지 않는 최소한의 경우에 한하여 표준어법으로 바꾸는 작업을 하였다. 이는 문자가 지닌 표현의 한계에 따른 고육지책이었음을 미리 밝힌다.

또한 세간의 말로는 드러낼 수 없는 법의 세계를 표현하심에 있어 스님 특유의 조어(造語)를 사용하시는 경우도 있다. 이에 대해서는 차후에 만들어질 용어 해설이나 색인 작업을 통해 그 뜻을 보다 명확히 할 것이다.

3. 법회의 분류

『허공을 걷는 길』은 법회의 형식, 시기, 대상, 목적 등에 따라 크게 일곱 가

지 법회분으로 분류하였다.

1) 정기법회: 1984년 9월 16일 이후부터 매월 셋째 주 일요일, 한마음선원 본원 법당에서 일반 신도들을 대상으로 열린 정기적인 법회
2) 법형제법회: 1990년 8월 5일 이후부터 매월 첫째 주 일요일, 한마음선원 본원 법당에서 법형제회의 거사들을 대상으로 열린 정기적인 법회
3) 국내지원법회: 1987년 6월 9일 이후부터 국내 지원이 주최한 공식, 비공식 법회(법당 준공 및 이운식과 관련된 법회 포함)
4) 국외지원법회: 1987년 5월 24일 이후부터 국외 지원이 주최한 공식, 비공식 법회 (법당 준공 및 이운 법회, 담선 법회, 외부 단체가 주관한 초청 법회, 방송 · 대담 등 국외에서 설하신 모든 법문 포함)
5) 일반법회: 1982년 6월 6일부터 1980년대 말까지 일반 신도들을 대상으로 한마음선원 본원 법당이나 강당에서 개최된 법회
(신행회 창립 법회, 신도회 임원단 법회, 전국 신행회 회장단 법회, 법사단 법회, 금요 친견 법회, 선실 법회 포함)
6) 특별법회: 1982년 10월 17일 이후부터 열린 행사 법회, 초청 법회, 정기적 · 비정기적인 특별법회(대담 형식의 법회 포함)
7) 담선법회: 1982년 10월 17일 이후부터 열린 소집단과의 비교적 자유로운 토론과 질문 형식으로 이루어진 법회

4. 법어집의 활용

앞으로 출간될 법어집을 포함한『허공을 걷는 길』법어집 26권은 대행 스님 법문의 원전으로서 용도별 도서 제작, 외국어 번역본 출간, 학문적 연구를 위한 법문의 데이터베이스화, 대중 매체를 통한 포교 활동 등 모든 법문 활용에 있어 그 기반이 된다.

그러므로 각각의 법문을 그 형식과 시기에 따라 구분하고 내용에 따라 단락을 나누었으며 최소한의 편집으로 자의적인 해석을 지양하여 어떠한 형태로 활용하더라도 그 근거를 명확히 할 수 있도록 하였다.

차 례

일반법회 ❶②③④

좁쌀 세 알과 오백의 도둑 / 내 중심 주장자 / 불자의 공부 / 영원한 점심 / 진정한 예배 / 상천세계에 이르는 길 / 때에 따라서 쓰는 것이 도(道)다 / 지속된 꿈, 지속된 실상의 삶 / 내 밝은 마음으로 세상을 보려면 / 온 누리에 푸르름은 / 일곱 발자국의 가뭄 / 곧바로 들어가야 생활에 끄달리지 않는다 / 진리는 걸림이 없다 / 내세울 게 없는 것이 진리요 길이다 / 부처를 이룰 수 있는 화두 / 깨달음에 남녀가 있으랴 / 참다운 인간의 미(美) / 일상생활이 참선이다 / 공양미 삼백 석과 공덕 / 자기조차도 공한 이치, 공심(共心)을 알라 / 일체 만법이 내 주인공에 있다 / 서춘보 스님의 자재법(自在法) / 거지의 옷 한 벌 시주 / 자기를 믿는 데서 나오는 무수한 능력 / 고추 하나와 물 한 모금 / 청새의 눈 / 선지식이 나신 뜻 / 춘하추동 만 백화 / 우주를 덮고도 남는 마음의 향기 / 나는 어디로부터 왔는가 / 배우려고 하지 말고 놓아라 / 심봉과 프로펠러가 둘 아니다 / 마음 밖에서 부처를 구하지 말라 / 생활 속의 보림 / 선지의 길을 따라 / 백장 스님과 여우 / 구저 스님의 손가락 법문 / 마음과 마음의 전달 / 뱀이 된 주지 / 전체와 더불어 벗어나는 길 / 쉴 사이 없이 꼬리가 꼬리를 물고 풍덩! / 오각이 그대로 장안으로 통하니 / 자기가 자기 은혜를 모르면 / 해와 달을 석장에 걸고 / 통 선사와 호랑이 / 통 선사의 아홉 제자 / 한생각으로 사는 목성 / 우주의 생성과 전개 / 마음을 넓히고 계발하라

일반법회 ①❷③④

은하계의 성립 / 만 불 중 진불은 어디에 / 내 주인이 없는 집 / 범천과 중천세계 / 중천세계의 섭류 / 우주 개발국으로의 발전 / 우주의 섭류도 우리의 살림살이 / 생활 속의 정(定)과 혜(慧) / 지구라는 생명의 근본 원리 / 생활에 끄달리지 않는 정(定), 마음에 끄달리지 않는 혜(慧) / 마음 본부의 결정 / 그냥 그대로 내 탓 / 본래 사랑하고 있으니 착을 두지 말라 / 청수에 한자리를 해야 자유인 / 지구의 은하계 운행에 대하여 / 한생각으로 이루는 호국 불교 / 통달한 사람의 살림살이 / 우주 생명들의 묘한 살림살이 / 금성을 구경하다 / 화현하는 생명들 / 마음의 밝음을 나누는 인연 / 마음공부 하는 어류 / 어류의 삶과 부처님의 인도(引導) / 끄달리지 않는 법 / 우리의 조상은 흙과 물이다 / 무한의 뜻과 우주 개발 / 중성자의 우주적 활용 / 법망에 자유스러운 도리 / 광대무변한 자성 용(自性用) / 생명의 기원과 인간으로의 진화 / 인간으로 형성시킨 근본 한 점의 뜻 / 진한 피 한 방울의 자비행 / 불국토를 이룰 수 있는 멋진 삶 / 어느 소녀의 둘 아닌

발걸음 / 불교 공부의 길 / 인간으로서 제일 급한 일 / 길잡이의 지혜로 양식을 삼아 / 해와 달도 내 한마음 한 점에 / 선약도 생명들이 합친 내 근본 한 점에 / 지혜로 천차만별의 법칙을 활용하라 / 내 한생각에 전체가 한생각이 된다 / 믿고 물러서지 않아야 다 녹일 수 있다 / 참다운 인생의 길 / 왜 자기를 믿지 못하나

일반법회 ①②❸④

천 년 동안 불을 밝힌 호랑이 / 참다운 인생의 걸음걸이 / 돌을 타고 온 아이와 사명 대사 / 보배로운 내 마음의 활용 / 미추왕과 댓잎 군사 / 네가 그대로 이생(利生)이다 / 새들의 진화 / 마음 안으로 굴려서 그 길을 밝혀라 / 오백 생을 닦은 거북이 / 바람 따라 물 따라 / 부처님의 발자국을 좇아 / 한마음 한뜻으로 돌아가는 진리 / 팔만대장경 조성의 참뜻 / 두꺼비 보살로 환생한 어머니 / 참다운 인간의 법 / 참사람의 뜻을 편 단군 / 걸림 없이 들고 나게 하는 마음의 보당 / 진정한 참선과 나를 발견하는 길 / 묘향산 거문고 소리 / 소가 되어 길을 인도한 은사 스님 / 체 장수 아들의 복주머니 / 공 도리에서 솟아 나와라 / 끝없는 진리가 오늘에 있다 / 보배로운 한자리 / 지리에도 인간과 같은 생명과 심봉이 있다 / 해마다 풍년을 이루려면 / 진짜로 믿어서 하나도 남김없이 몰락 놔라 / 금닭 우는 소리 / 자불(自佛) 노승의 주장자 / 어떤 마음으로 음식을 먹어야 하나 / 마음공부 하는 자세 / 인간 몸 받기 어려워라 / 생활 속에서 진리를 파악하고 벗어나라 / 저승 천자가 된 아버지 / 진정한 효도 / 우주를 한 주먹에 넣고 굴리려면 / 아버지의 죄를 대신한 아들 / 보이지 않는 떡 하나로 지낸 기우제 / 태풍이 생기는 이유 / 화목이라는 연꽃 향기를 피우려면 / 죽은 나무가 죽은 나무를 살릴 수 있어야 / 화톳불에 들어간 비둘기 / 연어 집에 들어 구경하다 / 걸림 없는 한 찰나의 살림살이 / 무심 무행으로 하는 호국 불교 / 창문을 통해 보는 진짜 눈을 믿어라 / 나로부터 근원을 밝혀내라 / 뿌리 없는 기둥

일반법회 4

나를 이끌고 가는 진실한 내 한생각

1987년 5월 3일

큰스님 일방적인 설법보다는 우리 서로 공부하는 과정에서 토론하는 입장으로 해 보시는 게 어때요?

질문자1(남) 제가 한 말씀 여쭤 보겠습니다.

큰스님 예.

질문자1(남) 사실은 제가 원래 낚시꾼이었거든요. 얼마 전에 제가 낚시를 갔습니다. 향어 낚시인데 좀 큰 거였거든요. 두 마리를 잡았는데 잡아 가지고 올라오다 보니까 그 고기가 빼끔빼끔하더란 말씀입니다. 그래서 도로 놔주고 왔습니다. 그런데 나중에 생각을 한 건데 과연 놔준 것이 잘한 것인지, 놔주고서 생각하니까 놔준 게 꼭 잘했다고 볼 수만은 없더란 말입니다.

큰스님 왜요?

질문자1(남) 그래서 그 점에 대해 어떻게 생각을 하시는지요?

큰스님 사람은 어디까지나 그때의 용도에 따라서, 환경에 따라서 주어지는 대로 자기 그 지혜로운 마음으로 해결할 수 있는 그런 게 필요합니다. 놔주려면 차라리 낚시질을 할 때 곧은 낚시를 넣어요. 왜 꼬부라진 걸 넣어 가지고선 그렇게 애를 써요? 왜 자기가 긁어 부스럼을 만들어 가지고 그러느냐 이거야. 사람이 명상을 하려면 곧은 낚시를 넣고 명상을 하지.

또 한 가지는, 그 고기가 만약에 몸을 벗고 갈 때가 되지 못했는데 우리가 잡아다가 몸을 죽였을 때, 바로 자기가 몸 벗을 때까지 그 어느 기간이 있다면 그 원성을 어떻게 하시렵니까? 또 한 가지는, 만약에 때가 됐는지 안 됐는지는 몰라도 때에 따라서 주어졌을 때, 스스로서 이것을 죽이지 않으면 안 될 때, 이랬을 때는 때가 됐든지 안 됐든지 그대로 그것은 둘이 아니게 되는 것입니다. 그건 왜냐하면 우리가 공부를 안 하는 사람 같으면 별문젠데 자기 심성을 쥐고 하고 가는 사람이기 때문에 그 살은 내 살이 되고 그 마음은 내 마음이 되기 때문에 그대로 그냥 요리가 되는 거죠. 자기가 된 겁니다. 금방 그 자리에서 자기를 만들 수도 있는 겁니다. 그런데 이건 일부러 잡아서 일부러 놔준 것이 되기 때문에 그건 어폐가 있죠. 그래서 일부러 잡은 게 아닌, 어쩔 수 없이 부모를 보양하기 위해서 잉어를 잡았다거나 고았다거나 이런 문제가 있을 때, 또는 사람을 살리기 위해서 약으로 쓴다거나 이럴 때 죽였다면 이런 때는 그냥 제창 자기로 둘이 아니게끔 요리가 됩니다.

질문자2(남) 제가 한 말씀 여쭈겠습니다. 지난번 밤 11시에 집에 들어갔습니다. 현관에 들어서면 불을 켜게 됩니다. 불을 켜자마자 천장을 보니까 바퀴벌레가 있었습니다. 바퀴벌레는 걸음도 빠르고 그래서 보는 순간 쫓아가서 안락사를 시켜 버렸습니다. 그 경우 살린 겁니까, 죽인 겁니까?

큰스님 살린 겁니다. 그 의문에 꼬리가 없다면 우리가 공부할 수 없으니까, "그건 살렸습니다." 할 때 어떻게 생각들 하시는지…. 또 질문하실 분 있으면요.

우리가 이런 얘기 할 것도 없고 안 할 것도 없는 자리에서 항상 스스로 생각이 나고 스스로 행하거든요. 이것이 그냥 진리이고 그냥 여여함인데도 우리는 모르기 때문에, 아주 그렇게 밀접한 사이가 있다는 그 점…. 우리가 지금 윗눈썹에서 밑의 눈썹을 내려다보지 못하는 격이다 이런 소립니다. 그러니 각본대로 마음이 정해져 있는 게 아니라, 내가 항상 고정됨이 없다고 그러죠. 각본대로 주어져 있는 것이 마음이 아니고 각본에서 벗어난 마음이 되기 때문에 이 마음도 쓰고 이 마음도 쓸 수 있는, 체가 없는 마음이다 이겁니다. 만 가지 마음을 낼 수도 있는 것이 마음입니다.

미국에 갔다 왔으면, 미국의 상점에 들렀다면 마음에 지금 미국의 상점까지도 있습니다. 그러나 갔다 오지 않은 데는 캄캄하죠. 그렇기 때문에 벌써 이 마음이 해탈이다, 해탈을 못했다 하는 기준이 바로 거기에 있는 겁니다. 내가 갔다 온 데는 여기 앉아서도 볼 수 있고 그런데, 도대체 갔다 오지 않은 데는 캄캄하다는 얘기죠. 그래서 이 마음의 눈을 뜨게 하기 위해서, 마음의 귀를 뜨게 하기 위해서, 이 마음의 타심통을 알게 하기 위하고 또 숙명통을 알게 하기 위함이요, 또 전체 가고 오는 신족통을 알게 하기 위함이 되는 거죠. 이거 다섯 가지를 바로 내 누진통, 아니 지금 현대 말로 책정기로서 우리가 책정을 할 수 있는 그 문제를 가지고 있다면, 다섯 개가 다섯 개대로 따로따로 있는 게 아니고 우리가 눈 간 데 귀가 가고 귀 간 데 눈이 가듯 그건 이름이 다섯 개지 다 한꺼번에 동시에 구르고 있어요, 수레바퀴처럼.

그러니 멋진 이 생활을 우리 멋지게 살아야지 멋지지 못하다면 어찌하겠습니까. 오늘 저 위에 왔던 OO 아빠라고 있습니다. “내 땅을 이렇게 이렇게 해야 할 텐데 어떻게 했으면 좋겠습니까?” 해서 땅이 전체가 이렇게 이렇게 이렇게 생겼는데 삼분의 일 정도는 이렇게 해서 집터로 나가는 터고 공장 지대로 쓰지 못하는 터니까 이쪽으로만 행하고, 친밀하니까 이걸 일러 준 겁니다. 그러니까 깜짝 놀라면서 그것을 어떻게 그렇게 정확하게 그리느냐 그랬습니다. 그래서 그랬습니다. “사람이 앉아서 그런 걸 보는 것도, 이렇게 아주 깨끗하게 똑바로 그려주는 것도 이거 도가 아니다. 이 다섯 가지를 다 내가 한꺼번에 굴릴 수 있는 책정기, 이게 바로 도라는 거다, 이름해서 그것도.” 그러니 우리가 음식을 갖다 놨을 때 앞으로 보고 뒤로 보고, 이게 물로 생기고 뭘로 생기고 다 알아도 이걸 집어 먹고 줄 줄 모르면 이건 아무 소용 없는 거야, 다 알아도. 그와 똑같은 겁니다. 도라는 것은 한생각에 의해서, 밀접한 문제가 있는 거는 한생각에 의해서 자기를 어떻게 끌고 가느냐에 있는 거고…. 참, 이거를 얘기를 해도 버선목이라 뒤집어 보일 수도 없고 참 큰 문젭니다.

어떤 사람은 각본대로 주어져 있다고 생각하기 이전에 스스로서 각본대로 주어져 있다는 걸 생각하거든요. ‘이거는 절대로 못한다. 이렇게 이렇게 돼 있는 거니까 이건 이렇게밖엔 될 수 없다.’ 라는 게 스스로서 주어져요, 자기한테. 이건 색(色)을 보고 취하기 때문입니다. 그러나 자기 마음, 체 없는 그 마음에, 한 찰나에 부동자세한 그 에너지의 뜻은, 광력이나 전력이나 자력이 충만하기 때문에 그것이 스스로 나와서 내가 생각하는 대로, 큰 그릇을 들이대면 큰 그릇에 담기고 작은 그릇을 들이대면 작은 그릇에 담긴다 이 소립니다, 얼른 쉽게 말해서. 에너지는 줄지도 않고 늘지도 않고 항상 수시로 나오기 때문에 내가 큰 그릇을 대면 큰 그릇에 담기고 작은 그릇을 대면, 용도에 따라서 대면 작은 그릇에 담긴다. 담기는 이 자체를 무엇이라고 비유를 할까? 내 한생각에 달려 있다 이겁니다.

그러면 여러분의 한생각에 달려 있는데, 여러분이 지금 색을 보고 취하고 물질세계로 용도에 따라서 수없이 보고, 내고 들이고 내고 들이고 살면서 이게 습이 됐단 말입니다. 미지의 세계에, 보이지 않는 세계에 회전은 한 번도 해 보지 못했거든. 생각조차도 해 보지 못했거든. 그러니까 '이 보이는 데 지금 우리 법도가 이렇고, 몇 항 몇 조에 이거는 이렇게 되어 있고' 이렇게 되니까 이거는 아주 각본대로 주어져 있는 겁니다. 이건 각본대로 아니면 안 돼. 팔자 운명이 따로 있는 게 아닙니다. 자기가 생각하는 대로 팔자 운명은 주어집니다. 그런데 이 팔자 운명 속에서 어떡하면 벗어날 수 있을까. 바로 생각입니다.

그런데 이걸 어떻게 표현해 드려야만이 이것이 이렇게 가깝다는 걸 알 수 있을까 하는 겁니다. 수박은 수박씨가 자기를 자기 안에다 넣어 놓고도 바깥에서 수박씨를 찾는 겁니다. 이럴 수가 없어요. 오늘 어떤 청년이 와서요, "내가 길을 가니까 모든 사람들이 나를 주시하고 있습니다." 이러거든요. "야, 이놈아! 병신 같은 놈 같으니. 이놈아, 둘이 아니라는 걸 네가 너한테 가르치기 위해서 너한테 지금 침을 놓는 건데 어떻게 남이 너를 주시한다고 생각을 하느냐? 둘이 아닌 법과 시공이 초월됐다는 그 자체를 너한테 퉁겨 주기 위해서 그런 건데, 이 벽을 치면 봇장이 울려야지, 이놈아, 왜 너는 너한테 맨날 속아!" 이랬습니다. 그렇듯이 이 마음 자체가 너무도 광대하면서도 묘하고, 묘하면서도 신비하고, 신비하면서도 위대한 겁니다. 그러면 어떻게 끌고 가느냐? "이거는 사람이 할 수 없는 거. 이거는 도저히 할 수 없는 거." 그러는데 사람이 할 수 없는 것을 사람이 할 수 있다 이겁니다.

그런 것도 있고 저런 것도 있고 그런데 아주 가난한 우리 신도가, 소금 팔러 다니는 사람이 있었습니다. 그런데 시주하라니까 소금을 한 공기씩, 그것도 많이도 시주를 못했습니다, 한 공기씩밖에. 그것도 팔다 남아야 한 공기를 했습니다. 스스로 이렇게 수질 해서 떠 놓는 것도 아니었습니다. 그건 왜냐하면 너무 가난하고 남편은 머리가 이상해서 쫓아다니고 그러니까 방에다 가둬 놓고, 애들은 먹여 살려야 하겠으니까 소금을 팔러 다니지 않으면 안 되리만큼 가난했고 어려웠습니다. 그러니까 허둥지둥 허둥지둥, 소금을 팔아 죽거리라도 마련해야 들어가겠으니까 허둥지둥 새벽같이 나가서 팔고선, 그래도 생각이 있으니까 저녁에 오는 겁니다. 요만큼 남겨 가지고 말입니다.

그걸 볼 때 말입니다, 너무나 순진하단 말입니다. 가식이 없어. '요거를 먼저 떠서 내가 해야 부처님의 덕을 보지.' 하는 가식도 없더란 얘기입니다. 요거 너무나 순진하지 않습니까? 제가 볼 땐 그렇습니다, 여러분은 어떻게 생각하시는지 몰라도. 이거를 먼저 떠 놓아야만이 불공이 된다는 생각은 좀 지워 버렸으면 좋겠습니다. 진실한 마음이면 됩니다, 진실한 마음. "스님, 저는 아무것도 모릅니다마는 스님이 정말이지 이 도리를 아신다면, 우리가 이렇게 가난하고 이렇게 죽겠는 걸 아신다면 저를 살려 주십시오." 하고 그 소금 남은 거를 탁탁 털어 놓고, 사심 없이 털어 놓고 돌아서면서 눈물을 흘리면서 갈 때 그것은 누가 봐도 손색없이, 걸릴 게 없이 주어도 손색이 나지 않아요. 그랬는데 그 사람은 남편을 고쳐서 지금 일을 하게 만들어 놓고 집도 사고 또 그렇게 다니다 보니까 회사에서 김밥을 말아 오라고 그랬대요. 그래서 소금 장수 버리고선 김밥을 말아 들이게 돼서 돈을 벌어서 지금은 괜찮게 삽니다.

참, 여러분이 오셔도요, 다 달라요. 그분은 습을 그렇게 가졌기 때문에 다니다 보니까 너무 피곤하고 여기 와서 뭐, 공부할 새도 없고 그랬는데 이젠 자궁암이 걸렸다나요? 그렇다고 또 삐쭉 오더니 말입니다, "스님, 스님! 저는요, 하도 이 엉치가 끊어지는 것 같고 이젠 벌 수가 없어서요, 병원에 가 보니까 자궁암이래요. 그런데 스님, 어떡하면 좋죠? 제가 살아야 여섯 식구를 다 살릴 텐데, 자식이 오밀조밀한 게 다섯이고 이러니 이걸 어떡하면 좋죠?" 이러는 데는, 공부하기 이전에 말입니다, 저거는 공부하라고 생각을 한다면 도저히 그건 있을 수가 없는 겁니다. 그렇기 때문에 "그래? 그럼 어떡하지? 알았어. 가 봐." 이럴 수밖에 없습니다. 그런데 얼마쯤 있다가 오면 오는 대로 히히 웃으면서 "스님, 나 다 나았어요." "어떻게 해서 나았어?" "뭘 어떻게 해서 나아요? '알았다' 고 그러시지 않았어요?" 하거든요. 그거는 자기가 생각하기를 '스님이 알았다고만 하면 낫는다' 는 생각을 했기 때문입니다, 이게. 문제는 그 생각에 달렸다 이 소립니다. 너무도 급박한 사람이라 아예, 그걸 그냥 콱…, 돈도 없겠다 뭐, 좀 좋습니까? 놓기가 얼마나 쉽습니까. 그냥 맡겨 버리는 겁니다. '너, 죽이든지 살리든지 네 멋대로 해라.' 하는 식이죠. 그리고 진실히 믿었기 때문이죠.

지금 내가 이런 말을 한다고 그래서 누구나가 다 그런 것이 도를 배우는 거라고 얘기하는 게 아닙니다. 사람의 마음자리 하나가 그렇게 천만 가지로 중요하다는 얘기입니다. 그러니 자기 끌고 가는 마음을 지금 어떻게 표현을 해야 좋을까 하는 생각에서 이런 얘기도 하고 저런 얘기도 했는데, 지금 내 팔자가 금방 가서 차에 치여 죽을 팔자라고 해도, "팔자를 가서 보니까 스님, 앞으로 닷새만 있으면 병이 들리지 않으면 꼭 죽겠답니다." 이래도 "허무한 소리 하지도 마라, 얘. 네 생각하기에 달렸어. 이놈아! 눈물, 피 이런 걸 많이 흘렸기 때문에 아예 그런 것 흘리지 말고 살아. 편리하게 살아라. 종교는 편리한 거다. 인간이 고등 동물로 태어나서 90%, 100% 부처 될 가능성이 있다고 그런 거는, 인간이 그렇게 물리가 터지고 지혜가 터지면 그대로 도다. 그러니 편리하게 살아라." 이럽니다.

그럼 팔자 운명이나 이런 거 보는 사람 다 굶어 죽게 생겼죠. 그런 거 저런 거 우리가 따진다면 스스로서 이 마음이 말입니다, '이거는 옳다 그르다' 하고 마음에 생기는 거를 가만히 보십시오. 어떻게 그렇게 '옳다 그르다' 하는 게 스스로 생기나. 스스로 자기가 생각하는 대로 주어진다는 걸 우리는 모르고 있는 겁니다. 구태여 그렇게 나쁜 데로 끌고 가려고 해서가 아니라 규정을 지어 놓기 때문입니다. 고정관념에, 고정되게 그냥 자기의 방침대로, 자기가 보고 듣고 사는 대로 그냥, 본 대로 그냥, 습대로 그냥 내놓는 거죠. 그런데 물리가 글쎄, 백지장 하나 사이도 안 되는 그 물리가 왜들 안 터집니까. 왜? 이것을 뭐라고 표현을 해야 옳을는지 모르겠습니다.

어떤 사람이 길을 가다가 쉬게 됐는데 신이 한 짝이 떨어졌더랍니다. 그래 신을 툭툭 털면서 이거를 맞추려고 이러니까 어떤 노인이 지나가다 하는 소리가 "너는 그 신을 맞추려고 하지 말고 신을 버려 봐라. 신으려고 하지 말고 버려 봐라. 네 가죽신도 있는데 왜 버리지 못하느냐." 그러니까 자기도 모르게 무슨 생각이 나느냐 하면 '신을 놓치면 내 이 발바닥이 아픈데 어떻게 가겠느냐.' 이랬습니다. 그런데 그 생각을 하자마자, 자기가 얘기도 안 했는데 그분이 있다 하는 소리가 "그래, 발바닥이 아파? 발바닥이 아프고 그래서 그 신을 벗지 못하겠다고? 이놈아, 벗어 봐! 신이 저절로 생길 테니까." 이러거든요. 그게 이치에 닿지도 않거든, 도대체 그 사람으로서는.

그런데 거리가 얼마 멀지 않은 데에 어느 노인네가 신을, 미투리를 잔뜩 만들어 놓고선, 파는 게 아니라 길 가고 오는 사람한테 줘. 그래서 밥도 얻어먹고 신도 얻어 갖고 노비도 얻어 갖고 아, 이러고 가게 되니까 그때서야 물리가 조금 터져 가지고선 '야, 나도 이 길로 산으로 올라가서 공부나 했으면….' 하는 생각이 들어가서 참, 산으로 올라가게 되었다고 합니다. 무학 대사가 애당초에 처음에 길을 나서서 갈 때에 그런 일이 있었답니다.

이런 얘기를 예전에 어느 스님한테 들었는데요, 그러니 그러한 마음 하나 돌리기가…, 우리 생활에서도 그렇습니다. 여러분은 이해가 안 가실 겁니다. 내가 지금 금방 죽을 건데도요, 참, 이걸 뭐라고…. 난 내 멋대로 이렇게 표현을 하는데 내가 병이 들어서 인제는 죽게 됐다. 의학적으로 봐도 그렇고 죽게 됐다. 이게 나타나 있는 거니까 이걸로써 표현을 할 수밖에 없어서 이러는 겁니다. 그랬는데 자기가 생각하기를 말입니다, '자기가 끌고 다니려면 자기가 고쳐서 끌고 다니든지 자기가 그냥 부숴 버리든지 맘대로 해라.' 하고선 맡겨 두니까 그것이 다 해결이 났고, 오줌으로 뭘로 그 나쁜 게 다 나가고 다 해결이 났고, 또 한 사람은 '에이유, 그래도 병원으로 가야지.' 이러고 뛰어간 사람은 죽었답니다.

"그것이 어디 나변에 있느냐?" 하겠지만 엊그저께 일도 그렇습니다. 야, 뇌염 환자로서 정말 급한, 뇌염이 아주 급하게 돼 가지고선 금방 비틀어지고 눈이 까지고 그러는데 누가 이리로 데리고 오겠습니까? 병원으로 가지. 여기 아마 여러분이 다 계셔도 병원으로 가지 이리로 안 올 겁니다. 병원으로 일단 가 가지고 연락은 할지언정 이리로 안 데려올 겁니다. 그건 뭐, 여러분이 말씀해 보세요. 그렇게 하겠습니까, 안 하겠습니까?

그런데 그 사람은 말입니다, 다 넘어가고 다 죽게 된 걸 끌고 왔어요. 그냥 이렇게 안고, 어린애인데요, 그 큰 어린애를 이렇게 안고 싸가지고 눈이 힐떡 넘어가고 이렇게 피가 흐르고 그러는 걸 그냥 들고 온 거예요. 그거 있을 수가 없거든요. 내가 생각해도 가슴이 덜컥 내려앉는 거예요, 도대체. 그런데 어이가 없어서요, "아니, 병원으로 데려가지 왜 이리로 데려왔어?" 하니까, 이건 그냥 우리 인간이 다 그렇게 말할 겁니다. 그러니까 하는 소리가, 병원에 가도 이거는 죽든지 병신이 되든지 두 가지 중의 하나다 이거야. 그런데 이렇게 좋은 약방을 두고 내가 왜 그리로 가느냐 이거야. 이렇게 좋은 약방을 두고. 아, 나 그 노인네 참! 그, 여자분인데요, 그래서 "응, 알았어. 병원에 안 가 봤어?" 그러니까 안 가 봤답니다. 그냥 이리로 데리고 왔다는 겁니다. 그래서 그러면 가라고, 알았다고 그랬더니 나가면서 그것도 딸의 자식이기 때문에 자기는 그저 어떡하면 이게 나을까 했는데, 그 도리를 자식은 모르니까 바로 가자마자 자식이 병원으로 또 데리고 갔는데, 낫게 해 달라고 하면서 안고 갔던 모양이죠. 병원에 가는 동안에 나아서 병원에 가서 진찰을 하니까 아무 일도 없다고 그러더랍니다. 이러니 그렇게 하는 그 마음이 말입니다, 지금 내가 그 마음에 달렸다 그러는 겁니다. 이 마음이, 자기를 끌고 가는 이 마음, 한 점도 없는 마음, 내놓으라면 내놓을 것도 없는 그 마음이 어떻게 그렇게 묘법이냐, 묘하냐 이겁니다, 응?

그것뿐이겠습니까? 수없이 그런 일들이 오는데…. 그럼 내 이 못생긴 모습을 가지고 나와서 얼마나 심부름꾼이 됐느냐 하고 한번 볼 때 여기는 참, 그렇게 안팎으로 비밀을 지켜 주는 데도 없습니다. 아들딸들이라면 전부 비밀을 지켜서 장가보내고 시집보내는 데 손색이 없도록 이렇게 하는 그런 마음들을 전부 일체 가지고 있습니다. 그렇기 때문에 그런 하나하나, 하나에서부터 열까지 이렇게 볼 때 100%라면 70%는 그래도 웃을 수 있고 기쁠 수 있는 마음을 가질 수 있지 않은가 이렇게 봅니다. 그럼 왜 30%는 없는가? 30%는 마음이 닿지 않아서 못할 뿐 아니라 너무 기울어서 못하고 이러는 수가 많습니다. 그럼 색을 보고 취하는 사람들이기 때문에 우리가 이 생활이 과학인 줄 모르고, 의학인 줄 모르고, 모든 이 생활이 진리인 줄 모르고 행하는 분들에 의해서는 기복으로만 나가기 때문에 이거는 팡이죠. 자기가 그렇게 위대하고 정말 신비하고 그렇게 당당하다는 걸, 도도하다는 걸 모르거든요, 모두가.

그래서 나는 그렇게 얘기합니다. 예수도 자기를 따르랬지 믿으라고 그런 거는 아닌데 왜 그렇게 말이 나왔겠느냐. '나를 믿지 않으면 안 된다' 는 말을 했기 때문이다 이거야. 그러면 자기 하나만 말했느냐. 아닙니다. '모두 각자' 소리를 거기다 넣질 않았기 때문입니다. 그러면 그 사람은 그 사람대로 생각에 '나를 믿지 않으면 안 된다' 고 가르쳤는데, "바담 풍" 하니까 자기도 "바담 풍" 한 거나 똑같이 말입니다. 이렇게 받아들인 겁니다. 우리가 지혜가 있고 물리가 좀 터졌다면 책자를 그렇게 편집하지 않았으리라고 봅니다.

그리고 우리가 어떠한 문제를 세워 놓고 잘되게 하겠다고 애를 쓰기 이전에 진실하게 해 나갈 수 있는 그 여건이 주어져 있다면 우리가 무어든지 아니 할 수 없는 겁니다. 아니 할 수 없고 아니 될 수 없고. 행복은 누가 갖다 주는 것도 아니고 누가 뺏어 가는 것도 아닙니다. 단, 우리가 만들어서 행복을 가져오고 또 고에서 빠져나오고 또 병고에서 빠져나오고 가난에서 빠지고, 우리가 계발하는 겁니다. 계발도 정신 계발이 아니라 심성 계발로서의 정신으로 오관을 통해서 다섯 가지의 구슬이 스스로 돌아갈 때 계발이 되지 않나 이렇게 봅니다. (녹음 안됨) … 얘기를 하려 그러니까 그놈의 게 그렇게 가까우면서도 이렇게 표현이 안 나오니 어떡하죠? 표현이 말입니다.

그러니 그 팔자 운명 이런 것도 각본에 주어져 있는 것이 아닙니다. 오늘 꼭 이 일을 해야 하겠다고 생각을 했는데 여기에서 '저 일을 하자.' 하고선 저 일을 했을 때 이거보다 몇 배 이익이 있었습니다. 그러면 이거는 각본대로 돼 있는 겁니까? 저 일도 자기가 하게끔 주어져 있으니까 저 일을 하는 겁니다. 그런데 내가 '저 일로 가야지.' 하고선 이 일을 또 바꾸니까 여기에서 이익이 나왔고 또 안 가서 이익이 될 수도 있는 겁니다. 가서 손해를 보는 수도 있고. 이거는 여러분의 마음입니다.

그러니까 프로펠러가 이렇게 돌아갈 때 추가 없으면 프로펠러가 돌아가지 않습니다. 이 프로펠러는 항상 동서가 없이, 너 나가 없이 그렇게 그냥 돌아가고 있는 겁니다. 돌아가고 있는 그 자체가 지금 우리 생활입니다. 추가 없다면 돌아갈 수가 없습니다. 이 추의 근본이 바로 태양의 근본도 될 수 있고 우주의 근본도 될 수 있다는 얘기입니다.

전에 그런 얘기 한 예가 있어요. "지구는 지금 그림에 있는 것처럼 그렇게 동그랗지가 않다." 이런 얘기 한 예가 있거든요. 지구는 이렇게 이렇게, 이렇게 해서 이렇게 해서 이렇게 생겼다 그러니까 "아닙니다." 이겁니다. "그래, 그래! 네 말도 옳고 내 말도 옳은지도 모르지." 하고선 그냥 대답을 해 두었습니다마는 그렇게 정확하게 봐도 보는 것이 도가 아니라는 점입니다. 듣는 것도 그렇지. 전체를 다 듣는다 하더라도…, 우린 묘한 게 있죠. 이 듣는 것도요, 물속이나 허공이나 이 땅속이나 전부 법망이 가설이 돼 있다는 사실입니다. 이 법망도

문이 있어서, 우리가 문을 정하기에 달려 있다는 얘기도 있습니다마는 공기가 탁해서 없는 지역도 있고 이랬을 때는 땅속으로 공기를, 나쁜 그 오염을 내뿜기도 할 수 있고 나쁜 공기가 빠지면서 좋은 공기를 올릴 수도 있는 겁니다.

여러 가지 다양하게 우리가 자재할 수 있는 법을 이렇게 가지고 있으면서도 계발 못하는 것은 그만큼 자기가 자기를 못 믿기 때문이니 첫째, 자기가 자기를 믿어야 하고 둘째, 자기가 있기 때문에 상대가 있고, 이렇게 본다면 상대가 있기 때문에 또 자기가 있거든요. 이 도리를 아는 것, 이 도리를 앎으로써 내가 자유스럽게 이 마음을, 씀씀이를 보고 용도에 따라서 차분차분히 내가 해 나가는 데는 아주 다양하게 쓸 모가 있다는 얘기죠.

허무한 생각이 안 들어요. 허무하긴 왜 허무합니까? 뭐가 허무합니까. 생명이 없습니까, 수만 가지 내는, 마음을 내는 법이 없습니까? 또 활용할 수 있는 내 몸이 없습니까? 왜 허무합니까? 순간순간 옷이 더러우면 벗을 뿐인데. 저 해가 질 때에는 반드시 뜨기 위해서 지는 겁니다. 새로이 뜨기 위해서. 그렇기 때문에 우리는 한 찰나에 뜨고 한 찰나에 지는 것을 알아야 됩니다. 한 찰나예요. 미륵도 한 찰나지 미륵이 따로 없다 이겁니다. 사람이 져서, 이미 해가 져서 다시 돌아와서 뜰 때에 다시 돌아올 수 있다 하는 것을 미륵이라고 부른다면 그건 한 찰나입니다. 돌고 안 돌고 이거는 사람이 시간과 공간을 지어 놓고 이름을 붙여 놓은 것뿐이지 항상 여여하고, 항상 영원한 오늘이면서 항상 이렇게 다복하게 살 수 있는 겁니다.

고에서 헤어나지 못하는 거는 여러분이 모두, 지난번에 얘기했듯이 그 고를 짊어지고 다니기 때문입니다. 칼산지옥을 안 가지고 다닙니까, 오간지옥을 안 짊어지고 다닙니까? 모든 살아나온 습에 의해서 그 잠재의식에 그냥 얽히고설켜서, 카세트에 모두 감겨서 각본대로 그냥 쩍쩍쩍쩍, 구르는 대로, 도는 대로 착착착착 나오니 이게 과학이 아닙니까? 착착 나오는 대로 각본대로 살아요, 여러분이 지금. 그러니 이렇게 신비하고 이렇게 오묘한 이 뜻을, 누가 이걸 알겠습니까. 내일 죽을지 오늘 죽을지, 이 옷을 벗을지 그것도 모르고 내일 어떻게 될지 앞뒤를 모르거든요. 그렇기 때문에 앞뒤를 회전시키게 하기 위해서 여기서 여러분과 저와 동시에 이렇게 애를 쓰고 있는 겁니다.

질문하실 게 있으면 질문하세요.

질문자3(남) 근래에 보면 신문에도 많이 나오는데, 큰스님들도 많이 그러시고 마음을 비우라는 소리를 많이 합니다. 마음을 비우라고. 또 요즘 정치하는 사람들 보면 마음을 비우고 들어가라고 그러는데 사실 마음을 비우자는 것은 욕심을 버리자는 얘긴데 스님의 설법을 들으면 마음을 비울 수가 있습니다만 문 밖만 나가서 물질만 딱 보면 마음을 비울 수 없는 상태가 됩니다. 그 마음을 비울 수 있는 길을 말씀 좀 해 주셨으면 좋겠습니다.

큰스님 여러분이 지금요, 마음을 비우라 하기 이전에 아주 탕탕 비어 있습니다. 그런 걸 왜 모르십니까? 본래 비워져 있습니다. 돈을 억만금을 가졌다 하더라도 그건 가진 게 아닙니다. 비었습니다. 자기의 추에 의해서 그냥 돌아갈 뿐입니다, 재산도 모두가. 여여하게 쓰십시오. 여여하게 사랑하고 여여하게 쓰시고 여여하게 그냥 하십시오.

내가 이렇게 말하는 것은 부처가 되어 봤어야, 그것도 이름해서입니다. 부처가 되어 봐야 보살이 될 줄 알고 보살이 될 줄 알아야 진짜 인간이 될 수 있다는 얘깁니다. 이것이 참사람이요, 이름해서 부처라고 하는 것입니다. 우리는 법신도 자기요, 보살도 자기요, 부처도 자기요, 중생도 자기입니다. 그렇다면 지금 자기 태초의 모습이, 지난번에도 얘기했지만 자기 이 오장육부의 세포를 타고 자기의 그 태초의 모습들이 지금 자기 속에 우글우글하고 있습니다. 갖은 각색을 하고. 그런데 자기가 선장으로서 한생각을 내면서 들입다 지금 여여하게 뱃놀이를 하고 가는데 "흥!" 소리는 못 지르나마, 노래는 하지 못하나마 왜 여여하게 가지 못합니까?

여러분은 "놔라" 하기 이전에 놔져 있는 겁니다. 여러분이 놓지 않고 있다면 지금 생각에 의해서 그냥 잔뜩 끼고 있어서 그렇지, 그건 여러분의 탓이에요. 그냥 돼 있는 건, 여기 지금 오실 때에도 그 발자취가 없는 겁니다. 그 발자취는 금이 아니고 보석이 아니고 돈이 아니기 때문에 그냥 무심하게 왔기 때문에 없는 거지, 아마 발짝 하나 딛는데 금은보화가, 하하하…, 10억씩 붙어 있다고 그런다면 '아휴! 한 걸음에 10억씩 붙어 있는데 내가 이거를….' 이럴 겁니다. 그러나 이거는 뭐, 하나도 돈 내는 것도 없고 돈 붙는 것도 없고 뭐, 하나도 이익이 없으니까 그냥 태연하게 그냥 왔을 뿐입니다. 여러분이 지금 살아나가는 것도 태연하게 그렇게 가십시오. 여러분이 집에 들어가실 때, 신발을 벗고 들어가실 때 신발을 내가 벗고 들어간다는 생각이 있이 들어가십니까, 신발을 벗는다는 생각이 없이 들어가시는 겁니까? 똥 누러 갔을 때 똥을 누러 간다고 생각을 하고 갑니까, 그렇지 않으면 똥만 마려우면 그냥 뛰어 들어갑니까? 생각을 해 보십시오. 똥 버리는 건 아깝지 않고 금 버리는 건 아깝거든요. 마음이 이렇게 괴상망측합니다.

그렇기 때문에 우리는요, 내가 나를 한번 봅니다. 돈이 백만 원이 들어왔든 천 원이 있든 그것은 한 개도 없습니다. 여러분한테 한 개도 받은 예도 없고 준 예도 없습니다. 또 한 예도 없고, 여러분이 나에게 한 예도 없습니다. 주고받은 게 없어요. 그건 왜 그러냐? 이 집이 이렇게, 이렇게 절이 있어도 이게 내 것만이 아니고 바로 여러분과 동시에 나와 같이 여래의 집이기 때문에, 여래의 집이기 때문에 나는 욕심부릴 것도 없고 아무것도 없다 이거야, 그렇게 된다면. 여러분이 가정을 가지고 있고 내 자식과 아내와 다 같이 이렇게 있으면서도 그것은 바로 동시에 식구들 것이기 때문에 내 거라고만 할 수 없으니 그냥 놓으시고 사세요, 그냥 그대로.

아이 글쎄, 여러분이 아버지로서의 몸이 자기 몸입니까? 바로 걔네들의 아버지지. 왜 자기 겁니까? 자기가 어디 있습니까? 그 부인의 남편이고 그 자식들의 아버지일 뿐입니다. 그러니까 자기가 아버지가 될 때 자기라고 하겠습니까, 남편이 될 때 자기라고 하겠습니까. 똑바로들 말씀해 보십시오. 어떤 거 될 때에 나라고 할 수 있겠나. 그렇기 때문에 공했다고 하는 겁니다. 그렇기 때문에 내 거라고 할 것도 없고 남의 거라고 할 것도 없는 그 자리에서 내가 여여하게 그냥, 벌게 되면 벌고 못 벌게 되면 못 벌고 이러는 반면에 내가 그대로, 버는 것도 못 버는 것도 그냥 그대로, 그대로입니다.

짊어지고 다니지 않아도 쓸 때 쓰기만 하면 되지 않습니까? 만약에 이 우주 천하가 다 내 거라면 무엇 때문에 그걸 짊어지고 다닙니까? 짊어지고 안 다녀도 그냥 허허지 늘어진 게 바로 나고 내 생명이고 내 것이고 나 아님이 없고 그런데 말입니다. 그래서 "이 마음도리를 꼭 공부하십시오." 하는 겁니다. 자기 마음을 자아내려면 자기 주인공을 믿어야 된다는 얘깁니다. 왜 자기를 낮게 생각을 합니까. 낮게 생각도 말고 높이 생각도 하지 마세요.

어느 신도가 아파서 누웠는데 석존을 뵙고 싶어서 무척 아프면서도 애를 썼습니다. 그래서 어느 신도가 그 밑의 제자 스님들한테 가서 얘기를 했습니다. "우리 고을의 아무 데에 사는 아무개는 죽을 날이 며칠 안 남게 이렇게 아파서 누웠으면서도, 한 번만 뵙고선 갔으면 죽어도 원이 없겠다고 하니 어떻게 하겠습니까." 하니까 석존께서 그 소리를 들으시고 "그러면 가야지." 하고서 일어나서 가셨습니다. 가셨는데 이 아픈 사람이 석존이 들어오시는데 어떻게 누워 있겠습니까? 그래서 일어나려고 하니까 드러누우라고 했습니다. "이 육신은 드러누워 있으나 앉아 있으나 일어나나 그것은 상관이 없다. 단, 네 마음이 그토록 그렇다면 일어나서 그렇게 반겨 줄 수 있는 그 진정한, 진실한 마음이 있노라." 하고 말을 했습니다. "그리고 절을 삼배 했느니라." 하거든요. 그 뜻이 무어겠습니까? 우리네 마음이 말입니다, 그렇게 중요합니다. 우리네 마음이 자기를 구덩이에다 넣을 수도 있고 구덩이에서 나오게 할 수도 있는 그런 묘법을 가지고 있답니다.

여러분이 그 말만 들었지 이론으로는 정말이지 저보다도 이 세상에 모두들 유명하신 분들이 많습니다. 그러나 말로, 이론으로서 무불통지하셔서 말을 참 잘하신다 하더라도 못하는 나만 못한 겁니다. 여러분이 그 뜻을 아십시오. 열 번, 백 번, 만 번 말을 잘한다 해도 또 물질적으로나 법도에 어긋나지 않게 율법을 지킨다 해도 이 무(無)의 참, 두루 법은, 무의 세계의 두루 법은, 이건 따를 수가 없는 겁니다. 그렇기 때문에 무의 두루 법은, 두루 모습은 무궁무진한 겁니다. 그렇기 때문에 한 번 행하기가 어려운 거지, 한 번 행할 때는 참 무서운 것입니다. 그래서 한 번 행할 때에 한 주장자를 탁, 주장자가 동그랗게 말려서 가지고 다니는 사이 없이 가지고 다니다가 주장자를 한번 탁, 이렇게 용도에 따라서 딱 들었다 하면 쭉 펴지면서 소리가 요란하게 날 때에는 우주간 법계에서 다 그 소리를 듣고 같이 호응을 해 준다는 사실을 여러분이 몰라서는 아니 됩니다. 얼마나 좋습니까, 이 법이.

지금 우리 조그마한, 반쪽 된 나라에서도 그렇게 가난하게 살 필요는 없습니다. 마음이 부자라면 허허 웃으면서 나물 먹고도 물 마시고 요지로다가 이빨 쑤시듯 참, 반쪽 나라에서 살면서도 이렇게 여여하고 좋을 수가 없는 것이 바로 그 능력입니다. 오고 감이 없이 오고 갈 수 있고 참, 손 없는 손이 두루 할 수 있고 발 없는 발이 길 없는 길을 두루 할 수가 있는 이 묘법을 가지고 있다면 구태여 그렇게 어렵게만 생각할 필요는 없습니다.

단, 우리가 지금 율법으로서 또 우리가 지금 현재에 물질적인 생활로서, 물질적인 과학으로서, 물질적인 공업으로서 이 세상 모두 살아나가는 문제, 경제 이런 것도 모두 포함해서 한 추에 모두 돌아가고 있다는 사실입니다. 거짓말이라고 그럴지도 모르죠. 그러나 그건 아닙니다. 그렇게 철두철명할 수가 없는 겁니다. 이 도리를 아신다면 참 자비하기도 하지만 사랑, 값싼 사랑이 아닙니다. 이건 더럽고 깨끗한 걸 한데 합친 게 자비니까. 이렇게 자비하고 묘하고 이렇게 당당한 도리가 어디 있을까 하고, 이 세상을 다 준대도 바꿀 수 없는 이런 도리가 바로 여기 나한테 있구나 하는 걸 아실 겁니다.

이렇게 얘기하다 보니까 내 말만 한 것 같습니다. 그러니까 진실한 마음, 이론적으로 아는 것, 하늘을 뚫을 정도로 아는 게 있다 하더라도, 말이 있다 하더라도 다, 그 참자기 안에서 다 나오는 겁니다. 그러니 한 문(門)으로 들었다가 한 문에서 나오는 거니 모든 것은 그 나오는 대로 거기에 다시 놓으십시오. 그러면 빈 카세트가 될 겁니다. 바로 이것이 비우는 공부며, 아주 탕탕 그릇을 비우는 공부입니다. 비워야 우리가 항상 집어먹을 수 있고 그저 닥치는 대로 넣을 수 있고…, 항상 비어 있기 때문에. 그러니 이 소리를 누가 모르겠습니까. 여러분이 다 아실 테죠.

아까 정락 스님도 효도에 대해서 얘기하고 그러셨지마는 우리가 옛날에 그렇게 길게 늘여서 하는 효도보다는 지금 빠르게 효도하는 법이, 바로 우리의 마음공부 하는 이 도리가 유무를 같이 균등을 잡아서 다 해 나갈 수 있는 그런 도리입니다. 따님이 저기를 가고 또 부모가 어디를 가고 그랬을 때에 앉아서 모시고 갈 수 있는, 내가 모시고 갈 수 없고 또 데리고 갈 수 없는 이러한 문제가 있더라도 그냥 남이 볼 때는 혼자 가는 거지만 바로 일체제불이 다 같이 할 수 있는, 그 일체제불이 한마음에 들어서 보신이 보하고 가듯 같이 이렇게 할 수 있는 그런 능력을 여러분이 기르신다면, 아마 한국에서 외국으로 무역을 해도 손색이 없고 또 어떤 회사를 한대도 손색이 없고 정치를 한대도 손색이 없을 겁니다. 모든 걸 앉아서, 무의 세계에서 모습 없는 모습으로서 다 해 놓으면서 거죽으로는 보이는 데서 다 하고 이렇게 하면, 안 보이는 데서 보이는 데로 자기의 능률이 그대로 나오고, 나오는 대로 씀씀이를 또 다 다양하게 쓰고 또 들이고 쓰고 내고 하는 그러한 도리가 바로 우리 생활이 아닌가 이렇게 봅니다. 도가 따로 있는 게 아니라 우리 생활이 도입니다. 그렇게 생각합니다.

여러분이 재밌는 질문도 하시면 나도 또 배울 점이 있을 테죠. 여러분하고 저하고 이렇게 같은 한자리에 있을 때는 저도 배우는 점이 많이 있다고 생각합니다. 저도 공부하는 겁니다. 여러분만 공부하는 게 아니라 저도 같이 행 한 번 하는 데에 우리가 목마르면 물 마실 수 있는 이러한, 이 물 한 모금 마시고 한생각에 저 외국에도 빛보다 더 빠르게 갈 수 있고 올 수 있고 볼 수 있고 들을 수 있고, 이것이 참 능수능란하다면 어디 군사가 없겠습니까? 죽은 사람도 군사로….

아니, 내가 그전에 보니까요, 이렇게 앉아 있으면 얘기가 길어져요. 왜 그런지 모르겠습니다. 죽은 군인들을 보니까 다리가 떨어진 사람은 다리가 떨어졌다고 알고 있고 팔이 부러진 사람은 팔이 부러졌다고 생각하고 있어요. 그 생각이 얼마나 중요합니까, 글쎄. 그러니까 자기가, 영령이 말입니다, 이게 떨어졌다고 생각을 하니까 싸움터에 나가지 못하는 겁니다. 체가 없는 것이 무슨 팔이 떨어지고 안 떨어지고가 있습니까? 마음이 말입니다. 육신이 떨어졌으면 떨어졌지 왜 마음이 떨어집니까? 팔을, 발을 말입니다, 수만 개를 달려 해도 달 수가 있지 않습니까? 몸뚱이는 없이 팔만, 손만 그냥 만들어도 수만 개를 만들 수도 있지 않습니까? 아, 여러분! 생각해 보십시오. 하하하.

아니, 지금 싸움이 나서 말입니다, 우리나라가 위태하다, 정치하는 데서 잘못한다 하더라도 이 손만 말입니다, 손만 많이 만들어서 그냥 수없이 갖다가 그냥 전부 펼쳐 놓으면 그 보이지 않는 데서 손만 다니는 겁니다. 어떻습니까? 몸뚱이 없이도 좋고 눈만, 눈알만 보낼 수도 있고 귀만 보낼 수도 있고 뭐, 손만 보낼 수도 있고 발만 보낼 수도 있고요, 몸뚱이 다 보낼 수도 있고, 다 같이 할 수가 있고, 금방금방 화해서 나투면서 찰나에 장관이 될 수 있고 국방부장관이 될 수 있고, 찰나에 정치하는 사람이 될 수도 있고 찰나에 우주의 생명들이 될 수 있고, 한 찰나에 뭐는 안 되겠습니까? 그렇게 될 수 있다는 그 사실을 여러분이 가지고 계시지 않습니까?

아니, 여러분은 글쎄요, 마음을 내놓으라면 마음 내놓을 게 없거든요. 그래서 어떤 사람은 주먹을 내놓기도 하고 발을 들어서 그냥 콱 치면서 "이놈아! 이거다, 이놈아." 하고 때리거든요, 물어보면. 그렇게 하는데 그것이 어디로부터 좇아 나오는 겁니까? 그래서 묘법입니다. 여러분이 그렇게 할 수 있는 능력을 가지셨습니다. 그런데도 여러분이 생각할 땐 자기는 언제나 미약하고 부처가 될 수 없고, 무슨 도는 얼마만큼 가야만 구하고 뭐 어쩌고 그런다고 그럽니다. 구하기는 뭘 구합니까, 자기한테 있는 건데. 발견해서 쓰라는데도 글쎄, 구하기는 어디서 구합니까? 자기한테 본래 주어져 있기 때문에 이렇게 진화됐고 이렇게 창조가 됐다, 우리가 형성됐다는 사실을 알면서도 말입니다.

질문자4(남) 제가 느낀 점에 대해 몇 말씀 드리겠습니다. 답변 좀 해 주십시오. 아침에 예불을 드릴 때 잠시잠깐 눈을 감고 있었는데 나도 모르게 오색찬란한 빛이 나는 것 같았어요. 아직까지 그런 걸 못 느꼈는데 얼마 전에 그런 걸 느꼈어요. 그날 아침에 그 오색찬란한 빛을 보고 돌아서서 조금 있으니까 말입니다, 제주도 보살님이 25명이 와 계시대요. 그래서 그 후에 마치고 선실에 가니까 방금 오셨다 이러더군요. 지금도 그런 빛을 한번 보면 좋은 일이 일어나는 것 같아요. 그걸 답변 좀 해 주십시오.

큰스님 빛이라는 것은, 우리가 공부하는 과정에 오색이다 이러는 것도 있지마는 백색이 나타날 때도 있고 또 청색이 나타날 때도 있고 홍색이 나타날 때도 있고 이렇습니다. 그런데 그것은 여러 가지 씀씀이로 쓰이는 거죠. 용도에 따라서 씀씀이가 쓰이는 건데 공부하는 사람에게 그것은 뜻을 가르치는 겁니다. 자기가 자기를 말입니다. 그래서 오색이다 하는 것을 볼 때는 오온의 이 진리를 그대로, 색색 가지의 차원이 그렇게 여러 가지로 주어져서 우리가 지금 이렇게 돌아가고, 오색이 꽉 차서 돌아가고 있죠. 그래서 그것을 가르치느라고 그런 거니까 밖으로 내가 이걸 봐서 '아, 나는 이런 것도 보인다.' 이렇게 해서 자기 마음을 위로 올리지 말고 항상 고정되게 마음은 두면서, 예를 들어서 마음을 항상 이렇게 중도에다 두면서, 고정되게 두는 게 아니라 중도에다 두면서 항상 이렇게…. 그것도 바로 내 주인공 속에서 나를 가르치기 위한 것이라는 겁니다. 내 전자의 나 나기 이전은 과거의 모든 것을 전부, 쫓기고 쫓고 이러던 걸 다 알고 있는데 지금 현재의 나가 모르고 있지 않습니까?

그러니까 전자의 내가, 나 나기 이전 아비가 지금 현재의 자식을 가르치기 위해서 아낌없이 그렇게 한단 말입니다. 그러니까 그것을 볼 때에 바깥으로 이렇게 우쭐하지 말고, 그것조차도 거기서 나오는 거죠? 그렇기 때문에 감사하다고 생각을 해서 놔야죠, 또 그것도. 그러니까 빛이나 어떠한 것이 보인다 하더라도 그것은 자기가 배우는 과정이기 때문에 놓으라는 소립니다. 아는 건 알고 놓고, 터득을 하는 건 터득을 하는 대로 놓고. 터득은 했을망정 깨달은 건 아닙니다. 언제나 깨달았다고 모두들 이렇게 얘기들을 하는데 그 용어는 좀 더 귀중하게 쓰는 게 좋을 것 같습니다. 그리고 '느꼈다' 또 '그런 걸 과정에서 좀 더 터득을 했다' 이런 말로 씀씀이를 썼으면 좋겠습니다.

그래서 이것을 안에다 자꾸…, 내가 그랬죠. "세 번 단계 없는 단계가 있다. 첫째, 나를 비우기 위해서, 습을 놓기 위해서 보림을 하고 모든 것을 놔라." 이렇게 했습니다. 놨더니 내가 싹이 났습니다. 싹이 났으니까 내가 그 세파를 헤치고 비바람 모든 걸 맞아 가면서 내가 성장하기 위해서는 다시 또 놔야 됩니다, 다시. 그것이 뭐냐 하면 나를 내가 알았다면, 바로 깨달았다면 나만 깨달은 거지 너와 나와 같이 깨달은 게 아닙니다. 폭을 넓힌 게 아니다 이겁니다. 그러니까 "자기가 자기를 발견했을 때" 이렇게 얘길 하죠. 깨달았을 때가 아니라 "자기를 발견했을 때" 이렇게 용어를 씁니다. 그래서 발견했을 때는 반드시 발견했기 때문에 내 지팡이가 되는 겁니다.

(녹음 안됨) … 또 면벽을 합니다. 면벽이라고 하는 뜻은 너와 내가 둘이 아닌 숙달을 시키기 위한 면벽입니다. 이것이 다니면서도 면벽입니다. 이렇게 해서 자기한테다 또다시 놔 가면서 그거 숙달을 시키죠. 이 숙달을 시키는 건 나는 죽어서 알았는데 상대방과 나와 더불어 같이 죽어서 그 너와 나와 둘이 아님을 또 알기 위해서 그렇게 숙달을 시키는 겁니다. 그래 너와 나와 둘이 다 같이 더불어 죽었는데 또 너와 나와 같이 더불어 죽었기 때문에 같이 내가 하나로 이렇게 될 수도 있고, 네가 될 수도 있고 내가 될 수도 있는 그 도리를, 내가 나툼을 모른다면 그거는 팡이거든요. 그래서 그것을 알기 위한 세 가지의 도량 없는 도량이 있다는 얘깁니다. 그래서 12인연법에 의해서도 그렇고 또 사무 사유를 한데 합친 우리의 만법의 기준을, 근본을 우리가 송두리째 알아서 그냥 자재력을 그대로 응용할 수 있는 그런 분이라야 열반계에 이른다고, 이름해서 그것도 그럽니다. 그래야 우리 배꼽놀이를 할 때 배를 탁 한 번 치면 천하가 울고 배꼽 한 번 탁 치면 또 천하를 받칠 수도 있고, 한 번 탁 치면 굴릴 수 있고 탁 디딜 수 있으니 얼마나 좋은 법입니까? 그러니 그것이 모두 그런 뜻에서 나오는 것입니다. 그거 한두 건에 의해서 쓰는 법이 아닙니다.

사회자 시간이 많이 되었습니다.

큰스님 그렇습니까? 그러면 난 뭐, 이래도 그만 저래도 그만이니까요. 알아서 하세요. (대중 웃음) 여러분이 동부인해서 같이 이렇게 심선회에 나오시면 좋겠습니다. 동부인해서요. 어떻습니까?

대중 좋습니다. 감사합니다.

큰스님 예. 그리고 지금 세 번 울렸으니까 우리 산회가를 좀 부르고 헤어졌으면 좋겠습니다. 허허허.

지금 배우지 못한다면

심선회 법회

1987년 6월 7일

큰스님 오늘은 설법보다도 질문 토론이 필요하겠습니다. 지난번에도 말씀드렸듯이 말입니다. 이런 데서는 우리 공부하는 데 애로점이 있는 문제를 오손도손 토론하는 것이 아마 적당할 것 같습니다.

질문자1(남) 큰스님, 미국 다녀오셨는데 그 얘기를 좀 해 주십시오.

큰스님 그러죠. 첨에 여기서 갈 때에도 아무 생각 없이 갔습니다. 그런데 딱 가서 발을 들여 놓는 중에 신발도 벗질 않았는데 사람들이 모였습니다. 여기서 일요일에 갔는데 거기 가서 도로 일요일이 됐습니다. 그래서 신발 벗자마자 들어가서 설법을 하는데 뭘 갖다가 앉혀 주느냐 하면 네 다리가 얄깃얄깃한 책상 있죠? 책상을 갖다 놓고서 거기다가 방석을 놓고 앉았습니다. 그래도 얼마나 훌륭하고 좋았던지 모릅니다. 흐뭇했습니다.

거기에서 질문들이 나오고 그랬는데, 스님네들이 이미지를 좋지 않게 하고 간 모양입니다, 모두. 쭉 보니까 말입니다. 그래서 거기서 그것에 대처할 문제에 대해서도 얘기했지마는 대충 거기의 생활들을 이야기하는 대로 도로 감지가 들어오는데, 항상 남한테다 기대려야 기댈 수도 없고, 자기가 자립하지 않으면 어디 가서 한 줌 얻을 수도 없는 그런 문제가 돼 있었습니다. 아주 각박하다고나 할까요? 말 한마디 못하면 그냥 앉아서 굶어 죽으면 죽었지 뭐, 어째 볼 수가 없었습니다.

그래서 설법을 하게 돼서 쭈욱 얘길 하니까 아주 적용이, 거기 그 생활 속에서는 100% 들어맞았습니다. 그러니까 말귀도, 거기에서 유년 큰스님네들 다 만나 뵙고 하던 사람들이 거기서도 있었습니다. 그래서 청년들도, 중년인 분들도, 젊은이들도 모두 모였는데요, 기독교에 나가는 젊은이들이 또 많이 오셨어요. 거기는, 기독교 나가는 데는 애들하고 어른하고 다 나가야만이 되지, 애들만 남겨 놓고 갈 수가 없습니다. 그래서 절이 안된다는 얘기입니다. 그러고도 또 학생반이 있고 청년반이 있고 어른반이 있고 이렇게 삼 단계로 나누어져야 할 텐데, 그래야 전부 애들을 데리고 와서 할 텐데 그러한 여건이 되질 않는 데다가 스님네들이 말씀을 하시면 케케묵은 예전의 경을 가지고 강의를 하시니까 이게 도대체 씨가 먹히지 않는다는 겁니다, 거기서는.

그런데 스님은 어떻게 해서 이렇게 우리 가슴에 와서 닿느냐 이거죠. 그래서 와 닿고 그러니까 거기에서 그냥, 팔팔팔팔 모두 그냥 좋아서들 야단법석이 났어요. 그래서 그날 그렇게 지내고 났는데, 그 날로 회장도 뽑고 부회장도 뽑고 다 뽑았습니다. 뽑고 나는 그 이튿날 아침에 알래스카로 갔습니다, 또. 거기에서 요청을 하긴 했는데 여기에서 들어가질 않고 그러니까 미비한 상태로 있어요, 미비한 상태로. 뭐, 수속도 하려고 하지 않고 그냥 있단 말입니다. 그런데 내가 들어가서 있으니까 차를 타고 세 시간, 다섯 시간 거리를 타고들 왔어요.

와 가지고서는 늦어서 나를 못 보고 딴 사람을 보고 그냥 돌아갈 수밖엔 없었습니다. 그런 형편에 있었어요.

그건 왜냐 하면, 기증한다는 집에 딴 사람이 그 집 지키느라고 들어 있기 때문에 내가 오고 갈 데가 없었단 말입니다. 그래서 보살네 집에 들어가서 있었으니까 남의 가정집인데 돌려보내지 않으면 안 되죠. 밤중에 어떡합니까. 뭐, 밤중을 무릅쓰고 온 거예요, 모두. 그러니 여기로 치면 새벽 1시, 2시까지 이렇게 그냥 들이닥치니 어떡합니까. 도로 보낼 수밖에 없지. 그래 그 밤을 새서 도로 갔죠. 내가 가서 그 집을 기증받고 거기에 절차라든가, 이렇게 이렇게 시켰죠. "스님네들을 이민으로 하지 말고 절차를 이렇게 이렇게 거쳐서 허가를 받고 변호사를 들여서 이렇게 하고, 그것이 허가가 나면 이리로 보내 다오." 이렇게요. 그렇게 해 놓고 거기 사람들 몇 있는데 얘길 좀 하고 그러고선 또 거기서 맛있는 거 좀 사 줘서 먹고 이러고선 이틀 밤 자고선 이리로 왔습니다. 이리로 오니까 바로 그 이튿날이 일요일 아닙니까. 또 일요일이 닥친 겁니다.

그래서 이틀 밤 자고 일요일이 닥치니까 서울에서 글쎄, 조막댕이만 한 게 아무것도 모르는 멍충이가 갔는데 무슨 한국에서 큰스님이, 이 세상에서는 볼 수도 없는 스님이 왔다고 온통 신문기자들이 그냥 왈칵 내놓았습니다. 아이 참 나, 웃음이 나서. 그런데 그날 가서 보니까 신문에 대단하게 난 거예요. 그냥 뭐, 기가 막혀서 웃음만 나요. 그래서 "신문에는 누가 냈느냐?" 하니까 낸 게 아니라는 겁니다. 한국일보하고 무슨 일보하고 기자들이 왔다는 겁니다. "와서 그렇게 해 가는 걸 어떡합니까?" 그러는 겁니다. 그럼 할 수 없는 거지 어떡하느냐고.

그렇게 신문에 나니까 온 곳에서 몰려든 겁니다, 그 일요일 날. 그래 그날 또 책상에 앉아서, 여기 스님이 특별히 생각을 깊이 해서 그걸 놔 준 거죠. 우리 스님네가 갔으니까 망정이지 만약에 스님네가 안 갔더라면 거기서는 그걸 모르니까 그냥 땅바닥에 앉아서 했을 테죠. 그런데 스님이 가서 그래도 그거를 해 줘서 그 위에 앉아서 설법을 하게 됐었죠. 장장 1시간 반을 그냥 했나 봐요. 나는 그걸 느끼지 못했는데요. 그렇게 쭉 하고 보니까 이 사람네들이 신심이 난 겁니다. 가정집에서 이렇게 할 수가 없으니 십만 불만 만들어서 이 절을 다시, 차가 수백 대가 들어와도 괜찮을, 은행에 저걸 해 가지고선 우리 집을 만들자 이렇게 되었습니다. 그 자리에서 모인 것이 삼만 불이 모였습니다. 삼만 불이 모인 데다가, 또 여기 스님이 운전을 해야 되지 않습니까?

그러니까 차가 여기 돈 값어치로 친다면 한 오백만 원짜리요. 그런데 그렇게 중고라도 뭐, 만 팔천 킬로를 뛰었다나요? 뭐, 고런 거밖에 안 되는 아주 팔기통 차인데 들어가니까 뭐, 으리으리해요, 차 안이. 내 지금 여기 차 요건 새 발의 피예요. (대중 웃음) 세상에, 그럴 수가 없어요. 안방 같아요, 그냥. 아, 스님 모시고 다닐 차니까 이렇게 해야 한다 그러고 그 차를 하나 딱 기증을 또 하는 겁니다. 그래서 인제 그걸 받고요. 그러니까 일시에 부자가 된 거예요, 조금.

그래서 또 거기서 얼마를 내겠다 얼마나 내겠다 한 거는 놔두고 돈 걷힌 것만 거기 은행에다가 뭐, 마크가 아이(I)라고 돼 있대요. 난 영어는 모르지만 말이에요. 허허. 그래 그 은행에 예금을 하고 여기 스님과 나와 그렇게 공증을 해 가지고선 그건 가져오고요. 여기서도 내가 그 돈을 찾아 쓸 수 있게끔요. 그렇게 해 가지고 변호사를 들여서 한마음선원 지원이라는 걸 넣어서 거기에 부회장이든지 회장님이든지 총무든지 다 사인을 해서는 넣어서 허가를 다 맡았죠. 그래서 인제 얼마 안 있으면 여기에 당도할 겁니다.

그랬는데 뭐, 별다른 얘긴 없지마는 제가 느낀 바로 봐서는 '그래도 어딘가가 한국이 좋지 않은가.' 이런 생각을 했고요, '한국의 사람들이 얼마나 정답고 참, 하나라도 서로서로의 유대가 참 좋고 그랬었나.'

하는 거를 느꼈습니다. '내가 만약에 우리 선원이 없고 거기 무주공처로 갔더라면 얼마나 쓸쓸했을까.' 이런 생각이 한꺼번에 동시에 들더군요. 나답지 않게 말입니다.

그런데 구경을 가자고, 구경을 시켜 드리겠다고 하는데 "나는 구경하러 여기 오지 않았습니다." 했습니다. 시간이 있어야죠. 시간이 있어도 다니기 싫어하는 사람이 시간이 없는데 무슨 구경을 합니까. 열흘 동안에 알래스카에 가서 서류 전부 저거 하고 이쪽 와서 이거 전부 마련을 하는 데도 바빠 죽겠는데 어디 구경을 갈 새가 있습니까.

그래서 거기서 거리가 가까운 데 공원 뭔가, 뭐? 이름을 듣고도 잊어버렸죠. 뭐, 무슨 강? 무슨 다리?

대중 가운데서 금문교.

큰스님 어허, 예. 금문교라나 무슨, 난 듣고도 잊어버렸습니다. 거기 가서 사진 찍은 사진첩을 가져가시라는 걸 잊어버리고 그냥 왔습니다. 이거, 이래서 내가 걱정입니다. 거기 가서 보니까 그날이 바로 그 다리 만든 기념일이랍니다. 그래서 거기서 인제 사진을 찍고 내려다보니까 그 강 가운데에 그, 뭡니까? 예전에 왜, 저 정치인들 감옥소 있죠? 정치하다가 붙들린 사람들의 감옥이라고 그럴까요? 아주 교수형 받는 사람들이 들어가는 감옥이요. 한가운데에 있어요. 지금은 그것이 폐지돼서 다른 거로 쓴다지마는 그게 그대로 남아 있데요. 그래서 가만히 보니까 너무도 견고하게 만들었어요, 아주. 뭐, 물샐 틈이 없이, 물속으로도 그렇게 해 놓은 그런 것도 이렇게 바라보면서…. 거기 미국의 학생들이나 이런 사람들은 열여덟 살만 되면 자립하라고 부모네들이 내놓기 때문에 나쁘게 되는 학생들이, 90%는 나쁘게 되는 문제가 있다는 겁니다. 금문교 다리에서 그러니까 몇 해 동안에 빠져 죽은 것만 해도, 자살한 애들이 팔백 뭐, 구십 명인가 그렇게 된다고 하더군요.

그러니 '참, 사람 사는 것이 이런가.' 그러고 그 신도들을 가만히 봤습니다. 아침에 여기에서처럼 조반을 따뜻하게 해 먹고 가는 게 아니라 빵 한 쪽에 치즈나 이런 거 하나 넣고는 고기 한 쪼가리나 넣으면 넣고 안 넣으면 안 넣고, 그거 한 쪼가리 먹고 커피나 우유나 그런 거 한잔 먹곤 그냥들 가는 거예요. 그냥들 가는데 애들은 애들대로 학교 가고 어른은 어른대로 가는데, 제일 안된 게 뭐냐 하면 가서 일을 하다가도, 시간당이니까, 애들을 학교에 데리러 가야 됩니다. 데리러 갔다가 또 데려다 놓고 또 가 가지고 다시 일을 시작을 하고. 그뿐입니까? 오손도손 앉아서 저녁이라도 같이 식구가 먹는 것을 못 봐요. 그러니까 제가끔들 냉장고 열고, 늦게 들어오면 늦게 들어오는 대로 일찍 들어오면 일찍 들어오는 대로 제각각 애들 어른 할 것 없이 냉장고 열고 자기가 그냥 꺼내다가 뭐, 맛이 있든 없든 그냥 먹는 겁니다. 이래 가지고도 사는 거예요, 그게?

그런데 또 인제 토요일 되면 애들 뭐 하는 거나 자기 일 보고 일요일은 빨래하고 그러는데, 그뿐이 아니라 집을 사면, 여기 한국은 내가 내 돈을 주고 집을 사면 토지세나 가옥세 일 년에 한 번씩 내면 되지 않습니까? 그게 아니에요. 돈을 얼마를, 몇만 불이나 몇십만 불을 주고 사면요, 여러분이 더 잘 아시겠네요. 나보다도 더 잘 아실 거예요. 그걸 주고 사면 거기에서 그거를 다, 십 년을 이자를 붓고 난 뒤에나, 그때에나 본금이 줄어들기 시작한답니다, 조금씩. 그러니 자기 죽을 때까지 그거 붓다가 죽을 거 아닙니까? 그게 무슨 짓이에요, 그게? 그러고도 또 한 가지 있는 게 어려운 사람들이 세를 얻어서 사는 사람들이 많아요. 전판 세예요, 아주. 세를 얻어서 사는데 방 하나에 부엌 하나에 변소 하나예요. 그거를 매월 붓는데 그냥 없어지는 돈이지, 그러니까. 우리 사글세예요. 사글세를 붓는 돈이 5백 불, 4백 불 이렇게 돼요. 그러면 애들하고 성가셔서 방 둘을 둔다 하면 한 달에 7백 불이 나가야 된다는 얘깁니다. 그러니 얼마만큼 벌어야 7백 불을 내고 살림하겠습니까?

그러니까 대학을 여기서 졸업하고 가서도 페인트칠 안 하면 안 된다 이거야. 왜? 내가 버스라도 끌고 페인트칠이라도 하고 정원이라도 가꾸고 접시라도 닦아야, 막일을 해야 돈이 좀 나니까. 세상에! 이럴 수가 있어요? 얘기 듣던 거하고 가서 실질적으로 보니까…. 그래서 내가 그랬어. "당신네들 그래도 행복해?" 그러니까 "행복하지 않으면 어떡해요, 글쎄. 인제 나갈 수도 없고 들어올 수도 없고 그래요." "왜 나갈 수 없느냐." 그러니까 "첫째, 돈이 없으니 못 나가고, 여기서 살아도 그냥 근근득생으로 이렇게 합니다." 이거야. "별로 먹는 것도 없고." 그렇게 해요.

그래서 금문교 다리에 놀러 가자고 그래서 거길 갔죠. 거기 다녀서 공원으로 해서 이렇게 갔는데, 식사를 모두 가져왔어요. 김치 산 것하고요, 두부 부친 것 조금 이렇게, 어저께 부쳐 먹던 거 남은 거래요. 그거하고 뭐, 쪼가리 쪼가리 김치 쪼가리 한데 그냥 이렇게 놓고 그냥 쭉 둘러앉아요. 그래도 맛있긴 맛있습디다, 우리 음식이니까. 그렇지만 그 사람으로 봐서는 거기서 그렇게 고생을 하고 들어가서 그렇게 일을 하고, 그런 사람들이 그렇다는 것은 도저히 이해가 안 가는 거예요.

그리고 거기서 좀 더 돈을 벌어서 산다는 회장네 집에 초대를 받아서 갔는데요, 거기서는 고기에다가 뭐, 다 내놓죠. 내놓는데도 내 입에는, 나는 거기하곤 거리가 먼 겁니다, 아예. 거리가 머니까 채나물을 하나…, 그것도 무가 하나에 얼마나 비싼지 몰라요. 배추는 괜찮은데 무가요. 그래서 채나물을 썰어서 무쳐 놨는데 여기서 무친 거 같질 않더라는 얘깁니다, 사람이 다. 그냥 미끼덩미끼덩하고요, 이상해요. (대중 웃음) 어쩌면 그렇게 솜씨들이 모두 미국 사람을 닮아 갑니까? 그래서 스님더러 그랬어요. "얘야, 무는 똑같은 무인데 어째 이렇게 미끼덩거리느냐?" 그러니까 "미국 물이 들어서 그래요." 그래. 하하하…. (대중 웃음) 그러고는 우리가 김치 담가서 파는 거 그걸 일부러 사다가 먹으니까 거기서들 모두 한 병씩 사다 주더군요. 김치만 들입다 먹으니 "얘, 너 김칫독에 빠져서 내가 너 건지느라고 얼마나 애를 썼는지 아느냐?" 이러니까 우스워 죽는다고 그러죠. 그래서 여기 와서 속였죠. 이렇게 했죠. "스님이 김치 공장엘 구경하러 갔는데 다리에 올라서니까 그냥 사닥다리처럼 붕 떠서 올라가더라. 그래서 내려다보다가 고만 거기 거꾸로 박혔다. (대중 웃음) 너무나 큰 방통 같은 김칫독에 빠졌으니 어떻게 건지느냐. 그래서 그냥 모두 동원을 해서 건지느라고 혼났다." 그러니까 여기 사람들은 속는 거예요, 허허허.

제가 말씀드리는 거는, 그런 얘기를 하면서 지금 거기 상황을 이렇게 볼 때에 물론 집집마다 차가 있고 남 보기에는 잘사는 것 같고 행복한 것 같지만 우리가 보리밥을 한 냄비에다가 지어서 한 상에 놓고 오순도순 "너 한 순갈 더 먹어라. 요거 먹어라. 요것 좀 더 잡수." 이런 거는 어디 가서 찾아볼 수가 없습니다. 그렇기 때문에 사람 사는 데가 아니라고 나는 봅니다. 또 그게 좋은 사람은 좋겠죠. 이건 내 생각이죠. 어디까지나 이건 내 생각이지 나만 옳다는 게 아니니까 그건 이해해서 들으십시오.

그래서 거기에서 좀 더 부부지간이나 자식지간이나 이렇게 이렇게 하는 게 좋지 않겠느냐 하고선 이거를 개선해서 "아침에 조금만 저거 하면 서로 앉아서 빵 한 조각이라도 식탁에 놓고 같이 먹고 같이 나갈 수 있는 그런 개선 방법을 취해라. 서로 먹으면서도 말할 수 있지 않겠느냐." 요런 거 일러 줬고요, 낮에는 어차피 못 저거 하니 저녁에 누가 먼저 들어오든지, 거긴 남자고 여자고 없으니까 일찍 들어오는 사람이 무조건 음식을 이렇게 해서 뜨뜻하게라도 하고 또 찬 건 찬 거대로 해 가지고 그 시간에 오니까 딱 만들어서 같이 오손도손 먹도록 이렇게…. 자기네들이 행복을 만드는 거지 누가 그것을 갖다 주느냐. 제가끔들 한다면 애들은 뭐가 되느냐.

애들도요, 악을 빽빽 쓰고 말이에요, 그냥 뭐, 굉장치도 않아요. 그건 무슨, 애가 부모 상전인지 누가 상전인지 몰라요. 그런 정도입디다. 그러니까 노인네들은요, "얘야, 나 차 좀 태워다 다오. 얘야! 아이고, 착하지." 이러고 애한테 아주 빌어요. 그러면 "나 못해요." 이러고 또 가고 이러더라고. '야, 참 이거 정말이지 이럴 수가 있나.' 이런 생각을 하면서 한편으로 '내가 여기 줄창 있으면서 이런 거를 조금만이라도 여유가 있게 좀 해 줬으면….' 하는 생각도 있지만, 내가 여기 왔다 갔다 하는 입장에서 그럴 수는 없지만 앞으로 그런 일이 없도록 설법하는 맨 끄트머리에 그거를 그냥, 왁 그냥 다 풀어 놨으니까요. 그랬더니 그때부터 그냥 화합으로 들어가는 거예요, 좀. 그래서 야, 스님이 오시니까 이렇게 좋은 거를 그랬다고 그러더군요. 그렇긴 하나 그게 며칠이나 가겠습니까? 하하하….

하여튼 경찰이 오고 그러는 일이 빈번하고요. 그러니까 성격이 좀 이상하게 돌아가는 거죠, 그게. 그런데 우리가 지금 공부하는 데 얘기한다고 해 놓고는 왜 엉뚱하게 그리로 돌아갔는지 모르겠습니다. 그러니까 거기 지원이 생기고 자리가 잡히면 방문객으로서, 우리가 조금씩 계라도 들어서 일 년에 한 번씩 방문이라도 할 수 있다면 또 지원에서도 좋아할 수 있는 그런 계기가 생기지 않겠나 이런 것도 생각해 봅니다. 하여튼 가만히 생각을 하니까 미국 사회에서는 더군다나 이 공부를 하지 않으면 안 되리만큼 돼 있더군요. 거기는 여기보다도 더 강박하고 더 냉랭하고 옆의 사람이 옆의 사람을 모를 정도로 돼 있으니까요.

그러니 우리 지금 심선회 여러분이 다달이 이렇게 같이 앉아서, 오늘은 설법보다도 "나는 이렇게 이렇게 공부을 하고 있는데 이거 어떻게 되는 것입니까?" 하고 서로 토론을 하는 것이 좋겠고, 또 "우리 가정에 무슨 일이 이렇게 있는데 이것을 어떻게 해 나가야만이 공부가 될 수 있나?" 이런 것도, 이 가정에 무슨 일이 있는 게 전부 공부의 대상이거든요. 가정에 무슨 일이 없는데 무슨 공부하는 대상이 되겠습니까? 이 모두가 공부하는 대상입니다, 그게.

그래서 여러분이 자식이 어떻다거나 부모가 어떻다거나 또 어떠한 문제가 있어서 어떻다거나 그래도 나로서는 걱정이 하나도 안 됩니다. 몰라서 그렇지 석존께서도 수많은 그 분신들이 자기한테서, 한군데서 나와 가지고는 자길 들볶았거든요. 그런데 그렇게 환상으로만 들볶은 게 아니라 딴 애들을 동원해 가지고, 몹쓸 사람들을 동원해 가지곤 귓구멍을 쑤시고 때리기도 하고 말이야, 막 이렇게 들볶았거든. 그런 거를 어떻게 해결을 했겠느냐는 문젭니다. 어떻게 해서 그걸 항복을 받았겠느냐는 문젭니다.

그래서 우리 가정에 어떠한 문제가 있어도 우리가 이 한 찰나에…, '둘이 아니다'라는 것만 알아서도 아니 됩니다. 여러분이 "둘이 아닌데, 뭐." 이러거든요. 그건 이론이야, 둘이 아니라는 거는. 둘이 아니라는 건 이론이면서도 그게 불가부득히 공해서 돌아가는, 하나로 돌아가는 겁니다. 그런데 하나로 돌아가니까 하나도 없지. 하나로 돌아가니까 하나도 없지, 응? (녹음 안됨) 하나도 없는데 왜 그게 뚜렷하게 산은 산이고 물은 물이다 했느냐 이겁니다. 물이 탁 파도를 쳐서 척 올라가서 붙었다가 뚝 떨어진단 말입니다. 뚝 떨어지면 물은 물이고 산은 산이야. 이 비유를 하는 겁니다.

우리가 부부지간에도 자식지간에도 한번 딱 만났지. 지금 아빠하고 자식하고 딱 만났단 말이야. 금방 만났다가 금방 딱 떨어졌으니까 둘이 아니었다가, 아버지는 아버지고 아들은 아들이다 이겁니다, 딱 떨어지니까. 근데 순간 고정되게 그냥 있는 게 아니고 딴 놈을 또 만났어요. 아내를 또 만났단 말이야. 그러니까 이리로도 둘이 아니었다가 뚝뚝 떨어졌으니까 아내는 아내고 나는 나지, 또.

이렇게 연방 연쇄적으로 이렇게 돌아가면서 만나고 떨어지고 만나고 떨어지고 이러는 것이, 떨어지면 만나고 만나면 떨어지고 이러니 이것이 공했지 않습니까?

그러니 내세울 게 없는 이 도리를 그대로 하면서 이것을 증득하는 데는, 이 도리를 이론적으로 아는 이거는 다 거기다가 맡겨 놔라 이겁니다. 이 아는 것도 그놈이 아는 거지 딴 놈이 아는 게 아니야. 그러니까 그 한 속에서 아는 거를 거기서 아는 거지 나는, 즉 말하자면 나는 선장의 한 배밖엔 안 돼. 선장이 끌고 가면 끌고 가는 대로 이건 가는 거뿐이니까. 그래서 삼위일체가 합의가 돼야, 끌려다니는 이것도 없으면 안 되리만큼 부착이 돼야만이 실상이 돼요, 이게. 그러니까 이것이 삼위일체로 그렇게 회전되는 걸 모르고 자기가 하나로, 한생각을 할 때 우주가 전체 들릴 수 있으리만큼 돼야 이게 실상인 거지 아니, 개별적으로 한생각 그렇게 아무렇게나 생각한다고 이게 들리나? 다 들리나? 안 들리지, 그건.

그러니 나를 발견하는 데는 공부를 많이 하고 상식이 많고, 지위가 높고 무슨 부자고 이런 데서 오는 게 아니라 간곡한 자기의 정성…, 스님과 길잡이와 나를 둘로 나누지도 말고, 일체제불을 둘로 나누지도 말고, 우선 급한 대로는 스님과 나를 둘이 아니게 만들어야 된다 이거야. 그것이 증득되면 전체가 둘이 아니게끔 하는 그 행이 그대로 한 발 한 발 나간다 이거야, 행이. 행이 문제지, 말이 문제가 아니고 이론이 문제가 아니니까. 내가 하나하나 행해 나가는 데에, 실천에 옮겨질 때 그때에 모든 게 감응이 되고 참, 기쁨이 오고 희열이 넘치고 그러는 거지, 내가 행복을 가져오는 거지 아, 내가 행복이 없고 이론으로만, 말로만 '부처님 법이 이렇다' 이러는 것만 알고 있으면 무슨 소용이 있나. 그래서 열 가지, 백 가지 과실을 갖다 놓았다 하더라도 네가 그것을 집어 먹지 못하고 그 맛을 모른다면 그거는 헛한 것이다. 아무리 배웠어도 십 년, 백 년 배웠어도 이건 헛한 것이다 이거야.

모든 여러분이 우연이라고 그러는데, 미국에 가서도 그랬습니다. 거기 어떤 젊은이가 하나 있는데요, 전공이 컴퓨터인데 그 사람은 아주 머리가 얼마나 빠른지 몰라요. 그래서 "이거는 그대로 하는 것이, 이것이 양면이 둘이 아니다. 찰나찰나 붙었다 떨어졌다 하는 자석과 같은 거다. 이 우주의 전체 모든 것이 자석과 같은 거다. 그러니까 이것이 이렇게 붙었을 때에 둘이 아닌 것이지마는 이렇게 떨어졌을 때는 이게 둘인 것이다. 둘인데 둘만 아니라 수만 개다. 수만 개가 그렇게 떨어졌다 붙었다 하는 반면에 활용은 네가 스스로 그대로 하는 것이 바로…. 우리가 그대로 한다면 야, "도둑질을 하라고 하더라도 그냥 하느냐?" 이러지마는 인간으로 태어났기 때문에 오관을 통해서 균등을 잡을 줄 안다 이거야, 응? 상식을 알고. 그러니까 균등을 잡아서 그대로 하는 것이 우연이 아니라 실상이요, 실참이요, 실행이다 이거야."

그렇게 일러 줬더니 이 사람이 어떡한 줄 알아요? 거기서 쫓겨나오게 생긴 것이 그냥 그 즉시 해결이 난 거야. 그냥 쫓겨나게 생긴 그 사람이. 왜 쫓겨나느냐? 영주권이 없거든. 그러니까 그것이 돼야만이 영주권을 얻을 수 있어서 쫓겨나질 않는데 머리가 빠르니까 응용한 거예요, 그냥. 그러니까 그것이 대치가 되는 거야. 말해 주니까 서류가 다 들어가고 그것이 바뀌니까 '아, 이젠 쫓겨 나가지 않아도 되겠구나.' 한숨을 돌린 거야. 그게 어디 나변에 있느냐? 이게 우연이겠습니까? 우연이 아닙니다. 여러분은 그대로 만능적인, 즉 말하자면 만능의 그 활용을 그대로 쓸 수 있는 능력을 가지고 있는 겁니다. 부여받고 있어요.

그런데 자기가 자기를 의심을 합니다. 모두 의심을 합니다. '이건 뭐, 그냥 살다 보니까 그렇게…. 내가 지금 이렇게 이렇게 해 놨으니까 이렇지.' 그렇지, 자기가 해 놓은 거지 누가 해 놓은 거야! 그게 우연입니까? 자기가 해 놓은 거니까 온 거지. 그런데 그걸 왜 안 믿어요? 보이게 해 놨든지 안 보이게 해 놨든지 안 보이는 데서 자기가 생각을 했기 땜에 보이는 데로 나와서 이루어졌는데 그게 우연이라고 본단 말입니다. 왜 우연입니까, 그게. 실질적으로 자기가 한 거지. 그러니까 자기가 한 거지, 자기가 한 게 아니란 말입니다. 요것만 아시면 돼요. 자기가 한 거지 자기가 한 게 아니다 이거야. 그렇게 믿고 들어가는 그런….

오늘도 저, 포교국장 그, 뭡니까?

대중 가운데서 임명장.

큰스님 임명장을 이렇게 내렸죠. 일을 하게끔 해 줘야만이 정성을 다해서 일을 합니다. 그런데 여러분은 자기 주인공에 그 임명장을 다, 100%를 다 맡겨서 일을 하게 만들어 줘야만이 되는 거죠. 수없이 억겁을 통해서 내려오는 내 그 습을, 습도 인제는 전장을 하는 거죠. 내가 한 게 아니라 나는 네가 형성만 시켰다 뿐이지, 네가 나를 부려먹으려고 형성을 시켰다 뿐이지, 망하게 했든 잘했든 네가 한 거지 내가 한 게 아니다 이거야. 그러니까 다 거기다가 전장을 해 버리는 거지. 전장을 하니까 어떤 결론이 나오느냐 하면 거기 감겼던 것이 다 그냥, 그냥 공테이프가 되는 거야. 없어지는 거야.

그건 왜 없어지느냐? 광대무변한 이 뜻은 보이지 않는 데서 이 끊을 수 없는 인연줄, 이 마음이라는 것은 인연줄에 의해서 끊어지려야 끊어질 수가 없어. 칼로 끊으려야 끊을 수도 없고 물 베기야, 물 베기. 그런데 거기다 되놓으니까 거기서 하, 이것이 없어지는 거야. 그래서 우리가 한 생각 하고 한 행을 하는 데 달려 있다는 얘기야. 한 생각을 잘해서 하면 그 행이 그대로 내 주인이 인도하는 밝은 그 길에 나는 언제나 가니까 걱정할 것이 하나도 없죠.

나는요, 내일 죽는다, 오늘 이 시간에 이거를 다 묵살하고 죽는다 하더라도 눈 하나 안 깜짝거려. 거짓말이 아녜요. 왜? 내가 힘이 있어서 안 죽을 테니까 그러는 게 아니고, 이거하곤 달라요. '내가 힘이 있으니까 뭐, 안 죽을 테니까 내일 죽는대도 걱정 없다.' 이러는 게 아니고, 이건 진실해야 돼요. 내가 이 자리에서 그냥 죽는다 하더라도 어떠한 것도, 내 몸으로부터 어떠한 것도, 아무것도 가진 게 없다 이 거야. 가진 게 없는 반면에 죽어도 그건 착이 없다 이거야, 얼른 쉽게 말해서. 그게 그대로 진실해야지 '그거 뭐, 내일 죽는대도 나는 힘이 있으니까 안 죽을 테니까.' 이렇게 해서 죽어도 눈 깜짝거리지 않는다는 게 아니고, 허허허…, 죽어도 그냥 죽겠다는 거야, 그냥. 그런 생각이 아니라면 미지의 세계에, 내가 살아 있는 몸을 가지고는 저승길을 못 들어서. 응? 저승길에 들어설 때에 다 내버리지 않고는 저승길에 들어설 수가 없어.

그래서 그전에도 얘기했지만 "부처님 법을 어떡해야 수행을 잘하고, 어떡해야 배우겠습니까? 어떡해야 증득하겠습니까?" 하니까 해골 뼈다귀, 송장 뼈다귀들 많은 데, 예전엔 중국에서 무더기 무더기 많이 있었죠. 그거 가서 보여 주더라는 거야, 응. "이거를 잘 보면 그걸 알 수가 있느니라." 하고. 그러니 살아서 저승엘 한번 들어가 보시죠. 어때요? 살아서 저승엘 들어가 보지 못하면 죽어서도 환상천이나, 아수라천이나 이런 데, 허허, 기름 가마 뭐, 자기가 살면서 수억겁을 거쳐 오면서 자기도 모르게 잘못한 점이 얼마나 많겠습니까? 그러니 그런 데 빠져서 그 차원대로, 또 이 세상에 깡통은 깡통들 끼리끼리 모여서 또 나오니 얼마나 고(苦)가 많으며, 세세생생에 고를 면치 못하고 그 행복을 느끼지 못한 채 이렇게 살아나가는 거죠. 어차피 인연을 오늘 이렇게 만났으니, "이런 인연 하나 만나는 것도 천 년에 한 번 만나기 어렵다." 이런 부처님 말씀이 있습니다. 이렇게 인연을 만났을 때에 한번 이 몸뚱이를 살려 놓고 내가 저승엘 왕래를 할 수 있는 이 공부를 하셔야 됩니다.

여북하면 정감록을 쓴 사람이 저승엘 들어갔다 나왔다 하니까, 그냥 천지의 모든 물정을 다 아니까 그거를 써 놨단 말이야. 아, 저기서 보니까 다 알고 다 해 놨거든. 앞으로 자기네들이 회의를 해서 다 정망해 놓은 거를, 탕탕 쳐 놓은 거를 다 그냥 해 놨단 말이야, 가만히 보니까. 그러니까 할 수 없이 스스로 불이 나게 했던 거야, 스스로. 학생 애들을 시켜서. 그저 한 반 쪼가리, 반 정도 남은 건데 거론했던 얘기가 바로 우리의 이 땅 위에도 배가 다닌다는 둥, 그랬잖아요?

그런데 그러한 문제가 있다 하더라도, 정감록에 그렇게 해 놨다 하더라도 반 이상을 넘어가진 않았어, 맞은 게. 왜? 그 사람 이외의 또 사람이 있었기 때문이다 이거야. 그래서 예언은 소인이다. 우리가 그대로 해 나가는 거다, 그대로. 점점 그것이 진화돼서, 약아져서 그랬는진 모르지만 예언은 하지 않고 했으면 좋겠다 이러는 거지. 그 대신에 내가 저 사람이 되고, 저 사람이 내가 되고 그렇게 할 수 있어서 그냥 해 나가는 게 아주 현명하지 않으냐 이거야, 예언보다도. 예언을 하면 벌써 누설이 돼. 말을 해 놨다 하면…, 나는 놈 있으면 기는 놈 있고, 기는 놈 있으면 나는 놈 있어. 우주간 법계로 싹 돌아 버려, 그냥. 조금 아는 놈이 있으면 아예 그냥, 왜, 그 신문에 끼워서 보내는 게 뭐요, 그거?

대중 가운데서 호외.

큰스님 호외! 호외를 싹 돌려 버린다고요. 그러니 무슨 일을 해요? 그래서 그런 비밀적 얘기는, 앞으로의 정세에 대해서라든가 뭔 일을 하든지 그런 건 비밀이다 이거야.

그러니 이 공부하는 데 대해서 여러분이 알게 되면 하나하나 쪼그만 데서부터 실천에 옮기면서 지켜보면서 자기가 관하는 간절한 그거, 아는 거는 나중에 써먹기로 하고요, 간절한 거부터 우리 봅시다. 이거부터 발견해 내면 스스로 벌써 그거는 아는 걸 첨보해서 써먹을 데가 있으니까요. 그건 뭐, 수시로 써먹으니까. 여기서 공부하시는 분들이 조금 공부하는 과정을 얘기하시면 여러분에게, 지금 공부하고 가시는 분들에게 도움이 많이 있을 거예요.

그럼 지금부터 한 분 한 분 얘기하시기 바랍니다.

질문자2(남) 큰스님, 제가 이번에 큰스님이 미국 가시고 나서 말입니다, 돌아오실 날짜를 확실히 모르고 있었습니다. 그래서 여기 총무스님과 스님들한테 물었습니다. “큰스님이 언제 돌아오십니까?” 물으니까 전부 다 모른다고 말씀하십디다. 그런데 토요일 정진에 저를 초청했는데요, 법당에 와 보니 아홉 명이 있었는데 거기서 서로 토론하고 잠시 참선을 한자리에 앉아서 했는데, 먼저 이 자리에서 큰스님 앞에서 질문한 거와 같이 오색 같은 환영이 보이기에 ‘오늘 무슨 일이 있으려나? 아니면 큰스님이 돌아오실 건가?’ 이런 생각을 했습니다. 좀 있다가 오후 8시 반인가 버스 타는 데 나가면서 하늘을 쳐다보니까 비행기가 오데요. ‘아, 저기 큰스님이 타셨구나.’ 그렇게 생각했지만 그래도 확실히 오시는지는 모르고 그다음 날 아침 예불에 참석한 겁니다.

그래서 선실에 가서 아는 보살님한테 물었습니다. “보살님, 어제 저녁에 큰스님 오셨지요?” “예.” 그래요. 부장님은 일요일 오후 7시에 오신다고 그랬는데 아무래도 제 예감이 말입니다, 큰스님이 오실 거라고 생각해 가지고 보살님한테 물으니까 오셨다고 말씀하셨습니다. 그런 느낌을 한번 가졌습니다.

큰스님 그런데요, 거사님은 그런 느낌만 있는 게 아니라 당신은 가난하고 남보다 배우지 못했고 살기가 급박해. 그렇기 때문에 눈물어리는 그 간곡한 마음으로써 간곡히 믿고 다녔던 겁니다. 남이 생각하는 거보다 더 간곡했던 겁니다. 사람이 자기 환경이 처절하게 되면 그건 간곡한 겁니다. 그건 누가 뭐, 말 안 해도. 그래서 “보는 것도 도가 아니니라. 듣는 것도 도가 아니니라.” 다섯 가지를 말했습니다.

그런데 한 가지 한 가지 눈이 뜨이기 시작을 하는 겁니다, 이게. 한 가지 한 가지 눈이 뜨이기 시작을 하니까 아, 이 마음의 눈이 좀 뜨여서 남들은 몰라도 ‘아, 저분이 저 비행기 타고 오시는구나.’ 이렇게 마음의 눈이 떠지는 겁니다, 그게. 그러니까 그렇게 떠진다 해서 내가 이것이 다라고 하지 마시고요. 이거는 배우는 과정이야, 어디까지나. 그러니까 차차차차 눈이 떠지면 귀도 떠진다 이거야. 들리기도 한다 이거야. 그러니까 귀도 떠지고 거기서 남의 속도 알게 돼. 그리고 남의 그 지나온 과거도 알게 돼. 이런 거를 다 배우면서 숙달해야 되기 때문에 남한테 '내가 이렇게 안다' 이런 소릴 내놓질 말고, 그냥 이렇게 모여서 토론을 할 때는 딴 사람들의 공부할 수 있는 그 기반을, 틀을 잡아 주기 위해서 얘기를 하지만 딴 때는 절대로 얘기하지 않는 것이 좋아요.

질문자2(남) 명심하겠습니다.

큰스님 예. 그래서 그것이 천안이 열리는 과정이다 요렇게 봅니다. 그러니까 마음의 눈이 떠진다, 마음의 귀가 떠진다, 마음의 숙명을 안다, 마음의 타심을 안다, 마음의 그 신족을 안다. 즉 말하자면 신족이라는 건 가고 옴이 없이, 모습 없이 이렇게 오는 거를 말한다. 가고 오는 것 없이 자기가 벌써, 즉 말하자면 옛날 같으면 축지법이라고 그러는데 시공이 없이 그쪽과, 비행기 가는 거하고 내가 지금 여기 생각하는 거하고 한데 붙여놨다 이거야. 여기 이렇게 갖다 끌어다가 본 거야, 이게. 거기 가는 걸 본 게 아니라 끌어다가 본 거라니까, 여기서.

질문자2(남) 열심히 공부하겠습니다.

큰스님 그래서 옛날에도 그런 일이 있었죠. 수많은 사람들이 사월 팔일에 등을 켜는데 아주 가난하고 어려운 한 여인이, 다른 불은 비바람이 치고 해서 다 꺼졌는데 그 여인의 불만 안 꺼졌다는 겁니다. 그래 부처님께서 "세상의 이 많은 등 중에 어쩌면 다른 건 다 꺼지고 저 여인의 불만, 숲 속에서 여기까지 다 밝힐 수 있는 그 불만 안 꺼지고 켜져 있느냐?" 이렇게 물으셨고, "거길 가 봐라. 지금 그 불빛이 여기까지 다, 이 여래의 집을 다 밝혔느니라." 하셔서 가 보니까 어떤 여인이 등 하나 살 돈이 없어서 가만히 숲 속에 앉아서 마음의 등을 켜고 있더랍니다. 그러니 숲 속에 앉아서 마음의 그 한 등을 켜는 여인의 모습을 보니까 옷은 갈갈이 뜯어지고 가난해서 바가지에다 밥을 얻어서 놓고, 절에 가서 밥을 얻어 놓고 인제 그걸 애들을 먹이려고 갖다 놓고서는 앉아서 그럭하고 자기도 등을 켜고 있는 거야.

이 도리가 얼마나 위대하고 정말이지 신비하고…, 이 신비한 것을 맛을 보지 못하면 누구도 이 맛을 모릅니다. 여러분이 이걸 듣고서 이 맛을 보려고 한다면 아니 되니까, 직접 여러분이 맛을 보셔야 할 겁니다. 여기 한마음선원에서 우리가 지금 현재에 배우지 못한다면 앞으로 또 그 차원에서 고에 휘달려 가면서 또 이런 인연을 앞으로 천 년은 기다려야 할 거 아닙니까? 그렇다 해서 내가 귀중한 사람이 돼서 천 년을 기다려야 된다 이런 게 아닙니다. 천 년이라는 건 하루가 천 년이요, 일 초가 천 년이 될 수 있다는 것을 아셔야 됩니다.

여러분이 만약에 이 도리를 안다면 내가 이 꺼풀을 벗는다 하더라도 나는 산 것이 없기 때문에 죽을 것도 없다는 결론이 나옵니다. 왜? 언제 내가 새삼스럽게 태어났나요? 새삼스럽게 태어난 게 없기 때문에 새삼스럽게 죽을 것도 없다는 얘깁니다. 그러니 천 년을 기다릴 것도 없고 만 년을 기다릴 것도 없고, 일 초라고 할 것도 없고 만 년이 아니라고 할 수도 없고 천 년이 아니라고 할 수도 없습니다.

여러분이 귀가 뜨이지 않고 눈이 뜨이지 않는다면 그 차원에서 수없는 나날을 고에서 헤어나지 못할 테니까 그럴 수밖엔 없고, 그 잠재의식 속의 카세트에서 각본대로 나오는 대로 몰락 거기다가 놓는다면, 바로 그것이 그냥 녹아 버린다면, 그 카세트 테이프가 공테이프가 될 때는 바로 여러분이 새삼스럽게 맛을 볼 수 있는 그런 계기가 생기지 않겠나 이렇게 봅니다.

또 누구 말씀하실 것 없습니까? 재미있게 얘기 좀 하세요. 뭐, 딱딱하기만 한 것 같은데 난 만날 이 타령이거든요. 하하하…. 남들은, 정락 스님이나 이런 분들은 웃기기도 잘하시는데 난 웃을 겨를도 없고 어떤 땐 그래요, 그냥.

질문자3(남) 제가 여쭙겠습니다.

큰스님 예.

질문자3(남) 제가 살생을 하기 이전에나 한 연후에 천도를 시킵니다. 천도가 되는 것입니까?

큰스님 천도를 시킨다 하면 천도는 안 되는 거죠.

질문자3(남) 그럼, 어떤 모습을 어떤 차원에서 바꿔 줘야….

큰스님 천도를 시킬 게 뭐 있습니까. 시킨다 하면 천도는 벌써 안 되는 거지.

질문자3(남) 그럼 살생의 그 업보는 어떻게 됩니까?

큰스님 아이, 내가 여태 얘기했지 않습니까? 이 찻잔과 뚜껑이 있습니다. 이게 다른 겁니다. 이게 당신이고, 이게 어떠한 벌레든지 그렇다고 그럽시다. 그럼 순간 내가 눈으로 봤을 때에 탁 죽였다 이겁니다. 죽이는 순간에 이건 자기 살이 되고 자기 생명이 되고 자기 마음이 되는데 어째서 천도를 했다고 봅니까. '천도를 한다' 이럴 때는 벌써 '못한다' 하는 꼬리가 거기에 붙어서 벌써 둘이 되는 겁니다. 그렇게 빠릅니다. 그냥 주인공 부를 새도 없어. 그렇게 빨라. 주인공을 어떻게 부를 새가 있남.

그런데 바깥에서 기어 다녔으면 좋겠는데 어떤 거는 이렇게 집어서 그냥 저 바깥으로 버리지만 어떤 거는 꼭 죽여야만 하는 그런 때가 있거든. 뭐, 그건 자기의 마음대로지, 하기야. 그 모습을 가지고 살면 뭘 하오, 또. 생각하면 뭐, 기가 막히지. 그래서 순간 아무 생각 없이 '탁' 했을 땐 벌써 그냥…. 그 도리를 알란 말이에요. 그 도리를 그냥, 그대로 그냥, 그냥. "여여, 여여!" 하죠? 그러니 그게 둘로 된다면, 그냥 그렇게 빠른 접착제와 같은 건데 어떻게 거기에서 천도를 한다는 생각이, 거기에 새가 붙느냐 말이야, 응? 벌써 천도를 한다 하면 그

건 벌써 이 접착제가 붙지를 않아. (녹음 안됨)

자성(自性)으로서 자유스러운 생활을 하라

1987년 8월 2일

큰스님 … 아주 모르는 그 속에서 나올 수 있는, 그런 것을 발견할 수 있어요. 대의적으로만 이렇게 말을 하다 보면, 조그마한 데서부터 큰 게 있는 건데 조그마한 거를 느끼면 큰 것도 그게 동일하니까요.

나는 어디로 갔든지 간에, 여러분이 더우시겠는데 여기 선풍기 좀 갖다 틀어 드리면 얼마나 좋으냐? 있는 거 가지고. 없으면 하릴없지만 말이야. 나는 여기 부채가 있어서 걱정 없지만 말이야. 허허허…. 그, 죄송하잖아요, 나만 부치기가.

우리는 억겁 전년서부터 인연이 돼서 이렇게 한자리를 내내 하고 있는 바로 한 몸, 한마음이 아니겠습니까? 이렇게 인연 된 것이 우연이라고 하지마는 우연히는 없습니다. 우리가 이렇게 한마음 되고 인연이 되는 것도 우연이 아니라 필연적으로, 그전에도 인연이 돼서 왔던 그 길을 그대로 반영하는 것뿐입니다. 그렇게 같이 해 왔기 때문에 여러분의 그 근기가 이만큼, 서로가 이거를 알 양으로 노력하는 이런 마음이 스스로 생기게 되고 '내 마음이, 여기서 이렇게 배워 가지고 몸이 죽는다면 요다음에 또 바꿔 가지고 나왔을 때는 또 모를 거 아닌가?' 이렇게 생각하지 마세요. 지금 아는 것은 스스로 나오게 돼 있습니다, 스스로서. 여러분이 지금 살아생전에 아시면 그게 살아생전에 열반이요, 그 열반이 짙어지면 바로 그때는 그대로 요다음에 몸을 바꿔 가지고 나오시든지 안 나오시든지 그건 자유에 맡기는 겁니다. 모두가 나 아님이 없기 때문에 말입니다. 내 몸을 따로 우선 정한다는 것까지도 없습니다. 그대로 밝으니까.

그러니 오늘도 정락 스님이 설법하셨는데 느끼신 바가 있다면 어떠한 점에서 아, 이거는 좀 이해가 안 간다거나 또는 살아가면서 이해 안 가는 점, 공부하면서 이해가 안 가는 점, 또 내 괴로움이라든가 모든 점에서 우리가 서로 나눌 수 있는 그런 한자리입니다. 예전에 석존께서도 제자들과 같이 앉았을 때는 "전부, 너나 나나 모두 아라한이니라." 그러니까 얼른 쉽게 말해서 "스승 제자가 없느니라. 나도 똑같은 한자리니라." 이렇게 얘기하셨던 거죠. 그래서 속이 넓고 지혜로운 분은 아주 모르는 사람에게는 같이 몰라 주고 어린애에게는 같이 어린애가 돼 주고, 여러분의 손자 또는 막내 이런 사람들한테는 그저 같이 동일하게 응해 주고 이렇게 하시는 것이 바로 같이해 주시는 거거든요. 모습은 그렇지만 마음은 같은 한마음으로 동일하게 해 주시는 거지요, 사랑하기 때문에. 그렇게 우리가 해 나가듯이, 이 자리에서는 스승, 제자가 없이 토론을 할 수 있는 그 지혜로운 넓은 마음이 있다면 서로 토론해 보자는 거지요.

그리고 우리가 자활, 자성으로서 내가 활동을 하고 자유스럽게 질서를 지키는 그런, 문란치 않게 하는 그런 자유인으로서는 결국 우리 몸을 가지고, 이런 물질을 가지고 높으냐 낮으냐, 더 먹었느냐 덜 먹었느냐 하는 걸 따지지 않습니다. 우린 그렇게 무한의 그 진리가 있어서, 예전에 부처님께서 다섯 살 먹은 아이를 두고 칠십 먹은 노인네더러 하는 소리가 "저 사람은 너의 아비니라." 그리고 아이에게는 "저 사람은 네 자식이니라." 이렇게 해 주었거든. 그 가르치는 묘미는, 지혜가 넓어서 그 가르치는 데에는 아주 월등하셨다는 얘기죠. 그러니까 거기에서도 그런 생각을 안 해 볼 수가 없죠. '왜 다섯 살배기를 아비라 했을까?' 하는 그 관하는 마음, '그러면 칠십 먹은 노인이 어찌 내 아들이 될 수 있나?' 하는 거 말입니다. 얼마나 묘미가 넓으십니까?

그럼 내가 문제를 하나 내놓을까요? 예전에 부처님께서도 그러셨지만 내내 그 부처님은 수억만 명이 있어도 한 분이니까요. 한 분이라는 건 개인적인 어떠한 분을 가지고 한 분이라고 그러는 게 아닙니다. 그러니까 그거를 비유해서 우주 삼라만상 대천세계에 어떠한 바다가 있다면 골골이 팔방 시방에서 다, 만 골짜기에서 다 모여들어 이 바다로 모인단 말입니다, 그 물줄기가. 근데 그렇게 바다로 모이니까 더러운 물 깨끗한 물, 그전에도 얘기했지만, 많이 모여도 그 물을 가라앉히면서 서서히 청정하게, 끊어도 끊어짐이 없이 흐르고 있거든요. 흐르고 있는데 고기와 용은 아주 빈번하게 작용을 하면서 나왔다 들어갔다 나왔다 들어갔다 하면서 그렇게 작용을 잘하고 참 자유스럽게 놀고 있었답니다. 그러니 "자유스럽게 노는 그 소식이 어떠한 소식이냐." 그러고 물었답니다. 그러니 그 고기와 용이 자유스럽게 바다에서 노는 그러한 소식은 어떠한 소식인가? 그건 어디의 소식인가 이겁니다.

우리가 여직껏 주인공 공부를 하면서 이 삼라대천세계 우주의 섭류도 내 한 별성에 있다고 했고 그 별성이 내 마음이라고 했고 내 마음이 바로 모든 우주의 섭류를 작용한다고 그랬습니다. 그랬으면 그런 것이 이해가 가지 않을까 생각합니다. 어떻습니까? 네?

신도1(남) (청취 불능) … 요즘과 같이 이런 갑작스러운 기상의 변화라든가 이런 것이 과연 내 마음에도 관계되어 있는가 하는 그러한 의문점이 들거든요.

큰스님 이거는 힌트입니다. 사람이 내 생활 속에서 내가 일체 만법을 작용하고 나가고, 고정됨이 없고, 내 몸이 생활에서 지금 하고 나가는, 나와 상대와 상대성 원리로서 둥글리고 나가는, 굴리는 그 법이 그대로 우주와도 더불어 같이 섭류를 서로 둥글리고 간다는 뜻입니다. 그런데 그것이 이해가 안 간다면…. 그래서 내가 하는 말입니다. 자성을 발견하지 않고는 심오한 그 뜻이 나오질 않는다는 얘깁니다. 그러니 아는 게 있다면 아는 것도 거기서 나오는 거 아닙니까? 거기서 알고 있는 것이 나오는 거기 때문에 아는 것도 거기다가 되놔라 이겁니다. 거기다 되맡겨 놓고 '이것도 거기서 하는 거, 이것도 거기서 하는 거. 당신밖에는 해결할 수가 없어!' 하고 모든 것을 놓고 감사하게 생각하고 이렇게 지금 나를 깨치기 위해서는 모든 것을 이, 엇갈리지 말아야 합니다. 일체를 다 거기다가, 거기 한 구멍에 들어갔다 한 구멍에서 나오는 겁니다.

만약에 이것을 듣고선 '아, 이것이 참, 이게 아닌가.' 하고 끄달리거나 '저것이 아닌가.' 하고 끄달리거나 이런다면 저승 세계에 내가 한 번도 가 볼 수가 없습니다. 그건 무슨 소리냐 하면 열반 세계라고도 하고 정토 세계라고도 합니다. 내 마음이, 내 육신이 살아 가지고 정토 세계를 봐야지 내 육체가 죽어 가지고 무슨 소용이 있습니까. 죽고 나서는 내가 살아서 그것을 못 봤고 못 했고 못 이루었기 때문에 죽어서도 역시 그렇고….

죽어서는 경계가 있습니다. 내 차원의 경계, 자기가 만들어 놓고 자기 그 항아리에 들어가는 차원 말입니다. 누가 "거기 들어가라. 경계가 바깥에 있다." 이러는 게 아닙니다. 자기가 경계를 만들어 놓고 경계를 짓고 그 안에 들어가는 겁니다. 그러니까 이것이 계단 없는 계단이요, 바로 항아리 없는 항아리요. 지옥도 천당도, 이것이 계단이 없건만 사람들이 자기가 만들어 놓고 거기서 노예 생활을 하게 되고, 만들어 놓고 영원히 아주 벗어나지 못하는 노예 생활을 하는데 그, 기복이라는 게 그렇죠. 아주 판에 박혀 있고 노이로제에 걸린 것처럼 딱 붙잡아 매 놨으니 세세생생을 간들 그것이 면해지고 벗어질 수가 있겠습니까? 항상 자기가 자기를 벗기는 거고 그러니까 상구보리 하화중생이라고 그랬고 또 천상천하에 유아독존이라고 한 그 뜻이 무엇인가를 우리가 짐작할 수도 있지 않겠습니까?

그래서 아까 말씀드린 것을 우리가 생각할 때, 만 물줄기가 다 바다로 든다. 바다에는 그 만 물줄기의 깨끗한 물만 어찌 들랴. 수많은 만 골짜기에서 흘러내리는 물은 구정물도 있고 썩은 물도 있고 또 핏물도 있고 고름물도 있고, 그 천차만별로 돼 있는 물줄기가 다 바다로 든다. 바다에 드는데도 불구하고 그 바다는 그저 물이 항상 깨끗하게 흐르거든. 그렇게 들어오건만 싫단 말도 또 좋단 말도 없이 받아들이면서 가라앉혀 가면서 그렇게 유유히 흐르고 있다. 유유히 흐르고 있다면 거기에는 뭐가 등장할까? 고기와 용은 자유스럽게 놀고 있더라. 나왔다 들어갔다 자유스럽게 놀고 있더라. 그런데 그 소식은 어떠한 소식에 해당할까?

신도1(남) 자비한 마음 아닙니까? 모든 악과 좋은 걸 가리지 않고 진실한 그 참마음 자리라는 것….

큰스님 그다음에는요?

신도2(남) 자성을 발견했기 때문에 자유롭다는 뜻이 아니겠습니까?

큰스님 예. 자유롭긴 하나 고기와 용은 뭘로 비유했을까요?

신도3(남) 부처님 아니면….

신도4(남) 인간의 마음을 비유한 것 같습니다. 바다라는 것은 더러운 물 또 깨끗한 물, 모든 것을 덮어 주고, 우리가 지금 말하는 바다라는 것은 어머니의 마음이나 마찬가지로, 일단 바다가 넘는 걸 못 보고 바다가 변색하는 걸 못 봤습니다. 또 바다가 지금 스님 말씀대로 더러운 것이 어디 감쪽같이 없어지고 일체의 한마음, 그러니까 바다가 넘치는 걸 못 보고 변색하는 걸 못 보고 일단 우리가 자연 그대로의 모든 마음을 갖다가 아, 이것이….

큰스님 말이 왜 그렇게 깁니까? (대중 웃음)

신도4(남) 부처님의 마음이라고 생각합니다.

큰스님 그것 말하기 전에 벌써 그놈의 건 다 어디로 도망갔어요. (대중 웃음) 아주 한마디로 규정을 지어서 내놓는다면?

신도5(남) 절을 한 번 하겠습니다.

큰스님 좋았어요. 좋았어. 그 절하는 소식은 또 무엇일까요? 예? 저분이 지금 일어나서 손을 합장하고 절을 했는데 그럼 한 몸에 들어 있네요. 합장을 하고 절을 했다. 그럼 뭘까요? 그것이….

신도6(남) 마음이 동일하다는 거.

큰스님 에이그! 그래요. 우리가 고기와 용은…, 이것을 말로 이렇게 일러 드리면 말재주만 늘어서….

신도7(남) 중생하고 깨친 사람하고 같이 논다는 것 아닙니까?

큰스님 아이, 참 내! 아니, 이렇게 가깝게 여러분이 그냥 앉아 계시면서 그렇게 말씀하신다면 그거 멀어요. 아주 상당히 먼 얘깁니다, 그게. 여러분은 날마다, 오늘 지금까지도 아니, 고기와 용이 놀고 계시면서도 그것을 느끼지 못하셨습니까? 하하하…. 아니, 그렇게 하시고 지금 여기까지 이렇게 오셔서 말씀하시고 이렇게 육체를 움죽거리시면서도 그거를 해결 못하십니까?

신도8(남) 고기는 육체고 용은 마음입니다.

큰스님 에이그, 얘기해 놓으니까 그러면 그게 무슨 소용 있습니까. (대중 웃음) 그러게 사람이라는 것이 이 말로다가 전달해 주는 것은 가식이야. 그렇기 때문에 여러분한테 그거보다 더 묘한 말을 해 드리려도 내가 말을 못해요. 말로만 괜히 늘어 가면 어떡합니까, 그거? 괜히 사람 죽이게. 선무당이 사람 죽인다고, 큰일 나죠.

그렇기 때문에 예전에도 그런 얘기가 있었죠. 아주 그냥 경을 안 보는 거 없이 달달달달 위로 꿰고 아래로 꿰고…, 내가 탄허 스님하고도 그래서 싸움을 많이 했습니다마는 뭐, 막 들이대고 이래도 그 스님은 가만히 계십니다. 그러니까 어떻게 보면 참 유난하다고 볼 수밖에 없는데 그만큼 내가 존경하기 때문에 그런 겁니다. 여러분한테도 그만큼 여러분을 내 몸과 같이 아끼고 존경하기 때문입니다. 어떻게 보면 내가 위인 것 같지만 아주 밑바닥입니다. 여러분의 밑바닥에서 내가 이렇게 허우적거리고 있는 겁니다. 그렇게 위로 꿰고 바로 꿰고 옆으로 꿰고 그래도 손색이 나지 않았답니다.

말들만 앞세우지 마세요. 뜻으로 한다면 말 한마디 없이도 그 표현을 할 수 있습니다. 내가 뜻으로만 한다면 그저 "아이, 제가 지금 여기 움죽거리고 앉았습니다." 이렇게 해도 되고, 또 그냥 아무 소리 없이 물 한 그릇을…, 그 자리에 있으면 뭐, "안경이라도 쓰십시오." 해도 좋고 뭘로 표현을 해도 그건 되는 대답이야. 사람이 작용과 고깃덩어리니까. 말을 그렇게 해서 여러분 앞에 점검을 해 보는 그런 이치도, 이게 방편입니다마는 참, 그 도리가 좋다고 봅니다. 그래서 여러 선지식들이 많이 계셨습니다마는 그 점검해 보는 방편대로 내가 말을 하면 흉내를 내서 아주 달달달달 외고 있기 때문에 그 방편은 쓸 수가 없어요, 또. 너무도 말로다가 잘 아는 분들이 많기 때문에.

그래서 학인으로서는 아주 유명한 학인이 있었는데 어느 깨치신 분이 보니까 '사람은 쓸 만한데 꼭 저러니 저걸 어떡하면 좋은가.' 해서 하루는 "내가 자네한테 한마디 묻겠네." "예. 뭐든지 물어보십시오." 아주 그냥 뭐, 자기한테는 뭐든지 물어보라는 거거든요. "자네 나오기 이전 소식을 한번 일러 보게." 이랬단 말이야. 그거는 배우지 않았거든요. 도대체 배우지 않았으니 어디서 대답을 합니까. 캄캄하단 말이야. 그래서 다시 자기 처소로 가서는 있는 책이라는 건 다 뒤져 봤습니다. 다 뒤져 봐도 그 대답은 없습니다. 도리가 없는 거야. 그때서부터 '내가 이 책을 들이 꿰고 바로 꿰고 외로 꿰고 이렇게 했건만도 그 대답 하나, 간단한 그 대답 하나 못할지언대 이걸 해 뭘 하냐.' 하고 다 태워 버리고선 그 스님한테 가서 다시 가르쳐 달라고 하니 가르쳐 줍니까, 그걸? "그거를 내가 가르쳐 줘서 모든 사람들한테 악화를 일으키기 이전에 말을 하지 않는 것이 법이니라. 네 스스로서 알 생각 해라." 이랬거든. 그래서 할 수 없이 공양주로, 저 먼 데로 떠나서 공양주를 하면서 그것을 깨쳤다는, 큰스님이 됐다는 얘기가 있습니다.

그렇듯이 우리가 아무리 잘 알고 이 세상에서 똑똑하다 할지라도 내 마음을 깨닫지 못하고는, 발견하지 못하고는 도대체 똑똑하지 못합니다. 똑똑한 말과 뜻과 행이 어떻게 나오겠습니까, 그거. 그래서 사람이 나를 깨치면 벌써 자기를 낳아 준 육체, 즉 말하자면 육의 부모부터 건질 수 있다. 거기서부터 12대 종손을 건질 수 있다. 12대 종손이라면 그냥 먼 친척도 이렇게 자꾸 연결이 돼서 인과로 인해서 있는 그것을 무너뜨린다 이겁니다. 무너뜨리고 나아가서는 우주의 전체 일체 만물을 응용할 수 있고 또 지옥을 무너뜨릴 수 있고 그냥 지옥고에…. 예를 들어서 지옥에 있는 사람이 있는데 내가 지옥에 들어가서 그 마음속에 들어가면 그냥 지옥고가 무너져. 지옥고가 무너지는 건 아는데, 여러분 자신이 지옥고를 무너뜨리게 하기 위해서 내가 이러지 않고 어떡합니까?

그래서 전에 그런 예가 있었습니다. 내가 여러분한테 이렇게 말했습니다. "이생이 달리 이생이 아니다. 즉 여러분이 공덕을 이룬다면, 공덕심을 이룬다면 그것이 바로 이생이다. 너를 이롭게 할 수 있어야만이 남도 이롭게 할 수 있고 모든 걸 벗어나게 할 수 있는 이로움을 준다. 그러니까 당신들도 역시 이생이 아니겠는가? 이생이라는 건 너 나가 없이 다 이생이다. 보살행을 하면 이생이니까. 이롭게 한다는 뜻이다. 글자를 보지 마라." 이랬더니 날더러도 그때 이생이라고 부른 예가 있었습니다. 흉내를 그렇게 잘 내요. 얘길 하면 그것이 인간의 이름이 아니라는 걸 알아야 될 텐데 흉내를 내거든요. '지장보살' 하면 지장보살이 따로 있는 줄 알고 흉내를 낸단 말입니다.

그래서 그때에는 많은 사람들이 산에서 나를 보지 않고도 그저 재깍재깍 이루어지니까 뭐라고 그랬느냐면 "저 사람은 사람이 아니다." 그랬습니다. 그런데 나중에 생각을 해 보니까 그건 내 실험에 불과했습니다, 내 실험에. 그건 내 실험을 한 거지, 그분네들한테 그렇게 해도 될 수 있는가 하는 것을 실험한 거지, 그분네들 가르친 건 하나도 없죠. 그러니까 그분네들의 이 머릿속에는 '만날 가서 내가 얘기하면 된다' 는 것이 있으니 이 노예 생활을 길게 해 줬던 거죠. 내가 심부름을 했다 할지라도 그 사람이 심부름을 하게끔, 이렇게 심부름쟁이가 되게끔 했거든. 그래서 그다음서부터는 어떻게 했느냐? "내가 한 게 아니라 당신네들이 했다." 이렇게 또 탁 뒤집었단 말입니다.

그러니까 "나는 힘이 없다. 스님이 해 주셨다." 이렇게 나오거든요. "그게 아니다. 종잇장도 맞들면 쉽지 않더냐? 어떻게 혼자 풀칠하고선 금방 붙일 수가 있느냐? 한 찰나에 붙일 수가 있느냐? 그러니까 풀칠하는 사람과 붙이는 사람 양면이 둘이 아니라야만이 그것을 홀딱 얼른 붙일 수 있다, 쉬지 않고. 그렇듯이 그것은 당신이 나를 믿고 왔기 때문에 당신이 하는 것이다. 사람이 장마가 들어서 축축한 것을 볕을 쐬려면 여러분이 들어서 바깥으로 내 널어야만이 볕을 쐴 수 있습니다, 태양을. 그렇기 때문에 그건 자기가 자동적으로 한 거지 태양이 해 준 게 아니지 않습니까. 태양은 비춰 줄 뿐이지 여러분이 작용을 한 겁니다. 안 그렇습니까? 그러니까 그분이 했죠. 허허허. 그래서 홀랑 뒤집었습니다, 또. 뒤집어 놓고 보니까 그걸 이해를 안 합니다. 그래서 또 이리로 달아빼 왔죠.

그러니 우리가 그 한 점에 지나지 않고 그 한 점마저도 없는 내 그 광대무변한 묘법에 의해서 내 마음이 그렇게 작용을 하는데, 쉬지 않고 작용을 하는데 그 뜻을 모르고 육체의 본의로써 항상 나가니 우리가 거기에 맞출 수가 없습니다, 도대체. 그래서 내가 어떤 땐 이렇게 생각해 봅니다, 내 천성인진 몰라도. "그래, 이번에 비오는 데에도 그렇고 모두 그렇게 수해를 보고 그랬는데 네가 그렇게 안다면 왜 애당초에 그걸 해결 못했느냐?" 이러시겠죠? 뻔합니다, 뭐. 나부터라도 그럴 텐데요, 뭐.

그런데 그런 게 있습니다. 사람은 고정된 마음이 없기 때문에 때에 따라서는 미운 생각도 있고 때에 따라서는 예쁜 생각도 있습니다. 비유해서 말하자면, 여러분이 자손들을 기를 때에 부모에게 영향을 받은 그런 거를 거름으로 생각하고 아무리 부모가 못났다 할지라도 한 번은 질문을 하고 뭘 시작을 해야 할 텐데, 자기가 아버지보다 더 낫거든요, 자기 생각에는. 그래서 너무 자손들이 극단적으로 나가고 의논도 하지 않고 저질러 놓고 얘기하는 겁니다. 그것이 지금 세상의 본의라고 이렇게 할 수 있으리만큼 돼 있는데…. 그런 것처럼 자꾸 그렇게 되고 반항하고 그렇게 되면 부모가 어떻게 생각을 하게 되느냐면 그냥 포기하게 됩니다, 마음으로. "에이, 쯧! 너 하고 싶은 대로 해!" 귀찮으니까. 인제 한 번 말해, 두 번 말해 이러다가 그게 귀찮으면요, 그냥 포기해 버립니다. '그냥 그저 어떡하든지 네가 하는 거 잘되기나 해라.' 이러곤 그냥 포기해 버립니다. 자기 존재라는 건 아주 포기해 버립니다.

그러는 것처럼 비가 와도 그냥 그런 생각도 없이 '아, 장마 들었구나.' 이렇게 생각하다가, 아버지도 그렇게 그냥 맡겨 놓고 그러다가 정히 이것이 탈락해서 빠질 때는 아버지도 정신이 퍼뜩 들듯이 그렇게 되는 거죠. 그러면 그것을 정돈하죠. 처리하게 되고 말들도 하게 되고 "네가 이렇게 이렇게 했으면 이게 될 텐데 이렇게 이렇게 했기 때문이 아니냐! 그러면 이왕 그렇게 된 것 이렇게 이렇게 해라." 하고 정돈을 하게 되죠. 자식을 위해서 포기하라고 그러든가, 자식을 위해서 이렇게 길을 인도해 준다든가, 자기의 경험으로 봐서 "너는 이렇게 이렇게 하는 게 좋을 것 같다." 하든가 이러한 결론을 세우죠. 그런 거와 마찬가지로 이 시대가 이렇게 되는 것도 가만히 뒀다가 절망에…. (녹음 안됨) 자기 법망에 걸림 없이 자신들이 알아서 할 거를 기대하면서 지금 가르치고 있는 내가, 때에 따라서 그까짓 것쯤이야 뭐, 그냥 장마들 때 들고 자기의 묘미가 있다면 다 해결하고…. 또 나라에서도 이럽니다. "비가 오든 억수장마가 들든 인간이 부지런하고 이것을 개발하면, 또 비가 안 와도 우리가 개발하면 물 줄이지 않고 먹을 수 있다." 그러거든요. 이거는 모두가 흑자가 아니라 적자입니다. 우리의 마음으로부터 존경하면서, 자연의 법칙을 존경하면서…, 자연의 법칙이 바로 내 이 마음 안에 든 겁니다. 그걸 위로는 존경하면서 아래로는 자기가 부지런히 오관을 통해서 잘 정리해 나간다면 그게 질서입니다. 그리고 또 계율이고 법도고요. 그게 부처님 법이 있기 이전에 인간의 법이고요. 그런데 이건 무질서하게 이렇게, 비가 안 와도 우리가 부지런하면, 개발하면 먹을 수 있다 그러는데, 땅에서 물이 안 나오는데도요? 우리가 지금 독 안에 들어 있으면서 독 안에서 지금 독의 것을 파먹는 셈입니다. 지금 독 안의 물이나 보물이나 뭐, 이런 거 있는 걸 파먹는 격입니다.

우리가 언제까지 그걸 파먹고 있으면, 이것이 한도가 있다는 얘깁니다. 그러면 그때 가서는 우리 2세들이, 2세의 2세의 2세의 2세가, 지금 여기 앉아 있는 분만 자기가 아니라 요 2세로 내려가면서도 자기입니다, 그게 다. 앞으로 우리가 돌아가면서 모습만 젊게 바꿨을 뿐이지 자깁니다. 그게 어디 남입니까. 자기의 육신, 피와 살, 뼈, 그 인과, 그 모든 걸, 습까지도 닮게 만들었습니다, 자기가. 형성시켰습니다. 두 내외가 형성시켰습니다. 뿌리에다가, 뿌리 없는 뿌리에다가 이 보이는 모든 것을 형성시켰습니다. 그러니 얼마나 묘한 여러분입니까? 힘 안 들이고 그걸 다 만들었습니다. 만들었다면 어폐가 있을는지 모르지마는 형성시켰습니다. 사람을 하나 더 형성시켰습니다. 그랬는데 그 형성시킨 사람은 자기를 닮았습니다. 성격까지도 발가락까지도 부부를 닮았습니다. 요거 안 닮았으면 요거 닮고 요거 안 닮았으면 요거 닮고 요렇게요. 그러니까 종합적인 닮음을 가지고 형성된 거죠. 그래서 우리가 이 세상을 살아나가는 데에 자기가 부모들의 습과 부모들의 작용과 모든 걸 일체 닮아서 나와 가지고 사니 어찌 자기의 2세가 아닙니까? 응? 그러니 자기의 2세인데, 그래서 '콩 심은 데 콩 나고 팥 심은 데 팥 난다'는 얘기가 있죠. 그리고 '그 밥에 그 나물이다' 그런 소리가 있죠. 그 밥에 그 나물.

그런데 우리가 이 공부를 하게 되면 그 밥이 그렇게 자유스러운 율동과 자유스러운 무(無)의 활용과 그것이 동시에 회전이 되기 때문에 자식한테도 그건 미치는 겁니다, 반드시. 이 보이지 않는 세계에 가고 옴이 없이 그대로 그냥 그리로, 뿌리로 에너지가 들어가는 겁니다. 들어가는 게 보이지는 않지만 그 에너지는 연방 들어가고 있는 겁니다. 한 계통이기 때문입니다, 이게. 바로 자기 모습만 달랐다 뿐이지 자기 2세기 때문입니다. 그렇기 때문에 자기가 자기 전화통을 돌리면 내 아들이라는 마음이 있기 때문에 그리로 직속 들어간다는 얘깁니다. 이렇게 묘한 법을, 만법이 다 마음 하나 먹기에 달렸다 하는 것이 거기에 있거든요. 그렇다면 내 자식이 잘못된대도 그건 잘못되지 않습니다. 자활이요, 자율적이요, 그 무(無)의 세계, 유(有)의 세계를 회전하는 대인의 활용이다. 그렇게 나간다면 자식들도 저절로 뭐, 그거는 일일이 말 안 해도 저절로 물리가 터지는데 어떡합니까? 에너지가 그냥 발생되는데요. 여러분 눈에 보이지 않아도 그렇게 들어간다는 걸 철저히 아셔야 됩니다.

공자 어머니가 임신할 때도 "의지가 약하고 넝마 같은 심령은 나한테 주지 마시고 이 세상을 다 다스릴 수 있는 그러한 심령을 나한테다 심어 주시오." 했거든, 공자 어머니가. 그러니까 이 스님이 가만히 생각을 하니까 그렇게 된 심령을 고를 수가 없어. 6년을 골라도 고를 수가 없고 7년 만에 골랐단 얘깁니다, 그 공자 하나 고르는데. 그래 6년을 임신을 하려고 다녀도 임신이 안 돼. "왜 안 됩니까?" 하면 "아직 고르질 못했느니라. 그렇게 네가 달라고 그러지 않았느냐?" 그러시는 거죠. 하도 속상해서 6년 되던 해에는 안 갔는데 7년 되던 해 초에 꿈에 "얘야, 인제 골랐으니 오너라." 이러거든. 그래 갔는데 그달부터 태기가 있어서 낳은 것이 공자를 낳았다 합니다. 우리도 그렇게 자유스러운 겁니다. 우리가 자유스럽게 자유인으로서 살 수 있는 그 기반이 그렇게 주어져 있다는 사실을 100% 가지시고 있어야 됩니다. 그래서 우리가 토론을 하자 하는 것도 그런 조그마한, 그런 미묘한 세계에서, 아니 내가 행동하는 데서 바로 직접 우주의 섭류가, 또 우주의 만법이, 동서남북 삼세의 그 뜻이 다 거기에 있는 거니까요. 그래서 그걸 시방세계라고 하죠.

그럼 이거는 아시겠습니까? 여기 지금 이 물이 이렇게 들어 있습니다. 아까는 그거 틀린 겁니다, 전부. 허허허, 길게 내놓고 이게 뭡니까? 하여튼 대답을 한번은 잘하셨습니다. 열심히 주관적으로 지금 하고 있으니까 아마 거기서 나온 것 같습니다. 자기는 잘 모르면서도 자기 주관이 뚜렷하니까, 거기서 나오니까 자기가 해 놓고 자기가 배우는 겁니다, 지금. 얼마나 좋습니까? 자긴 배워야 되거든요. 자기의 스승한테 자기가 배워야 되거든.

우주 개공이 여기에도 들어 있다고 예전에 누가 차를 마시면서 말했더랍니다. 우주 개공이 어떻게 요 찻잔 하나에 담뿍 들어 있겠습니까? 어떠한 이치로 그 소식이 가능할 건지 모르겠습니다. 예전에 어느 산 스님하고, 즉 생불하고 일본에 있는 어떠한 머리들하고 아마 차를 자셨던 모양입니다. "까불지 마라." 한마디로 말해서, 쉽게 말해서 "너희들 까불지 마라. 우주 개공이 이 찻잔에도 들어 있다." 하니까 "그 소리를 나는 모르겠습니다." 하더랍니다. 그러면서 '아, 여기도 사람이 있구나.' 하고선 그 소리를 알아들었기 때문에 물러갔다는 얘기가 있습니다. 그렇듯이 "우주 개공이 여기 찻잔에도 들어 있으니 너희들 까불지 마라. 여기 이 한국이 아무리 좁은 땅이다 할지라도 여기에도 사람이 있다." 이 소리나 같습니다. 그것을 여러분의 의견대로 그 소식을 한번 일러 보십시오.

신도9(남) 마음입니다, 사람의.

큰스님 글쎄, 마음이라고 해도 거기에 직결되지 않은 그런 부분이…. 우주 개공 그 자체가 한마음이라고 이렇게 모두 여러분한테 일러 줬기 때문에 그랬지, 내가 진짜 알면서 "우주 개공이 마음이다." 하면 모를까 그렇지 않고는 "마음이다" 하더라도 그냥 그건 대답이 못 됩니다. 허허허.

신도10(남) 지수화풍입니다.

큰스님 우리가 이론적으로, 교리적으로 말한다면 그렇습니다.

신도11(남) 스님, 제가 그 찻잔을 들겠습니다.

큰스님 그래도 좋습니다. 지금 이론적으로 요거를 딱, 이론과 이론이 아닌 부분과, 마음과 이론을 포함해서 말하자면 그대로 드는 것이 옳죠. 그런데 마음이라는 자체도 지수화풍이라는 자체도…, 이 찻잔이 자체가 바로 지수화풍이거든. 그러니 자기도 지수화풍, 이것도 지수화풍, 우주 전체가 지수화풍으로 돼 있고 물도 그렇고 다 그러니, 우리가 생각한다면 그저 한번 부쩍 들어 주는 것이 옳겠죠.

하지만 이것을 배우지 못하고 들어서는 아니 됩니다. 이걸 알지 못하고는…. 여기에서 참자기의 그 보석에 의한 칼이 제대로 날이 서고 갈아져서 착 들면 사방에 빛이 번쩍번쩍 날 수 있어야만이 이 칼을 뽑을 수 있는 거죠. 이 칼이 닦아지지 않고 이론적으로 알고 그냥 들어서는 절대 안 됩니다. 이것을 언급하는 것이 아주 무서운 도립니다. 정말 빳빳한 사람한테 걸리면 그 칼에 맞습니다. 그러나 아주 익어서 고개가 숙여진 분한테 맞는 거는 그렇게 나쁘게 맞질 않습니다. 외려 에너지가 충분히 담기게 하고 그거를 계발을 하게 만들지 그렇게 사람이 망가지게 치지 않습니다. 그래서 선무당이 사람 죽인다고 하는 그런 이론이 나온 거죠.

바로 우리가 만물을 소생시키는 어머니도 되고 아버지도 되기 때문에 "천지만물" 이렇게 말하죠. "천지만물이 내 한마음에 들어 있으면서 그 한마음의 칼은 두루 비치면서 아니 비치는 데가 없도다." 하는 그런 얘기가 있듯이 말입니다. 우리가 만약에 그렇게 어머니와 아버지의 양면이 화해서 이루어진 그 빛나는 칼이라면 어찌 자식을 치며, 자식이 아닌 자기를 어떻게 칩니까, 자기를. 곧 자기입니다. 지나가는 거지라도 곧 자기고 기어 다니는 벌레라도 곧 자기입니다. 그렇기 때문에 살생하지 마라. 곧 너다.

또 나중에는 벌레커녕 석존도 잡아먹는다 이런 문제가 있습니다. 잡아먹는다. 이건 말이 어폐가 있는 말이지만 그거는 석존에게는 특히 좋은 말입니다. 석존이 가르친 본의가 있는 말입니다. 석존뿐입니까, 응? 오백 비구를 다 집어삼키고도 그 석존마저 집어삼켰다. 이건 보통 문제시되는 그런 역적이 아니라 아주 석존에게는 진짜 가르쳤던 보람이 있는 그런 대승리를 한 거죠. 그게 바로 자기니까요. 먹힐 건 어딨고 먹을 건 어딨습니까마는 그 먹히고 먹은 거, 그것이 바로 둘이 아니기 때문에 그런 소리를 해서 작용을 일으키는 겁니다. 그거를 관해서 알라고 말입니다. '도대체 어째서 석존 같은 분을 개를 줘서 씹게 만들겠다는 말을 하나?' 또 '어떻게 집어삼켰다고 할 수 있나?' 하다가 보면 그게 나오는 거죠.

또 사시면서 우리가 나 공부하는 데 자아를 발견하고, 그래서 우리가 내 몸에 대해서도 시급한 게 첫째, 내 안을 끌고 다니는데 좋게, 이롭게 끌고 다니느냐 하는 문제도 이게 시급한 겁니다. 여러분이 내 몸 하나 제대로 끌고 가지 못한다면, 만약에 한쪽이 병든다면 뭔 삶의 보람이 있겠습니까? 늙었든지 젊었든지 내 마음이 편안하고 그래야만 되지 않겠습니까? 내 몸이 편안해야 내 마음도 편안하죠. 내 마음이 편안해야 또 가정이 흐뭇하게 조화를 이루죠. 이거는 일거일동이 그냥, 아프면 내 몸 하나 처단을 못하고 모든 게 미지근하고 모든 게 귀찮고,

그럴 때는 모든 게 보람이 없습니다. 포기해 버리는 거지. 그건 포기지 놓는 게 아니죠.

그러니 보람 있게 살 수 있는 내 몸을 끌고 다닌다. 끌고 다니는 데에는 그 육체 속에 수많은 중생들을 태워 가지고 나는 선장으로서 잘 끌고 다닌다. 깊은 물에는 깊은 물대로 얕은 물에는 얕은 물대로 잘 반영해서 끌고 다니는 그런 선장이 돼야 된다. 하여튼 나부터 발견해야만이 잘 끌고 다닐 테니까요. 이 몸 아픈 것만이 아니거든. 야, 취직을 해서 만약에 회사를 다니거나 공무원이 됐다거나 장사를 한다거나 해도 그거 끌고 다니는 것마저도 그 선장이 하는 거거든. 그러니 그 묘묘한 법은 말로 다 형용할 수가 없어요.

그것만 알면 그거 뭐, 바깥의 상대적인 일이야 스스로, 내 몸 끌고 다닐 줄 안다면 내 상대성을 끌고 다닐 줄 알고, 마음 하나 턱 내 주면 보이지 않는 조상, 보이는 사람 이거 다 천도하는 겁니다. 천도가 별다른 게 아니에요. 마음을 조절해서 잘 알려서 잘 인도하는 것이, 보게 해 주고 귀 뜨게 해 주고 길을 인도해 주면 다 그게 천도지 않습니까? 산 사람도 마음을 잘 이렇게 해서 내 마음을 같이하면서 이렇게 자기 마음을 발견하게 해서 자기가 자길 잘 끌고 가면 그게 천도거든. 모습 없는 모습들이나 모습 있는 모습이나 다 끌고 갈 수 있게끔 자기 자성을 이루게 만들어 주면 그건 뭐, 정말 시쳇말로 '왔다' 죠. 그것이 바로 지장도 되고 보현도 되고, 응? 문수도 되고 관세음도 되고, 바깥으로 나오면 관세음이요, 나를 보호하면 보신이요, 또 움죽거렸다 하면 화신이라. 잘 이끌어서 가는 그 과정을 말하는 거죠.

그리고 내 속의 진짜 뿌리는 내 지장이다, 감추어져 있으니까. 이 몸은 흙이 아닌가요? 한 줌의 흙으로 되는 건…. 그러니 흙 속에 묻혀 있는 보물이지. 여북하면 지장이라고 그랬나. 그 지장 자체가 개인의 어떠한 사람이 아니라 나다. 각자 나예요. 각자 나의 보배예요. 그래서 죽어 가는 사람만 지장이 해 주느냐? 그게 아니거든. 이름해서 지장이지, 보배를 말하는 거라. 묻혀 있는 보배. 그래서 그 묻혀 있는 보배로서 바깥으로 내놓을 때, 빛으로 말할 때는 "온 누리에 아니 비치는 데가 없고 아니 보는 데가 없느니라." 하는 것을 '관세음'이라고 합니다. 이게 어떠한 개인 개인의 따로따로 있는 이름이 아니라 여러분이 똑같은 이름을 가지고 있습니다. 일체제불은 여러분의 마음입니다.

신도12(남) 스님, 그래서 제 소견은요, 이 자성이라든지 불성이라든지 한마음이라든지 이런 것을 다르게 인식을 한다면 이 우주 자연현상 그 자체를 말하는 거 같아요.

큰스님 멀리 가지 마세요. 멀리 가 가지고 "내 집 안에서 새는 바가지는 나가도 샌다." 이런 말이 있습니다. 나부터 알아라 이겁니다. 요즘 여러분이 공부하실 때 나부터 아시려고 하세요. 그런다면 "나, 주인공아!" 아침에도 그럽니다. 아침에도 문안드릴 때는 어떻게 문안드리는지 아십니까? "주인공! 아침 조반 들었나?" 그랬을 때 "어휴! 그럼, 지금 막 아침 조반 잘 들었고 말고." "그럼 여보게, 자네 밥 먹고 식기를 닦았나?" 그러거든. 그럼 벌써 늦은 거야, 그게. 깨닫지 못하고 우리가 반연해서 이렇게 자꾸 돌아가는 건데, 그때까지 있지 말고 "주인공! 조반 먹었나?" 그랬을 때 "여보게, 식기 닦았네." 이러리만큼 돼야 되거든. 그럼 누구더러 그랬나? 자기더러 하고 자기가 대답한 거지. 자기더러 하고 자기가, 대답한 놈도 그놈이요, 그 먹었다고 하는 놈도 그놈이거든. 먹었느냐 한 놈도 그놈이요, 먹었다 한 놈도 그놈이거든.

여북하면 주인공이라고 그랬나? 주인공이라고 한 이유가 뭔가? 고정된 관념이 없고, 고정된 행이 없고, 고정되게 본 게 없고, 고정되게 가고 옴이 없고, 고정되게 만남이 없고 아, 이러니까 공했지. 허허. 아니, 꽉 찼지. 공해서 그냥 시공이 없이 꽉 차서 돌아가는 데는 어떡할 거냐고요, 응? '쉴 사이 없이 그렇게 나투면서 돌아가는데 어떤 거 됐을 때 나라고 할까' 해서 나라는 것을 내세울 게 없는 것이 주인공이요, 그 주인공이 바로 부처라 이런 뜻입니다. 그러니 참들 좋은 법을,

지금 우리가 이런 인연을 한 번 만나기도, 둘이 아닌 사람들이 한자리에 한 번 해 보기도 얼마나 오랜 세월이 걸리는지 모릅니다.

보세요. 새는 새 알을 낳죠? 돌연 변해서 자기가 꿩 알 낳는 거 못 보셨을 거예요. 그런데 그것이 수차적으로 새 알을 낳고 새가 되고 새 알을 낳고 새가 되고 반복하다가 어쩌다가 트이는 겁니다. '야! 내가 신기한 걸 봤다.' 이랬을 때 그 마음이 돌변해 가지곤 딴 걸로 마음이 바뀌었을 때 딴 걸로 돌변하는 겁니다, 교차로에서. '내가 저리로 가야 되는데….' 하고 이 몸을 벗고서 딴 몸으로 화하는 겁니다. 이 마음이에요, 그게.

그래서 서천국에서부터 동천으로, 지금 '동쪽으로 난다' 이걸 말했죠. 우리가 과학적으로 본다면 동쪽 서쪽이 따로 없다 이렇게 나오죠? 그런데 우린 서천국에서부터 동쪽으로 뜬다. 이거는 보이지 않는 데서부터 보이는 데로 나온다 이겁니다. 얼른 쉽게 말해서 내가 내 마음으로부터 그 작용이 나온다. 그전에는 요렇게 작용을 했는데 아이, 작용해 가지고 보니 신청부 뒷다리 같아. 그래서 딴 작용으로 나오는 그 마음을 쓰게 되자 모습도 딴 걸로 나오죠. 그래서 콩 심은 데 콩 나고 팥 심은 데 팥 나는데 마음은 내놓을 게 없는지라, 그 마음을 계발하면 스스로서 마음의 차원이 높아져서 몸도 높게 화해서 나온다 이 말입니다.

신도13(남) 스님께서 아까 자기 주인공에게 매사를 물어서 행하라 하셨는데 그렇게 되자면 주인공이 참불, 진아, 참나, 거짓 나, 위아(僞我) 뭐, 이렇다고 그러는데 사람의 마음이 갈피를 잡을 수가 없으니까 어느 것이 참 진아, 자기….

큰스님 그런 거를 따지면요, 그건 빗장도 쥐지 못합니다. 그런 걸 따지면요. 무조건 따지지 마세요. 진짜든 가짜든 거기서 다 나오는 거 아닙니까? 그러니 진짜다 가짜다, 어느 게 나냐 이러지 마시고요. 수없이 바뀌 가면서 자꾸 나투는 거니까. 하나에서 자꾸 나투는 거니까.

아, 금방 나무껍질이었는데 금방 물에 개지고, 물에 개졌는데 금방 종이가 되고, 이렇게 되듯이 말입니다. 그러면 그것이 어떤 게 나라고 그러겠습니까? 허허. 그러니까 나쁜 것도 좋은 것도 전부…, 이 봉투도 나무껍질로부터 모든 것이 가공돼서 나오는 거거든, 지수화풍으로 다. 그런데 어떤 거를 나라고 하겠습니까.

그러니까 모든 것을, 나 아닌 거든 나든 거기서 나오는 건 다 맡겨 놔라 이거야, 응? 뭐든지. 이게 진짜냐 가짜냐 이걸 따지겠느냐 이거야. 이 세상 모두 자기가 해 나가는 거, 그리고 그것이 다 하는 거, 거기서 작용하는 거, 거기서 상대성 원리가 나오는 거, 거기서 만법이 나오는 거, 꿈에도 물체가 바뀌어서 자꾸 나오는 거…. 나를 깨달으려면 모두 그냥 아예 '그게 도대체, 주인공! 내놓으려야 내놓을 수도 없고 보려야 볼 수도 없는 주인공! 당최 무엇이야?' 하고선 그냥 자꾸 관해야 돼요. 그것은 이유를 불문에 부치고 하세요.

오늘은 이만 그치겠습니다.

만법의 진의를 꿰뚫어 행하라

교화사 수료식

1987년 9월 24일

사회자 큰스님의 당부 말씀이 계시겠습니다.

큰스님 그래도 우리가 선원에서 공부를 한다고 하는데, 아니 공부라기보다도 인생이 어디서 와서 어디로 가는지 또는 가고 오는 교차로에서 우리는 어떠한 것을 해야 하는지, 또 만법의 진의를 꿰뚫어 알아서 행하는 그 귀중한 행을 우리가 어떻게 하는 것이 진짜 행인지 한번 이걸로써 얘기해 보려 합니다. 이 많은 꽃 중에 어떤 것이 제일 값비싸고 진짜 꽃이라고 하겠습니까. 대답들 한번 해 보십시오. (잠시 사이) 대답들 한번 해 보시라니까요. 어떤 게 제일 진의의 꽃인지 말입니다.

예전에 내가 그랬습니다. 공동묘지에 가 보니까 남녀노소를 막론하고, 애와 어른을 막론하고 모두가 늙었고 손 아닌 손이 하나도 없더라고요. 그런데 그렇게 손이 많은 손에서 진짜 손이 어떤 것입니까. 예? 진짜 손이 어떤 것입니까. 이거는 세 마디 네 마디 들어가야 말들이 된다 하지만 우리가 여직껏 배우고 그랬으니까, 진짜 손이 어떤 것입니까? 이렇게 해 가지고야 어디 가서 누가 물으면 대답 한마디 하겠습니까, 어디. 예? 대답 한마디 하시라니까요.

신도1(여) 진짜 손은 스님한테 꽃 한 송이 올리고 싶은 손입니다.

큰스님 말 없이 해도 괜찮아. 누가 못 알아들을까 봐? 물론 손이라는 것이 쓰자고 만들어 놓은 손이겠지마는 우리 이 손은 손이 아닌 까닭에 손과 손이 마주 친 것이 바로 진짜 손이죠. 우리 그대로 이렇게 행한다고요, 우리가. 그래서 그런 것을 꼭 무슨 말대답을 해야만이 된다, 안 된다 그건 없지만 우리가 그래도 이 마당에서는 한마디 하는 것도 좋지 않겠는가. 이 세상에 남녀노소를 막론해 놓고 또 여자 남자, 애 어른을 막론하고, 벌레 하나를 막론하고 어떠한 게 제일 삶의 진의가 있습니까? (잠시 사이)

이거 봐. 사람이 말이야, 두려운 것도 없고 아무것도, 이 자리에서는 아무것도 없는, 자기가 솟아 나오는 대로 그냥 그대로…. 이거는 뭐, 송장 덩어리가 됐나, 모두. 우리가 모두, 신이 이 우주 공간에, 삼천대천세계에 신이 꽉 찼다고요. 그런데 어떠한 게 진짜 신이겠습니까?

사회자 오늘 교화사 자격증 주는 날인데요, 좀 쉽게….

큰스님 그래. 허허허…. 그럼 그렇게 하지, 뭐. 그런데 이 확인증을 준다는 자체, 받는다는 자체가, 이 오늘이, 사는 데에 제일 진의가 있는 지금 이 시점이 아닌가 이거야, 우리가. 그러니 이것은 무엇으로서도 대항을 할 수 있는 거라고, 이게. 하여튼 뭐, 앉았어도 앉음이 없고 섰어도 선 게 없고 돌아다녀도 돌아다닌 게 없이 돌아다니니까 사는 진의겠지. 하여튼….

(교화사 자격증 수여식 진행)

웬 사진들은 이렇게 찍느라고 야단이야.

오늘 이 자리에서 이런 말 한마디 할까요. 만약에 여기 어느 스님이 들어와서 "가신 님들은 가셨으나 오신 부처가 안 계시네." 이런다면, 여러분이 나라면 무엇이라고 대답을 해야 옳을까요? (잠시 사이) 무엇이라고 대답을 해야 옳을까요? 만약에 여러분이 나라면. 그렇게 편리하고 그렇게 간단하고 그렇게 좋은 법을, 생동력 있게 살아가는 이 사람들이 글쎄, 그 대답을 어떻게 해야 옳을까요?

물론 공안이라는 것이 사괘를 맞춰서 틀을 딱 짜 놓고선 공안을 던지는 법도 많지. 그러나 한번 그 공안 아닌 공안을 그냥 무수히, 틀에 박힌 공안이 아니라 아무렇게나 던지는 공안에 대해서도 어떠한 대답이라도 할 수 있는 그러한 사람들이 돼야만이 자격이 있지 않은가 이렇게 봐요. 어떠한 대답이라도 할 수 있는 거니까요. 그것은 말하면서도 할 수 있고 안 하면서도 할 수 있고 그런 문제랍니다. 그것도 용도에 따라서 거기에 맞게 대답을 해야 옳겠죠. 예, 한번 대답해 보세요.

신도2(남) 제가 스님이라면 앞에 있는 컵의 물을….

큰스님 예?

신도2(남) 앞에 있는 컵의 물을 드실 거 같습니다.

큰스님 하나만 알지 둘은 모르잖아요, 그럼. 인사가 되지 않죠. 물론 그것이 옳긴 옳습니다. 틀린 건 아닙니다. 그러나 규격이 맞지 않는다면 잘 덮어지지 않겠죠.

신도3(남) (청취 불능)

큰스님 그것도 군더더기가 되죠. 이치는 맞아요. 이치는 맞는데, 거 참! 그래서 마음, 깊은 마음이 있고 골수가 있어요. 이것은 어디까지나 마음, 깊은 마음이 있기 때문에 골수에서 그 샘물이 나올 수 있는 대로 착착 나오죠. 맞긴 맞습니다. 그러나 이건 인사가 아니죠. 또 그러면 한 분씩 말씀해 보세요. 이건 말을 하고 하든지 안 하고 하든지 아주 상관이 없습니다.

신도4(남) 제가 과거 조사들의 걸어온 발자취대로 한번 해 보겠습니다. 문은 닫았다고 하나 저는 변함이 없습니다.

큰스님 우리가 '즉' 한다면 그것도 번거롭죠. 번거로워. 누구 말마따나 사괘를 맞춰서 네 가지의, '이거는 어떠한 문제로 이렇게 됐고 이건 어떠한 문제고 요건 어떤 문제로 인하여 이것이 즉 이렇다' 이러고 하는 것은 늦어. '즉' 이라면 늦어. 벌써 거기….

신도5(남) (청취 불능)

큰스님 허허허…. 그래서, 또 어디 한번들 해 봐요. 여기서 이렇게 주저거리면 나가서는 어떡하게? '즉' 하고 대답하는 것은 서로가 맞먹어 들어갈 때 '즉' 이 들어가고, 만약에 상대방이 좀 더 연세가 많거나 좀 더 위대한 분이라면 다 똑같은 법력이라도 좀 더 대접을 해서 삼배를 올리는 것도 맞아. 또 지금 한 것은 우리가 동등한 입장에서 한번 거론을 붙여 보겠다 하는 것이거든, 이게. 즉 말하자면 그냥 인사를 드리고 그냥 잔잔한 게 아니고, 문을 열고 나갔다가 들어왔으니 한번 문을 여닫아 보자는 뜻이거든. 인사는 하되 말이야. 그러니까 동등한 입장에서 그것이 거론되죠.

또 지금 "이것을 한잔 먹겠습니다." 이랬거든요. 이건 한잔을 드려야 옳습니다. 그렇죠? 둘이 아닌 까닭에 드려야 옳죠, 온 사람이니까. 이건 내가 먹는다면 이건 나와 둘이 아니라는 뜻에 속하고 내가 이걸 한잔을 드린다면 그리로 하나가 돼 버려요. 그러니까 인사가 되고 그것이 답도 되고 그렇습니다. 여기 있다는 소식을 드리는 거고.

또 한 가지는 이런 게 있죠. 때에 따라서는 아, 그냥 "어서 오십시오." 하고선 "여기 있습니다." 해도 돼요. 하지만 그게 그 뜻을 아는 자라면, 그렇게 말을 했다면, 예를 들어서 "사람 여기 있습니다." 그러고 가서 악수를 한번 하든가 "앉으십시오." 하고선 딱! 딱! 딱! (손뼉을 세 번 치심) 이렇게 하든가…. 여기 있다 이거야. 그건 자기 마음대로 할 수 있어요, 그 도리만 알면. 온 사람을 접대할 땐 우리가 인사하죠. 그냥 "앉으세요." 이래도 "여기 있습니다." 하는 소리나 똑같아요. 그건 뭐, 어렵게 할 필요가 없어요. 그리고 "아이구, 이거 목 마르시단다. 물 한 그릇 드려라." 그러든가. 그렇지 않으면, "아이구, 떡을 못 잡숴서 시장하시단다. 떡 드려라." 하면 떡이 없어도 좋아. "떡 드려라." 이러거든.

그래서 온 사람이 물어도 영 대답이 시원치 않을 때는 왜, 어떤 때는 이러죠. "야, 이놈아! 떡 먹어라." 그러지. 그런 거와 같이 "차나 한잔 마시고 가게." 차는 주기나 하고 그래? 또 사람이 배가 고프다 그러면 밥은 주지 않고 "아무 방으로나 가서 밥 좀 줘라. 배고프단다." 이러고 하거든. 그러곤 나오면 하는 소리가 "자네 공양 들었나?" 이러거든. 기껏 빈방에 뒀다가 나오게 해 놓고 말이야. 이러는 수도 있어.

그러니까 여러분이 용도에 따라서, 물론 여기에서는 건방지다고 그럴까 봐 대답을 안 하시는 분도 있겠지마는, 그러는 수도 있겠지. 그러나 나가서는 그러지 않으리라고 믿습니다. 또 합장 배를 하고 "어서 오십시오." 해도 함이 없이 했다면 그것이 그대로 인사고. 그러니까 상대방에서 그런 소리를 알지도 못하고 자기 휘갑도 못하면서 만약에 그런 말을 했다면 한번 또 혼구멍이 날 테지.

어떤 사람이 이랬대요. "저는 춥고 배가 고픕니다." 하니까 "그러면 가서 먹어라. 본래 네가 서되 서홉을 먹고 있거늘 어찌 배가 고프다고 하느냐." 그러니까 그게 무슨 소린지 모르는 거야. 그러니까 자기가 모르고 그것을 휘갑을 못하고 그 말을 했을 때는 그냥 달아나가지 별 수 없거든. 그냥 이거는 내가 하는 소리야. 뭐, 누구 말을 들어서가 아니라. 그래서 배가 고프다고 해서 그런 소릴 했는데 그 사람이 "그래도 저는 배가 고프고 춥습니다." 하니까 "그러면 저 행랑으로 가거라." 그래서 이제 방에 들어가서 앉았는데 아무리 저거 해도 밥상이 안 들어오거든. 그래서 또 나왔지. 나오니까 "공양 들고 나오느냐?" 그러니까는 물끄러미 쳐다보고 있어. 이 생각 돌아가는 게 늦어지니까 "얘, 이놈의 새끼!" 하곤 그냥, 그냥 멱살을 쥐곤 "이놈의 새끼! 밥을 처먹었으면 식기를 닦아 놓지 않고 그냥 가?" 그러면서 그냥 따귀를 한 대 때리거든요. 그러니까 거기에서 그냥 홀연히 떠오른 거예요. 그러니 우리가 그 한마디 한마디 하는 것도 그런 말장난에 끄달리지 않는 반면에 우린 어떠한 일에 부닥칠지 몰라.

예를 들어서 아까 아침에도 얘기했지만 "천수천안인데 어떠한 것이 진짜 눈이냐? 정안이냐?" 이러는 사람도 있겠죠. 어떤 것이 진짜 밥이냐? 어떤 것이 진짜 신이냐? 뭐, 별거 다 가지고 논의가 벌어지죠. 그러나 그건 즉발 들어가는 거기 때문에 이유가 붙질 않아. "지금 스님께서 스스로 보시고 계시지 않습니까?" 이래도 좋고 "스님께서 스스로 보시고 알고 계시지 않습니까?" 해도 좋고 또 그냥 "이거를 보십시오." 하고 절을 해도 좋아. 허허. 그렇게 간단명료하게 우리가 즉시 들어간다면 아주 편리해. "어떻게 공부를 했노?" 하면 아, 일어나서 어청어청하다가 그냥 앉아도 되고, 일어났다 앉아도 되고, 세 번을 일어났다 앉아도 되고, 한 번을 일어났다 앉아도 돼, 그건. 세 번이라는 것은 뜻으로 과거니 앞으로 올 거니 또 지금 현재를 싸잡아서 하는 법인데 한 번을 해도…. (녹음 안됨)

예전에 탄허 스님 계실 당시예요, 그때가. 학으로는 그저 모든 걸 통달하고 그랬는데 그런 문제가 있었죠. 모두 스님네들이 와서 배가 고프다고 웅성웅성거리니까 "부처님의 마음으로서 자시렵니까, 또 보살의 마음으로서 잡수시렵니까, 중생의 마음으로서 잡수시렵니까?" 이 세 가지를 물었다 이거야. 그러면 댁들이 만약에 그때의 그분들이라면 어떻게 대답을 했을까 이런 문제. 어떻게 밥을 먹어야 옳을까, 밥도 갖다 놓지도 않았는데.

그래, 이랬겠지. 즉 말하자면 그건 듣는 사람이나 듣고 그랬겠지. 그 말을 그렇게 물었다면 그렇게 할 수도 있어. 그건 그래야 얻어먹을 수 있으니까. 그것은 얻어먹는 게 얻어먹는 게 아니고 내 밥을 내가 먹고 항상 자유스럽게 사는 사람들에 속하니까. 그런데 거기에서 저, 이름도 인제 잊어버렸어. 도일 스님이라고 그랬나 그랬어. 아주 젊은 스님이야. 그때 나는 콩 꼬투리만 한 게 아무것도…. 그런데 그런 말을 했을 때 그 스님은 뭘 했느냐면 누구 말마따나 "즉!" 그랬거든. 손으로 (손뼉을 한 번 치시며) "즉!" 그랬거든. 그러니까 다른 사람은 뭐, 별소리 다 하는 거야, 그냥. 그게 귀에 안 들어오는 거지. 그래서 딱 한 그릇만, 그분만 갖다 드린 거야. 그러니 얼마나 욕을 먹었겠소. 그래서 내쫓겼지. 허허허. 탄허 스님하고 참, 얘기도 하고 그러고선 나는 또 딴 데로 인도해 줘서 가기도 하고 그랬지마는 그래, 딱 그분만 갖다 드리고서는 다른 사람은 다 안 갖다 드렸으니 어떻게 됐겠어요? 그러고서는 "다 공양 들여오너라." 그래서 다른 사람도 다 갖다 드렸지마는, 그렇게 장난이 심했어요. 장난이 심해 가지고 발길에 차이기도 하고 그랬지마는, 발길에 차이면 얼마나 그렇게 웃음이 나던지.

그것이 둘 아닌 까닭에 웃고, 둘 아닌 까닭에 남을 원망하지 않고, 둘 아닌 까닭에 모두가 화합을 도모하고 조화를 이루고 한마음 한뜻으로서 돌아갈 수 있는 법이죠. 이것이 너다 나다 한다면 항상 밉고 잘못하고 '뭐, 제까짓 게.' 이렇게 나오죠. 그러나 남녀를 막론해 놓고, 어린애 어른을 막론해 놓고 그대로 순수하게 물 흐르듯 따라갈 수만 있다면 그대로 둘이 아니죠.

그래서 젊으나 젊은 게 고렇게 장난이 심하다고 욕도 먹고 그랬어요. 그렇지마는 그때에 내가 공부하는 거지. 그분들이 다 스승이지. 내가 아만통이 있어서 그런 건 아니거든. 내가 배우려고 했던 거죠. 그 스님네들이 오셨으니까 내가 배우기가 얼마나 좋습니까. 그러니까 그렇게 해 보기도 하고 저렇게 해 보기도 하고 그랬던 것이 바로 그때, 그 한때 탁마가, 탁마라고 볼 수밖엔 없죠. 배도 안 고픈데 가서 무조건 밥 달라기 일쑤고 또 아무 데 가서 자도 잘 수 있는데 잠 좀 자고 가자고 하기 일쑤고, 그래 가지고 내쫓기기도 하고 말이야. 그러면 "여기 사람 없네." 하고 또 악을 벽력같이 쓰고 말이야. 이러니 누가 좋대? 그러니까 미쳤다고 할 수 있을는지 모르지. 그러나 내가 배울 땐 맞아도 보고 때려도 보고 이러다 보면 그게 성숙되고, 성숙되면 그게 무르

익어서 만 가지 맛을 낼 수 있고 만 가지 맛을 나게 할 수도 있고 줄 수도 있고, 그 얼마나 좋아요. 그러니까 줄 수 있다는 것은 나이기 때문에 같이한다는 뜻이에요. 이 보이지 않는 에너지가, 이렇게 가르치는 사람도 보이지 않는 에너지가 있기 때문에 보이지 않는 데로 오고 감이 없이 그 골수와 그 깊은 물속에 같이, 물이 같이할 수 있는, 더러운 물이 들어가도 그냥 여여하게 청수가 되고, 또 불이라면 불 속에 불티를 넣어도, 쇠를 넣어도, 나무끼를 넣어도 모든 게 타 버린다는 그 점을 여러분은 아셔야 할 겁니다.

사무장님이 지난번에도 얘기했지만, 이 공부하는 도리와 여기 다니면서 어떻게 해서 편안해졌다든가 나았다든가 이러한 것을, 또 가정살이를 좀 편리하게 해 나가게 하기 위한 그런 문제를 모르는 사람들을 위해서 우리가 모두 한 구절씩, 공부한 사람들은 한 구절 짓는 것도 되죠. 특별한 무슨 한 구절을 짓는다든가 시를 읊는다든가, 간단하게 한다든가 또 길게 한다든가…, 누구더러 한마디 했더니만 '두두물물'이라고만 적어서 왔듯이 말이야. 그냥 그렇게만 했듯이 말이야. 그렇게도 적어 오고 저렇게도 적어 온다면 우리 국장님이나 법사님이나 일하기가 아주 얼마나 좋은지, 회보에도 그렇게 나갈 것이고, 주소와 이름도 다 나갈 수 있으니 말입니다. 저 선원에는 회장님들이 공부들을 잘하셔서 이렇게 했다고 하고 신도님도 이렇게 공부를 했다고 하는 것을 우리 국장님이 잘 다듬어서 매끈하게 해서 또 내놔 줄 수 있고 그러니 얼마나 좋겠어요. 그거를 자기가 썼을 때는, 갓 나온 거는 좀 껄껄하지. 왜, 갓 나오게 되면 살림살이를 매끈매끈하게 못하죠? 갓 나온 어린애기 때문에. 그렇기 때문에 그냥 어른으로 아주 성장을 시켜서 내놓는 것이 지금 국장님 일이에요. 그러니까 무슨 국장 무슨 국장 해도 다 한데 합쳐져 있어요. 교화고 글씨 쓰는 거고 다 한데 합쳐서…. 책이 나가는 것도 교화야, 알고 보면.

그러니 우리 모두가 한마음 한뜻이 돼서 일요일이라도 그런 사람들한테 모두 한마디씩 하라 그래서 그렇게 할 수도 있고, 또 "당신은 여기 와서 어떠어떠했습니까?" 하고 누구든지, 여기 있는 분들도 다 이럭해서 적어 와 준다면 그걸 계기를 삼아서, 사는 데 보람이 어떠한 것인가 알게 하기 위해섭니다. 또 우리가 말없이, 그런 발버둥이를 치지 않아도, 약을 먹지 않아도, 돈이 많지 않아도, 병원에 안 가도 업보의 그 인과, 유전성 이런 것이 스스로서 그냥 한생각에 녹아 버릴 수 있고, 한생각에 그냥 조화를 이룰 수가 있고, 너 나가 없이 그렇게 할 수 있다는 그 점을 가르치기 위해섭니다. 그래서 여러분이 그렇게 해 주는 게 얼마나 좋을까 하는 생각이 있어요. 거기다 또 더 보태서 할 수도 있고요. 그러니까 작든 크든 좋으니까 모두, 그저 모르는 사람이 "내가 이 절에 와서 이렇게 됐습니다." 이렇게 해도 그거는 여기에서 종합해서 쓰는 사람에게, 또 말하는 사람에게 모두 달렸잖아요. 우리가 배추나 무나 뭐, 여러 가지 물건을 사다가 합해서 전부 다듬어서 반찬을 만들어 놓으면 맛있게 먹듯이 말입니다.

그러니까 모든 일을 하는 데 용기를 잃지 말고요. 왜냐하면 때에 따라서는 캄캄하고 때에 따라서는 '에이, 살맛도 없고 인생이라는 게 쯧! 뭐, 그렇지!' 이러곤 허무하게 그냥, 자기가 허무하다는 생각도 없으면서도 때에 따라서는 가을 잎이 떨어지고 그러면 무단히 그냥 먼 산 바라보고 고개가 끼웃뜨려지거든. 그러니까 그런 생각도 한생각에 생동력이 넘치게끔 하는 것도 자기 자동기에 달렸단 말이지. 자동기가 바로 음파도 낼 수 있고, 즉 말하자면 무전 전파도 할 수 있고 염파도 할 수 있고, 즉 음파도 낼 수 있고 뭐, 여러 가지로 다 할 수 있는 거죠. 빛과 광도 전력도 컴퓨터도 그 자동기에서 그냥 모두 할 수 있기 때문에 모두가 삶의 보람을 잃고 내가 "에유!" 이러다가도 용기를 내게 할 수 있는 자기 생각, 한생각이라면 용기가 나죠. 아파도 '내가 아프면 어떡해.' 하면 그게 자동으로 들어가서 바로 바깥으로 발사가 되는 거죠. 아프지 않죠. '일어나기 싫어.' 해도 '일어나기 싫으면 어쩔 거야.'

하고 일어나면 일어나지는 거죠. 그게 '즉' 이거든요.

그리고 때에 따라서는 사람이 너무 즐거워도 생각이 안 날 때가 있어요. 재밌는 생각을 할 수 없을 때가 있거든, 너무 즐거워서. 그럴 때는 무심히 앉아 있으면 그렇게 좋으면서도 생각이 떠오르고, 그렇게 조용하고 고요하고 그럴 수가 없거든요. 그것을 무엇이라고 표현할 수가 없죠. 하여튼 여기 가도 나, 저기 가도 나. 그런데 뭐, 내가 가고 오고가 어딨습니까. 가고 오고도 없거든. 저기 가도 있고 저기 가도 있는데 우리가 한 발짝 떼 놓고 두 발짝 떼 놓고 '저 동네, 저 동네, 저 동네' 이렇게 해도 과언이 아닙니다. 이 앉은 자리에서 삼천대천세계가 바로, 제 깔고 앉은 방석 하나 자리가 글쎄, 엉덩이 댄 데만큼이 삼천대천세계 방석이야. 그러니까 요기서 살고 저기서 살고, 저기다 저기다 할 것이 없다 이거야.

어떤 신도가 이런 말을 해요. 개 한 마리를 기르는데 하도 밤새도록 울어서 "이 강아지야, 너도 알다시피 동네가 시끄러우면 너를 기를 수가 없지 않으냐. 네가 만약에 불성이 있다면 내 말 뜻도 이 의식으로써, 촉각으로 다 들을 수가 있지 않겠느냐. 너도 감각이 있으니 다 사람으로 행실을 좀 해 봐라. 맨날 강아지로 쓰고 다니려느냐. 그러곤 맨날 이 발길 저 발길에 차이겠느냐." 하니까 그날 저녁부터 울지를 않고 누가 와도 그냥 고갤 수그리고, 누가 가도 짖지를 않고 그냥 멍멍대다 간 고갤 수그리고 꼬리를 치고 이러더라 이거야. 그러니 그거는 아주 우선권이야. 사람으로 가는 우선권이라고. 허물은 지금 그렇게 돼 있지마는 사람이 금방 된 거야, 그게. 그러니 무명만 벗겨지면 금방이야, 그게. 벌써 사람하고 왕래가 돼 있으니, 뭐.

그러니 부처님은 간 데 온 데가 없이 모습 없는 모습이나 모습 있는 모습이나, 마음 없는 마음이나 의식 없는 그 생명이나 모든 것에, 어떠한 점에서든지 어디 가든지 나툼 아님이 없다 이거야. 이게 거짓말인 줄 알지 말라고. 우리 현실에 지금 그럭하고 가고 있다고. 그런

데 모두, 여러 사람들이 모르니까 그렇지 만약에 부처님의 그 뜻이 아니었더라면, 부처님이 나시기 이전에도 부처님은 있었으니까, 모든 만물들이, 번데기가 다시 날게 되고, 나오고 들고 나오고 들고 하는 것이 자동적으로 그렇게 되는 원인이 어디 있느냐, 응?

그러니 오늘은 이것으로써…. 괜히 길게 말을 했나 봐요. 길게 말을 해도 탈이고 짧게 말을 해도 탈이고 말을 안 해도 탈이고 해도 탈인 거라. 그러니 옳다고 생각하면 옳은 거고 그르다고 생각하면 그른 것뿐이야, 그냥. 누구 말마따나 '뿐'이라 그랬다고, 또…. 하하하.

만 사람의 집

1987년 11월 1일

여러분한테 항상 이런 말을 하죠. 내가 있기 때문에 상대가 있다고요. 그런데 내 물건이라는 이 육신 자체가 있기 때문에, 그 육신 자체라는 물건 때문에 그 물건으로 인해서 많은 요리를 해냅니다. 이 요리도 하고 저 요리도 하고. 그래서 어떡하면 요리를 잘해서 먹을 수 있고 또 먹일 수 있을까 하는 생각에 여념이 없이 여러분은 살고 계십니다, 지금.

그런데 지금 시대가 시대니만큼, 예전에도 그랬지마는 지금은 더욱더 시대가 이렇게 된 걸로 봐서 우리가 마음으로부터 물리가 터져서, 정신력으로써 몸을 움죽거리고 남을 움죽거리게 하는 그런 능력이 있어야만이 남을 부릴 수도 있고, 부리는 줄 모르게 부릴 수가 있는 그런 능력이 대두되고 있다고 봅니다. 그런데 모두 육신으로다가 모든 걸 해서 하려고 한다면, 고행을 한다 해서 앉아서 몸이 비틀어지도록 아픈데도 불구하고 꼼짝 안 하고 하는 것이 제일인 줄 알고 이렇게 하다가는 오히려 육신은 망가지고, 또 육신으로다 그렇게 하려고 한다면 우리가 외려 남한테 부림을 받는다는 것을 아셔야 합니다.

이 두 가지 여건에 대해 여러분은 생각을 깊이 하셔야 합니다. 마음 하나로 인해서 마음의 물리가 터지고 지혜의 샘물이 난다면 남을 부릴 수가 있습니다. 그전부터도 내가 그랬죠. 마음을 조절할 줄 안다면 저절로 몸을 부릴 수도 있고 내 몸을 자유스럽게 가질 수도 있다. 그러나 내가 육신으로써 모든 것을 다 하겠다고 하는 그 마음을 가졌다면 내가 남한테 당한다는 걸 아셔야 됩니다. 항상 노예 생활에서 벗어나지 못한다는 그 뜻을 아셔야 합니다.

이번에 만약에…, 제가 잘했다는 건 아닙니다. 제가 잘한 것도 없습니다. 제가 한 것도 없습니다. 여러분이 공부하고 안 하는 것도 나한테는 관계가 없습니다. 그러나 왜 그런 말을 하느냐. 여러분과 둘이 아닌 까닭입니다. 둘이 아닌 까닭에 관계가 없다고 하는 소립니다. "우리가 내 물건이 있기 때문에 모든 것을 요리를 할 수 있다." 그렇게 말했듯이 여기 한마음선원에서 물건이 만 가지로 나올 수는 있는데 한 가지 물건을 이렇게 개발을 해서 생산처를 하나 만들어 놨다 할지라도 이 생산처에서 만 가지 물건을 내놓을 수 있는 요리가 필요하다 이겁니다, 요리. 요리를 해서 맛을 내서 여러분과 더불어 같이 먹을 수 있는 그러한 간편한 요리법이 지금 시대에는 필요하다는 걸 절실히 느끼고 왔습니다.

대의적인 직책과 대의적인 어떠한 마음의 도리를 갖춘 미국 사람들이 기독교나 어떠한 데서 환멸을 느끼고 우리 한국의 불교를 따라가려고 무척 애를 쓰는 사람들을 많이 봐 왔습니다. 가까운 데서 말도 통하고 이러면서도 우리가 뒤떨어진다면 우리는 아무것도 아닙니다. 말도 못 알아들으면서 그것을 알겠다고 한 사오십 명이 왔으니 어쩌겠습니까. 그중에는 변호사도 있고 검사도 있고 의사도 있고 박사도 있고, 이러한 분들이 그래도 알겠다고 왔으니 말입니다.

그리고 6시면 가차 없이 옵니다. 7시에 출근을 하는데 6시면 가

차 없이 옵니다. 길게도 안 합니다, 30분 동안. 그럭하고선 30분 동안 하고 차를 한잔씩 나누면서 한마디 합니다. “우린 둘이 아니다. 평화롭다. 내 마음이 평화로워야 출근을 해서 전부 평화로운 마음을 줄 수 있는 그러한 마음 자세가 된다. 내 마음이 괴로워서 얼굴이 찌푸려지면 남한테도 표독하게 말이 나가고 이끌어 나갈 수가 없다.” 닥터 위버라는 남자는 전체 책임자입니다. 그래서 수백 명에 달하는 간호원들이 다 그 사람의 강의를 듣고…, 그 사람이 이끌어 나가야 하는 그런 책임을 가지고 있습니다. 그런데 자기 마음이 만약에 언짢거나 마음이 불안하거나 괴롭다면 첫째는 간호원들한테 마음의 상처를 줄 거고 간호원들한테 마음의 상처를 주면 병자들한테 상처를 준다 이거야. 말로 여러 마디를 해서 듣기 싫게 하는 거보다는 말을 한마디 간편하게 짧게 하고 마음속으로 한마음이 돼 준다면 병자들한테도 전부 영향이 가지 않을까 하는 생각이 있노라고 합디다.

그건 왜? 내가 엿새 동안, 이레 동안 강조했던 바가 그 효과가 난 겁니다. 길게 말 안 했습니다. 그 사람의 직업에 따라서 그 사람이 지금 끌고 나가는 그것에 대해서만 얘기했습니다. 그것도 지금 우리나라에서는 말이 통하고 이러니까 별문제가 없지만 영어를 잘하는 분들도 이 불교 용어를 모른다면 통역을 해 주지 못하게끔 되는 아주 어려운 일을 나는 당했습니다. 영어만 잘하면 다 되는 줄 알았더니 그게 아니더군요. 모두가 참 어려운 일이 겹겹이 쌓여 있고 물물이 쌓여 있다고 볼 수밖에 없습니다. 그러나 이것도 걸려서는 아니 되죠. 이것도 어렵다고 생각해서는 아니 됩니다. 우리가 마음과 마음이 통할지언댄 어디고 뚫지 못하는 마음은 없으니까요. 육신으로, 물질적으로 어떠한 걸 뚫으려면 못 뚫어도 마음이라는 것은 우주 밖에도 나갈 수 있는 그런 마음이기 때문에 능히 해내고도 남음이 있다고 봅니다.

거기서 이런 말들을 하더군요. “스님! 지금 기독교도 다 못하고 나가서 지금 파는 게 많이 나왔습니다.” 기독교 자체도 하다가 안돼서 말입니다. 불교도 그 비싼 돈에 살 수가 없으니까 세를 얻어 가지고 하다가 그냥 문 닫기 일쑤입니다. 뉴욕에 OO사라고 하나 있는데 거기도 물건이 있어서 요리를 하는 게 아니라 그 물건 자체가 어딨는지도 모르고 요리를 어떻게 하는 것도 모르고 그 맛을 어떻게 해야만 맛을 볼지 몰라서 허탈감에 놓여 있는 분들을 많이 봤습니다.

그러면 여기 한국에서 스님네들이 가서 무엇을 어떻게 했기에 그런 이미지를 그렇게 많이 심어 줬을까. 어떠한 이미지일까. 그래서 파악을 해 보니까 모든 스님네들이 기복으로만, 그것도 빌라고 하는 것만, 그냥 빌라고만 했어도 좋은데 만약에 내가 스님을 믿고 무엇을 해 달랬을 때, 물질적으로나마 해 달랬을 때 그것을 정확하게 해 주지 않고 그 물질을 가지고 자기가 썼을 때, 만약에 추렴들을 해서 걷어 가지고선 그 물질을 가지고 어디로 뛰었을 때, 기복으로 나가는 것도 안됐는데 또 그렇게까지 된다면 이거는 뭐, 이미지가 여간 나빠지지 않는 겁니다. 그것도 사기죠. 협잡, 사기.

그거를 수습하기 위해서 20일을 거기서 견뎠습니다. 문도 없는 데서 며칠을 자 가면서요. 거기가 아무리 저거 해도 산호세나 같겠습니까. 앵커리지는 좀 춥지요. 문도 없는 데서 덮을 것도 없이 밤을 난다면 상당하죠. 고생을 했다는 건 아닙니다. 예전에다 대면 너무도 감개무량해서요. 그래서 우리가 그렇게 하면서 모든 절차를 밟아서 집을 마련하고 또 서류상으로다가 한마음선원에서 허가증을 받게끔 해 놓고 또 데리고 간 사람의 영주권을 신청을 하고 사인을 해서 디밀고 은행에다 예치를 하고 집을 마련해서 다 해 놓고 오는 데 20일이 걸렸습니다, 20일. 어떻게 생각하십니까?

사람이 내가 하고자 한다면 못해 낼 일은 없습니다. 마음이 100% 그렇게 갖다 꽂히지 않았기 때문에 그런 거겠죠. 물러서지 않는다는 그 마음! 칼을 뽑았으면 물러서지 말아야 된다는 얘깁니다. "스님이 아무리 그럭하셔도 그렇게 못할 겁니다." 여기 있던 스님네들이 너무나 그럭하고 가 가지고요. 한 푼 뭐, 어림도 없습니다. 사람이 하나도 안 오는 겁니다. 어떻게 됐겠습니까? 난 요술도 부릴 줄 모르거든요. 그래서 엊저녁도 못 먹고 아침까지도 못 먹고 있었습니다. 이거 말로 다 못 합니다. 말로 어떻게 합니까? 한 사람이 이끌어서 거길 갔는데 말입니다, 그 한 사람은 거기서 바쁘게 일하고 다니는 사람, 거기서 그러니까 차 타고도 4시간, 5시간을 가야 그 집입니다. 여기서 동떨어진 집입니다. 거기 딱 갖다가 넣어 놓고선 있는데 그게 될 법한 일입니까. 말이나 통합니까, 또.

그런데 참, 그게 묘법입니다. 어떤 미국 군인하고 사는 부인이 차를 타고 와서 거기를 들여다봤습니다. 들여다보더니 "아이고, 스님네들이 여기 추운 데 이럭하고 계시니 이걸 어떡하면 좋으냐?" 했습니다. 그래서 그 집이 왜 그렇게 됐느냐 하면 그 집을 내가 아직 기증을 못 받은 거죠, 서류가 안 됐으니까. 그거를 기증을 해 준다고 그래서 간 건데 거긴 사람이 들어서 살고 있고 나는 그 밑에, 그 한 칸인데 문도 없이 그냥 이렇게…. 그래서 아, 들여다보더니 깜짝 놀라는 겁니다. 차를 타고 붕하니 가더니 차에다가 먹을 거니 뭐니 그릇이니 뭐니, 하다못해 세탁기까지 한 차를 싣고 왔습니다.

그러더니 또 얼마 있더니 말입니다, 그다음에는 거기로 데리고 간 사람이 왔습니다. 거기서 사는 사람은 그 사람 동생입니다. 그런데 아주 깡패로서는 유명한 깡패입니다. 그러니 그 집을 내주겠습니까. 그러나 그날 올라가서 그랬습니다. "청년, 이것 좀 봐." 그러니까 "예." "나는 이 집을 내 집이라곤 생각 안 해. 그러나 만 사람의 집이야. 그러니 빨리 얻어서 나가야 될 거 아니야." 했습니다. 그러니까 "스님, 어디로 내쫓으려고 그러십니까?" 그러는 겁니다. 그래서 "내가 내쫓으려고 그러는 게 아니야." 하니까, 가만히 있더니 "스님을 뵈니까 어쩐지 마음이 아늑해집니다. 이 집을 스님한테다 드리면 제가 좋을 것 같습니다." 얼른 내드리는 게 좋을 것 같다 이거죠, 인제. 그날서부터 집을 얻으러 뛰는 겁니다. 그러더니 뭐라고 그러느냐 하면, 스님은 비자를 받아 가지고 한 댓새 있다 오시지 왜 이렇게 빨리 오셔 가지고 그러느냐는 얘기죠. 그래서 부지런히 부지런히 한다는 게, 그 사람도 밤낮없이 뛰는 사람인데 어떻게 그렇게 합니까. 그냥 짐은 많고 쓰레기는 이 방통 안으로 하나는 되고, 말도 못했어요. 그래서 그날서부터 우리가 짐을 전부 싸다시피 했습니다, 스님네들 셋이.

그렇게 해서 다 내보내고선, 그 스님네들 이미지를 씻어 주려니까 개원식을 하고 세미나를 열었습니다. 그런데 난데없이 기자들이 왔습니다. 앵커리지에서 제일 큰 신문사입니다. 거기서 기자들 다섯 분이 왔습니다. 앵커리지에서 승려들이 그렇게 이미지를 흐려 놓고 갔는데 뭣 때문에 그 사람네들이 다섯 분이나 왔겠습니까? 거기 문도 없는데 스님들이 계시다고 하니까 그냥 그 내용을 듣고 온 거예요. 와서 질문을 하는데 아, 또 누가 통역을 해 줄 사람이 있나요? 그런데 또 앵커리지에서 유년 가수 노릇 하던 여자 한 분이 아, 차에서 내리더니만 거기 그냥 들어왔대요, 허이, 나 참! 여길 들어오고 싶어서 기웃거리다 보니까 스님네들이 있으니까 들어온 거예요. 아, 그 사람이 통역을 해 줬지 뭡니까. 자기는 불교의 저걸 좀 알고 있고 스님 말씀 들으니까 감응을 받아서 아휴, 이렇게 좋다고 그러면서 통역을 대충 해 준 겁니다. 그런데 뭐, 그렇게 잘되겠습니까, 어디? 그래도 대충 그렇게 해 줬기 때문에 신문에 난 겁니다, 인제.

그랬고 세미나 연 데서는 제가 말은 한 30분 동안 했지마는 그것을 내가 말하는 대로 통역을 해 줄 수가 없어서 『무』 책에 있는 것을 자기가 적어 가지고서 통역을 한 겁니다. 한 페이지 말입니다. 그래도 성능이 좋았던지 미국 사람들은 상당히 좋아했고 그렇게 와서 참선을 하게 됐고 또 한 사람 한 사람 자꾸자꾸 미국 사람이 들어오게 됐고, 또 한 사람 한 사람 한국 사람도 자꾸 모이게 됐고, 20일 동안에 하여튼 모든 것을, 회비도 내게끔 마련을 해 놓고 이러고 왔거든. 거기에 다달이 부어야 될 테니까요. 그래서 다달이 붓는 것이 얼마 안 되게 남아 있기에 그걸 붓게끔 해 놓고 오고…. 20일을 있다가 보니까 그 이미지가 정상적으로, 이렇게 이렇게 이미지가 좀 가셔지는 것 같기에, 어떤 사람이 오면 그냥 "어서 오십시오." 한 게 아니라 말입니다, "내가 당신네들을 쫓아가는 게 아니야. 당신네들이 여길 쫓아와야지. 해가 당신네들을 쫓아다닙디까?" 하고선 아주 냉정하게 했어요. 오히려 그렇게 던지니까, 내버리니까 오더라는 얘깁니다. 튀어 오더라는 얘기예요.

우리 사는 것도 다 그렇습니다. 던지셔야 합니다. 그래서 튀어 오게끔. 그러니까 이건 자연의 법칙입니다. 내가 욕심 없고 착이 없고 아무것도 바라는 게 없고 그릇이 텅 비었으니까, 우묵하게 파졌으니까 위에서 내리 여기로 올 수밖에요, 물이. 예? 그래서 여기 고이게 되죠. 고이게 되면 고이게 되는 대로 또 나가거든. 이렇게 되니까 그저 채워지고 또 빠지고 채워지고 빠지고, 항상 그릇은 비어 있으면서도 여여하게 채워지고 또 빠지고. 카세트 얘기 항상 해 드리죠. 이렇게 좋은 법입니다.

그래서 거기에 그렇게 한 20일간 있으면서 내 나름대로는 육신과 마음이 전부 뛰었습니다. 뛰지 않으면 집 한 채에 20만 불, 30만 불 하는데 어떻게 내가 그걸 서류상으로라도 해 놓고 오겠습니까. 그리고 몇만 불 부어야만 되지 않겠습니까. 몇만 불 들어가 있어야 어떻게 해 주죠, 붓는 것도. 그래서 나는 편안했는데도 부리나케 그냥 그렇게 뛰었나 봅니다. 누가 뛰었는지 뛰었겠죠. 그래서 자연적으로 그렇게 만들어 놓고 또 산호세를 갔습니다.

그러니까 일주일입니다. 일주일 안에 내가 그 절을 만들어 놓지 않고 온다면 그건 모두 철수할 작정이었습니다. 그런데 산호세에 가서 그랬습니다. "뭐, 이유는 붙이지 말고. 내가 절을 살 테니까." 한 푼 없는 사람이 말입니다. 절을 살 테니까 절을 봐라 이거죠. 그래서 절을 봤지요. 그랬더니 제일 작은 게 20만 불이라는데 가 보니까 집이 아주 좋아요. 또 집도 좋지마는 법당도 크게, 앞으로 이렇게 할 곳간이 있고 그래서 그걸 탁 치우고선 다시 지으면 허가 낼 것도 없겠고, 또 뒤로다 가는 미국 사람들이 앉아서 커피들 마시고 그러던 넓은 데가 있어요. 그거는 또 식당으로 하게끔 마음이 들고 또 안채는 방이 넷이고 그래서 아주 좋더군요.

그러니까 커튼이고 뭐고 저거 한 거는 또 누가 할 사람이 있고 그러니까 아예 그냥 그렇게 작정을 하고 계약을 했습니다, 2천 불을 가지고. 계약을 해 놓고 아무 걱정 마시라고…. 그렇게 되니까 사람들이 조금 뒤꽁무니를 빼는 거죠. 그 돈을 누가 해냅니까. 그 돈을 누가 해내며 다달이 누가 붓습니까. 그러니까 뒤꽁무니 뺄 수밖에. 그러니까 걱정 마시라고, 내가 한다고, 이 중이 할 거라고 말이야. 이 한 달에 붓는 것도 바로 중이 할 거고 이 절을 못해 나가도 중이 할 거고 돈을 내는 것도 중이 할 거니까 걱정하지 말라고. 그랬더니 말입니다, 안심들을 하고 다 모여서 하는데 야, 그때서부터 뉴욕에서도 오지, 저 샌프란시스코에서도 오지, 여러 군데서 왔습니다. 와 가지고는 그저 만 불을 하는 사람, 5천 불을 하는 사람, 3천 불도 하는 사람 아, 이렇게 됐습니다. 그러더니만 5만, 7만 불이나 된 겁니다, 인제. 그러니까 아, 실컷 되고도 남겠어. 그래서 5만 3천 불을 집값으로 치르고 은행에 서류상으로 전부 해 가지고 다달이 천 불만 부으면 됐습니다. 800불인데 200불이나 이런 건 전화세니 뭐니 이런 걸 총 종합해서 한 1100불이나 1000불이면 될 수 있으리라고 그렇게 생각하고선 하니까, 거기서 날더러 이럽니다. 여기 와서 많이 사셨느냐고. 그 도리를 다 아니 말입니다. 요렇게 요렇게 요렇게 빠질 구멍을 어떻게 그렇게 다 아시느냐 이겁니다.

그래서 던지니까 튀어 오더라는 얘깁니다. 여러분께서 안 되는 걸 쥐고 '아휴, 이걸 어쩌면 좋은가?' 하고 이걸 쥐고서 늘어진다면 이건 못합니다. 그걸 그냥, 그냥 아주 정반대로 팽개치는 겁니다. 소리가 나게 그냥 팽개칩니다, 그냥. 그러니까 그 소릴 듣고 말입니다, 와 모이는 겁니다. 그러니 깊은 곳에 그 많은 물들이 다 고이게끔 돼 있다는 사실을 여러분은 아셔야 합니다. 우리가 이 깊은 곳에서 만법의 요리가, 만 가지 요리가 나오고 만법이 나가고 참, 만 가지 맛이 나가고 이럴 때에 우리가 성장하는 겁니다.

그렇기 때문에 내가 한 가지 말을 한다면, 여기 지금 물건이 이렇게 있다면 지금 글 쓰는 사람이 요리를 잘해서, 그걸 요리를 하되 아주 간단하게 집어 먹기 쉽게, 토막토막 잘라서 딱 집어 먹을 수 있게, 이 맛을 보면 참, 입에서 슬슬 녹게끔 하는 거, 요렇게 하고선 그다음에는 모든 것을 저기에다가 전부 감아서, 종합해서 어디고 딱 던져도, 로마면 로마 영국이면 영국, 어디든지 갖다가 던져도 집어 먹게끔 이렇게 하는 그 요리를 어떻게 만드느냐 하는 것은 글 쓰는 사람한테 많이 달리지 않았나 이렇게 봅니다. 그리고 그 모든 것을 하는 것도 쉽지 않습니다. 사람이라는 게, 남이 생각할 때는 쉬운 것 같지마는 말입니다. 이걸 한마디로 잘라서 말할 때, 간단하게 이렇게 갖다 엮어서 열 마디를, 열 자를 쓸 것을 단 세 마디로 간략히 한다면 이것은 간단하게 집어 먹을 수가 있단 얘깁니다. 참 어렵습니다. 그런 걸 느꼈습니다.

왜 느꼈느냐 하면 그네들은 법문도 소설처럼 길다랗게 하는 걸 싫어합니다. 내가 그걸 느꼈습니다. 왜냐하면 아까 얘기했듯이, 자기 직업에 대해서만 딱 집었습니다. 스님이 어떻게…, 스님이란 말은 못 하지마는 스님을 뭐라고 그러느냐고 묻더랍니다. 그런데 뭐라고 대답을 해 줬는지 난 또 잊어버렸죠. 허허허…. (대중 웃음) 그런데 그냥 뭐, 몇 가지 인사하는 거며 미안하다는 거, 그런 거는 다 들어서 압니다마는, 또 뜻으로 대략 짐작은 합니다마는 말로 그걸 어떻게 합니까. 그래서 뜻으로 통하니까 그냥 시늉만 했습니다. “아, 평안하냐?” 이러하고선 컵의 물을 쏟고 다시 이렇게 빈 그릇을 놓고선 “이거와 같이 네 마음이 이렇게 비었느냐?” 그러니까 허어! 이렇게 비었다고, 허허허….

(대중 웃음) 아주 참, 재미있었어요. 우리가 말로 통하는 거보다도 더 재밌는 거 있죠, 왜.

그러고는 또 이렇게 얘기했습니다. 이 그릇 빈 거와 같이 "허어! 이럭하면 비지 않느냐." 이러면서 나는 인제 답답하니까 말을 하죠. "없지?" 그러니까 이러거든요. (대중 웃음) 그러면 또 인제 이걸 따릅니다. 또 붓습니다. 또 부어 놓고서는 "후우!" 이럽니다. 그럼 여기 부었지. 이렇게 보입니다, 인제. 그럼 또 따릅니다. "호오!" 이럽니다. 그래서 자꾸 몇 번 그렇게 반복했단 말입니다. 탁 이렇게 무릎을 쳐요. 그러더니 "아! 이게 빈 게 아주 빈 게 아니고 든 게 아주 든 게 아니다."라고 얘길 했어요. 그러니까 "하아!" 이럭하면 담기고 "허어!" 이러면 내놓는 거다 이거야. 그러니까 항상 들였다 냈다 들였다 냈다 하는 거를 인제 터득을 한 거예요. 우리가 카세트 얘기를 항상 했지요. 그래 카세트에 그저 넣으면 뒤로 빠지고, 빠지면 또 넣고 채워지고, 채워지면 빠지고 이렇게 연방 하는 거 아닙니까. 그러니까 숨 들이쉬고 내쉬는 걸로다가 표현을 해도 그게 알아듣더군요.

아, 그러더니 좋아서 말입니다, 그날 아침엔 이름을, 자기 법명을 지어 달라는 겁니다. 그래 혜월 거사라고 해 줬습니다, 혜월. 그랬더니 그걸 또 써 달라는 겁니다, 우리 한국말로요. 그래 써 줬습니다. 그랬더니 그대로 보고요, 그대로 사진을 찍어서 '혜월 감사합니다' 하고 써서 나한테 사진하고 그렇게 주면서 우릴 설산으로 데리고 갔습니다. 자기 참선하던 자리를 구경 가자고 그래서. 그러더니 사진을 찍어 오는 게…. (녹음 안됨) 또 하나 넣고 만들고, 일도 그냥 안 했는지 글쎄, 그렇게 밤새도록 앉아서 그것만 했나 봐요. 그렇게 해 가지고선 아침 일찍 왔어요, 그거 하고요. 그러고는 이것이 자기 정성이라고 그러면서, 내가 말을 못하니까 툭툭툭 이럭하고선, 그걸 이렇게 하는 겁니다. 그러면 다 통과되지 않습니까. 아주 다 통하지요, 뭐. 그래서 또 나도 그랬지요. "허어, 참!" 이랬지요. 그러곤 웃었더니 아, 좋다고요, 허허.

"오케이, 오케이." 그러더군요. 아, 여기서 살아도 오케이는 알지마는 아니, 그거를 한 마디 두 마디 안다고 해서 모르는 걸 내놓을 수는 없지 않습니까, 글쎄. 하하하. 아, 또 그거 할 줄 아는 줄 알고 또 손짓 발짓도 안 할까 봐…. 참, 고생은 했어도 참 재미있었습니다.

그리고 산호세는 20만 불에 집을 사고 땅이 천 한 3백 평 됐습니다. 기회가 있으면 요다음에들 한번 가 보시면 좋을 듯합니다. 그리고 거기다가 1월에 감나무나 이런 걸 심으려고 합니다. 배, 감 이런 거요. 그리고 거기는 고추를 심어 놓으면요, 여름 가을이 없이 내내 따서 팔 수 있기 때문에 풋고추나 감, 배 이런 것만 따서 팔아도 일 년이면 한 6천 불, 7천 불은 얻을 것 같습니다. 한 만 불은 얻을 것 같습니다, 잘만 하면. 그런데 우리가 장사하는 사람은 아니고 한 6천 불만 나와도 거기서 먹고 신도들 먹이고, 그렇게만 나와도 될 것 같습니다.

그래서 집값을 그렇게 치르고 나머지는 인제 거기 버섯 기르는 데가 있어요, 또. 그래서 버섯 기르다가 흙 남은 찌꺼기 있지 않습니까. 그거를 큰 트럭에다 거름을 하나 실으면 100불이에요. 그래서 그거를 몇 차 사다가 붓고는 갈고 요렇게, 시멘트 공구리를 해서 발에 흙이 안 묻게 고랑을 만들어서 이렇게 해 놓고요, 물 주는 것을 그렇게 해 놓고 물만 틀어 놓으면요, 왔다 갔다 하는 기계가 있어요. 그래서 거기다 물을 주게끔 돼 있거든요. 그거 참, 보기도 좋고 예쁘기도 하고 또 농사지어서 팔기도 하고. 누가 또 자꾸 가지러 오니까요. 그거 뭐, 일 년 세를 내고 또 이런 거 하기는 아주 좋을 것 같고요.

여러 가지로 좋은데 그런 것을 멋있다고 하기 이전에, 우리 한국에서 들어간 스님네들이 돈을 벌려고 간 것도 아니고 아니, 한국에서도 다 가르치지 못하는데 왜 미국에까지 가서 가르치려고 절을 세웠겠습니까. 집을 지어 놓고 가르치지 못한다면 실과 없는 접시예요, 허허. 실과가 없는데 접시는, 그릇은 해서 무얼 합니까. 그렇기 때문에 우리가 지금 이 절을 이렇게 해 놨지마는 이거는 한 개의 이런 그릇과 같은 겁니다. 지금 이 그릇과 같은 데서 생산이 나가서 얼마만큼 집어 먹을 수 있는 그 맛을 내느냐에 문제가 있습니다.

이거는 우리 한국의 여러분과 더불어 같이 있는 이 글 쓰는 사람이 아마 잘 써야 되겠죠. 요리를 잘해야 하는 거기 때문에 짐이 무겁다고 보겠습니다. 우리는 말을, 줄이려야 줄일 수도 없는 말을 어떻게 간편하게 줄여서 잘 요리를 하느냐에 문제가 있겠죠. 아까 얘기했듯이 물건이 있다면 물건이 있기 때문에 요릴 만든다. 요리를 만들었기 때문에 먹는다. 먹기 때문에 맛을 안다. 요렇게 간편하게요. 이러면 다 아주 간편하게 되네요.

그러니까 그러한 이치로 거기 사람들은 그렇게 집어 먹을 수밖에 없는 상태가 돼 있더군요. 왜냐하면 아침 일찍이 일어나서 일을 하면 어떤 때는 밤일 들어가는 사람, 낮일 하는 사람 이렇게 되니 도대체 여유가 별로 없어요. 그런데 그런 거 집어 먹으려고 한다면 빨리 한 개 집어 먹고선 뛰면서 일하면서, 또 일하다가 말고 빨리 하나 집어 먹곤 일하고 이래야 되는 시대기 때문에 그렇지 않은가 이렇게 봅니다. 우리 지금 한국도 그전보다 많이 달라졌지요.

그렇기 때문에 우린 길게 보고 늘여 봐야 끝도 나지 못하는 거를 미미하게도 생각조차 못하는 바쁜 세월에서, 덮어놓고 그냥 또 가서 일을 하고, 이러면 이건 보나 마나가 돼 버릴 수밖에 없는 그러한 요리는 지금 세상에 참 어렵다고 나는 생각하는 겁니다. 그리고 지금 내가 얘기했듯이 내 물건이 있기 때문에 요리할 수 있고 요리할 수 있기 때문에 먹을 수 있고 먹을 수 있기 때문에 맛을 알 수가 있는, 그런 간편한 비법을 우리가 쓰지 않으면 안 되지 않습니까. 우리가 여러 가지를 늘어놓고, 즉 말하자면 육근 육진 육식, 이러한 거를 이렇게 일일이 따져 갑니다. 이건 죄 잔소립니다. 이게 죄 잔소리야. 아무것도 모르는 사람이 잔소리를 여러 가지 늘어놓고선 다 마무리를 하려면 자기의 일생을 통해도 아마 못할 겁니다. 그러니까 간편한 겁니다, 나로부터. 태초가 어딨느냐? 나다. 내가 태어났기 때문에 태초야. 이렇게 간편하게, 아주. 거슬러 올라갈 것도 없고 내려갈 것도 없고, 나야.

그래서 그 표현을 어떻게 한 줄 아십니까. 어떻게 할 수가 없어서 파리하고 구더기로 얘기했습니다. 구더기가 파리가 됐는데 파리는 구더기였다는 걸 모르고 구더기는 파리였다는 걸 모른다. 요걸 얘기했죠. 그리고 그 구더기는, 즉 말하자면 파리다. 그러니 당신네들이 파리라면 구더기 또 찾겠느냐. 당신네들이 구더기다 이거야. 파리라는 이름을 가졌을 뿐이지 바로 구더기다 이거야. 그러면 과거와 현재 그대로 가지고 있는 거다 이거야. 과거가 따로 있지 않다. 지금 현실이다. 현실의 너다.

거기는 '해라' 야, 그냥 전부. 어휴, 늙은이한테도 '해라', 애한테도 '해라', 애도 '해라', 어른도 '해라' 야. 영어식이 그냥 그렇게 막 나가데. 처음에는 좀 불순하기는 했지만 어쩔 수 있습니까. 그래서 "너다" 이랬습니다. 그 파리가 너며 그 파리가 지금 날아다니고 움죽거리고 바로 실체가 있는 지금 현실, 여기가 바로 태초며 그것이 있기 때문에 모든 걸 조화를 시키고 있다. 그러니까 그것이 바로, 네 과거를 보는 게 바로 너, 구더기가 너라는 걸 알아라. 이렇게 간편하게 얘기한 거예요. 그러니까 그렇게 좋아할 수 없었습니다.

이런 말 이렇게 늘어놔서 죄송합니다. 하지만 이것도 공부니까요, 모든 게. 미국에서 잘했다고 저런 소리를 하고 있나 하지 마시고요. 미국이 따로 있고 여기가 따로 있는 게 아닙니다. 그러니까 그 사람네들은, 미국 사람들은 단순해서 그런지 몰라도 받아들이는 율이 너무 좋아서 말입니다, 아이, 내 우스운 얘기 좀 하나 할까요. 나는 키가 작지요. 그네들은 크죠. 그러니까 여기다 대고 입을 맞출 수밖에. 하하하…. (대중 웃음) 생각을 하면서도 우스운 거예요. 하하하. 야, 입이 그냥 이마에도 닿고 뭐, 이러는데 그것도 불편하게 생각하면 한없이 불편하게 생각되겠지마는 그럴 거 뭐 있습니까. "좋아서들 그러는 거 실컷들 해라. 나도 여기 구경시켜 주려 왔으니까 구경 실컷들 해라." 이러고선 "너희들 구경만 하러 온 게 아니라 너희들이 나 구경도 할 겸 서로 구경하자." 이랬습니다.

그러니까 한국 사람하고 이렇게 가니까 미국 사람이 그러더랍니다. 조카들이냐고. 허허허…. (대중 웃음) 머리를 홀딱 깎고 이런 걸 보질 못했거든요. "실컷들 구경해라. 조카다, 그래." 허허허…. 얼마나 우스운지 모르겠어요, 글쎄. 그러니까 듣는 사람이 얼마나 우습겠습니까. 그래 또 웃죠. 또 거기 외국 가수가 하나 있는데 그 가수가 식당에 와서 뭘 먹다가 우리가 식당에 들어가니까요, 나는 보기 싫지만 얘들이 인제 승복을 딱 입고선 들어가니까 야, 저런 옷 어디 가서 맞추느냐고, 하하하…. 야, 그 옷이 말이야, 참 멋지고 그것 참 좋다고, 저런 옷 어디 가서 맞추느냐고, 그냥 그 옷 한 벌만 어디서 맞출 수 없느냐고 그러니까, 같이 데리고 갔던 사람이 "이 옷은 누구도 맞출 수 없다. 이건 한국에서 스님네들이나 입는 옷이다. 너 같은 사람이나 나 같은 사람은 이런 거 만져 보지도 못해." 그러니까 "호오! 호오!" 하고 그러더군요.

그러니 글쎄, 이게 참, 내 꼴 남 뵈러도 갔고 그 사람네들을 내가 구경도 했고 그랬지마는, 때에 따라선 조카냐고 하는 소리를 많이 들었어요. 왜 조카라고 하는가 그랬더니 머리를 빡빡 깎았지, 조그맣지, 그러니까 한국 사람들 조칸 줄 알아요. 참, 미국 사람도 사리가 밝고 그런 사람들은 야채도 들고 오고요, 고기 안 먹는 줄 알고 야채도 여러 가지를 소쿠리에다 크게 해서 담아 가지고 그걸 들고요, 차에다 싣고 글쎄, 몇십 리를 오는 거예요. 여기로 치면 몇십 리죠. 그걸 담아 가지고 오는 사람이 없나, 과일을 담아 가지고 오는 사람 없나. 또 몰라서요, 초하고 생 있죠? 생이 이만해요. 이렇게 굵고 이렇게 커요, 생이. 그것도 화초로요. 병에다 꽂아 가지고 그걸 들고 오는 사람도 있어요. 참, 그거 어떻게 보면 좀 이상한 느낌이 들지마는, 한국에서는 아마 만약에 어느 거사님들이 생 하나를 꽂아 가지고 왔다면 아마 "미친놈!"

이랬을 겁니다. 그렇지만 자기로서는 그 생 하나가…. 그래서 왜 생 하나를 꽂아 가지고 왔느냐 하니까요, 초 두 개하고 생 하나를 가져온 거예요. 생은 이게 더운 거다 이거야, 더운 거. 몸이 더운 거다. 내가 이거 갖다 바치는 것은, 우리가 지금 몸이 약하고 혈압이 낮고 모든 게 이럭하니까 이 더운 물건을 부처님한테 바치면 우리 몸이 건강해지고 더워지지 않겠느냐 이러는 겁니다, 글쎄. 아이고, 참 나! 별일 다 봤어요. 그거는 그렇고 인제 얘기할 게 두룩이 났습니다. 얘기도 많지만 그걸 어떻게 다 합니까. 그 자자분한 것을요.

질문들을 하세요. 그게 더 외려 가깝고. 이번에 산호세 가서는 질문을 받았습니다. 거기도 통역을 잘할 수 있는 청년이 있더군요. 뭐, 거기 오하이오 주립대학? 그러한 대학, 아주 일류 가는 대학, 거기 대학원 다니는 학생들이 이번에 여러 명 왔습니다, 신문을 보고. 그랬는데 질문이 말입니다, 아주 세차게 나왔습니다. 그래서 그 질문을 다 받아 주니까 그렇게 속이 후련한가 봐요. 모두들 그러자 "인제는 후련하겠지. 인제는 후련하겠지." 그러더군요.

그래서 이렇게 과거를 비춰 볼 때도 영령이라고 하는 이 혼백 자체를 우리가 지금 가지고 있는 건데 우리가 살면서 착을 두고 욕심을 두고 이렇게 살았기 때문에, 욕심 아니더라도, 선을 행한다 하더라도 그건 선을 행하기 때문에 또 남습니다, 그게 찌꺼기가. 선을 행하기 때문에 선도 놓으라는 뜻입니다, 이게. 지금 저는요, 선이라는 생각도 말고 악이라는 생각도 말고 옳게 나가라는 얘깁니다, 지금. 그러니 내가 모든 걸 선으로 '내가 악한 일을 안 하고 좋은 일만 해야지.' 하는 마음을 가졌다면 그것도 또 안 됩니다. 그것도 바로 인과가 됩니다. 선업이 되죠. 선업이 된다면 언젠가는 악업이 또 붙어 돌아갑니다.

그러니까 우리가 일단 이 칼을 뺐으니, 이 몸을 벗기 전에는 일단 우린 칼을 든 겁니다. 뺀 겁니다. 그러니 칼을 도로 끼지 마시고 오직 선업도 짓지 않겠다는 결심을 하셔야 됩니다. 선업도 악업도 짓지 말라 이겁니다. 그럼 선업 악업을 어떻게 해서 안 짓게 되느냐. 내가 말한 거와 같이 채워지면 빠지고 빠지면 채워지고 하는 것이, 우리가 볼 수 없고 줄 수 없고 내놓을 수 없는 이 마음이라는 게 뭔 체가 있다고 뭐가 어떠니 저떠니 합니까. 그 마음먹기에 달린 겁니다. 마음 하나 먹기에 달렸는데도 여여하고 편안하게…. 참, 그렇다고 해서 억압적인 일, 하지 못할 일 이런 거를 하지 말라는 것이 아닙니다. 하되 마음에 걸리는 일은 하지 말라 이겁니다. 또 걸리는 일은 하지 말라가 아니라 걸리는 일이 없다는 얘깁니다, 본래. 걸리는 일이 없는데도, 마음먹기에 달렸는데도 걸린단 말입니다. 내가 그런 말을 하면 "흥, 도둑질을 해도 걸리지 않아?" 이러겠죠? 사람이니까 도둑질을 하는 건 나쁘고 좋고를 알기 때문에 그럽니다, 알기 때문에. 우린 인간이라는 걸 잊어서는 아니 되죠. 인간, 고등 동물. 그렇기 때문에 나쁘고 좋은 걸 알기 때문에 돈을 주고 하래도 사람 죽이지는 않을 거다라는 얘깁니다. 그걸 믿고 들어가는 겁니다, 지금.

그래서 "모든 일에 걸리지 말라." 이런 말입니다. 왜? 지금 악도 선도 한군데다가 다 놨다면 앞서 거는 다 빠집니다. 이게 들어갔습니다, 카세트에. 그러면 또 하는 일마다 그냥 여기서 하는 거니까. 그걸 알면 뭐, 여기서 한다 안 한다 그런 게 없어져요. 그것조차도요. 그냥 없어집니다. 다 없어집니다, 그냥. 그러니까 자재권을 자기가 그냥 자재하는 거죠. 그러니까 넣으면 녹고 넣으면 녹고 그래서, 채우면 없어지고 채우면 없어지고 그러니까 이건 항상 하루살이로서, 그릇은 항상 비어 있으면서, 항상 담기면서 항상 비어 있으면서 하는 거죠. 그러니 이게 걸리는 겁니까? 안 걸리는 겁니다. 절대로 소화가 잘된다 이겁니다. 옛날에도 그런 얘기 한 예가 있듯이 말입니다. 잘 먹고 잘 싸고 잘 자고, 이 세 가지를 잘하니까 잘되더라고요.

그래서 여러분, 난 이거 한마디만 하고 인제 끝내렵니다. 여러분이 지금 지수화풍으로 뭉쳐졌습니다. 자신이 그렇게 돼 있는데도 불구하고 불이 났다면 불 속에 뛰어들어서 불에 타 죽을 수 있는 거죠. 그건 우리 실체를 말하는 겁니다. 그런데 물 속에 뛰어들면 물에 빠져 죽지요. 모든 점에서 막아 놨다면 걸리죠, 몸뚱이가 있으니까. 그래서 사람이 죽으면, 지금 사람 사는 도리가, 살아 있을 때에 우리가 그런 거를 느낍니다. 이게 바로 식(識)이라고, 의식이라고 하는 거죠. 육식이라고 하기도 하고 그냥 한마디로 말해서 그냥 그저 식이라고 하죠. 그러면 착과 식이 그냥 한데 어우러져서 만날 돌아가다 보니까 이게 물인 줄 알고, 물 속에 들어가면 빠질 줄 알고, 벌써 불 속에 들어가면 죽을 줄 알고 그러기 때문에 한 발을 내려딛지 못하고 삽니다.

그런데 죽어서 혼백이 가는데 말입니다, 글쎄, 만약에 모든 게 다 막혀 있고 구렁이나 뭐, 모두 다 잡아먹으려고 막고 있다면 못 지나가겠습니까? 혼백인데. 혼백은 아무것도 없는 건데도 자기 의식이 그렇게 돼 있단 말입니다. 내가 저기 가면 잡아먹히게 된다는 거, 그 식 때문에 자기가 거길 못 건너갑니다. 또 그걸 어떻게 해서 지나간다 하더라도 불덩이가 있습니다, 불. 불이 있는데…, 지금 우리가 잘 이걸 연구해 봐야 합니다. 이것이 말입니다, 바로 세 군데를 넘어서야 승천을 한다는 얘깁니다. 저승엘 간다 이겁니다, 세 군데. 그건 왜? 이게 지수화풍이거든. 그러니까 지수화풍의 의식을 다 놔라 이거야. 다 놓지 않는다면 그 지수화풍에 걸려서 못 들어간다 이 소립니다. 이 몸이 지수화풍이기 때문에. 그래서 지수화풍이기 때문에 이 땅바닥을 디뎠다는 생각을 하고, 이 땅에 디뎠다는 생각을 합니다, 우리가. 그리고 뭐든지, 바람과 모든 일체가 불면서, 벼락같이 불면서 이렇게 가로막으면 거길 못 갑니다. 이 의식이 사는 동안에 벌써 그런 의식을 가졌기 때문입니다. 이 육신을 가지고 살았기 때문입니다. 그게 육식입니다. 그래 거길 못 건너가죠. 불덩이가 있으면 불덩이를 또 못 건너가. 거기 들어가면 타 죽는데, 허허허.

내가 악업을 놓으라는 이유가 거기에 있습니다. 살아 있을 때 놓지 않는다면 반드시 그건 못 가고 허공에 떠돌아야 하는 신세가 된다 이 소립니다. 우리가 어느 회사면 회사에, 헌쇠라도 다 모아진 데를 딱 가야 다시 생산처로 가 가지곤 생산이 돼 나오는데 거기 못 들어가는 겁니다. 아시겠습니까? 의식 때문에. 그 좋은 그, 일체 만법의 근원인, 승천해 가서 자기 자유대로 하고 자기 마음대로 생산이 돼서 나올 그 생산처에 들어가질 못하는 겁니다, 그것 때문에. 그게 중요합니다, 아주.

지금요, 내가 아이고, 이게 모두 막히고 바람이 지동 치듯 불고 모든 짐승들이 덤벼서 나를 잡아먹는다. "아이고 아이고 아이고, 난 차마 못 가." 못 들어가죠. 불이 있어서 타 죽을까 봐 못 들어가죠. 깊은 물이 그냥 창창하게 시퍼런데 아니, 거기 뛰어들었다간 그냥 빠져 죽지요, 뭐. 그런데 여러분, 생각해 보세요. 육신을 가졌으니까 그게 빠져 죽는 거지 그래, 혼백이 뭐 빠져 죽을 게 있고 타 버릴 게 있고 잡아먹힐 게 있다고 글쎄, 못 건너갑니까. 그게 바로 의식입니다. 여러분이 지금 사실 때에 그렇게 사시기 때문에, 그 의식을 가지고 있기 때문에 그 의식을 다 놔라 이겁니다, 응? 일식이고 이식이고 간에, 육식이고 간에 그런 거 아랑곳없어. 아예 그냥, 채워지면 놔지고 채워지면 놔지고 채워지면 빠지는 대로 그냥 거기서 다 하는 거니까.

그것도 닥치는 대로 내가 일일이, 일하다가도 말고 '그놈의 거, 거기서 하는 거니까 거기서 해야지.' 하고 일일이 그것만 생각하다가는 일 못하게요. 그러니까 애당초에 아예 생각하시길 '여기서 다 하는 거니까. 이 육신도 형성시켰으니까, 다 여기서 하는 거니까 감사하다.' 하나로! '감사하구나. 여기서밖에 해결을 못하는 거로구나.' 닥치는 대로. 아예 이렇게 믿어 버리는 거예요. 믿어 버리는 거예요. 믿어 버리고 급한 일이 닥치면 거기다가 '당신밖엔 해결 못해!' 하는 믿음, 물러서지 않는 믿음….

그런 생각이 날 땐, 전 언제든지 그렇습니다마는 이번에요, '야,

이거 한 푼 없고 집은 마련해야 하는데, 제자는 데리고 갔다가 거기다 놔두고 그랬는데 이거 큰일 났구나.' 하는 생각이 듦으로써 난 한마디 한 겁니다. '그래! 내가 물러서?' 했던 겁니다. 무슨 맡기고 자시고도 없습니다. '그래! 내가 물러서?' 이거예요. 그러니까 그걸 숙달을 하셔야 됩니다. 그만큼 숙달을 하셔야 그것이 바로…, 한번 생각에 그냥 전체가 들릴 수 있는, 눈에서 불이 팍팍 나오는 그런 사람이 돼야 돼요. 아주 그렇게 저거 하고 다양하다가도 한번 일어섰다 하면 그냥 불끈! 한번 칼을 빼 들었다 하면 그냥 우주가 다 꽂혀서 들리듯이!

그러니까 그러한 것을 자꾸 그렇게 '아, 거기서 다 하는 거지.' 하는 거죠. 사실입니다. 구더기가 파리를 만들었지 않습니까. 왜 사실이 그런데도 그걸 믿지 못하느냐 이겁니다. 자기를 만들어 놓고 자기가 지금 날면서 왜 그걸 모르느냐 이겁니다. 그러니 거기다가 맡겨야죠. 내 껍데기는 네가 만들었고 네가 지금…. 아니, 구더기 껍데기도 자기가 만들었고 껍데기에서 벗어나 가지고 알맹이가 또 형성돼 가지고선 껍데기를 또 만든 게 파리를 만들었단 말입니다. 아, 그러니 자기가 다 만든 거지 누가 만들었습니까. 그리고 진화가 돼도 자기가 한 거고 일체 만법을 응용해도 자기가 하는 거지 누가 합니까.

그러니 거기다가 맡겨 놓으라는 말입니다. 마음은 하난데 마음 내는 건 수천수만 가지니까. 그 수천수만 가지 낼 수 있는 그런 여건이 있기 때문에 그걸 맡길 수도 있단 얘깁니다. 맡겨라 이거야. 다 거기서 하니까 다 맡겨 놔라 이거야. 맡겨 놓고 그대로, 자기가 지금 살아나가는 대로 그대로 사랑할 거 사랑하고 가질 것 다 갖고 하더라도 그놈 거지 내 이 껍데기 게 아니다 이겁니다. 관리인이야, 이게. 자기 속의 자기가 나를 이렇게 형성시켜 놓은 거는 관리인으로, '네가 있어서 바깥을 내다볼 수 있는 오관을 통할 수 있어야만이 내가 이 속에서 살겠다.' 하는 겁니다. 허, 그렇게 비유를 할까요?

그래서 그렇게 사는 거니까 거기다 다 맡기고 나는 심부름꾼으로서, 관리인으로서…. 또 그렇게 관리인이 돼도요, 자긴 재미 볼 거 다 보지 않습니까. 안 그럽니까? 허허, 돈 쓸 거 다 쓰고 재미 볼 거 다 보고 사랑할 거 다 하고 아, 이러면서도 뭣이 그게 안 됩니까, 그렇게? 그것도 그놈이 하는 건데. 자기가 하고 있지 않습니까. 딴 놈이 한 거 하나도 없습니다. 사랑을 했어도, 돈을 가졌어도 돈이 없어도, 돈을 떼였어도 돈을 벌었어도 다 거기서 나온 겁니다. 그러니까 거길 믿어야죠. 딴 델 믿어요? 흥했든 또 망했든 거기서 한 건데 왜? 못나게 형성을 시켰든 잘나게 형성을 시켰든 제 놈이 한 거 아닙니까? 그러니 못났든 잘났든 제 놈을 제가 믿어야지 누굴 믿습니까. 이름을 믿어요, 허공을 믿어요, 형상을 믿어요? 어떤 걸 믿겠습니까? 자기를 움죽거리게 할 수 있는 그 생동력 있는 자기 자신의…. (녹음 안됨)

자유자재하도록 이끄는 길

1989년 6월 4일

지난번 셋째 일요일 날 여러분 앞에 미비한 그런 말로 아귀를 짓지 못한 채 그냥 끝을 맺고 말았죠. 거기에 대해 한마디 언급하고 난 뒤에 말씀드리겠습니다. 우리가 지금 공부하는 것은, 그 뜻을 잘 새기고 본다면 너무나 인간 된 도리에서, 전체에 우리가 공해서 돌아간다는 그 자체를, 같이 공생 공용을 하고 공식하고 돌아간다는 그 사실을 항상 반복하고 있습니다.

그런데 우리가 지금 공부를 한다 하면 절에 왔다 갔다 하는 것만이 공부하는 게 아니라 생활로부터 직결돼 있는 이런, 천문학으로나 천체 물리학으로나 정치가로나 또는 경제, 문화, 문명, 의학 이러한 모든 일체 점에서 우리가 한생각에서 같이 들이고 내고 하는 그런 직결된 공부를 하는 겁니다. 그렇기 때문에 사람은 첫째, 모든 것을 놓지 않으면, 그리고 말이 많으면 물리가 터지지 않고 지혜가 나오지 않아서 인간의 50%에 머무르고 만다는 사실입니다. 할 말을 어떻게 다 하고 살겠습니까마는, 모든 것을 남의 탓으로 돌리고 내 탓으로 돌리지 않는다면 말이 많아집니다. 싸움이 많아지고 증오가 많아지고 또는 배신이 많아지고 이렇게 해서 욕심이, 또는 아만 아상이…, 의리도 저버리고 시간도 저버리고 다 저버린 채 자기 아집만을 가지고 살아나가니까 50%의 그 보이지 않는, 즉 말하자면 광대무변한 법은 영 캐치해 볼 수가 없는 겁니다.

지난번에 지구로 비유를 해서 세 겹의 문제가 있다는 그 점을 미비하게 얘기했던 겁니다. 지구의 대기권에 있어서도 삼 겹은 안으로 들이는 역할을 하고 삼 겹은 바깥에서 끄는 힘을 가졌다는 얘깁니다. 그래서 대기권의 육합이, 육 겹의 육합이, 삼 삼이 서로 당기고 조입니다. 우리 인간도 살아나가면서 마음을 당기고 마음을 끌고 바깥으로 내고 하는 것이 바로 이런 겁니다. 내 마음이 바깥으로 끌리면 그냥 거기에 끌리고 말고 우리가 끌면 저쪽에서 우리 앞으로 끌려오는 겁니다. 그건 힘에 의해서입니다. 그런데 힘에 의해서가 아니라 지혜, 즉 말하자면 내가 잘 인도를 할 수 있는, 그런 마음을 가질 수 있는 능력이 있어야 끌어서 잘 인도를 할 수 있다는 말입니다. 그 능력을 악의적으로 쓴다면 끌어서 구덩이에다 넣듯이 악의적으로 끌고 가는 겁니다.

그와 같이 우리 인간 자체의 마음의 능력도 그러하거니와 일체의 별성과 혹성도 무정물도, 일체 생명들이, 생물이 다 그렇다고 봅니다. 그러한 마음씨의 능력으로 인해서 진화력을 갖고 우리가 항상 승화가 되느냐, 퇴보가 되느냐 하는 게 문제입니다. 우리가 이 공부하는 데에 참, 말 못할 일이 너무 많아요. 모르는 일도 너무 많고요. 임신을 하기 전에도 여러분의 생각에 의해서 퇴보가 될 수 있는 문제도 있고, 극성스럽게 나오는 이치도 있고 나쁘게 나오는 이치도 있고, 태교에 의해서도 무척 연관성이 있다고 봅니다. 그러니 하나서부터 열까지 소홀히 생각할 수가 없는 겁니다. 이렇게 소홀히 생각할 수가 없는 일들을 그저 절에 왔다 갔다 하고 이론으로나 하고 경을 봐서 이것이 옳다, 저것이 옳다 하는 그런 싸움박질들이나 하고 이렇게 한다면 이것은 이치에 맞지 않습니다. 도무지 이건 하나도, 내가 목이 말라서 죽겠어도, 목마를 때 물 한 모금 자유스럽게 먹을 수 없는 아마 그러한 여러분이 된다고 생각합니다.

우리가 옛날에도 이런 점이 있었죠. 은사 스님과 맏형과 둘째, 막내 이렇게 세 스님이 사셨습니다. 어느 신도가 와서 이렇게 물었습니다. 내가 이런 얘길 왜 하느냐 하면 요거 말하기 이전에 한마디 말씀을 드릴 것은 여기서 여러분한테 가르치는 것은 세 가지를 종합해서 가르치는 겁니다. 여러분은 가정을 가지고 있고 애들이 있고, 부모를 모시고 남편을 모시고, 아내를 데리고 이렇게 가정을 가지고 사십니다. 그렇기 때문에도 그렇지마는 참 여러 가지로 고통을 가지고 있는 분들이기 때문에 때에 따라선, 첫 번에는 당신의 주인공이 있으니까 주인공이 이끌어 가고, 주인공에 의해서 생각이 나고 주인공만이 당신을 형성시켰고, 당신의 주인공이 운전수와 같이 당신을 끌고 다닌다 하는 것을 제시하면서, "내가 이럭할까요, 저럭할까요?" 나한테 묻지 말고 "언제든지 당신의 생각에 의해서, 꼭 당신의 주인공에 맡겨 놓고 오관을 통해 봐서 이 세상 판단을 해서 딱 결정을 해서 나가는 것이 바로 법이다."라고 말씀드리고, 용(用)이라는 거는 바로 자기가 생각해서 자기가 결정하는 것이 그대로 용입니다. 그러면 용을 가르치고 마음의 도리를 가르치고 참선을 가르치고, 이게 따로 있는 게 아니라 세 가지를 한데 포함해서 지금 가르치고 있는 겁니다.

여러분이 연세가 얼맙니까? 애든 어른이든, 늙었든 젊었든 간에 이 모습이 없으면 도대체 공부를 할 수가 없는 겁니다, 부딪침이 없기 때문에. 눈으로 보는 거, 듣는 거, 냄새 맡는 거, 맛을 아는 거, 부닥침을 아는 거, 뜻을 아는 거 이 여섯 가지의 문제를 다 여러분이 살아 있으니까 그걸 알고 있는 겁니다. 그렇기 때문에 여러분이 살아 있지 않고는 그 공부를 못하기 때문에 한꺼번에…. 급해서 그런 게 아닙니다. 다 그냥 동시에 가르치는 겁니다, 이건. 그래서 처음에는 어리벙벙하시겠지만 나중에 보면 그게 얼마나 고맙고 편리한지 모르는 겁니다.

때로는, 즉 말하자면 용은 마음에서 용이 나가는 거고, 마음이 있기 이전에는 바로 참나가 있기 때문에, 삼합이 한데 동시에 공존하기 때문에 '용이다, 마음공부다, 참선이다, 좌선이다' 할 게 따로 없다 이 소립니다. 때에 따라서는 나도 두 가지, 세 가지로 얘기를 하죠. 근기에 따라서 여러분 앞에 저거 하면 '알았다' 고 그냥 그렇게 대답을 하고 또 한 가지는 "당신 주인공이 있는데, 주인공이 모든 일체를 이끌어 가는데 주인공에 다 맡기고 놓고 당신 마음 나오는 대로 해." 하고 말을 하고, 어떤 때는 "당신이 알아서 하지 왜 날더러 물어?" 이렇게도 합니다. 이 뜻을 가만히 생각을 한다면 아주 묘한 뜻이요, 그것이 전체, 우리가 지금 가정을 이끌어 나가고 내 몸을 이끌어 가고 내 모든 전체를, 사회를, 국가를 이끌어 가는 데도 거기에 모두 달렸다는 겁니다.

그러한 거를 여러분은 딴 스님네와 다르게 가르친다 이렇게 생각할 수도 있겠죠. 다르지 않습니다. 여러분은 당장 급하면 급한 대로 여러분이 생각해서 해결을 해야 되기 때문입니다. 또 해결을 하는 것만이 능사가 아니라 해결을 안 하고 하고, 요것을 종합해서 볼 때에 해결을 하는 것도 그놈이 하는 거고 해결을 못하는 것도 그놈이 하는 겁니다.

그래서 옛날에 조주 스님이 말씀하시기를 "개도 불성이 있습니까?" 하니까 "있다." 했습니다. "개가 불성이 없습니까?" 하니까 "없다." 했습니다. 그러면 이것이 무슨 뜻이냐? 조주 스님이 대답하신 거는 대답을 있다고 할 때는 없는 거하고 포함해서 한 거고, 또 없다고 했을 때도 있는 거하고 포함해서 대답한 겁니다. 그러면 어떻게 되느냐? "그럼 너희의 마음에 따라서 그것은 그대로 법이니라. 여여하니라." 하는 겁니다.

옛날에 어느 부모가 계셨는데 "어머니, 어린애를 낳고 피비린내가 나고 그러니까 제사를 지내지 말아야죠." 그러니까 "그렇지." 그렇게 대답했다 이거야. 그런데 어느 자식이 또 묻기를 이렇게 물었습니다. "어머니, 어린애를 낳아서 경사를 봤으니까 제사를 더 잘 지내야죠." 그러니까 "아유, 그렇고 말고!" 이거는 누구의 생각입니까? 이거는 생각하기에 달린 겁니다. 그러면 부모가 자식에게 거부를 하고 "얘, 그럭하지 말아라. 이럭해라." 하면 그 자식들이 더 곤란할 거고 그 도릴 몰라. 스스로 알게 만들기 위해서죠.

경사가 났든 부정을 봤든, 부모의 돌아가신 날을 음미하는데 어린애를 낳았으니까 못하고 어린애를 낳았으니까 하고가 어딨습니까? 자기의 정성입니다, 그게. 그것이 근본, 아주 깨끗한 마음으로서, 이것도 아니고 저것도 아닌 깨끗한 자식으로서 물 한 그릇을 떠 놓고 향 한 개비와 불 하나를 켜 놓고 한다 하더라도 그것은 내 정성이다 이거야. 그게 진실 아니겠습니까. 그거를 가르치기 위해서 조주 스님도 그렇게, 양면을 다 그렇게 허술하게 체계 없이 대답을 한 거죠. 그러나 이 참선에는 체계가 있어서는 선이 아닙니다. 체계가 없는 것이 즉 참선입니다. 체계가 없는 것이 선이기 때문에 철두철명하게 여러분의 진실한, 그 지금 해 나가는 여여함이 그대로 바로 참선이요, 행이요, 용입니다.

그래서 요런 말을 해 놓고 아까 얘기하던 거를 마저 하겠습니다마는 세 스님이 그렇게 사셨는데 어느 신도 하나가 이렇게 물었습니다. "스님, 지금 우리 아들 두 형제가 보따리 짐을 해서 물건을 사 가지고 팔러 나갔는데, 꿈을 꾸니까 불에 타서 죽는 꿈을 꾸었습니다." 이렇게 말을 했습니다. "그러니 우리 아들들을 좀 살려 주십시오." 하니까 스님이 있다 하시는 소리가 "그건 자기 생각하기에 달렸지." 이렇게 말을 해 버리고 말았다 이거야. 맏제자가 생각을 하니까 '저 스님이 저렇게 말씀을 하셨으니 저 미거한 중생은 어떡하면 좋은가. 근기에 따라서 말을 해 주셔야 되는데 저거는 아주 대도의 근기가 충만한 사람이라야만이 저 소리를 알아들을 텐데 저거를 어떡하면 좋은가.' 하고 근심을 했습니다.

그랬는데 그 보살이 와서 맏제자한테 또 청을 했습니다. “스님이 말씀하신 걸 도저히 모르겠으니 스님, 어떻게 해야만 되겠습니까?” 하고 울면서 빌었습니다. 그러니까 그 스님은 있다 하는 소리가 “당신이 물을 밤에 동이 동이 떠다 놓고….” 예전에는 울타리를 할 때에 솔 이파리나 이런 걸로다가 다 울타리를 했답니다. 그 울타리를 돌아가면서 그 물로 닭이 울 때까지 밤새도록 솔 이파리로 물을 축이라고 그랬거든.

그런데 그것을 또 못 믿어. 또 못 믿으니까 둘째 스님한테 가서 또 물었다 이거야. “밤새도록 이럭하면 우리 아들이 불에 타 죽질 않고 산다고 하셨는데도 제 마음에는 아주 그냥 이렇게 안타깝고 죽겠습니다.” 하고 둘째 스님한테 가서 물으니까 그 스님이 이렇게 말을 했습니다. “아, 죽으면 죽고 살면 살지 뭐가 그렇게 원통해서 그래?” 하면서 반말로 쭉 해 버렸습니다. 그러면서 하는 소리가 “상에다 잘 차려 놓고 시식을 지내라.” 이렇게 말을 했습니다. 그러면 세 스님이 말씀하신 것이 전부 다릅니까, 전부 똑같습니까? 대답들 좀 해 보십시오, 예?

신도(남) 맞습니다.

큰스님 맞아요?

신도(남) 예.

큰스님 전부요?

신도(남) 예.

큰스님 그렇겠죠. 근기에 따라서니까. 일러 줘도 모르는 사람은 근기에 따라서 어떡합니까, 그거.

그래서 우리 스님네들이 재(齋)를 지내는 것도, 여러분, 요거 잘 생각하십시오. 여러분이 백만 원을 가져 오든지 오십만 원을 가져 오든지 상을 차려 놓습니다. 근데 여러분이 어떤 때는 이러한 경향이 있겠죠. “어이, 스님이 뭐, 백만 원을 가져 오래. 오십만 원을 가져 오래.

천도를 시키는데 얼마를 가져 오란 말을 어떻게 스님네들 입으로 할 수 있을까?" 이러죠? 그런데 우리가 만약에 백만 원을 받았다면 그 조상의 영령도, 우리가 백만 원을 받았다는 걸 알기 때문에 그 영령도 백만 원을 받은 걸 압니다. 한데다가 하나도 쓰지 않아요. 또 상을 우리가 쪼그맣게 차려 놨으면 우리가 쪼그맣게 차려 놨다는 걸 알고 있기 때문에 그 영령들도 쪼그맣게 차려 놨다는 걸 알고 있습니다. 이것도 맞죠. 이 마음으로 오고 가는 거기 때문에 철두철명하게 그런 걸 다 압니다. 그런데 우리 스님네들은 밥 한 그릇을 놓고도 이 천체를, 칠보를 다 갖다가 둥글려서 놓습니다. 그러니 그 조상들의 영령들은 거기 없는 게 없으니, 그 천도는 정말이지 이 세상을 다 주고도 살 수 없는 천도다 이겁니다. 근데 여러분은 그걸 몰라요. 그저 잘 차려 놓고 뚝딱거려 주면, 밤새도록이라도 해 주면 그게 좋은 줄 알겠죠.

이 도리! 촛불 하나도 켜지 않고 내 인등을 켜서, 보현등을 켜서 그 영령들을 모시면서 잘 인도를 해서 천도를 해 드리면 아니 됩니까? 이 마음의 등이라는 게, 그게 인등이자 보현등입니다. 그러면 여러분은 이걸 한번 이렇게 해 드리는데 벌써 윗물이 맑아야 아랫물이 맑다고, 위 업보가 없어지면 조상을 위해서 하는 거는 자기네들을 위한 것입니다, 자기네들.

그래 아까 그 세 스님이 말씀하신 거, 그걸 하나로만 생각하지 마시고 한번 여러분으로 생각하시고 들으세요. 근기에 따라서 그렇게 하는 사람도 있고, 그래도 알아들어. 또 근기에 따라서 그렇게 일러 줬는데도 그것도 모자라. 그것도 믿어지질 않아. 그럼 상을 차려 놔라. 그리고 시식을 지내라. 그러면 근기에 따라서 시식 지내는 사람하고, 근기에 따라서 그렇게 물을 뿌리는 거하고…, 근기에 따라서 죽고 사는 건 네 생각에 따라서 있다 했으면 퍼뜩퍼뜩 이걸 알아야지, 도(道)는 벽도 없고 문도 없어.

항상 여러분 앞에 "마음은 체가 없어서" 이렇게 얘기를 하죠. "마음은 체가 없어서" 하는 말이 그게 뜻이 얼마나 깊고 여러분한테 이익이 되는지 모릅니다마는 그 말을 한 뜻을 한데다 떨어트린다면 여러분은 한생각에 이루지를 못하는 겁니다. 이 도라는 것이 무엇을 이루는 것만 도가 아니라 능력을 기르면 스스로 부수적으로, 내가 용을 하는 건 그냥 그대로, 그대로 부수적으로 오는 겁니다. 용을 일부러 배우려고 애를 쓸 필요도 없어요. 그대로 생각나면 움죽거려지는 것이 용인데 뭐가 그게 용을 따로 배우는 겁니까?

그래서 시식을 지내라고 하니까 그 가운데 있는 스님이 보기에 그 사람이 가난은 하고 참 너무나 안타까워서 몰래 불렀습니다. 몰래 불러서 "내가 시키는 대로만 하시오. 그러면 아들이 살 테니 내가 시키는 대로 이렇게 이렇게 하시오." 하니까 그렇게 해서 인제 밤새도록 소를 뿌렸단 말이야. 뿌렸는데 두 아들이 옷감 사 가지고 가서 팔 양으로 주막에 들었는데 주막에 불이 나 가지고, 피곤하니까 그냥 잠이 들어서 자는데 "아무개야, 아무개야." 부르면서 그냥 물을 끼얹으니까 펄떡 일어났단 말이야. 그러니까 벌써 불이 그냥 뺑 돌았어. 그래서 보따릴 들고 그냥 막 튀어 나와 가지고 살았는데….

그렇게 살았으면 잘했다고 해야 할 텐데 은사 스님이 불러다가 그냥 얼마나 패 줬는지 몰라. 하하하. 은사 스님이 "이놈아!" 그거를 왜 가르쳐 줬느냐 이거지, 응? 네가 그렇게 가르쳐 줬기 때문에 그러한 짓만 하고선 앞으로 장차 세세생생에 네가 잘못 가르쳐서 그걸로만 갈 테니, 제 마음대로 자유자재할 수 있게끔 길을 인도를 해야 할 텐데, 만약에 지금 그 아들이 죽는다 하더라도 너는 잘못 가르쳤다 이거야. 그래 가지고는 아, 방망이로다가 막 패는 겁니다. 그래서 디굴디굴 구르다가 이런 생각을 했습니다. '옳지, 옳지, 알았다. 스님이 방망이로 때린 게 아니라 아이구, 이것이 이런 것을….' 하고선 알았다고 막 그냥 하늘을 보고 웃고 그냥 막 좋아했습니다.

그러니까 그 은사 스님이 있다 하는 소리가 "인제는 알았다니 됐다." 그런데 동생은 "흥, 둘이 잘 노는군." 이러거든. 하하하…, 모르고. 시식 지내라고 한 제자는 "둘이 잘 노는구나." 이러고선 웃고 픽 돌아서서 그냥, 자기는 생각도 안 하고 그런다고 그냥 픽 돌아서서 훌쩍 가거든. 가니까 은사 스님이 또 하는 소리가 "야, 이놈아, 어디로 가느냐, 응? 지금 마당이 더러워서 죽겠는데 마당을 쓸지 않고 어디로 이놈, 가느냐!" 하고 악을 쓰니까 "쓸 거예요!" 그러고선 그냥 가거든.

그런데 그 스님이 어떤 생각을 하고 그렇게 좋다고 했을까요. 그거를 잘못했다고 하는데도 불구하고 그냥 몽둥이로 막 팼는데, 그냥 막 찢기고 그러면서 내리구르다가 아이고, 알았다고 그랬는데 뭘 알았다고 그랬을까요. 여러분이 '뭘 알았다고 했을까' 하는 것을 생각해 보는 그런 여유가 좀 있어야 되겠습니다. 사람이 이론으로만 배워서는 아니 됩니다. 그러면 우리는 인간으로서 자유스럽게 첨단을 넘을 수가 없어.

또 한 가지는, 옛날에 어느 비구니 스님이 계셨습니다. 참 능수능란하고 천지를 다 굽어보시고 그분은 유명했다고 볼 수 있겠죠. 그랬는데 가다가 날이 저물어서 어느 절엘 들어갔습니다. 그런데 거기 주지 스님이 콩을 따다가 앉아서 까고 있었습니다. 그런데 이 스님이 말입니다, 들어오더니 그저 아무 소리 없이, 주장자를 짚고서 삿갓을 쓰고 들어와서는 그 주지 스님이 뭐 하는 데를 인사도 없이 그냥 빙글빙글 서너 바퀴 돌아서는 딱 섰습니다. 그런데 그 주지 스님이 아무 소리 못하고는, 그 비구니 스님이 빙글빙글 세 번 돌아가는데 아무 대답도 못하고 아무 소리도 못하고는 그냥 물끄러미 쳐다보고 있었습니다.

그런데 어떻게 해야 그 대치를 할 수 있을까요? 이거 두 가지 여건이 아주 문제가 됩니다마는 여러분이 마음공부 하시는 데, 물론 학술적으로나 경을 봐서는 이게 옳고 이게 그르고, 아주 거론이 많이 돌아갑니다. 그러나 이 선의 도리는, 선법은 이런 거고 저런 거고 포함해서 돌아가면서도 '무' 예요. 없고 없고 또 없어요. 그 없고 없고 또 없는

데서 무엇을 있다고 하겠습니까? 그래서 힌트를 주기를 "공했다. 찰나 생활이다. 한 철이다." 이랬죠.

여러분은 마음 하나 잘 먹으면 한생각에 뛰어넘어지고, 마음 하나 잘못 쓰면 이리로도 갔다가 저리로도 갔다가 이렇게 가죠. 나라는 조건을 버린다면 천야만야한 낭떠러지도 디딜 수 있는 겁니다. 믿고 디딜 수 있어요. 그 아래는 송장 뼈다귀가, 해골이 수두룩하게 있어도, 떨어져서 죽은 송장들 해골바가지가 많이 있다 하더라도 진짜로 믿는다면 내 몸뚱이가 산산조각이 난다 하더라도 거기 떼어 놓습니다.

우리가 또 거기에서는 두 마디의 여건이 있는데 이 마음을, 습을 놓고 깨달은 데서 위로는 지혜를 넓히고 아래로는 자기 중생을 제도하기 위해서 깨쳐 가지고도 수없이 굴러야 하는 문제가 있습니다, 둘 아니게. 그런 문제가 있는데, 그래서 단계 없는 세 단계가 있다고 하는 거죠.

그런데 우리가 이것을 조금 알면 아는 대로 서로 신행회에서 토론을 하고 이러면서 지혜를 넓혀 가는 점, 요것을 잊지 마세요. 만나면 무슨 살림하는 얘기, 이런 얘기 하지 마시고 그런 데서 토론을 하시고, 살림하는 것도 거기다가 집어넣어서 토론하고 이렇게 한다면 지금 두 가지의 여건도 거기에서 발현이 되고 거기에서 지혜가 늘고 물리가 터지고 그렇게 해서 여러분은 다 자유자재할 수 있는 그런 문제가 나오는 거지, 우리가 이 공부 하는 데 그냥 뭐 '없다' 이러기만 하면 아무것도 없는데 뭣 때문에 우리가 이럭하고 있습니까, 네? 우리가 이 세상을 더불어 같이, 나와 더불어 중생을 제도하고 더불어 아픔을 같이할 수 있는 이런 원을 세웠기 때문에 머리를 깎고 일생을 다 불사르는 거지, 그리고 또 여러분이 다리가 아파도 이렇게 앉아 있는 거지, 뭣 때문에 우리가 이렇게 있습니까?

그래서 예전에도 그랬지마는 이렇게 말을 했어도 말을 함이 없고, 던졌어도 던짐이 없고 쥐었어도 쥔 사이가 없다. 탕! (법상을 한 번 치심) 이렇게 해서, 탕! 탕! (법상을 두 번 치심) 이거를 알면 두 가지 여건이 풀립니다. (합장하신 후 법상에서 내려오심)

참다운 마음의 공부

심공회 · 심용회 법회

1989년 월일 미상

나는 설법하는 게 아냐. 얘기하려니까 지금 이 얘기가 먼저 들어가야겠어서 하지. 그래서 여러분한테 지금 이끌어 드리는 것이 여러분의 마음과 마음 내기 이전과, 지금 육신을 집으로 삼는다면 그 양 개체를 한데 합쳐서, 우리 그 양면, 즉 상대성, 이것이 하나의 중심에 포괄이 되면, 즉 얼른 쉽게 말한다면 전생과 현생이 한데 합쳐진다면 그런 힘이 생긴다는 얘깁니다. 우리가 핵과 질량이 한데 합쳐지니까 핵폭탄이 나왔고 수소폭탄이 나왔듯이, 그래서 그거를 연구하고 만들려니까 그만큼 과정이 걸렸듯이 우리도 이것을, 상대를 한데 합쳐서 우리 힘을 기르는 데는 과정이 있습니다.

그래서 이 공부 하는 데는 우리 인간에게 그만큼 재료가 다 갖추어져 있다는 사실을 여러분한테 항상 얘기해 드리죠. 불가에서는 오신통이라고 하지만 지금 현실의 용어로 그걸 비유해서 말씀드리는 거죠, 다섯 가지를. 못 들은 분들을 위해서 한번 말해 볼까요? 우리가 지금 현실에 그렇게 몸뚱이를 다, 이 세상을 다 태워 버릴 수 있는 그런 능력이 있어도…. (녹음 안됨) 지금 컴퓨터를 만들어 놨어도 우리 인간이 입력을 하지 않는다면 갖가지의 모든 걸 자동적으로 그렇게 컴퓨터가 해내질 못할 겁니다. 인간이 꼭 부려야 부릴 수 있는 거고 과거도 나오고 현실도 나오고 다 나오죠.

그런데 망원경도 한계가 있죠. 천문학을 하는 사람들도 망원경으로 봐서 어떠한 한계가 있는 것은 여러분이 더 잘 알 겁니다. 또 우리가 가고 오면서도 가고 옴이 없이, 전력과 같이 오고 감이 없이 빛보다 더 빨리 오고 갈 수 있는 그런 역할은 못할 겁니다. 빛도 지금, 빛 자체도 해내지 못하고 있는 형편이지 않으냐 이런 생각을 하죠. 또 우리가 과거를, 우리가 모든 거를, 어디서 왔는지 어디로 가는지 그거를 알려면, 그것을 바로 숙명통이라고 그러는데 그걸 컴퓨터에 비유합니다. 그럼 과거를 안다, 미래를 안다 이러는 것도 역시 컴퓨터에 넣어야 나오는 거지, 넣지 않아 가지고는 나오는 게 없습니다. 그러면 지금 현재에, 현생에서 우리가 살아 왔던 과거가 나오긴 하지만 전생 과거는 나오지 않습니다. 그럴 뿐만 아니라 우리 이 컴퓨터도 마음의 컴퓨터가 있는가 하면 일심이라는 마음 심(心) 자 하나에서 팔만대장경이 나오는데 그 팔만대장경은 뭐냐? 이 세상 돌아가는 진리입니다. 우리는 올바로 생각하고 올바로 이 도리를 알고 사람도 올바로 따르고 자기가 믿는 것도 올바로 믿어야 합니다. 그렇기 때문에 잘못 나갈까 봐 상당히 의려하는 겁니다.

지금 이 얘기 하다가 딴 데로 새는데, 여러분이 불공을 드린다 하고 절에 오고 불법을 믿는다 이러면서 그냥 갖다 놓고 빌고 그저 나 잘되게 해 달라고 비는 그런 것이 불교인 줄 알고 또 그러한 것이 진짜 불공을 드리는 건 줄 아는 그런 마음을 우리가 개선해야 되지 않나 이런 걸 생각합니다. '불' 이라는 건 모든 일체 만물만생이 그 영원한 생명을 가졌을 때 비로소 불이라고 할 수 있는 것입니다. 그건 밝은 겁니다. 그것은 변하지도 않는 것이기 때문입니다. 그래서 '공' 하는 것은, 우리가 지금 살림살이할 때 찰나 생활로 들어갑니다. 우리 사는 것만 그런 게 아니라 일체 만생 만물이 다, 우주 전체가 지금 그렇게 일분일초도 쉬지 않고 돌아간다는 그 점 말입니다. 그렇기 때문에 공입니다.

그래서 불공을 잘한다 하는 건 내 마음을 잘 세운다 이겁니다. 세워서 자기의 주인공을 잡고 공부할 때는 모든 걸 거기에 맡겨 놓고 굴려서…. 예를 들어서 그냥 맡긴다면 그것이 공으로 빠질 염려가 있기 때문에 아, 거기서밖에 해결 못한다는 믿음을 가지고 거기다 놓을 때에 바로 자기 불바퀴에 놔서 굴리니까, 즉 말하자면 용광로에 헌쇠나 나쁜 쇠나 쪼가리 쇠나 뭐든 놔 버리니까, 거기 넣어 버리니까 새로이 새 쇠로서 생산이 돼서 또 다른 이름들을 가지고 진출하고 있습니다.

그와 같이 우리가 어떠한 일이 있어서 탁 주인공에 맡겨서 놓을 때에 '아, 이거는 내 주인공밖에는 해결할 수 없다.' 그러면 벌써 여기는 불바퀴에 돌아가는 겁니다. 재생이 돼서 나가는 형국이죠. 그래서 내 인간의 힘이 아닌 그 불바퀴의 힘으로써 굴려져서 가고 옴이 없이 가고 오면서, 몸뚱이가 없으면, 남이 볼 때에 없으면 무효니까 상대를 해야 되겠죠. 그래서 최선을 다해서 뛰면서, 가고 옴이 없이 가고 오는 이 마음의 도리를, 50%를 지금 보이는 세상에 충당해야만이 우리가 살 수 있다라는 얘깁니다.

그래서 일체 만법을 그렇게 해서 놓는다면 어떠한 사람이고 "아이, 스님. 나는 항상 놓아 가는데도 안 됩니다." 이런 소리를 할 일이 없죠. 그렇게 '안 됩니다, 됩니다' 하는 것은 자기 스스로 그릇을 크게 만들었느냐, 또는 작은 것이 그대로 있어서 소견으로 사느냐, 또는 그냥 무조건 맡기고 한번 아주 가긍하고 정성스럽게, 한번 자기 주인공을 진짜로 믿고 '당신밖에는 할 수 없어.' 하고 그 뜻을 가지고 말없이 지키면서 그렇게 믿어 봤느냐, 이런 것도 생각 안 해 볼 수가 없죠.

그래서 지난번에 설할 때도 그렇게 얘기했죠. 첫 번에는 나를 발견하기 위해서 전자의, 내가 나기 이전의 그 습을 다 떼야만이 내가 발견되기 때문에 그런 것이고, 둘째는 벌써 그렇게 맡겨 놓으면 내 가정과 내가 마음이 편안하니까 놓는 거고, 셋째는 모든 걸 놨기 때문에 얻을 게 없이 항복을 받는다는 얘깁니다. 그래서 "무조건 놔라" 이러는 겁니다.

두 번째, 내가 나를 발견했을 때는 감응이 되고 발견이 돼서 나를 리드해 가지고 나가는 주인공이 바로 여기에 있는 걸 알게 됩니다. 아주 뚜렷하게 알게 되죠. 그럴 때, 어디든지 자기가 몰라서 한 발을 디딜 때는 그 주인공이 벌써 나타나서…, 둘이 아닌 까닭입니다. 그냥 그대로 자기니까 현생으로 일을 할 때는 현생으로 하나가 되고 무심으로 돌아갈 때는 무심으로 하나가 되는 겁니다. 그렇기 땜에 둘이 될 수가 없죠. 그래서 잘못 딛게 되면 다리를 저절로 옮겨 줄 수 있는 그런 능력을 가진다 이겁니다, 발견했을 땐. 그래서 그 발견을 하게 되면 내가 둘이 아닌 도리를 체험하면서 실험하면서 경험을 쌓는, 또는 체험을 하는 그런 능력과, 모든 것이 둘이 아닌 까닭에 그 힘이, 거기에서 모든 힘이 나올 수 있는 그런 거를 체험하는 과정입니다. 그래서 비밀로 놔두고 그렇게 비밀로서 내가 보인다, 들린다, 뭐, 신호가 온다 이런 소릴 바깥에다 하지 않고도 내가 해 나가는 겁니다.

세 번째는 모두가 이 마음은 자력과 광력과 전력과 입력과 통신력과 같은 겁니다. 이게 우리한테 질량이면서도 여러 가지 이름이 주어져 있는 것이 그거죠. 뭐, 시각이나 청각이나 감각이나 또는 지각이나 이런 문제 등등은 놓고도 또 거기에 첨보되는 거죠. 여러 가지로 첨보가 되는데 우리가 이거를 일일이 말을 하자면 번거로울까 봐 그것을, 화엄경에 있는, 부처님이 가르치시던 법을 지금 시대에 흘러가는 대로 우리가 맞게 그냥 이렇게 얘기하라는 겁니다. 그러니까 팔만대장경이 다르고 우리 지금 가는 길이 다르다고는 생각하지 마시고요.

그래서 그것을 겸해서 가졌기 때문에 여러분이 어떠한 일을 할 때도 가고 옴이 없이 일을 할 수 있으면서도 그 몸뚱이는 최선을 다해서 심부름을 한다. 이 '심부름을 한다' 하는 것도 이건 물질이기 때문입니다. 지금 여러분 가정에 오븐이 다 있으실 겁니다, 없는 집도 있겠지만. 그럼 오븐이 있어야 음식을 다 해내죠. 또 가스불이 있어야 해내시죠? 그거나 오븐이나 마찬가지죠. 그게 없으면 해내지를 못하죠. 우리가 또 그릇이 있어야 해내죠. 재료하고 불하고 그릇이 있어야 됩니다. 그런데 우리가 재료가 그렇게 있다고 해서 그것이 그냥 먹어지는 게 아니죠. 여러분이 만들어야 되겠죠. 그러니까 여러분이 입맛대로, 먹고 싶은 대로 만들어서 먹을 수 있는 그런 자재력을 길러 주는, 이끌어 가는 길입니다, 이게 지금. 부처님 법이라기 이전에 여러분이 없다면 부처님이 어디 있으며 부처님 법이 어디 있겠습니까.

그러니까 그것을 자재력으로, 해 먹고 싶은 대로 우리가 해 먹듯이 목마르면 먹고 목이 안 마르면 그냥 놓고, 항상 물을 들고 있는 건 아닙니다. 싸움터에 나가서도 싸움을 할 때나 총을 빼고 칼을 빼지, 싸움도 안 하는데 우리가 총을 뺄 리도 없고 칼을 뺄 리도 없죠. 그러니까 자재할 수 있는 것이죠. 그래서 가만히 있을 때는 부처고 만약에 칼을 빼 가지고 싸움터에서 싸움을 할 땐 법신입니다. 한 발 내려선 법신이죠. 그래서 법신은 움죽거려야만 하기 때문에 바로 화신이 되는 거죠. 이리로도 움죽거렸다 저리로도 움죽거렸다, 이렇게도 해 보고 저렇게도 해 보는 겁니다. 사람하고 싸움을 하는데 어떻게 몸뚱이를 이리 굴리고 저리 굴리지 않겠습니까. 자기의 감각에 의해서, 지각에 의해서, 그냥 대뇌로 인해서, 소뇌로 인해서 자기 의견대로 지혜를 내서 판단을 해 가지고 몸을 움죽거리죠, 모두가.

그렇기 때문에 여러분은 그대로 자재하는 법인데 이 지금 50% 보이지 않는 도리를, 무(無)의 법을 모르신단 말입니다. 우리가 이 세상에 태어나서 길러져 가지고 사는 것만 알았지, 그리고 죽는다는 것만 알았지 지금 내가 어디서 왔는지, 이 세상에 탄생을 했는지, 지금 내가 죽으면 어디로 가는지 그거는 모르지 않습니까. 그렇기 때문에 그거까지 첨보해야 둥글어지죠. 모가 나지 않고 끊기지 않고. 이게 100%입니다. 여러분은 50%만 가지고 살기 때문에, 즉 말하자면 미완성에 불과하죠. 그렇기 때문에 100%의 인간으로서 자재력을 가지고 우리가 보람을 느끼고 살 수 있는, 그런 인간 됨됨이의 진짜 인간이 되라는 얘기죠.

그래서 아까도 얘기했듯이 심성으로, 마음속에서 그 심안의 눈으로 본다면 천문학이, 예를 들어서 망원경으로 보지 않아도 내 심안의 눈이 있기 때문에 그걸 탐험할 수도 있고 전체를 볼 수도 있고, 반만 볼 수도 있고 반의 반만 볼 수도 있고, 그 과정도 알 수 있고 모든 거를 알 수 있다는 말입니다. 또 이런 게 있죠. 그렇게 볼 수 있는 것도 "볼 수 있되 도가 아니니라." 그랬거든요, 심안으로 봐도. 왜냐하면 보는 것만 능사가 아니기 때문이죠. 또 항상 얘기했죠. "우리가 과거에 어디서 왔는지 어디로 가는지 그거를 안다 하더라도, 숙명통, 즉 이 마음속의 컴퓨터를 응용한다 하더라도 그건 도가 아니니라. 또 가고 옴이 없이 가고 온다 하더라도 그건 도가 아니니라. 듣는 거 없이 무전통신으로써 일체 법계에서 다 듣는다 하더라도 그건 도가 아니니라. 남의 속을 빤히 들여다볼 수 있어도 그건 도가 아니니라." 했습니다. 왜냐. 그건 아는 거에 속하니까. "보는 거에 속하고 듣는 거에 속하고 가고 오는 데에 속하고 또 사람 속을 아는 데에 속하고 자기가 어디서 왔는지, 뭐가 사람이 됐는지 이런 거 아는 데에 속하니까 그건 도가 아니니라." 그랬거든. 그러니 그 다섯 가지 통 속에서 벗어나야만이 누진을 통해서 우주간 법계로 직결된, 생활 자체에 직결된 이 마음의 통에서 바로 벗어나기 때문에 그 마음에 직결된 근본 통을 굴릴 수 있다는 얘기죠. 그렇기 때문에 오신통이 통이 아니라 그 통 속에서도 벗어나야 된다 이런 말이죠.

이건 고차원적인 길, 공부입니다. 지금 신도들도 그렇지만 중도 이렇게 가르칠 수가 없는 겁니다. 그러나 중이다, 중이 아니다 이거를 떠나서 우린 모두 똑같은 사람이며 똑같이 좋은 거 알고 언짢은 거 아는 사람들입니다. 그렇기 때문에 먹물 옷 입고 머리만 깎았을 뿐이지 여러분과 같이 앉았으면 같은 도반입니다. 같은 도반이 도반을 이끌어 간다 하는 것은 만약에 내가 먼저 이것을 연구해서 하나를 이렇게 만들 수 있었다면 나중에 들어오는 사람에게 "이거는 이렇게 이렇게 해서 만드는 거다." 하고 가르쳐 줄 뿐이죠. 그런데 이것이 거저 되는 게 아니라 물과 흙과 바람과 불, 이 네 가지를 가지고 이렇게 만들었노라고 얘기해 주는 것뿐입니다.

그래서…, 내가 지금 무슨 얘길 하다 말았는지, 얘길 하다가도 새요, 이렇게. 나는 머릿속에다 넣고 하는 게 아니기 때문에 금방 이러다가도 새요. 이게 찰나기 때문이에요.

그래서 우주 개공이 여기에도 있노라 할 수 있는 거죠. 이렇게 상대가 있는 것이 한데 합치니까 이런 것이 하나 탄생이 됐죠. 탄생이 됐는데 이걸 이름을 지었죠. 찻잔이라고. 우리도 이렇게 아무개라고 나온 것처럼 이렇게 돼 있죠. 그래서 요 찻잔으로 나온 거는 찻잔으로밖엔 못 써요. 그래서 여러분이 모두 자기가 배운 대로, 소임대로 지금 살고 계시죠. 크면 큰 대로 작으면 작은 대로 말입니다. 그런데 이 공부는 일체 만법을 한마음으로서 배우는 겁니다, 우리가 지금. 인간으로서 지금만 우리가 몸을 가지고 있는 것도 아닙니다. 예를 들어서 올해만 꽃이 피는 게 아니고 내년에도, 앙상하게 가지를 내놓고 있다가도 봄이 되면 또 잎이 피고 꽃이 피고 열매를 맺는 거죠. 그와 마찬가지로 인간도 그렇게 아주 죽는 게 아니라 꽃잎 하나가 떨어졌다가 다시금 봄이 되면 또 피듯이 이렇게 되는 거죠.

그리고 우리 모두가 물주머니에 들어 있다는 사실을 잊어서는 안 됩니다. 이 세상에 이 혹성 하나 나오는 것도 상대성이 한데 합쳐서 이 몸뚱이 하나가 돼 가지고 이 세상에 나왔는데 '이 세상에 나오고 보니까 내가 나오기 이전이 또 있다고 하니 그것 좀 한번 연구하고 살펴보도록 해야겠다.' 이렇게 지금 공부하고 가는 겁니다.

그런데 지금 모든 것이, 전국을 이렇게 봐도 나를 버려야만이 이런 공부로 이끌어 줄 수 있는 거지 내가 있다고 생각한다면 이건 못합니다. 나를 버려야만 이렇게 할 수 있는 겁니다. 중들이 먹고살기 위해서 이렇게 하는 게 아니지 않습니까. 만약에 여러분이 불공을 법당 앞에 놓고 잘되게 해 달라고 빌고 그러는 게 불공이라고 인식하신다면 그건 불공이 아닙니다. 그건 맹종이요, 그거는 둘로 보는, 즉 말하자면 미신에 불과한 것이요, 또 사기꾼이요, 또 도둑놈이요, 허허허, 나도 그럭해선 안 되고 여러분도 그렇게 해서는 아니 된다는 뜻입니다. 부처님의 이름, 뼈다귀 이런 것들을 팔아서 우리가 이익을 취한다면, 또 그 행과 마음의 뜻과 그 말이 모두가 틀리게 나간다면 나부터 그 업보를 면치 못할 것이요, 여러분도 업보를 면치 못할 것입니다.

그렇기 때문에 우리는 같이 한마음으로서, 한도반으로서 이거를 이끌어 가면서 또 교직을 가지고 있는 분들은 학생들한테도 이런 인생관에 대해서, 즉 생활 불교라는 이 자체를, 그대로 네가 화두요, 네가 이 세상에 난 게 화두고, 바로 네 마음 그 자체가 나오기 이전, 너의 영원한 생명의 근본을 믿고 모든 걸 최선을 다해서 공부하면서 이렇게 해 나가야 참 너의 도리를 알 수 있을 것이라고 이끌어 줘야죠. 그것이 바로 마음 내는 거와 이전이 합쳐지는 그런 단계죠. 예를 들어서 마음 내는 거와 마음 있기 이전과, 이것이 상대입니다. 여러분의 마음 하나로 상대를 얼마나 합니까. 그래서 일체 만법과, 만법의 그 마음 내는 거와 마음 내기 이전과…, 만약에 핵과 질량이 한데 합쳐진다면 그런 능력이 무수합니다. 모든 게 여러분 손아귀, 한 손아귀 안에 들었다고 볼 수 있겠죠.

우리가 태풍이 와서 아주 나쁜 조건에 있다 하더라도 의연하고 태연하고 당당하게, 그거 걱정할 필요가 없는 거죠. 왜 걱정을 안 하게 되느냐. 그렇게 당당하기 때문이죠. 그것이 아까 얘기한 대로 세 번째,

나투는 거. 두 번째에 내가 발견을 해 가지고 둘이 아닌 도리를 체험하고 슬기롭게 지키고 바깥으로 발설을 안 하고 하는 도리를 공부한다면 그 나투는 공부, 즉 말하자면 그거 하나로 비유하겠어요. 전체가 다 그렇습니다. 어떤 혹성도 어떠한 생명도 어떠한 풀 한 포기도 다 그렇게 할 수 있는 겁니다. 그러니까 태풍이 왔다 할지라도 태풍이 내가 된다면, 그 태풍이 내가 된다면, 내가 지금 남을 해롭지 않게 이익을 줄 수 있는 마음을 가지고 있는데 그 태풍이 나라면 사람을 잡으려고 그렇게 하겠습니까? 안 하죠?

그것이 바로 세 번째 나투는 방법과 그 지혜를 넓혀서 판단할 수 있는 그것입니다. 마음은 체가 없기 때문에 내가 너도 될 수 있고 네가 나도 끌어서 내가 될 수 있는 그런 자력을 가지고 있으니까. 자력만 가지고 있는 게 아니거든요. 광력도 가지고 있고, 전력도 가지고 있고, 입력, 통신력 다 가지고 있기 때문입니다. 자재권을 가지고 있기 때문입니다. 그래서 그것이 바로 나툼입니다. 그래서 때로는 공부를 안 한 분들에게는 내 주장자를 그분들의 마음속에다 넣어 줄 수가 없어요. 여러분이 자기를 자기가 발견을 해야, 발견을 하는 쪽으로 줘고 가야 내가 여러분한테 주장자를, 이렇게 마음을, 즉 말하자면 이 물에다가 이렇게 한 방울을 넣어 줄 수 있는 겁니다. 그리고 또 이거를 끌어다가 당신이 급할 땐 내가 이렇게 당신이 돼 줄 수도 있고. 그러면 이 주장자라는 자체는 바로 여러분의 영원한 그 중심, 변하지 않는 중심에 의해서 불기둥이라고 그렇게 이름해서 부를 수 있는 그런 주인공이죠.

그러면 그 주인공을 믿고 그렇게 나가는 데는…, 그래서 옛날에 임제 스님께서도 말씀하시기를 "네가 주장자가 있다면 내가 너에게 주장자를 줄 것이로되 네가 주장자가 없다면 네 주장자를 내가 뺏어 올 것이니라." 이랬거든. 그게 무슨 소리냐 하면, 빈집이라면 주장자가 없잖아. 그러면 빈집이니까 몸뚱이 속에 세균이 막들 들어갔다 나갔다 들어갔다 나갔다 온통, 내 몸뚱이에 있는 중생들도 맘대로, 부모가 없으니까 그냥 맘대로 들락날락, 응? 지배하는 사람이 없으니까, 지배하는 마음이 없으니까 들락날락거려서 병이 생기지, 우환이 생기지, 내 몸을 지탱 못하지, 뭐가 되는 일도 없지, 가정이 모두 불편하지, 모두 되는 게 없지. 이것이 바로 악업 선업이 모두 몸뚱이 속에 수십억 마리가 있기 때문입니다.

그래서 그걸 누르려면 이 주인공을 하나의 지배인으로…, 즉 말하자면 하여튼 믿어야죠. 믿고 모든 걸 거기다가 굴려서 놔라. 거기밖엔 해결 못한다. 이 아픈 것도 거기서 나온 거니까 거기서밖에 해결 못한다. 보이지 않는 데서 나온 거니까 보이지 않는 데서 해결을 해야지. 보이는 데서 나온 건 보이는 데서 해결해야 하고. 이런 것이 아니겠어요? 그래서 이거는 보이는 데서는 최선을 다해서 뛰지만 보이지 않는 데서는 보이지 않는 대로, 보이지 않는 데서 나온 거니까 보이지 않는 데에다가 맡겨 놓으면서 최선을 다해서 뛰어야 된다 이런 거죠.

요 얘기 해 드리는 것은, 우리가 지금 실답지 않게 여기 왔다 갔다 하는 것도 아닙니다. 우리 인생에서 제일 먼저가 어떤 거냐. 어느 집에서 며느리를 하나 데려왔대요. 그랬는데 아, 삼 일이 돼도 영 나오지를 않더랍니다, 며느리가. 그래서 어쩐 일인가 하고 시어머니가 궁금해서 문을 요렇게 뚫고 보니까 아, 염주를 돌리면서 좌선을 하고 있거든요. 그래서 할 수 없이 며느릴 불러서 물었습니다. 그 전에 "네가 이 집안을 이끌어 가지고 갈 테니까 네가 제일 급한 거부터 먼저 해라." 이렇게 가르쳐 줬답니다. 그러니까 글쎄, 들어가서는 그렇게 앉아 있고 그러니 이 시어머니가 그냥 답답해서 견딜 수가 없어서 며느릴 불러서 물어봤더니 그렇게 말을 하더라는 겁니다. 이 세상에 제일 급한 것이 이겁니다 이거야, 지금 우리 공부하고 가는 거. "제일 급한 게, 내가 있기 때문에 모든 가정의 살림살이가 있고 내 남편도 있고 부모님도 있고 어머님도 계시고 모두가, 세상이 벌어진 거니 나부터 알아야 어떻게 해결을 하고 나가지 않습니까?" 그러곤 앉아 있더라는 거죠. 시어머니가 가만히 생각을 하니까 아, 자긴 늙어 가는데 더 급하거든. 그래서 며느리 염주를 뺏으면서 "얘야, 네가 급한 게 아니라 내가 더 급하다. 나는 지금 이렇게 나이를 먹어서 늙어 가니, 넌 젊었으니까 좀 덜 급하지만 난 더 급하구나." 하고는 뺏어 가지고 가서 일을 하시면서도 또는 나와 다니면서도 그렇게 공부를 열심히 해서 참, 천지의 근본을 알고, 자기의 마음에 직결이 돼 있는 걸 알고…. (녹음 안됨)

그래서 그 부모를 그렇게 부처님으로 만들고 법신으로 만들고 화신으로 응용하게 만들어 준 그 며느리를 아주 금쪽같이 생각을 했답니다. 며느리와 시어머니가 그럭하다 보니까 남편과 시아버지도 그렇게 나가는 겁니다. 몸뚱이는 최선을 다하면서 남 보기에는 아무렇지도 않은 거 같지만 동네를 살리고 이웃을 도와 가면서, 현실의 보이는 데도 도와 가면서 자기가 그렇게 농사도 그 해부터 잘해 나가게 되고 하인들도 그렇게 착해질 수가 없고, 그러니 무슨 언짢을 일이 있겠습니까.

그래서 손주도 아들도 또 자기 남편도 삼정승으로 만들면서 나라에 충성을 다해서 나라를 살리고 구제하고, 지금으로 보면 그 국민들을 다 살렸답니다. 그럼 이 도리는 어떻게 해서 살리는 것인가. 만약에 아까 내가 태풍이 된다면 손해를 안 봤으니, 무지한 손해를 안 봤으니 얼마를 건진 겁니까. 그런데 그것이 만약에 잘못돼서 태풍을 만난다면 그 손해는 수억이 될 수도 있고 수천이 될 수도 있고 수백이 될 수도 있고, 또 인명 피해는 얼마나 많겠습니까. 인명 피해뿐만 아닙니다. 곤충에 이르기까지 말입니다. 또 나무들, 무정물, 식물 이런 것도 다 건진 게 되죠. 그럼 그 수효가 얼맙니까. 그러니 그거 하나로 표현을 한 겁니다. 그러니까 보이지 않는 데서 남 모르게 건지는 그 마음이, 길에 오다 가다가도 건진답니다. 본래 우리가 건져진 건데 우리 마음이 우리 마음을 모르기 때문에 그 도리를 지금 되풀이하고 있는 겁니다.

그런데 정작 할 말은 지금 이겁니다. 그래서 여기까지 얘기를 해 드린 겁니다. 우리가 회사에 다니든지 학생이든지 또는 교사든지, 또는 호텔을 해서 지배인이 됐든지 또 직원이 됐든지 어떤 사람에게도 여기 책이 있고 카세트가 있으니 갖다 줘서…. 강제로 조직을 만들려고 하지 말고, 우리도 스스로 된 거니까 그 사람네들에게도 스스로 이익을 볼 수 있는 길을 인도해 주는 것이 바로 포교요, 그것이 바로 길잡이다 이겁니다. 그래서 후일에 만약에 우리가 수련원을 만들어 놓는다면 거기 데리고 가서 수련을 할 수 있는 그런 계기가 되지 않겠느냐 이겁니다.

만약에 식구 중에 한 사람만 병이 들어서 고통이 있다면 식구들이 다 고통을 받는 겁니다. 그러니까 끼리끼리 만나는 거죠. 끼리끼리 만나는데, 이 세상을 다 보십시오. 끼리끼리 안 만났나. 항상 그런 말을 하지만. 그래서 우리 사람들도 끼리끼리 모이는 겁니다, 이렇게 사는 가정이. 그러니까 그 가정에 끼리끼리들 모여서 이 공부를 하면서 자녀들한테도 뿌리를 심어 줘야 되는 겁니다. 뿌리가 있는 거를 알려 줘야 되거든. 지금 나무로 비유한다면 여러분은 나무에 뿌리가 있으니까 그 나무가 섰고 가지가 있고 잎이 피는 걸 알지만 우리 인간의 뿌리는 지금 모르고 있습니다. 자기 싹만 알지. 영원한 자기의 변함없는 자기 뿌리, 뿌리를 모르기 때문에 지금 싹이 비만 마구 와도, 천둥 번개만 해도 흔들흔들하는 거죠. 나무가 뿌릴 모르니까.

그렇듯이 지금 이 공부 한 사람은 그 뿌리를 압니다, 이 나무뿌리를 우리가 알듯. 야, 흙에 가렸으니까 자기가 자기 밑을 못 보는구나. 제 윗눈썹이 자기 밑의 속눈썹을 못 보듯이, 항상 이렇게 만날 같이하면서도 그걸 모르고 있거든요. 위 속눈썹이 아래를 모르고 아래가 위를 모르듯이 그렇게 모르고 있거든요. 그러면서도 여여하게 우리가 눈을 떴다 감았다, 떴다 감았다 깜빡깜빡하고 그냥, 찰나찰나 깜빡거리죠. 그것이 바로 같이 움죽거린다는 거, 같이 움죽거리고 같이 떴다 감았다 깜빡거리는 거란 말입니다.

이 세상에 제일 큰 새가 뭐냐 그런다면 어떤 새가 제일 클까요?

어떤 사람더러 그렇게 물어보니까 봉황새가 제일 크다고 합디다. 제일 큰 새가, 아주 작으면서도 제일 큰 새가 있고 아주 크면서도 제일 큰 새가 있습니다. 여러분, 오늘 재미나게 그걸 한마디 일러 주시렵니까? 어떤 새가 제일 큽니까? 예? 깜짝새요? 그래요. 깜짝새예요. 우리 몸에서 찾아볼 수 있는 제일 큰 새죠. 근데 옛날에 어떤 사람더러 물어보니까 봉황새가 제일 크다고 그러더군요.

수소폭탄이 지금 이 세상에 제일 두려운 존재라고 하지만 그것도 두렵지 않습니다. 당당하죠. 여러분은 이 도리를 공부해야만이 당당할 것입니다. 그러면서도 겸손하고 그러면서도 자기를 자기로 내세우지 않는 그런 도리. 욕심을 버리고도 욕심을 크게 가져야 한다. 욕심을 버리는 자는 크게 욕심이 있기 때문이고 크게 욕심이 있는 자는 욕심을 작은 데다 두지 않아. 돈 한 가지만 가지면 다 살 수 있는데도 요것도 아깝고 요것도 좋고 요것도 좋고 요렇거든요. 아, 돈 한 가지만 하면 될 거를, 예를 들어 말을 하는 겁니다. 요런 거를 가지고 그냥 서로 싸우고 그러거든. 아, 이까짓 거 하나 없으면 어떻고 있으면 어떻습니까. 아, 돈이 있으면, 나한테 돈이 풍족하다면 다 할 수 있는 건데.

그러니까 소인은 소인대로 대인은 대인대로 그 그릇을 폭넓게 쓸 수도 있는 거고 좁게 소견으로 쓸 수도 있다 이겁니다. 이 하늘과 땅 새는 어떻습니까. 크게 보면, 또 그것도 작게 볼 것도 없고 크게 볼 것도 없지만 천지의 새는 얼마나 크고 작겠습니까. 그건 우리의 마음으로 이 천지를 그대로 넘나들면서 크고 작다 말도 없고 벽이 있다 지붕이 있다, 하늘이 있고 땅이 있다, 각각 보지 않고 넘나들 수 있는 큰 새는 하늘과 땅 새죠. 우리 몸의 혹성의 큰 새는 바로 깜짝새고요. 하하하….

그러니까 우리 이 모든 삼라만상의 도리를 익혀서 지켜보면서, 외부적으로는 바깥을 오관을 통해서 지켜보면서 어떠한 일이 있으면 거기다 맡겨 놓고 이렇게 가신다면 그것도 구제가 다 되는 겁니다, 또.

여러분이 몰라서 그렇지. 그리고 또 안에서 일어나는 건 거기서 일어나는 거니까 거기다 다 놓고 또 감사하게 생각하고. 거기서밖에 해결 못하니까요. 그러니 외부에서 들어오는 것도, 내부에서 일어나는 것도 전체 거기 한군데 집결이 돼 있는 거죠.

그래서 아까 말씀드린 것은 첫째, 지금 그렇게 포교를 해야 한다. 그건 왜냐하면 내가 전생으로부터, 지금 현생으로부터 수없는 나날을 이렇게 하고 있는데 여러분은 어떻게 생각하십니까. 여러분도 좋은 일을 하셔야지요. 그러니까 이거는 남을 이익하게 하는 거기 때문에 요 길을 인도해 주면 잘 살 수 있고, 자기가 고통스러운 걸 면할 수 있고, 자기 자식들에게 뿌리를 싱싱하게 해 줄 수 있는 길이기 때문에 반드시 길을 인도해 줘야 됩니다. 이게 포교입니다. 그래서 그렇게 일하면서 살면서 포교를 쭉 열심히 해 나가다 보면 어떤 땐 바람도 쐴 겸 해서 같이 모시고 모두 3박 4일이라든가 2박 3일이라든가 수련하고 오면 오는 대로 좋고, 방학 땐 말입니다.

그러한 문제도 있지만 또 우리 불교방송국이 생깁니다. 그래서 내년 초파일에는 아마 시작하는가 봅니다. 근데 방송국만 내면 어떡합니까. 재료가 있어야죠. 여러분이 그 재료를 하나하나 간단하게 자기 느낌대로 자기가 원고를 짤막하게 써서 항상 비치해 놓고, 불교방송국에서 20시간 인제 방송이 나간답니다. 우리가 열심히 해서, 20시간이 다 그런다면 20시간에 어떤 사찰에서도 나오겠죠, 다. 그러나 우리가 시를 한번 읊더라도 또는 찬불가 하나를 짓더라도 마음의 도리를 깨칠 수 있는 길을 인도하는 그 가사여야 한다 이 소립니다. 우리가 아주 좋죠. 불교의 찬불가로 그렇게 안 하는 거 같으면서도, 우리는 꽃과 나비를 가지고 비유해도 길을 인도하는 방향으로 끌고 가야 됩니다. 안 그렇습니까? 개구리 엄마 아빠가 사는데 그 자식들이…, 그거를 표현한다 하더라도 그거는 우리 마음의 도리로 이끌고 가야 하고요. 모든 게 얼마나 많습니까. 지나가다가도 시 한 수 읊을 수 있는 그런 우리 세상이 아닙니까.

그러니 그런 것도 참, 우리가 회장님과 더불어 모두가 서로 토론해 가면서…, 그걸 잘 비치해 두면 좋겠습니다. 한번 여기서 검증을 해서 내놓되 자기 이름을 쓰고, 여기 선원의 회원이라는 그 이름을 쓰고 그럭해서 '회원 아무개' 이렇게 한다면 되겠죠. 그렇게 해서 참, 이 한마음선원에서는 모두, 모두 시인이고 모두 도인이고, 모두 도인이라 하기 이전에 '참다운 마음의 공부를 하고 나가는구나.' 하는 것을 이 세상 천지가 다 알도록 말입니다. 이렇게 해서 여러분이 포교를 안 해도 전체 여러분한테 오도록 주소도 써야 하고 그렇게 해서 포교를 하는 거죠. 얼마나 좋습니까. 그래서 모두 자기의 공부하는 체험, 모든 이 세상 돌아가는 이치 그걸 겸해서, 우리가 여직껏 배운 이치도 있고 책도 있고 카세트도 있으니까 거기서 내 것으로 만든 거, 내가 느낀 거 이런 것도 다 할 수 있는 거죠. 지금 우리가 월간지를 한데 모아서 책으로 낸 것도 있고 또 카세트로 만들어 놓은 것도 있죠. 여러 가지로 또 다른 게 있습니다.

두 가지는 얘기했습니다마는 또 잊어버려서…. 뭘 내가 하려고 그랬지? 하하하…. 나는 여러분처럼 참, 내일 살 걱정을 하고 이렇게 살진 않습니다. 이따가 생각도 안 하죠. 어떠한 문제가 생겼어도 그것을 그냥 담담히 그냥 싱긋이 웃고 넘길 수 있는 그러한 사람에 속하기 때문에 뭐든지 잊어버리길 잘합니다. 아주 모르는 것, 누가 "한마음선원에서는 뭐를 배웁니까?" 그러걸랑은요, "나는 지금 모르는 걸 배우고 있습니다." 이러시라고요, 네? "이 세상에서 모든 걸, 모르는 걸 배우고 있습니다. 모르는 걸 배우고 있으면서 이렇게 그냥, 이렇게 살 뿐입니다." 그러면 끝나는 거죠, 뭐. 우리가 정말 50% 모르는 거를 배우려고 이렇게 애를 쓰지 않습니까. 그 50% 속에서 이렇게 탄생을 해서 이렇게 또 물질로서 살고 있으니까 모르는 거부터 배워야 하겠기에 우린 모르는 거를 지금 배우고 있습니다. 죽는 거를 배우며, 모르는 거를 배우며, 살면서도 살지 않는 거를 배우며 또 살지 않으면서도 사는 거를 배웁니다. 간단하게 말할 수 있는 건 그저 살지 않으면서도 사는 법을 배웁니다. 모르는 법을 배웁니다. 죽는 법을 배웁니다. 이것 참 좋은 일입니다.

그러니 그렇게 아시고 우리 심공회나 심용회 여러분께서도 내가 이렇게 안을 세운 것을 같이, 저하고 같이 협력해서 해 나가신다면 좋을 거고요, 또 우리 심공회에서는 그렇게 해 나가고 계신지 모르겠습니다만 지금 다른 회원들은, 신행회에서는 한 달에 얼마씩이든지 이렇게 걷습니다, 회장님이. 지금 심일회나 심연회나 이런 덴 다 합니다. 걷는 이유는 뭐냐 하면 그거를 모아서, 예를 들어서 모든 빈한한 사람, 또는 부모 없는 애들, 등록금 못 내는 애들, 이런 수해가 나서 애를 쓰는 사람들, 또는 모르게 고통을 받는 사람…, 여기서 그런 일들이 허다했습니다. 그래서 여기에서 어떤 때는 그냥 내보낼 때도 있죠.

사람이 계획을 세우고 '너를 돌봐 줘야겠다.' 하고 이렇게 이름을 내려고 남 보이는 데 내주는 일은 절대 안 하죠. 일부러 남에게 보이지 않으려고 애를 쓸 필요도 없어요. 그냥 그 시점에서 "내가 방이 없어서, 방을 내쫓기게 생겨서 애들을 학교도 못 보내고 지금 이러고 있습니다." 할 땐 서슴없이 내줄 수 있는 그런 마음의 자비…. 그래서 그런 것을 왜 정했느냐 하면, 벌써 몇 해 됐지? 4년 전서부터 그렇게 하고 있습니다. 그래서 지난번에 보니까 심일회에서는 그게 모인 게 한 이천만 원 가까이 된다 하더군요. 그래서 내가 이런 말을 했습니다. 그런 거 하는 것은, 젖소 한 마리를 사서 젖을 짜서 모든 사람에게 줄 수 있다면 이거는 무(無)의 무심으로 모든 사람을 건져 주기도 하고 길잡이가 되기도 하지만 유심으로 지금 현세의 생활을 돌봐 주기도 할 수 있는 거죠. 양쪽이 다 살아 있는, 진짜 살아 있는 우리 불교고, 불교라는 거는 바로 밝은 마음과 좋은 말씀과 좋은 행을 말하는 거죠.

그래서 우리가 그걸 그대로 모아서 어느 때까지 모으게 되면 그것을, 이 세상이 끝나는 건 아니니까 어디만치 모아서 '얼마씩 우리 이렇게 하자' 의논을 해 가지고 모아서 젖소 한 마리를 사자고 그랬습니다. 그래서 그 회에서 모은 건 그 회원들 중에 할 수 있는 사람한테 시켜 가지고 그 이익을, 젖을 짜서 그렇게…. 신행회가 열 개라면 제비를 뽑아서라도 어떤 거 담당, 어떤 거 담당 이렇게 해 가지고 남한테 좋은 일을 할 수 있는 그런 계기가 되면서, 우린 우리대로 공부하면서, 사람들의 길을 인도해 주면서, 이렇게 할 수 있는 그런 기반을 만드는 겁니다. 그러니까 새로 신행회가 됐다면 우리가 그런 것도 한번 생각해 볼 수 있는 그런 여건이 됐으면 합니다.

어떤 아이가 나한테, 작년에도 그랬습니다만, 어디 시험을 보러 가는데 자기 배지를 나한테 달아 주고 갔습니다. 그러면서 애가 하는 소리 좀 들어 보세요. 그건 부모가 할 탓이에요, 그렇게 가르치는 것도. 여러분만 다니지 마시고 자녀들한테도 뿌릴 내려 주셔야 돼요. 유치원 다니는 애들도 얕잡아 볼 수가 없단 말입니다. 배지를 나한테 달아 주면서 하는 소리가 "스님도 같이 가시기 때문이죠." 요 말 한마디 딱 하고 가는 거야. 난 너무 깜찍해서요…. 그랬는데 작년에 1등을 했대요. 그게 잘돼서 내가 이러는 게 아니에요. 그 마음의 도리를, 그 참뜻을 벌써 걔가 익히고 간다는 것이 정말이지 너무나 기뻤습니다.

그리고 국민학교 애들도 지금 컴퓨터 가지고 공부할 수 있는 애들이란 말입니다. 그러니 애들 얕잡아 보지 마시고 항상 '저건 애들이니까 이다음에 알겠지.' 이렇게 팽개치지 마세요. 자기! 자기가 걸어가고 있는 겁니다. 누구나가 지금 애든 어른이든 자기 세상이 있고, 자기 세계가 있고, 자기 생각이 있고, 또 자기가 혼자 와서 혼자 가는 길입니다. 대신해 줄 수 없는 겁니다. 돈도 대신 가 줄 수 없고. 내가 그 전에도 그런 얘기 했죠.

어떤 사람이 돈이 많으니까 마누라 넷을 뒀습니다. 그래서 첫 마누라한테 물었습니다. "내가 인제 죽게 돼서 가게 됐으니 당신 나하고 가지 않으려오?" 하니까 "나는 당신하고 못 갑니다." 그래서 이랬답니다. "더우면 더운 대로 시원한 옷을 입혀 줬고 추우면 추운 대로 따뜻한 옷을 입혀 줬고, 먹고 싶은 거 있으면 사다 줬고, 모든 일을 하고 싶은 대로 이렇게 하게 해 줬는데 당신은 왜 나하고 안 가려오?" 하니까 "절대로 그렇게 못 갑니다." 하고는 안 가더랍니다. 또 둘째 마누라한테 물어보니까 그렇게 말을 하더랍니다. "당신이 좋아서 나를 쫓아다녔지, 내가 당신을 좋아서 쫓아다닌 건 아니지 않습니까. 그러니 같이 갈 수는 없습니다." 그러더라는 거야. 셋째 마누라한테 물어보니까 "나는 당신과 같이 가 줄 수가 없습니다. 내가 산소에만은 따라가 드리겠습니다." 그러더랍니다. 넷째 마누라한테 물어보니까 그러더랍니다. "당신하고 나하고 나올 때도 같이 나왔고 또 갈 때도 같이 가는 거지 달리 무슨 도리가 있겠습니까. 같이 가십시다." 하더랍니다.

첫째 마누라는 자기 몸뚱이를 말했고, 둘째 마누라는 뭐냐 하면 금전을 말했습니다. 또 셋째 마누라한테 물어본 거는 처자식입니다. 넷째 마누라한테 물어본 것은 바로 자기, 그 주인공입니다. 자기 주인공은 남이 대신 못해 주는 거, 우리가 항상 몸을 빌려서, 어머니의 살을 빌리고 아버지의 뼈를 빌려서 이 세상에 몸을 받아 가지고 내 영원한 나의 의식 자체가 인과로 인해서 이렇게 삼위일체로 만나서 구성된 구성체인데 어째서 당신이 따로 있고 내가 따로 있으리오. 그렇게 해서 주인공 그 뜻을 죽을 때서야 알고 그때서야 "아하, 당신 말이 옳소." 그럭해 놓고 자식들과 모든 사람을 불러 놓고 "네가 재산을 가지고 이렇게 이렇게 이렇게 해라. 너희 것은 너희가 사는 대로 공부는 시켰으니 이렇게 이렇게 가지고 살 만하게 너희들이 자립해서 자신이 벌어서 살도록 하고 이거는 이렇게 이렇게 해라." 하고 아버지가 일러 주고서는 길을 떠나셨다는 그런 말이 있습니다.

우리가 좋아서 돈을 따라다닌 거고 욕심을 부린 거고 또 우리가 좋아서 입고 싶은 거, 먹고 싶은 거 입었고 먹여 줬고 이랬지, 누가 그렇게 했겠습니까. 그러니 이 다섯 가지를 내가 대신 못해 준다는 거. 아픈 거, 죽는 거, 똥 누는 거, 먹는 거, 자는 거 이 다섯 가지를 대신 못해 줍니다. 이거를 생각해 보신다면 혼자 벌거벗고 나와서 홀홀단신 혼자 벌거벗고 또 사대를 다 버리고 흩어지는 이런 마당에서 우리가 이 몸이 있을 때에 이 도리를 잘 익혀서 세세생생에 영원히…, 지금 우리 살아 있을 때 도리를 모르면 죽어서도 그 의식이 그냥 남아서 아니 됩니다. 세세생생에 윤회에 끄달리지도 않고 항상 영원하게 남을 이익하게 할 수 있는 그런 자유의 능력을 가지고 이 혹성 덩어리가 자기가 돼 줄 수 있는, 한 주먹에 넣고 이 삼라만상 대천세계에 천백억화신으로서 여기서 응하면 이걸로 주고 저기서 응하면 저걸로 주고, 병으로 아프다 그러면 약사가 돼서 가 주고 이렇게 해 줄 수 있는 그런 능력을 얻어서 영원히 그저 남에게 주면서 살 수 있는 여러분이 되셔야 됩니다.

그리고 지금 나는 여러분의 도반이니까 이 자리에서는 여러분이 말씀해 보시는 것이 좋을 것 같습니다. 제가 말씀드린 것이 다 좋다면 좋다고 응하시면서 또 서로 말씀도 하실 게 있으면 하시고….

남을 위해 길을 인도하는 길잡이

본원 신행회 회장단 법회

1989년 월일 미상

큰스님 … 이 이치를 아셔야 됩니다. 또 이런 게 있죠. 우리가 방송국이 생겨서 저거 한다면, 여기서 검토는 하겠지만 자기 주소, 자기 이름, 한마음선원의 회원, 이것을 똑똑히 써서 보내는 겁니다. 자기의 능력에 의해서 쓸 수 있는 사람만이 쓰는 것이 아니라 써 보고, 써 보고 또 내버리는 한이 있더라도 그것을 한 번 해 보고 두 번 해 보고…. 마라톤 뛸 때에는 누가 뭐, 첨부터 뜀박질을 했습니까. 그리고 일등을 했습니까.

그러니까 내 가정과 모든 것을 참답게, 진실하게 해 가면서 내가 조금이라도 틈이 나면, 하고 싶으면 그것도 하고 말고 싶으면 말고, 이렇게 내가 보고 느끼고 하는 대로 한 글자씩 써 놔서 한 힘이 된다면…. 엊그제도 들으니까 한 이십 시간씩 불교 방송이 나가게끔 돼 있다는데 내년 사월 팔일부터 개국한답니다. 그러니까 우리가 이런 거부터 자꾸자꾸 써 보면서, 간단하게 이렇게 해 가면서 아나운서가 읽어도 참 신이 나게끔 요렇게 할 수 있는 그런 것도 해 보고 또 우리 마음의 공부라는 거, 그걸로 인해서 노래도 한번 지어 보고…. 이런 것을 하게 하는 분이 고문 회장입니다. 우리 고문 회장이 꼭 여러분만 보살필 게 아니라, 대리로서 보살피면서 이분은 또 이분대로 머리가 돼 줘야 하지 않겠습니까. 여러분이 존경하고 이렇게 하는 분이니 더 존경스럽게 할 수 있는 그 길을 틔워 드려야 되죠. 그래서 지금 고문 회장으로서 그렇게 해서 심일회, 심의회가 잘 멋지게…. 우리가 방송에 나가면 누구나가 들을 수 있는 건데 그게 월간지보다도 더 좋지 않으냐 이런 겁니다. 그래서 요런 거를 하나 얘길 해 드리고요.

또 우리 이 공부란 지식이 많고 그래서가 아니라 어떤, 지금 두서없이 얘길 하지만 미국에 가 보니까 그렇게 하더라 하는 걸 듣고 이런 걸 느꼈습니다. '모두 지식을 넣어 가지고 하지 말라고 하면서도 여러분의 마음속에 진짜 이익을 주지 못하는구나.' 하는 거를 느꼈습니다. 또 여기 한국에서도 어느 큰스님이라고 하는 분들도 꼭, 다른 건 다 이게 있고 저게 있고 아주 나보다 월등하고 다 질서 정연한데 "절을 하라." 하고, 직결로 들어가지 못하고 "내가 목마르면 물 마신다." 이런 말로 여러분을 가르치지 않고 있다. 그러면 "절을 해라. 주문을 외워라." 또는 "남을 위해서 불공을 드려라." 또는 모든 이치를 이렇게, 금강경을 외우라든가 화엄경을 외우라든가 이런 문제 등등을 가지고 논의하는 분들도 있다고 들었어요. 그래서 차원이 높은 것은 흘러내리고…. 진짜 여기서부터 지금 우리가 집을 지으려면 공구리를 해서, 밑을 깊이 파고 우리 저걸, 뭐라고 하죠, 그걸?

대중 가운데서 기소.

큰스님 기소를 잘해서 우리가 잘 튼튼하게 해야만 그게 주춧돌이 되고 거기다 기둥을 세워도 쓸그러지지 않고 벽이 갈라지지 않는단 말입니다. 그런데 이거는 그렇게 된다면 모래 위에 성을 쌓는 거나 마찬가지죠. 그렇기 때문에 내 마음은 깨쳐지지 않는단 말입니다.

그러니까 그런 것을 보고 생각을 해 봤습니다. '아, 너는 지식이

나 또는 학식도 모든 게 없기 때문에 다행이로구나.' 하는 걸 느꼈습니다. 곧이곧대로니까. 그래서 습이라는 게 얼마나 어렵고 습이라는 게 얼마나 무서운지 모르는데 빙빙빙빙 돌아가게 만들어 놨으니 그 빙빙 도는 습이 언제 없어져서 나를 느끼게라도 하겠느냐 이 소립니다.

그래서 아까 얘기하기를, 그전에도 내가 얘기했죠. 아들의 묘지와 아비의 묘지가 있는데, 이것이 질량이고 이게 핵입니다. 그렇게 비유해도 됩니다. 그런데 '질량이 핵으로 오면 핵으로 하나가 되고 핵이 질량으로 오면 질량으로 하나가 된다. 그러니 이건 무슨 뜻이냐.' 이러고 하더라고 그전에 얘기했죠. 그것이 전부 일체 돌아가는 이치입니다, 그게. 고거 하나만 가져도. 그러면 우리가 일할 때는 여러분이 그냥 법신으로서의 활용을 하고 또 움죽거리니까 자꾸 바꿔서 일을 한단 말이야, 움죽거리면서. 그러니까 화신이라. 그리고 또 이거는 변하지 않는 자기의 근본이기 때문에 핵이란 말이야, 핵. 핵과 같다. 그 삼위일체가 같이 공존하고 있기 때문이다 이런 문제죠.

그래서 나는 잘 검토합니다. 야, 사람들이 모두 전에 부처님이 하신 말씀을 그대로 하면서, 선지식들이 깨쳐서 말씀하신 거를 모든 걸 다 말씀을 드리는데 끄트머리에 가서는 꼭 "주문을 외워라. 절을 해라." 또는 "금강경을 외워라. 화엄경을 외워라." 이런 말들을 하며, 남한테 좋은 일을 하기 위해서 모든 그런 마음을 갖고서 그렇게 해라 하는 건 다 좋은데 자기는 이루지 못합니다, 각자. 그러니 그걸 봐서라도 그 차원은 벌써 드러나게 돼 있습니다.

그러니 우리가 아까 얘기한 것대로 '이것이 핵이고 이게 질량이다. 이것이 아비의 묘지고 이게 아들의 묘지다.' 이렇게 한 거하고 무엇이 다르냐. 요거를 한번 볼 때 이리로 오면 아들이 되고 이리로 가면 아비가 되고 이러는 거는 우리가 질량과 핵을 같이 한데 합쳐서 놓으니까 그, 핵이 된 거죠. 그런데 그 핵이 물질이란 말입니다, 물질. 그렇기 때문에 그 물질은 한 가지만 할 수 있지만, 그 능력이 과대해서 이 세상을 다 떠 버릴 수 있는 능력을 가졌지만 융통성은 없습니다. 자유스럽지 못합니다, 얼른 쉽게 말해서. 자유스럽지 못하기 때문에 죽일 수만 있게 만들어 놨지 살릴 수 있게, 자유스럽게 할 수 없기 때문에 로보트나 한가지다 이겁니다. 그러니까 우리는 사람의 마음을 가졌기 때문에, 모두 여러분이 사람의 마음이기 때문에 부처님의 마음이다 이런 소립니다. 이럴 수도 있고 저럴 수도 있으니까. 싫으면 안 하고 하기 좋으면 하고, 이렇게 융통성 있게 물리가 터져서 지혜로운 마음이 나오기 때문에 그건 최고의, 최상승의 인간으로 태어나야 부처가 될 수 있다 하는 얘깁니다, 그게.

그러니 광대무변한 이 법을 우리가 배우면서 남에게 법공양을 하는 거는, 우리가 한 자 한 자 짤막하게 써서 남이 공부할 수 있게끔 낸대도 참 좋고 또 노래 한 곡을 가사를 지어서 내도 그 노래를 하면 설법으로 듣게끔 할 수 있는 그런 거…. 우리가 잘한다 못한다를 떠나서 이날까지 공부해 왔고 또 공부해 가고 있고 이러니까 우리 재주는 다, 질량은 다 여러분이 가지고 있는 겁니다. 그저 물리가 터져야 하는데 물리 터지게 하는 것도 내 주인공밖엔 더 없지 않은가. 나를 형성시켰으니까. 그리고 수억겁 광년으로부터 지수화풍으로 집을 삼아서 내 인생이 태어났으니 거기서부터 그저 살아오면서 느끼고 진화되고 느끼고 진화되고, 그 살아나가는 데 그만 실험이 되고, 또 실험이 되다 보니까 느끼고 체험하고 이러면서 고생이 되든 고생이 안 되든, 잡아먹히든 잡아먹든 그런 것이 다, 즉 말하자면 체험하는 거죠. 체험하고 이날까지 온 거죠. 그러니까 여러분은 그만큼 그 체험한 재주를 가지고 있다는 얘기죠. 그런데 지금 요거를 모르기 때문에, 나와 내가, 양 개체가, 즉 말하자면 상대성이 한데 합쳐지지를 못해서 그렇거든요. 이래야 자유스럽거든요. 상대가 상대로만 있으면 안 되고, 상대가 합쳐져서만 있어도 아니 되고 그러니까 융통성 있게 자유스러워야 된다는 얘기죠. 그러니까 고런 문제….

또 한 가지는요, 우리가 어느 회사에 다니든지 장사를 하든지 지배인 노릇을 하든지 또는 학교에 교사로 다니든지 뭐, 여러 분들이 있는데 그, 이런 게 있죠. 그러는 중에 책이나 카세트나 이런 거를 주면서 "한번 봐. 종교라는 이름을 떠나서 우리 인간의, 인간다운 삶의 길을 걷기 위해서 좀 봐." 하고 어느 누구를 막론해 놓고 그저 줄 수 있는 그런 계몽이 필요하지 않으냐. 그런 계몽을 하면서 어떠한 과정이 오느냐. 그런 계몽을 하면 계몽을 하는 대로, 우리가 어느 수련원을 만들어 놓는 데도 그런 회사에서 참, 이 불교라는 거, 가톨릭교, 기독교를 떠나서 마음을 우리가 참, 깨닫지는 못한다 하더라도 말입니다, 못한다는 생각도 마세요. 나의 마음을, 물리나 지혜나 이런 것을 터득을 해서 내가 회사를 잘 이끌어 나간다거나 또는 어느 교사가 여러분 자녀들한테 뿌리를 심어 준다거나, 또는 장사하는 데도 그 요량과 모든 것을, 지혜를 넓게 알려 준다면 아니, 그거보다 더 좋은 공덕이 어디 있겠습니까. 그러니 은행에 다닌다거나 이런 직원들에게, 그 봉사 활동을 하는 데에 여러분이 나서 줘야 되겠다 이 말입니다.

그래서 오늘 투철히 우리가 각 신행회에 이렇게 하는 겁니다. 그러니까 그렇게 해 놓으면 요다음에 일 년이 지나든 일 년이 안 지나든 수련원을 짓는다 하더라도 학생이면 학생, 또는 교사가 학생을 데리고 수련을 한다 이러더라도 손색이 없을 것이고 또 어느 회사 중역이 회사원들을 데리고 수련을 간다 하더라도 손색이 없을 거다. 여기 안 나오는 사람이라도 말이야. 또 장사를 하는 사람이라도 지배인이 이런 종교 저런 종교를 탓 안 하고 그냥 그저 '수련, 우리 하러 가자' 하는 마음으로, 마음을 쉬고 수련할 수 있는 그런 정신을 가지고 해도 또 손색이 없을 거고. 그러니까 여러 가지라, 이게. 또 그러한 데를 다니지 않는 분들은 꼭 돈이 없어서 어려운 게 아니라 참 그, 그러니까 어려운 사람들에게 될 수 있으면 그런 책이라도 전달을 해 주고 카세트라도 전달을 해 주고, 얘기로 또 전달을 하고 이래서 그 모든 것을, 공덕을 베풀어 주는 것이, 그것이 바로 불공덕이며 또는 남을 위해서 길을 인도하는 겁니다.

나는 '이걸 꼭 해서 내가 성공을 해서 잘되겠다.' 이러고 생각해 본 적이 없어요. 또 우리 스님네들하고도 그래요. 나는 그저 덜하더라도 모든 스님네들이 이름으로 지어 놓고 그 이름을 뼈다귀 울궈먹듯 울궈서 도둑놈 복장으로 남의 돈을 받고 그 이익을 보기 위해서 중노릇하는 그러한 중이 되지 않기를 바라면서, 또는 나보다 더 훌륭하게 돼야만…. (녹음 안됨) 우리가 말 한마디 잘못해 주고 행 한번 잘못하고, 잘못 길을 이끌어 줘서 목탁을 치고 염불을 하고 그렇게 해서 여러분한테 절을 시키고, 그렇게 원 근본의 진리를 가르치지 않는다면 그게 바로 뼈다귀 울궈먹는 도둑놈이죠. 안 그렇습니까.

그러니 우리 안팎이 다 불제자로서 손색이 없이, 내가 피눈물을 흘려 봤으면 남도 피눈물을 흘린다는 걸 알고, 내가 남의 거를 뺏었으면 내가 남한테 뺏기기 이전에 그만큼 고통을 받는다는 걸 알고, 우리가 그렇게 손색이 없이 해 나갈 수 있는 그런 불제자들이 되고, 그 불제자들로 하여금 스스로서 자기 마음속의 그 연등부처님이 자기를 증명을 해서…. 화두를 딴 사람이 주어서 받는 게 아니고 증명을 딴 사람이 해 줘서 받는 게 아닙니다. 내 주인공을 내가 발견하면 스스로서 나를 증명해 주고 그 참나는 스스로서 일체 법계에 두루 하기 때문에, 둘이 아니기 때문에 거기서 증명을 하면 그냥 연등부처님께서 증명해 주는 거나 다름없는 거죠. 그러니 누구가 증명해 주는 게 따로 없고 누구가 화두를 주는 게 따로 없습니다. 그러니 당당하고 떳떳하고 좀 더 내 양심과 모든 것을 떳떳하게 할 수 있는 길잡이가 되고 봉사 활동을 한다면 우리가 얼마나 좋겠습니까.

그래서 모든 일들을 우리가 여지없이 해 나가면서 한 푼 한 푼 지금 여러분이 성의 성심껏 이렇게 극명히 모으는 거는, 우리가 젖소를 한 마리 사서 새끼들을 먹일 수 있는 젖을 짠다면, 젖 나오는 거를 모든 사람들한테 준다면, 봉사 활동을 한다면 얼마나 좋겠습니까. 젖소를 사지 못하면 우유는 배달할 수가 없습니다. 한 번이나 두 번 그까짓 거 하면 뭘 합니까. 내가 욕심이 많은가 보죠.

그러니까 우리가 같이 열심히 한번, 젖소를 사기 위해서 봉사로써 이렇게 사람들의 길잡이가 돼 주고, 그렇게 또 한 자 한 자 써서 내보내고 또 우리가 그러는 데 잘못되는 점이 있으면, 그거뿐만 아니라 이거 이렇게 해 나가면서도 '어른들하고 상의를 해야겠다.' 하면 고문 회장한테 상의를 하고 또 고문 회장은 '좀 이것이 어떠할까?' 하는 생각이 있으면 우리 스님이나 나하고도 상의를 좀 할 수도 있는 거죠. 그러니 우리가 이렇게 해 나가면 앞으로 대성공을 한다기보다 아픈 사람의 그 상처를 낫게 해 줄 수 있지 않겠느냐. 우리는 상처를 긁어서 아프게 만들어 주는 거보다도 상처 긁어서 만들어 놓은 거를 낫게 해 주는 게 좋으며, 또 가난해서 굶는 사람에게 물질을 주는 거보다도 물질도 필요하지만 그 마음, 넉넉한 마음을 준다면, 스스로서 복이 오게끔, 스스로서 공덕이 되게끔, 스스로서 잘 살게끔 해 준다면 얼마나 좋겠느냐는 얘깁니다.

그래서 오늘 이렇게 여러분하고 같이 한자리 한 것입니다. 그러니 누구나가 아드님이나 남편들이나 이런 분들이 그저 어떡하든지 같이 도반이 되도록 노력을 하는데 성의 성심을 다해서 남편을 잘 리드해서 나오게 하고 공부하게 하는 것은 여자에게 많이 달렸습니다. 그건 왜냐. '둘이 뿌려 놓은 씨를 어떻게 하면 뿌리를 깊이 내려서 흔들리지 않고, 어떠한 비가 와도, 어떠한 바람이 불어도, 어떠한 불 속에서도 그 뿌리가 타지 않고 떠내려가지 않고 쓰러지지 않게 할 수 있겠느냐.' 이러한 것을 생각해서 우리는 부부가 도반이 돼야 됩니다. 그래서 이제 부부가 또 그렇게 활동을 하신다면 더욱더 이 한마음선원의 기틀이 되면서 여러분은 여러분대로 보살행을 하시는 겁니다.

그러니 그냥 갈 수는 없는 거죠. 외국이나 여기나 양쪽을 다니면서 가만히 보니까 너무도 진실하게, 이것은 상대가 한데 합쳐져야만 어떠한 거든지 힘이 난다는 것을 알려 주지 못하고 있는 그런 입장을 많이 느껴 보기도 합니다. 남한테 화두를 받았다 하면 벌써 껍데기에 껍데기가 또 붙고 그래서 영 벗어날 수가 없는 겁니다. 여러분 생긴 게, 이 정자와 난자가 상대성입니다. 예를 들어서 얘깁니다. 그게 한데 합쳐지니까 사람이 하나가 된 거죠. 한데 합쳐지니까 몸을 받은 겁니다. 그러면 내 그 영원한 나의 의식 자체가 바로 거기 포함이 되는 거죠.

그러면 우리가 뭐, 상대니 상대가 아니니 할 것도 없이 그건 둘이 아닙니다. 정맥이 올라왔을 때 저 동맥을 가지고 "에이, 넌 저 아래 있지." 이럴 수 있겠습니까. 또 동맥이 올라왔을 때 정맥을 보고 "넌 저 아래 있지." 이럴 수가 있습니까. 부부지간도 상대입니다만 부부지간에도 한데 마음이 합쳐져서 서로 아끼고 서로 리드해 나갈 수 있고 서로 참을 수 있고 이래야만이 이게 자식들도 그 가운데서 더 잘 기를 수 있고, 또 그 가운데서 하나가 됐다가 따로 떨어졌다가 하나가 됐다가 따로 떨어졌다가 이러는 이 자유자재권, 이것은 부부지간에도 있는 겁니다. 어떠한 특출한 무슨 뭐가 따로 있는 게 아니에요, 부처님 법이. 이 생활입니다, 전체가. 하나서부터 열까지 우리가 연구해 본다면 죄 그 안에 물리가 터져 있는 겁니다. 물리가 거기 전부 있어요. 요거 하나만 보더라도.

그래서 "부처님 법이 어떤 겁니까?" 하면 예전의 선지식들은 그렇게 대답을 했다죠. "차나 한잔 먹고 가게." 허허. "차나 한잔 먹고 가게." 그게 직설이거든요, 직설. 즉설. 차나 한잔 먹고 가게. 그거를 터득하면 되는데 그걸 그냥 차로 아니까…. 얼마나 자비스러운 일입니까. 차나 한잔 먹고 가게. "법이 어떤 겁니까?" 하니까 손가락을 들질 않나, "부처님 법이 어떤 겁니까?" 하니까 "그저 차나 한잔 먹고 가게.", "부처님 법이 어떤 겁니까?" 하니깐 "똥 친 막대길세." 하질 않나, 응.

이렇게 해서 우리 살아나가는 데에 절을 백팔배 하기보다, 우리 마음으로 모든 것을, 습을 떼기 위해서, 그릇을 비우기 위해서, 나의 싹을 발견하기 위해서 모든 것을 거기다 맡겨 놓고 생활을 유도리 있게, 즉 말하자면 '아이, 거기 맡겨 놓으면 다 된다더라.' 하고 맡겨 놓는 게 아니라 한번 굴려서 맡겨 놓는다는 걸 익히 아셔야 됩니다. 왜냐하면 그냥 놓으면, 그냥 이렇게 놓으면 영 안 되죠. 커피 잔을 가져가서 뭘 담으려면 이걸 틀어야 나오죠? 그냥 커피 잔을 가져가서 '에이, 그냥 갖다 놓고 맡기면 된다더라.' 그러고 그냥 돌아서면 커피를 먹지도 못하고 빈 잔은 빈 잔대로 거기 놨는데도 먹질 못하거든.

그러니까 날더러 하는 소리가 "아유, 주인공에다가 만날 놔도 안 됩니다." 이러거든. 아, 이거를 그저 '거기서밖에는 해결할 수 없다.' 그러고 돌려놔야지 아, 이놈의 걸 그냥 맡겨 놓기만 하는 거야, 그냥. 그러면 하인을 부리는 데도 '아유, 네가 다 할 거다.' 이러곤 맡겨 놓기만 하면 어떻게 그게 구량성이 있어서 다 자기 속을 알아서 자기 먹고 싶은 것대로 요리를 해서 줍니까. 요건 요렇게 요렇게 요렇게 하고 이거는 이렇게 하면 맛있을 거다 하고선 말 한마디라도 해 줘야 이놈의게 그 요리를 해 오죠.

그러니까 그런 도리를 이렇게 발겨서 찢어서 요럭해서 "요렇게 해서 놓고선 요걸 먹으면 됩니다." 이래도 이렇게 어려운데 "야, 관세음보살 주문 외워라. 뭘 외워라. 절해라." 이런다면 글쎄, 생각해 보쇼. 자식들 있지, 남편 있지, 부모 있지, 이런 사람들이 아침에 글쎄, 그거 할 새가 어딨어, 응? 또 그거 할 새가 없어서 못한다는 거보다도 절에 오든 절에 안 오든 자기가 일배를 하더라도 만배로 알고 할 수 있는 그런 능력을 길러라 이거야. 만배. 이걸, 모든 걸 둥글리고 일배를 지극하게 한다면 그냥 즉각이야, 즉각. (고문 회장 인사 생략)

이게 그 말씀을 들으니까 내가 그렇게 안 했으면 우리 고문 회장도 나하고 같지 않을 거예요. 그러나 나하고 이렇게 마음이 통하기 때문에 같이 행도 그렇게 했을 겁니다. 한 사람이 불러도 가 주고 두 사람이 불러도 가 준 그 뜻이 뭔 줄 아십니까. 부처님께서도 그러셨어요. 한 사람이 원해도 그 자리에 앉아서 설법을 해 주셨어요. 그러니까 그만큼 힘을 쓴 그 까닭에 여러분이 이렇게 여러분이 된 겁니다. 아시겠습니까? 그런데 힘을 안 쓰면 안 쓰는 대로 작죠.

그래서 접때 이런 소릴 들었지. "아유, 우리가 괜히 이렇게 여러 사람들이 모였나 봐. 이렇게 늘렸나 봐." 이런 소리들을 합니다마는 그게 아니야. 이 세상에 사생이, 무정물이나 모든 식물이나 이 사생이 곤충에 이르기까지 전부 우리 한마음의 식구 아닌 식구가 없어.

그래서 우리가 이 맛을 보려면 하나도 없이 다 놔야, 여기 맡겨 놔야, 맡겨 놓으면서도 굴려 놔야 된다 이거야. 화가 불떡 일어날 때 그냥 직선적으로 나가면 안 되고 안으로 한번 굴려서, 굴리고 나면 타악 마음이 자재하게 되거든. 그래서 내놔도 좋고 또 무슨 일이 안 되더라도 '아, 당신만이 할 수 있지.' 하고 여기다 놓게 되면 그게 자연적으로 자동적으로 굴러서 그게 다시 여기 닿는데, 아까 얘기해 드렸죠.

그러니까 어린애 데리고 앉아서 항상 가다 보면 성장이 되고 이렇게 되는 거지, 이따금씩 돌봐 준다고 계속 공부되는 게 아니에요. 참 이거 공부하기가 하나서부터 열까지 이게 세밀한 겁니다, 이게. 그래요 마음 도리 가르치는 이 도리는요, 아주 심오해요. 이게 뭐, "주인공에다가 놔라." 이런다고 해서 되는 게 아니고 놓는 방법까지도 이렇게 가르쳐 주지 않습니까. 당장 여러분은 생활을 해 나가니까. 그리고 그 물리가 거기 바로 있으니까. 우리가 한마디 하는 것도 벌써 그게 있잖아요. 야, 자재하게 된다. 여기 안에다 놔서 굴려서 내놓으면 말도 유순하게 나가고 자재가 되기 때문에 그 불같은 성미는 없어진다 이거야. 그러니까 상대방에서도 그렇게 참답게 나를 대해 줄 수 있는 그런 영향력이 생기는 거죠.

그러니까 지금 고문 회장이 그 한 사람을 보고도 진실하게 그랬고, 그러니 여러분보다는 짐을 많이 비웠다고 봅니다. 그래도 애들이 컸고 그러니까 그렇지 만약에 애들이 지금 뭐, 열 몇 살 이랬으면 어떡할 뻔 했습니까. 그렇지만 그걸 무릅쓰고 그냥 여기도 나가고 그래도 또 바깥분이 사실은 많이 그 마음으로써 아내를 사랑하기 때문에, 자식들을 사랑하기 때문에, 선의로써 항상 이렇게 줬기 때문에 또 이렇게 고문 회장이 많은 사람들을 만날 수 있고 그랬겠죠. 그러니 그분하고 그분하고 둘이 아니게 감사한 거죠, 다.

그래서 이 도리를, 우리가 앞으로 성장해서 마음이 넉넉해져서 '아하, 이런 게 이렇게….' 스스로 무뜩무뜩 느껴지는 것을 한 자씩 한 자씩 써 놓다 보면 아, 그게 방송국에 나갈 수도 있는 거지. 누가 물어도, 어느 기자가 물어도, 방송국에서 물어도 대답을 한마디 할 수 있는 것은 이 마음 도리, 이 공부 하는 거라고. 직설적으로 들어가는 것이 바로 이런 거라고. 내가 이 세상에 난 게 화두요, 내가 이 세상에 나서 사는 것이 그대로 생활선이며 참선 아니겠는가. 내 마음이 편안할 때 바로 좌선이 아닌가. 내 마음부터 알아야 내가 내 마음을 스승으로서 삼고 바로 부처님의 속도 다 볼 수 있고 중생들의 속도 볼 수 있고, 부처님의 속도 볼 수 있어서 '나와 모든 게 둘이 아니게 나툼이로구나.' 하는 걸 알 수 있지 않은가. 이것이 얼마나 떳떳함인가.

그러니까 회장님이 말씀하시는 도중에 내가 이렇게 말씀드린 것은 그만큼 남이 알지 못하는 노고가 많으셨다는 얘길 해 드리는 겁니다. (고문 회장 보고 생략)

그거 보고하기 전에 한마디 또 해 드리죠. 어느 신행회든지 지금 가입 안 한 신도들이 무지하게 많습니다. 내가 여기 오면서 물어보니까 "신행회가 뭡니까?" 이러는 사람이 전반 많거든요. 그러니 서로 신행회에서, 신행회의 사람이라면 회장님만 그렇게 해서 되는 게 아니야. 어떤 낯선 사람이 있으면 물어봐서 신행회에 안 들었으면 그냥 "우리 같이 토론하면서 공부합시다." 다 이렇게 해서 인도를 하라고요. 누가 이렇게 인권해 줄 때를 바라지 마라. 그거를 누가 일일이 아나. 여기서도 사람이 있어야 "이분 좀 저거 해서 일러 드려라." 이러고 해 줄 텐데 누가 그렇게 때마침 만날 이럭하고 있겠어요? 그럴 시간이 없어. 그러니까 그저 나올 때마다 저거 하면 되는 거야. 그래서 더 이렇게 길을 인도하는 거지. (녹음 안됨)

일체가 가설된 그 자체를 알려면

1990년 2월 4일

오늘 입춘이 돼서 정락 스님께서 못 오시게 됐습니다. 입춘이라 함은 봄이 오는 소식을 갖다 주는 날이라고도 할 수 있겠죠. 그리고 여러분의 마음에 향기로운 꽃 내음이 앞으로 다가오는 소식이고요. 하여튼 여러분이 몸보다 마음으로부터 몸을 다스릴 수 있는 그런 여유가 있기를 바라면서 또 이런 것을 한 가지 얘기하고 싶습니다.

난 요새 한 팔, 한 다리가 떨어진 것처럼 나답지 못하게 색신이 아쉬웠습니다. 인연에 따라서 만난 지가 여러 해 됐고요. 아마 십 년이 넘는다고 볼 수 있겠죠. 그런데 아주 가슴이 아팠습니다. 나는 내 생전에 처음, 누구한테도 그래 보지 않았는데 그렇게 아쉬움이 많았었습니다. 그래서 '누구를 탓하랴. 누구한테 내가 가르침을 주랴. 사무장님 한 분 떠났는데 색신이 아쉬워서 이렇게 아픈 가슴에 눈물을 흘리는 사람이라면 자격이 없지 않나.' 하는 생각도 했습니다. 그렇지만 우리가 이 세상에 태어나서 일생을 통해서 한 번 죽고 한 번 살고 하는 기간이 있습니다. 인생에 세 번 망하고 세 번 흥할 수 있는 그런 기간이 있다고 합니다. 허나 우리는 이 공부를 하는 데에 팔자 운명이나 이런 것을 타파하고 그 고비만 넘긴다면 아마 오래 살 수 있었을 건데, 내가 너무나 그 죽고 사는 데에 대해서는 관심을 두지 않았던 관계상 그랬구나 하는 생각도 해 봤습니다. 젊은 사람이기에 그런 생각은 조금도 안 했죠. 그러지 않았으면 '과거로부터 한번 엮어 봤더라면 좋았을걸.' 하는 아쉬움을 느끼면서, 그렇게 그랬습니다.

그러니까 지금 여러분 앞에 당부하는 것은 우리의 그 주인공에다 모든 걸 맡겨 놓고 사시라는 것입니다. 어떠한 거든지 '해 주세요'가 아니라 거기서밖에는 해결을 못한다고 "용도에 따라서 모든 걸 거기 맡겨 놓고 일을 하십시오. 누구한테 물어서 하는 게 아닙니다." 하는 것을 강조하고 있습니다.

지난번에도 얘기했듯이, 그것은 왜 그렇게 해야 하는가? 여러분이 이해를 하게끔 하기 위해섭니다. 의학 한 점으로 봐서도 그렇습니다. 우리는 몸에 대해서나 또 가정에 대해서 일어나는 모든 문제는 이 색신이 망가지고 그러면 일을 못하고 가정이 파괴되고, 이런 문제가 여러 건이 많이 생긴다고 봅니다.

요즈음 여러분을 이끌어 드릴 수 있는 자격이 없나 보다 하는 생각이 들어서 많은 아픔을 느꼈습니다. 내가 예전에 산에서 내려올 때 여러분한테 이익을 갖다 줄 수 있고 여러분한테 거짓을 하지 않고, 누구를 팔아서 하지 않는다고 그런 다짐을 할 수 있었고, 그 모든 걸 실험을 해 보고 '아! 이런 것이구나.' 하고 알았기 때문에 내려왔지 그러지 않았으면, 거짓을 하려면 이렇게 내려오지도 않았습니다. 난 그렇게 다짐했거든요. 그러면서도 내 인생을 살아가면서 돌아다본다면 너무나 처참한 일이지마는 감사하게 생각하고 고맙게 생각하고, 풀 한 포기도 해치지 않고 여러분을 살릴 수 있는 그런 계기를 세웠던 거죠.

그런데 이렇게 나답지 않게 글쎄, 오늘도 이렇게 이 자리에 앉아 있으니까 가슴이 뭉클하고 말이 자꾸 막히는군요. 그래서 억지로 참으면서 인젠 좀 더…, 웃어 주세요. 우리 주인공에다 모든 것을 맡겨 놓고 가시라 하는 것은 이번 경험을 통해서도 여러분이 다 아시리라고 믿습니다. 열심히 하십시오.

그 이유는 무엇인가? 지난번에도 말했듯이, 우리가 지수화풍으로써 뭉친 것이 사실이기 때문에 지수화풍 속에서 공기가 나고 또 지수화풍을 먹고 삽니다. 그거는 여러분한테 수차에 말씀드렸던 거죠. 그러니 거기에서 광력이나 전력, 자력, 통신력이 충만하게 나올 수 있는 그런 도리가 있기 때문에 오신통이라는 재료가 있어서 쓰인다고 그랬습니다. 분명히 그것을 아셔야 될 테죠. 그래서 우리는 갖추어 가지고 있다고 하고, 청정함이 있다고 하고 또는 여여하다고 하고, 들이고 냄도 역시 육근, 육식이 십이처라고 하고 육근, 육경, 육식을 바로 십팔식이라고 합니다. 그러면 이것이 한데 합쳐진 것이 인간입니다, 이게. 그래서 우리가 지금 이렇게 살아나가는 데에 어떠한 것을 지금 말씀드리려고 하느냐 하면, 지난번에 얘기를 꺼냈는데 이렇게 아우트라인만 얘기를 했지 아주 상세한 거, 이해가 가게끔 하는 거는 얘기를 못 했습니다.

우리가 지금 전기 가설이 돼 있듯이 우주 법계가 그렇게 가설이 돼 있습니다. 우리 몸뚱이 하나라면 전부 세포에 가설이 돼 있듯이 정맥 동맥이 돌아가면서 세포에 가설이 돼 있는데 이걸 법계라고 합니다. 인간의 한 국토의 법계! 그러면 이것도 국토라고 할 수 있지마는 이 지구상도 국토라고 할 수 있습니다. 그러면 '모든 국토에' 이렇게 할 수도 있죠. 그런데 이것이 인간에게 그렇게 세밀하게 아주 세포에 그렇게 돼 있기 때문에 이 지구의 세포의 모든 법계가 인간의 법계에 모두가 계합이 돼서 돌아가고 있다 이겁니다. 계합이 돼서, 즉 말하자면 가설이 돼 있다는 얘기죠. 그럼 우주하고도 가설이 돼 있고요, 혹성끼리도 가설이 돼 있기 때문에 그렇게 질서 정연하게 돌아가고 있는 겁니다. 그렇게 질서 정연하게 돌아가고 있기에 인간마저도 지금 질서 정연하게 돌아가고 있는 겁니다. 이거 (법상을 두드리시며) 하나도 그대로 있는 게 없습니다. 다 지금 돌아가고 있습니다. 그런데 우리가 느끼질 못하죠.

그런데 그렇게 가설이 돼 있는 거는 뭐냐? 우리가 첫째, 이것부터 얘기하죠. 여러분이 A형이라면 B형을 넣어서는 안 되죠, 피를. 기(氣)가 없고 사람이 병이 들었을 땐 기를 돋워 주고, 병의 정체를 파악해서 그 모두를 딱 거기에 맞도록, 용도에 따라서 간암이면 간에 좋은 것을 딱 넣어서 해결을 해야 합니다. 그렇기 때문에 그거와 다름없이 A형에는 A형의 피를 넣어야 된다 이런 거죠. 그와 다름없이 우리가 지금 가설이 다 돼 있습니다. 이걸 잘 들으십시오. 가설이 다 돼 있는데 우린 지금 "거기다, 주인공에다 맡겨 놔라. 거기서밖엔 해결 못한다." 할 때 가설이 돼 있고, 자동적으로 돼 있기 때문에 컴퓨터 눌러지듯 자동적으로 눌러집니다, 이게. 법계 이 자체가.

그러면 '자동적으로 마음으로 사는 거냐, 냄새를 맡고 사는 거냐, 또는 먹고 사는 거냐.' 이 세 가지를 요합니다. 우리는 지금 먹고 사는 세계에서 사는 겁니다. 이걸 중세계라고 합니다. 그럼 냄새 맡고 사는 세곈 어떤 세계냐? 그거는 죽어서 그냥 냄새만 맡고 사는 영령들을 말하죠. 마음으로 사는 세계는 어떤 거냐? 이 공부를 다 한 사람들. 그럼 마음으로 사는 건 자재하게 자재력을 가지고 찰나 생활을 그냥 하는 게 아니냐? 그렇습니다. 마음으로 사는 세계, 마음으로 산다면 죽어서도 자기가 눈 밝고 귀 밝아서 마음으로 그냥 생각하면 배부르고, 생각하면 뭐든지 하기 때문에 모든 걸 마음으로 삽니다. 그래서 거기에서도, 마음으로 산다는 그 이름 자체에서도 벗어나야만이 진짜 마음으로 살 수 있는 그런 단란한, 자유자재할 수 있는 찰나의 생활을 우리가 할 수 있다 이겁니다.

세포에 모든 것이 그렇게 돼 있는데, 그런데 우리가 지금 일체 만물만생이 다 같이 공존하고 있습니다. 그러나 지금 물질적으로 의학이다, 불가사의한 일이다 이런 문제가 도달해서 있다 하더라도 이것은 물질과학이면서 하나를 살리려면 하나를 죽여야 하는 문제도 많이 있습니다. 그러나 난 그게 아닙니다. 하나도 죽이지 않고, 아까 A형의 피를 넣는다 이랬죠? 그러면 피를 좀 얻어서 넣을 뿐이에요. 내가 만약에 내 자식이라면, 내 형제라면, 내 피도 A형이라면 A형에 넣어 줄 수 있는 겁니다. 이게 한마음 도립니다. 요기서부터 잘 들으세요. 요게 한마음인데, 그 모든 약초나 뭐, 산에 있는 무정물, 생물, 동물이 전부 약 아닌 게 없습니다. 우리 인간의 피도 A형에서 피를 뽑아서 바로 A형에 넣어 주면 그게 약입니다. 그렇죠?

그렇기 때문에 나는 그것을 생각한 겁니다. 용도에 따라서 감자물이나 뭐, 이런 거를 먹으라고 그런 때도 있었습니다. 하지마는 그 보이지 않는 데서 그 액을 피 뽑듯 뽑아서 자연적으로…, 이 지금 가설이 돼 있습니다. 그럼 여기다가 맡겨 놓고 할 때에 거기에서 그 병이 어떤 건지 벌써 알고, 어디가 부족한지 알고, 기가 어디가 부족한지 알고 거기에서 바로 직접, '그 물질이 어떠한가. A형인가.' 하고선 그것이 전력이 오듯 스스로 와서 여기에서 약이 되는 겁니다. 그러면 풀포기 하나도 같이 살지 않는 게 없습니다. 그렇기 때문에 내가 급할 때는 어떠한 식물이나 어떠한 동물이나 어떠한 생물, '생물' 하면 다지마는 어디에서든지 갖다가 넣을 수 있는 자동적인 바로 보배입니다, 여러분의 마음속의 그 보배는.

그래서 '주인공이다' 하면 그 능력이 있기 때문에, '주인공이다' 하는 것은 체가 없기 때문에 찰나 생활로 돌아가니까 주인공이다 하는 겁니다. 그러니 그 주인공의 위력은, 그렇게 찰나찰나의 용도에 따라서 가설이 돼 있기 때문에 그냥 거기다 맡겨 놓으면 자동적으로 그렇게, 내가 A형이라면 여기에서 A형으로다가 뽑아 내서 여기다가 기를 넣어 줄 수 있고, 또 모든 병에 적절하게 약을 써 줄 수가 있다는 얘기죠. 이거는 불가사의한 일이죠. 이 불가사의한 일을 인간들이 어떻게 할 수 있느냐? 바로 인간들이 할 수 있기 때문에 인간으로 태어난 겁니다. 여러분이 그걸 몰라선 안 됩니다. 인간으로 태어난 것은 할 수 있기 때문에 인간으로 태어난 겁니다. 인간으로 태어났으면 부처가 될 수 있기 때문에 인간입니다.

부처는 어느 신이 내려오고, 무슨 어느 보이지 않는 데서 그냥 뚝 떨어진 게 아니라, 우리 인간이 바로 부처인 것입니다. 이 도리를 알면 부처요, 모르면 중생이다 이런 겁니다. 그래서 부처 중생이 둘이 아니다. 같이 항상 하고 있는데 자기 마음이 그걸 모르기 때문에 중생이지, 그걸 알면 즉 부처다 이거야. 그리고 마음을 내서, 이를테면 용도에 따라서 그렇게 할 수 있다면 바로 그것이 법신이다. 그렇게 할 수 있다면 법신이자 모든, 관세음보살 지장보살, 모든 것이 다 용도에 따라서 될 수 있다는 얘깁니다. 왜? 자기한테 닥치는 대로 용도에 따라서, 그것을 거기다 맡겨 놓으면 자동적으로 그게 나가니까. 천백억으로 화해서 다 이렇게 나가니까. '천백억이다' 하는 것은 숫자가 없는 것을 말합니다.

그러니까 우리가 여기 와서 공부하는 것은, 공부라고 할 것도 없고 공부 아니라고 할 것도 없는 불가사의한 공부를 하는 겁니다. 우리 인간으로서 족히 이것을 하지 않고 간다면 영원토록 윤회에 말리며, 고통 속에서 벗어나지 못하며, 인과에서 벗어나지 못하며, 업보에서 벗어나지 못하며, 모든 것을 독 안에 들어도 못 면하는 그런 인생으로서 끝 간 데 없이 가야 할 테니까 말입니다. 그것뿐이 아닙니다. 여러분이 한 대로 그것이 유전을 통해서 자식들 대(代)에도 내려갑니다. 그리고 위는 위대로 그 은혜를 갚지 못하는 이치가 되고요. 우리가 이 공부를 하면 위로는 조상들의 은혜를 갚고, 길러 준 은혜를 갚고 또 뼈다귀와 살을 준 은혜를 갚고, 그렇게 하고 아래로는 자기 몸뚱이 속에 있는 중생들을, 그 인과로 만난 악업 선업들을 다 교화하고 보살로 만들고, 또 자기가 낳은 그 자식들한테도 뿌리를 도와줘서 가지와 이파리가 싱싱하고, 대대손손 자식을 낳아도 이파리가 싱싱하고 가지가 싱싱하게 됩니다. 그와 똑같다 이겁니다.

그러니 엄청난 문제죠. 이 하나로 인해서 엄청난 문제가 벌어지는 겁니다. 한생각에서 엄청난 게 벌어지고 한생각에서 엄청난 게 없어진다는 얘기죠. 그러니까 없어지는 게 부처님 법이냐? 아니다. 그럼 무쌍히 벌어지는 게 법이냐? 아니다. 그건 자유자재하는 거다. 그냥 내가 그대로 하고, 지금 용도에 따라서 그대로 하고 가는 그 자체의 뜻을 알면 그것이 바로 자유자재다 이런 겁니다.

그래서 누구나가 자기를 한 번쯤 관찰하면서 생각해 볼 수 있는 그런 거를 가지셔야 합니다. 자기 주인공, 자기 주인공이 자기를 형성시켰으니까 자기 죽고 사는 것도, 자기가 2세들을 길러 놓고 또 위로는 모시고 그럭하고서 일을 어느 정도 제대로 하고선 자기 몸뚱이를 벗어도 괜찮게끔, 자기가 주인공에서 형성이 됐으니까 거기다 모든 걸 놓고, 그것도 한 번쯤은 생각해서 관해서 맡겨 놓을 수 있는 그런 여유를 가지십시오.

내가 이번에 절실히 느꼈습니다. 내 탓이지…. 그런 거를 본인은 그렇게 생각도 안 했겠죠. 본인은 죽고 사는 거에 대해서 한 번쯤 생각도 안 했을 거예요. 왜냐? 그게 욕심이냐? 욕심이 아닙니다. 그것도 보살행입니다. 가정을, 자녀들을 그냥 놔두고 가는 그것도 우리가 건져주는 일이 못 되니까. 나 하나로 인해서 모두 희생된다면 그것도 안 되는 일이죠. 그러니까 언제나 자기 하는 것만치 해서 자기가 가도 괜찮다 할 때 갈 수 있게끔 자기도 한 번쯤은 관해 보는 여유를 갖는 게 좋을 것 같습니다. 그것도 이렇게 우리가 실천하고 돌아가지 못한다면, 이 공부를 하면서도 실천이 없다면 그건 무효입니다. 부처님 법은 우리가 살고 있는 그대로가 부처님 법이기 때문에 여러분이 내가 이렇게 말하는 거를 한번 관해 보고, 한번 실험하고, 이렇게 통해 보고, 지켜보고 이러는 연구가 없이는, 여유가 없이는, 여유 있는 마음을 가지고 우리가 지켜볼 수 없다면, 시험해 볼 수 없다면, 실천에 옮겨 볼 수 없다면 여기 와서 이 공부는 해서 뭘 합니까? 듣고 이론적으로 지식적으로 또는 학식적으로 이 머릿속에 넣었다가 하시라는 게 아니라 마음속에서 스스로 우러나와서 두뇌를 통해서 대뇌를 통해서, 다 계합이 돼서 한번 쓱 생각해 볼 수 있는 그런 거 말입니다. 그리고 한번 생각해서 딱 놓을 때는 거죽으로 현실에 나오지 않습니까? 여러분, 그런 거를 한번…. 우리는 항상 지켜봅니다.

내가 소심한 거 같지 않아도, 다 놓고 살지만 여러분에게 항상 이렇게 들러 보는 그런 게 있습니다. 그거는 왜냐? 모두가, 풀 한 포기도 나는 스승이라고 생각합니다. 여러분이 안 계셨더라면 내가 이 도리를 어떻게 실험해 보고 어떻게 배웠을까 하는 생각에 말입니다. 또 풀 한 포기도, 어떠한 벌레 하나도, 나무 한 가지도 내가 보지 않았다면, 그리고 그 속을 들여다보지 않았다면 내 어찌 이 도리를 알았으리까? 그러니 내 스승이자 바로 내 벗이요, 내 도반이요, 모두가 그런 게 아니겠습니까? 그러니 나는 부처 되려고 이날까지 이렇게 있었던 것도 아니고, 단 여러분이 이 뜻을 잘 아셔서 말도, 곧은 이 마음, 한마음으로 돌아가는 이 도리를 아신다면 너그럽고 자비하게 넓게 생각하시면서 한번 안으로 굴려서, 아무리 속상해도 하늘이 무너져도 한번 안으로 굴려서 내놓을 수 있는 그런 여유를 가지시고, 한 걸음을 떼어 놓더라도 한번 안으로 굴려서 여유를 가지시면 한 발을 떼어 놓을 때 백 발 뗀 거보다도 낫다는 얘기죠.

그러니까 우리가 부처님이 말씀해 놓으신 경설을 달달달달 외운다고 해서, 백팔배를 한다고 그래서, 관세음보살 정근을 한다고 그래서 일이 잘되는 게 아닙니다. 그런 거를 외워서 잘 통해서, 아침마다 염불을 하고 그래서가 아니라 내 마음, 가슴에 닿고 실천하기 때문인 것입니다. 우리가 실천하면서 겪어 보고 실험해 보는 것이, 때에 따라서는 의사가 되고 때에 따라서는 관세음이 되고…. 그러니 무엇이 아쉽겠습니까? 관세음이라고 하는 것도 그렇습니다. 여러분! 이 세상에서 살면서 모든 것을 관해 보고 관해 듣고 말하시고 이렇게 사시죠? 그러니 가만히 생각해 보세요. 관, 세, 음! 허허, 여러분이 아니겠습니까? 여러분 빼놓고 무슨 관세음이 있습니까? 여러분 빼놓고는 관세음이라는 이름 자체도, 상표도 없습니다. 지장이라는 그 상표도 없습니다. 여러분이 계시기 때문에 바로 그 상표는 있는 것입니다. 우리가 마음으로 살 수 있는 그런, 그 마음에서도 벗어나서 진짜 자유자재성을 가지고 찰나 생활을 할 수 있는 그런 마음으로 살 수 있는 여러분이 돼야만 되지 죽어서도 이렇고 지금도 슬슬 냄새나 맡고 그저 물불을 가리지 않고 들어가는 그런 사람이 돼서는 안 되고, 우리가 먹고 사는 이런 사람으로서 항상 고통을 받고 끝 간 데 없이 유전과 그 모든 것의 고통을 받는 그런 분이 돼서는 안 되리라고 봅니다.

우리 자체가 참, 인연에 따라서 모든 게 벌어지고 일이 생기고 얽히고 그러는데, 아까 얘기한 거 어떻게 들으셨습니까? 모두가 가설이 돼서, 세포에도 가설이 되고 그래 가지고 이 몸에도 항상 같이 가설이 됐다. 이 우주와도 가설이 돼 있고 이 지구와도 가설이 돼 있고. 가설이 돼 있는 거는 지구만 가설이 돼 있는 게 아니라 일체 만물만생하고도 가설이 돼 있다. 그렇다면 우리가 용도에 따라서 피 좀 달라고 그럴 때 피는 자동적으로 여기 기를 넣어 줘. 여러분이 이거를 잘 알아서 응용하신다면, 그대로 자기를 자기가 관세음보살로 만들고 지장도 만들고 약사보살도 만들 수 있는 자기가 되면 이게 바로 금강신입니다.

여러분, 이 뜻을 잘 아셔야 됩니다. 재차 이렇게 말씀드리지만 여러분이 아프면 나도 아파요. 여러분이 괴로우면 나도 괴롭고. 정말이지 이거는 거짓이 하나도 없습니다. 나는 그래서 여러분이 이렇게 갈 때, 어디를 쳐다보면 딴 데 쳐다봐지지가 않습니다. 무심코 그냥, 그냥 쳐다보면 한 시간도 좋고 두 시간도 좋습니다. 그건 왜 그러냐? 아무 생각 없이 여러분의 그것이 그냥 뜻으로다가 떠올라서 그냥 여기에 감응이 되기 때문입니다. 그러면 아무 생각 없이 그냥그냥 내 눈에서는,

때에 따라서는 싱긋이 웃음이 나기도 하고, 때에 따라서는 아주 뼈저린 눈물이 흐르기도 합니다. 아무 생각이 없는데도 뜻으로 이렇게 항상 가설이 돼 있기 때문입니다.

진짜 가설이 돼 있는 그 자체를 아시려면 우리가 진짜 이렇게 열심히 일심으로 내가 지금 살고 있는, 그 들이고 내는 그것에 달려 있습니다. 아휴, 내가 이거 둘을 놓고 '이걸 먹을까, 저걸 먹을까?' 하고 망설이지 말고 내가 진짜 먹고 싶은 것이 있다면 그냥 집어 먹을 수 있는 겁니다. 학교도 그래요. 학교도 '요리로 갈까, 조리로 갈까? 요거는 좀 높고 요건 얕은데.' 이렇게 하지 말고 자기가 마음 내키는 대로 가는 것이 옳은 일이 아닐까 이렇게 봅니다. 모든 것을 부모가 "네겐 거기가 높다. 가지 마라." 뭐, 어쩨라. 이렇게 해서 망가지는 일들이 한두 건이 아닙니다. 그러니까 본인에게 모든 것이 달려 있다는 얘깁니다. 죽을 때도 그냥 혼자 가고 나올 때도 혼자 나옵니다. 그러니까 할 때도 혼자 해야죠. 남의 소리 듣고, 이 소리 듣고 저 소리 들어서 망가지는 일들이 한두 건이 아니거든요.

아까 얘기한 뜻을 어떻게 알아들으셨습니까? 간이 나쁘다, 또는 어떤 괴로움이 있다, 어떠한 문제가 있다 이러는 것도 용도에 따라서 여기다 맡겨 놓고, 맡겨 놓으면 바로 자동적으로 그게 컴퓨터 눌러지듯 자동적으로 눌러져서 가설이 된 거기에 그 액이 딱 온다. 그러니까 모든 일체 만물만생이 무정물까지도, 풀 한 포기까지도, 산에 있는 모든 무정물도 일치돼서 가설이 돼 있다는 얘깁니다.

그래서 이런 말이 있죠. 예전에 중국의 어느 사람이, 다른 거는 하나도 몰라. 무식자야, 나처럼. 그런데도 한번 그 사람이 봐서 어떠한 약초를 갖다 쓰기만 하면 나아. 그런데 그 약초 이름도 모르고 그러면서도 그냥 갖다 써. 왜 그랬느냐? 그런데 과학적으로 증명을 하려면 안 돼, 그게. 딴 사람이 그걸 갖다 쓰면 안 돼. 그게 참 이상하죠. 바로 그겁니다. 불가사의한 법! 인간의 마음이 통해서 서로 피를 좀 나누어서 주듯이, 이렇게 양면이 다 살게…. 지금 시대의 연구는, 과학적이든지 뭐든지 의학적으로도 연구하는 건 꼭 하나를 죽이고 연구하고, 꼭 하나를 죽여야만 하나 살리고 이런 연구들을 합니다. 우리가 전부 같이 살 수 있는 그러한 연구들을 하면 인과에 걸리지도 않습니다. 법계에 걸리지 않는다. 그러면 인과에 걸리지 않죠. 왜? 인과로 인해서 우리가 지금…, 이런 예가 있죠.

벌써 작년 일인가? 몇 달 됐죠, 아마. 여기 계실지도 모릅니다. 이 선원의 어린이법회에 나오던 애가 죽었답니다. 죽어 가지고, 이 애를 도로 돌려 달라는 겁니다. 부부가 말입니다, 울면서. 어떻게 하겠습니까? 그럴 때 나는 한편 당황하기도 하고, 한편 저걸 위로를 어떻게 해 줘야 될까 하는 생각에서 그냥 무참히 입을 딱 다물고선 가만히 있었죠. 있다가, 무뜩 그저 위로해 준다는 말이 뭐라고 했느냐 하면 "그래요. 당신이 또 낳으면 되잖아. 그 애가 죽었으니까, 그 애가 바로 당신한테 또 태어나면 되잖아." 그렇게 해서 위로를 했단 말입니다. 그랬는데 그 집은 그 딸이 아들로 변해서, 화해서 나왔거든요.

그러면 우리가 생각할 때에, 여러분은 지금 현재에 사는 이 진리가 그러하다는 걸 생각하지도 않죠? 누구든지 그것이 불가사의한 일인데, 어렵다면 어렵고 돈을 억만금을 줘도 그렇게는 못하는 일이고, 또 억만금을 들여서 할 수도 없는 일이죠, 그것은. 불가사의한 일이죠. 그래 순간순간 만나서 그럭할 때에 '이걸 어떻게 위로를 해야 할까?' 하는 당황한 마음에서 탁 한마디 그냥 해 버리는 게 자기가 그걸 다 짊어지는 거죠. 말할 때는 쉬워도 그 뒤를 감당하는 거는 참으로 회향이 어렵다는 문제가 뒤따르죠. 그래서 말이 문제가 아니라, 대답해 주는 게 문제가 아니라 뒷감당하는 게 문제다. 여러분! 이것이 쉬운 일이 아닙니다.

우리가 공부할 때도 열심히 해야 하는데, 이런 게 있죠, 또. 여러분이 무(無) 자 화두나 화두를 가지고서 하는 분들도 많이 있으리라고 봅니다. 그래서 엇갈리죠. 그러면 "야, 그냥 우리가 사는 생활이 참선이며 바로 당신이 있기 때문에 당신이 화두다." 이러죠, 나는. 그렇게 쉬운 말로 그냥 하죠. 그런데 딴 사람이 만약에 화두를 줬다 이런다면 그게 끊어질까 봐요, '이 뭣고?' 하고 하여튼 끊어질까 봐 애씁니다, 밤이나 낮이나 일할 때나. 그래 하루 종일 일하다가 끊어졌으면 '아이고, 오늘도 그거를 또 놓쳤었구나.' 이러거든요. 그러면, 놓쳤다고 생각을 한다면 진리는 지금 쉴 사이 없이 돌아가는데 만날 도로아미타불이거든요. 그리고 또 바깥에서 받은 거기 때문에 이게 끊어질까 봐 애를 쓰니 자기는 생각해 볼 여지가 없고요. 마음으로 이것만 들고 있습니다. 그러니 그것도 헛것이다 이겁니다.

우리가 어딜 지나가다가 묘한 나무 한 그루가 있어. 그리고 가을에 단풍이 들었어. 그리고 단풍잎이 우수수하게 떨어졌어. 그럴 때 지나가다가 한번 딛고 '부스럭' 할 때 생각해 보는 마음. '그 돌이 묘하게 생겼다.' 그럴 때 한번 생각해 보는 마음. '말없이 지켜볼 수 있는 너. 누가 너를 깨트려 간대도 말이 없고, 잘나간대도 말이 없고, 두고 본대도 말이 없고, 너는 그냥그냥 이렇게 잠자코 서 있구나.' 하는 거를 생각해 볼 수 있는 그 의정. 응? 그런 의정을 낸다면, 물이 흘러가는 걸 보고도 의정을 내는데, 그렇게 내는 거는 그냥 생각하고 의정을 내고 그냥 이렇게 돌아가는데, 이 화두 받은 거는 절대로 그냥 돌아갈 수가 없습니다. 항상 붙어 있습니다. 이거 끊어질까 봐 말입니다. 이러니 이게 돌아갑니까? 이러니 참 어렵다 이겁니다.

인제는 시대가 달라져서 우리가 예전에 생각했던 거하고 지금 생각하는 거하곤 천지 차이로 다릅니다. 그렇게 달랐기 때문에 역사도 그렇게 가져왔지만 앞으로는 좀 더 우리가 시대가 변천하는 대로, 지금은 여러분이 머릿속으로 알고 있는 게 너무 많아서 남한테 화두 받아 가지고 될 일은 아닙니다. 지금 시대가 바뀌었다는 얘기죠. 알고 있는 게 많은데 '이게 뭣고?' 할 때는 헛돌아간다 이거죠. 예전에는 그런 걸 모르고, 과학도 발전이 안되고 모든 것이 안됐을 때, 침체됐을 때 그때는 '이거 뭣고?' 하면 그래도 들어갔는데 지금은 안 됩니다. 너무 아는 게 많은 걸요. 아, 그런데 배운 게 많고 아는 게 많고, 들은 게 많고 보는 게 많은데 아니 글쎄, '이게 뭣고?' 하면 됩니까? 그리고 돌아가지를 않는다면 지금 어떻게 이 쉴 사이 없이 돌아가는, 이 지금 지구에 관한 것도 그렇지마는 우주 전체의 진리에, 여기에 어떻게 순응하고 돌아갑니까? 부처님께서도 이 끝없는 진리에는 순응하셨습니다. 즉 말하자면 "인연으로 인한 거는 어찌할 수가 없고, 또 인연이 없는 중생은 건질 수가 없느니라." 이렇게 말씀하신 것도 있으리라고 봅니다.

그런다면 우리가 이 소용돌이 속 아무 데라도, 그냥 불바퀴가 막 돌아가는 이 소용돌이 속에도 우리는 그냥, 거기 들어가도 같이 순응이 되고 나와도 같이 순응이 되고, 들어가고 나옴이 없기 때문에 켜졌다 꺼졌다는 언어가 붙지 않는 자리다 이런 말입니다. 그러니 내가 차라리 무식한 게 낫지, 내가 만약에 학문을 많이 배웠다면 지금 얼마나 남한테 거짓말을 하고, 얼마나 행을 갖다가 거짓으로 했겠습니까? 나는 인생을 살아가면서 모든 걸, 여러분은 어떻게 생각할지 모르지만 내 양심은 내가 더 잘 알고 내 잘못은 내가 더 잘 압니다. 이것은 마음이 넓고 지혜롭게, 모두 남을 위해서 하는 것이 아니라, 남을 위하는 것도 나를 위해섭니다.

지난번에 이런 일이 있었죠. "스님은 왜 돈을 갖다 누구를 그냥, 못산다고 그냥 털컥 주십니까? 지금 집에도, 이 절에도 돈이 없습니다." 그러거든요. 정말 딴은 보니까, 이번에 사무장님 가시고 난 뒤에 우리 재무 스님을 이렇게 내면서 보니까 딴은 돈이 없어요. 그럴 때 무슨 생각이 들었느냐 하면 '총무 스님도 나같이 무지렁이가 돼서 주먹구구로 이거 살림하느라고 너무나 애를 썼구나.' 하는 거를 생각하면서 가슴이 아팠습니다. 눈물이 정말 났습니다. '누구를 위해서 그렇게 해야만 했던가?' 하면서 말입니다. 그러면서 그럴 때에 참, 이렇게 주면서 그렇게 말을 합니다. "내가 괴롭지 않으려고 그런다." 이럽니다. 여러분! 그 말을 어떻게 생각하십니까? "내가 괴롭지 않기 위해서지 남을, 그 사람을 위해서가 아니다." 이러거든요. 여러분, 어떻게 생각하세요? 순간 생각이 났을 때, 그 사람으로 인해서 저거 할 땐 이 모든 것을 줘도 아깝지 않으리만큼 천 원도 안 남기고 다 그냥 주거든요. 그래서 "스님은 이렇게 가지고 다니질 않으셔야 되는데…." 하는데 나는 내가 편안하려고 그저 쪼금이라도 넣어 가지고 다니죠. 만약을 생각해서요. 내가 무슨 국수를 사 먹습니까, 떡을 사 먹습니까? 뭐, 먹고 싶은 게 있어야 먹고 싶은 걸 사 먹죠. 먹고 싶은 것도 없습니다. 이번에는요, 아주 정나미가 뚝 떨어졌는지 그냥 입에다 하나도 넣기가 싫은 거예요. 약으로 정말 이렇게 좀 먹고는, 눌은밥이라도 끓여서 이렇게 먹죠. 이런 말 하는 건 안됐지만.

우리 지금 실생활을 그대로 얘기하는 겁니다. 그리고 실 실천의, 실 진리의 삶에 대한, 그대로 우리 모두의 얘깁니다. 지금 사실을 그대로 얘기하는 겁니다. 불가사의한 법도 여기 있고 물질 세상도 여기 있고, 죽어 가는 것도 이 자리에서 죽어 가고 살아 나오는 자리도 이 자리고, 인연에 따라서 모든 게 벌어지고 이렇게 생기는 일인데, 얼크러지는데 인연, 인연이 무엇인가? 우리가 지나가다가 말만 서로 통해도 인연이요, 모두가 이렇게 인연입니다. 우리가 아는 집에 들어가지, 다짜고짜 아주 모르는 집에 들어가서 뭐, 나 배고프니 밥 좀 달라고 할 수는 없죠. 그와 같이 우리는 알기 때문에 인연이 되는 겁니다. 그 알기 때문에 인연이 되는데 인연이 돼 가지고 그 사람을 해(害)하게 만드느냐, 이(利)하게 만드느냐? 서로 이하지도 않고 해하지도 않게 그냥 똑바로 사느냐. 이런 것도 문제죠? 그래서 '좋은 인연을 맺는다, 언짢은 인연을 맺는다' 이런 거는 금방 옵니다.

옛날에 친구 둘이 정답게 공부를 하고 살다가, 하나는 아주 부잣집 아들입니다. 부잣집 아들인데 어느 승려가 말입니다, 거기를 갔죠.

예전에 탁발을 할 때니까요. 집집마다 이렇게 공양을 얻으러 갔는데 그 부잣집에서 밥을 상당히 대접을 잘하고 또 공양을 바리때에다 담아서 이렇게 해서 드렸습니다. 그 인연으로 인해서 그 부잣집 아들이 바로 산으로 올라가게 됐습니다. 올라가서 수행을 하는데 아, 이거는 천야만야한 데로 떨어져서 그냥 이 팔이 다 부러지고 말았습니다. 그래서 두 팔을 갖다가 엇메고선 이러고 다녔죠. 그렇게 고생을 하다가 보니까, 그 은사가 하시는 말씀이 "얘야, 너 수행을 하는데 팔 없이 참 괴롭겠구나." "예, 참 괴롭습니다. 이렇게 팔로 할 거를 발로 하고 이러니까 참 어렵습니다." 하니까 "얘야, 네가 너 자체를 진정 안다면 너의 과거를 현실에 볼 수 있느니라. 너를 색경으로 봐라. 네가 예전에 어느 나라의 정승으로 있을 때 사냥을 나갔느니라. 사냥을 하다가 길을 잃어 버려서 어느 두 팔을 못 쓰는 수행자한테 길을 물었더니 이 팔로 가리킬 수가 없어서 다릴 들어서 저리로 가시라고 이렇게 일렀더란다. 그랬는데 그 정승은 감히 나한테 발로다가 그렇게 할 수 있느냐고 하면서 그 팔을 그냥 아주 못 쓰게 잘라 버렸단다. 쓰지도 못할 팔은 있어서 뭘 하느냐고 그냥 팔을 잘라 버렸단다. 네가 그때 그 정승이니라. 너도 그만큼 어렵지? 네 두 팔이 그것이 그냥 다친 게 아니니라. 그것이 인과응보니라. 네가 한 대로 받는 거니라." 하시더랍니다.

아까도 내가 얘기했듯이, 여기도 계실지 모르겠지마는 그렇게 내외가 되돌려 달라고 울면서, "뒷사정은 아무것도 모릅니다. 어떻게 해서 그렇게 됐는지도 모릅니다. 또 어떻게 해야만이 되돌려 받을지도 모릅니다." 하면서 애원을 했습니다. 그것은 어린애가 사탕 사 달라고 우는 거나 똑같았습니다. 그러면 어떠한 어려움이 있는 거기를 건너서라도, 이 세상 아닌 저 세상, 이것도 여기와 둘이 아니지만 그 어떠한 어려움이 있어도, 어떠한 언덕의 어려움, 어떠한 물의 어려움, 어떠한 불의 어려움이 있다 하더라도 거길 넘어서 그것을 해결을 해야만 되는 심부름꾼에 불과하죠. 여러분이 자녀들을 길러 보면 아버지라는 이름만 가졌지, 상표만 가졌지 심부름꾼 아니십니까? 올바로 이끌어 가고 올바로 그냥 해 주고, 올바로 벌어다가 먹여 주고 올바로 입혀 주고, 어떡하면 잘 입히고 어떡하면 잘 먹이고, 어떡하면 잘 공부를 시키고 어떡하면 앞으로 잘되게 해서 저희들을 편안하게 살게 해 주나 하는 그런 심부름꾼 말입니다. 아마 저하고도 같을는지 모르죠.

그러니까 여러분이 아까 그거를 똑바로 생각하셔야 됩니다. 그래야 여러분이 괴로움을 좀 덜고, 하여튼 십분의 칠이나 팔은 좀 편안하게 사실 겁니다. 아까 말했듯이 전부 가설이 돼 있다, 일체 만물하고. 그러니까 내가 어떠한 용도에 따라서도 거기에 맡겨 놓으면 자동적으로 거기에 기나 모든 것이 부합된다, 모든 병 증세에도. 그것은 보이지 않는 데서 약을 쓰고 그러는데도 보이지 않는 데를 모르고, 약이 스스로 오는데도 모르고 그냥 병원으로 간다. 그래 가지고 그냥 어디 다리도 자르고 말이야, 별짓 다 하는데, 뭐, 창자가 꼬여도 그냥 가서 자르고 잇고 그러는데 그냥 둔 것만 하겠습니까? 허허허. 그냥 자연 그대로, 내 생긴 대로 그냥 둔 것만은 못할 겁니다. 그걸로 인해서 딴 게 또 생긴다면 그건 또 어떡하시렵니까? 그것도 그렇고, 그러니까 여러분이 좀 더 침착하게 생각하셔서…. 내가 지금 50%만 말을 하지, 50%는 말을 못하는 이유가 있습니다. 그러니 그걸 잘 생각하셔서, 여러분이 그냥 생활에서 그대로 할 수 있는 보살이 되시고, 부처라는 것도 상표가 부처입니다. 진짜 부처는 자유자재하는 게 부처입니다.

그러니 여러분이 그렇게 하고, 옛날에도 이런 예가 있었죠. 달마 대사는 왜 수염이 없느냐고요. 만약에 그렇게 여러분한테 질문을 하셨다면 여러분은 뭐라고 대답을 하시겠습니까? 예? 달마 대사는 왜 수염이 없는고? 예전에도 그런 말들이 많이 나왔죠? 달마 대사는 수염이 없는 것도 아니고 있는 것도 아닌 반면에 달마 대사는 머릴 틀어 상투 끝에 동곳을 꽂았기 때문이죠. 또한 달마 대사는 바로 수염이 붉은 연꽃으로 화했기 때문이죠. 이 모든 것이 우리가 살아나가면서 생각해 본다면 여러분이 박이 익었나 안 익었나 하고 바늘로 콕콕 찔러 보는 낚싯밥이나 똑같은 얘깁니다.

무의 세계의 모든 맛을 본 사람들은 어떠한 말을 해도 걸리지 않습니다. "마음 심(心), 일심이 부처니라." 이렇게 말을 해 줬는데 나중엔 영 만나질 못하고 가서 제자가 공부를 하는데 아니, 영 통기가 없거든. 삼 년이 되도록, 사 년이 되도록. 그러니까 "얘, 아무개 좀 찾아봐라. 가서 이렇게 말을 해라. 비심비불(非心非佛)이라고." 그래서 아, 가서 그렇게 "우린 지금 그 일심이라는 화두를 다 놓고 비심비불로 들어갑니다." 하니까 "너희나 비심비불 잘해라. 허허, 일심이 비심비불이고 비심비불이 일심이지, 마음 버리고 어디 뭐가 있느냐?" 그러면서 "가거라. 너희나 그렇게 해라. 그렇게 잘 가르치시라고 그래라." 그러니 그 소릴 가서 스님한테 말씀을 올리니까 스님이 무릎을 탁 치면서 "익었구나, 익었어. 응, 익었구나, 익었어." 그랬듯이, 지난번에도 얘기했지 않습니까? "그 수염이 붉다 하더니 참, 이렇게 그 수염이 붉을 줄이야." 하고선 무릎을 쳤다 했듯이 이것도 똑같은 얘기죠. 붉게 연꽃으로 화해서 수없는 사람들한테 더러움이 묻지 않는 길을 인도하고 또 여러분한테 향기로운 그 꽃 내음의 봄을 주시고, 여러분한테 모든 걸 증득하는 해탈법으로 인도하시니 그거는 화하지 않고는…, 벌써 이거 보십시오. 머리를 틀어서 꽂았다면 뭐겠습니까, 그게? 천차만별로 된 거, 이 우주 전체 삼라대천세계를 한데 틀어서 꽂은 거나 똑같죠.

그래서 이것을 이론으로만 이렇게 하실 생각 마시고 이 마음으로 진짜 이해하고 들어가신다면, 우리가 앞으로 스스로서 느끼고 스스로서 알게 됨으로써 그것은 어느 누구가 뭐래도…. 못났든 잘났든 글쎄, 부처님이 여기 계시다 하더라도 여러분 대신 가 줄 수는 없습니다. 여러분 대신 먹어 줄 수도 없고, 자 줄 수도 없고, 똥 누어 줄 수도 없고, 아파 줄 수도 없죠? 그러니 부처님인들 어떡하겠습니까? 예? 그러니 인연 없는 중생은 할 수 없는 거죠.

그러니 여러분은 나처럼, 무지렁이처럼 몰랐든 알았든, 모자라든 자라든, 남이 잘하는 거 끌어오려고 하지도 말고 못났으면 못난 대로 그냥 사세요. 그냥 살 수 있는, 그냥 그대로 사세요. '그대로 사세요' 가 아니라 그대로 마음을 그렇게 편안하게 가지세요. 못났으면 못난 대로 사는 거예요, 그냥. 나 이번에요, 사무장님이 그렇게 되시고 어떤 잘하는 사람을 데려오려고 생각을 해도 좋을 텐데 그저 못났으면 못난 대로, 그저 이대로, 그저 스님네들이 이렇게 하면서 가면…, 줄창 남한테 기대고만 있을 수도 없는 거죠. 그러니까 모르면 모르는 대로 해 보면 또 알게 되는 거죠. 그렇지 않습니까?

그러니까 여러분도 그저 엉겁결에 잘난 거 찾으려고 껑충 뛰고, 또 엉겁결에 그냥 물불 가리지 않고 돈 벌려고 뛰어가서 펑덩 빠지지 마시고, 남한테 거짓말하지 마시고, 그저 마음을 옳게 쓰면 옳은 말도 나가고 옳은 뜻도 생기고, 지혜도 생기고 옳은 행을 하게 되고 이럽니다. 요걸 잘 생각하셔서 앞으로 우리 살아나가는 길에 어떠한 착오가 없이, 우리가 죽고 사는 거야 다 죽고 살지마는 그래도 이 색신이 나와서 이 도리를 알고, 또는 자기 위로는 은혜를 갚을 줄 알고, 아래로는 제도할 줄 아는 그러한 사람으로서 옷을 벗고 가야 되지 않겠습니까? 그러니 갈 때 되면 그냥 갈 수 있게끔 이렇게 하십시오. 내가 가고 싶다 하면 그냥 갈 수 있게끔요, 예? 그리고 요만치는 내가 있어야 되겠다 하면 있을 수 있게끔요. 이렇게 하세요. 그것이 인간의 큰 도리라고 봅니다.

그러면 오늘 자세히 말한 거, '가설됐다는 거, 그리고 가져올 수 있다는 거, 자동적으로 된다는 거' 잊지 마세요! 그래야만이 내 가슴을 좀 덜, 내 눈물을 좀 덜 나오게 할 수 있습니다. 그러면 감사하겠습니다.

영원한 밝음

법사단 법회

1991년 7월 23일

큰스님 … 열흘 고생할 거를 일 년을 더 고생해야 돼, 내가. 그거를 책을 봐서 그럭하려면 학식이 있어야 책을 보지, 응? 이, 기가 막힌 소리라고. 우두커니 밤새도록 앉아 있어야 하는 그런 입장이 될 때가 많았어. 옛날에는 그래서 한탄을 했는데, 피나는 눈물을 흘리면서 말이야. 그런데 지금은 그러진 않아. 하이고, 외려 다행이로구나. 아니, 내가 무슨 뭐, 말 잘하는 앵무새로 꼬리표 해서 붙여 놨나? 아이, 모자라면 모자라는 대로 잘하면 잘하는 대로 다 맞는 것인데 말이야. 능글능글해졌지, 인제 그 뒤에는.

가만히 보면 요즘 종교들 믿는다 하면, 종교가 아니라도 그래. 우리 인간이 벌써 이렇게 태어났다 하면 인간으로서는 그 뒷면의 밝음을 몰라서는 안 된다는 그 점이야, 아주 간단히 말해서. 절대적이라는 거지. 그리고 우리가 가르치는 입장으로서는 첫째, 그릇대로 말을 해 줘야 돼. 처음 저거 하는 사람에게 그냥 넓은 얘기를 해서 오히려 그냥 마음이 붕 떠 가지고 '아이, 이런데, 뭘!' 이러고 해서는 안 되고, 첫 번에 그저 들이고 내는 그 믿음…. 절대적으로 자기가 자길 끌고 다닌다는 거, 들이고 내는 것도 자기라는 거, 악과 선이 다 거기서 나온다는 거, 거기서 바로 내가 나쁘고 좋고 이런 것도 알고, 이럭해서 안 된다는 것도 알고, 알고 있는 그 마음이 다스려야 한다는 거. 자기 영혼을 다스리고 수시로 나오는 중생들의 그 의식을 다스리고 그래 가지고 모든 것이 하나로 귀합이 돼서 돌아가게끔 리드해 나가는 그러한 여건으로 만이 딴 사람들을 끌어 줘야 된다는 얘기지.

그 대신에 나중에 있는 거는 책을 봐서들 알게끔 하고. 뭐 그렇게 많은 말이 필요하냐 이거지. 지금 모두 사람들이 급급해서 오는 것이 병 아니면 가난, 가난 아니면 가환, 가환 아니면 그저 안 된다는 점, 하기만 하면 안 된다는 점, 또는 좋은 데로 못 가서 뭐가 어떠니 저떠니, 전체의 그 여러 가지를 가지고 안고 오잖아. 안고 올 때 그 사람사람이 그걸로다 재료를 삼아 공부를 하게끔 그것만 우선적으로 일러 주라는 거야. 자기도 모르면서, 만약에 여기서 법사들이 말을 많이 해 줘서 자기도 모르는데 괜히 남한테 또 이럭하면 그것처럼 또 문제가 되는 것도 없거든.

둘째는 그거보다 내가 나를 발견했을 때에 참 어렵다고, 또. 그건 더 어려워, 그때가. 겨우 지금 걸음마를 걸어서 이게 낭떠러진지 뭔지도 모르고 막 뛰는 그런 상태기 때문이야. 처음에, 일차적으로 깨달았을 때 그런 문제거든. 그게 제일 문제가 되는 거야. 그럴 때에 여기저기서 막 그냥, 내가 나다 하고 나오고, 여기서 이렇다 하고 나오고, 심부름도 시키고, 이런 것도 "얘!" 하고 시키고 이러거든. 그러니까 거기서 부처님이 나가란다고 나가고 들어오란다고 들어오지 말고 네 주장대로 하라 하는 그 자체가 아주, 너무 엄격해. 왜냐하면 벌써 보고 듣고 잘못되고 잘되고 이런 것을 판단할 수 있는 게 사람이거든. 부처 될 수 있는 사람. 그렇기 때문에 내면세계에서도, 거기서 깨달아서 시키는 것도 '저거를 따라.' 옛날 모양으로 '우리가 돈이 없으니까 저거 따가지고 가서 먹자.' 이러더라도 '그것이 어디 물건이고 그것을 따서 남에게 해로움을 주지 않는가.' 또 '내가 그걸 따서 누가 되지 않는가.' 이것도 잘 살피고 판단해서 따도 따고 주는 걸 받아도 받고, 또 말을 해도 하고 행을 해도 하고 이렇게 그냥 해야지, 여기서 시키는 대로 해서는 그것이 노예지, 정신 노예지 그게 사람이야, 어디? 사람 노릇 하려고 지금 배우는데.

그래서 안으로, 내면세계에 끄달리면 거기 정신세계의 노예고 바깥의 물질세계에 끄달리면 바로 물질세계의 노예다 이거야. 그러니까 양면을 다 잡고 나갈 때 시시각각 내 앞에 용도가 닥치는 거를 그대로…, 사람이니까 자기가 안팎을 더 잘 알지 않남? 이게 누가 되는 건지, 이게 잘못되는 건지, 이게 잘되는 건지 이걸 더 잘 알고 있잖아. 또 그담엔 남한테 이익하게 되는 건지, 남한테 해롭게 되는 건지, 또 이 선원에 누가 되고 해롭게 되는 건지 그것도 다 알잖아, 사람이라면. 그러면 최대한 잘못되는 일이 없게끔 하는 것이, 그리고 남한테 해롭지 않게 하는 것이 바로 선의 길이면서 중도의 길이다 이거야. 그러니 그 선도 거기서 나올 수 있는 건데, 생각 한번 잘못하면 악이 나오고 생각 한번 잘못하면 아주 남을 죽일 수도 있고 생각 한번 잘하면 남을 살릴 수도 있는 그것인데, 뭐. 그러니까 보배지 그렇지 않으면 보밴가? 선만 나온다면 어떻게 보배일 수가 있고 진리일 수가 있고 끝 간 데 없이 돌아갈 수가 있나.

그래서 엊그저께도 얘기했지만 필연적으로 우리는 꼭 이 길을 사람이 살아 있을 때 알아야 된단 얘기야. 내가 이렇게 사는 데도 이 털구멍을 통해서 자꾸 오만 가지를 다 나오게 하고 그러는데 죽으면, 죽어서 사대가 흩어져서 그렇게 원점으로 돌아간다면 그냥 그림자처럼 따라다니는 그것이 확대가 돼 가지고 한 발짝도 떼 놓을 수가 없어, 영혼이. 강에 빠져 죽을까 봐 배를 기다리느라고 못 건너가고, 불에 타 죽을까 봐 그 소용돌이의 통로를 지나가지 못하고 그런단 말이야. 그러니 이 공간 안에 이게 꽉 차 있어. 불바퀴가 말이야.

그래서 별성의 근본도 내 근본이요, 태양의 근본도 내 근본이요, 불바퀴의 근본도 내 근본이니 그래서 그것을 한데 합쳐서 '천지' 이렇게 했거든. 천지의 근본은 내 한마음의 근본이다. 태극기도 가만히 보니까 천지를 가운데다가 해 놓고는 여기다 석 삼 자를 써 놨더라고. 여기는 점이 다섯 개더라고. 이쪽에는 넷이더라고. 이쪽에는 여섯 개야, 점이. 이것이 인간까지…, 세상에서 '과거심 현재심 미래심' 이럭하면 벌써 과거 현재 미래 세상을 말하고, 작게 말하면 삼심이요, 크게 말하면 세계다. 그러면 그것은 바로 오온에 들었다는 거, 이 전체가 거기에 들었다는 거거든, 우리 지금 사는….

그러면 여기는 네 개가 있다 이거야, 이게. 그 전엔 이렇게 썼지, 이렇게. 그러니까 이럭하고 이렇게 돌아가야 맞지. 하나 둘 셋 넷, 이렇게. 그런데 그걸 가만히 보니까 여기는 바로 사왕천, 우리 세상을 또 다시, 이 원에서 다시 비지면서 넉 점으로 나왔단 얘기야. 그럼 우리가 사왕천에서 인간이 하나 거기 들어간다면 오온이 다시 돼. 즉 말하자면 사왕천을 우리가 지금 이렇게 살고 있잖아. 이게 중세계란 얘기야. 그럼 그것은 뭐냐. '삼 삼' 이렇게 해 놓으면 바로 육근을, 육신을 말한다 이거야. 다시 돌아온 거야. 그러니 과거도 삼이요, 현재도 삼이니 미래와, 정신세계와 지금 현실 세계가 둘이 아닌 나 자체가 가지고 있는 거야, 다. 그러니 이 세상 모든 거를 그렇게 근본으로 돌아가게 만들어 놨는데 옛날이나 지금이나 그러한 도리를 알아서 천문학을 아느니 뭐, 천체물리학을 아느니 해도, 아무리 안다 하더라도 거기에 따라갈 수가 없어. 내가 비유해서 이름을 팩시밀리니 뭐니, 하도 딱해서 그렇게 얘길 한 거지, 그게 따라갈 수 있는 건가.

그러니까 그것은 무심 도리에서 무심도법으로서 하는 얘기고 일이지. 그렇게 되는 것처럼 무한의 그 길이다, 이것이. 지금 내가 이름 불러서 하는 것은 이름일 뿐이지 그거는 한계가 있는 거지만 이 광대무변한, 한계가 없는 이런 도리는 바로 우리가, 이 우주 전체가 한데 합쳐서 불바퀴 돌아가듯 하다. 그러면 그 불바퀴 돌아가는 에너지가 그 뒷면의 법바퀴하고 꿰여서 같이 돌아가고 있단 얘기야. 떨어진 게 아니거든. 불바퀴, 법바퀴가 같이 꿰여서 돌아가는데 거기서는, 불바퀴엔 닿기만 하면 그냥, 전부 한데 그냥 융합이 돼 버리고 말아 버려. 녹아 버리고 타 버리고 이렇게 해서 다…. 우리 사는 것도 그래. 별성도 물질이 있는 거기 때문에 그렇게 한계가 있다는 얘기야. 그런데 한계가 없어, 보면. 모두가 움죽거리면서, 옷을 벗고 움죽거리는 대로, 즉 말하자면 에너지가, 그 능력이 그러니까 전부 배출이 돼서, 이 불바퀴에 배출이 되고 불바퀴에서 법바퀴로 연결되면서 별성을 소생시키고 아, 이러는데, 그게 무슨 영원한 게 아니냐 이거야. 그래서 불바퀴 뒷면에는 반드시 영원한 밝음이 있다는 사실을 알아야 된다.

그러니까 바깥에만 그런 게 아니라 우리부터 그 뒤 너머에 그렇게 있다는 사실, 우리 깊숙한 속에 있다는 거, 여기 통로밖에 없다 이거야. 인간의 그 마음 깊숙한 속밖에는, 그 뒷면의 모두를 알 수 있는 것은 여기 통로밖엔 없다 이거야. 그러니까 누구든지, 뭐, 중이든지 중이 아니든지 꼭 필연적으로 알고 가야 될 문제지. 과제라고, 이게.

그래서 예를 들어서 그쪽에서, 그런 쪽에서 이 실상이, 저 실체가 없다는 걸 알고선 넘어왔다 넘어갔다 하는 그런 사람, 바로 외계인이라고 그러죠. 넘어오면 그건 자유자재니까. 보일 수도 있고 안 보일 수도 있고 그거야 자유자재 아니냐 이거야. 그래서 그 자유자재권을 얻기 위해서 이 공불 하지 않느냐 이거야. 이거 무슨 뭐, 누구누구를 위해서 하는 게 아니란 얘기야. 알고 보면 필연적으로 이건 각자 알고 넘어가야 되는 문제지.

우리도 그래. 우리를 가만히 생각해 봐요. 남한테 얘기할 수 없는 요만한 거까지 이루 말할 수가 없이 닥쳐오는 걸 굴리고 돌아가잖아. 그걸 어떻게 말로 다 해. 근데 우리도 그런가 하면, 우리 혹성도 그런가 하면 다 그래. 태양계도 그렇고 다 그래. 그렇기 때문에 이 불바퀴가, 소용돌이가 속이 비었단 얘기야. 그리고 너무 빨리 돌아가기 때문에 이렇게 보이지 않잖아. 여기 있어도 보이지 않잖아. 전체가 그렇게 돌아가는데. 그리고 별성도 하나가 생기려면 하나가 생기고 새끼를 더 쳐서 많이 생기려면 많이 생기고, 그것도 거기에 따라서 삼합이 맞아서 사합, 오합, 육합, 칠합이 결정적으로 맞아야 그것이 되기 때문이지. 질서 정연하게 가기 위해서. 왜냐하면 하나만 조금 저거 해도 이게 걸리니까.

그러니 지금 이 세 단계를 넘지 못한 영혼들이, 지금 여기에서 돌아가는 대로 그냥 끄달리면서, 그냥 그 아픔을 견디지 못하고 돌아가는 영체가 얼마나 많으며 지금 우리 인간들의 이 몸이 물체라고 본다면 얼마나 괴로우냐 이거야. 물체다 한다면 괴로운 거지. 물질 아니고는 모르지만 물질이다 하면 괴로운 건데 아, 이거는 죽어서도 자기가, 그 실체가 그대로 실체인 줄 알고, 그냥 체가 있는 줄 알고 불에도 못 들어가고 물에도 못 들어가고 건너가지도 못하고 온통 그러니까 기독교에서도 "요단강 건너가 만나리." 그러고 불교에서는 "아제 아제 바라 아제" 그러고. 건너갈 건 뭐 있고 건너올 건 뭐 있어? 가던 길, 한번 마음으로 내가 가겠다 하면 가는 거고 오겠다 하면 오는 거지. 온다 간다 말 없이 그대로 실천을 하는 것이 그게 궁행이다.

그런데 뭐, 아니, 꼭 무슨 여기 내가 있어서, 또는 여기가 절이 돼서, 부처님이 계셔서 부처님을 믿으러 다닌다고? 천만의 말씀. 누구든지 여기 들어올 때 "스님, 건강하신가 이렇게 뵈러 왔습니다." 그러지마는 날 보러 온 게 아냐. 자기를 보러 온 거지. 그렇기 때문에 나는 누구한테 그렇게 기대는 것도 없이 나 아님이 없다는 거를 난 알고 있어. 그렇기 때문에 자비하고 사랑을 진짜 할 수 있는 그런 마음이 있는 거지. 만약에 거기다 기대고 그랬다가 빼뜨러지고, 빼뜨러졌다가 또 금을 긋고 온통 이렇게 하는 거는, 그거는 어쩔 수가 없어. 내가 태양이라 할지라도 볕 쐬기 싫으면 들어가고 쐬고 싶으면 나오고, 볕을 쐐서 말려야만 되겠다 할 땐 내다 말리고, 이건 말려서 되지 않을 거다 하면 들어가고, 이것이 사람 구실이라 이 소리야.

그러니 뭐 이러고저러고, 이거를 이럭하라 할 수도 없고 저럭하라고 할 수도 없는 거지. 알아서들 하는 거지, 그거 어떻게 해, 응? 그걸 공부하는 사람으로서 듣는다면 얼마나 귀중해. "그냥 천야만야한 낭떠러지에 떨어져 가지고 그 건덩건덩하는 소나무, 그걸 붙잡고 있는데 떨어지면 즉사하고 움죽거리면 그냥 빠질 테니 이거를 어떻게 하면 나올 수 있는고?" 하고선 물었다고 말이야. 그뿐이야? 모든 것이 다, 그런 것도 일리가 있어서 물었다고. 글쎄, 실체가 없다는 것만 알면 될 텐데, 이거는 공해서, 이건 시키는 대로 하는 종이니까, 그 주인이 시키는 대로 하고 돌아다니는 거지 아무것도 아니라고 그랬거든. 그 아무것도 아닌 속에 그렇게 시킬 수 있는 바로 주인이 있다는 거야. 주인이 있기 땜에 그 주인 뒷면에는 영원한 밝음이 있다 이러는 거지.

지금 제일 어려운 문제가, 나를 깨달아 가지고 있는 사람들에게 어떤 사람은 거기서 시키는 대로 해서 그냥 노예가 돼 가지고 '물을 먹어라. 저 물 갖다 먹는 것이 제일이야.' 이러면 그냥 갖다 먹는 거지. 그게 바로 정신 노예거든. 저걸 갖다 먹으라고 하더라도 아, 내가 노예로 그냥 마구 행동을 하는지 그걸 보느라고 그러는 걸 모르고 그냥 막 행동을 하는 거야. 그러니 서산 대사가 양쪽에 발을 딛고서 "내가 나가겠느냐, 들어가겠느냐?" 하고 되물었죠. "새를 놔 주겠습니까, 안 놔 주겠습니까?" 하니까 자기도 그럭한 거지. 누구한테 물어볼 거야? 그건 제 맘에 달렸잖아. 근데 제 맘에 달렸다는 그 말 한마디가…. 그럼 여러분은 도둑질을 하고 싶어도 그냥 제 마음대로 하는 거니까 그게 법이라고 생각하느냐. 이게 아니기 때문에, 인간은 그걸 알기 때문에 그건 생략하고 들어간다 이걸 말하는 거야.

나만 말할 게 아니에요. 이제 난 옥수수나 먹을 테니까 얘기들 좀 하세요. 그동안들 어떻게…. 이젠 내 차렌 지났어요. 그리고 지금 생각 나는 게 있는데요, 난 그렇게 생각해요. 이때 죽든지 이 시간에 죽든지 내일 죽든지, 내 식구가 내일 죽든지 이때 죽든지 그런 것에도 끄달리지 않는 마음이 있어요. 그냥 아예, 그냥 무조건 그렇게 돼 있어요. 그렇게 아예 그냥 이판사판으로 놔 버린 그 자체가 바로 그 능력을 좌우해요. 그렇다고 해서 '내가 부처가 되겠다' 이런 마음을 갖지 말고 말보다도 실천을 하는 데 목적을 둬야죠. 내 힘 닿는 데까지 말입니다. 내가 힘 안 닿는 것까지 그냥 올라가려고 애를 쓸 필요도 없고 힘닿는 데까지 열심히…. 난 그렇게 이날까지 모자라게 살아왔으니까요.

그래서 그런 소용돌이에 비행기나 사람이나 이런 것이 실종되는 이유가 어디 있느냐. 바로 그런 소용돌이 속으로 들어갔다, 그 입으로 들어만 갔다 하면 그냥 실체가 모두 없어지는 거죠. 알고 보면 깎아지른 벼랑에 서서 우리가 걷는 형국이에요. 근데 그거를 허, 어떤 게 되든지, 또 이 몸이 없어지든지 가루가 되든지, 촌챙이가 되든지 껍데기가 되든지, 뭐가 되든지 안 되든지 그걸 상관 안 한다면 그까짓 것 뭐…. 단 하나, 나는 언제든지 남과 모든 사람들한테 누가 되지 않게, 해롭지 않게 할 수 있는 마음을 영원히 갖겠다는 그 다짐 하나, 그 다짐 하나 가지면 그뿐이지 뭘 가질 게 있어요? 그 다짐도 완전하다면 본래 끼워 놨기 때문에 끼워 놓은 자체도 없이 영원한 거죠.

그래서 어디서 나를, 보이지 않는 데서 훼방을 놓으면요, 이게 되는 일이 없고 그냥 막, 남한테 원성을 듣고 그래요. 그게 마가 들어서 그렇거든. 그것도 자기의 채찍이라고 봐야죠. 그럴 때는 미리, 미리 그렇게 하지 않게 둘이 아니게 그냥 딱 해 놓든지 정히 못되게 구는 사람은 딱 쳐 놓고는 일을 하든지 그래야죠. 이런 살아 있는 사람들이나 마찬가지예요. 그래야 결론을 지어서…. 또 그렇다고 해서 아무렇게나 그냥 막는 게 아니라, 이렇게 뭐, 나빠서 막는 게 아니라 요런 일에는 왜, 선무당이 사람 죽인다고 그러죠. 막 공부하는 사람들이 그 한생각을 내는데, 좀 언짢은 일을 당하게끔 이렇게 하는 수도 있어요. 그렇기 때문에 그러한 거를 생각해서 잘 이렇게 맞춰서 그런 일에는 '이건 이렇게 해선 안 되겠다.' 하고 딱 막고선 일을 하는 겁니다. 왜 저, 뭡니까. 병원에서 수술하러 들어갈 때에 제삼자들은 딱 금지하고 수술을 하죠? 수술을 할 때 이 사람 저 사람 들여놓고 하지 않죠? 그렇듯이 무슨 일을 하려면 누가 나쁘고 좋고 간에 일을 하는 데 방해자가 없어야 되니까요. 그래서 손을 폈다가 쥐었다 폈다 할 줄 알아야 된다. 그것이 줄창 그런 게 아니라 때에 따라서, 때에 따라서 내가 나가려면 나가고 들어오려면 들어올 수 있는 그런, 아무 데나 그거를 마구 저거 하다가 걸리면, 다리가 걸리면 상당히 또 언짢으니까 누구든지 그걸 잘 봐서 겉으로나 안으로나, 이 물질세계나 마음세계나 똑같이 저울이 항상 이렇게 바란스가 맞아야 되겠죠.

아, 질문 안 해요? 아니, 내가 질문할까요? 고양이가 쥐를 쫓습니까, 쥐가 고양이를 쫓습니까? 뭐, 아주 그냥 우리가 평상시에 이렇게 할 수 있는 얘긴데요, 어디든지 그게 다 맞는 거예요. 체가 있는 걸로 생각을 하고 물질적으로 생각을 한다면 영 그건 맞질 않아요. (잠시 사이) 왜 잠자코 있어요? 아, 나 없을 땐 그렇게 말들 잘하더니 왜 말 한마디 없어? 안 그래요? 하하하.

만약에 딴 스님네들이 한마음선원 법사라고 그렇게 묻는다면 어떡하려고 그래요? 허허허…. 그것도, 대답하는 것도 세 가지 요건이 있지. 하나는 어디서 왔느냐의 대답이 아래로 돌아가고, 하나는 중간으로 돌아가서 먹는 걸로 돌아가고, 하나는 치는 걸로 돌아가, 소리 내는 걸로. 말로는 그저 또 동등한 입장도 되고 말로 할 수 있는 도리도 돌아가고.

(선풍기를 켜자) 아니, 아냐. 켜지 마. 더운 게 낫지. 어저께 스님네들 이렇게 앉아서 거기 마주치는 그 바람에 대번 기침을 하더니 그냥 감기가 들더라고. 나는 본래 그렇게 돼 있어서 저거 안 틀어. 난 외

려 땀이 나는 게 나아요, 자연적 현상처럼 더우면 더운 대로.

옛날에 어떤 짓궂은 사람이 그랬대요. 아, 가서 "부처님은 어디 계십니까?" 그러고 조아리니까 이 스님이 아마 처처에 모두가 부처라고 그랬던 모양이죠. 그러니까 하는 말이 "아, 처처에 불이라면 여기도 있군요." 그러고는 그냥 그 스님의 머리통 있죠? 허허, 머리통을 그냥 얼마나 콱 쳤던지, 치면서 "어쩔 수 없습니다." 하고선 나중에는 합장배례를 하더라는 셈으로 한번 되게 맞으면, 그것도 마음먹고 치면 그렇다 이 소리지. 얼마나 중들끼리도 얄밉게 굴었으면 그런 핑계를 대고 후려갈겼겠어, 글쎄. 전부 부처니까 둘이 아닌 까닭에 두두물물이라 이거지. 그러니까 "그런 속에, 둘이 아닌 까닭에 이런 것도 있습니다." 그러곤 그냥 얼마나 후렸는지 이만한 혹이 나왔대요. 그렇게 혼나고는 누가 와서, 객중이 와서 물으면 아무 말 안 했대요, 그 뒤로. 그냥 죽비만 이렇게 들어서 놓고는 말을 안 했대요. 그런 얘기도 들었다고.

그랬듯이 우리가 그 가운데 뭐가 있는 것도 아니고 없는 것도 아니고 글쎄, 있다고 할 수도 없고 없다고 할 수도 없으니까 그렇게 말씀하는 거는 당연하지. 그렇지만 그 당시에는 벌써 말이 금해지고 있잖아. 그래 가지고는 아무 소리 없이 그냥 따귀를 옥동같이 붙이기도 하고, 예전에는 그랬대요. "부처님이 어디 계십니까?" 하니까 뭐, 아무 짓도 안 하고 아무 말도 없이 그냥 묻는 놈의 뺨싸대기를 한번 갈기는 거죠. 그게 그냥 갈겨서 갈기는 게 아니라 뜻이 말로는 할 수 없는 그런 단계가 됐을 때 "부처님 법이 어디 있습니까?" 하면 아무 말 없이 그냥, 그 자리에 뭐가 놓여 있으면 그냥 집어 먹듯이, 그 자리에 뭐가 있으면 탁 쳐서 놓든지 그냥 버리든지, 무슨 수가 있어야 뭐, 판결이 나죠.

그런데 모두가, 모두 잘 배워서 도인들이 딱 돼 가지고, 아마 쥐도 없고 고양이도 없었던 모양이죠? 그러니까 이렇게 말이 없지. 허허허…. 그 뒷마무리가 있어. 그것도 없고 그것도 없다면 항상 보림이 있듯이, 회향이 있듯이 그 뒷마무리가 있다고. 본래 마무리가 없는 거기 때문에 마무리가 필요하다. 우물쭈물하다가는 자전거에 치인다고. 그렇기 때문에 얻다가 붙여도, 체가 없는 말이라면 어디다가 붙여도 다 맞아. 체가 없으니까.

뭐, 듣고만 있고, 모두 부처님들이시니 내려가 보시구랴. 대답도 안 하고 말도 안 하고…. 사실은 있다 죽어도 그렇고, 조금 더 있다 죽어도 그렇고 지금 죽어도 그렇고 죽는 게 죽는 게 아니더라고. 그 헌 옷, 찌들고 그런 거 그냥 벗어 버리고 새 옷 입으면 참 좋을 텐데 구태여 그냥 울고 짜고 원통해서 애를 쓸 필요도 없겠더라고. 그런데 뭘 그래? 그리고 또 아예 세 단계를, 세 단계 아닌 세 단계를 넘어서 저 불바퀴 뒤 너머에 보면 영원한 밝음이 있으니 그거야말로 먹겠다, 입겠다, 집을 짓고 살겠다 이런다면 그거는 벌써 고통이야, 물질이라 하면. 내가 물질이 되려고 '아, 내가 이렇게 해야겠다.' 그러면 그냥 그렇게 되고 '아, 이거 가져야겠다.' 그러면 이렇게 갖고 '내 정원을 만들겠다.' 그러면 정원이 만들어지고 아, 이런 삶을 그냥 살면 편리하지 않아? 이렇게 한축 고통받고 살다가 그런 데서 한 철 난다면 얼마나 좋겠어. 한 철 나고서는 또 이런 데 나와서 좀 저거 하려면, '난 모습을 가지고 뭘 좀 해야겠다.' 그런다면 또 나오고. 아, 자유인이란 그런 게 자유인이라고. 구지비끼리도 없어. 잘만 알면, 자유스럽게. 여북하면 저승 천자, 이승 천자라고 했겠나. 말로 따지고 보면 그렇지. 저승 천자, 이승 천자 동시에 가진 게 바로 부처님 골수야. 아니 현실로도 우리가, 지금 이 진리가 그렇게 모습이 돼 있다니까, 다. 없는 걸 말하는 게 아니라 있는 거라고, 그냥. 근데 이름을 몰라서 지금 이것저것 끌어다 대고 있지만, 나오는 대로, 할 수 없지, 뭐. 그래서 나는 몰라서 이름을 이렇게 대더라도 댁들은 알고 하라고. 진리는 똑같으니까.

내가 할 줄 모르는 말을 이렇게 이날까지 해 왔지만 사실 따지고 보면 말하는 대로 줄줄줄줄 나가서 없어져 버린다고, 응? 그냥 이렇게 말하는 대로 없어져 버려. 그리고 어떤 때는 말하는 대로 전파가 그리로 들어가질 않아서 되와서는 없어진다고. 이럴 때는, 하기 싫을 때는 괜한 말이 그냥 자꾸 나가. 그런 때가 있어.

우린 필연적으로 이걸 알아야 하고 자식들도 꼭…, 여러분이 이런 인연을 만나기가 상당히 어려워. 그러니 꼭 자식들도 댁들이 공부할 때 가르치라고. 그리고 하나하나 챙겨 뒀다가 자식들이 보고 싶을 때 보고, 대대로 내려가면서 보게끔 이런 것도 한 가지씩 이렇게 차곡차곡 뒀다가, 보고 싶을 때 볼 수 있는 그런 계길 만들어 주는 게 좋아요. 우리 몸뚱이가 잘나고 못나고, 크고 작고 이걸 떠나서 해야만이 불과 얼마 안 있다가 그냥 그 물질을 다 바꾼다고. 이게 진화야. 물질만 바꾸는 게 아니고 마음도 전부 바꿔지는 거니까.

내가 이 부처님 법에 조금이라도 오차가 있고 저거 한다면 미국에서 돈 주는 거를 다 끌고 이리로 오고 그랬을 거야, 아마. 내가 거기다가 몇만 불씩 그렇게 집 사라고 딱 그냥 주고 이렇게 오지 않아, 못 믿어서. 어떻게 그렇게 맡겨, 못 믿어서. 그러나 나는 에유, 그게 없어지든 있어지든 그건 그 사람의 상황이고, 그럴 때에 똑바로 봐서 '너는 그러지 못할 사람이 아니겠느냐.' 이러고 그거 편안하게 살지 그거를…. 만약에 그렇다 할지라도 나는 그냥 그렇게 살아나가는 게 좋아.

오늘도 어떤 사람이 그러더군. 십만 불을 어떻게 그렇게 다 내주느냐고. 우리 스님네들도 아닌데. 우리 스님이든 우리 스님이 아니든 우리 스님이야. 우리 스님이라고. 그러니까 사람이 열쇠를 맡길 때에 도둑질을 못하는 법이지. 그렇잖아?

거기 법이 바뀌어서요, 여태 절을 찾지를 못했대요. 기독교나 가톨릭교도 전부 다른 데로 나가야 된대요, 변두리로, 종교는. 그래서 시내에서 30분 거리 정도로 이렇게 나가는 데로, 아주 거기 가운데다 하지 않고 30분 정도 나가는 데로 정망하고 있습니다.

가 봐요, 인제. 나가서 편안히 좀 앉아 있고.

남자란 참, 여자보다 나은 게 남자죠. 아니라고? 그래도 단계가 일 단계가 높아. 어떤 땐 내가 그러지. 누가 "아유, 여자가 남자보다 못한 게 뭐 있어? 그런데 나를 갖다가…." 이러고 싸움을 하고 들어와서 찍찍거리고 울고 그러면 "이거 봐! 애당초에 당신이 여자 모습으로 나온 탓이지 누구 탓이냔 말이야. 여자 모습으로 나왔으니까 어쩔 수 없잖아? 그렇지?" 근데 남자나 여자나 다 마찬가지야. 남자는 나가서 그렇게 해 가지고는 머슴처럼 벌어다가 주잖아, 또. 그럼 안에서는 또…. 그럼 안팎이 다 머슴이지, 뭐. 식모, 머슴. 그렇게 생각하면 편안할 거를 그냥 남자들만 편안한 줄 알고 그렇게 생각을 하니까 울고 찢고 야단들이지. 아, 중도 사는데 글쎄, 몇날 며칠 안 들어오면 어떻고 가면 어때? 외려 그냥 편안할 텐데 아유, 그게 아닌가 봐, 모두.

가요, 인제. 잘들 살아요. 그리고 잘들 해 나가요.

내 마음의 문을 열어 준다면

본원 신행회 회장단 · 법사단 법회

1991년 7월 24일

신도 교육이 뭐, 따로 있나요? 모두 이끌어 가는 데에 여러분이 어떻게 가르쳐야만이, 어떻게 이끌어 가야만이 잘 이끌어 갈 수 있는지, 모든 사람들이 맛있게 먹고 소화를 잘 시킬 수 있는지, 그거를 여러분이 연구하시고 그래야 되지 않을까 생각합니다. 일일이 가르쳐서 하는 것은 중요하지가 않으니까요. 때에 따라서는 듣기도 하고 물론 서로 토론도 해야 하지만 그럭하고 난 뒤에는 여러분이 실천과 실행을 해야만 되는 것이기 때문에 일일이 각중에 닥쳐오는 일들을 여러분이 지혜롭게 해 나가셔야지, 이거를 내가 말 한마디 이렇게 한다 그래서 그걸 따라서 그 한마디만 한다면 나중에 또 붙어 돌아가는 건 어떻게 하겠습니까.

그러니 여러분이 다 잘 이끌어 갈 수 있는 그 마음이 있습니다. 이 몸 안에 들어 있는 모든 마음들을 다스려서 나갈 수 있는 인간의 마음. 내 속에 들어 있는 의식들은 인간의 마음이 아닙니다. 인간이 됐을 때의 마음, 다스릴 수 있는 마음. 이것이 바로 인간의 마음이며, 그 인간의 마음이 내 몸속에 들어 있는 영혼들의 그 모든 의식들을, 그저 이리 쿵 저리 쿵, 나쁘게나 좋게나 그냥 나오게 해서 이끌고 가는 그놈들을 전부 다스려야 된다 이거죠. 여러분이 그렇게 못 다스리면 그 밑의 사람들을 어떻게 다스리며 처음 오는 사람들을 어떻게 가르칠 수 있겠습니까? 그렇기 때문에 자기네들이 실천궁행해 봐야만이 알 수 있는 거고, 실험을 통해서 체험을 해 봐야 선선히 말을 할 수가 있는 겁니다.

언제나 내가 나라고 하지 말라고 한 것은, 평상시에 내가 나라고 하는 사람이 어디 따로 있겠습니까. 만약에 그 다스리는 마음이 부처라면 다스림을 받는 그 숫자는 얼마나 많겠습니까? 그러니 그 속에서, 그 다스리는 마음으로 마음을 쓴다면 사람의 마음은 감각적으로나 시각적으로 운동을 하는 것을 다스릴 수 있는 마음이기 때문에 항상 그 마음으로, 나쁜 것이 나올 때도 '아, 거기서 나쁜 것이 나올 수도 있고 좋은 것이 나올 수도 있으니까 나쁜 것이 나왔으면 좋은 것도 나올 수 있는 것이 바로 거기다.' 이렇게 놓고 체험을 하고 그렇게 가야 됩니다. 그게 다스리는 겁니다. 나쁜 마음이 생기는 거를 그냥 총알같이 나쁜 말을 하고, 총알같이 화를 내고 총알같이 그냥 표현하고 이럭해서는 도대체 눈 파란 납자들, 즉 말하자면 머릴 깎았든 안 깎았든 그건 공부하는 태도가 아니라고 봅니다.

모두가 내 가정에서부터, 실생활 속에서 그렇게 실행을 해 봐야 됩니다. 실천을 해 보고 또는 만났을 때 만남에 따라서 실천을 하고. 미운 사람도 있고 고운 사람도 있겠죠? 또 얄밉게 하는 사람도 있습니다. 그러나 그거에 상관없이 여기다 다 맡기세요. 그쪽도 그, 얄밉게만 하는 게 아니라 그것이 바뀌질 수 있고, 그것도 고정됨이 없으니까 좋게도 될 수 있고 나쁘게도 될 수 있고, 얄밉게도 할 수 있고 얄밉지 않게도 할 수 있는 그러한 재료를 자기네들이 가지고 있으니까 그 마음에 달려 있단 말입니다. 모두가 다스리는 마음에 달려 있으니 그저 거기다가 맡겨 놓고, 옆의 사람도 둘로 보지 말고 나쁜 사람도 둘로 보지 말고…. 그럼 둘로 보지 않으면 속상해서 어떻게 하느냐고 하겠지만 둘로 보지 않는 동시에 내 마음은 상관없어요. 그 사람이 둘로 보고 바깥으로 끄달리는 건 그 사람 사정이지 내 사정이 아니란 말입니다, 각자. 그러니까 그쪽에다가 왜 그럭하느냐 마느냐 하는 건 가르치는 게 아니에요. 그것은 그것대로 참작해서 듣고 참작해서 보고 거기다가 놓는 겁니다. 거기에다 맡기고 '저 사람도 모두가 몰랐을 때 내 모습 같으니 저러지 않게 하는 것도 당신밖에 없겠지.' 하는 마음으로 거기 놓을 수 있다면 그 사람이 바로 또 달라져. 회개를 하게 되고.

그러니까 가르치는 그 사람들이 폭이 넓고 지혜롭고 자비하고, 내 아픔같이 생각하고 내 모습같이 생각하고…, 모자라든 자라든. 그래서 여북하면 예전에 한암 스님이 그런 말씀을 하셨겠어. "네 그릇이 크다면 내 그릇도 클 거고 네가 바다라면 나도 바다일 것이다." 그러니까 작으면 작은 대로 하나가 돼 주란 말이야. 모든 것에 분별없고 다스리지 못하는 사람이 만약에 있다면 폭이 작게, 그 그릇에 맞게 아주 그렇게 해서 음식을 담아 주면 맛있게 먹을 수 있잖아. 그와 같이 그 본인에 맞게 이렇게 방편을 들이대서 요렇게 해서 잘 이끌어 갈 수 있는, 그릇대로 해 나갈 수 있는 그런 폭넓은 여러분이 돼야 되지 않을까 이렇게 생각합니다.

우리가 크든 작든 모든 게, 하나도 버릴 게 없다는 그 점을 아셔야 되겠죠. 예전에 이러한 말을 했죠. "모든 걸 다 주인공에 맡겨 놓고 그렇게 가거라. 이 모든 물질은 허망하다. 모든 게, 하고 있는 게 전부 허망하지마는 그 허망한 속에 진실이 있다. 그 허망한 속에 참나가 있다. 그 허망한 속에 참법이 있다. 불가사의한 법도 거기 있고 묘법도 거기 있고 광대무변한 법도 거기 있다." 그러니까 그저 크면 큰 대로 거기 하나가 돼 주고 작으면 작은 대로 하나가 돼 주고, 아주 티끌같이 이렇게 쪼끄맣고 바늘구멍 하나 들어갈 수 없는 이런 마음이다 할지라도 거기 한마음이 돼서 자꾸 녹여 주면 점점점점 벌어져서 큰, 그냥 문 없는 문이 돼 버리고 말아요.

그러니까 모두에게 가르치는 게 너그럽고 좀 폭넓게, 좀 자비하게, 옹졸하게 그렇게 가르치지 말고 너와 나와 둘이 아닌 도리만 알면, 크든 작든 둘이 아니라고만 한다면…, 아까 내가 얘기했듯이 여러분이 살림하는 데 큰 그릇도 있고 작은 그릇도 있죠. 아주 때가 많이 낀 건 큰 그릇에다 넣고 빨래를 하듯이, 요새는 뭐, 빨래하는 빨래통이 뭔가, 그거?

대중 가운데서 세탁기.

큰스님 응. 세탁기가 있기 때문에 그냥 넣기만 하면 돌려 내죠. 그러니까 세탁기에 넣어서 돌려 내듯이, 이렇게 가리기만 해서 파란 거, 빨간 거, 흰 거 요것만 가려서 그냥 거기다, 통에다 다 넣으란 말이야. 그러면 그것이 자동적으로, 지금 세탁기처럼 그런 게 아니고 빨간 거고 파란 거고 다 한 구덩이에다, 한 세탁기에다 넣으면 그 세탁기에서 파란 건 파란 것대로, 빨간 건 빨간 것대로, 흰 건 흰 것대로 자동적으로 가서 물 안 들고 아주 잘 빨아 주거든. 그러니까 그 자동적인 세탁기에 모든 것을 다, 어떤 거든지 거기 넣고 시험을 할 수 있는 그러한 태도들이 있어야 된다. 그러니까 종지도 버릴 게 없다. 종지도 때에 따라서는 종지대로 쓸모가 있고 사발은 사발대로 쓸모가 있고 대접은 대접대로 쓸모가 있고, 모두가 하나도 버릴 게 없는 거라.

이 세상에 살면서 말이오, 난 지금도 그런 생각이 들어요. 뭐 악착같이 그렇게 야단들을 할까. 허, 참 나, 기가 막혀. 인생 사는 길이 그러하지 뭘 그렇게 악착같이 그래 가지고는 오히려 그냥 자기가 누더기를 쓰게 되고…. 너무 악착같이 그냥 발버둥이 칠 게 없다 이거야. 왜냐하면, 이걸로 비유합시다. 아무리 우리가 나이를 안 먹겠다고, 안 늙겠다고 해도 늙어지는 거고, 아무리 내가 늙어지겠다 하더라도 젊어진 건 젊어진 거대로 그대로 있어. 그러니 악착같이 그런다고 해서 늙은 게 젊고 젊은 게 늙나. 그러니까 늙어 가는 대로 늙어 가며 젊어진 대로 그냥 살고 애는 애대로 살고, 이렇게 그냥 자동적으로, 이렇게 돌아가는 대로, 시대가 흐르는 대로 살아. 시대라는 말도 어디 있어? 그냥 그것도 이름이지. 그러니까 그냥 흘러가면서, 흘러 돌면서 그대로, 그대로 한 발 한 발, 아니 열 발을 떼면 뭘 합니까. 열 발 떼려다 한 발도 못 떼. 그러니까 열 발을 떼려고 생각하지 말고 한 발 한 발 정식으로 이렇게 떼어 가라 이거야.

그러니까 모든 것이 그렇게 순조로워야 하고 너그러워야 합니다. 이 마음이 조급하면 안 돼요. 지금 강조하지만 여러분 속에 수많은 생명의 인과로서, 업으로서 악업 선업이 되어 그 작업들을 한다고요. 수없이 여러분이, 타의에서 조금만 이렇게 해도 신경이 건드려지고 화를 일으키게 됩니다. 그것도 인연줄이거든, 다. 과거 인연, 현재 인연이거든. 인연들이 만나서 과거의 인연들이 또 엉겨 가지고 그림자처럼 따라다니면서 불끈불끈 나오게 하질 않나, 현재 인연들이 와서는 또 불끈불끈 일어나게 안 하나. 이게 양면에서 다 그러니까 양면을 커버하고 갈 수 있는 내 그 다스리는 마음이 모든 것을 거기에다가 놓을 수 있어야 합니다. 그래서 거기서 화가 불끈 나면 한번 거기 넣어서 굴려서 부드럽게 내놔라 이거야, 응?

이것이 여기서 솟구친다고 해서 쏜살같이 그 놈의 말을 뱉어 낸다면 벌써 상 찌부러지지, 말 험하게 나오지, 험한 행동을 하지, 이 속에서도 그걸 따라서 같이 또 서둘지. 그러니 좋을 게 뭐 있어? 그것이 바로 업보요, 그것이 바로 인과요, 그것이 바로 "요단강 건너가 만나리." 할 때 강을 못 건너게 하는 그런 작용이라고. "아제아제 바라아제 바라승아제. 저 강을 건너서 우리 만납시다. 같이같이 우리 손에 손을 잡고 같이 만납시다, 거기 가서." 이런다 할지라도 말로만 그러지, 아니, 거길 건너가지 못하는데 어떻게 해? 모두 마음들을 좁게 쓰고 물질로서 의식이 꽉 들어찼으니 어떻게 자기가 그냥 공했다는 걸, 그, 죽어서도 공했단 걸 알겠소? 살아서 공한 거를 알아야지 죽고 나서 무슨 공한 걸 알겠소? 내 몸체가 그냥 있는 줄 알고 물에 빠져 죽을까 봐 배를 기다리고 있는 그런 형태가 된다면 그 영혼은 거기를 건너갈 수도 없거니와, 아무리 '아제아제 바라아제 바라승아제'를 불렀다 할지라도 그 강을 못 건너간다면 여러분은 그냥 이쪽에서 쉴 새 없이 돌아치고 고에서 벗어나지 못하게 되는 거죠. 자기만 그런 게 아니죠. 자기가 다스리지 못하고 마음들이 그렇다면 이 속에 들어 있는 마음들은 하나도 건지지 못하고 도로 도로묵이 돼 가지고 거기 그냥 있는 거지, 뭐. 그러니 그림자처럼 따라다니는 게 다 그냥 거기에 뭉쳐 가지곤 거기 기다리고 섰으니 어떡하겠소. 우리가 짚고 넘어가야 될 일이 바로 그건데.

이제 덥지 않으니 저거 좀 꺼요. 전기만 많이 돌아가는데. 애국자가 돼서 그런 건 아니야. 당장 우리도 그런 바람을 많이 쐬면, 여자들이란 더 해요. 어린애를 낳고 그랬기 때문에 자연 바람이 시원하지, 강제적으로 강요해서 바람 부는 거는 벌써 뼈 속으로 들어가게 돼 있거든. 그렇기 때문에 산후풍이라든가 풍기가 많이 일어나게 되고 그러니까 끄란 얘기지. 그 모든 살림살이하는 데 다 그래요.

그래서 내가 조금 밑지더라도 남을 이익하게 하는 마음, 항상 이익하게 말하고 여기서 막 욕을 하더라도 이쪽에 가서는 "아유, 그것 참 당신을 아주 칭찬합디다." 이렇게 하고, 또 저쪽에 가서는 "아유, 당신을 정말 칭찬합디다. '우리가 같이같이 한마음으로서, 이렇게 도반으로서 일을 해 나가야지.' 그럽디다." 하고 이렇게 좋게 말을 자꾸자꾸 연결해 주는 것이, 물론 그것을 잘못이라고 누가 말을 하더라도, 그저 조금 해로운 소릴 듣더라도 남을 이익하게만 한다면 그게 바로 공덕이요, 그게 바로 선자요, 그것이 바로 보살이 아닐까요?

나만 이렇게 얘기하게 하지 말고 우리가 모두 회장으로나 포교사로나 여러 가지로 이렇게 해 나가는데 어떤 어려운 점이 있었다거나…, 지금 누구에게나 이것이 다 공부이고 수련이지만 가다 보면, 자기가 다 알고 가는데도 정작 행을 하다 보면 아주 막히는 게 많거든요. 그래서 부처님께서는 자기가 한 발 내려디뎌서 보살로서 수없는 그릇도 돼 보고, 개구리도 돼 보고 뱀도 돼 보고 소도 돼 보고 고양이도 돼 보고, 하다못해 질 뚜껑도 돼 보고 뭐, 아니 돼 본 거 없이, 곤충도 돼 보고 그랬기 때문에, 오간지옥 속에도 들어가고 그렇게 해 봤기 때문에 그 모든 것이, 즉 말하자면 부처님이라고 할 수도 없다. 바로 똥 친 막대기나 마찬가지요, 이거는 누가 와서 똥을 누든지 똥을 씻는 막대기나 마찬가지다 이거야. 그것이 부처란 얘기야. 어느 사람이 똥을 눠도 그거에다 씻죠. 사람뿐만 아니지. 그래서 부처님께서는 모든 것이 돼 봤기 때문에 여러분의, 사생의 심부름꾼이라고 해도 과언이 아니죠. 심부름꾼 노릇을 하는데 육으로 심부름꾼 노릇을 하느냐. 육으로는 말을 해서 가르치되 말한 사이 없이 말을 하면서 가르치죠. 왜냐하면 한마디 하고 한마디가 또 요렇게 돌아갈 땐 한마디 한 건 벌써 없어지니까 한 사이가 없지. 그런 데다가 일일이 응해 주시니 그게 바로 똥 친 막대기나 마찬가지라고.

여러분이 "아유, 지금 우리 형제가 살 길이 없어서 술을 먹고 막 해갈을 하고 다니고 인간 됨됨이가 이렇게 안됐으니 어떡하면 좋습니까." 할 때, 그리고 여기에다가 그냥 맡겨 놓고 "거기서밖에 해결할 수 없습니다. 일체제불도 한마음 속에 계시니까요." 하고 그럴 때 그 부처님의 마음은 한마음이기 때문에 자기 마음이 알고 있는 것은 부처님이 알게 되는 거야. 부처님이 알게 되는 것은 법신이 다 알게 되는 거예요. 법신이 다 알게 되는 것을, 즉 말하자면 보현신이 다 알게 되는 거지. 그러니까 그때 가서는 이렇게 몸이 열 개도 되고 백 개도 되고 이렇게 줄어지고 늘어지는 게 화신이거든. 화신이라. 그 늘리고 줄이고 하는 게 화신이라고 이름을 했고, 보현보살이라고 할 때는 모든 걸 응해 주고 도와주는 것을 보현이라 그랬거든, 행하는 거를. 그랬으니 그게 늘리고 줄이고 하는 작업, 또는 내가 누구를 도와준다 하는 것도 작업인데 도와주는 작업이 다르고 늘리고 줄이는 작업이 다르죠. 그래서 이름이 그렇게 많아요. 늘리고 줄이고 이럴 때는 화신이고, 또 이렇게 도와주고 그럴 때는 보현신이고, 법신은 일체 마음을 다 낼 수 있는 마음이고. 그러니까 '일체를 한다' 그러면, '일체' 하면 그 한마음을 다 생각하는 게 아니고, 요런 건 요런 것대로 생각하고 조런 건 조런 것대로 생각하는 그것이 그렇게 수효가 많으니까 일체라고 한 것뿐이에요. 본다 하더라도 한꺼번에 보는 게 아니고 내가 한꺼번에 보려고 해야 보는 거지. 이거는 한꺼번에 통달하고, 그래서 한꺼번에 통달을 할 때 하나하나 늘리고 줄이고 하는 작업을 하고 도와주는 작업을 하고, 다리를 다치면 깁스해 주는 그 작업을 해야 하고 그렇듯이 여러 가지거든.

개구리가 생각을 할 때 아, 내가 새끼를 낳아 놓고…, 저 올챙이들이죠. 새끼를 낳아 놓고 '저렇게 장마가 들어서 다 떠내려갈 테니 어떡하면 좋은가. 딴 벌레한테 물려 죽으면 어떡하나. 잡아먹히면 어떡하나.' 하고 그냥 개구리가 자식을 위해서 그렇게 염원하고 그럴 때에도 그 개구리가 돼서, 그 개구리 속에 한마음이 돼서, 즉 말하자면 개구리 모습이 아니라 개구리 마음하고 한마음이 돼서 그걸 다 건져 주신다 이거야. 그렇다면 개구리 속에 들어가서 개구리가 되고 돼지가 되고, 그저 말이 되고 소가 되고 새가 되고 이러니 어떤 거 하나 부처님 아니 되는 게 없고, 부처님 손 아닌 게 없다 이거야. 새 손도 부처님 손이요, 새 발도 부처님 발이라 이거야. 부처님 발 아닌 게 하나도 없기 때문에 평발이야, 응? 그러니 부처님 몸이 아닌 게 하나도 없으니 바로 모두가 평등이요, 모두가 부처님 몸이라 이거야. 여러분도 부처님 몸이라 이거야. 그러니 그렇게 부처님 법, 부처님 모습, 모두가 부처님 마음 아닌 게 없고 그렇다면 여러분이 잘 생각해 볼 점이 있지 않으냐.

그러니 여러분이 딴 데서 딴 스님네들하고 만남이 있다 할 때, 기복으로 믿고 그렇게 조잘조잘이, 지금 현실의 물질 의식으로서 조잘이 조잘이 붙여 가지고 갈 때, 웃으면서 너그럽게 말을 한마디 한마디 모가 나지 않고 둥글게 이렇게 남이 듣기 싫지 않게 하는 방식이 있잖아. 남을 깔보고 하는 거라면, 나를 세우고 하는 거라면 벌써 '흥, 니까짓게, 네가 뭘 안다고.' 이렇게 하겠지만 아무것도 모르면 어떻고 알면 어떠냐 이거야. 모르든지 알든지 모르는 사람도 역시 나요, 아는 사람도 나요. 왜? 내가 모르는 그런 과정도 있었거든. 그러니까 그 모르는 것도 내 모습이지 그게 딴 사람인가?

그러니까 하물며 모두가, 개구리도 어미가 자식을 위해서 희생을 하는데, 거미도 자식을 위해서 희생을 하고 저런 어류들도 자식을 위해서 알을 낳아 놓고 희생을 하는데, 사람도 사람을 낳아 놓고 자기가 희생하고 벌어서 먹이고 가르치고 해서 잘못됐다 할지라도, 또 부모를 원망하고 그러더라도 부모는 자식을 원망하지 않아. 그러니까 모두가 부모 노릇 하려면 그렇게 너그러워야 하고 둘로 보지 않아야 된다 이 말입니다.

그리고 아무리 속상한 일이 있더라도 거기에 놓고, 상 찌푸리지 말고 쏜살같이 그냥 답변을 하지 말고 거기에 맡겨 놓고, 화가 나는 일이 생기고 이 안에서 화가 나게 만들고 이래도 화내는 얼굴을 짓지 말고 외려 거꾸로 한번 껄껄 웃어 보라고. 거기다가 다시 맡기고 한번 웃어 보면서 굴리면서 하면, 그때는 어처구니없는 일도 있거든. 그러면 어처구니없는 일이 있을 때에 화를 내지 말라 이거야. 외려 웃어라 이거야. 웃고 '하이, 기가 막혀서!' 하고 웃고서 거기다 맡기곤 다시 굴려서 말하면 아주 부드럽고…, 어처구니없어서 웃었든 기가 막혀서 웃었든 웃어라 이거야. 기가 막혀서 웃었든지 어처구니가 없어서 웃었든지 웃은 건 웃은 거지. 상대방은 그걸 가리지 못해. 그러니까 웃으면서 그걸 돌려서 말을 해 줘라 이거야.

아무리 누가 "나는 이거 공부 안 해도 돼. 이만치 했으면 내가 여기 오지 않아도 된다고. 집에서 해도 되지." 요렇게 한다면 그거는 독불장군이라고 하는 건데, 독불장군이 어떻게 사누, 응? 내가 회사에서 기술을 다 배웠다고 딴 사람하고 어울리지 않고 어떻게 살 수 있느냔 말이야, 자기가 기술이 있다고 그래서. 그러니까 그 기술이 있는 걸 폭을 넓혀서 모두를 다 먹여 살릴 수 있고 모두를 평등하게, 다 같이 살게 할 수 있는 그런 방법으로 한다면 바로 그거와 똑같은 마음씨라, 그 마음씨가. 그런 마음씨를 가지고 모두 이끌어 나갈 수 있는 마음이라면 우리가 더없는 남북통일도 가져올 수 있고 세계 평화를 가져올 수도 있고 또는 세계 평화를 할 수 있는 사람이라면 우주 평화도 할 수 있지. 우주 평화를 할 수 있다면 우리가 직접 저런 혹성에서 살 수도 있고 이런 혹성에도 살 수가 있고, 살 수 없다면 에너지 보급을 다 분배시키고 이렇게 하면 그 에너지가 팽창되지 않고 또는 줄지 않고 모든 게…. 이게 물질 있는 걸 보라고. 이 우주를 봐도 전부 별성도 있고 혹성도 있고 헤아릴 수가 없이 있지 않소. 그게 다 누구냐고? 여러분이라고.

우리 사생 중에, 즉 말하자면 대천세계, 중천세계, 소천세계, 하천세계 이렇게 네 가지로 나누어도 한가지로 볼 때, 이것이 하천세계에서 소천세계로, 소천세계에서 중천세계로, 중천세계에서 대천세계로 돌아서 다시 떨어지는 놈은 또 떨어져서 돌고 이렇게 하는 것이, 별성에도 그런 작업과 운동을 하고 있다고. 우리도 그렇고. 그러니 모든 것이 직결이 돼서 전부 가설이 돼 있고, 가설이 돼 있기 때문에 에너지를 전부 배출한다면 거기에선 또 생산처가 생산을 하고 있고 이렇게 해서 연방 생산을 해내고 거기에 에너지를 배출을 시키고 이래서 돌아가는 이 사연들을, 이 우주 대천세계의 이러한 문제들을, 우리가 물리가 터지지 않고 대물리가 터지지 않는다면 그런 거를 어떻게 하겠소.

그러니까 조그마한, 보이지도 않고 쥘 수도 없고 만질 수도 없는 이 마음이 바로 그 큰 불바퀴하고 결정적으로 직결이 돼 있다. 이 세상의 모두, 조그만 거나 큰 거나 세상만사가 돌아가는 이 자체에 가설이 돼 있다. 그렇기 때문에 우리만 먹는 게 아니라 지수화풍을 바탕으로 해서, 광력 전력 자력 통신력을 바탕으로 해서 그것을 주고, 갖고 주고 갖고 하는 데서 조화를 이루고 돌아가는 거지. 야, 우리가 이렇게 삼합이 합쳐져서 세상을 보고 이렇게 살아왔다, 우리 인간이 됐다, 생산이 됐다 이런 것도 바로 저런 별 세계나 똑같아.

그러니 별이나 어떤 혹성이나, 혹성은 별을 거기다 지니고 한 덩어리로 돼 있는 게 혹성이거든. 우리 인간도 그래. 비유하자면 이 생명들이 수없이 세포를 타고 돌아가는데, 반짝거리고 돌아가는데 그저 어지를 건 어지르고 될 건 되고 그냥 막 돌아가, 지금. 쉴 새 없이 돌아가고 있다고. 그런데 껍데길 벗어 봐. 집이 무너지는 거나 마찬가지죠. 그러나 그 집이 무너지는 반면에 다시 생산이 되는 거야, 새 집이. 그러면 어떤 게 다르다는 거냐. 별성들하고 인간의 마음 별성, 저 우리 인간의 불성하고. 불성하고 별성하고 뭐 다른 거가 있소. 사람의 생명의 근본, 이것도 바로 이름이요, 별이라는 것도 이름이요, 바로 불성이라는 그 자체, '별성' 하는 그 별성도 영원한 생명의 근본이라고. 그거는 죽지 않아. 죽는 게 아냐. 그래서 이 불바퀴, 법바퀴 뒷면에는 영원한 밝음이 있다는 사실을 여러분은 아셔야 된다 이겁니다. 우리들이 이렇게 사는 뒷면에도 바로 그 영원한 세계가 있다는 걸 아셔야 됩니다.

그냥 물질적으로 얽매여 가지고는 아이고, 내가 내 집이 그렇기 때문에 꿈에도…. 이 살아 있을 때에, 우리가 꿈 아닌 생시 때에 "에이, 네가 아무것도 모르고 그러는 데다 내가 무슨 말을 해 주랴. 에이, 쯧! 물어봐도 저거 하고 말해 주기가 싫고 이렇데." 이러지 말고 한번 생각을 해 본다면 거지든, 모르든 알든, 또 모습이 없는 영계든 그걸 차이를 두지 말고 저거 하면 너하고 나하고 둘이 아닌 것을, 그것이 바로 내 모습이요, 내 생명이요, 바로 나니까 안 가르치고 가르치고가 없지. 그렇게 한다면, 이 문을 활짝 열고 그렇게 받아들인다면 말을 하나 마나 그냥 알아져, 그쪽에서. 내 마음의 문을 열어 준다면. 그런데 이건 마음의 문을 닫고 말이야, '니까짓 게, 너는 아주 내가 말 한번 해 줄 자격도 없다.' 이런다면 문을 안 여는 거야. 그렇기 때문에 말을 백 마디 해도 안 되고 문부터 열어야 그쪽에서 알게끔 되는 거라고.

그러니까 꿈에도 막 뭐가 들이덤빈다면 여기 내 속에 있는 게 다 끌어져 나와서 보이고 들리고 그러는 거지 딴 데서 오는 게 아니거든. 여기서 다 끌어져 나와서 보이는데 아, 자기가 지금 현실에 전부 가지고 있으면서도, 같이하고 있으면서도 아이고, 꿈에는 무서운 게 닥친다거나 징그럽게 닥친다거나 머리 풀어 산발을 하고 닥친다거나 애가 닥친다거나 요런 꿈을 꾸었다 하면 '요런 건 전부 사(邪)다. 아이고, 요런 꿈을 꿨으니 또 이게 잘못될는지 잘될는지….' 이렇게 방황하고 그런다면 그것은 자기 몸뚱이 속에 들어 있는 그 자기 의식들이 나와서 보이는 거를 글쎄, 딴 사람인 줄 알고 다 그저 내치는 거야. 꿈에도 그래.

그런데 생시에 그렇게 공부를 하는 사람이라면 꿈에서 만나도 '아유, 너하고 나하고 둘이 아닌데 뭘 그래.' 하면 그냥 없어지는 거야, 응? 그런데도 불구하고 생시에 그거를 자꾸 저거 하려니까…. 꿈과 생시가 둘이 아니다. 꿈을 그렇게 꿨다고 둘로 보고 그냥 죽이려고 허, 서로 싸우고 이런다고 해서 그쪽에서 죽어? 칼로 친들 베져? 물 치기지. 당신네들 목 있는 거나 칼로 쳐야 잘라지지, 안 잘라지는 그걸 자르려고 애를 쓰는 거야. 자르려고 아무리 애를 써도 안 잘라져. 그러니까 둘이 아닌 도리만 알면 자르고 자시고 할 것도 없어. 그냥 자기기 때문에, 그냥. 실체가 없는 그 마음은 그냥 그대로 그대로야. 그러니까 현실에 사고가 안 나는 거야. 생시에 그렇게 하면 꿈에도 그러고, 꿈에 그러면 생시에도 그냥, 와작와작 쪼그맣게 닥치고 크게 닥치고 아이고, 심지어는 마음이 편안치 못해도 일이 편안치 못하게 돼, 응?

그러니 극락세계를 찾는 것도 바로 여러분 마음이고 지옥 속을 찾는 것도 여러분 마음이다 이거야. 여러분 그릇이 만약에 바다를 삼켰다면 바다를 뱉어 놓을 수도 있고, 들이고 내고 우리가 지금 이렇게 살림하는 것이 바로 여러분의, 즉 말하자면 '중용'이 그 모든 에너지를 가지고 여의주를 얻은 거나 마찬가지지. 모든 걸 포함해서 하나도 버릴 게 없이 만약에 나 아님이 없이 가졌다면 그게 여의주지. 그걸 가졌다면 들이고 내는 데에 저 바닷물을, 바다 속에 있는 그 생명들을, 중생들을 다 한꺼번에 건질 수도 있고 한꺼번에 굴려서 내놓을 수도 있고 말이야, 이렇게 건질 수 있는 거는 여러분이 터득이 돼야 된단 얘기지. 깨달아야 되고.

그러니까 회원들을 이끌어 가는 데 손색이 없이, 아무리 저거 해도 돈 벌려고 욕심을 부리지 말고요. 우리가 먹고 살면 돼. 얻으러 다니지 않으면 되고, 춥지 않으면 되고 덥지 않으면 되고. 그러니까 자식들을 기르는 데도, 올바르게 기르는 데도 그저 그렇게만 하면 되지, 욕심 부려서 한 발짝 뗄 놈의 내 분수를 열 발짝을 떼려고 한다면 그게 떼지나? 그렇게 해 가지고 부도 내지 말고. 허허허…. 그러니까 모든 것을 분수에 맞도록 행하고, 분수에 맞도록 우리가 살 양으로 한다면 그보다 검소하고 더 좋은 게 어디 있고 그보다 편안한 게 어디 있겠어요. 사람이 욕심이 많아서 뭘 이렇게 가지려고 하고 그놈의 거 때문에 얼마나 신경을 쓰는지, 그게 지옥이라고, 응? 그렇다고 그거를 갖지 말라는 건 아니야. 나한테 스스로 오는 거는 막지 말고 받고, 스스로 달아나가는 거는 쫓아가지 말라 이거지.

나만 이렇게 말하게 하지 말고 질문해요. 아니, 질문이 아니라 내가 이렇게 이렇게 해 나가는데 어떻게 했으면 좋겠느냐 하는 토론이라고. 하하, 도인들만 있군요. (대중 웃음) 야, 한마음선원에 도인들이 이렇게 많으니…. 터득은 했어요? 야, 개구리 발, 진드기 발, 모든 발이 부처님 발 아닌 게 없기 때문에 평발이라고.

사회자 네, 아마 다….

큰스님 도인들이죠? 하하하…. 기가 막혀서. (대중 웃음)

물이 나하고 같이 살자 하네

법사단 법회

1991년 8월 1일

내 몸의 모든 문제들은, 상식적으로 볼 때 인간에겐 자기 몸을 자기가 추어 가지고 나가게끔 능력이 다 주어져 있어. 그런데 모두 벌써 '이거를 먹어서 이렇다' 이런다면 그거를 뚫으려고만 하는데 그러지 말고, 어떤 때는 또 '이거를 먹어서 허해서 그렇다' 이럴 수도 있고 '이것이 막혀서 그렇다' 할 수도 있고 여러 가지가 있다고. 그러니까 허해서 그런다면 허하지 않도록 하고 그러면 괜찮고, 또 허하지 않은데 체해서 설사가 날 수가 있거든. 그러면 아주 뚫어 버려야 되거든. 그런 문제들을 모두 자기가 가지고 있다고. 그런데 이루종차 누구한테 물어봐, 그걸? 의사한테?

요새 중·고등학생들이, 머리가 좀 저거 한 애들이 한 서너 아이들 생겼다고. 엊그저께 저기서 온 애는 본래 그래서 온 아이지마는, 부산에서 올라와서 있는 아이하고 또 여기 다니는 아이가 있어. 그런데 그것이 왜 그렇게 됐나 하고 보니까, 보살들이 일러 주기를 법당에 올라가면 부처님한테 저거 하고 참선할 때 그냥 가만히 아무 생각도 하지 말라고 하는 사람이 있는가 하면, 또 마음 안에 그냥 전부 들어 있으니까 이것저것 생각나걸랑은 '이것도 부처고 저것도 부처다' 하라 그러니까, 이것이 모르니까 이리로도 갈라지고 저리로도 갈라지고 저리로도 갈라지는 거야. 이것도 부처고 저것도 부처고 이러니까 산란해 가지고 그냥 이렇게 돌아가다 보니까 그냥 그렇게 되는 수가 있거든.

그러니까 단 한 가지 가르쳐 주는 거는 내 한마음, 이거! '한마음' 하면 벌써 이 모든 의식이 내가, 인간이 생각하는 대로 따라 주는 거거든, 이건. 지금 이 안에 들어 있는 의식들은 인간처럼 생각할 수 있는 그런 차원이 못 돼요. 이건 아예 몰라. 이렇게 가면 좋은지 저렇게 가면 좋은지 이걸 분간을 못한단 말이야. 그러니까 바로 내가 생각하는 대로 따라 주는 거야. 그렇기 때문에 '한마음' 이렇게 묶은 거야, 한마음. '주인공' 하는 거는 이 한마음이 기둥이 되는 거를 말하는 거지. 그러니까 '그 한마음 주인공 속에서만이 주인공이 있다는 증명을 해 줄 수 있다.' 하고선 관하라는 거지, 다른 생각은 아무 생각 하지 말고 꼭….

그래서 옛날에 이런 예가 있었잖아. 조그만 다섯 살배기 아이를 놓고서는 곡식을 얻으러 나갈 때, 탁발을 하러 나갈 때 "너는…." 문창호지 구멍 하나 뚫어 놓고서는 "저 바깥에서 소 눈이 보일 때까지 요길 내다봐라." 이런 거야. 그게 그거거든. 그러니까 이 소 눈이라는 것은 자기 조상 눈이지 딴 눈이 아니거든. 그러니까 '이 주인공만이 주인공이 있다는 증명을 할 수 있다.' 라는 믿음을 가지고 그것만 생각을 하고선 거기만, '주인공이 자기가 있다는 것을 증명할 수 있다.' 라는 그것만 믿고 가게끔 일러 줘라 이거야. 이 지금 회장이나 부회장이나 그런 사람들한테 꼭 그거를 신도들한테 일러 주라고 그러는 거지. 그렇게 해라 이거지.

그래야 그 사람네들이 법당에서 학생들한테 그냥 산란하게 이런 말 해 주고 저 말 해 주고 그러지 않죠. 그래 선무당이 사람 죽인다는 말이 있잖아. 그러니까 학생들에게 그렇게 해 가지고는 그걸 바로 잡느라고 내가 무지하게 애를 쓰잖아, 지금. 그게 한번 잘못 잡히면 얼마만큼 도로 그냥 후퇴해서 이게 와야 되는지, 후퇴하려면 걔가 얼마만큼…, 그냥 몇천 마디를 해 줘야 되는데 그거를 어떻게 하느냐 이거야. 그러니까 그거 극히 조심하도록, 보살들한테 극히 조심을 해야 된다는 걸 강조하라고.

그리고 또 강조해야 할 거는 수많은 일들이 옆에서 벌어지고 그런다 하더라도 그것을 들으면 듣는 대로 물같이 살아야 한다 이거야. 또 보면 보는 대로 또 물같이 살아야 돼. 이것이 뭐냐 하면 이 세상만사가 전부 팔만대장경 아닌 게 없잖아. 세상만사가 다 자기가 옳다고 그러지. 자기 그릇대로 사는 거야, 모두가. 그러니까 그릇대로 자기 말들을 하는 거야.

옛날에도 내가 그랬듯이, 물을 보니까 물이 흘러가듯이 물이 나하고 같이 살자고 하더라고. 같이 살자고 하는데, 가만히 보니까 물이 '나하고 같이 살자' 이러는데 한마음으로 동해질 때 그게 같이 살게 되는 거거든. 같이 살게 되는 동시에 무슨 생각이 드느냐 하면 물은 물대로 나하고 같이 살자 그러고 산천초목은 산천초목대로 나하고 같이 살자 그러고 야, 저런 무정물은 무정물대로 나하고 같이 살자 그러고, 들은 들대로 나하고 같이 살자고 그러더라 이거야. 그러니 부처님께서는 전부 그 속에 들어가 줬기 때문에 같이 한마음이 돼 줬다 이거야. 그러니까 모두가 이거는 발도 손도 또 눈도 전부가 그네들 아닌 것이 하나도 없고, 그래서 그때 무슨 생각이 드느냐. 평발이라는 게 다른 게 평발이 아니잖아, 응? 지렁이 하나도 흙으로 기어가지 않는 게 없는데, 그것이 다 하나도 빼놓지 않았기 때문에 평발이라고 그러지 않느냐 이거지.

그전에 그랬지. 어느 스님이, 스님이 돼 가지고 왔는데 부처님 발은 딱 이렇게 평으로 됐대요. 하, 나 참, 기가 막혀서! 내가 그러니 얼마나 어처구니가 없겠어. 법사도 이러더라고. 그래서 "이거 봐, 부처님 발이 어떻게 됐다고?" 그러니까 부처님 발은 이렇게 뚝 잘라져서 아주 그냥 평으로 됐대요. 그래서 내가 "하이, 참 내! 웃겨서 죽겠네. 이거 봐. 이 세상에 발 달린 거든 배로 다니는 거든 몸뚱이로 그냥 기어 다니든, 또 물질이 없이 기어 다니든 물질이 있이 기어 다니든 하여간에 모두가 내 발 아님이 없기 때문에 평발이지, 그렇게 발이 반듯하게 돼서 평발이라는 게 아냐, 이 사람아. 그게 바로 평발이야." 그랬더니 가만히 날 쳐다보더니…, 그것도 느껴지지 않나 봐, 이상하게. 그 말을 알아듣지 못하면 어떡해, 글쎄.

또 어느 스님은 그때 제자들을 데리고 왔는데, 선지식들이 말씀한 것대로 따라서 "부처님 법이 어떤 겁니까?" 하고 사구(死句)를 내놓고선 그렇게 할 때, 나는 사구고 할이고 무슨 그런 거 따지지 않거든. 그래서 일여니 법여니 이런 걸 내놓기에 내가, 거기에 찻잔이 이렇게 놓여져 있는데 "이 차 잡수시죠. 이것이 바로 그냥 그러그러한 거지 무슨 사여니 뭐니 뭐니, 일여니 뭐니 합니까? 그것은 우리가 한번 물 마시는 것만 못할 겁니다." 그랬더니 그것도 또 그냥 아예 묵인해 버리더라고. 야, 참. 그리고 가만히 보니까 "부처님 법이 뭡니까?" 하니까 그 제자가 딱 포도 알을 집어서 얼른 먹더라고. '먹는 것만 가르쳤구나. 저거 소화시키는 건 못 가르쳤으니 저거를 어떡하면 좋은가.' 소화를 시켜야 되는데 먹고는 체하는 거야. 모두가 그냥 먹고는 체해. 모르니까. 소화를 시키지 못하니까. 먹었으면 소화를 시켜야 되는 거거든. 그렇게만 해 놨으니 자기 몸도, 길도 못 끌어가는 거야.

그런데 부처님 말씀이 그랬거든. "먹고 소화를 시키지 못한다면 한데 떨어지느니라." 나는 경을 자기네들처럼 그렇게 하지는 않았어도 그 뜻은, 우리가 일상생활에서도 먹었으면 소화를 시켜야지 소화 못 시키면 부작용이 나는 거야. 그런다면 먹은 게 오히려 해가 되는 거지. 그러니까 "그게 아니다." 이러고 부처님을 끌어다 댄 거야. 부처님이 그렇게 가르친 게 아니라 "먹고는 소화를 시켜야 한데 떨어지지 않느니라." 했다 이거야. 그래도 그것을 무시한다 이거야, 무시해.

그러니까 자기라는 걸 내세운다면 모두가 한마음이 될 수가 없기 때문에 모든 걸 겸손하게, 작으면 작은 대로 작아지고 크면 큰 대로 커지고 중간이 되면 중간이 되는 대로 중간이 돼 주고 이래야, 즉 말하자면 미생물에까지 손이 닿지, 그렇지 않으면 어떻게 닿을 수 있겠느냐 이거야. 그래서 알더라도 모르는 사람이 있다면 모르는 사람의 주관에서 서서 그 그릇대로 내가 작아져 줄 줄 알아야 한다. 그것이 바로 자비요, 그것이 바로 도리천의 도리요, 무심활궁법이요, 평등활궁법이요, 이 모두가 수레활궁법이요. 그래서 수레활궁법이라면 모를 테니까 사무 사유 팔 수레활궁법이다 이거야. 이렇게 또 말을 붙여야 되겠지? 이게 말 붙이는 거는 이 뜻을 헤아리라고 말을 붙이는 거지 그건 이름이고 말이라 이거야.

지금 가만히 보면 모두 스님네들이…, 어느 스님 설법하신 거를 가만히 들으니까, 목소리가 잘 들리지도 않아. 카세트에 있는데 어쩌다 이렇게 들리는 걸 보면 애들 소꿉장난하는 거나 마찬가지로 들리는 거야. 그냥 아무 소용 없는 거야. 사람들한테는 이익이 하나도 없는 소리라고, 글쎄. 아이, 사람들한테 "저 날아다니는 새는 그냥 비축새고 촉새고." 뭐, 이러고 "어찌 그런 새들이 봉황새의 마음을 알겠느냐." 이런다고 해서 애들이 그거 알아들어? 알아듣는다 하더라도 외우기나 했지 그걸 뭣에다 쓰느냐 이거야. 우리의 실생활에 이익이 돼야 되는 거지. 실생활에 내가 목마르면 물을 마실 수 있어야만이 이 갈증 나는 거를 해소시킬 수 있잖아? 당장 내가 갈증이 나서 죽겠는데 물을 못 마시고 저기 물이 있는 거를 얘기만 해 주고 그런다면, 마시는 걸 모른다면 그 물을 마실 수 없어서 갈증 나서 죽지.

살아생전이나 죽어서나 마찬가지야. 꿈이나 생시나 똑같아. 생시에 만약에 그 도리를 모른다면 꿈에, 죽어서도, 꿈에도 그렇고 죽어서도 그렇고, 죽어서도 아, 둘 아닌 도리를 모르고 그 도리를 모르는데 어떻게 죽어서 그 물질을 벗어날 수 있겠어, 물질 의식을! 수없이 관습을 쌓아 온 그 자체를 어떻게 홀랑 벗어나누. 그 관습 때문에 이 소굴에도 들어가고 저 소굴에도 들어가고 그러는 거야. 건너갈 수가 없어. 무서워서 못 건너가고 물려 죽을까 봐 못 건너가고 내가 귀신한테 말릴까 봐 못 들어가. 그게 자긴데, 다. 그림자처럼 쫓아다니는 게 자기라고, 다. 살아서는 이 몸속에 넣고 다니고 죽어서는 그림자처럼 그냥 벌어져서 쫓아다니는데 어떻게 그걸 면해?

엊그저께 저기 저 뭐야? 뭐, 과학 공상 영화라던가? 미국….

신도(여) 공상 과학.

큰스님 응, 공상 과학이래. 거기서 세 가지가 나오는데, 세 가지뿐만 아니지만 항상 쫓아다니는 거야. 그러니 뭐, 멀리 달아나가도 당장 잡혀. 그냥 잡혀! 그게 우리네들의 지금 일상생활이라 이거야. 입력이 돼 있기 때문에 꼼짝없어. 꼼짝 못해. 그 입력된 걸 해소시키지 않으면, 빼 버리지 않으면 그건 절대로 붙잡히게 돼 있다 이거야. 그러니 어떻게 자유인이 되느냐 이거야. 만날 구속받고 노예로 살 수밖에.

두서없이 내가 말하는 거지마는 이 말 저 말 거기 붙은 얘기는 할 필요가 없기 때문에 뚝뚝 뚝뚝 뛰다 보니까 그렇게 되는 거지. 이 세상 잘 보라고. 목구멍도 아프고 그런데 제길, 누가 그거를 뛰지 않고 죽 그냥 얘길 해?

신도(여) 인사만 드리려고 그랬어요.

큰스님 인사만 드리는 게 그거야, 바로. 그러니까 조심들 해서, 우리가 하나하나 실생활에 이익하게끔 해 주려면 그렇게 하자 이거야.

이름에 속지 말고 모두 맡겨 놔라

선실 법회

1991년 8월 14일

큰스님 … 그걸 믿는다면 자기네들 하고 있는 그 자체에, 바로 거기 맡겨 놔야 될 거 아니에요? 거기서만이 돌아갈 수가 있어요. 우리는 이 지구 자체뿐만 아니라 우주 전체가 머리도 없고 발도 없이 돌아가고 있어요. 그런데 어떤 거는 걸리고 어떤 거는 안 걸릴 게 뭐 있겠어요? 여기에서는 "무조건 선이다 악이다를 다 놔라." 이런 거죠. 선은 감사하게 놓고 악은 '결국 이것은 나의 뜻을 보려고 모든 게 이렇게 올라오는 거니까 나는 속지 않겠다.' 거기에서 나오는 거니까 거기다 맡겨 놓으면 거기서 이것도 해결 저것도 해결…. '안 되는 것도 거기서 나오는 거니까 되게 하는 것도 거기다.' 하고 믿고, 거기에 모든 것을, 일체 다 놓고 믿고 간다면 틀림이 없어. 그런데 총무 스님에게나 모두, 용건만 얘기하고 그냥 믿고 가고, 자기가 그렇게 하면 될 걸 이거는 부질없이 그냥 이 말 저 말 뒤범벅을 만들어 놔 가지고 오히려 자기가 더디게 만들어. 뒤범벅이 되는 거라고, 그게. 생각 자체가 뒤범벅이 되니까 말 자체가 뒤범벅이 돼서 나오죠. 하나만 그렇게 해서 실험을 통해서 체험을 한다면, 진짜로 믿고 그렇게 할 수 있는 그런 체험을 한다면 무엇이 걱정이겠어? 하나도 걱정할 게 없어요.

그래 내가 그러잖아요? 이 세상이 다 무너진대도 걱정할 게 하나도 없노라고. 여러분은 그렇게 걱정을 안 하면 안 되는 줄 알지만 외려 걱정을 하면 안 돼요. 그걸 아셔야 돼요. 예를 들어서 사람이 나가서 안 들어와도 걱정을 안 해야, 거기다 맡겨 놓고 걱정을 안 해야 빨리 돌아오고 또 정상적으로 돌아갑니다. 나가서 잘못하는 일이 있는지 잘하는 일이 있는지, 그건 여러분의 생각이지, 여러분이 어떻게 알고 그렇게 조바심을 냅니까? 그 또한 주인공이 끌고 다니는 건데, 그 주인공하고 내 주인공하고 통하는데 뭐가 그렇게 걱정이 됩니까? 하나도 걱정이 안 되는 거를 걱정을 해서 긁어 부스럼을 만들어서…, 그러니까 모두 주인공을 서로 못 믿어서 긁어 부스럼을 만드는 거거든요. 당신들의 신을 당신들이 못 믿는다면 누굴 믿어요? 당신네들 신부터 믿어야 합니다. 이 세상 우주 천체에 직결된, 가설된 이것에 전부 그대로 자동적으로 입력돼서 돌아가는 이 문제들을 여러분이 어떻게 안다고 괜히 그냥 이렇게 생각을 하고 '아, 이렇게 했을 것이다. 이렇게 나갔으면 이렇게 했을 것이다.' 하고 나가서 안 들어오면 무조건 잘못된 걸로 생각하시면 그것이 바로 망상이다 이겁니다. 발 달리고 손 달리고 눈 달렸는데 어찌 내 소유로만 생각하십니까. 나가서 부딪쳐 보고 그럼으로써 발전을 하고, 그럭함으로써 이런 거는 이렇게 해서 안 되겠다는 그런 생각을 해서 넓히는 그런 조건을 널리 준다면 오히려 앞으로 크게 될 문제들도 허다히 많을 텐데, 이거는 그냥 무조건 무슨 닭장에 뭐 넣어 놓듯이 그냥 거기 고대로 보이는 데 있어야만이 이게 발전을 하고 잘되는 줄만 아니 그것이 여러분의 마음 차이라.

그럭하고야 어떻게 정신세계의 맛을 보겠습니까? 물질세계에서 떠나지 못하고 착에서 떠나지 못하고 욕심에서 떠나지 못하고 아집에서 떠나지 못하고, 이렇게 해서 죽어도 그 그릇대로 그대로…. 그래서 건너가지 못하고 한 발짝도 떼어 놓지 못하고 빠져 죽을까 봐 영혼이 배 올 때를 쭉 기다리고, 타 죽을까 봐 그 불바퀴를 넘어서지 못하고, 이럭하는 게 여러분이 마음에서 가져오는 거지 누가 가져옵니까? 마음은 실체가 아니라고 했는데도 불구하고 항상 자기가 자긴 줄 알고 이렇게 붙어 돌아가니 죽은들 그게 떨어지겠습니까?

지난번에도 얘기했듯이 도청기에 입력된 이 모든, 즉 말하자면 악과 선의 이 모든 인과가 뭉쳐진 게 아주 입력이 돼 가지고 녹음이 돼 있기 때문에 여러분이 아무리 그걸 벗어나려고 그냥 용을 써도 그림자처럼 따라다니니 그것은 용납될 수가 없지, 벗어날 수도 없고. 이 세상에 가설이 돼 있기 때문에 우주간 법계에서 벌써 알고 있는데, 여러분은 안 보이는 데는 못 보고 보이는 데는 모르지만, 벌써 주인공 이 자체가 전부 알고 있는데 무엇을, 어디서 벗어나려고 그럽니까. 그럼으로써 우리가 마음에서 모든 것을 벗어나야 바로 벗어난 그 자체에서 다섯 가지의 오신통을 굴릴 수 있는 그런 자유권을 얻을 수 있다. 벗어나야지, 벗어나지 않는다면 자유권을 얻을 수 없어. 그저 만날 노예로서, 물질 노예, 정신 노예로서 그냥 휘감겨서 어쩔 수가 없는 사람, 그 사람을 어떻게 사람이라고, 진짜 사람이라고 할 수 있겠느냐.

그래서 부처님 말씀도 "이러한 도리를 알아서 사람으로 세 번 태어나야만이 이런 인연을 만날 수가 있으니, 이런 인연을 만났다 하면 또 미해지지 않도록 그렇게 한군데 맡겨 놓고 한군데 들이고 내는 그 자체를 믿어라. 너 자체를 먼저 모른다면 모든 부처님의 뜻도 하나도 모르느니라. 이 세상이 그대로 실상이고 여여함을 그대로 모르느니라." 그러셨거든. 여러분한테 여기서처럼 그렇게 자상하게 일러 주고, 아픈 사람을 봐도 내 몸 아프듯이 그렇게 생각해 주는 그런 마음을 가지고 있는 사람…, 여러분이 공부를 해서 그 마음 뜻을 안다면, 그 골수를 안다면 여러분도 하늘을 보고 앙청하고 땅을 보고 통곡을 해도 시원치 않아. 당신네들 몸도 끌고 가지 못한다면 어떻게 자기 몸에 인과로 뭉쳐진 이 업덩어리를 풀어서 천백억화신으로서 화하게 만들 수 있느냐. 그것이 하화중생 하는, 제도하는 길인데 말이야. 그것부터 해결해야 바로 바깥의 모든 일들이 둘이 아니라는 그 실감을 갖게 되고 실천을 하게 되지 않느냐 이거지. 그리고 꼬치꼬치 "그것이 이렇습니다. 이렇습니다." 하는 것은 필요 없어.

요새 내가 상당히 그것을 지켜보고 있는데 지금은 인구도 많아지고 병도 많아지고 그렇기 때문에 병원에서는 어디가 어떻다 하면 무조건…, 이것은 아는 것도 있고 모르는 것도 있고 그렇기 때문에 이건 무조건, 여러분한테 해가 가는 일을 많이 저지르고 있어. 왜냐. 인과성으로 오는 문제들, 유전성으로 오는 문제들을 모르기 때문이다 이거야. 병이라는 게, 핑계 없는 무덤이 없는데 영계의 인과로 인해서 오는 것도 그냥 그 몸뚱이 물질에서만이 그런 줄 알고 거기를 푹 찔러서 실험을 해 보고 거기를 고치려고 아무리 그래 봤던들 소용없어. 여러분이 마음공부를 하지 않는다면 이걸 커버해 낼 수도 없거니와 여러분이 마음대로 살 수도 없어. 저 태양에 모든 것들이 다 매달려서 돌아가듯이 우리도 역시 매달린 꼭지처럼 만날 노예가 돼서 돌아갈 수밖에는. 어떻게 자유스럽겠나? 매달려서 돌아가는 게.

그래서 여러분이 여기 왔을 때 내가 없다 하더라도 이 조그만, 조그만 스님이 아니지. 공동묘지에 가 보니까 어린 것도 없고 늙은 것도 없고 남자도 없고 여자도 없더라 이거야, 응? 모두가 혼백이고 영이라면 그냥 평등하지 아무것도 없더라. 물(物), 실체 이것이 있을 때나 크고 작고 늙고 이런 게 있지 죽어서 사대가 흩어지면, 원점으로 돌아가면 아무것도…, 그건 영일 뿐이야. 그러나 차원은 있어. 자기가 살아갈 때에 생각할 수 있는 그 마음 자체의 차원. 그 차원대로 그것은 나갈 뿐이야. 왜? 모르니까. 그래서 항상 그러잖아요? 배는 배대로 가고 넝마는 넝마대로 가고 금은 금대로 가도, 금대로 가도 금에서 또 골라. 배는 배대로 가도 그 배에서 또 골라. 골라 놓고 낮은 건 낮은 것대로 놓고 이렇게 하듯이 우리 인간의 차원도 역시 그래서 그거는 용빼는 재주가 없다고. 그래서 이 공부를 시키는 게 아닌가.

우리가 이런 공부 하는 것도, 여러분의 몸뚱이가 있을 때 인연 한 번 만나기가 얼마나 어려운지 몰라. 그래서 "모든 것을 한마음 주인공에 관하라. 거기서, 한마음 속에서 나온 거니까 한마음 속에서밖에 해결할 수 없다." 하고 처음 온 사람이라도 그냥 맡기고 믿고 그렇게 하라면 그렇게 해 봐야 될 거 아냐! 여기에 의사로 이름이 돼서 있는 게 아니지마는 여러분이 그 도리를 알면 여러분이 의사가 되고 관세음보살이 되고 지장이 되고 칠성이 되고 바로 아미타가 되고 이 모두가, 지신 용신 다 될 수 있는 것이 여러분의 마음이다 이거야. 그 도리를 알면 한마음 속에서 수천수만, 화신이 되고 법신이 되고 부처가 되고, 온통 돌아가면서 이렇게 한다는 것을 여러분은 아셔야 하지 않겠습니까? 비록 이 세상에 나올 때에 과거에 어떠한 잘못으로 인해 고통을 받고 이 세상에서 그런다 할지라도 그건 과거에 살던 인연에 따라서 그릇대로 입력된 대로 나오는 거라. 그러니 입력되는 대로 나오는 것을 바로 팔자 운명이라고 그러거든. 제가 해 놓고 제가 받는 거지. 그러니 제가 해 놓은 거 제가 받는 것이니까 제가 해 놓은 거 제가 하라고 거기 맡겨라 이 소리야.

그리고 우리가 살아가면서 상식적으로 생각을 해 봐요. 약이 아무리 좋다고 하더라도 기운이 떨어지면 그 병을 이길 수가 없어. 그렇기 때문에 종합비타민이나 또 나쁜 사람은 간장약이라도 하루에 두 개 이렇게 먹어 가면서, 항생제 역할을 하는 그게 하치 못한 식품이지만 그런 역할을 능히 할 수 있는 거거든. 감자즙을 내서 거기다가 홀홀하게 미숫가루를 타고 누런 설탕을 좀 넣어서 하루 세 번씩, 세 컵씩 홀홀하게 해서 먹기 좋게 해라 이거야. 그것도 맛없으면 구역질이 나고 맛이 없으니까 맛있게 해서 먹어 줘라 이거야. 거기서는 맛있게 해 달라니까. 당신네들이 먹는 게 아니야. 기계와 같아. 떡을 해내는 데 기계를 갖다 놓고 쌀을 넣으니까 떡이 나오듯이 말이야. 기계와 같아, 인간은. 여러분이 하기에 달렸어. 질게 하려면 질게 하고 되게 하려면 되게 하고, 마음대로 말이야. 그것도 간이 맞아야 떡이 맛있겠죠? 그런데 무조건 매운 거 먹지 말고 짠 거 먹지 말랬다고 해서 무조건 그냥 찝찔한 것도 안 먹고 그러면 이 살 자체 속의 이게, 즉 말하자면 축소되질 않아. 벌려지지. 그럼 들어가는 대로 뭐가, 염증이 생기지. 모든 털구멍이 축소가 돼야 때에 따라서는 방지를 할 수가 있는 거고 염증을 방지할 수가 있고 그런 거지 무조건 그렇게 해서 되는 게 아니거든. 체질에 따라서 이렇게도 할 수 있는 거고. 그건 상식이야, 모든 게. 병원 의사만 아는 게 아니라. 자기 몸뚱이 자기가 가지고 있으면서도 상식으로 그걸 모르고 애들을 어떻게 기르누? 반 의사는 돼야 어머니가 될 수 있는데.

예전에는 열두 달이 돼도, 저 공자님은 열두 달이 돼서 낳았는데도 아무 일 없이 큰 인물을 낳았는데, 요새들은 그냥 사흘만 넘어가도 온통 방정을 떨고 가서 그냥 째는 거지, 뭐. 이렇게 자연을 무시하고 이렇게 자기 자신을 무시하고 믿질 않고 그렇게 해서야 어떻게 이 우주 전체가 돌아가는 이치를 알고 이 세상 돌아가는 이치를, 가설이 이렇게 된 거를 알 수 있겠습니까? 그리고 여러분 몸속에 가설이 돼서 마음을 먹으면 두뇌로 해서, 즉 말하자면 이 보이는 데서는 바른쪽에서, 즉 말하자면 주장자에 턱 맡겨 놓으면 주장자가 또 이 왼쪽, 잠재해 있는 쪽으로 전달을 해서 모든 게 통신이 되는 거거든. 통신이 되고 또 이쪽 안에서는 또 바깥으로 내놓으려면 그 중심처에, 자기 주인공에 맡겨서 또 이렇게 거기 굴려서 바깥으로 나가야 속 눈 겉 눈이 똑바로 볼 수가 있지 않겠느냐, 중용을 할 수가 있지 않겠느냐 이거야.

그런데 여러분은 무시해, 그냥. 한쪽을 무시해 버려. 장인이 자기 마누라하고 싸우다가 마누라가 달아나가니까 사위더러 "그년 어디로 갔느냐?" 이러니까 "그년 저리로 갑디다." 그러거든. 이렇듯이 그냥 쏜살같이 그저 누구든 말을 들으면, 나쁘고 좋고 간에 말을 들으면 그냥 발설이 되는 거야. 한번 거기 넣어서 굴려서 참 부드럽게 할 줄은 모르고 말이야. 그래 "호랑이가 물어 가도 정신만 똑바로 차리고 침착해라. 그러면 산다." 하는 소리가 그 소리거든. 마음이 똑같으면 절대로 자기가 자기 죽이질 않아. 나는 수없이 여우도 많이 봤고 늑대도 많이 봤고 능생이도 많이 봤고 뭐, 못 본 거 별로 없어. 호랑이도 봤고. 하지만 내가 자기를 해치지 않고 자기가 나를 해치지 않아, 그 마음을 알면. 거죽만 보고 그냥 놀라서 달아나가고 죽이려고 하고 이러는데 여러분이 마음공부를 한다면 저 식물하고도 대화를 할 수가 있어. 흙, 돌도 다 말해. 내가 말을 하고 있기 때문에 전체가 말을 해.

그러니 여러분이 항상 여기 스님네들을 믿고, 내가 아니더라도 우리 스님네들이 들으면 무심으로도 통하지만 유심으로도 통해요. "아무 데 있는 그분이 왔다가 이러이러한 말을 하고 갑디다." 하고. 그렇게 말을 안 해도 통하고 그러는데 그런 말을 더군다나 또 한다고. 그래서 "안 해도 통한다는 거 알고 있지 않느냐?" 하고 내가 스님네들더러 얘기할 때가 많아.

여러분의 마음에 달려 있는 거지 우리가, 예를 들어서 마음이 어느 사람에게 주고 어느 사람에겐 안 주는 게 아니에요. 자세히 가르쳐 줄 것은, 사람은 지금 암이다, 무슨 병이다, 고치지 못하는 병 이름이 너무나 많이 있거든. 그 이름에 속지 말고 모든 건 거기다 놓고 우리가 상식적으로 잘 침착하게 생각해서 한다면 그냥 놔둬도 나을 거를 가서 쑤셔서 외려 죽어. 이런 문제들이 한두 건이 아니야. 이 속에, 내 마음 속에, 그 몸속에 있는 모든 생명들이, 모습들이, 그 의식들이 다 한마음이 돼서 운행을 해 준다면 아, 굳어져 들어가는 것도 펼쳐 놓을 거 아니냐 이거야. 그래서 인생은 고무줄 같은 것이 인생이요, 바람결 같은 것이 인생이다 이 소리야.

요새 놀러가는 거 뭐요? 바캉스? 우리는 바캉스 갔다가 오는 그런 인생이에요. 여러분은 먹고살기 위해서 한 짐 짊어지고 바캉스 가시죠? 또 빈 그릇이라도 짊어지고 또 오죠? 이러는데 여러분이 마음으로 진 거는 이렇게 짐이 없으면서도 짐을 잔뜩 지고 가고 짐을 잔뜩 지고 와요. 뭐, 거기 갖다 내버리고 오시는 줄 아십니까? 가지고 갔다 빈 껍데기 그냥 내버리고는 가지고 갔던 그릇 다 가지고 도로 이 세상 나올 때 다 가지고 나오죠, 또? 하하하…. 그게 뭐 그렇게 대단한 거라고 말입니다. 다 가지고 나와서 그것대로 그냥 살거든. 그러니 그 차원의 그릇이 여러분의 마음에 달렸다 이 소리죠. 이거는 과학적이기도 하고, 이 생활이 그대로 부처님 법이자 여러분의 법이고 과학적이기도 하고 의학적이기도 하고 천체물리학적이기도 하고 지리학적이기도 하고 천문학적이기도 해. 여러분이 다 이 공부를 해 보면 알게 돼! 이거는 그냥 보통 공부가 아냐! 먹고살기 위해서, 내가 잘살기 위해서 이런 공부 하는 게 아니지. 그냥 바캉스 나와서 지내다가 바람결처럼 흩어지고 또 짊어지고 가고 그러는 걸, 뭐. 여러분이 산 것대로 말이야.

그러니 잘 생각해서, 처음 온 분이더라도 오늘 내가 이렇게 말한 것을 똑바로 듣고, 만약에 위암이다, 콩팥이 걸려 주질 못한다, 다 망가졌다, 뭐 어쨌다 이러더라도 여러분은 거기 이름에 속지 말고 떳떳하게 내가, 내 주인공 자체가 그저 '너는 바꿔라.' 하면 바꿀 거고 '좀 더 해야겠다.' 하면 더 하는 거고, 당신네들 마음에 달렸어. 그런데 왜 남한테 이런 소릴 듣고 이 암은 고치지 못하고 꼭 죽는다더라 하는 걸 알면서도 왜 칼을 대? 그래 가지곤, 오래오래 대 가지고서는 이것을 풍비박산을 만들어 놓고 그러면 여기 온들 그게 되겠어? 죽지. 그러나 죽는다 하더라도 그 영혼만은 구제를 받겠지. 하지만 몸은 건질 수가 없어요, 여기를 와도, 그렇게 된다면.

그러니까 여러분이 지금 어떠한 문제다 할지라도 그 모두를 그렇게만 할 수 있는 그런 사람이라면, 죽고 사는 게 뭐이 그렇게 대단하오? 뛰어넘으면 그냥 '아, 너는 참 믿을 수 있다.' 이럴 건데. 어떤 때는 이런 생각을 해요. 처음에 올 때는 그냥 무심하게 보다가도 몇 번 다니고 이러면…. 병으로 인해서 급하게 오는 사람도 어떤 때는 그러죠. 야, 이거는 그 마음이 병원에 있어서 여기 와도 소용이 없는 마음이라. 그 마음이 말이야. '내가 병원에서 의사들한테 이렇게 해 가지고 고쳐야지.' 하는 마음이 있기 때문에 도저히, 거기서는 약을 먹게 해도, 그 병을 낫게 하는 약이 아닌데도 믿질 못하는 거라. 자기 자신이 자기를 이끌어 주지, 누가 자기 자신을 위해 줘? 그거보다 더 빠른 게 어딨어? 내가 수없이 겪어 나오면서 백혈병이니 무슨, 암이니 뭐, 신장병이니 별 병이 다 와도, 그래도 그 사람 의지가 그렇게 강하고 믿음이 있어서 거기에 죽든지 살든지 맡겨 놓은 사람은 다 그냥 살아. 그런데 의지가 없이 '난 병원에 가야겠다.' 한다면 그냥 그 마음이 그 마음이기 때문에 어쩔 수가 없어.

요새는 더욱더 그런 거를 느껴요. 인구는 많지, 병원의 의사들은 무(無)의 세계를 알지는 못하지. 지금 유(有)의 물질세계에서만 이론적으로 학술적으로 배웠으니 그것이 어디서 온 줄 알고 그걸 고치겠소. 어디서 왔는지, 이것을 어떻게 해야 어디로 가는지 그걸 알아야 될 거 아니오? 그러니까 의사들도 누구를 막론해 놓고 정신계의 발전이 안 되면 안 된다는 얘기야.

그러니 오늘 잠시 잠깐 나를 봤더라도 이런 소리를 듣고 그대로 여러분이, 예를 들어서 뭐, 이러니저러니 이유를 붙이지 않고 그대로 하는 거 같으면 여기 이 스님이나 저 스님이나 저 스님에게 용건만 얘기하고 그냥 가는 것도 좋은데, 용건을 얘기 안 해도 되는 것이 있어. 처음에 내가 감자 물을 해서 그렇게 타 먹으라고 하는 거는, 우리가 음식 조절을 못해 가지고 병이 잘못되면 내가 죽는 거와 같고 내가 아픈 거와 같기 때문이라 이거야. 그렇기 때문에 그걸 가르쳐 주기 위해서 그렇게 해도 그걸 받아들이는 사람이 있는가 하면 받아들이지 못하는 사람이 절반이 더 많더라 이 소리야. 모두 남한테 속아만 봤는지. 제기

랄 거, 어유!

사람이 그 도리를 알면, 남을 속이면 벌써 나한테서 내가 속임을 받는다는 걸 알기 때문에 속이지 않아. 진실해. 그런데도 불구하고 얼마나 살면서 속아 왔소. 그러니까 그게 뱄지. 그러니까 속기 싫지. 그리고 돈 한푼이라도 갖다 주면 이것은 '내가' 갖다 주는 걸로 안다 이거야. 우리가 바캉스 나와서 서로 놀면서 나누어 쓰다가 끝나면 그냥 다 훌훌 내버리고 다 갈 거야. 하나도 쫓아가는 것도 없고 가져갈 것도 없어. 그러니까 용도에 따라서 환경에 따라서 우리가 쓸 뿐이지 나중에 가져가는 게 아니다 이 소리지. 좋은 일을 하면 좋은 여건의 인과를 지어서 이 세상에 또 출현해서 참 좋게 잘 살고 그러겠죠. 그러나 이 공부에는 공덕이 없어서, 그 도리를 몰라서, 빠져나갈 길이 없어서 도로 악을 지을는지도 모르거든. 그렇기 때문에 부처님께서는 선이나 악이나 다 맡겨 놓고, 선은 감사하게 놓고 악은 '거기서 나온 거니까 선으로 돌리는 것도 거기다' 하면 아주 마땅히 좋을 일이라는 얘기지.

총무 스님 스님 더우셔요.

큰스님 그런 소리 하지 마라. 지금 일어서게 돼 있다. (대중 웃음)

모두가, 그래서 용건을 누구한테 그렇게 하지 말고, 그 병에 대해서도 내가 없을 때 급하게 돼서 용건이 있다면 아예 그냥 뭐, 주소 아니더라도 되니까 총무 스님한테나…, 내가 없을 때. 여기 열두 시에 내려왔을 때도 그냥 마음으로 하거나 용건만 얘기하면 됩니다. 내가 신장이나 폐암이나 이런 문제들, 위암이나 자궁암이나 장암이나 이런 것도 그 감자 물은, 즉 말하자면 피가 통하지 못하면 뚱뚱해지는 병이 또 생겨요. 그러니까 이거는 항생제 역할을 하면서도 식품이기 때문에 아무 탈이 없는 거야. 그래서 먹으면 외려 너무 긁어내려서, 즉 기름을 빼기 때문에 어지러우니까 다른 거를 먹어 가면서 다른 걸로 보충을, 종합비타민이나 뭐, 이런 걸로 보충을 해 가면서 말이야. 그러니까 상식이다 이거야, 이거는. 너무 훑이면 훑이지 않게 하는 것을 먹어 가면서 그걸 먹어야 되지 않느냐 이거야. 설사가 나면 막히는 걸 먹어야 하고 막히면 뚫어질 걸 먹어야 되지 않겠느냐 이거지. 마음 도리를 운전하는 것도 역시 마찬가지다 이거야.

오늘 나한테 이유를 물을 것도 없고 용건을 얘기할 것도 없어. 그것을 홀홀하게 그렇게 해 먹고, 어디 혹이 달렸다 이러걸랑은 그 용건만 얘기하면 돼. 응? 이 모두가, 잘살고 못사는 건 여러분의 마음에 달려 있고, 영원하게 끝 간 데 없이 이 세상을 건지는 것도 여러분이 공부만 한다면 이 세상을 다 건질 수가 있어. 여러분이 공부를 해 들어가면 이거보다 더, 정말 천체 과학적인 문제만이 아니라, 과학도 이름이야. 혹성 이 자체의 별성의 문제들도 우리가 우리를 알면 다 알게 돼 있어.

그러니 그런 줄 알고 퍼뜩퍼뜩들 일어나서 그렇게 생각을 하시고 그렇게 실험을 해 보시고 체험을 하세요. 안 되는 일이 별반 없으리라고 봐요. 왜? 잘되기 위해서 한다는 게 아니라 안 되는 것도 거기서 나오는 거니까 되게 하는 것도 거기지. 그렇다면 일체제불의 마음, 내 마음, 중들의 마음이 전부 한데 합쳐져서 여러분을 구하니 그 얼마나 영광된 일이냐 이거지. 그런데도 "자기가 그거 뭐…." 이러고 "자기, 자기, 자기" 자기가 어딨어요?

자기 영혼을 자기가 다스려야 한다는 거는 모두 알아야 합니다. 자기 마음 자체가, 인간의 마음은 만물의 영장이라 그래서 좋고 나쁜 거를 잘 압니다. 그러니 여러분의 영혼을 다스려서 모든 것을, 인과를 벗어나고 유전을 벗어나고 세균성을 벗어나고 업보성을 벗어나고 오간지옥성을 벗어나고 이래서 우리는 훌쩍 점프하는 거죠. 아무 걱정 없이 그렇게 가야만 될 사람들이 죽치고 앉았다가는…. 그, 못 믿으니까 그렇거든, 죽치고 앉아 있는 것이. 그리고 고깃덩어리를 보려고 하지 말고 마음으로 가르치는 그 뜻을 생각해서….

어떤 사람이 이런 사람이 있었어요. 길을 가는데 차 앞에서 차를 이렇게 막고 섰기 때문에 내렸거든. 왜 그런가 그랬더니 손이 전부 갈라지고, 그 무슨 병? 문둥병? 그런 것이 걸려서 이렇게 그냥 더덕더덕 붙고 그래서 장갑을 끼고 전부 이렇게 쌌는데 이렇게 막고 있더라고. 벌써 그게 한 이십여 년 전인지도 모르죠. 그래서 할 수 없이 뭐, 사람을 칠 거야, 어떡할 거야? 그래서 문을 여니까 아, 그냥 병 얘기를 하면서 알았다고 대답을 안 해 주신다면 자기는 한 발짝도 물러서지 못하겠다는 거라. 그 대답이, 그게 얼마나 기가 막힌 대답인 줄 아세요? 그런데도 불구하고, 대답을 했는데도 가지를 않고 그냥 꼭 붙어 서서는 그러니 그거는 벌써 무효가 돼 버리는 거죠. 다 생각이 있어서 알았다고 하는 소린데. 그렇게 막고 있으니 아, 뭐, 옴폐부득 할 수 없지. 알았다고 그랬지, 뭐. 내가 지옥고를 그 사람 대신 받는다고 그래도 할 수 없지, 뭐. 안 그래? 그래서 대답을 하고 갔는데 석 달 뒤엔가 거기를 지나다 보니까 또 막고 있어. 아, 그래서 아니, 왜 막고 섰느냐고 그러니까 장갑도 안 끼고 아주 훌륭하게 지금은 빨래도 한다는 거라. 그래서 고맙다고 그 차 탄 데다가 절을 세 번 하고서는 그냥 돌아서는 거라. 그러고는 여직껏 못 봤어. 그랬으면 그만이지 보면 또 뭘 할 거야, 응? 그런데 우리는 지금 공부하는 길이기 때문에 돈이 많아서 잘살든 병이 나아서 괜찮든 연방 이걸 쥐고선 공부해야 되거든.

인제 일어서 봐요. (대중 웃음) 가 봐요. 예. 꼭 그렇게 하세요. 우리 여기 처사님들도 꼭 그냥! 그까짓 거 뭐, 이름에 속아서 벌벌벌벌 떨고 죽을까 봐 그럴 필요가 뭐 있어요? 모두 그 사람네들이 이름을 지어놓고서 그러는데 그것도 이름을 지어 놔서 그렇지 공갈인지도 모르죠. 그러면 뭐, 어떡해요. 공갈에 그렇게 속지 말아요.

쓰레기를 버린 인과

선실 법회

1991년 8월 20일

큰스님 … 퍼뜩퍼뜩 자기가 작용하는 데서 그 물리가 터져야 하니까요. 이 세상 살아나가는 게 전부야. 전부 자기 마음으로써 작용하는 데에, 그 속에 다 있다니까, 일체 만법이.

그리고 애들한테도 가르치면서, 내가 항상 얘기하지만 자기 소유물로 생각하지 말고 내 자식이라는 게 영원하다는 것도 생각하지 말고, 잘못된 게 있으면 항상 인의롭게 부드럽게, 말할 때는 그렇게 하고, 모든 것은 거기에다 맡겨 놓고…. 진정한 사랑이라는 것은 뿌리를 길러 주는 것이 사랑이지, 그냥 겉으로 말하고 야단치고 온통 분란을 일으키고 그렇게 해서 가출하게 만들고 이탈하게 만들고, 몸뚱이는 안 나가도 마음이 벌써 바깥으로 나가게 만들고 이러면 부모의 자격이 없어요. 자기네들이 잘못해 놓고 정신 분열을 일으키게 하고 더욱더 가난을 가져오게 만들고, 병고를 가져오게 만들고….

사사로운 조그마한 말이지마는, 어디 가다 보면 커피를 마시고도 잔을 저런 데다가 그냥, 조금만 가면 쓰레기통에 넣을 수 있는데 그것도 하기 싫어서 어느 귀퉁이에다 끼워 놓고, 차 타고 가다가도 담배 피다가 그냥 후컥후컥 버리고, 다 마시고 깡통을 그냥 휙 던지고 가고 그러는 사람들을 어떻게 생각하면 좋을까? 마음공부라는 것이 질서를 문란하게 하지 않아야 하고 도의와 의리, 시간을 지키고, 부드러워야 하고 부드러운 행을 해야 하고, 말 앞세우는 것보다도 행동이 더 진실해야 하고, 거짓말을 하더라도 남을 위해서 거짓말을 한다면 그것이 바로 이익이고 거짓말이 아닌 거고, 사기성의 마음을 가지고 만날 남을 이익하게 안 하고 해롭게 한다면 자기 앞에 떨어진다는 것을 여러분은 깊이 생각해야 합니다. 난 어떤 때는 이상스러운 점이, 테레비에 나올 때 보면 골골이 그냥 쓰레기를 버려서…, 아, 사람이 돼 가지고 그거 자기가 먹고 난 쓰레기 담아 가지고 쓰레기통에 넣으면 어디가 어떻게 잘못되나?

그러니 그 오물 속에서 독충이 얼마나 일어나겠느냐고. 그 독충이 일어나면 보이지 않게 안개처럼 날아다닌다고. 그러면 그게 누구한테로 오느냐. 버린 사람들한테, 사람들한테 도로 온다고. 그러면 버린 사람만 그렇게 되느냐. 버리지 않은 사람들도 그렇게 받는 거지. 그러니까 한 사람으로 인해서 백 사람, 천 사람이 죽게 돼 있어. 고통을 받게 돼 있고. 만약에 열 사람이 그렇게 버리고, 아니 세 사람만 그렇게 버리고 그랬다면 백 사람, 즉 말하자면 백을 채운다고. 97명은 어떻게 되지? 글쎄, 그러니까 거기 세 명을 포함해서 백 사람이 병을 가지고 올 수도 있어. 우리가 이런 공부를 튼튼하게 하질 못한 관계상 그런 행도 하고 저런 행도 하는 거죠. 또 보이지 않는 안개 같은 세균이 모두 그게 독충인데 나한테 달려들면 내가 그것을 아나? 털구멍을 통하고 귓구멍 눈구멍 콧구멍 입으로도 들어가고 그렇게 해서 병이 들리고, 요새 얼마나 병이 많으냐고. 그럭하는 사람이 좀 더 줄고 그럭하는 사람이 없어야만이 우리 병이 덜 들지 않느냐.

또 그렇게 해 놓는다면 나무에는 어떻고. 나무에도 곤충들이 생겨 가지고는 그냥 전부 뿌리가 상하게 되고, 우리 사람 하나 잘못해 가지고 얼마나 해가 가는지 몰라요. 그뿐인가. 식물 심어 놓으면 독충이 그냥 전부 달려들어서 먹는 것도, 그것도 다 그렇게 해서 생기는 거지. 그러니 한 번 잘못에, 예를 들어 말하자면 거짓말을 한 번 해 놓고 그걸 감추기 위해서 열 번을 거짓말을 해야 한다. 그러면 열 번 거짓말을 했는데 이게 자꾸자꾸 번지면 그것을 막기 위해서 사람의 행동이 나오는 게 아니라 그때는 아주 거짓말로다가 그냥 왕창 싸 버리고 말지. 조그마한 거짓말 하나에 그렇게 왕창 커진다는 겁니다. 우리가 조그마한 걸 버려도 독충이 생겨서 우리 국민을 전부 그냥 나쁘게 만든다는 겁니다.

이게 한국에서만의 문제가 아니거든. 날아다니면서 그냥 여기도 가고 저기도 가기 때문에 세계를 덮치는 거야. 그게 조그마한 일이 아니라고요. 그렇게 모두 하면서, 테레비에 보니까 엄청난 문제가 있어요. 물통 속에 그냥그냥, 아이구 참! 세상에, 사람들의 머리로 그럴 수가 있느냐고, 응? 누구라도 서둘러서, 아무리 저거 해도 석 달에 한 번씩은 치워야, 일 년에 세 번은 치워야 돼. 아무리 못 치워도. 아무리 깨끗한 물이 들어가도 앙금이며 수도 파이프에서 나오는 쇳물이며 그런 게 들어가면 모두 나쁘다는데 뭐, 엉망이더군.

그러니 이 공부를 했다면 사람들의 머리 쓰는 것이 좀 더 그걸 느껴. 물을 먹을 때도 물을 따르면 벌써 '이 물 느낌이 좀 안됐다.' 하면 그런 거를 건의해서 부시게끔 할 수도 있고, 여러 가지 문제에서 다 이익하게 가져와요. 이 마음공부라는 게 모두 자녀들과 더불어 위로는 부모 조상들, 아래로는 자녀들 또 나아가서는 친구들, 형제들, 부부지간의 문제들을 다 가져올 때 다 커버할 수 있는 둘이 아닌 도리를 안다면 그때에 가서는 모두 전체, 외부의 전부가 둘이 아닌 줄 알게 돼서 여러분이 모든 물리가 다 터지게 되고, 들으면 듣는 대로 그게 법이 되고, 보면 보는 대로 법이 되고, 말하면 말하는 대로 법이 돼요, 한데 떨어지지 않고.

그런데 모두 전화 오는 걸 봐도 그렇고, 글쎄, 어린애 못 낳는 거를 스님한테 가서 참, 근근덕신 이렇게 해서 지금 하나 생겼는데 건강하답니다. 그런데 의사가요, 태반에 무슨 물이 적어서 뭐가 잘못된다고 그랬대요. 그러니 그것이 그냥 걱정이 돼서 잠을 못 잔다니 세상에, 그럴 수가 있어? 여기 와서 공부를 하지 말지, 그러려면! 긁어서 부스럼을 만들고 긁어서 걱정 근심을 하고. 세상에 돈이 없고 그래도 진정으로 찾아들 데가 여기야, 음? 돈이 있다고만, 권세가 있다고만 여기 오는 것도 아니고 공부하는 것도 아니거든.

우리 스님네들은 돈 많이 준다고 좋아하지 않아. 그걸 알아야 돼. 돈 많이 주는 것도 돈 있는 사람, 또는 전자에 복은 지었으나 인과응보로 많은 죄를 지었다거나 이런다면 그것은 시주도 해야 하고 정성도 지극하게 해야지. 그건 자신이 살아나가다 보면 자신에 의해서 '아, 이런 거는 이렇게 됐으니까 그 값어치를 하고 나는 그거보다 무주상 보시를 받아야겠다.' 이런 생각을 하고 다 하는 거야, 있으면. 없는 거를 굳이 빚을 내서 가져오라는 말은 안 하잖아? 빚을 내지 않아도, 당장 먹을 거를 가져와도 가슴이 아픈데…. 그런 게 불교가 아니라니까.

그래 저분이 저기 앉아 있지만 그 동생 남편도 병이 들어서 그렇게 애를 쓰고 그렇게 했지. 병이 나았다고 해서가 아니라 정말 가상하지. 자기의 그 공부하는 마음으로 믿지 않는 사람도 고칠 수 있었으니 말이야. 여기 뭐, 줄창 오는 사람도 아니고 시골 사람, 아무것도 모르는 사람, 이런 사람도 다 인권해서 고치고 그러는데…. 그래서 살아나가는 데도 또 자신이 그걸 알고 그렇게 나가면 가정이 그렇게 유하잖아. 나쁘게 돌아가지는 않는다고. 거기서 더 나쁘게 돌아가지는 않는다고. 이익하면 이익했지, 자식들한테라도.

여러분에게 이익하라고 공부시키는데 어떤 때 엉뚱하게 그렇게 나올 때는…. 내가 나를 위해서가 아니지. 그 말을 하거나 그렇게 못하거나 나한테 무슨 상관이 있겠나? 하지만 내가 잘 입고 잘 먹고 부자가 되고 돈 벌려고 이렇게 앉아 있는 사람 같으면 아픈 그 눈물이 안 나와. 사랑하니까, 내 아픔과 같이 생각하고 내 몸과 같이 생각하니까 그런 생각도 하고 "이 멍청아! 왜 이렇게, 이렇게 사서 고생을 해?" 하고선 큰소리도 나오지, 사랑 안 한다면, 내 몸과 같이 생각 안 한다면 무엇 때문에 내가 그래야 돼? 그럭하고 살아야 되느냐고, 목 아프게. 바깥으로 믿지 말고 안으로 하나하나 믿음으로써, 나를 끌고 다니는 나의 주인공이 바로 나를 위해서 유(有)의 법이나 무(無)의 법으로 모든 걸 조절하고 나간다고 그렇게 해도 그것을 믿지 않고 그런다면 난들 어떡하느냐 이거야.

세상에, 우리 스님 한 분이 저 지원에 있는데, 어느 분이 하도 열이 나고 정신이 이상하고 눈도 잘 보이질 않는데, 꿈을 꾸고선 그렇게 병이 들었으니까 천도재를 지낸다고 해서 천도재를 지내려고 막 해 놓고는 그냥 병원으로, 오늘 천도재 지낼 텐데 병원으로 달아나간 거야. 꿈에 죽은 언니가 와서 "응, 너도 꺼먼 옷 입어라." 그러고선 꺼먼 옷 입히고 자기도 꺼먼 옷 입었다는데, 글쎄, 그렇게 해서 병이 들었는데 그게 병원에 가서 그렇게 할 일이야? 아, 천도재를 시켜 놓고서는 그냥 가 버리고 그걸 그렇게 해? 우리가 항상 공부하기를 그렇게 공부 안 하거든. 남의 거를 그렇게 그냥 포착하고 남의 거를 이익하게 안 하고 뺏고 이러는 사람이 아니거든.

그런데 누가 깊은 산으로 다니면서 산삼을 두 뿌리 캐 왔대요. 캐서 그 스님한테다 주는 거를, 스님은 좋은 거 입고 좋은 거 먹고 이렇게 못 된다고 해서 아픈 사람에게 줬답니다. 그 아픈 사람이 먹고 나으라고. 가난하고 그러니까 말이야. 이 좋은 거를 이렇게 줬는데도 불구하고 그것이, 허허, 참 내! 마음이 그러니까 그걸 먹고도 병원으로 온통 돌아다니고 그러니 그게 뭐가 좋겠소. 마음인데, 사람이. 그것을 팔지 않고 스님에게 가져온 그 사람도 있고, 가져온 걸 먹지 않고 그것을 병자에게 줬는데도 이런 바보들이 그 마음을 몰라, 응? 어째 마음을 가진 사람들이 마음을 모르느냐고! 그런 사람들이 어떻게, 자기 이 마음을 모르는 사람들이 자기 배 속에 있는 중생을, 자기를 어떻게 제도해?

그래서 "큰일 났어요, 스님. 병원으로 그렇게 다니고, 그거 먹었는데도 낫지 않고 지금 아주 눈도 못 뜨고 더하답니다." 그래서 내가 웃었다고. 그 약은 왜 줘? 그것도 그릇에 따라서 받을 만한 사람한테 주는 거지 아무한테나 주는 게 아니야, 응? 세상에, 이 물을 말이야, 납작한 접시에다가, 구멍도 뚫린 접시에다가 이 물을 담아서 주면 그냥 물이 다 빠지고 먹을 물이 없어지듯 고런 구멍 뚫린 접시의 차원에다가 산삼 둘을 삶아서 거기다 부은들 무엇이 먹을 게 남겠나. 우리 마음이, 산삼이 아니더라도 물 한 컵을 스님이 줄 때 이것을 바로 산삼으로 알고 먹을 수 있는 마음이 돼야 되거든. 그래야 공부가 돼서 내가 어디를 지나다가 급하면, 어떠한 사람이 아파서 애쓸 때, 그 사람이 그 도리를 모를 때 방편으로 쓰는 거야. 병에 담아 가지고 가던 물을 "아, 이거 약물인데 좋은 약초로 달인 물입니다. 그러니까 이거 잡수시면 나을 겁니다." 하고 그 물 먹던 거를 따라 줬는데도 병이 나았다 이거야. 왜냐? 이쪽에서는 방편으로 쓰고 그쪽에서는, 이 도리를 모르니까 그 물이 약인 줄 알고 먹었기 때문에 나았다 이거야. 그 마음이야!

내려올 때는 한마디 할 게 없었는데 여러분하고 같이 앉으면 또 말이 되고 말이 되고 이러거든요. 하, 참 내! 알다가도 모를 일이지. 그러니 여러분이, 날마다 얘기해 드리는 거지만 내 몸속에 있는 중생들 그거부터 제도하기 위해서, 또 살아 있는 내 몸뚱이와 내 가정을 제도하기 위해서 모든 것을 거기다가, 둘로 보지 말고 거기 맡기고 한마음 속에서 나온 거니까 한마음 속에서 해결을 할 것이라는 믿음을 진실하게 갖고 거기 다 맡겨라 이거야.

또 타의에서 왔든 자의에서 나왔든 하여튼 한번 발현이 된 사람은 어떠한 그림자가 보이든지, 어떠한 걸 그 안에서 시키든지, 어떠한 것이 들리든지 모든 것을, 거기에서 나오는 거니까 거기다 되놔라 이거야, 또! 이차적으로 또! 거기다 맡기고 살아라 이거야, 거기서 나오는 거니까. '응, 들리는 것도 거기서 들리게 하는 거고 보이게 하는 것도 거기서 보이게 하는 거고 시키는 것도 거기서 시키는 거니까.' 하고 거기다가 다시 맡겨라 이거야. 그걸 그대로 그냥, 바깥으로 보인다고 끄달리고 들린다고 끄달리고 시킨다고 끄달리고 이런다면 그건 노예밖엔 더 돼? 응? 항상 이런 말을 하지만 자기 중심으로 기둥을 삼아 하늘을 받칠 수 있는, 땅을 디딜 수 있는 그런 목표를 세우고 가는 거지 아니, 그렇게 들어서 만날 귀신 장난 하다가 말 작정이냐고.

엊그저께 설법할 때는 이 인간이 공부를 하면 인간 이외의 참 광대무변한 에너지가 자기한테 있고 재료가 있으니, 우주 천지가, 이 세상이 다 가설되고 직결돼 있으니까 거기에까지 다 목표를 달성할 수 있는 거라고 그렇게 알려 드렸습니다. 그렇게 말 안 하면 요 생활 속에서만 있는 줄 아니까, 여러분 공부하는 목표가 어떤 건지 좀 더 알고나 해야지 아무리 이론이 좋고 학식이 좋다 하더라도, 권세가 좋다 하더라도 이 마음법은 광대무변하기 때문에 따라설 수가 없어. 천체 물리가 터질 수 있고, 천체를 감응할 수가 있고, 천체를 돌아가면서 서로가 서로를 알게 될 수 있고 보게 될 수 있고 듣게 될 수 있고…. '야, 외계에서 소리를 들어야 한다. 어디에서 뭐, 전파가 오지 않나.' 과학자들은 이러한 문제들을 가지고 있을 거라고 생각이 듭니다.

그러나 우리 이 마음은 무전통신기가 전파, 이 전체 소임을 가지고 있는 거고, 보는 것도 천체 심성망원경이라, 응? 그래, 여북하면 천안통이라고 그랬겠나. '천' 이면 이 세상을 전체 한데 합친 그것이 천이거든. 그래서 그 천의 안이, 눈이 밝다 이거야. 천을, 천지를 다 보고 그러는데 어디에서 전파 올 때를 기다려? 생각하면 다 보고 다 들을 수 있고 그렇지만 그런 거를 모르는 사람한테 누설해서 현혹시키면 안 된다는 점이지. 알지도 못하는 그릇에다가 그런 거를 퍼부어 줄 수는 없으니까. 여러분이 여러분 밥을 먹고 배가 부른 거지 대신 누가 먹어 줄 사람이 없다는 사실입니다. 내가 아무리 다 안다 하더라도 여러분한테 그런 말은 할 수 없지. 그러나 "사람이 마음공부를 할 때는 이런 목표도 있다. 그 외에도 얼마든지 있지만 그저 이렇게 갈 수 있는, 이렇게 할 수 있는 공부도 바로 그 마음속에서 할 수 있다." 이런 말을 한 거예요.

그러니 여러분이 지금 몸이 떨어지기 전에, 우리가 살면 백 년을 사오, 천 년을 사오? 몸 떨어지기 전에 열심히 해서 이 세상을 다 건질 수 있는 그 마음의 에너지가, 그 능력이 생겨서 요다음에 훨훨 벗고 말이야, 내 마음대로 할 수 있는 그런 여건을 가지신다면 어딘들 못 가고 어딘들 보지 못하고 어딘들 듣지 못하겠소. 듣지 못하는 과학자들한테 그런 소리가 들린다고 하면 그, 미쳤다고 하겠지. 그러나 미쳤다곤 하지만 아, 그럴 수 있겠다는 느낌은 느낄 거라고. 지금 얼마나 정신계로 바짝 들어서는 판국인데. 왜 마음으로, 이심전심으로 수억겁이라도 보낼 수 있는, 빛보다 더 빠르게 보낼 수 있는 마음이 있는데 괜히 이거를 눌러서 전파를 보내겠소? 허허허…. 생각을 해도 참 우습지.

그러니까 여러분이 오늘도 생활 속에서 걸음을 걸으면서, 일을 부지런히 하면서, 하면서도 생각하고 생각하면서도 뛰면서 우리는 그렇게 옷 벗기 전에, 이 몸이 쇠약하기 전에 다시 좀 더, 내가 사는 동안까지는 아픈 것도 낫게 하고 가정에서 불상사 있는 것도 화합을 시키고 자녀들도 잘못 나가는 거를 올바로 세워서 이끌어 나갈 수 있는 능력을 기르라는 거지. 그 능력을 길러 놓으면 하나하나 외축되는 게 없어. 쓰레기 하나를 버리더라도 '아, 이래서는 안 되지.' 하고 그것을 냄새 안 나게 싸서 다 이렇게 해서 똘똘 말아서 꼭 매서 그냥 넣고, 마른 건 마른 것대로 이렇게 버리는 그런 마음이 스스로 생겨. 그래서 남한테 해를 주지 않는 거지. 비록 가난해서 쓰레기는 치우나 냄새 좀 덜 나면 그 치우는 사람도 좋을 거고 병 안 들고, 얼마나 좋은가? 우리네가 조금만 조심한다면….

내가 무슨 그런 말 할 자격이 있느냐고 하겠지만, 그 마음공부라는 게 어느 조그만 거 하나 빠지는 게 있나? 그저 남이 안 본다고 함부로 해서 되나? 자기가 자기 하는 걸 보고 있는데, 허허허…. 안 그렇소? 아, 자기가 병원에 가서 누워서 수술을 하는데 자기가 내려다보고 있더래. 그래서 '아, 인젠 살았구나.' 그랬대. 허허허…. 자기가 자기 몸뚱이를 내려다보고 있더라는 거지. 그러곤 잘못 저거 하면 손을 탁 쳐서 손을 옮겨 주고 그러더라는 거야. 그런 것이 눈에 현상히 보이더라는 거지. 그러니까 '살았다, 인제는. 아이, 한마음 주인공 당신이, 바로 이 몸 끌고 다니는 당신이 자기 몸을 이렇게, 이렇게 소중히 생각하는구나.' 그러면서 수술을 하고 나서 울었다는 거야. 이렇게 소중하게 나를 사랑하고 이렇게 자비를 베푸는 당신이 있는 거를 미처 몰랐다고 하면서 울었다는 거지. 그거는 남편도 되고 내 전 조상도 되고 아버지도 되고 부처도 되고 여러 가지, 엄마도 되고 그런 거야, 그게 본래. 자기 몸 자기가 죽이는 법 없어! 자기 주인공을 믿는데 어찌 자기, 즉 말하자면 아버지나 어머니를 믿는데 어머니 아버지가 자기 죽일까, 자식을? 몸뚱이는 자식과 같은 거지. 진짜로 믿고 거기다가 맡기고 그런다면 육신의 모든 이 생명들, 의식들이 전부 한마음이 돼 주면서 아이구 세상에, 요리로 가면 자식이 되고 저리로 가면 아비가 되고 그러니 이게 연방 하나로 돌아가는 거야, 하나로. 이리로 가면 이리로 되는 대로 하나로 돌고 저리로 가면 저리로 가는 대로 하나로 돌고, 일을 할 때는 자식으로서 하나로 돌고 일을 안 하고 있을 때는 아버지로 하나로 돌고 야, 글쎄, 뭐가 부족해서 여기 끄달리고 저기 끄달리고, 들리는 거에 끄달리고 보이는 거에 끄달리고, 온통 야단법석을 해 가지고 오히려 긁어 부스럼을 만드느냐 이거지.

열 명, 스무 명, 천 명, 만 명, 일억 명, 십억의 귀신이 보인다 하더라도 자기 분신이야, 자기 분신. 자기 분신이지 딴 데서 오는 게 아니라 이 소리야. 그러니까 겁내지 말고 두려워하지 말고 놀라지 말고 그것을 전부 합류화시켜서 전부 항복을 받는다는 그러한 뜻도 있잖아? 모든 게 전부 하나로, 자기니까 자기한테 넣는 거야. 거기에 놓는 거야. 그렇게 넣어서 나중에는 다 이게 제도가 돼서 보살이 된다면 그때는 "넣어도 넣어도 두드러지지 않더니 인제는 꺼내도 꺼내도 줄지 않더라." 이런 게 나오지. 이런 공부를 하는 사람들이 그렇게 소홀히 해서 되나?

어떤 스님네들은 그러지. 스님은 신도들을 왜 그렇게 열심히 자상하게 가르치려고 애를 쓰시느냐고. 스님네들이나 가르치시라고. 아, 이러는 스님네들이 있지, 저 다른 데. 그런데 스님네들이 따로 있는 게 아니거든. 여러분이 만약에 이다음에 큰 회사를 차려서 중생을 제도하면서, 이런 공부를 가르치면서 해 나가도 중의 행이요, 보살행이요, 또 머리 깎고 중이 돼 가지고 그렇게 해도 행이라 이거야.

어떤 두 형제가 중이 돼 가지고 있으니까 사형 사제가 되지. 이 만법을 깨친 사람들이야, 그 사람들이. 그런데 나라에서 태자가 생기질 않으니까 가서 빌고 빌었어. 빌고 빌고 천일기도를 하고 온통 야단법석을 하니까 "얘, 중생들을 위해서 어떡하니?" 사형과 사제가 둘이 앉아서 "아유, 난 나가기 싫은데, 틀어서 망건 쓰고 갓 쓰고 아유, 버선 신고 이러기 싫은데…. 그 얼마나 고통스럽고 그게 지옥이 아닌가." 이러고선 둘이 서로 싫다고 싫다고 하니까 구지비끼리를 해서 뽑았단 말이야. 근데 아우가 걸렸거든. "아이구, 이거 할 수 없지, 뭐, 형님." 그러면서 그냥 들어가서 옷을 벗고 망건 쓰는 데로 갔대요. 허허, 나라로. 그래서 태자가 없으니까 대신 자기가 그렇게 나가 주는 그런 자비도 있어. 그렇게 그 고통 속으로, 지옥 속으로 들어가는 거지, 지금. 그렇게 편안하고 참, 싱그럽고 도도하게 흘러 돌던, 정말 자유스러운 산부처가 그거를 다 벗어 버리고 지옥고로 들어간 거야, 원하니까. 부처님 법이 이런 거라고.

그런데 남을 해치는 줄도 모르게 해치는 일들을 서슴지 않고 하니 우리가 어떻게 사람이라고 하며 불제자라고 할 수 있겠느냐 이거지. 조심해서 우리가 조금만, 신경을 조금만 쓰면 남한테 좋은 일을 하고 나한테 그런 병도 안 오고 남한테 그런 병도 안 가고, 뿌리를 길러 줄 수 있는 그 여건이 그냥 스스로 와, 벌써.

요 한마디만 하고요. 어떤 분은 척 보니까 처음 왔는데도 그 마음이 그렇게 그럴 수가 없어. 나한테 자주 왔다고 해서가 아니라 그렇게 되는 수가 있거든. 척 보면 하나가 돼 버리니까 그렇게 하나가 될 때에는 그쪽이 부족하면, 광력이 부족하면 광력이 갈 것이요, 자력이 부족하면 자력이 갈 것이요, 통신이 안되면 통할 것이요, 모두가, 불 켜는 데 전력이 부족하면, 마음을 밝히는 데 전력이 부족하면 전력이 갈 것이다 이거야.

그런데 용건만 얘기하지 그냥 웬걸 다 늘어 놓으려고 애를 쓰십니까? 왜 자기 자신들의 등불이 밝다는 거를 모르고 그렇게 못 믿고 컴컴하게만 생각합니까? 여러분 모두가 등이 있어서, 자연적인 등이 있어서, 인등이 있어서 항상 밝게 그렇게 켜져 있는데 그거를 못 믿고 남의 등이 더 크고 남의 등이 더 밝고 그런 줄 알고 왜 그렇게 그럽니까. 전력이 부족해서 저거 한다면 전력을 더 넣으면 되고, 그러게 한마음으로 "아이, 스님. 제가 모자라서 이렇습니다." 용건만 '이러합니다' 하고 그냥 대답하거나 말거나 뺑하니 달아나가면 될 거를, 왜 그것을 대답을 들으려고 하고 온통 야단법석이냐고. 귀가 먹었나, 내가? 말만 하고 돌아서서 나가면 되는 거야, 용건만 그냥 간단히. 그래야 나도 일을 하지! 자꾸 날 붙들고 그런다면 자기가 말해 놓고 내가 어떻게 해? 여유가 있어? 그런 여유가 없는 건 아니지마는 자꾸 붙들고 그러면 외려 그게 무효가 되는 수가 있어요.

내가 소금 팔던 사람을 자꾸 얘기하지만, 그 사람은 돈도 없고 가난해서 당장 소금 한 그릇 이고 나가서 팔아야만 죽이라도 쒀 먹어. 남편은 정신분열증을 앓지, 응? 자식들은 많지. 그러니까 소금 장수를 하다가 너무 무거운 것만 이고 다녀서 자기는 자궁암을 앓지. 이러니 그런 생각이 들겠어요? 여러분이 극단에 처해져 있으면 자기 병이 뭐 어떻고 어떻고 이런 생각 할 겨를이 없다고. 지금 막 남편은 방에다 가둬 놓고 텐트를 치고서 거기다가 자식들을 넣고 이러고 다니는 판국에, 자기가 조금이라도 안 팔고 가면 벌써 애들이 굶을 지경인데 자기 병이고 뭐고 자기 남편이 그렇다 뭐, 이런 생각 할 여지가 없어. 오면 소금 한 공기 탁 퍼 놓고 "스님! 아범이 이렇고 저렇고 그런데 나는 또 자궁암이랍니다." 그러곤 그냥 뭐, 이유를 불문에 부치고 "글쎄, 그렇답니다." 그러고 남의 말 하듯 하곤 그냥 달아나가. 허, 얼마나 갸륵하오. 세상에, 갸륵한 거보다도 너무나 극단적이고 너무나 기가 막혀서 나 역시 멍멍히 그냥 쳐다보고, 멍멍히 그냥 바라보고 있는 거지, 뭐. 어처구니가 없어서. 인생이라는 것이 엿가락같이, 고무줄같이 저렇게 사는 사람이 있는가 하면 이렇게 사는 사람, 그렇게 사는 사람…, 천차만별의 도깨비장난 같은 이런 세월 속에서 아이구 참, 기가 막혀서 물끄러미 쳐다보고 있다고.

그런데 삼 일이 지난 뒤에 또 소금을 한 다라를 이고 와서는 또 공기에다 하나 놓고 껄껄껄껄 웃으며 "스님, 아비도 많이 나았고요, 저도 자궁암이, 글쎄, 오진을 했다나요? 나았어요." 그러고서는 또 가는 거야. 세상에, 이렇게 사람이 급하게 돌아가는 거라고. 사람이 막다른 골목에 탁 치받치면 그렇게 여러분처럼 여유 있게 아이구, 이런 게 이렇게 속 썩이고 이런 게 이렇고, 뭐, 이런 게 없습니다, 네? 그렇게 급하지 않기 때문에 그러는 거예요, 여러분이. 그렇게 급하면 그럴 여지가 없죠. 그 뭐, 얘기하고 앉아 있을 사이가 있나요? 외려 그게 그분들한테는, 너무도 내가 어이가 없어서 쳐다보고 있는 순간, 아까 얘기했듯 그렇게 한마음이 되고 모두가 한데 뭉쳐지니 그것이 속에서 그대로 광력으로 그대로 그냥 병을 낫게 하고 그러는 문제들도 있지 않습니까? 이건 불가사의한 문제지만 불가사의한 게 아닙니다. 여러분이 다 할 수 있는 그런 능력을 가지셨다 이 소립니다.

그럼 인제 그렇게들…, 요새 내리내리 이렇게 말하는데 좀 그렇게 해 보세요. 그렇게 해 보시고 실험하고 체험하고, 우리 열심히 해 봅시다, 어디. 내가 도와주긴 누구에게나 다 한마음을 내 주지 않는 사람 하나도 없어요. 그러니 여러분이 한번 '마음 내 주시는 거는 당연하고 그러니 내 마음도 내서 그렇게 한번 굳건히 해 보자.' 하는 그 마음을 가지세요, 믿고요. '아, 스님 마음도 있지 않은가. 왜 빈약한 내 마음만 생각하고 그러나. 내 마음의 그 주인공도, 수없는 억겁 광년을 거쳐 오면서 우리를 이끌어 온 그 마음이 얼마나 경험이 많았고 얼마나 참 광대무변할까.' 이런 생각도 한번 해 보고요.

그럼 가 보세요, 인제. 고깃덩어리 끼고 앉아 봤자야! 그러니까 그저 웃는 모습, 한번 서로 쳐다보고 웃으면 그뿐이에요.

자기 마음을 잘 이끌어 가는 대인

선실 법회

1991년 8월 29일

큰스님 … 감사한 건 한두 건이 아닙니다. 그게 없으면 여러분 존재가 없으니까요. 그래서 이 육신이 사대로 흩어지기 전에…, 이 육신에 대해서 허망하다 하지만 허망한 그 안에 참뜻이 있고 참나가 있다고요. 나를 끌고 다니는 참나가 있다고요. 과거에도 끌고 다녔고 현재에도 끌고 가고 있고 미래에도 끌고 갈 겁니다. 영원한 자기를 못 믿고 자기를 끌고 다니는 걸 무시하고, 모두 자기 바깥에 있는 모습을 보고 무시하고, 모습을 보고서 사랑하고 좋아하고 인격을 높게 보고 이렇게 해서는 안 돼요.

여러분 속에, 몸속에 얼마나 헤아릴 수 없는 그 모습들이, 징그러운 모습들과 더불어 같이 있는 줄 아세요? 여러분 자체가 무서운 동물이라는 것도 아셔야 해요. 사람이라고 해서 다 사람이 아니에요. 세상에, 오늘 아침에…, 나는 신문도 보지 않고 그, 보면 귀찮고 들으면 귀찮고 그렇거든. 귀찮아서 안 본 게 아니라 볼 사이가 없죠. 그런데 지내다 보니까, 군대 가기 싫어서 글쎄, 무르팍을 깼대요. 아니, 그게 사람들이에요? 또 어떤 때 보면 아니 무슨, 참 내! 유령 회사를 만들어 놓고요, 사람에게 그렇게 해를 주는 그러한 족속들이 있다면 그건 사람이 아니에요. 서로 잡아먹고 그러던 짐승이지요. 짐승이 사람의 모습만 가졌지 그 의식들은 그냥 가지고 있기 때문에 그런 거예요. 그 의식이 바깥으로 나오거든요. 우리가 행동하는 게 뭐냐. "하나하나서부터 사람의 짓을 해라. 사람부터 돼라. 사람이 되려면 양순하고 행을 똑바로 가져야 하고 말을 부드럽게 해야 하고 마음을 언제나 항상 중심에다 두고 항상 중도로 행을 하라." 이런 말이 있죠. 중심은 여러분이 중심을 갖는 거고, 중도는 바로 우리가 깨달은 그 자체의 천체를 말하는 거고, 중심은 여러분 하나하나의 중심이고 그런 겁니다.

그러니 모두 여러분이 감사해야 할 뜻은 뭐냐. 모두가 감사하지 않은 게 없어요. 물도 감사하고 흙도 감사하고 바람도 감사하고, 바람이 없으면 공기가 없으니까 말이에요. 불이라는 건 종합해서 불성 자체를 말하는 건데 이것은 개별적으로 다 개성을 가지고 있어. 물의 개성, 흙의 개성 다 가지고 있기 때문에, 네 가지가 한데 모여서 생물이 됐으니까 말이야. 미생물로부터 됐으니까. 그게 모이지 않으면 온기가 생기질 않아서 되지를 않아. 생명이 어떻게 소생할 수 있을까. 그 소생할 수 있는 그 자체성을 볼 때에, 우리가 콩 심은 데 콩이 나지요. 그렇기 때문에 물은 물대로 흙은 흙대로 개성을 가지고 있기 때문에, 종합해서 가공이 됐기 때문에 사람이 됐던 거죠. 사람이 될 때까지 진화돼서 이날까지 온 것이, 사람이 제일 나중에 났다는 그 뜻이 무엇인 줄 아십니까?

인간이 되면 불성을 지니고 있기 때문에, 그 불성으로 인해서 인간으로 태어났다면 바로 좋고 나쁜 걸 압니다. 남을 이(利)하게 하는지 해롭게 하는지, 행은 그렇게 하더라도 바로 알기는 하거든요. 알기는 하면서도 행은 그렇게 못하는 거지. 바로 인간이 완성되지 못했다 이런 거죠. 부처님 법이 따로 있는 게 아니라 우리들이 있는 것이 바로…. 사생, 사대라고 할 때 이 사대가 육신이라면 네 가지 종류가 다 나온 것이, 네 가지의 개성을 가지고 있는 바로 그 근본 자체가 지수화풍이기 때문에 네 가지 요소가 그렇게 된 거죠. 날아다니는가 하면 질척질척한 데서 나고, 그래서 알로 나고 태로 나고 화해서 나고 질척질척한 데서 나고, 네 가지 종류가 아주 요만큼도 에누리도 없이 그렇게 나서 움죽거리지 않습니까. 그래서 네 가지 종류가 나는데 그 네 가지 종류 속에서 우리가 진화돼서 그래도 양심을 알고 '이것이 무엇인가? 아하, 이럭하면 이게 깨지는구나. 이걸 치지 않으면 안 깨지는구나.' 부딪쳐 보고 모두 짧은 다리를 길게 하고 긴 다리를 짧게 하고, 자기가 생각하는 대로 자기 모습이 그렇게 바뀌진 거죠. 그렇다면 모든 게 내 형제 아닌 게 없죠.

자기가 잘못해 놓고 자기가 받고 하는 것이 바로 그거예요. 네 가지 종류를 지수화풍이 쫓아다니며 가르치는 게 아니야. 딱 모여서 네가 한 일은 네가 받아라. 그건 뭐냐 하면 네가 하는 일은 모든 것이 그, 자기가 알고 있는 그 자체가 바로 도청돼서 올라가요. 그게 어디 있느냐. 자기도 지수화풍이기 때문에 거기서 벗어날 수가 없는 거죠. 모든 게 한데 합쳐서 돌아가는 이 자체가, 무(無)의 세계에서 무심 도리가 돌아가는 게 불바퀴가 돌아가고 지금 물질이 돌아가고 이러는데, 우리가 마음을 잘 써야 지혜롭게 나오죠. 천 가지 만 가지 지혜롭게 파악하고 지혜롭게 깨닫고 자기 마음을 다스려서 잘 이끌어 갈 수 있는 그런 대인이 된다면 아주 성불했다 할 수 있겠죠. 지수화풍 속에서 벗어나야 되는데, 지수화풍 속에 참나가 있다는 것을 아셔야 돼요. 지수화풍을 이끌어 가면서, 여러분이 생각하는 거를 스스로 벌써 그게 알고 있어서 벌써 도청돼서 올라가니 우주에서, 법계에서 두루 알더라.

남은 몰라도 자기는 알겠죠, 하나하나. 어저께 성낸 것도 알고 그저께 성낸 것도 알고, 왜 성을 냈는지 그것도 알고 내가 누구더러 욕한 것도 알고 아, 자기가 오죽 잘 압니까, 남은 몰라도. 그러니 남이 몰라도 자기가 자기를 다스려라 하는 겁니다. 남이 알게만 다스리라는 게 아니에요. 남이 모르는데 다스리는 그 자체가 바로 인간 됨됨이가 됨으로써 부처를 이룰 수가 있다는 거죠. 마음 세계를 알 수 있는 그런 공부를 하면서 마음을 다스리지 못한다면 어떻게 행과 말과 뜻이 똑같겠습니까.

우리가 부처님 공부를 하러 다닌다고 하는데 놓고 비는 것만이 아니라 내가 놓고 정성을 들인다 하더라도 함이 없이 해라 이겁니다. 누구를 위해서 그걸 갖다 놓은 게 아니라 바로 나를 위해서니까 내 주인공으로부터 정성을 들이는 거예요. 부모의 조상, 육(肉)의 조상, 바로 법의 조상들이 다, 역대 부처님들과 보살들과 육의 조상들과 전부 둘이 아닌 까닭에 둥글려서 거기다 단 일배를 한다 하더라도 그것은 공덕이 되는 거니까요. 뭐를 갖다 주고 '내가 갖다 줬다. 이렇게 시주했다.' 이런 생각이 자기한테 있다면 그 시주한 대가가 가겠습니까, 줬다는 생각이 있는데. 여러분이 줬다고 생각한다면 준 것대로만 가게에서 물건 사 오듯이 그 값어치만큼 물건이 오겠지요. 하지만 여러분이 수억겁을 걸어오면서 인과를 지은 그 자체가 얼마나 큰데 요거를 했다고 해서 고것만 받아야 되겠습니까. 사심이 없고 줬다는 생각이 없고 야, 우리들이 해 나갈 수 없는 거를 이렇게 관여해서 우리들을 이끌어 가고 있는 이 운영, 운영을 우리들이 해야지 어쩌나 하는 생각에서만 족하지 뭘 그렇게 필요하냐 이거죠. 유주상 보시를 했다 하면 무주상 보시는 될 수가 없어. 그래서 무주상으로 받아 갈 수가 없지. 무주상으로 안 했는데 어떻게 무주상으로 받아 갈 수가 있남.

또 스님네들이 받았다 하더라도 그것은 여러분이 여러분을 위해서 갖다 준 거지 중을 위해서 갖다 준 게 하나도 없어. 그리고 그거를 받았다 해서 이거는 받을 거를 받았다고 하는 게 아니야, 중은. 만약에 여러분과 내가 마음이 두 마음이 아니라면 자기의 괴로움을 덜기 위해서, 여러분이 내 아픔과 같으니까 어떡하면 그거를 거들어 줄까 해서 사심이 없고 정의 정당한 데, 불쌍한 데 이런 데 써. 장소가 작으면 장소를 넓히고, 불쌍한 사람들한테 그것을 써 준다면 그 낸 사람한테 그것이 언젠가는 돌아가.

옛날에 이런 점이 있었죠. 큰 부자가 사람을 고르러 나갔어요. 나갔는데 아무리 봐도 사람이 없어. 그런데 한군데를 지나다 보니까 지친 몸으로 신발은 신발대로 반쪽만 남고 아주 거지 복색을 하고 자고 있는 사람이 있더라 이거야. 그래서 깨웠단 말이야. 그래도 그 사람은 사람을 보는 눈이 있었던 모양이지요. 깨우니까 턱 일어나서 "왜 깨우십니까?" 그래서 "왜 신작로 옆에서 이렇게 자고 있느냐?" 하니까 "저는 사람을 찾느라고 그렇습니다." 이러더라는 거야. 속으로 '나도 사람을 찾으러 나왔는데.' 이러고는 가만히 보니까 그 행색은 남루하나 그 눈과 모든 것이 사람이 됐거든. 그래 이렇게 물었어요. "자네, 내가 돈을 큰 가방으로 하나를 줄 테니 사흘에 그걸 다 쓸 수 있겠나?" 그랬거든. 그랬더니 끄덕거리면서 대답을 "하는 대로 해 보죠." 이러는 거야. "하겠습니다." 이러지도 않았어. "하는 대로 해 보죠."

그래서 데리고 가서 목간이고 옷이고 신발이고 뭐, 다 팽개치고 그냥 큰 가방에다 돈 하나를 잔뜩 넣어 줬다고. "사흘이 지나면 안 되네. 사흘에 꼭 다 쓸 수 있겠나?" 하니까. "해 보지요." 그러고 나가더니 제일 처음에 뭐를 하느냐. 신발을 사 신었어, 그 돈에서. 옷 한 벌 해 입었어. 목욕했어. 머리를 깎았어. 그럭하고선 한 푼 한 푼 쓴 거를 적어 놨어. 적어 놓고 돈 가방을 들고 저 변두리 촌으로 갔다고. 변두리가 돼서, 섬이 돼서 공부를 못하는 아이들을 위해서 학교를 짓게끔, 사람을 찾아서 학교를 짓게끔 하고 공부를 시키게 학교 대금을 대 주되 은행에다가 다 예치해 놓고 "얼마면 되느냐?" '얼마다' 하면 찾아다가 그거를 하게끔 은행, 경찰 그리고 동에, 지금으로 치면 면, 이렇게 딱 세 사람만 알게 해 가지고는 돈 준 사람의 주소와 준 사람의 이름을 넣어서 이분이 다 시킨 거라고 하고 다 써 버렸어. 외려 이틀 만에 다 해결을 해 버렸어, 그냥.

그러고 빈 가방 들고 털럭털럭 들어갔거든. "자네, 사흘도 못 갔네그려!" 이러니까 "쓰기에 달린 거지요, 뭐." 그러거든. 부자가 가만히 생각을 해 보니까 '이거 참 어디다 썼나?' 하는 궁금증도 있을 거야. 이틀에 그냥 다 써 버렸으니까. "그래, 그 돈에서 양복 사 입고 그랬나?" 그러니까 "그거야 이 껍데기를 써야 돈을 쓸 수 있으니까요. 그러지 않으면 남이 볼 때에 그 돈을 쓸 수가 없습니다." 그러더라는 거지. 다 해 놓고 양복을 턱턱 벗더니 신발도 벗어 놓고는 이러곤 자기 입었던 것 고대로, 싸 놓았던 걸 그대로 입고 가려고 그러거든. "이 사람, 이 사람아! 어디를 가나?" 그러니까 "인제 시키는 일 다 했으니까 가야죠. 돈을 쓸 줄 아는 사람이 돈을 쓰라고 할 때는 돈을 그 사람을 위해서 써 주는 거지 제가 무슨, 내 돈입니까? 내 겁니까? 이 세상에 내 것 하나도 없습니다." 아, 이러곤 나서거든.

그래서 그 사람을 불러서 회사를 맡겼대. 깔축없더라는 거지. 사람 다루는 법이나 돈 가지고 하는 법이나, 자기가 하나라도 같이, 콩 한 쪼가리면 콩 한 쪼가리도 같이 나눠 먹으니까 그게 산더미같이 불어서 붇는 대로 사장님에게 보내니까 사장님은 "이거는 자네 마음대로 쓰게." 그러고서는 그냥 돌리니 둘이 아주 죽이 맞았어. 손이 맞았다고. 그러니까 하나가 돌리면 하나는 "사장이 하더라고." 이러곤 사장의 이름으로만 전부 해서는 다 썼단 말이야. 그러니까 그 사장을 아, 예전의 대통령보다도 더 위대하게 세상 사람들이 여겼다는 그런 일이 있었대요.

그렇듯이 우리 중들에게 아무리 돈 줘 봤자야, 나는 어떤 때 이런 생각이 있어요. 이거 솔직한 생각이야. 봉투를 갖다 놓으면 말이야, 두둑하게 갖다 놨든 적게 갖다 놨든, 적게 갖다 놓으면 그냥 아무 생각이 없는데 두둑하게 갖다 놓으면 말이야, '에이그, 저걸 받아서 뭘 하나.' 귀찮은 생각이 드는 거 있지. 왜? 여러분은 '갖다 주면 좋아할 거다'

그러지만 내 생각은 달라. 그게 뭔 줄 알아? 그것이 고생바가지야. 그저 닿기만 하면 고생이라고. 갖다가 부딪치면 고생이고 연결되면 고생이라고. 그거 몰라서 내가 이 짓 하고 있는 게 아니야. 그것을 둘 아니게 놓으니까 살지 만약에 꼬장꼬장하게 고런 생각만 했다면 아예 뛰어 달아나갔지, 못해.

생각들 해 봐. 내가 이 모습을 가지고 만약에 생각으로 그 돈을 배낭에다 쌓아 놓는다면, 그 돈을 아무리 바깥으로 쓴다 하더라도 생각이 그렇다면 그 돈이 다 그냥 바로 고가 되고 업보가 되고 인과가 돼 가지곤 세세생생에 끄달려. 그런 걸 내가 왜? 골이 비었나, 그럭하게? 허허허…. 그러니 골 빈 짓은 하지 말자 이거야. 그게 이 혈관을 통해서 피가 돌아가는 거와 같은 그런 기름이야. 기름을 온전하게 써 주는 것뿐이고, 이쪽에서 기름을 주면 저쪽의 없는 데서 쓰게끔 하고, 여러분이 좌석이 없으면 좌석 없는 걸 만들어 주고, 항상 주머니가, 마음의 주머니가 비어야 해. 물론 조리 있게 써 줘야 되겠지, 써 주는 것도. 벌기보다 써 주는 게 더 어렵다는 것을 여러분이 아셔야 돼. 갖다 주는 거보다 써 주는 내가 더 어렵다는 걸. 갖다 주는 거야 그저 형세대로 자기가 얼마 갖다 주면 되겠지마는, 그 성의 성심으로 정성스럽게 갖다 주는 것은 외려 덜해. 덜 어렵다고. 내가 있는 대로 없는 대로 그냥 형세껏 하니까 그건 덜하지마는 쓰는 것은 몇 곱쟁이 더 어렵다는 걸 알아야 돼.

중이 남의 밥 먹고 남의 돈 가지고 훌렁훌렁 쓰고 이래서 편안한 줄 알지만, 여러분은 그냥 여기 있다가 듣고 가서 편안하게 잠이라도 자지만 난 편안하게 잘 때 자도, 자나 깨나 생각을 한 번도 떨어뜨려 본 예가 없어. 변소에서 똥을 눠도. 이거는 거짓이 없어. 내가 아는 게 우주 법계에서 알고 있으니까 거짓이라는 거는 도대체 있을 수가 없어. 내 양심을 내가 더 잘 알잖아. 내 양심을 더 잘 아는 그 자체가 부처야. 진실한 인간이고. 인생은 그렇게 정직하게 잘하고, 거짓말을 하더라도 남을 이익하게 거짓말을 하고 그래서 화해를 시킨다면 그건 거짓말이 아니지. 지혜지, 그건. 그렇게 해서 이 자리에서 벗어난다면 이 지수화풍 자체와 여러분의 불성 자체와 둘이 아니게 오온을 두루 하니 그것이 바로 벗어나는 그 경계다 이 소리야.

그래서 정치도 그, 우리 태극기를 만들어 놓은 그분이 "이 도리만 알 것 같으면 세상을 다 주름 잡고도 남음이 있다. 정치하는 사람의 손바닥 안에 다 들어 있다." 이러셨거든. 그러니까 잘 중생 제도하면서, 즉 말하자면 국민을 편안하게, 자식들을 잘 살게 해 줄 수 있으려니와 모든 것을 조절하면서, 나쁘게 팽창되면 조절하고 좋게 혁신을 해서 개발을 시킨다면 아주 좋은 일을 해서 더 늘리고, 이래서 이 세상이 고무줄 세상이야. 그런데 그 도리를 잘 알지 못해서 말이야, 일이 벌어지는 거 아니야?

천(天)은 아버지가 되고 지(地)는 어머니 산하대지가 되고 기르는 거, 낳는 거 이러한 것을 모두 책임 맡은 거는 이 중심으로 돼 있지만 모든 것을 돌아가면서, 돌아가는 이 자체가 바로 사람 빼놓고 없다는 거야. 사람 마음 빼놓고 없다. 사람 마음이, 사람이 있기 때문에 마음이 있고, 마음이 있기 때문에 모든 게 있으니까. 그 도리를 잘 알아라. 그래서 '삼, 사, 오' 이렇게 썼을 때 오에다가 양쪽으로다가 점을 찍어 놓고 가운데 쓱 그어 놨거든. 이게 중도야, 이게. 이 오온의, 둥근 오온의 중심이 바로 중도, 이 심(心)을 이것이 굴리는 거야, 모든 걸. 이런 걸 다 써 놨는데도 그걸 행치 못하고 일을 하니 일이 껄끄러워서 그저 부딪치는 대로 부딪치고 걸리는 대로 걸리고 온통 싸움이 나고 온통 야단법석들을 하는 거지, 뭐.

하나서부터 열까지 여러분이 이 공부 하는 거를, 쓸데없는 짓 안 하고 틈이 나면 꼭 이 공부, 이 생각 하고 여기를 안 오더라도, 오더라도 항상 거기에선 떠나지 말아야 하겠다는 걸 아주 맹세코 해야만이 아마 훌떡 넘어갈 수 있으리라고 봐요. 자기네들이 지금 생시에, 이 세상에 나와서도 얼마나 일을 저질렀는지 자기 양심들이 더 잘 알겠지. 과거에 내가 짊어지고 나온 것과 미래에 올 거를 그냥 양면에서 다, 한마음이 그것을 이끌어서 전부 무너뜨리고 가는 공부거든요.

지난번에도 얘기했지만 곤충 하나 죽이는 거, 쓰레기 하나 버리는 거…. 우리가 쓰레기통에 쓰레기를 넣어서 뚜껑을 꼭 덮어 뒀다가 버리려고 며칠 만에 뚜껑을 열어 봐요. 얼마나 거기서 냄새가 나고 얼마나 벌레가 수없이 나오는지, 후루루 날아서. 그것이 눈에 보이지는 않지만 눈에 보이지 않기 때문에 세균 자체가 바로 내 몸에도 흡수가 되고 내 콧구멍을 통하고 입 구멍을 통하고 눈 구멍을 통해서 다 들어가게끔 되고 남까지도 못 쓰게 만든다 이 소리야. 요새 얼마나 좋으냐 말이야. 그저 냄새나는 거 모두 저거 한 거는, 바깥으로 냄새 퍼지지 않게 딱 매서 넣으면 남도 해하게 안 하고 우리 가정도 해하게 안 하고요. 자기가 그렇게 했다는 건 자기가 더 잘 알고, 아무 데나 찍찍 끼뜨려 버리는 것도 자기가 더 잘 알아. 그렇기 때문에 그게 인과야. 그게 잘못되면 곧바로 나한테부터 와. 그게 왜 그러는 줄 알아요? 숙명통이라는 게 바로 컴퓨터거든. 컴퓨터에 입력이 돼서 돌아가고, 그거를 알기 위해서 도솔천에는 바로 그렇게 내가 아는 것이 도청 장치가 돼서 딱딱 그냥 입력이 돼서, 자기가 한 거 자기가 다…, 백지에 다 있어.

어느 사람이 과거를 보러 가는데 백지를 놓고 보거든. “야, 당신 백지를 놓고 무슨 글을 봐?” 그러니까 “이 백지를 볼 줄 알아야 당신이 과거를 볼 수 있어.” 하더라는 거야. 우리가 백지를 볼 수 없다면…, 천수경에 한 토막 있죠. 그거를 어떻게 번역을 했을 거 같아요, 응? 그거는 여기 말이 아니야. 한문도 아니야. 내 칭찬이 아니라 내가 한 게 아니니까. 내가 공부도 안 했는데 그것을 어떻게 그렇게 골을 잡아서 그렇게 말을 해 놨겠느냐. 그거는 딴 말 한 게 아니야. 이 글자를 그 글자대로 이렇게 번역하는 사람이 있고, 이 글자를 나처럼 이렇게 하는 사람이 있어. 왜? 그거 빤하니까. 이 세상에 사람 사는 도리가 부처님 도리요, 부처님 도리가 사람 사는 도리지, 사람 사는 도리를 빼놓고 부처님 법이 어딨어. 그런데 엉뚱하게, 글자 한 자를 가지고도 엉뚱하게 갖다가 붙여 놨어. 아무리 좋은 소리라도 이 세상 사람이 지금 못 알아듣는다면 그건 소용 없는 것 아니야?

우리 스님을 시켜서 염불을 하게 한 것도 얼마나 좋아. 세상에, 중을 불러오지 않아도, 멀어서 못 온다 할 때는 아, 사람이 죽어도 그 염불만 틀어 놓으면 아주 마땅히 거기는 광력이나 전력 자력 통신력이 충만해. 이끌고 갈 수 있는 산 글이란 말이야. 그리고 알아들을 수 있고. 무상계가 없나, 반야경이 없나, 천수경이 없나. 뭐, 모두 있잖아, 모두. 그렇게 듣기 좋은 거를…. 엊그저께 불교 방송에 염불이 나오더라고. 목탁 소리가 나오고. 사찰에 가서 염불 못 들어 본 사람이 어디 있어, 지금. 그러나 그 염불을 외우기는 하되 뜻은 모르잖아. 알아듣지 못하는 염불은 왜 해? 알아들어야 어떻게 뭘, 생각을 해 보기도 하고, '아, 이렇구나!' 하는 거를 알고 부처님 생각을 하고 이러지. '부처님의 뜻을 거름 삼아서 우리가 이렇게 해야겠구나.' 하는 생각이라도 하지, 이거는 덮어놓고 그냥 해 버리니까 안 되잖아.

그래서 내가 엊그저께 삼학에 대해서도 얘기한 게 계향, 정향, 혜향, 해탈향, 해탈지견향 요것만 들어도 여러분은 알 수 있을 거야. 계향도 정향이요, 혜향도 정향이요, 정향도 무다 이거야. 공했다, 정향도. "색이 공이요, 공이 색이니라." 한 그 뜻이라 이거야, 정향이. 그러면 정향도 고대로 있지 않으니까. 고대로 있을 바가 있나요? 마음도 생각나는 게 고대로 한 가지만 있는 게 아니거든. 천차만별로 용도에 따라 보면 보는 대로 들으면 듣는 대로 생각이 달라지는 거니까. 그러니 정향도 고대로 있는 게 아니잖아. 그러니 거기에 포함된 거다 이거야. 지혜가 거기에 들어야 하고. 그렇지 않아? 그래 물리가 터져야, 계율을 "지켜라, 지켜라" 하지 않아도 계율을 철저히 인간으로서 다스리면서 지킬 수 있는 그런 마음이 되고 행이 되고 말이 된다 이거야. 그럼으로써 거기서 해탈을 하게 된다 이거거든. 그래서 그 해탈마저도 해탈을 한다. 이게 바로 해탈지견향이야.

우리가 더 배울 게 뭐 있나, 마음 닦는 길에. 닦는 것은 바로 다스리는 게 닦는 거고, 놓는 것은 모든 그릇을 비우는 것이 바로 놓는 거라. 모든 것을 우리가 놓고 가잖아, 그냥. 우리가 여직껏 가지고 다니는 것 봤어요? 괜히 마음으로 '거기 장속에 내 것 얼마가 있지. 통장에 얼마가 있지.' 괜히 자기가 그러는 거지, 마음으로. 그렇게 했더라도 주인 거지. 내가 그렇게 가르치는 거야, 그래서. 그것을 모르니까, 방편을 써서. 그것이 주인 것이다. 허망한 네 몸뚱이 것이 아니라, 허망한 속에 바로 네 주인 참이 있으니 그 참의 것이지 네 것이 아니니 그렇게 착을 두지 마라. 이때 관리를 잘해라. 쓸모 있게 쓰되 관리를 잘하고 관리를 잘하되 아무 데다 거법하게 버리는 것이 부처님이 가르친 것이 아니다 이거야. 버리되 버리지 않고, 버리지 않되 버려라 이거예요.

부처님이 다 버리라 했다고 해서 강물에다가 다 갖다 버리면 기름을 다 갖다가 버리는 것과 같아. 그러면 내가, 몸뚱이가 살 수가 없으니까 공부를 못해, 또. 그러니 갖다 버리지 않되 갖다 버려라 하는 건 "마음으로 착을 두지 말고 자기 거라고 생각지도 마라. 자기 몸뚱이도 공했으니 어찌 그걸 자기 거라고 하겠느냐." 이거야. "그렇게 다 놓으면 어떻게 삽니까?" 하이, 요러잖아. 하이, 참 내. 다 버리면 어떻게 삽니까? 그러니까 그 한 수 넘어뛸 줄 몰라서 그 소리를 하는 거야. 한 수 넘어뛸 줄 몰라서. 그러니 캄캄하지, 아주. 사람이 침착하게, 시각적으로 된 이 바른쪽에서 왼쪽으로 넘기려면, 아니 굴리려면 중심에다 놓고 중심에서 그리로 넘겨서 바로 또 넘겨서 이렇게 한번 돌아와서 뭐를 해야 그게 진짜다. 그런데 이건 그냥 들으면 듣는 대로 보면 보는 대로 그냥 쏜살같이 나가지, 이거는. 뭐, 두를 사이도 없이. 그게 잘한다는 거야.

그전에, 지금은 내가 시장에 안 가지만 그때 내가 몇 번 시장에 가면, 어쩌다가 가면 상점을 벌여 놓은 사람은 상점이 있기 때문에 괜찮지만 어린애 업고 뭐 이고 다니다가 쫓길 때는 그냥 한없이 다 잊어버리고 쫓기고 이러는 사람들 것, 시들시들 마른 것 이런 거를 다 물어 오니까 왜 스님은 나가기만 하면 이렇게, 비싼 돈을 주고 물건은 개떡 쪼가리 같은 거를 사 오느냐는 거지. 그래, 좋은 것 사다가 그렇게 먹으면 그거 먹는 사람 다르고 그거 사다 먹는 사람 다른가? 죽을 때는 다 마찬가지야. 이거 먹고 죽은 사람이나 저거 먹고 죽은 사람이나, 응? 그날 그 조그마한 거 팔아 가지고 들어가서 조금 이(利) 남은 거를 세는, 저녁에 들어가서 세고 '이걸로다가는 이렇게, 아이고, 오늘은 요거 더 벌었구나.' 하고 좋아하는 그 마음, 그 좋아하는 그걸 보기 위해서 또 그러겠지마는 제 아픔을 제가 알아라 이거야.

이 세상에 수없이 거듭거듭 거쳐 오면서 얼마나, 그렇게 잡아먹히고 잡아먹고 쫓기고 쫓으면서 얼마나 이 세상 그렇게 무섭게 살아왔느냐 이거지. 그러니까 자기의 올챙이 적 생각은 못하는 거지. 자기를 모르는데 어떻게 올챙이 적 생각을 해. 그러니까 지금 잘사는 사람은 남 아픈 줄 몰라, 응? 몸 아픈 것만 아픈 게 아닌데 남 아픈 것도 모르고 배고픈 것도 모르고 고달픈 것도 모르고…. 또 아픈 것도 어떤 때는 "아이유, 거기 한마음선원에…." 중들이 하는 소리야. "그 한마음, 거기 가면 말이야." 선원이라고나 그러나? 예전에 그랬단 말이야. 지금은 안 그러지만. "거기 가면 병이나 고쳐 준대." 아, 내가 고쳐 줘? 사람들이 고치고 살 능력이 다 있는 사람들인데. 그래, 그러면 그렇다치고라도 그럼, 남 아픈 것 병이나 한번 고쳐 줘 봤어? 응? 남 고달플 때 자기도 같이 고달퍼 봤느냐고!

여러분이 몰라 줘도 나는 관여 안 해요. 나 하나가, 아주 일 초라는 언어도 붙지 않게 항상 나는 그 마음이, 단 하나의 그 마음이 '심부름을 어떻게 하면 아프지 않게 잘할 수 있을까. 여러분의 심부름을 어떻게 하면 잘할 수 있을까.' 오직 그거 하나뿐이지 난 아무것도 몰라. 금방 남하고 말하다가도 조금 저거 해서 변소에 가서 탁 앉으면, 그 생각이 딱 떠오르면 한숨을 푹 쉬고선 그냥 눈을 감고, 그냥 그대로야. 아마도 여러분은 다 모르겠지만 나는 내가 더 잘 알아. 내가 누구를 위해서가 아니라 나를 위해서 모두가, 내가 보는 눈으로, 내가 듣는 귀로, 내가 모든 살아온 그 역사로, 모든 앞으로 살아갈 것을 내다보면서 보니까 너무나, 누구도 남이 없어.

그래, 옷을 잘 입으면 뭘 하고 못 입으면 뭘 하나. 사람이 서로서로 만나는데 냄새가 나면 안 되니까 그저 좋든 나쁘든 벗고 빨고 입을 것만 있으면 돼. 좋은 옷이면 땅바닥에 가 앉아도 벌써 '이거 흙 묻으면 어쩌나.' 하는 생각이 들어서 못써. 아무 옷이라도 그렇게 냄새 안 나고 그러면 돼. 남 앞에 가서 냄새가 나면 그것도 바로 누가 되는 일이야. 부처님께 누가 되는 일이야. 그래서 옷이라도 자주 빨아 입어라, 빨아 입자 그러는 거지. 그래서 그것이 뭐냐. 이것이 마음이야. 순색의 마음. 이거 그냥 이렇게 된 게 아니야. 검지도 않고 희지도 않고 너 나가 둘이 아닌, 아픔도 같은 한마음의 아픔, 먹는 것도 같이 돌아가면서 먹고, 같은 법이고 같은 몸이고, 그냥 따로따로 사는 것이 하나도 없어.

그래서 그걸 한데 모아서 공생·공용·공체·공식화하고 돌아가는데 이게 바로 공산주의다 이거야, 천체. 그런데 이게 공산이라는 걸 알지도 못해. 그리고 공산이다 하면서 오히려 독재로 하고 있어. 이 공해서 돌아가는 걸 공이라고 하고 산 자는 뫼 산(山) 자, 이게 둥글다는 뜻이거든. 그런데 콩 쪼가리 하나라도 내 거 네 거 이렇게, 내 아픔같이 생각하고 마음을 나누라는 뜻인데 그게 아니…. (녹음 안됨)

정통으로 놓아라

선실 법회

1991년 9월 10일

세상은 우리만 고통스러운 게 아니라 천차만별의 사생이 다 그렇죠. 어떠한 곤충이라도 그렇고, 날아다니는 짐승도 그렇고, 물에서 노는 생물도 그렇고 일체 생물이 다 그렇듯이 고통스러운 것은 다 마찬가지입니다. 그런데 사람은 벗어날 수 있는 최고의 동물이라고 볼 수 있겠죠. 최고의 동물인 우리가 어떻게 해야만이 벗어날 수 있는가. 항상 이런 말을 하는데요, 과거는 현실에 나오고 현실에 살아가는 건 미래에 나오듯이 우리가 이렇게 선원에 다닌다고 해서 과거가 없어지거나 그러는 게 아니라 내 마음을 공부하는 데에 따라서 그 업보가 없어지고 안 없어지고, 팔자 운명이 지워지고 안 지워지고, 거기에 농간이 있는 겁니다.

여러분한테 항상 말을 했지만 되풀이하는 말을 항상 해야 하는 것은, 그렇게 해도 여러분은 알아듣지 못하는 경향이 여간 많지 않아요. 우리가 밥을 지었으면 뜸을 들여서 다 먹고 치우듯이, 오늘도 아마 회향을 한 것 같습니다. 그렇죠? 이 선법에는 기도 첫날이 따로 없고 회향 날이 따로 없어요. 항상 기도를 하되 관하는 걸로 가고 있죠. 기도는 항상 바깥으로 상대성이 있는 거고 관하는 것은 안으로 상대성이 있는 겁니다. 그래서 이 상대성이라는 것은 내가 나를 믿고, 굳건히 믿고, 나를 끌고 다니는 나의 주인을 진실히 믿으면서 보이고 들리고 하는 모든 것을, 다 삶에 의해서 벌어지고 오므라지고 이렇게 하는 일들을 모두 자기가 끌고 다닌다는 거죠. 자기가 하고 다니는 건데 육신을 가진 나는 모두가 '내가 하고 있다'는 거를 생각하거든요. '내가'라는 거는 없습니다. 나라는 거는 없어요. 왜 나라는 게 없을까?

항상 얘기해 드리죠. 속도가 빠르게 돌아가기 때문에 넓게 생각하면 불바퀴가 돌아가고 작게 생각하면 우리 살림살이가 돌아간다는 얘기죠. 그래서 내 자신으로서 수없는 공한 도리에 의해서 찰나에 바뀌면서 찰나에 또 바뀌면서 이렇게 돌아가곤 있죠. 그런데 내가 왜 이런 되풀이를 자꾸 하느냐. 여러분은 겨냥을 잘못 대고 겨냥을 잘못하고 있는 경우가 많거든요. 사람이, 내가 항상 말하죠, 이판사판이라고. 이 이판이라는 것도 사판이라는 것도 내가 이 세상에 나왔으니까 나로 인해서 생긴 거죠. 나로 인해서 생긴 것을 나로 인해서 들이고 내는 것은 물론이거니와 내 육신은 그 공한 자체에, 즉 말하자면 여러 가지 인연에 따라서 보이지 않는 배낭에다가 다 넣고 그 배낭에서 자꾸 나오는 걸 볼 때 몸뚱이는 배낭과 같습니다. 그러니까 그 속에서 일체가 다 한마음으로서 악업 선업이 돼 있는데 여러분의 생각이 그것을 아예 개의치 않고 '내가 했다, 내가 망했다, 내가 아프다, 내가 고통스럽다' 이게 아주 입에 젖고 뇌리에 젖어서 그것을 놓질 못해요. 왜 놓질 못하는가.

이 '한마음' 하면 그 주인에서 악업이나 선업이 다 한데 합쳐지는 경향이 있거든요. 합쳐져서 생산을 만드는 그 자체에 의해서 주인공이거든요. 하나 들어오면 하나 또 들어오고, 보는 데도 하나뿐만 아니고 듣는 것도 하나뿐만 아니고 가고 오는 것도 하나뿐만 아니고, 모든 것이 그저 순식간에 돌아가고 순식간에 돌아가고 이러는 동시에 그것을, 첫째는 하나로 뭉쳐서 놓고 '여기서 모든 것을 들이고 내는구나, 내 주인이.' 그렇게 생각을 하되 용도에 따라서 딱 하나가 닥칠 때, '아! 거기서 다 하는구나.' 이렇게 항상 믿고 있으니까 그거 하나가, 용도가 딱 들어올 때 거기다 맡겨 놓고서는 '거기서밖에는 해결 못해.' 하는 것이 즉 관이다 이거야. 그리고 지켜보는 거.

그럴 때에 여러분은 '아이고, 내가 아무리 해도 안 돼.' 그러는데 그 생각은 왜 드느냐. 벌써 믿는 게 미거하기 때문에 그런 생각이 먼저 드는 겁니다. 여기다 맡겨 놓는 믿음보다는 '이게 얼른 됐으면' 하는 욕구가 더 앞서기 때문에 거기에 정통으로 맞아 들어갈 수가 없죠. 맞아 들어가는 자체는 바로 지혜 물바퀴도 되지마는, 법바퀴와 불바퀴가 같이 이렇게 혼합이 돼서 돌아가거든. 그런데 거기에다가 놓기만 하면 녹아 없어지는가 하면 타 버리고, 타 버리는가 하면 녹즙기에서 찌꺼기는 나가고 물이 나오듯이, 생수가 나오듯이 그렇게 되는 법인데, 여기에 맡겨 놓고 믿는 힘보다 내가 욕망이 크고 욕구가 더 많고 그게 더 구체화 돼 있기 때문에 여기에 와 닿지를 못해. 닿지를 못하니까 녹즙기에 갈려서 나올 리가 없지. 이렇게 표현을 해도 되는가 모르겠습니다마는….

그래서 여러분이 항상 주인공에 놨느니 뭐 어쩌느니 아무리 그래도 내가 볼 때는 미거한 점이 여간 많지 않아요. 왜냐하면 지금도 얘기했지만 또다시 거푸 얘기하는데, 즉 말하자면 내가 아프다거나 뭐, 일이 벌어졌다거나, 부도가 났다거나 재난이 들었다거나, 자식으로 인해서라든가, 이러한 문제 등등을 놓고 볼 때에 그것이 먼저 급하지, 급한 생각이 먼저 들지 여기에다가 이판사판으로 믿고 확 그냥 놓지를 못해. 거기는, 믿고 놓는 데는 아무것도 붙지 않아. 이유가 붙지 않아. 그렇게 돼야 되는데 여기다가 맡겨 놓기도 전에 벌써 그 생각부터 나. 이거 다가온 것부터 생각하니까 그 욕구가 딱 가리는 거야. 딱 가려서 거기에 닿지 못하니까 갈려 나오지 못하고, 거기에 딱 닿지 못하니까 타 버릴 수가 없지. 인과가 타 버릴 수가 없다고. 과거의 인과가 말입니다. 그러니까 크면 클수록 그냥 거기에 매달리고 욕구가 더 크고….

내가 어떤 때는 "아, 당신 맘대로지 누가 이래라 저래라 합니까?" 하고 말하는데, 냉정한 것 같지만 냉정한 게 아닙니다. 그렇게 대답해 주는 그 마음도 다 생각이 있어서입니다. 생각 없는 길을 가는 사람은 없어요. 나도 생각이 있기 때문에 그렇게 대답을 해 주는 거죠. 왜냐하면 내가 아프면 병원으로 가겠다, 이리로 오겠다 이러는 것도 자기 안이 구체적으로 완벽해야 그게 스스로 자기가 택하는 일이지, 완벽하지 못한 일에 대해서 누가 이러란다 저러란다 해도 그것은 거기에 닿지 않는 일이라.

그러니 어차피 마음의 배낭을 짊어지고 나온 사람들이 한 철 지내다가 한 철 나게 되면 갈 것인데 내 영혼을 구제를 받고, '영혼' 하면 내 몸뚱이 속의 모든 인연에 따라서 모두 한데 합친 것이 영혼이에요. '영혼을 다스리는 내 마음과 더불어 구제받고, 모든 세세생생에 끊임없이 돌아가는 이 고(苦) 속에서 벗어날 수 있는 그런 참된 자유인이 되라' 이런 뜻이죠. 그런데 우리가 지금 생에 이 몸뚱이 있을 때 이 도리를 모른다면 세세생생에 또 끄달립니다. 그러니 어차피 그렇게 나왔다가 갈 것을…, 이 사대는 원점으로 도로 가고 그 마음 나기 이전과 마음은 결국 이 세상에 거추장스럽게 또 나올 거냐? 금이 돼서 나올 거냐, 깡통이 돼서 나올 거냐. 이런 데에 수난을 겪게 되는 거죠.

그런데 어차피 말이 났으니 말이지 내가 답답한 것은요, '참 이상도 하다.' 이런 생각이 들어요. 나는 관리인인데 왜 이것저것…, 모든 여러분은 관리하는 분들입니다. 재산이 있다면 재산 관리에, 자손이 있다면 자손 관리에, 모든 가정의 관리인으로서 내가 관리하는, 내 몸도 내가 관리하는 사람이지 내가 '나'가 아니라는 얘기예요. 관리자예요, 관리자. 그런데 관리인이 왜 그렇게 그 주인을 비켜 놓고 그렇게 그냥 아등바둥하는지 난 모르겠어. 잘못된 거 있으면 주인이 잘되게 할 거고 주인이 다 할 건데 왜 주인도 아니면서 자기가 괜히 나서서 아등바둥 아등바둥하면서 온통 난리를 지기는지 모르겠다 이거야.

이해가 안 가는 점이 많죠? 이판사판으로 믿는다면, 나를 끌고 다니는 나의 주인을 믿는다면 육체가 오늘 죽든 내일 죽든 무슨 상관이 있습니까. 또 나는 죽을지언정 내 자식은 죽지 말아야 한다는 그 착이 또 있거든요. 그런데 부모든 자식이든 착을 두지 말아야 진짜 사랑을 할 수 있어요. 착을 두게 되면 오히려 가던 발목을 쥐고서, 옷자락을 쥐고서 끊임없이 그걸 가지 못하게 매 놓는 형국이거든. 전구는 많지만 전력이 다 똑같듯 내가 컴컴하면 자식들도 컴컴해지는 거예요. 내가 밝아야 자식도 밝게 되죠. 한방에서 살면서 내가 불을 켜면 다 같이 밝게 살 수 있을 텐데 내가 불을 켤 줄 모른다면 다 같이 컴컴하게 살 수 밖엔 없죠. 그와 같은 거죠.

그러니까 좀 더 믿고, 믿는 것도 그래요. 내 주인공을 믿는다면 그 주인공과 둘이 아니게 가설이 돼 있거든. 자식이다 부모다 부부다 하는 가설이 돼 있거든. 그러니까 내 마음의 그 주인공에 탁 맡기고, 둥글려서 맡기고 있으면 어디 갔다 안 들어온들 걱정이 되나? 걱정이 하나도 안 되는 거야. 그렇게 믿으라는 얘기지. 그렇게 믿어야 될 텐데 벌써 "어디 갔다 왔느냐. 여태 뭘 하고 있었느냐." 진짜 사랑을 한다면 난 그러고 싶어요. 사랑을 진짜 한다면, 사랑은 주는 것이 사랑이지 받으려고 아등바둥하면 오히려 받아지질 않아요. 그러니 남편이든 자식이든 또는 부인이든 모두가 그저 마음 편안하게 믿어 준다면 아무 데를 가도, 또 그 남편이나 자식은 자기 어머니를 믿고 자기 아내를 믿고 이럭하고선 태평하게, 마음 편안하게 일을 하니까 순수하게 무슨 일이든 잘되겠죠. 그런데 안에서 바둥거리면 바깥에서도 허둥거리게 돼 있거든요. 그거는 가설이 돼 있기 때문에 그래요. 허둥지둥 허둥지둥하다 보면 일은 일대로 못하고, 일은 일대로 잡쳐지고 자식은 자식대로 바둥거리니까 점점 더 달아나가게 되고, 이게 아주 몹쓸 일이 되는 겁니다. 이거 이렇게 얘기해 드리는 거 깊이 좀 잘 들어야 돼요. 가설이 돼 있기 때문에 그렇다는 거죠.

어느 사람이 이렇게 했더래요. 남편은 술만 먹으면 들어와서, 주사가 있었던 모양이죠. 그런데 그 괴로움에다가 자식조차 또 그렇게 괴로움을 주는 거야. 나가서 며칠씩 안 들어오거나, 학교는 나간다는데도 며칠씩 안 들어오고 기껏 들어와서 하는 소리가 "내가 들어오면 뭘 하느냐. 안 들어오는 게 낫지." 이러고는 속을 썩이니까 엄마가 있다 하는 소리가 "남편 덕 없는 놈이 자식 덕이 있겠느냐." 하면서 "그저 모두 나가서 빌어먹든지 깡통을 차든지, 나가서 그냥 다리 옹두라지나 부러졌으면 좋겠다." 하고 이렇게 허술히 그냥 말을 뱉은 것이 정말 그 이튿날 사고가 나서 다리가 부러지고 남편은 유치장에 가 있고 그렇더라는 거지. 그러니 누구 속을 썩이는 거요? 자기가 해 놓고 자기가 썩는 거라.

차라리 그냥이나 뒀더라면, 차라리 모든 것을 그저 그냥 믿고 여기다 맡기면 가설이 돼 있어서 거기까지 밝아져서 오히려 "엄마!" 하고 들어오고 "아유, 왜 내가 술만 먹으면 당신한테 이래?" 하고 뉘우칠 수 있는 것을, 그런 길을 주지 않고 오히려 그렇게 뱉어 버리는 그것이 독이란 말야, 독. 아주 극치적으로 속이 상할 때는 독이 나오거든. 가설이 된 그 줄에 독이 가서 그냥…. 그러니까 우리 살림살이가 전부 가설이 돼 있다 이거야. 그러니까 과학적이면서 이건 생활이다 이거야.

그러니 어차피 나왔다가 이 몸뚱이를 가지고 천년만년 살 것도 아닌 걸 서로 모여서, 즉 말하자면 놀러 한 철 나왔다가 만난 인연들인데 진짜 사랑하고 그러려면, 진짜 거기다 놓고 부드러운 말과 부드러운 행을 해 준다면 가설된 대로 점점 다 밝게 같이 돌아가기 때문에, 불이 같이 돌아가기 때문에 아주 나중에는, 한 번 밝아져 두 번 밝아져 세 번 밝아져 그러다 보면 그 부인이 생각한 대로 '아, 내가…' 하고 자기는 회개를 하는 거야. 또 부모가 생각하는 대로 자기는 '내가 그렇게 망종같이 해도 어머니는 기다리고 계시고 어머니는 부드럽게 해 주시고, 어머니는 부드러운 말로 이렇게 자식을 사랑하는구나.' 하는 그러한 마음이 들기 시작해. 속으로는 미워하면서 그러지 말고 속으로도 밉지 않게 그냥 내맡겨라. 너도 한 철 놀러 나왔고 나도 한 철 놀러 나왔다 이거야. 그러니까 속담의 말로 자식이다 부부지간이다 하는 것도 자기 소관의 소유물이 아니다 이거야. 다 같이 놀러 나온 거야. 놀러 나왔다가 맺어진 인연들이야.

그러니까 그렇게 하고, 나가서 여자를 보고 들어왔다 하더라도 그걸 그냥…. 그게 그렇게들 중요한지 모르겠습니다마는 하여튼 따뜻하게 말해 주고 따뜻하게 행을 해 준다면 항상 따뜻한 데로 고이게 돼 있거든. 여름에는 시원한 데로 고이게 돼 있고, 물은 항상 골짜기에서 깊은 데로 고이게 돼 있거든. 그렇기 때문에 모든 것은, 다 마음을 신성하게 갖고, 오늘부터라도 신성하게 갖고 '사랑을 한다, 사랑을 안 한다'를 떠나서 내 마음속의 주인공, 그 주인공을 붙들고 울지언정 '서로 만난 인연들이 이렇게 속을 썩이니 속을 안 썩이게 당신밖에 할 수 없다.' 하고 맡겨 놓고 울더라도 울어라. 거기다가 아무리 말을 하고 아무리 바가지를 긁어도 소용이 없어. 오히려 달아나가. 자꾸 달아나가. 이건 마음의 놀이기 때문이야, 마음 놀이. 그러니까 그런 것을 바가지 긁으려면 내가 오히려 물에 빠져서 퍼덕거리게 되는 이치가 많거든. 내가 빠지지 않고는 남을 물에 넣을 수가 없거든. 내가 속이 부릉부릉 끓지 않으면 어떻게 그거를 말을 하느냐 이거야. 말을 하게 되면 내 속이 더 썩지. 그러니까 내가 망가지지, 그쪽 망가지지. 다 망가지게 돼 있어.

진짜 사랑을 한다면, 아까도 얘기했던 거와 마찬가지로 자식도 어렸을 때 고분고분히 엄마 말을 듣고 이럭할 때, 그 조그마했을 때 그 때뿐이지 거기서 조금 머리가 커지면 벌써 그걸 각오해야 돼. 내 소유물이 아니다라는 거. 같이 놀러 나왔던 인연들이 만나서 이렇게 산다는 거. 내가 한 말 되하고 한 말 되하고 그러는데, 나가서 공부를 안 한다고 "공부 공부 공부 공부 공부…" 하면 얼마나 지겹겠습니까. 차 타고 오다가 보니까, 세 살 먹은 애도 차에 치일까 봐 쏜살같이 달아나가더라고. 세 살 먹은 아이도 저 살 궁리를 하는데 어째서 모두들 저 살 궁리 안 하겠느냐 이거야. 빤한데, 벌써. 애들이 더 잘 알아요. 그런데 "공부 공부 공부" 하다 보니까 이건 자기를 생각할 여유가 없고, 자기가 좀 해야 되겠다 하는 여유를 주질 않아. 그러고도 귓전에 자꾸 들어오니까 지겨운 생각이 들어가. 자기가 개선해서 자기가 해 나갈 수 있는 그런 여유를 주지를 않아서. 그러니까 하고 싶은 것도 내가 하고 싶어야 능률이 나는 거지 남이 "해라, 해라" 해서 하는 것은 능률도 안 생겨.

그리고 모든 점에서 내 소유물이라고 생각을 안 하고 좀 더 능동적인 지혜로 이렇게 리드해 나갈 수 있는 그러한 마음 자세나 말 자세나 그런 것이 필요하다는 거. 이건 내 소유물로 알기 때문에 꼭 그렇게 해야 하고, 꼭 그렇게 하지 않으면 안 되고, "당신은 내 거니까 내가 꼭 필요한 존재고 내가 꼭 이렇게 하자는 대로 해야 된다." 이런 게 아니라고. 이 세상에 날개를 가지고 훨훨 날면서 놀러 다녀도 시원치 않은데 마음으로다가 그냥 딱 묶어서 항아리 속에다 딱 넣어 놓고 이렇게 한다면 넣어 놓은 사람도 그걸 지키느라고 꼼짝 못하고, 거기 들어간 사람도 꼼짝 못하고, 이거는 산 지옥이지 살아간다고 볼 수 있겠소? 그러니까 좀 넓게, 그렇다고 해서 다 팽개치라는 것이 아니고 좀 더 거기다가…. 이 가설이 다 돼 있기 때문에 이 손바닥 안에서 어디 가질 못해요. 전부 가설이 돼 있기 때문에. 그러니까 그저 널리 울을 쳐 놓고, 지금 있는 게 이 지구 아니겠소. 이 지구 바깥을 벗어나지 못하죠. 지금 울타리를 널리 쳐 놓고선 그 안에서들 지금 사는데 그 안에서나마 좀 활력성 있게, 좀 마음이 좁지 않게, 지혜로이 나가게끔 자꾸 개선해 주는 게, 어머니나 부인이나 또는 아버지나 남편이나 이게 서로 똑같이 해야 할 일이라.

여러 말을 해도, 우리가 근본적인 이 도리를 모르면 여러 말 해 줘도 그게 소용이 없어요. 그렇기 때문에 여러분이 살아나가는 것이…. 우주의 근본은 인간의 마음에 직결이 돼 있다. 이 세상 이치는 전부 가설이 돼 있다. 그러니까 공생·공용·공체·공식화하고 조화를 이루고 돌아가고 있다. 그런데 그게 고정됨이 없다. 그러니까 공했다. 그러니까 찰나찰나 바뀌지면서 생활을 하고 있다. 그 바뀌지면서 돌아가는 생활을 바로 누가 하는가? 자기 안에 자기를 끌고 다니는, 이걸 끌고 다니는 그 주인이, 바로 마음 내는 주인이 끌고 다닌다. 그러면 그 마음 내는 자체가 바로 그 몸속에 든 영혼들을 전부 한마음으로 몰아서 다스리는 거거든.

사람은 모두 모르지만 이 속에서요, 팔자 운명이라는 게 어디 있는 줄 아세요? 내 몸속에 다 있어요. 팔자 운명 뭐, 유전성 영계성 인과성, 이게 다 이 몸속에 들어 있는 거예요. 왜 들어 있다고 하느냐. 어머니 아버지의 정자 난자로써 몸뚱이는 받지만 과거에 자기가 살던 그 영혼들이 전부 자기한테 인과로 뭉쳐서 자기 영혼과 더불어 들어온 거예요. 그래서 자라서 지금, 몸뚱이 속에서 우굴우굴 우굴우굴하고 살고 있잖아요. 거기서 일을 저지르려면 남을 시켜 가지고 남한테 들어가 가지고 여러분한테 부딪치게 만들고, 또 자식한테 들어서 자식한테 부딪쳐서 싸우게 만들고 부부지간도 역시 그렇게 만들고 재난이 드는 것도 역시 그렇고 병고가 생기는 것도 역시 그렇고….

그러니까 지금 의학술로는 35%밖에 될 수가 없다는 결론이 나오는 원인이 거기 있는 거예요. 그러니까 그 도리를 알면 '아, 요것도 핑계 없는 무덤이 없지. 요것도 거기서 나온 거고, 요것도 거기서 나온 거고.' 그저 모조리, 모조리 거기서 나온 거라고 거기 맡겨 놓고선 돌아갈 때 아무 부담이 없는 거야. 죽든지 살든지. 죽이는 것도 너, 살리는 것도 너, 고달픈 거를 평화스럽게 해 주는 것도 너. 모든 것이 거기니까. 모두 한군데 맡겨 놓는 작업만 열심히 하면 그뿐이지 내가 잘되겠다 못되겠다 왜 참섭을 하느냐 이거지. 그렇게 거기 갖다 맡겨 놓으면 거기서 주인이…. 이 몸속에 있는 영혼들도 전부 한데 합쳐져서 한 덩어리가 돼 가지고, 뭉쳐지니까 살고 흩어지니까 죽는다는 얘기야. 이 마음들도, 의식들도 뭉쳐져야, 이 한마음, 다스리는 마음을 따라 줘야 전부 몸도 건강하지. 내 마음이 건강하니까 몸도 건강하지, 몸이 건강하니까 돌아가면서 내 가정도 건강해진다 이거야. 첫째, 속 안 썩으니 건강하지. 또 파워가 일어났다 하더라도 '아, 거기서 나왔으니까 거기서 고칠 수밖에 없다.' 하고 믿는 데는 어쩔 수 없는 거거든. 자기가 자기를 죽이는 법은 없거든.

그 묘법을 그렇게 두고도 항상 믿지 못해서 아등바등…. 여기서 듣고 나가면 그냥그냥 흘려버리고는, 실오라지 같은 게 어디까지 가다가 그냥 이렇게 흩어져 버리고 말아 버려. 이 세상의 팔자 운명 그런 것들을 전부 한데 합쳐서 이 주머니 속에 모두 가지고 있는데, 주머니 속에서 나오는 것 주머니 속에다 되넣는다면 앞서 것은 없어진다고 그렇게 해도….

그러니까 난 요새 말도 하기 싫고…. 한 날 저 바람 불고 나뭇잎 나부끼고, 피었다 시들고 시들었다 피고 물 흘러 돌고, 세상이 그렇듯이, 또 세상이 그런가 하면 우주 자체가 그렇고, 그렇게 돌아가고…, 뭐, 할 말이 있어야지. 할 말이 없는데 말이오, 나물 먹고 물 마시고 팔을 베고 누웠으니 대장부 살림살이 그만하면 족하다는 셈으로 아, 좀 그렇게 살면 좀 어떻소! 아니, 그렇게 복작거리고 그렇게 해서야 어디 사람 살맛이 나겠소? 내일 아침거리가 없다 하더라도 아니, 요새 같은 세상에 먹게 하는 것도 너, 굶기는 것도 너, 아, 그렇다면 입히는 것도 너, 못 입히는 것도 너, 집에서 못 살게 내쫓게 하는 것도 너, 집에서 살게 하는 것도 너, 모두 너라면 그렇게 아등바등할 것이 뭐 있소?

머슴을 사는데 말이오, 머슴을 사는데 주인이 하자는 대로 하고 주인이 시장 봐다 주면 그저 그대로 반찬 해서 먹고, 또 안 사다 주면 안 사다 주는 대로 하고 "가서 해 오너라" 그러면 해 오고, "저거 가서 보고 오너라" 하면 보고 지키고, 이래라 하면 이러고 저래라 하면 저럴 것이지 뭐 그렇게 말이 많소. 뭐 그렇게 그 습이, 그냥 '나' 라는 습에서 영 떠나지를 못하시니…. (녹음 안됨)

둘 아니게 베풀어지는 자비

심영회 법회

1991년 9월 13일

큰스님 … 그런데 시대가 바뀌지는 대로, 그걸 따라서 시대에 맞춰서 우리가 공부해야 됩니다. 아무리 좋은 말씀을 부처님께서 경에다 담아 놓으셨어도, 시대가 바뀌지는 대로 용어와 전체의 행과 그런 것이 모두 달라지는 까닭입니다.

그렇기 때문에 태양의 근본도 인간의 마음의 근본이요, 천지의 근본도 마음의 근본이라고 했으니 내 마음의 근본은 이 세상에 모두 가설이 돼 있는 거죠. 모두 몰라서 그렇지 남이 모르더라도 내가 아는 것은 다 알게 돼 있어요. 그리고 우주의 근본도 인간의 마음의 근본에 직결이 돼 있다고 보죠.

우리가 타의에다가 놓고 빌고, 타의에서 구하고 이런 것은 절대 금지입니다. 내 자신이 이 세상에 났기 때문에 세상이 벌어진 거고, 세상이 벌어졌기 때문에 가정이 생기고 또 사회가 생기고 종교가 생기고 이런 거지, 내가 없고는, 각자 여러분이 없이는 종교라는 게 있을 수도 없고 삶이라는 것도 있을 수 없는 겁니다. 그렇기 때문에 예전에 소크

라테스도 그랬고 달마 대사도 그랬었고, 역대 조사들이 "너부터 알라." 하고 수차에 그렇게 말씀해 오셨습니다. 항상 그렇게 예를 들어서 말을 하지만, 내 집 전화부터 놔야 남의 집에 전화도 할 수 있고 남의 집에서 전화가 올 수도 있는 겁니다. 그와 마찬가지로 내 자신을 끌고 다니는 내 자신을 그렇게 믿지 못하고 바깥으로 끄달린다면 그것은 공덕이 하나도 없는 겁니다. 공덕이 없다는 뜻은 뭐냐 하면 내 내부적으로도 한마음으로서 뭉쳐져야 내 몸을 건강하게 이룩하고 또 나가서는 바깥으로 털구멍을 통해서 들고 나면서, 안되는 일은 조절하면서 이렇게 해서 해 나가는 겁니다.

그런데 내부의 이 모든 문제는 모두 인과법칙에 의해서 악업 선업이 뭉쳐 있습니다. 이것을, 과거로부터 모두 아는 것을 불가에서 말할 때는 숙명통이라고 합니다. 그런데 내 이 마음 자체는, 인간의 마음 자체는, 우리가 보고 듣고 들이고 내고 하는 데에 잘못되고 잘되고 그걸 알지만 이 속의 중생들은 모릅니다. 하자는 대로 따라갈 수밖에 없는 그런 중생들이에요. 그렇기 때문에 내 마음이, 내 이 한마음 속에 모든 것을 넣고 자꾸 문을 열어 주면서 자꾸 코치를 해 나가는 것이 다스리는 거죠. 그럼으로써 악한 것이 나왔다가도 선한 마음으로 거기다 맡겨 놓는다면, 앞서의 악한 그것이 없어지고 선한 마음이 거기에 종결돼서 현실로 나오죠. 그러니까 이거는 생활 과학이라 그래도 과언이 아닙니다. 이거는 생활 과학입니다.

그럼으로써 우리가 지금 오신통을 말하자면, 숙명통은 컴퓨터와 같고 또 이 마음 자체가 들고 나고 들고 나고 하는 그 자체, 모습이 없이 들고 나는 거는 팩시밀리라고 해도 과언이 아니죠. 그걸 신족통이라고 그럽니다. 남의 속을 아는 것을 타심통이라고 하고 이것을 탐지기라고 해도 맞죠. 무전통신기는 천이통이라고 합니다. 또 심안으로 보는 것은 천안통이라고 하고요. 이 다섯 가지가 한데 합쳐져서 돌아가는 것이 우리의 살림살입니다. 우리의 살림살이를 누가 그것을 들이고 내는 데에 체크해 가면서 결정을 짓느냐. 또는 잘못된 거는 잘못되었다고 통신이 다 되고 잘된 거는 잘되었다고 통신이 되느냐는 얘깁니다.

그것은 다섯 가지가, 즉 법바퀴 굴러가듯 굴러가는 거죠. 공했으니까. 우리가 그냥 공했으니까 보는 거나 듣는 거나 가고 오는 거나 먹는 거나 만남이나 모두 고정된 게 하나도 없어요. 고정된 게 없이 그렇게 돌아가니까 돌아가는 그 자체에 들이고 내는 거는 바로 누진에서 체크를 하죠. 그거는 레이더망이라고 해도 과언이 아닙니다. 역할은 이 몸에서 나오는 거나 지구 안에서 나오는 거나 태양에서 나오는 거나 다 그러합니다. 그건 왜냐하면 레이더망은 이렇게 자동적으로 생겨서 자동적으로, 즉 바깥에서 뭐가 들어오면 들어온다, 안에서 일어나는 것이면 일어난다, 그렇게 소임을 맡아 가지고 다 합니다. 그러되 결정적인 결정을 짓는 것도 바로 거기서 하는 거죠. 그러니까 우리가 따지고 보면 하나하나가 틀림없는 사실이고 하나하나가, 모든 과정이 전부 자동적으로 돌아가는 불바퀴와 같고 법바퀴와 같고 지혜바퀴와 같다.

그러니까 자동적으로 그렇게 돌아가는 것인데 우리가 그 도리를 모른다면 안에서 일어나는 거, 바깥에서 들어오는 거, 영계니 유전성이니 인과성이니 그 모두를 어떻게 다 타파를 해 나갈 수 있겠습니까. 그러니까 만약에 칠성부처다 독성이다 지장이다 관세음이다 아촉이다 아미타다, 이렇게 자꾸 바깥으로 나돈다면…. 왜 부처님이, 깨친 사람이 수억이 된다 하더라도 하나의 부처라고 했겠습니까. 그건 많은 사람이 깨쳤다 하더라도 그 깨침에 있어서는 둘이 아닌 까닭입니다. 둘이 아닌 까닭인데 바깥으로 이렇게 자꾸 찾는다면…. 이 부처님 마음속에서, 깨달은 사람의 마음속에서 가만히 있으면 부처인 것이고 마음을 내놨다, 마음을 냈다 이러면 법신인 것입니다. 즉, 문수. 또 내가 생각을 했으니까 움죽거릴 거 아닙니까? 움죽거림은 보현입니다. 화신이죠, 자꾸 바뀌지니까.

그래서 부처님의 마음 하나가 이 세상을 다 쥐고도, 굴리고도, 덮고도 남음이 있다는 얘기죠. 그런데 요거 찾고 저거 찾고 요거 찾고…. 여러분이 지금 살림하시면서 여러 가지 일을 하시고 여러 가지 말을 하고, 여러 가지 듣기도 하고 여러 가지 만나기도 하고 그러죠? 그렇게 엄마가 됐다가 또 아내가 됐다가 이렇게 자꾸 변해서 돌아가는 이 자체를 어떻게 생각하십니까? 부처님은 하나가 있으면서도 그 부처님의 마음은 어떤 것이 부처님의 마음이라 할 수 없으리만큼 전부 부처 아닌 게 없죠. 그러니까 내가 어떤 걸 할 때 부처라 하겠느냐. 또 나라고 하겠느냐. 남편을 만났을 때는 아내지마는 자식을 만났을 때는 어머니가 되는 것 아닙니까. 그렇게 바로 화해서 돌아가는 걸 법신이니 화신이니 그렇게 말을 하는 겁니다.

그러니 부처님 마음이 하나가 이렇게 있다면, 즉 핵이 이렇게 하나가 있다면 그냥 원자나 입자나 이런 게 그냥 와서 모두, 때에 따라서는 여기에서 원자의 능력으로서, 아니 저 핵의 능력으로서 자꾸 이게 됐다가 저게 됐다가 이게 됐다 저게 됐다가, 여러분 그러시지 않습니까? 그런데 바깥으로 끄달리는 사람은 칠성에 놓고 빌면 명이 길어진다는 게 아주 상식적으로 돼 있어요. 또 지장한테 놓고 빌면 좋은 데로 간다. 관세음한테 놓고 빌면 좋은 일이 생긴다, 밝아지고. 또 용신한테 놓고 빌면 용왕이 도와준다. 지신한테 놓고 빌면 지신이 도와준다. 이런 거를 다 가지고 있으니, 상식적으로 가지고 있으니 어떻게 한마음으로서 뭉쳐서 통과를 하겠습니까.

그러니까 달마 대사도 양 무제가 "내가 이것도 선물하고 저것도 선물하고 저것도 선물하고, 부처님 옷도 해 드리고 모두 해 드렸는데 공덕이 얼마나 가겠습니까?" 하니까 공덕이 하나도 없다 그랬거든. 공덕이 없다고 그러는 그 탓은 뭐냐? 내가 내 마음으로 나를 다스리면서 나를 이끌고 가는 나의 주인공한테 모든 것을 맡겨 놓지 않았기 때문에, 거기에 맡겨 놓고 그것이 발현이 돼서 바깥으로 나가야만 되는데 여기는 안 들어오고, 닿지도 않고 그냥 그저 바깥에서 '여기다 놓고 빌면 좋아진다더라. 저기다 놓고 빌면….' 이렇게 해 나간다면 자기 마음을 찾기커녕 아마 집안의 병고액난이나 어떠한 고통스러운 것도 해결 못합니다. 중심이 있어야, 무식한 말로 맷돌에 심봉을 꽂아야 돌아가고 또 물건이 갈려 나오듯이, 심봉을 꽂지 않고 하는데 맷돌인들 온전하겠습니까?

그러니 나를 끌고 다니는, 아무것도 모르는 이 몸뚱이를 끌고 다니는 내 이 한마음 주인공, "한마음 주인공" 이러는 건 안에 들어 있는 의식들을 몽땅 한데 합쳐서 한마음이라 그러는 겁니다. 한마음이라고 그런다면, 이 한마음 속에서 모두 나오는 것인데 모두 모르고 있다가 다스리는 내 마음이 자꾸 알려 주니까, 저절로 알아지니까, '아! 나하고 둘이 아니로구나.' 하는 걸 알게 되자, 몸이 아팠던 것도 자기가 자기를 낫게 할 수밖에 없는 거죠. 이 몸 안의 모든 세포 하나하나에도 생명이 붙어 있고 그렇듯이, 바깥에서 안으로 두면서 '한마음 주인공이다' 이런다면 전부 한마음으로다가 이끌어지게 되거든. 한마음으로다 이끌어지게 되니까 어디가 파워가 일어나서 좀 저거 하더라도 그걸 메워 주고, 자기니까. 즉 자기니까.

그런데 이거를 바깥으로 나 따로 부처님 따로, 되는 거 따로 이쪽 안 되는 거 따로, 이렇게 모두 갈라 놓고 이러니까 이건 갈라질 수밖에. 일일이 쫓아다녀도 일일이 해만 돌아오지 이익한 게 없어요. 이 마음속으로, 한마음 속으로다가 이렇게 해서 거기에서, 시주를 했다 하더라도 그것은 자기가 한 게 아니라 자기 주인이 한 거기 때문에, 모든 한마음의 도리로 돌아가기 때문에 그것은 정말 공덕이 되는 거죠.

요즘 통 말이 하기 싫거든요. 하하. 솔직하긴 솔직하지. 말하기 싫을 때는요, 말도 더듬거리고 말도 잘…, '그렇게 말을 해 놨는데 어떻게 더 하라고, 말을 또 더 하라고 그러나.' 이런 생각이 들고요. 그런데 우리가 침착하게 참작할 것은 우리 전체가, 전체가 같이 돌아간다는 것을 아셔야 됩니다.

우리가 태어났을 때는 어린애로 태어나서 뭐, 일을 할 수가 없죠. 받아만 먹고. 그런데 조금 몸이 커지고 그러니까 인제 또 다 주죠. 태양도 역시 그래요. 처음에 조그마했을 때는 잘 주지 못하다가 아주 중년기에 들어서니까 인제 태양열을 잘 받지 않습니까. 그것도 우리가 들이고 내는 것처럼 이 태양도 역시 우리네 살림살이하듯 그렇게 하고 있는 겁니다. 몸이 비대해지고 그런다면 아주 속이 가벼워지고, 가벼워지는 반면에 타지도 않는 그런 물질이 되죠. 타지도 않는 물질이 되자, 아주 차디찬 가스 덩어리의 중심 중력으로 인해서 바깥쪽에서 찬 것이 또 안으로 들게 돼 있죠. 그것도 그렇게 반복하고 돌아가다가, 즉 광자를 얻은 거죠. 우리도 역시 그렇게 지금 반복하고 돌아가면서 마음이 커져야 된다는 얘깁니다.

원소 자체 질량은 지금이나 그때나 똑같지만, 그러니까 불성이 똑같다는 뜻이죠. 똑같지만 우리가 몸이 커지고 마음이 비고, 그러면 너와 내가 둘이 아니었을 때, 없어질 때, 즉 말하자면 전자와 전자가 한데 융합이 돼서 반응할 때, 율동을 할 때 말입니다, 두 입자의 질량은 다 없어지는 겁니다. 없어져야 그것이 에너지 덩어리로 돼서 광자를 이룬다 이겁니다. 우리 사람도 마찬가지로 우리 마음 자체가 그렇게 커져야 된다는 얘기입니다. 그럼으로써 조그만 거든지 큰 거든지 다 흡수시키고 내놓고, 흡수시키고 내놓고 이렇게 할 수 있는 광자가 되는 거죠. 그러니까 태양계의 그 흡수력이나 또는 광자력이 우리네 인간의 마음으로서 다 직결이 돼 있다는 겁니다.

그런데 우리가 옛날처럼 여기다 놓고 빌고 저기다 놓고 빌어서 될 일이 아닙니다, 지금. 지금 시대가. 지금은 얼마나 깨었습니까. 옛날에, 몰랐을 때 부뚜막에다 놓고 빌고 그렇게 한 것은 벌써 이미 몇백 년 전 일입니다. 시대가 바뀌고 또 해야 할 일이 바뀌어 돌아가고, 전부 변해 돌아가지 않습니까. 태양도 역시 조그마해서부터 큰 걸로 변해서 돌아가고. 이 마음 마음이 이 세계 전체를, 전체를 다 넣을 수 있어야 되는 것인데, 넣을 수 있음으로써 다 내주고…. 그래서 내가 이러지 않습니까. 내 한마음 속에, 모든 것을 거기다 맡겨 놔라. 이 작업이 끝나면 '나'가 발견된다. '나'가 발견되면 발견되는 대로 또 둘 아닌 도리를 알아야 할 테니까 또 거기다 놓고, 그때는 인제 무심 도리를 배워 나가는 거죠, 둘 아니게 된 도리를. 예전에 그랬죠. 둘 아닌 도리를 알려면 이렇게 알라고.

우리가 미생물에서부터 거쳐서 나올 때 우리 인간은 제일 마지막에 된 것입니다. 진화가 자꾸 되니까. 시대, 시대, 시대가 얼마나 많이 갔습니까. 미생물로부터, 곤충으로부터 수없는, 공룡 시대나 또는 물에서 큰 고기들로 살던 그런 시대 또 짐승 시대, 이런 시대를 다 맛봤지 않습니까. 이제는 인간의 시대로서 막바지에 들어온 거나 마찬가집니다. 인간의 시대에서는 이 모든, 수억겁을 거쳐 오면서 진화된 그 습관을 어떻게 벗어 버리느냐의 문제가 있습니다. 잡아먹고 쫓고 쫓기면서 또 잡아먹히고 이러면서 왔는데, 지금 사람으로서는 사람의 고기를 먹히는 게 아니라 정신을 이제는 뺏기게 되는 이치죠. 이제는 정신 싸움입니다, 이제 시대가. 네 혼을 내가 빼 먹고, 빼 먹음으로써 이 모든 역할이, 활용이 커지니까 이젠 정신 뺏어 먹기가 시작됐어. 그래 전부 기복으로 하다 보면 정신은 뺏기고 껍데기만 남아서 왔다 갔다 해 봤던들 그게 제대로 되지 않습니다. 그래서 정신을 뺏어 먹느냐, 먹히느냐 이런 싸움이 벌어진 지가 벌써 오래죠. 그런데 우리가 정신세계로 잡아들지 않는다면 우리는 빈껍데기로만 항상 돌아가야 하니까 죽으나 사나 끝 간 데 없는 그 괴로움 속에서 허덕여야만 한다 이겁니다.

아까 무슨 얘기를 하다가 내가 이리로 돌아왔는지 모르겠네. 아, 둘이 아니라는 그 뜻에서…. 그러면 부모가 됐다 자식이 됐다가 수없이 돌아가면서, 곤충으로부터 미생물로부터 부모가 됐다가 자식이 됐다가 온통 돌아갔는데, 사람으로 올라올 때까지 돌아갔는데 막상 넓게 따지고 본다면 어떤 부모가 내 부모라고 할 수 있겠습니까. 어떤 자식이 내 자식이라고 할 수 있고. 그래서 한 철 나왔다가 한 철 놀다가 가는 것뿐입니다. 한 철 나왔다가 이 몸뚱이가 있기 때문에 한 철 날 때 이 도리를 빨리 알아라 이겁니다. 부딪침이 없다면 도저히 이것은 알 수가 없으니까.

예전엔 중국이나 인도나 그런 데서 사람이 죽으면 갖다가 그냥 산 위에다가 놓거나 골짜기 위에다 놓았답니다. 부처님께서 해골이 많은 데 가서 거기서 큰절을 하시니까 "어떻게 사생자부이신 어버이신데 큰절을 하시나이까." 하니까 "수억겁으로 거쳐 오면서 쳇바퀴 돌듯 그냥 돌아가면서 자식이 되고 부모가 되고 형제가 되고 이렇게 돌아왔는데 언제 적의 부모가 돼서 내 부모라고 하겠느냐. 그러니까 진짜 내 부모 아닌 게 없고 내 자식 아닌 게 없이 이렇게 이 도리를 넓게 안다면 진짜 사랑할 수 있느니라. 자비를 베풀 수 있느니라." 요걸 한 그릇에다 놓고 '요것은 내 물이다' 하면 여기 더 들어가지 못합니다. 요건 내 물이고 저건 딴 물이고 이렇게 따진다면 항상 요 그릇밖에는 물이 없겠죠. 그러나 작은 물이든지 큰 물이든지 바닷물이든지 다 내 물이다 한다면 내 물이 아닌 게 어디 있겠습니까. 그럴 때는 바로 자비를 베풀 수 있다는 얘기죠.

그렇게 해서 둘이 아니다. 둘이 아닌 도리가 그러해서 둘이 아닌 반면에 고정됨이 없이 또 조화를 이루고 돌아간단 말이야. 그러니 우리 생활 속에서 참이라는 걸 알 수 있는 그 도리를 알아야지, 생활 떠나서 바깥에 무슨 도리가 있겠소. 여러분이 불교를 믿는 게 그렇게 어렵다고 보시지만 아주 간단합니다. 일상생활이 그냥 참이에요. 참선이에요, 그냥. 참선으로 알게 된 동기는…, 각자 여러분이 나셨으니까 여러분이 있죠. 그러니까 여러분 그 자체, 바로 하나에서부터 수없이 벌어졌다. 그러니까 모든 생활하는 것을 어떤 놈이 이렇게 끌고 다니나. 자기 마음이 끌고 다니는 거 아닙니까. 집을 짓는다고 생각을 안 했으면 설계도 안 나와요. 설계가 안 나옴으로써 집을 짓지 못하게 되죠. 그런 거와 같이 우리가 마음에 있어야 다 바깥으로 나오게 돼 있죠.

그러니까 마음으로 안에다 맡겨 놓으면 바깥으로 나오게 만드는 것도 거기니까, 자가발전소니까 그저 넣기만 하면 바깥으로 나오는 작업이 되는 거죠. 이게 돌아서 나와야만 공덕이 되는 거지 돌아서 나오지 않고 곧바로 자기 사량으로 그냥, 감각적으로, 시각적으로 여기 들어오면 듣는 대로 그냥 쏜살같이 나가죠? 보는 대로 쏜살같이 나가고. 그러니까 보는 대로 듣는 대로 그냥 쏜살같이 나가지 말고 안으로 좀 굴려서 안에, 한마음 속에 모든 것을 맡겨 놓고 산다면…. 그리고 또 안의 한마음 이 자체가, 주인공이 자기를 끌고 다니니까, 차를 끌고 다니는 운전수와 같은 거죠. 운전수는 기름도 넣어야 하고 차도 끌고 다녀야 하니까 그게 중심이 되죠. 그 주인공이 항상 자기를 끌고 다니고, 맛있는 것도 맛없는 것도 다 알게 하고, 손으로 집게 하면 벌써 손이 가고, 발을 움죽거리게 하면 움죽거리고, 이렇게 하지 않습니까. 여러분은 그 작용이 없다면 송장이에요. 숨 쉬는 작용과 들이고 내는 작용이 없다면 송장입니다. 이 작용으로 인해서 모든 일체 만물이 다 돌아가고 있죠.

물론 다른 혹성이나 별성도 그렇고 우리네 이 인간살이는, 인간의 생명이 만약에 여기에서 일 년을 산다 한다면 태양의 생명은 일억이 되니까, 일억만 년이 되니까, 억만이 되니까…. 하루가 일억이 된다면 그 생명의 존재라는 것은 수명이 짧고 길고 이것뿐이지 다 똑같죠.

뭔 말이 뭔 말인지 아리송합니까? 난 어떻게 해야만 이걸 알아먹게 하나 하고 걱정을 하는데 말입니다. 여러분처럼 학식이 능통하다면 그 용어를, 이름을 끌어다가 해 줄 텐데…. 이거 정말 내가 있는 대로 그저 다른 것도 다 동원해다가, 다 끌어다가 해 준다고요. 하하하.

그런데 하여튼 우리가 제일 첫째 작업이 무엇이냐. 나, 한마음 주인공에 모든 걸 맡겨 놓고 산다. '내 일생 동안 우리 식구나 내 모두, 나의 마음도 전부, 들이고 내는 것이 모두, 작용하고 밥 먹고 잠자고 이러는 것이 거기에서 모두 해 나가는 거다.' 이렇게 믿고 용도에 따라서 어떠한 조건이 온다면 '아! 이런 것도 거기서밖에는 해결을 못한다.' 하고 딱 거기다 맡겨 놓고, 또 잘된 거는 감사하게 거기 맡겨 놓고 잘 안되는 거는 '안되는 것도 거기서 나왔으니까 되게 할 수 있는 것도 거기다.' 하고 거기 맡겨 놓고. 이렇게 모든 것을, 아주 그렇게만 해 나가신다면 의연히 자기 스스로서 알게 돼 있어요.

마음의 길을 걷는 공부

선실 법회

1991년 11월 5일

한 번씩만 하세요. 세 번 할 거를 한 번에 둥글려서, 한마음으로 둥글려서 일배를 올리면 삼배가 되고 삼배를 올릴 때 둥글리면 구배가 되고 칠정례가 되고 백팔배가 되고 삼천배가 되고, 이렇게 해요.

그러니까 설법한 카세트나 또는 비디오 같은 거, 나가서 비디오 법회를 꼭 하시고 듣고 그러세요. 그리고 또 책도 열심히 보시고요. 왜냐하면 일일이 그것을 말씀해 드릴 수가 없어서 그래요. 항상 말하는 건데 항상 포집어서 또 하고 또 하고 또 하고 또 해야 되니까 말이에요.

여러분이 이 세상에 태어날 때 부모에게서 몸은 받지만 과거에 살던 인과로써 그 악업 선업이, 다 그냥 자기가 지은 대로 자기 영혼과 더불어 같이 그 몸속에 들어가는 거예요. 그래서 지금 몸속에서 모두 헤아릴 수 없이 그 생명과 모습, 의식들이 중구난방을 하고 있잖아요. 그리고 이 몸을 운행을 해 주잖아요. 그 의식들이 화가 이만큼 나게도 하고 선한 생각을 하게도 하고 부작용이 나게 하고 병고도 일으키고 유전성도 일으키고 영계성도 일으키고 그저 매사 걸 다 일으키는 겁니다. 과거에 살던 인연에 따라서 꼭 그렇게 지금 현실로 나오게 만드는 거죠. 그래서 여기서 마음공부를 가르칠 때는 반드시, 그 모든 의식들, 모습들이 나와 둘이 아니니까, 이 내 몸속에 있는 게, 둘이 아니니까 한마음이다. 한 몸이요, 한 마음이요, 한 행동이요, 모두가 하나란 얘깁니다. 포괄적인 하나. 개별적인 하나가 아니라. 그래서 한마음에 그 한 기둥을 세워서 중심을 세우니 주인공이라.

그러니 몸이 아프든 어떠한 일이 생겼든 애고가 생겼든, 가난이 다가오든 우환이 다가오든 병고가 다가오든 모든 거는 거기서 나온 거니까…. 몰라서 그렇지, 보이지 않는 데 50%가 보이는 데 50%로 얼마나 지겹게 유발되는지 아십니까? 갖은 각색으로 사람의 마음을 괴롭게 하고 사람의 몸을 아프게 하고, 얼마나 괴로운데 그러세요. 그러니까 이 한마음 속에서, 몸속에, 배낭 속에, 모두 들어 있는 그 속에서 나오니까 '거기서 나온 거니까 거기서 해결해라.' 하는 것을 믿고 모든 걸 한마음 주인공, 거기다 되맡겨 놓으라 이겁니다. 거기서만이 해결할 수 있다는 거, 거기서만이 들이고 내고 살림을 다 한다는 거, 그거를 믿고 거기다가 모든 것을 다 맡기고 '거기서만이 낫게 할 수 있고, 거기서만이 이끌어 줄 수 있고, 거기서만이 가정을 화목하게 해 줄 수 있고 거기서만이, 안 되는 것도 거기서 나오는 거니까 되게 하는 것도 거기다.' 하고 맡겨 놓는 데에 역점이 있는 겁니다. 이게 바로 자성을 발견하는 데의 공부하는 참선입니다. 앉아서 하든지 서서 하든지 누워서 하든지 또는 일을 하면서 하든지, 이런 거를 불가에서 말하기를 '와선 좌선 입선 행선' 이럽니다. 이 네 가지 선을 전부 한데 합쳐서 참선입니다, 참선. 그러니 생활하는 게 하나도 참선 아닌 게 없는 거죠. 모든 것을 그렇게 놔서 그렇게 맡기고 믿고 그렇게 작용을 해야만이 된다 이런 소리죠.

여러분이 아니었더라면 세상이 벌어진 것도 없고 또 종교도 없고 상대도 없고, 가정도 없고 형제도 없고 부모 자식도 없습니다. 여러분이 생겨났으니까 있는 거지. 그렇기 때문에 사대 성인들이 "각자 여러분부터 알라. 여러분부터, 당신부터 알고 당신부터 믿고 당신부터 발견하라." 이런 겁니다. 우리가 생활하면서도 잘 생각해 보세요. 우리가 무전전화기를 가지고 있지 않다면, 또는 그냥 전화기라고 해도 되죠. 그러면 우리가 그거부터 안 해 놨으면, 내 집에 안 해 놨으면 내 집에 전화 올 수도 없고 전화를 할 수도 없다 이 소립니다. 그와 같은 겁니다. 그러니 여러분이 바로 자성을 발견하는 데, 견성하는 데에 역점이 있고, 가정을 화목하게 이끌어 가는 데 역점이 있고, 병고 애고를 무너뜨리는 데, 녹이는 데 역점이 있고, 유전성을 녹이는 데 역점이 있고 또는 영계성 인과성 세균성 이런 모두를 커버할 수 있는 것이 바로 이 공부입니다.

그런데 이 공부라는 것이…, 불가에서는 오신통이라는 게 있습니다. 인간은 지수화풍으로 바탕이 돼 있어요, 이게. 지수화풍으로 바탕이 돼 있기 때문에 지수화풍을 먹고 살죠, 우리가. 먹고 살면서도 감사한 생각을 한 번도 해 보지 못합니다, 너무 가깝기 때문에. 그것이 바탕이 돼 있기 때문에 우리가 물이 없으면 전력이 없듯이, 광력이나 전력이나 자력, 통신력이 인간에게 각자 주어져 있다 이 소립니다, 이게. 그게 재료예요. 인간으로서, 만물의 영장으로서, 고등 동물로서 할 수 있는 재료. 그 재료가 있기 때문에 오신통이라는 것을 굴리는 작업이 있습니다.

오신통이라는 그 자체는 바로 우리가 심안으로 보는 것을 말하고, 이렇게 말하는 소리만 듣는 게 아니라 무전통신기처럼 전체, 소리 안 나는 것도 들을 수 있는 그런 거를 말합니다. 그것을 천안통, 천이통 이럽니다. 또 신족통, 가고 옴이 없이 가고 오는 이 대자연의 법칙인 이 마음이란 말입니다. 마음은 체가 없어서 이 세상을 그냥 한눈에 볼 수도 있는 것이 바로 마음입니다. 신족통은 지금 팩스와 같은 겁니다. 타심통은 탐지기와 같고 천이통은 무전통신기와 같고 천안통은 천체망원경과 같고 숙명통은 과거의 모든 걸 아는 걸 말합니다. 컴퓨터와 같습니다. 그거를 굴리는 그 자체, 모든 들이고 내고 또는 굴리고 책정을 하는 바로 두뇌, 누진이 있습니다. 이 모든 것은 이름해서 그렇게 부르는 거지, 여러분이 그냥 하고 있는 겁니다.

50%의 무(無)의 세계, 무심 도의를 모르기 때문에, 무심도법을 모르기 때문에 유(有)의 세계의 유심으로서, 물질세계에서 관념이 그냥 조잘이 조잘이 붙어서 타의에서 만날 찾고 돌아다니는 겁니다. 부적을 붙여서 뭐, 괜찮게 하고 또 날짜를 봐서 이사라도 가야 하고 또 궁합도 봐서 장가를, 시집을 보내야 하고, 만날 노예 생활을 하는 겁니다. 그뿐이 아니죠. 일일이, 명이 짧으면 칠성한테 빌어야 한다, 또는 좋은 데로 가려면 지장한테 빌어야 한다, 또는 잘되려면 관세음을 찾아야 한다, 또 물에서 잘못될까 봐 용신에게 빌어야 한다, 지신에게 빌어야 한다, 신중한테 빌어야 한다, 약사한테 빌어야 한다, 독성한테 빌어야 한다. 이거는 도무지…, 이게 말이나 되는 일입니까.

조선시대 때에 불교 탄압을 받게 되자 먹을 게 없어서 도저히 공부를 할 수도 없고 머리 깎은 사람만 보면 데려다 볼기를 때리고 하니까 할 수 없이 산에다가 절을 짓고서는, 쌀을 그때는 대두 한 말씩 그렇게 가져오던 때라, 부처님 한 분만 모셔 놓고 대두 한 말만 가져와서는 안 되기 때문에 여기 놓고 빌고 저기 놓고 빌게 했던 겁니다. 그런 유래가 지금까지도 내려오면서 그 관습에 의해서…. 그거는 이따가 또 이어서 말을 하고, 아까 오신통 말하던 걸 해야지. 허허허.

그래서 그 다섯 가지 중에 숙명통이라고 하는 게 있는데 과거에 살던 인과성이 그대로 반영이 돼서 현실로 나오는 겁니다. 얼른 쉽게 말해서 컴퓨터에 자동적으로 입력이 됐다는 얘기죠. 입력이 돼서 현실로 나오게 되면 나오는 거를 거기다가 되맡겨 놓으면, 입력이 다시 되면 앞서 입력됐던 건 없어지지 않느냐 이 소립니다. 그래도 이해가 안

갑니까? 우리 카세트에다 노래를 넣는데 다른 노래를 넣으니까 앞서 노래 넣은 게 없어지듯이 그와 같은 얘깁니다. 그러니까 업보, 유전 또는 영계성 세균성 업보성, 그 인연에 따라서 인과성에 의해서 모든 면에서 다가오는 거…. 그래서 과거는 없다고 하지 않습니까. 현재에 모두 배낭에 짊어지고 나왔기 때문에. 수억이 들어 있어요, 지금. 모든 이 세포 하나하나에, 지금. 고통을 누가 주고 누가 뺏어 가고 그러는 게 아니에요. 앞서부터 벌써 그렇게 지고 나온 거죠.

그래서 모든 거를 한마음 주인공에다, 거기서 나온 거니까 거기다가 되맡기고 '거기서만이 해결할 수 있다.' 이렇게 믿으라고 하는 겁니다. 그래야만이 앞서의 운명이니 팔자니 이런 게 모두 무너질 테니까요. 그래서 우리가 어떠한 병 증세든지 어떠한 애고든지 어떠한 문제를 가지고 내가 '병이다' 하기 이전에 '이거는 공부할 수 있는 재료다.' 이렇게 생각하시란 말입니다, 모든 거를 다. '이거는 공부할 수 있는 재료다. 나는, 지수화풍이 토대가 돼서 광력이나 전력이나 자력이나 통신력이 충만히 나한테 있다. 그러니까 그게 병이 아니라 내가 정신계로 발전하는 데의 공부다. 물질계에서만 헤맸으니까 정신계로 드는 데의 공부 재료다.' 이 정신계와 물질계가 혼합이 돼서 작용을 해야만이 100% 인간이라고 하는 겁니다. 그리고 100% 작용을 하면 그 양자는 질량이 없어지고 광력만, 에너지가 나오는 겁니다. 그런데 한 면만 생각하고 만날 그저 여기 놓고 빌고 저기 놓고 빌고 온통….

예를 들어서 부처님의 이름은 너무 많습니다. 부처님의 마음으로서 지어서 동방에는 아촉불이요, 서방에는 아미타요, 이 세상에는 관세음이요, 또는 지천국에는 지장이요, 이렇게 해서 이름을 지어 놓은 것입니다. 그렇듯이 어느 가정이든지 보십시오. 어느 줏대가 할아버지도 되고 아버지도 되고, 형님도 되고 아우도 되고, 사돈도 되고 또는 남편도 되고 또는 아버지도 되고 이렇게 할 때에, 어떤 거 할 때에 나라고 할 수 있겠습니까. 자동적으로 "여보!" 하면 말도 남편의 말이 나오고 남편의 행이 나오고 남편의 뜻이 나오죠. 허허, 자동적으로. 그런데 "얘, 아무개야!" 부르면 자동적으로 아들의 행동을 하고 아들의 말이 나오고 그러죠? 그런데 어떤 거 됐을 때 나라고 할 수 있겠습니까? 그래서 공했다는 겁니다.

모든 일체가 다 공했다. 보는 것도 듣는 것도 고정됨이 없고, 가고 오는 것도 고정됨이 없고 만남도 고정됨이 없고 먹는 것도 고정됨이 없고 생각하는 것도 고정됨이 없어, 모두가. 그러니 고정된 게 하나도 없으니 나라는 게 세울 게 없다 이 소리야. 나라는 존재를 세울 게 없다. 그렇게 시간과 공간을 초월해서 돌아가니, 화해서 자꾸 돌아가니 어떻게 나라는 존재가 있다고 할 수 있을 거냐 이거예요. 그래서 보이는 것도 바로 공이요, 공도 보이는 거다. "색이 공이요, 공이 색이니라." 이런 겁니다.

이렇게 해서 여러분이 그 한 생각에 수많은 이름의 작용을 하는데 한 푼 한 푼, 내 이런 소리 할 건 아니지만 말입니다, 벌어서 절에 간다 하면 여러분이 생각해 보세요. 요기 놓고 빌어야 하고 저기 놓고 빌어야 하고, 저기 놓고 빌어야 하고 신중당에 놓고 빌어야 하고 그러는데, 생각에 말입니다, 여러분 생각에 왜 그렇게 여러 군데다 놓는가 하면 '요기다 안 놓으면 우리 남편이 어떻게 될까, 우리 자식이 어떻게 될까' 이래서 고루 놓는 거죠. 한 군데라도 덜 놓으면 노여워서 또 잘못될까 봐. 이러니 사람이 먹고사는 것도, 이 세상에 나온 것도 고통인데 믿음마저도, 종교마저도 그렇게 헤매고 돌게 만드는 장본인들이 누굽니까.

세상에 한 번 나왔다 한 번 가는 거는 정한 이치고 사는 날까지는 꼭 살 텐데 말입니다, 죽는 게 그렇게 어렵고 나라는 거 버리는 게 그렇게 어렵습니까. 아까 얘기했죠. 고정된 게 하나도 없기 때문에 나라는 걸 세울 게 없다. 이 도리를 알면 죽는 거다 이 소립니다. 이 도리를 알아야 죽는 거지, 말로만 알아서 되는 게 아니라 진실로 감응이 되고 과거의 나와 현실의 내가 부합이 돼서 작용을 해야만이 거기서 대광력이 일어나서 에너지로서 발탁이 될 겁니다.

하여튼 어떤 종교든지 가만히 보면 전부 타의에다가 매기단을 해. 모두 바깥으로 찾는 거야. 그저 관세음보살! 쪼금만 저거 해도 뭐, 관세음보살! 관세음보살이 뭔지나 알고 "관세음보살, 관세음보살" 합니까? 우리들이 관해 보고 관해 듣고, 이 세상에서 살고 있고 말하고 있고 이렇게 돌아가는 게 관세음이란 얘깁니다, 관세음. 진리의 이름이에요, 진리의 이름. 그래 진리의 이름을 갖다가 그냥 관세음이라고 그랬죠. 허허. 이 세상에서 말하고 살고 관해 보고 관해 듣고, 이 세상에서 이렇게 살고 있는 거, 이게 관세음이에요. 누구는 아닙니까? 누구든지 다죠.

그 마음이 중합니다. 모두가 가톨릭교니 기독교니 불교니 할 것 없이, 알라신교니 티베트 불교니 모두 바깥에서 찾는 거예요. 바깥으로 돌아가. 그래서 사대 성인들이 말한 "네가 없다면 뭐가 있겠느냐. 너부터 알라." 그 말 한마디가 이날까지 죽지 않고, 이날까지 역대 조사들도 그랬고 또는 사대 성인들이 다 그랬어요. 나중에 깨닫고 보니까, 아리스토텔레스도 그렇고 소크라테스도 그렇고 역대 선지식들이 다 그랬죠. 글귀로다가 문자로, 온통 이론으로 다 알고 경전을 오만 거를 다 읽고 해도, 경허 스님도 그랬듯이 앞에 딱 닥치면 자기가 도망가는 거예요. 병 옮을까 봐. 그 해결을 못하고. 그러니까 책이란 책은 다 불살라 버리고 그때서부터 마음공부를 했던 겁니다. 그래서 일체 만법의 물리가 터져서 스스로서 평화스럽고 스스로서 자동적으로 법이 되고 자동적으로 화하고 자동적으로 보신이 되는 그 도리를 알게 돼서, 모두 여러분을 위해서 둘이 아닌 도리로서 둘이 아니게 나툼을 나투면서 건져 주셨던 겁니다. 지금까지도 말입니다.

여러분이 있으니까 부처도 계신 거죠. 부처 속에서 중생이 나고 중생 속에서 부처가 생기는 거지, 어디 딴 데서 나옵니까? 불(佛)이라는 거는 영원한 생명의 근본이요, 교(敎)라는 것은 모든 것을, 말하는 것이 그냥 교예요. 이 풀 한 점도 전부 이심전심으로, 꽃 한 송이도 이심전심으로, 목신도 다 이심전심으로 얘기하고 갑니다. 말하고 가요. 하나도 말 안 하는 게, 돌 하나도 말 안 하는 게 없고 돌 하나도 돌아가지 않는 게 없고 움죽거리지 않는 게 하나도 없어요. 돌장승이 그냥 움죽거리지 않고 있는 줄 아시죠? 허허.

그러니까 어느 종교든지 막론해 놓고, 내가 미국에 가서 얘기했듯이 어느 종교를 막론해 놓고 풀 한 포기도 불교 아닌 게 없다. 그런데 당신네들이 불교다, 불교가 아니다 하는 논쟁을 벌인다면 당신네들은 종교 믿을 가치가 없어. 불교는 어느 한군데에 국한된 게 불교가 아니다. 끝 간 데 없이 시공을 초월해서 돌아가는 이 진리 자체를 불교라고 한 거다. 불은 삼천대천세계의 근본을 말하고 교는 이 세상을 말한다. 모두가 둘이 아니게 돌아가니 정신계와 육신, 즉 말하자면 물질계가 통합해서 작용하는 것을 100% 불교 세상이라고 합니다. 그래서 삼천대천세계 우주 근본은 인간의 마음의 근본이요, 태양의 근본도 천지의 근본도 인간의 마음의 근본이요, 세상의 모든, 이 세상이 벌어진 그 가설된 근본도 인간의 마음의 근본에 가설이 돼 있다 이 소립니다.

이해가 안 가시는 분들도 많겠죠? '뭔 소리가 저렇게 많아. 당장 나는 이게 급한데 말이야.' 이러시지마는 고것이 쪼끄맣든 크든, 많든 적든 그것을 가지고 공부할 수 있는 길을 택하는 재료라고 생각하세요. 그 재료로 나는 공부를 한다. 재료가 없으면 공부를 못 해. 아무 뭐, 걱정 근심도 없고 누워서 떡 먹기로 그냥 그러고 있는 사람이, 배짱 편안하게 있는 사람이 부딪침이 없는데 공부를 어떻게 해요? 정신계를 어떻게 발전시키느냐고. 그러니까 외려 감사하게 생각하세요. 애고가 오고 병고가 오고 환란이 온 거를 감사하게 생각하고 '아하, 이게 아니었더라면 내가 이 공부를, 이 길을 걷지 못할 텐데 이 길을 걷게 돼서 감사하구나.' 이렇게 생각하세요.

길이라는 것은 우리가 이렇게 길 만들어 놓은 데만 길이 아니라 마음의 길은 사방이 다 터졌으니까요. 지붕도 없고 벽도 없고 사방이 다 터졌어요. 그래서 지금 이 방 안에 앉았어도 댁의 집에 갔다 오시라면 갔다 오실 겁니다. 뭐가 어디에 놓이고 어디에 놓여 있는 거 다 아시고 오실 겁니다, 아마. 이 공부를 해서 밝은 눈으로, 심안으로 본다면 저 달나라엘 가서도 한쪽만 보는 게 아니라 몽땅 다 보고 찰나에 올 겁니다, 아마.

'예기, 요렇게 급한데 이런 거는 얻다가 팽개치고는 저렇게 말이 많으니 그까짓 게 무슨 소용 있나.' 이렇게 하지 마시고요. 인간이 이 세상에 나서 이 모습을 가지고 얼마나 있겠습니까. 이 모습은 자기가 산 대로, 나쁘게 살았으면 나쁘게 모습을 받을 거고 좋게 살았으면 좋게 모습을 받을 겁니다. 이 모습은 없어졌다가 또 생길 때에 딴 모습을 가지고 나오고 딴 형상을 가져 나오고 이럽니다.

그래서 어떤 사람이 아주 악하게 살다가 죽었는데 독사, 뱀이 됐더랍니다. 뱀이 돼서 한 철 나고 '내가 마음을 개심해서 인도환생을 해야지. 도로 나 살던 데로 나가야지.' 하고 아무리 해도 그 뱀의 습이 그냥 쌓이고 쌓여서 그 모습을 벗을 수가 없더랍니다. 그래서 하루는 아무래도 안 되겠다 하고 절 근처 바윗돌 밑에 가서는 항상 목탁 소릴 듣고 염불 소릴 듣고, 시식을 지내면 돌 위에다 조금씩 놓는 거 그걸로 연명을 하고 지내다가, 어떤 스님이 시식을 지내시면서 하시는 말씀이 "아이구, 천 년에 한 번 만나기 어렵거늘 그래도 돌 밑에서 도를 닦으려고 이렇게 애를 쓰고 있는 중생들이 이렇게 있구나." 하시면서 막대기로 탁 돌을 때렸는데 고만 거기에서 환상이 다 그냥 없어지고, 허물을 벗고, 그러니까 우리네가 볼 땐 죽었다 이거죠. 죽고 환생을 했단 얘기죠. 그 모습을 벗고. 그래서 거길 와서 그렇게 하던 그 뱀들이 그냥 그 모습들을, 껍데길 전부 고스란히 벗어 놓고들 환생을 했어요. 환생을 해서 다시 그 어려운, 가난한 집에 태어나서 중이 돼서 도를 닦더랍니다. 도를 닦다가 보니까, 과거를 보니까 자기가 그렇게 했더랍니다. 그래서 '다시는 그럭하지 말아야겠다.' 하는 생각으로 그 공부를 가르치기 위해서 생을, 한 생이다 이런 것도 없고 두 생이다 이런 것도 없이 끝 간 데 없이 건지셨답니다. '다 건지고 나는 맨 나중에 가야지.' 하고선 문고릴 잡았는데 끝이 없더랍니다. 끝이 없어서 문고릴 놓지 못했답니다. 하하하….

여러분! 우리가 참, 복이다 공덕이다 하는 건 천지 차입니다. 복을 받는다 하는 건 한번 받고 치우면 그뿐이지만 공덕이라는 건 세세생생입니다. 우리가 어떤 일을, 돌을 하나 큰 거를, 영 사람이 들 수가 없는 거를 꼭 들어서 옮겨 놔야 될 텐데 이 돌을 못 들 때, 모두 와서 같이 드는 거하고 하나가 들려고 할 때 못 드는 거하고 이게 천지 차이죠? 여럿이 들면 가볍게 들어서 놓을 수 있고 들어서 옮길 수 있고, 이렇게 마음대로 할 수 있는 것이 바로 공덕입니다. 그래서 이 삼천대천세계의 전체가, 하다못해 개미 새끼 하나 안 버리고 한마음이 되는 것이, 바로 한마음이 돼서 이룩하는 것이 공덕입니다. '부처님께서는 평발이다, 평손이다' 하는 원인이 어디에 있을까요. 진드기 발 하나 버리지 않고 모든 발이 자기 발 아님이 없는 까닭에 바로 평발인 것입니다. 생김생김이 뭉툭하게 평발이 돼서 평발이 아니라 모든, 모든 사람, 모든 중생, 모든 세균서껀 어느 거든지 나 아님이 없고 내 발 아님이 없고 내 손 아님이 없고 내 아픔 아님이 없고 하나도 버릴 게 없더라 하는 그 자체가 바로 평발이요, 평손이요, 항상 부처님의 마음은…. 여러분도 그렇습니다.

여러분의 마음이 참, 남한테 이익하게 행동해 주고 이익하게 말해 주고 이익하게 뜻을 가지고 항상, 가정에서도 아무리 자식이 잘못하고 남편이 잘못한다 하더라도 잘못하는 거는 모든 거를 그 한마음 속에다 '거기서만이 해결할 수 있다.' 하고 거기다 맡겨 놓으시고 항상 부드럽게 행동하고 부드럽게 말하고 따뜻하게, 이렇게 하면 스스로서 같이 밝아진다 이겁니다. 스스로서 같이 밝아지는 거는…, 에너지가 들어오는 건 보이지 않습니다. 이 모습은 여러 가지로 이렇게 있지마는 전력은 다 똑같고 전력이 들어오는 건 못 보고 이러는 거죠. 그렇지만 들어왔지 않습니까. 그렇듯이 인간의 마음에도 생명의 근본은 다 있고 그 영혼이 다 있어요. 그래서 여기에서 내가 스위치를 올리면 저쪽에도 불이 들어오듯이 한 가정이 한 통, 한 방이라면 한 방에서 다 밝게 살 수 있다 이 소리죠.

그런데도 불구하고 요기 놓고 빌고 저기 놓고 빌고 이러한 관습에 젖어서, 살아서 노예로 다닌다면, 노예 생활을 벗어나지 못한다면 죽어서도 노예 생활을 벗어날 수가 없습니다. 의식이 그렇게 돼 있으니까. 이제 한마디만 하고 고만두겠습니다마는 살아서 이 모든 오장육부 몸뚱이 속에 악업 선업이 잔뜩 담겼는데 그걸 그냥 내 마음이 내 마음을 다스리지 못하고 만날 남을 원망하고 남을 탓하고 남을 못되게 생각하고 항상 바깥으로 찾고 이렇게 하는 사람들은 죽어서 사대가 무너져도 자기가 모습이 있는 줄 알아요, 자기 의식으로. 있는 줄 아니까 이 있는 줄 아는 마음에 따라서 이 의식들도 전부 그냥 천차만별로 나와서 그림자처럼 쫓아다니게 돼 있어요. 그러니까 한 발짝도 벗어날 수가 없다는 얘기예요. 이것이 사실입니다. 난 거짓말 안 해요.

그래서 자기가 있다는 것을 의식하기 때문에, 우리가 왜 "아제아제 바라아제 바라승아제" 하죠? '저 언덕을 넘고 저 강을 건너서 다시 만납시다' 하는 그런 뜻이거든요. 그런데 내 모습이 있는 줄 알고 강가생이에서 빠져 죽을까 봐 못 가고 배 올 때를 기다리는 것이 오백 년을 기다려도 안 오고 천 년을 기다려도 안 온다 이거야. 만날 맴돌고 맴돌고 이렇게 하는 까닭에 천도가 시작이 된 겁니다. 또 세 번째는 시간과 공간을 초월해서 이 천지가 다 불바퀴로 돌아갑니다. 그걸 아셔야 됩니다. 그런데 그 불바퀴 소용돌이 속을 넘어서야 될 텐데 타 죽을까 봐 못 가는 거야. 그러니까 첫째, 한 발짝 떼 놓을 수 없지, 빠져나올 수 없지. 둘째, 빠져 죽을까 봐 못 건너가지. 셋째, 타 죽을까 봐 못 건너가지. 이러니 아주 끝 간 데 없이 고통 속에서 헤매는 거죠. 집안으로 돌아다니면서 온통, 그리고 집안으로 다니면서도 "내가 말했는데 왜 말을 안 듣느냐. 왜 나를 보지 못하느냐." 내가 말을 하는데도 본척만척하니까. 자기가 모습이 있는 줄 알거든. 이렇게 의식들이 모두 그 모양이에요. 그러니까 꼭 공부를, 자손들한테 누가 되지 않도록, 걱정시키지 않도록 하기 위해서도 해야 하고 위 조상들의 묵은 빚도 갚을 겸 아래 자식들에게 햇빛도 줄 겸, 여러분이 좀 더 성의 있게 공부하시길 바랍니다.

지난번에 울산에 한 번 가고 안 갔었지? 허허허…. 그러니까 이거는 역대 조사들도 그렇고 부처님 당시도 그렇고, 부처님 당시에는 돌 같은 것도 없었는데 그 뒤에 돌 같은 거 뚱그렇게 해 놓고선 그냥 거기다 믿게 했지, 형상을 해 놓고 이렇게 날뛰는 게 없었어요. 그리고 이렇게 가르쳤지.

"그저 모두 여러분의 탓으로 돌리세요." 가정에서도 불화가 일어나는 거는 탓을 하기 때문에 일어나는 겁니다. 내 탓으로 돌린다면 화가 하나도 일어날 게 없어요. 보세요. 내가 이 세상에 났으니까 나한테 부닥치는 거지, 내가 없다면 뭣 때문에 있겠습니까. 내가 없는데 싸움이 어딨고 가정이 어딨고 뭐가 있겠습니까. 그래서 소가 가다가 언덕이 있으니까 비볐죠. 그러니까 이 언덕이 "아, 이놈! 왜 나한테 비비느냐?" 하니까 "아, 언덕이라는 네가 있으니까 내가 비볐지, 언덕이라는 네가 없다면 내가 비빌 필요가 뭐 있겠느냐." 소가 이러더랍니다. 그와 같이 우리가 내가 있으니까….

그리고 또 한 가지는, 깡통은 깡통대로 모이고 넝마는 넝마대로 모이고 무쇠는 무쇠대로 모이고 금은 금대로 모입니다. 사람 사는 것도 그렇고요. 정치인은 정치인대로 모이고. 그렇게 모이듯이 한 가정이 모였다 하면 벌써 보는 놈도 당하는 놈도 하는 놈도 다 똑같은 놈들입니다. 그런데 누구 탓을 합니까? 당하는 놈도 하는 놈도 똑같아요. 그러니까 사과를 받아다가도 큰 거를 골라서 이렇게 놓고 작은 거는 작은 거대로 놓고 팝니다, 끼리끼리. 모두가 끼리끼리입니다. 그러니 누구 원망하실 생각 절대로 하지 마시고 모든 게 나로 인해서 생긴 거라고 생각하신다면 가정이 화목함으로써 아, 돈이 나가다가도 '아이구, 이 집은 화목하니 내가 들어가야지.' 그러고 저절로 들어오는데 돈을 쫓아가면 자꾸 달아나가요. 으이그!

또 병고도 그래요. '병이다. 그런데 이거를 어떡하면 좋은가.' 내가 빨리 죽으면 이 자식들은 어떡하고 뭐 어쩌고, 이러는 게 있습니다. 아니, 강아지도, 세 살 먹은 애도 가다가 차가 가니까 내빼. 허허허…. 살 양으로 내빼는데 아니, 그 자식들 다 커 가는 거, 그거 어떻게 될까 봐 그 야단입니까, 네? 그저 모든 거, 병고도 '아하, 내가 이 공부 하기 위해서 이 병고가 이렇게 생겼으니 병 붙을 자리가 어딨나. 시간과 공간을 초월해서 들입다 돌아가는데, 일분일초도 안 걸려서 돌아가는데, 비행기 프로펠러 돌아가는 거와 같은데 거기 먼지 앉을 자리가 어딨겠나. 내 공부 시키느라고 이런 액이 온 거다. 그러니까 그저 공부할 재료다.' 이럭하고선 '너밖에, 너한테서 나온 거니까 너밖에 해결할 수 없지.' 하고선 거기다 되놔야 입력이 다, 앞서의 게 없어지면서 새로 들어가면서, 또 없어지면서 새로 들어가면서 그릇이 비어서 홀연히 자기를 발견하게 되지. 그렇게 하면 벌써 내 맘부터 편안해져요. 둘째, 내 가정이 조금 화목해지는 듯해요. 셋째, 애고가 없어져요. 그렇게 되면서 실험과 체험을 하는 겁니다.

그러니까 이렇게 말을 하다가도 어떤 때는 '내가 너무 자상한 것도 병이다.' 이럽니다. 하하하…. 너무 자상해서 외려 병이 될 수도 있고 '너무 덩어리만 또 툭툭 내던진다면 어떻게 그것을, 커서 집어먹을 수가 있을까. 그저 칼로 송송 썰어서 이렇게 해서 드리는 게 좋겠지.' 하고 이렇게 하는데 모르겠습니다. 큰 덩어리도 덩어리가 아니요, 작은 덩어리도 작은 덩어리가 아니요, 크고 작은 게 둘이 아니다 할 때는 송두리째 바다를 그냥 삼킬 수 있는 이러한 문제가 생기겠지만 말입니다. 허허허. (녹음 안됨)

그러나 남을 돕는다고 해서 돈을 얻거나 꾸어서 주거나, 금방 치를 돈을 주거나, 자기가 감당도 못하면서 보증을 서거나 이렇게 해서 망하게 만들어 놓는 이러한 살림살이를 하는 사람들은 그건 부처님 법에도 해당치가 않아요. 부처님이 영리하게 살라고 "무(無)의 세계의 정신세계까지 동반해서 물질세계와 같이 작용을 해서 중용을 해라." 이렇게 한 것이지 죽어서 천당에 가고 또 나 아닌 딴 데서 나를 도와 달라고 이렇게 가르치는 게 아니에요. 내가 없으면, 내 의식만 빠지면 모두 송장들이에요. 그런데 그 의식, 그 마음이 몸뚱일 이끌어 가지고 가니까 얼마나…. 살다가 보면 생명을, 구제할 수 없는 거를 구제를 한번 해 줘도 그 은혜를 잊지 못하는 법인데 세세생생에 끌고 온 자기 주인을 믿지 않고, 이끌어 가는 그 주인을 믿지 않고 그런대서야 그거 말도 안 되죠.

모두가 내가 의사나 되는 것처럼 뭐, 별의별 갖은 각색의 병들을 다 가지고 오시는데, 그러니까 그게 아주 늦은 거는 어쩔 수가 없는 그런 이치가 있고요, 그런 문제가 많죠. 그러니까 그렇게 되기 전에 이 도리를 빨리빨리 알아야 되겠고, 그렇게 됐어도 믿고 절실히 그렇게 해야 한다 이겁니다. 그렇게 됐어도. 죽는다 하더라도. 죽으면, 의식이 빠지면 송장인 것처럼 이 몸뚱이는 사대가 그냥 무너져서 없어지지만 그 영혼의 의식은 그대로 남아서 끄달리니까. 영원히 자기 발목과 자기 목을 졸라서 창살 없는 감옥에다 처넣고 한 발짝도 나오지 못하게 하는 것도 자기 마음입니다. 마음의 작용이에요, 그게. 그러니까 그 마음의 작용이라는 자체가 묘하기도 하지만 얼마나 그게 기가 막힌 일인지 모릅니다.

어느 때에 어느 사람이 꿈을 꿨대요. 꿈에 뱀이 오글오글오글하게, 자기네 집에 발 하나 들여놓을 데가 없이 뱀이 그렇게 많더랍니다. 한 발짝도 들여놓을 수도 없이 그렇게 많더랍니다. 꿈을 깨고 나서 얼마나 기가 막혔던지 글쎄, '이거는 내 죄고 업보고, 그렇게 많은 영계들이 있으니 내 발도 하나 떼 놓을 수 없이 그렇겠구나.' 하고 생각을 한 사람이 있는가 하면, 발도 내딛지 못하게 그렇게 많은 뱀 꿈을 꾸고서 '아, 이게 모두 한마음으로서 나와 둘이 아니구나. 이 내 몸속에 그렇게 많은 모습들과 생명들이, 의식들이 들어 있어도 나 하나의, 모두 그 한마음의 몸인데, 그리고 한마음이고 한 생명인데 어찌 집안에 그렇게 있다고 해서 각각 네가 다르고 내가 다를 수 있겠느냐.' 하고 생각한 사람도 있고, 두 사람이 있다고 봅시다. 그렇게 생각한 한 사람은 그 해에 집을 키워서 그냥 우럭우럭 일어나고 '귀신들, 업보들이 모두 몰려서 우리는 한 발짝도 떼 놓을 수 없다.' 하고 생각을 한 사람은 그 해에 몰락 망했답니다. 이거를 생각한다면 그 한 생각 하는 것이 얼마나 중요하냐 이 소리예요.

이 세상에 저 껍질 하나, 저 잎새 하나, 하다못해 지렁이 하나, 하나도 나 아님이 없어요, 모두가. 안으로는 같이 돌아가죠. 운행을 해줘서 이 몸뚱이가 돌아가죠. 바깥으로는 독불장군 없죠. 공생·공용·공체·공식화하고 돌아가죠. 그런데 어떻게 나 하나만 우뚝 솟아서 산다고 하겠습니까, 네? 야, 남이 농사지은 거 먹고 들어왔죠? 남이 옷 만든 거, 기지로 짠 거, 모두 남이 만든 거 입고 왔죠? 남이 만들어 놓은 거 죄 사다들 먹죠? 물도 먹죠? 불도 쓰죠? 흙도 딛고 다니죠? 바람, 이 공기를 마시고 생명을 유지하죠? 야, 어떻게 돼서 당신네들 혼자 살아? 혼자 사는 게 있어요?

그러니까 모든 게 공해서 한데 합쳐서 한마음으로 구성돼서 그냥 자연히 돌아가는 그러한 진리고, 그런 끝 간 데 없는 진리니 그거를 마음으로 좀 더 넓혀서 좀 넓게 생각을 해라. 하나도 걸리게, 내게 언짢고 걸리게, 남에게도 언짢고 걸리게 생각을 하지 말라. 그르다 옳다,

이런 것도 생각하지 말라. 왜냐? 그른 게 하나도 없는데 그르다 옳다 이런다면 벌써 그건 갈라지는 거 아닙니까. 그러니까 그르다 옳다가 없다. 왜 없느냐? 잘하던 사람도 못할 수 있고 못하던 사람도 잘할 수 있고, 물건도 나쁘게 나왔다가도 좋게 나올 수 있고 좋게 나왔다가도 나쁘게 나올 수 있는 거예요, 모두가. 요런 생각을 했다가도 저런 생각을 하고 저런 생각을 했다가도 요런 생각을 해. 그러니 하나도 그냥, 이게 그르다, 이게 그르다 할 수가 없어요.

우리 이 선 공부 하는 사람들이 그렇게 생각을 하면 선 공부는 아예, 이 우주 삼천대천세계를 다 한데 뭉쳐서 돌아가야 될 텐데 이것 따로 있고 저것 따로 있고, 이게 그르고 이게 옳고, 이게 밉고 이게 예쁘고 온통…. 같이 사는 남편도 예쁜 짓을 했다가 미운 짓을 하고, 미운 짓을 했다가도 예쁜 짓을 하는데, 그래도 남편이 미운 짓을 했다가도 금방 예쁜 짓을 하면 그게 다 녹아서 없어지고 그냥 대견하기만 하죠. 자식도 그렇고. 그런 건데 이거는 꼬드겨서 쥐고선 이건 그른 거고 이건 옳은 거고, 그런 고집만 부리고 이렇게 간다면 이 선 공부는 아예 못하는 겁니다.

마음의 문을 여는 천도

선실 법회

1991년 11월 19일

큰스님 … 뱀이 넘어오다가 뚝 떨어지면서 그냥 가 버렸어. 허허허…. 그 뱀 모습은 가 버리고 어머니의 그 마음은 내가 가지고 있는데, 가지고 있는 그 마음이 말이오, 어머니를 넣었다고 해서 두드러지는 게 아니거든. 그러니까 그대로 천도가 되는 거야, 그대로. 내 마음의 문을 활짝 열어서 거기다가 집어넣고 굴리니까 그냥 그 아들과 같이 알아진 거야.

그래서 천도시켜 주는 중들한테도 많이 달려 있습니다. 즉 말하자면 기복으로만 알고 상만 차려 놓고, 아무리 잘 차려 놓고 그냥 빌고 온통 두들겨도 이 마음의 문을 열 줄 모르는 사람은 하등…, 그 영가가 와도 그거 차려 놓은 것만 보고 그것만 알지, 아무것도 모르는 거야. 물질세계에서 그렇게 너다 나다, 네 거다 내 거다 하고 싸우고 사는 그런 것만 알고 있으니까 그 영계도 그렇게 알고 있을 수밖에. 그러나 중들이 밥 한 그릇을 놓고 물 한 그릇을 놓고 초 하나를 켜 놓고 향 한 개비를 꽂는다 하더라도 이 세상의 중생들을 다 먹이고도 그 밥 한 그릇이 되남을 수 있는 그러한…, 삼천대천세계에 직결이 돼 있고, 마음과 직결이 돼 있고 이 세상과도 모두 가설이 돼 있다면 그 혼백이 들어와서 아이, 스님 마음속을 탁 보니까 '아이구, 내 거 아님이 하나도 없더라.' 그러니까 그 혼백은 고만 '세상에, 그 상 차려 놓은 거는 아무것도 아니고 허, 이 세상에 내 거 아님이 하나도 없으니 줄일 게 하나도 없고 군색할 게 하나도 없더라.' 하고, 그렇게 돼서 천도가 되는 겁니다.

어떠한 사람이 병이 들어서 일어나지도 못하시고 그러는 어머니를 위해서 부처님한테 가서 빌고 앉아 있는데 어떤 객중이 턱 와서 보니까 거기 있는 중들은 눈을 뜨고도 눈 장님이고 귀가 있으면서도 귀머거리라. 그러니까 그 객중이 있다 하는 소리가, 그 부처님더러 하는 소리야. 그냥 다기 물에다가 손을 풍덩 담그더니, 옛날에는 부처님을 해 놓고 그 뒤에다가, 이렇게 옆댕이에다 탱화를 모두 해 놓지 않우? 그러니까 거기다가 손을 넣어서는 불상 이렇게 모셔 놓은 데다가 그걸 뚤뚤 뭉쳐서는 입에다가 턱 붙여 놓으면서 하는 소리가 "이 밥 한 그릇을 먹고, 어머니가 지금 편찮으시니까 아주 모습을 갈아 주든지 낫게 해 주든지 둘 중에 한 가지 해라." 이러고선 부처님 입에다가 그냥 탁 붙이고선 나가거든. 이게, 이게 정심이라. 이게 바로 칠활궁공법이라. 또 팔수레공법도 되지만 말이야. 그렇게 해서 아, 딴은 집엘 가 보니까 어머니가 곱게 그냥, 그냥 가셨더라는 거야. 그래도 다니고 그러시더니 그냥 목욕재계하고 옷 입고 그냥, 그냥 드러누워서 가셨더라 이거야. 그래서 "어머니, 어머니! 나도 오기 전에 왜 가셨습니까?" 하고 우니까 공중에서 "가고 옴이 어디 있겠느냐? 멀다고 못 보고 가깝다고 보고 하는 그런 진리가 아니니라." 하곤 그냥….

이게 옛날 얘기가 아닙니다. 현실입니다. 그러니 정신이 조금 잘못된 사람들은 모든 걸 거기다가, 용광로에 넣듯이 모든 거를 거기다가 맡겨서 넣고 '거기서만이 해결을 해 줄 수 있다. 이끌어 갈 수 있다. 간파해 줄 수 있다. 물리가 터지게 해 줄 수 있다.' 그냥 이걸로써 나를, 내 중생을 이익하게 해야 남의 중생도 이익하게 할 수 있어! 내 중생을 아무렇게나 그냥 던지고, 남의 중생이라고 아무렇게나 던지고, 내 집안 식구들인데 내 몸뚱이라고 해서 아무렇게나 던지고 이렇게 해서도 아니 되지. 부모가 준 몸이니 소중하게 생각하고 소중히 건강하게 돌보면서…, 소중히 건강하게 돌봐야 또 공부도 할 수 있는 거지, 몸뚱이가 없으면 공부를 어떻게 해?

그런데 그렇게 아무리 해 봐도 안 낫더라. 아이, 감기가 들어서 기침을 들입다 하는데 약을 아무리 먹어도 안 낫더라 이거야. 그래서 주인공에다 또 맡겨 봐도 안 낫더라 이거야. 허허허…. 그런데 그 안 낫는 원인, 그것을 알아야 돼. 왜 그렇게 발버둥이 치고 이리저리 헤맸나. 또 급하니까 인제 그걸 부르니 그게 제대로 맞아 들어가느냐 이거야. 허허허. 그러니까 안팎을 다 놓을 수 있고, 믿을 수 있고 '죽어도 네가 죽이는 거, 살리는 것도 네가 살리는 거.' 이렇게 믿을 수 있어야 되는 거 아니겠소, 모두가?

그러니까 오늘 정말이지 거짓말은 요만큼도, 요만큼도 안 해요. 여러분이 그렇게 증득을 해 보세요, 내가 거짓말인가 아닌가. 여러분이 마음을 다스리지 못하고 잘못 쓰면 이 몸속에 든 것이 전부 그냥 다 잘못돼 가지고 모두 바깥으로 나가고 안으로 들어오고 이렇게 해서 세세생생 끝 간 데 없이 악의를 불러들이지만, 이 몸속에 든 거를 모두 다스려서 거기다 맡겨 놓고 이렇게 가고, 부드럽게 말하고 부드러운 행동과 남을 이익하게 하는 모든 마음을 갖는다면 이 안에서 천백억화신으로 나투면서 보살로 화해요. 체질도 바뀌진다니까! 보살로 화해서 털구멍을 통하고 눈구멍을 통해서 들고 나면서 보이지 않는 데서 이익을, 모든 사람에게 이익을 주면서, 한 사람을 건지려면 세 집 네 집을 건져 주고 이러면서, 또 자기 중생도 건지면서, 자기 가정도 건지면서 이렇게 모두 가는 것입니다, 세세생생에.

그러니 열심히들 하십시오.

남을 건지는 속에 나도 건져진다

본원 신행회 회장단 법회

1991년 11월 20일

예전에 어느 불자가 참 정성이 지극했더랍니다. 불자로서 중들을 위해서 또는 부처님을 위해서 한 줄 알았거든요. 그런데 나중에 알고 보니까 모두가 부처님을 위해서 한 일도 없고 스님네들을 위해서 한 일도 없더랍니다.

왜냐하면 요새 자기 자식들을 위해서 기도를 올리고 대학에 붙게 하기 위해서 기도를 올리고 온통 야단들을 하는데 "오늘 기도했으면 그냥 가시라고 그래라." 그랬습니다. 허허허. 바로 자기가 한 대로니까. 없는 눈이 다 보고 있으니까. 없는 귀가 다 듣고 있으니까. 그거는 누가 봐라, 말라 할 것도 없이 자기가 한 일을 자기가 너무도 잘 아니까. 그렇듯이 그 하나도 남을 위해서 한 일이 없습니다.

어느 자식이 죽게 됐더랍니다. 그, 죽게 돼서야 그거를 알았더랍니다. 삼대 독자 외아들인데 그 자식을 위해서 했고, 부처님을 위해서 했고, 스님을 위해서 했고 그렇게 열심히 했는데 어린애는 죽게 돼서 널브러져 있고…. 그런데 한순간에 이 모든 업보에서, 악업 선업에서 홀렁 벗어난 거야. 벗어나 눈이 떠지고 귀가 떠진 거야. 그래서 보니까 이건 이대로 둬서 안 되겠다 하는 생각이 들었더랍니다. 그래서 허위단심을 해서…, 예전에는 저 사왕천을 찾아보고 또 불보살을 찾아보고 그러려면 이 몸을 놔두고, 그걸 삼매에 들었다고 하는데, 모두 몸은 놔두고 갔기 때문에 좀 늦으면 죽었다고 매장을 하고 이러는데, 지금 내가 생각을 하니까 '매장할 것도 없고 안 할 것도 없이 살아 있으면서도 죽었고 죽어 있으면서도 살았더라. 이게 가고 옴이 없이 가고 올 수 있더라.' 이런 걸 말하는 거예요. 그래서 자기 몸은 아들 앞에 앉아 있으면서 자기가 거기를 찾아간 거예요. 사왕천을 찾아간 거죠. 찾아가니까 "여기는 그 혼백이 온 예가 없다." 하는 거야.

그러니까 허위단심을 해서 아, 강을 건너려는데 거기에서는 딱 막힌 거예요, 강을 건너가야 할 텐데. 줄창 얘기했듯이 막혀서 허둥지둥, 이게 시간이 넘어가면 안 되니까 허둥지둥하고 있는데 그렇게 지극한 그 마음으로 인해서 그 한마음이, 그냥 불보살이 안내를 하는 거예요. 그래서 안내를 해서 한생각에 그냥, 그냥 건너갔어. 건너가서 거기다 데려다 주고 "인제는 도리천에서 물어봐서 해라, 옥황상제한테 물어봐서." 그렇게 하고는 그냥 온데간데없단 말이야. 그래서 거기서, 지금 말로 하면 관리인이지. 거기 들어가서 어린애 이름을 대면서 왔느냐고 하니까 여기 안 왔다고…. 아무리 찾아봐도 혼백 이름이 하나도 없는 거라.

그래서 또 허둥지둥 갔는데, 불바퀴를 또 넘어가야 될 텐데 아, 거기 가서 또 막혀서, 도대체 뜨거워서 들어갈 수가 없는 거라. 거길 넘어서야 될 텐데. 그래서 거기 앉아서 불이 타는 그 불 소용돌이 속에 들어가질 못하고 있다가 그냥 자식을 생각하니까 '불에 타 죽든지 말든지….' 이런 생각이 들더랍니다. '에라, 자식이 죽는데 어미는 살아 뭘 하겠느냐.' 죽든 살든 그냥 불 속으로 뛰어 들어갔단 말이야. 그런데 뜨겁질 않더란 얘기야. 뜨겁질 않고 넘어섰단 말이야. 그렇게 마지막에 가서 물어보니까 거기 들어와 있다고 하는데 그것은 더하고 덜함도 없는 죄인들, 즉 말하자면 공에 빠진 죄인들, 모두 그런 데서 그렇게 온 영령들이더라 이거야. 그런데 가만히 보니까 다시 환토해서 한 번 다시 겪어야 부처가 될 수 있는 그런 경지에 모두 빠진 사람들이라. 그래서 거기에서 빨리 자기 아들 혼백을 가지고 나오는데, 그 여러 보살이, 부처가 다 된 보살들이 자기처럼 그렇게 일을 해서 자기 식구들을 다 살리고 자기는 마지막 그, 환생을 해서 또 제도할 수 있는 그런 영령들이더라는 얘기예요. 그 보살들이 다 운운해서 받들어 줘서 그 혼백을 가지고 무난히 나왔대요. 혼백을 가지고 와서 그 혼백이 들어가니까 애는 살았죠.

그랬듯이 누구나가 누구의 일을 해 주는 게 하나도 없어요. 여러분이 하나라도 더 건질 요량을 하세요. 한 사람이라도 더 이끌어 주려는 생각을 하시고 모든 사람들한테 이익을 주게 하고, 항상 '이게 나쁘다 이게 좋다, 이거는 불법이 아니다 이거는 불법이다' 이런 걸 가르치지 마시고, 요만한 거 하나 버림 없이 불법 아닌 것이 없다는 그 도리를 가르쳐라 이겁니다. 그리고 요새들 부모가 자식을 위해서 그렇게 하는데, 자식이 부모를 위하는 거는 뭐, 그렇게 드물죠. 부모가 자식을 위해서 그렇게 하는 그 이치가 이거와 상통합니다. 지극하지 않다면 무슨 소용이 있겠습니까? 남을 열 사람, 백 사람 건져 줌으로써 나도 건져진다는 거를 아셔야 돼요. 이 수천억이 지금 몸뚱이 속에 들었습니다. 그 의식 속에, 이 사람 의식 속에 의식이 들어 있고 의식 속에 또 의식이 들어 있고 의식 속에 또 의식이 들어 있고, 그렇게 그냥 수없이 들어 있습니다. 한 생각에 만 개로 퍼질 수가 있고, 그래서 악을 지으면 악이 그렇게 퍼지고, 선을 지으면 선이 그렇게 퍼지니 선과 악을 다 놔서 중용을 하는 것이 제일 으뜸이다 하는 것입니다.

그래서 평등공법이라는 것은 그냥 부처가 돼서 평등하게 돌아가는 거를, 그냥 돌아가는 거를, 여여하게 돌아가는 거를 뜻하고, 여여함을 뜻하고, 칠활궁공법이다 하는 것은 우리가 생각함이 없이 하는 것을, 그게 법이라고도 할 수 있지만 법이라고 고정되게 할 수 없는, 그래서 활궁공법이에요. 여러분이 하나하나, 정말 내 양심, 내 양심으로 모든 것을 생각해 보세요. 남을 위해서 얼마나 일을 했나. 남을 위해서 얼마나 행해 줬던가. 남을 위해서 얼마나 말해 줬던가. 남을 위해서 항상 평등하게 이익한 생각을 해 줬던가. 이거를 생각해 보신다면, 그것을 한데 뭉쳐서, 한데 합쳐서 본다면 그대로 여여함이요, 그대로 이익하게 모든 거를, 남을 위하는 게 아니라 나를 위해서, 나를 위하는 게 아니라 모두를 위해서….

그래서 한마음으로 뭉쳐야, 선은 뭉쳐야 되는 것이지 벌리면 선이 아닙니다. 이 삼천대천세계를 뭉쳐야 되는 거기 때문에 나부터 뭉쳐라 이거죠. 내 몸 안에 들어 있는 그 수억이 다 한데 합쳐서 나 아닙니까? 각자. 눈 따로 귀 따로 뭐, 위 따로 소장 따로 대장 따로, 이렇게 따로따로 있는 것이 아니지 않습니까? 우리가 교리로 배우려면 소장은 이렇게 생기고, 대장은 이렇게 생기고, 위는 이렇게 생기고, 심장은 이렇게 생기고, 이자는 이렇게 생기고, 콩팥은 이렇게 생기고 이 모두가 이렇게 이론으로 가는 거지만 종합해서 모든 걸 보세요. 몸 하나에 모든 게 다 들어 있지 않습니까? 그런데 그걸 숫자대로 이름을 찾으려니 언제, 어느 하세월에 이름을 찾아서 완화를 시킵니까? 한마음에, 모두가 그 한마음에 들어 있으니까 뭉쳐야 된다. 그 모두의 생명의 근본, 그 자체는 다 똑같다.

그리고 위장이면 위장 공장에서 일하려는 그 힘이 사람들의 마음이 다스리는 데 모두 뭉쳐 준다. 한데 뭉쳐 준다. 뭉쳐 주는데 또 한 생각을 내면, 다스려서 또 내서 놓으면 그것이 이 털구멍을 통해서 모두 바깥으로 나가서 모든 작용을 한다. 작용을 하고도 함이 없이 함으로써 들어오게 되고 들어오면 나가게 되죠. 인간이 다녀도 지금 세균에 말려 죽습니다. 영계에 말려 죽고, 모두가, 유전에 말려 죽고 그러는데, 이 몸 가운데서 털구멍을 통해서 여러분이 생각하는 대로 나와서 이 3미터 안팎은 다 이렇게 대기를 서 주고 보해 주기 때문에, 내 몸을 보해서 나쁜 것은 물리쳐 주고 이러기 때문에 이렇게 살지 그렇지 않으면 얽혀서 죽습니다. 그런데 그렇게 이끌어 가는 그 마음 자체를, 마음 내기 이전을 믿어야 될 거 아닙니까? 마음 내는 건 바로 다스려야 되는 것이기 때문에 마음 내는 거죠.

그러니 모든 짐승은, 사람이 돼야 부처가 될 수 있다 하듯이, 사람 되기 어려워서 애를 쓰는데 우린 사람이 됐는데도 왜 거미줄에 얽히고 창살 없는 감옥에 얽혀서 발을 못 빼고 벌떡 일어서지 못하느냐 이 소립니다. 그런데 우리가 지금 남을 이끌어 주면서도 자기는 공부 잘한다는 것을 알아야 합니다. 남을 이끌어 가면서, 위로는 이끌어 가면서 아래로는 제도를 받으면서, 모든 게 위아래 없이 제도를 받으면서 이렇게 해 나가시기를 바랍니다.

우리가 참 어처구니없이 행하는 분들이 많습니다. 인간으로서는 이해가 안 가는 짓들을 하는 사람들이 너무도 많습니다. 한편으로는 '응, 그런 자가 있으니까 이런 자가 있고, 이런 자가 있으니까 그런 자가 있지. 그렇기 때문에 서로 상통해서 끝 간 데 없는 진리가 구르고 있지.' 이렇게 생각하다가도 '이건 너무하지 않나. 너무 모르지 않나. 너무 몰라서 이 평등한 진리 속에서 그대로 여여하게 지내지 못하는 중생으로서 고(苦)를 면하지 못하고, 배낭 속에 항상 넣고 악조건에서 헤어나지 못하고 살아나가는 인생, 얼마나 이게….' 이 몸뚱이는 얼마 안 가서 무너지지마는 그 영혼의 의식은 그대로 남아서…, 우리가 병원에서 수술을 하려면 마취를 하죠? 그 식이나 한가지예요. 의식만 없어지면 그냥 송장이에요. 그러니까 그 송장을 갖다 묻고 온통 야단들을 하지 말고, 송장은 송장일 뿐이에요. 그 영혼의 의식 자체를, 내 마음의 문을 활짝 열어서 그것을 거기다 넣어서 같이 구르다 보면 그냥 '아하, 눈 뜨고 귀 뜨니까 아, 이렇게, 이렇게 모두 내 거 아님이 없고, 나 아님이 없고 뭐, 배고플 것도 없고, 굶주릴 것도 없고, 가난할 것도 없고, 부자일 것도 없고 이렇게 좋은 것을….' 이렇게 할 수가 있는 겁니다.

왜 중들한테 맡기고 의지하는 줄 아십니까? 여러분은 모르니까 모두 목탁만 치면 제일인 줄 알지만 그게 아니에요. 죽은 사람이 위패가 있어야 응접을 하죠? 그래서 위패를 써 놓게 돼 있어요. 그래서 꽃 한 송이라도 이렇게 하게 하고. 아무것도 놓지를 않으면 응해서 접하질 못하니까요. 그렇듯이 죽어서 벌써 몸뚱이는 없어졌어도 이 중들의, 아는 사람의 몸이 있지 않습니까? 거기서 받아들이면 그것이 두드러지지도 않고 많이 내도 줄지가 않는다 이 소립니다. 그러니 그렇게 그 모든 것을 알고 함이 없이 중용을 할 때 적절하게, 환생을 시켜도 적절하게 환생을 시킬 수 있지, 만약에 그렇지 못하다면, 적절치 못하다면 그 나쁜 의식을 열 개도 만들어 놓을 수 있고, 스무 개도 만들어 놓을 수 있어요. 그러니까 고생만 들입다 시키는 거죠. 백 개를 한데 합쳐서 하나로 뭉쳐서 내놓을 수도 있는 거거든요. 적절히 그렇게…. 이 모두가 적절하게 살아야 된다. 그래서 무(無)의 세계, 유(有)의 세계를 한데 합쳐서 적절하게 생각하고 책정을 해야 된다. 인간이 살아나가는 데 먹고사는 것만이 어찌 제일이겠습니까마는 이 도리를 이렇게 해 가지고 가지 않으면 먹을 것도 제대로 적절하게 오지를 않아요. 허허허….

참, 나는 어떤 땐 냉정하게, 내려오지 않을 때도 있고 그렇습니다. 왜냐하면 여러분이 세 살 먹은 어린앱니까? 걸음마 걷는 어린앱니까? 그래도 발 떼어 놓고 걸어 다닐 수 있고, 좋고 나쁜 거 알지 않습니까? 그런데 이렇게 인도를 하고 가는 길을 일러 줬으면 그쯤 해야죠. 하다못해 눈 똥그란 개 한 마리도 저 길을 건너는데 양쪽을 다 봐서 건너던데, 허허허…, 아, 사람치고 양쪽을 다 봐서 건너지 못한다는 건 말도 안 되죠.

왜들 그렇게 자식들에게 착이 많아 가지고 그러는지, 그 업이 붙어서 그러는 거니까 탁 놔 버려야 이게 심심해서 업이 붙었다가도 그냥 달아나갈 텐데, 이 업 붙은 거를 업으로 또 그냥 짓다랗게 붙들고 늘어지니 재밌어서, 이 업이 붙어서 재밌어서 더 달려드는 거예요. 어떤 부모가 자식 귀한지를 모르겠습니까. 그러나 따지고 본다면, 여러분이 알고 본다면 내가 이 소리 한 거를 아마 절실히 느낄 겁니다. 네 부모 내 부모가 따로 없고 네 자식 내 자식이 따로 없더라는 사실 말입니다. 부모의 마음은 다 똑같기 때문입니다. 이게 아리송하고 이해가 안 가시겠죠. 어떻게 그럴 수가 있는가 하고요. 그게 아닙니다. 절대 거짓말 안 해요. 내 양심으로 거짓말 안 합니다. 모두 여러분 양심이 진실한 부처입니다.

그리고 여기 회장 되시는 분들이 새로 오시는 분들을 빨리빨리 인도를 해서, 빨리빨리 신행회에 들도록 해서 토론들을 해 주고 이렇게 손쉽게 빨리빨리 해 줘야 됩니다. 그런데 그저 그냥 왔다가 그냥 가고 왔다가 그냥 가고, 여기에서 중이 오히려 "어느 신행회에 드십시오." 이 말을 꼭 해야 되겠습니까. 두 달이 됐다고 하고 석 달이 됐다고 하고 뭐, 여섯 달이 됐다고 하는 사람도 있는데 그래도 신행회에 어떻게 드는 거를 몰라서, 주줍어서 못하고 있는 사람들도 있고 그렇다고 말들을 해요. 그러니까 바깥에서도 그렇고, 한 사람 한 사람 이끌어 주되 부처님의 진리에 누가 되지 않도록…. 진리에 누가 되지 않아야 선원에 누가 되지 않고 선원에 누가 되지 않아야 여러분한테 누가 되지 않고 스님네들한테도 누가 되지 않죠. 나는 그거를 제일 깊이 생각을 하는 사람입니다.

남한테 칭찬받고 아주 위대한 존재라고 상장을 받는 거보다도 진실하게 아픔을 같이해 주고 누가 되지 않게 하는 그 도리가 제일 으뜸이라고 생각합니다. 여러분, 이렇게 해서 남 주는 거 하나도 없습니다. 여러분이 지금 신행회를 이끌고 가는데 '아이고, 이게 어렵더라. 우리 집 이끌어 가랴, 사람들 이끌어 가랴, 신도들 확보하랴. 이거 뭐, 얼마나 어려운가.' 이러겠지만 그런 어려움이 없이 어떻게 공덕이 되겠습니까? 이 몸뚱이가 있을 때 그 공덕을 꼭 탑 올리듯이, 봉오리가 선뜻 올라가듯이 하나하나 쌓으십시오.

사회자 새로 만들어진 신행회가 하나 있습니다. 큰스님이 오셨기 때문에 이 자리에서 임명장을 내드리겠습니다.

큰스님 그러십니까? 인제 잘들 해 보십시오. 허허허….

한마음 주인공을 진짜로 믿어라

선실 법회

1991년 11월 21일

큰스님 … 영계성을 갖다 주고 온통 잡음을 일으키는 그 몸뚱이 속의 의식들이, 그게 바로 과거부터 인연이 돼서 지어 온, 인과로 인한 업보죠. 거기서 벗어나지 못하면 환상천에서 벗어나지 못한다고 하는 소리죠. 사람이 생각해 보면, 자기가 자기가 아니라 수억 마리의 그 생명, 의식, 모습들이 자기의 한 부분 부분을 이끌어 가고 작용을 하고 있거든요. 한 부분에서라도 파워를 일으키고 그러는 원인도 과거로부터 인연에 따라서 오는 거죠. 인연줄이라는 것은 과거로부터 오는 것뿐만 아니라 현실에도 인연줄에 의해서 망하기도 하고 흥하기도 하죠. 인연에 따라서 식구가 다 못살게 되기도 하고 살게 되기도 하고요.

이런 생활 그 자체, 이 세상 모두 돌아가는 이치, 이 진리를 참구해서 우리가 어디서 왔는지, 어디로 가는지, 지금 무엇을 하고 있는지 이런 거를 모두 증득하라고 부처님께서 가르쳐 주셨는데, 그거는 할 생각 안 하고 그저 부질없는 무꾸리나 하고 부질없는 부적이나 써다 붙이고, 부질없이 그저 갖다 놓고 빌고 이 이름 저 이름 찾아가면서 온통 이리 갖다 놓고 저리 갖다 놓고 그러는 그런 관념, 그런 상식을 떠나서 크고 작고 이것을 다 놓고 본다면 참으로 너무나…. 그걸 말로 어떻게 다 하리까마는, 즉 불사천, 원천 말이에요. 환상천이 있는가 하면 법천이 있고, 법천이 있는가 하면 도리천이 있고, 도리천이 있는가 하면… (녹음 안됨) …천이 있어요. 우리의 이 생명들은 다 같이 요만한 벌레 하나 빠짐이 없이 생명이 다 있거든요. 하다못해 저 생명 없는 생명도 있거든요, 또, 이 법상(法床)이 있죠? 이거는 생명 없는 생명이 있는 거예요. 이것도 돌아가고 있어요. 상이라는 이름을 가지고 법상이라는 이름을 가지고 말이에요.

그러니까 모두가 가만히 생각해 보면 우리가 거기에서 벗어나지 못하면, 이 환상에서 벗어나지 못한다면 죽어서도 벗어나지 못해요. 죽어서도 그 의식, 혼백은 그냥 남아 있는데 이 사대는 무너져서, 갖다가 묻든 칼로 난도질을 하든 갖다 태우든 아무것도 몰라요. 그냥 원점으로 돌아갈 뿐이에요. 그러나 그 혼백, 의식은 살아서 고통받는 거나 마찬가지예요. 그러니까 부자든 부자가 아니든 이 도리를 알아야만 되겠다 이거예요. 못났든 잘났든, 학식이 없든 있든 마음공부 하는 데는 하등 상관이 없어요. 모습이 잘나고 권력이 있어서 승천하는 것도 아니고 천당 가는 것도 아니에요. 외려 돈이 있으면 더 죄를 지을 수도 있죠. 돈이 많으면 많을수록 죄를 더 짓는 법이 있고요, 적으면 적은 대로 덜 짓는 법이 있죠.

사람이 자기 자체를 안다 하는 것은 참으로 자기를 얼마만큼 믿느냐에 의해서…. 아, 생각들 해 보세요, 내가 괜한 말 하는가. 모두 몸속에 든 게 운행을 해 주고 몸속에 든 것이, 한데 합쳐진 그 의식 자체 마음들이 자기를 이끌고 가지 누가 이끌고 가겠어요? 그게 한데 합쳐진 게 다 주인공이거든요. 그런데 뭘 믿는 거예요? 아이, 주인공이 뭐 말라빠져 죽은 거냐고 이러면서 주인공이 뭐냐고, 뭐가 주인공인데 믿으라는 거냐고 이래요. 하, 나 참! 아니, 허공을 믿을 거예요, 형상을 믿을 거예요, 이름을 믿을 거예요? 뭘 믿고 자기를 끌고 다니는 자기 주인을 안 믿어요? 잘났든 못났든 자기를 끌고 다니는 건 자기밖엔 없는 거죠. 누가 대신 죽어 줄 수도 없는 거고 대신 먹어 줄 수도 없는 거고 대신 잠을 자 줄 수도 없는 거고 대신 똥을 눠 줄 수도 없고 아파 줄 수도 없죠.

그러니 선이라는 것은 뭉치지 않고는 선이 될 수가 없어요. 화두를 갖는다, 뭘 한다 하는데 '이게 뭣고?' 하고선 빵빵 빵빵 빵빵 돌아가 봤자야 십 년을 돌든지 이십 년을 돌든지 이게 뭣고로 끝나요. 무조건 믿는다면 깨뜨려 부숴 먹어야죠. 먹고 넘어가야죠. 그게 뭉치는 방법이죠. 마음은 체가 없어요. 지금 수억 개의 의식이 들어 있어도 내가 한마음으로 뭉치고 '한마음이다, 주인공이다' 이런다면 한마음으로 이끌어지는 거예요. 그 한마음 속에서 그 의식들은 잘되고 잘못되는 걸 모르니까요. 닥치는 대로, 파워가 일어나면 일어나는 대로 왕 하고 일어나고, 자기가 왜 일어나는지도 모르고 일어나는 거거든요. 그래서 병고가 생기는 거고 그렇죠. 그러니까 마음으로, 여러분이 인간이 된 도리로서 마음이 있다 이 소립니다. 인간이 됐으니까 '이거는 좋다, 언짢다' 그걸 알고 진행해 나가지 않습니까? 그러니까 다스려야죠. 모든 걸 다스려서 거기 맡겨 놓고 이렇게 가는 것이…, 그 모습들, 생명, 의식들 이 자체가 전부 자기 몸에서 이끌어 가는, 활보하는, 작용하는 자기인데 그걸 못 믿겠다고 그런다면 뭘 믿어요?

그래서 그 환상에 끄달리고 잘살아 보겠다고 그저 이것저것 아랑곳없이 돈을 벌 양으로 하다 보면 죄를 짓기도 하고, 또는 너무 엄청나게 버릴 수도 있죠, 오히려. 그게 환상에서 사는 사람들의 살림살이죠. 안팎을 적당하게 보고 적당하게 결정을 짓는 것이 인간의 도리거늘…. 그래서 환상천에서 벗어나지 못한다면 그림자처럼 쫓아다녀서 한 발짝도 떼 놓을 수 없을 거고, 또는 법천에서 벗어나지 못한다면 물도 건너갈 수 없을 테고, 빠져 죽을까 봐 못 건너가죠. 자기가 의식으로 이

체가 있는 줄 알고 배를 기다리니 배가 오나요? 그래서 오백 년이 돼도 그 배를 만나지 못해서 못 건너고, 이런 환경에 빠지죠. 그래서 이 몸뚱인 아무것도 아니라는 겁니다. 의식, 혼백이 그렇게 살던 관념 속에서, 의식 속에서 헤어나지 못하는 거죠. 자기가 이렇게 살았던 그 관념 속에서. 그러니까 몸이 있는 줄 알고 물이 무서워서 빠져 죽을까 봐 못 건너가고 배 올 때를 기다리는 게, 그게 바로 환상 속이죠.

적기는 왜 적어요? (대중 웃음) 말을 배워서는 아무것도 쓰잘 것 없어요. 부처님이 수많은 경전의 말씀을 하셔서 내놓으셨는데 그 말을 알면 행도 알고 뜻도 알아라. 이것이 같이, 삼위일체로 같이 굴러야 된다. 같이 작용이 돼야 된다 이거지요. 말로만 배워서는 아무리 해도, 정말 죽게 됐을 때는 어떻게 해 볼 수가 없어. 적기 이전에 오직 나부터 믿고 알라고요, 나부터. 그래야 거기가 물리가 터지니까. 그러면 적지 않아도 떠 먹으면 또 샘물이 나오고, 떠 먹으면 또 샘물이 나오고, 그대로 샘물 퍼 먹는 거와 같다 이거야, 끝없이. 또 적지 말란다고 적지 않고 그러지 말고, 허허허…. (대중 웃음) 하여튼 좀 적는 것도 좋기는 한데 적더라도 이것을 안다고 해서, 적어서 내가 말로 안다고 그래서 능사로 삼지 말고, 자기가 뜻도 모르고 남한테 이거를 그냥 능사로 삼지 말고, 나라는 조건을 세우지 말고 자기가 항상 밑으로 들어서 벌레 하나도 나 아님이 없이 생각해라. 이거를 말하는 겁니다. 아무리 올라가 봤자 위에서는 내리밀고 밑에서는 위로 치받치고 이러니 떨어질 수밖에요. 그러니까 그렇게 우리가 살아서는 아니 되죠. 모든 것을 함이 없이 하는 겁니다. 거기다가 모든 것을 맡겨 놓고 진짜로, 숨을 들이쉬고 내쉬는 것까지도 거기니까. 내쉬고 들이쉬지 못하면 죽고 들이쉬고 내쉬지 못하면 죽고, 이러는 거조차도 거기니까. 살림살이를 들이고 내는 것도 바로 고놈 거기니까. 항상 들이고 내도 함이 없고, 한 게 없고, 했다고 내놓을 게 없고 세울 게 없어요.

여러분한테 한 말을 되하고 되하고 이래도 그 뜻을 우리가 모르면, 항상 되하고 되하니 저 말은 귀가 따갑도록 들었다고 이럴 테지만, 그 뜻을 알면 하나에서 열까지 변동이 온다는 거를 알아야 돼요. 고대로 있는 게 하나도 없거든. 금방 싱싱한 걸 사다 놨어도 얼마 안 가면, 그걸 보관을 잘 못하면 금방 썩어. 보관을 잘하면 좀 괜찮고 얼리면 또 좀 맛이 가지. 허허허…. 그와 같이 우리가 한 찰나에 요리를 해 먹을 수 있는 그런 도리를 배우라 이 소립니다. 이 생활에서 보이는 것만 능사가 아니라 안 보이는 데서 보이는 게 나오는 거를 양면이라고 그러죠. 양면이 그냥 작용을 하는 거지, 진리가. 양면이 따로따로 있는 게 아니에요.

어느 사람이든지 나쁜 사람도 개심을 해서 좋은 사람이 될 수 있고, 좋은 사람도 환경에 따라서 나쁘게 될 수도 있거든요. 그러니까 나쁘다 좋다를 떠나라 이 소립니다. 그리고 내가 남한테 좋은 일을 한다 이러는 건 함이 없이 해라 이거죠. 마음으로 덕을 베푸는 것도 함이 없이 할 것이고 물질로 주는 것도 함이 없이 줘라. 그런데 했다는 마음을 곤두세우고 "내가 이렇게 해 줬는데 너는 그렇게 할 수가 있느냐?" 이렇게 하는 사람이 많죠. "내가 그렇게 너희를 도와주고 그랬는데 어쩌면 그렇게 할 수가 있느냐?" 이렇게 하는 사람이 많아요. 사실 따지고 보면 그렇기도 하죠. 지금 요 물질세계에서만 본다면 그렇기도 하죠. 그러나 정신세계가 대두돼 있거든요. 그러니까 이것을 이렇다 저렇다 할 수가 없죠. 남의 탓 할 수가 없죠. 내가 함이 없이 무주상 보시로 했다면 "내가 그렇게 했는데 네가 이렇게 할 수가 있느냐." 이런 소리 안 나옵니다.

마음이 아름답고 예쁘면 이 형상도 아름답고 예뻐집니다. 마음이 지혜롭게 나갈 수 있는 살림살이라면 주근깨나 또, 뭐죠? 기미? 이런 것도 다 빠집니다. 모두가, 이 속의 모든 중생들이 전부 자기니까 자기 마음이 그렇게 유하고 지혜롭고 남한테 부드럽게 하고 이익하게 마음을 내고 이익한 행동을 해 주고 아, 이러는데 뭐 때문에 거기가 파워를 일으키겠습니까? 아, 그러니까 이 속에 든 그 생명들의 자기가 자기를 죽일 수가 없고 자기를 나쁘게 할 수가 없죠.

그뿐이 아니죠. 마음을 그렇게 하면…, 이심전심이라는 마음이 있어요. 남이 보지 않는 데서 듣는 마음이 있어요. 그래서 사과와 사과가 양면에 이렇게 있어야 사과가 잘 열리기도 하죠. 천과 지가, 하늘과 땅이 있기 때문에 우리가, 산하대지가, 이렇게 만물만생이 살고 있고, 또는 엄마 아버지가 있기 때문에, 여자 남자가 있기 때문에 이렇게 지속되는 진리를 이끌어 가고 있겠죠. 그렇듯이 우리 보이지 않는 데 정신세계와 보이는 데 물질세계가 따로따로 있는 게 아닙니다. 가는 길이 있으면 오는 길이 있듯이 정신세계에서 물질세계로 나오는 것이고 물질세계에서 정신세계로 들어가는 것이고, 이렇게 작용을 하는 것입니다.

이거를 다 알도록 이끌어 주기 위해서 부처님은 49년을 설하셨고 행으로 보여 주셨고 뜻으로 보여 주셨고 말로 보여 주셨습니다. 그렇게 보여 줬으니 인제는 없다고 그러지 마십시오. 여러분이 살아 계신 한 부처님은 내내 죽지 않고 살아 계신 겁니다. 불교라는 것이, 생명의 근본이 불이요, 우리가 이심전심으로 말과 뜻을 같이하고 돌아가는 게 바로 교입니다. 그러니 불교 아닌 게 어디 하나라도 있겠습니까? 나무 한 그루도 불교 아닌 게 하나도 없으니, 풀 한 포기도 불교 아닌 게 하나도 없으니 네 종교 내 종교 하고 따지는 자, 얼마나 모르고 얼마나 어리석고 얼마나 기가 막히게…, 이 세상에서 끝 간 데 없이 노예 생활만 할 것입니다, 아마.

우리 스님네들이요, 내가 열두 시에 내려오는데 어떻게 하다 보면 두 시도 되고 두 시 반도 되고, 이런 연에 점심을 갖다 준단 말입니다. 그렇게 되니까 '너무 스님께서 지치겠다.' 이런 생각이 들었던 모양이죠. 그래서 새로 한 시로 정망을 하고 열두 시면 공양이 들어오더군요. 오늘이 이틀째예요. 하하하…. (대중 웃음) 그런데 이 두 바보 중들이 그런 줄도 모르고 그저 갖다 주면 주는 대로, 시간을 이렇게 정하면 정하는 대로 그런 걸 생각질 못했던 거죠. 그런데 살다 보니까 또 어떻게 그런 생각이 들었던 모양이죠? 그러니까 이 모두가, 사람사람이 잘못되는 것도 법, 잘되는 것도 법, 이 법이 둘이 아닙니다. 그 법이 너무 고정됨이 없이 돌아가니까 그 법도 없다 이 소립니다. 하하하….

그래서 우리가 살아나가는 데는, 이 물질세계에서 살아나가는 데는 법도 뚜렷하게 있고 상대도 뚜렷하게 있고 모두가 있겠지마는 그것이 있기 이전이 있습니다. 그것이 있기 이전이 있기 때문에 그런 게 있는 거죠. 그러니까 그런 게 있기 이전부터 믿고 아셔야 될 것입니다. 그래야 정확하게 해 나가실 수 있겠죠. 아이, 물건을 하나를 사도 겉만 보고 사려니 모든 게 하나서부터 열까지 손해예요. 무슨 사업을 하는데도, 물건을 주는데도 저 사람이 돈을 줄 사람인지 안 줄 사람인지 그것조차도 모르고, 또 돈이 있어도 안 주는 건지 없어서 정말 안 주는 건지 그것도 모르지 않습니까. 또 물건을 잘해 나가려도, 이것이 잘하는 건지 못하는 건지 파악이 되질 않고 물리가 터지질 않아서 물건이 쏙 100%로 빠지질 못할 때가 있고, 여러 가지로 전부 손해예요, 하나서부터 열까지.

그러나 이 부처님 법은 돈이 있어도 안 주든 없어서 안 주든 그거를 떠나야 저절로 자동적으로 그렇게 되는 겁니다. 그렇다고 해서 '에유, 그냥 없어도, 못 받아도 줘야 되겠다.' 이렇게 시키는 건 아닙니다. 하여튼 영악하게 살지도 말고 아주 무령처럼, 그렇게 못난이처럼 살지도 말고 아예 거기다가, 뿌리에다가 그냥 맡겨 놓고 줄타기를 하시라 이 소립니다. 나무들도 보세요. 뿌리 없는 나무 없죠? 인간에겐 자기 마음의 뿌리기 때문에 보이질 않을 뿐이죠. 또 저 나무들은요, 자기 뿌릴 못 봅니다. 무명에 가려서, 흙에 가려서. 인간도 무명에 가려서 못 보는 거고 저 나무들도 무명에 가려서 못 보는 겁니다. 자기 뿌리를 못 봐요. 그런데 우리는 보지 않습니까? 나무가 있다면 뿌리가 있는 걸 번연히 알지 않습니까? 우리는 한 등 더 고등 동물이기 때문입니다. 그러니 부처님 세계에서 우리를 볼 때 얼마나 기가 막히겠습니까? 하, 제 뿌리를 제가 모르니까.

하여튼 몸 안에 들어 있는 그 수억이, 개수를 따진다면 엄청나서 말도 할 수 없으리만큼 헤아릴 수도 없지만 한마음으로 뭉친다면 뭉친 한마음조차도 고정됨이 없겠죠. 그러니까 한마음! 없으면서도 뚜렷하고 뚜렷하면서도 없는 그 자체, 그 마음, 한마음 말입니다. 그 한마음 속에서 일체가 다 나오는 거니까 용도에 따라서, 여러분이 그 애고의 용도에 따라서 모든 것은 거기서 나오는 거니까 거기다 되맡겨서 놓고…. 이심전심이란 게 있죠. 또 이열치열이라는 속담의 말이 있죠? 모두가 독불장군은 없어요. 이 모두가 그 마음들이 한데 합쳐져서 뭉쳐서 돌아가니까 우리가 지금 숨을 쉬고 살죠. 그것부터 알아야, 이 우주가 생성되고 또는 돌아가고, 쉬지 않고, 아니 쉬지 않고 돌아가니까 돌아간다 안 돌아간다도 없죠. 언어가 붙지 않죠. 시간과 공간을 초월해서 그렇게 그냥 돌아가고 있는 그 물리가 그대로 터질 겁니다.

그러니까 말로만 배우려고 하지 마시고 말을 들었으면 행도 그대로, 그저 아무리 잘났더라도 못난 척하고 떡그릇에 그냥, 떡그릇인 줄 알면서도 그냥 엎드러질 줄 알아야 됩니다. 아는 것도 물어 가고 다리를 건너가도 두드려 가면서 건너라고 했듯이 그렇게 침착하게 하십시오. 인제 앞으로 자녀들이 시험 볼 날도 얼마 안 남았습니다. 그것뿐만 아니라 병고로 인해서 애를 쓰는 사람들, 또는 가정의 우환으로 인해서 애를 쓰는 사람들, 천차만별로 얼마나 많습니까? 침착하게 해 나가십시오, 엄벙덤벙 뛰지 마시고. 정말이지 그 가정에 어떠한 고액이 닥쳤을 때 얼마나 기가 막힌가 나는 여러분을 통해서 너무 잘 알고 있습니다.

그러니 오늘은 그저 모든 것을 거기에다가 '너밖에는 해결할 자가 없다. 너밖에 해결할 수가 없다. 너밖에 이끌어 주는 게 없다. 너밖에 낫게 해 주는 게 없다. 너밖에 붙여 주는 데가 없다.' 하하. 그냥 모두, 모두 한군데로 들었다가 한군데서 나고, 한군데로 들고 한군데서 나고, 숨 들이쉬고 내쉬듯이 그렇게 하는 작용이 바로 이 세상 작용입니다.

여태 말한 것 들었으면, 귀가 있으면 제 한마음 진짜로 믿겠지, 뭐.

예불을 모시는 마음

선실 법회

1991년 11월 23일

우리가 예불을 모시는 게 그냥 보기 좋으라고 하는 게 아닙니다. 여러분을 위해서 항상 새벽에 일어나서 아침 예불을 마치고 점심 사시 마지를 올리고 저녁 예불을 마칩니다. 그것도 이 삼보에 귀의하는 것을 생각해서 우리가 아침은 과거고 점심은 현실이고 저녁은 미래로 따져도 됩니다. 그것을 한데 합쳐서 삼심을 일심으로 두고서, 아침에 하든지 점심에 하든지 저녁에 하든지 이렇게 열심히, 한마음 공덕이 있게 해 주시라가 아니라, '한마음 공덕이 되게끔 할 수 있는 거는 당신밖에 없노라' 고 이렇게 예불을 하고 있습니다. 그런데 예불 모시는 데에 어떤 사람은 '내 한마음에서 하라니까 뭐, 한마음에서 하면 됐지. 주인공만 찾으면 됐지.' 이러고선 법당에 안 들어가는 이치가 많습니다. 그거를 수차적으로 생각을 해 봐요. 그런데 꼬박꼬박 아침 점심 저녁은 잘들 잡수시더군요. 어때요?

이 정성이면, 이 마음을 스님네들이 내면 온 누리의 일체 보이는 생명이나 보이지 않는 생명이나 모두 한마음이 돼서 운집하는 그런 시간이거든요. 우리가 시간을 정망해 놓고 하지를 않고 그냥 삼세의 뜻을 한마음으로 쥐고 아침에 하든 점심에 하든 저녁에 하든 이렇게 같이 하는 겁니다. 그러면 거기를 가도 한마음이요, 여길 와도 한마음이요, 집엘 가도 한마음이요, 한마음은 다 마찬가지지만 그래도 스님네들이 한마음을 내서 할 때는 같이 기울여서 하는 것이…. 백지장도 마주 든다. 마주 들어야 쉽다. 하다못해 창호지를 발라도 그렇고 도배를 해도 그렇고 혼자서는 어렵다. 바르는 놈이 있으면 붙이는 놈이 있고 붙이는 놈이 있으면 바르는 놈이 있고 이렇듯이 우리가 그렇게 해 나가야 된다.

그러면 예불을 모시는 사람이 있다면 예불에 대해서 한마음이 돼서 같이 하는 사람이 있어야 참, 신심이 돋아지고 스님들의 마음도 '아유, 저 사람네들, 저분들….' 이렇게 신심이 생길 거 아닙니까? 그런데 '너 중은 그러거나 말거나 나는 그저 이 주인공만 찾으면 된다니까….' 이거는 개별적인 마음이지 포괄적인 마음이 아닙니다. 세 가지 지켜야 하는 예절이 있습니다. 부처님 앞에 가서 모두가 삼정례를 깍듯이 하는 것은 부처님도 내 한마음 속에 계시니까, 바로 부처님의 뜻과 법과 행이 같이 한마음이 된다는 뜻에서 삼정례를 하는 겁니다. 그리고 촛불을 켜 놓는 것은 바로 우리 산 사람들의 마음을 말하고 향을 켜 놓는 것은 영령들의 양식을 말하고, 또는 공양미를 해 놓는 것은 여러 사람들의, 죽은 사람이나 산 사람이나 모두 한 그릇을 놓고 중생들을 다 먹이는 태양과 같고, 다 먹이고도 되남는 그런 씨앗과 같은 것입니다.

그런데 우리가 잘못 생각을 하고, 얼른 쉽게 말해서 '나는 뭐, 법당에 안 가도 되지.' 이런 생각은 버리셔야 될 겁니다. 부처님도, 이게 알고 보면 형상도 자기요, 마음도 자기요, 생명도 자기요, 모두가 자기 아님이 없기 때문에 부처님도 나요, 내 마음속에 있는 것이요, 내 뜻에 있는 것이요, 다 그렇습니다. 그렇다면 우리가 여기 왔으면 벌써 예를 지켜야 하겠기에 법당에 올라가는 것 아니겠습니까? 그런데 앞에 닥친

거를 마다하고, 뿌리치고 도망가는 거나 같습니다. 항상 앞에 오는 거를 막지 말고 싫다 하지 말고 가는 거를 잡지 말라고 했습니다.

그러니까 어떻게 가르쳐야 지혜가 모두 턱 터져서, 사방이 툭 터지고 지붕이 없고 시간과 공간을 초월해서 돌아갈 수 있는 그런 대인이 되겠습니까? '이것은 싫다, 저것은 좋다', '이것은 좋다, 이것은 언짢다' 하는 것을 떠나라 하는 것은 항상 다가오는 거를 마다하지 말고 가는 것을 잡지 말고 이러라 이런 것입니다. 유도리가 있어야죠, 사람이. 그게 지혜입니다. 그냥 바늘을 저 벽에다 꽂으면 꽂는 대로 빼면 빼는 대로 이래서는 유도리가 없어서 살 수가 없는 겁니다. 그렇게 되면, "빼는 건 빼는 거고 끼는 건 끼는 거지, 뭐." 요렇게 한다면 그거는 유(有)의 물질세계에서는 맞을지 모르지마는 무(無)의 세계와 유의 세계가 합쳐서 작용을 하는 데는 맞지 않습니다.

법당에서도 좀 유도리가 있게, 예불 모실 때는 반드시 어떠한 문제가 있어도 같이 한마음으로서 하는 겁니다. 형상인 부처님께도 우리 마음들이 거기다가 예배를 올리고, 거기다가 부처님이라는 그 생각을 하고 그러기 때문에 자기 마음속의 그 부처님의 마음도 역시 둘이 아니라는 얘깁니다. 여러분, 예를 들어서 얘기하자면 여러분의 혼백이다, 그 마음들이 한마음으로 돼서 부처님이라고 섬기는 그 모습에 운집이 돼 있다 이겁니다, 전부. 그러니 그 또한 여러분의 형상이요, 여러분의 마음이요, 여러분의 생명 아니겠습니까? 형상이라고만 보기 이전에 말입니다. 그러니까 꼭 그 예절을, 예전에는 삼정례는 물론이거니와 일곱 발자국을 뒷걸음을 쳐서 돌아서서 나왔다 이 소립니다. 그렇게 그 안정된 마음으로 지극한 행동을 하는 겁니다. 누가 그럭하라, 말라 이래서 그런 게 아니라. 지극한 예절이죠.

그리고 법당에서는 누가 향을 먼저 꽂았느니 나중 꽂았느니 이런 거를 탓하지 마시라 이겁니다. 불도 그렇습니다. 내 마음의 불과 그 촛불과 바로 연결되는 겁니다. 마음의 불이 있고 그 불이 있는 것이지, 내가 있고 내가 정성을 들이니까 그 불도 있는 것이지 내가 없고 불이 어딨습니까? 그러니까 내 마음의 정성이라면 남이 켜 놨어도 그거를 또다시 켜고 그러면서 싸우지 마시라 이겁니다, 마음으로 흠집 가게. 또 '아이구, 내가 켜 놔야지.' 하더라도 아, 기다리고 있다가 하든지, 그렇지 않으면 '아유, 그 불이 그 불이고 그 불이 그 불이지.' 이렇게 생각하고 '그저 밝은 태양이, 우리 이 세계에, 지구에 비춰 주는 이 태양은 바로 우리의 한마음에 하나뿐이지.' 하고서 불 하나를 켜 놨다 하더라도 전체 그 불 하나로서 신도님들의 전체 마음을 밝혀 줄 수 있는 거 아니겠습니까? 그러니 마음먹기에 달렸다 이 소립니다.

그렇다고 해서 또 거기에만 부처님이 계신 줄 알고 애를 쓰지 마시고요. 옛날에 부처님을 모셔 놨더니 온통 거기 매달려서 야단법석이니 이 마음공부 시키기에는 너무나 어렵더라고요. 여북하면 그 부처님을, 불상을 내려다가 마당에다 놓고 도끼로 찍었겠습니까? 마음 떠나서는 부처도 없다 이겁니다. 이렇게도 해 보고 저렇게도 해 보고 여러분을 여기까지 이끌고 오기까지 얼마나 노력을 했는지 모릅니다. 모두 없애 보기도 하고, 일원상을 해 놔 보기도 하고, 부처님을 모셔 놓아 보기도 하고, 모셔 놨다 또 부수기도 하고, 허허, 이렇게 노고가 있었습니다.

여러분이 다른 걸 못 보걸랑은 자기 형상부터 보시고 자기 마음부터 한번 뒤돌아보시고 자기 행동하는 거를 한번 검토해 보십시오. 그러면 부처님이 밝게 보일 겁니다. 말만 잘 들어서 앵무새처럼 말 잘하라고 말 가르치는 게 아닙니다. 내가 말을 하더라도 듣는 게 없이 들어라 이겁니다. 왜냐하면 내 뿌리를 바탕으로 두고서 들어야 듣는 것이지, 함이 없이, 들음이 없이 듣는 것이지 뿌리를 망각하고 듣는 것은 그냥 바람결같이 지나가는 것이고 이론에 그냥 접하는 얘깁니다. 말만 잘해서 실천에 옮겨지는 게 아닙니다. 말보다도 실천이 더 먼저입니다.

여러분이 고통 속에서, 애고 속에서, 우환 속에서 또는 병고 속에서 허덕이고 있는 그 자체를 볼 때 너무나 기가 막혀서, 나는 자고 깨고…. 여러분이 생각할 때는 '저분은 깨쳤으니까 편안하실 거다. 좋을 거다.' 이렇게 할는지 모르죠. 그러나 여러분의 아픔이 바로 즉 내 아픔이기 때문에 이 열 가지다, 백 가지다 하면 꼭 아흔아홉 가지는 모두 잘 여러분…. (녹음 안됨)

그러니 모든 사람들의 마음이 겸손하고 의리가 있어야 하고, 도의가 있어야 하고, 사랑이 있어야 하고, 부드러움이 있어야 하고, 부드러운 행이 있어야 하고, 부드러운 뜻이 있어야 하고, 남을 이익하게 하는 마음이 있어야 하고…. 남을 위해서 일을 하는 게 모두가 나를 위해서 일을 하는 거지 남을 위해서 일을 하는 게 아닙니다. 여기 누구를 위해서 오시겠습니까? 중을 위해서 오시겠습니까, 부처님을 위해서 오시겠습니까?

예전에 6·25 나서 보니까 그냥 급하니까 부처님도 넋다 봐라 하고 내버리고, 허허, 또 탱화도 넋다 봐라 하곤 그냥 뭐, 찢기거나 말거나 발로 밟고 그냥 막 달아나갑디다. 그리고 자기 먹을 거, 미숫가루나 뭐, 이런 거 해 가지고 그냥 덤벙덤벙, 급해서 뭐, 미련 없이 해 가지고 도망가듯 가던데, 가다 보니까 자식도 내버리고 가는 사람이 있습디다.

그런데 누굴 위해서 오시겠습니까? 하하하. 모두가 다 보면, 남편을 위해서 정성을 들이는 것도 자기를 위해서고, 자기 자식을 위해서 정성 들이는 것도 자기를 위해섭니다. 부모를 위해서 정성 들이는 것도 즉 자기를 위해섭니다. 모두가 자기입니다. 자기가 좀 편안하자고 말입니다.

그러니 인제 허구장창 말씀을 해 드리고 또 들으시고, 귀가 따갑도록 한 말 되하고 항상 말씀해 드리고 그러니까, 어디서부터 그 작용을 하는지는 여러분이 더 잘 알고 계시니까, 나로부터 이 세상을 봤고,

내가 있으니까 세상도 벌어졌고, 내가 있으니까 종교 맛도 알았고 그랬으니 나부터, 나로부터 작용하는 마음의 도리를 그대로 하세요.

'왜 나는 주인공을 찾는데도 쉽지 않을까?' 하는 사람이 있겠죠. 그런데 쉽지 않은 것은 누구의 탓이 아니라, 즉 자기 탓입니다. 어느 손가락도 깨물어서 안 아픈 손가락은 없을 겁니다. 딴 데 중들은 모르겠지만, 보는 데서는 그냥 저거 해도 깊은 속으로는 안 그렇습니다. 깊은 속으로는 외려 더, 가난한 자가 더 불쌍하고, 고난이 더 많은 사람이 더 불쌍하고, 더 괴로운 사람이 더 딱하고…, 이렇게 속 깊이는 눈물을 같이 흘리면서 겉으론 답답하니까 "왜 그러냐!" 이럽니다. 왜, 자식도 길러 보면 그런 거 있죠? 이거는 그냥 참 잘되고 잘했으면 좋겠는데 잘 못하고 그러니까 "이놈 자식아, 왜 너는 이렇느냐, 말았느냐." 이런 말을 부모가 자식들에게 하듯이 총무 스님이 화를 내고 그러는 것도, 그것은 예외가 아닙니다.

여러분이 그 자리에 앉아 보시면 더욱더 아실 겁니다, 아마. 나는 이해합니다. 충분히 이해하고도 남죠. 위로는 부모를 섬기랴, 아래로는 자기 사제들을 제도하랴, 또는 여러분을 접하랴. 아마 속으로는 날 닮았다 하더라도 거죽으로는 나를 똑같이 닮을 수는 없을 겁니다. 모습은 각각이지만 속의 마음 뜻은 각각이 아닐 겁니다. 나보다 성격이 좀 왈각왈각해서 그렇지, 허허, 뜻이 그렇게 남을 차별해서 마구 그러는 게 아닙니다. 성격이 왈각왈각하니까 급한 마음에 더 이렇게 그냥 해 버리는 거죠. 그거를 이해하고 들어간다면 일이 훨씬 쉬울 겁니다.

그거를 두 가지로 보고 반항한다면 아니 되고, 또 우리가 막상 일이 닥쳤을 때 용도에 따라서, 큰스님이 안 계시고 작은 스님을 만나더라도 만나서 용도에 따라서 얘기할 때는 큰스님 작은 스님이 없어야 합니다, 얘기할 때는. 이게 경우에 따라서 놓고 볼 때 모습은 큰스님이 있고 작은 스님이 있지만 결과적으로 들어갈 때는 하나입니다. 그러니까 진짜 어떠한 걸 믿고 윗스님이 없고 아랫스님이 없고 중간 스님이 있다 하더라도 그렇고, 중간 스님이 있고 윗스님이 있다 하더라도 그렇고, 윗스님 중간 스님 다 없고 꽁지 스님이 있다 하더라도 내가 급해서 얘길 할 때는 하나입니다, 하나! 마음으로 사량을 두고서 '아이구, 이건 꼬마 스님인데….' 이러면 그게 안 됩니다. (대중 웃음) 이게 벌써 마음이 가려 버려요. 그래도 여기 스님네들은요, 아무리 꼬마라도요, 십 년 이십 년 삼십 년 바깥에서 돈 스님네들보다 훨씬 '왔다' 입니다. 허허허. (대중 웃음) 비록 남 보는 데는 그저 모르는 것 같고, 모른 척하고, 또 좀 바보스러운 듯하지만 그래서 그런 게 아닙니다. 그러니 지금 내가 말씀드린 거 잘 들으셨습니까?

대중 네.

큰스님 큰스님, 작은 스님, 더 작은 스님이 이렇게 있습니다. 그런데 자기가 딱 급하고 자기가 저거 할 때는, 생각할 때는 하나로 뭉쳐야 됩니다, 하나로! 그 상대방이 모른다는 생각은 자기 생각이지, 허허, 모른다는 생각은 자기 생각이지 상대방 생각은 아닙니다. 그러니까 하나로 보셔야 됩니다. 만약에 아무도 없고 꼬마 스님만 있다면, 급한 일이 있어서 얘길 해야 할 텐데 꼬마 스님이라면 어떻게 하겠습니까? 꼬마 스님이라고 하더라도 꼬마 스님이 아니고, 이것은 그냥 큰스님 작은 스님 뭐, 꼬마 스님 할 것 없이 한데 합쳐서 그냥 거기다 하나로 봐야 됩니다. 인제 아셨죠?

대중 네.

큰스님 그리고 예불 정례 똑바로 잘하시고요. 절에 오는 분이 예불 정도도 모른대서야 그거 말이나 됩니까? 허허. 그러니까 예의법도 법은 법이니까 제일 중요한 게 '법당에 들지 않고도 공부할 수 있고 해결할 수 있다.' 이러한 마음, 이런 거를 좀 잘 정돈해서, 좀 펼치고 크게 생각해서, 여기 와도 예불 모실 때는 반드시 들어가서 같이 한다는 거, 그것은 잊지 마십시오.

그러면 인제 일어나셔야죠. 허허허. (대중 웃음) 자기 자신들이 어떠한 사람이건 여기는 더하고 덜함이 없는 귀한 여러분입니다. 어떤 병에 의해서도 지극한 그런…, 생명을 그냥 다 버리고 거기에 접하면 아마 아니 되는 게 없다고 나는 생각합니다.

소금 장수와 인연

선실 법회

1991년 11월 23일

오늘은 인연에 대해서 얘길 좀 할까 합니다. 인연이라는 것은 우리가 지금 저 바깥에 나가서 서로 모르다가도 알게 돼서 인연이 되는 수가 많습니다.

어느 모자가 살았는데 아주 가난했답니다. 가난해서 장가도 못 들고 그러다가 어느 날 소금이라도 좀 팔아 볼까 해서, 궤짝에다가 이렇게 짊어지고선 "소금 사려! 소금 사려!" 하고 어느 마을을 지나다 보니까 코를 찔찔찔찔 흘리면서 소꿉장난을 하고 앉아 있는 조그만 아가씨들이 있더랍니다. 그런데 노총각이 돼서 장가를 못 들었지마는 그러한 인연이 있다고는 생각지도 못했습니다. 그러고 인제 오는데 어느 노인 한 분이 있다 하는 소리가 "네가 장가를 못 든 원인이 있느니라." 해서 "왜 그렇습니까?" 하니까 "저기 지금 소꿉장난하고 앉아 있는 저 조그만 재, 노랑두 대가리 저 아이가 너하고 인연이니라." 하하, 그러더랍니다. 그러니까 그 총각은 너무나 열이 벌컥 나서, 젖내 나는 그 아이더러 자기 인연이라니까 열이 벌컥 나서 "그런 소릴…." 그러면서 노발대발하고서는 그냥 소금을 팔러 갔죠.

그래서 골골이 다니다 보니까 늦어서 어느 묘지 옆에서 잠을 자려니까 묘지에서 소리가 나기를 "아무개, 아무개! 아, 오늘 내 기고인데 모두들 차려 가지고 인제 올 테니까 좀 모이세." 이런 소리가 나거든요. 그러면서 옹기종기 옹기종기 모이는 소리가 나더니 아, 거기서 하는 소리가 "지금 큰며느리 작은며느리, 큰아들 작은아들 이렇게 삼형제가 있는데 그 며느리들이 '더 보탰네 덜 보탰네, 내가 더했네 덜했네' 하고 싸움박질들이 났단 말이야. '부모 모시는 데 형님이 돼 가지고 왜 덜 내놨느냐!' 또 아우한테는 '내가 이만치 내놨으면 됐지 뭘 어쩌라고?' 그렇게 그냥 싸움이 나니까 며느리들은 서로 남편 편을 들어야지 어떡하겠소? 잘못됐든 잘됐든 그래도 게는 가재 편이라고 아이, 거기 남편 편을 들어서 서로 싸움이 났단 말이야."

그렇게 싸움이 나니까 그 시아버지 되는 사람이, 돌아가신 분이, 내가 삼형제를 기르느라고 얼마나 애를 쓰고 손발이 다 닳도록 해서 먹고살기에 걱정 없이 다 해 줬건만 저렇게 싸움박질들을 하니 분하다는 겁니다. 똑같이 나눠 줬는데도, 저 큰며느리는 그렇게 착한데 아우들이 그거 전부 뺏어 가느라고 열이 나서 그렇게 야단들을 하니, 참 이거는 정말 더 볼 수가 없다고 하면서 산소 속에서, 자기 손녀딸이 알씬알씬하는 거를 아궁이에다가 쳐 넣었다고 그러거든, 아궁이에다가. 예전에는 불을 때서 하지 않아요? 그런데 아궁이에다 그냥 넣었다고 그러거든요. 그리고 큰며느리에게 아들을 좀 점지해 줘야겠다고 하면서 삼신할아버지를 모셔다가 그 조상이 온통 대접을 하는 거예요.

그런 소리를 듣고서 딱 새벽이 됐는데 총각이 그 집엘 내려갔어요. 내려가서 보니까 정말 제삿집인데 중문이 있고 대문이 있고 그런데 '아, 이런 집에서들 그렇게 싸우다니….' 이런 생각이 들면서 주인을 찾아서 사실 얘기를 다 했던 겁니다. 그랬는데 아니나 다를까 손녀딸이 엉덩이를 이만큼 데어 가지고선 온통 제삿집이 야단이 났거든요. 그래서 제사를 다 지내고 새벽녘에 산소에 올라가지 않습니까, 다 차려 가지고?

그래서 올라가면 아들을 점지할 때에 술잔에다가 티가 있는 것처럼 해 가지고선, 아주 며느리가 착하고 그러니까 그 티가 빠진 걸 보고 요렇게 건지려고 애를 쓸 때 홀딱 입으로 들어가게끔 해 주자고 묘지에서 한 거거든. 그래서 그 총각이 그런 얘기 저런 얘기를 다 해 주니까 이 큰며느리는 너무도 좋아서 애를 쓰지마는, 또 작은며느리는 애까지 데이고 온통 분란이 나고 그랬죠. 모든 일을 경험 삼아 착하게 살게 하기 위해서 매를 때린 셈인데, 그거는 모르고 그 소릴 듣더니 부모 조상들 탓을 하면서 "그놈의 늙은이! 저놈의 늙은이!" 하고 욕을 하거든. 살아서도 그렇게 극성을 떨더니 죽어서도 그렇게 극성을 떨고 못 먹겠다고 그런다고 말이야.

아, 그래서 산소에 떡 올라갔는데 아닌 게 아니라 술잔에 뭐가 들었거든요. 분명코 뭐가 들어 있어서 그걸 건지려는데 입으로 구슬 같은 게 쏙 들어가 버리고 말았어요. 그래서 앞으로 태기가 있어서 어린애는 낳을 테고 아, 인제는 들어 달라고, 묘지에 드러누워서 소금 장수한테 좀 들어 달라고 그러는 거죠. 어떻게 말이 나오나. 그래서 또 소금 장수는 거기에 기대서 듣고 있고, 한편에서는 제사를 지내고. 그래서 여러 조상들이 모여서 그 욕을 한 사람은 욕을 한 대로 조상들이 다 모여서 괘씸하다고 그렇게 의논을 하시더라는 이런 얘기와, 그렇게 진짜로 태몽을 준 얘기와 전부 얘기를 했단 말입니다.

그랬더니 큰아들과 큰며느리가 그 소금 장사 하는 사람에게 그냥 크게 상을 줬어요. 상을 줘서 그 모자가 잘살게 됐더랍니다. 잘살게 됐는데도 며느리를 얻으려니 며느리를 얻을 수가 없어. 안 돼, 그렇게! 되려고 하면 흠집이 생겨서 또 안 되고 되려고 하면 또 안 되고 그러는데 어느 날 그 애가 벌써 자라서 아, 자기에게 혼담이 들어왔단 말입니다. 혼담이 들어왔는데 이거 천지 차이지. 10년이 넘고 15년이 넘고 근

20년이 적은 나이죠. 그래서 하도 보기 싫어서 허, 동네 간이니까 그냥 노는 놈의 걸 팽개쳐 버렸더니 아, 낭떠러지로 떨어지면서 나무 옹이에 이 배가 찢겼어요. 그래 가지고 그거 또 고쳐 주느라고 애를 쓰고 그러다 고만뒀는데 그래도 장가를 못 들어, 웬일인지.

그래서 이렇게 저렇게 술을 먹어 없애고 이러다가 도붓장사꾼으로 나섰단 말입니다. 어느 술집에 들어가서 어느 색시와 하룻밤을 지냈는데 아, 배를 만져 보니까 배가 쭉 찢어졌거든. 흠집이 났거든. 하룻밤을 지내고 났는데 말이야. 배를 보니까 배가 이만큼 흠집이 났어요. 왜 그랬느냐고 그러니까 그런 얘기를 하거든요. '참, 인연이라는 것이 이럴 수가 없구나. 전생의 어떠한 인연으로 이렇게 끼리끼리 꼭 만나게 했는지…. 할 수 없다.' 하고선 아내로 들이더랍니다.

그런 거와 같이, 이게 그냥 얘기지마는 부모에게 묵은 빚을 갚기 이전에 자식 된 도리라도 해야 할 텐데 그러지 못하니까 뭔가 하려고 하면 되지를 않아. 뭐가 되지를 않아. 모두 그러한 인연들, 자기네들이 좋으면 그냥 인연이 될 텐데 왜 그렇게 안 되고 그렇게 됐는지…. 이 인연에 따라서 갖은 각색으로 우리가 생각해 볼 때, 항상 얘기하지만 배는 배대로 사과는 사과대로, 상점에 가면 상점에 가는 대로 끼리끼리 모두 그릇에 담겨 있듯이, 우리가 과거에 지은 대로 뭐, 어떻게 해 볼 수 없이 당해야만 하죠. 우리가 그러죠? 소에게 물을 먹여서 근수를 많이 나가게 해도 소는 속수무책으로 물을 먹어야만 하고, 또는 어떠한 거든지, 닭은 닭대로 모가지를 자르면 자르는 대로 어쩔 수가 없듯이, 돼지도 역시 그렇고, 사람의 손에 죽고 사는 생명이 달린 것이 한두 건입니까?

그렇게 많듯이, 인간도 과거로부터 오는 부처님의 뜻에 의해서 이 도리를 넘어서지 못한다면 항상 노예로서 매달려서 끝 간 데 없이 돌아가듯이 이렇게 고에서 벗어나지 못하는 것입니다. 그러니까 인연을 선한 인연을 맺고 악한 인연을 맺지 말고, 악한 인연을 만나더라도 선하게 만드세요. 선한 인연을 만들기 위해서는 모든 거를 자기 탓으로 돌리고, 모든 것을, 남을 원망을 하지 말고. 결국은 알고 보면 자기를 위해서 여러분이 다 사는 겁니다.

여기 오신 것도 자기를 위해섭니다, 모두가. 부모를 위해서라든가 자식을 위해서라든가 친척을 위해서라든가 남편을 위해서라든가 또는 아내를 위해서라든가, 모두 오시는 것이 결국 나중에 보면 자기를 위해섭니다. 옆의 사람이 괴로울 땐 내가 더 괴로우니까. 옆의 사람이 아프면 내가 더 괴로우니까. 옆의 사람이 잘못되면 내가 괴로우니까. 자식이 학교도 못 붙고, 안 되고 되는 노릇이 없다면 내가 괴로우니까. 이렇게 해서 모두 여러분이 오시는 겁니다.

그러니까 인연에 따라서, 우리가 "인연, 인연" 하지마는 모두가 줄줄 줄줄이 줄줄이 매달려서 돌아갑니다. 인연이 없다면 독불장군도 있으련만 인연에 따라서 모두 공생을 하면서 공용하면서 공체로서 공식화하고 돌아가니까, 모든 것이 인연에 의해서 나쁜 인연을 짓기도 하고 좋은 인연을 짓기도 하고 이렇게 사는 것입니다.

그런데 우리가 마음으로라도 뭐가 잘못되면 부모의 탓을 하고 조상의 탓을 합니다. 어느 부모든 자식이 잘못되라고 하는 부모는 없을 겁니다. 그런데 부모나 자식이나 죽으면, 구름이 모여 있다 흩어지면 또 딴 데로 모이듯이, 우리가 항상 부모가 되고 자식이 되는 게 아닙니다. 그렇기 때문에 모든 그 잘못과 모든 저지른 일들이 인제는 남남처럼 되는 것입니다. 왜 남남으로 되느냐 하면, 이 도리를 몰라서 착과 관념에 의해서, 관념의 의식에 의해서 집에서 떠나지 않는 영혼이 있다면 그 도리를 모르기 때문에, 항상 얘기해 드리지만 자기가 똑같이 그냥 있는 줄 아는 그런 의식을 가지고 있거든요. 그래서 삼혼이 떠나지 않는다고 합니다. 그러니까 친척이나 자기네 집으로나 다니면서 얘기를 하는 겁니다, 산 사람 모양으로. 얘기를 해도 들리지 않으니까 못 듣는 거 아니겠습니까? 보이지 않으니까, 못 보니까 상대를 안 해 줄 거 아닙니까? 그러니까 '저 자식이 인제는 저렇게 한다. 내 말 듣지도 않고 못 본 척한다.' 이래서 변사가 있는 겁니다. 그러니까 부모를 탓하기보다도, 앞서의 조상들은 모두 이런 도리들을 모르고 가셨지만 여러분은 이 도리를 공부하시면 위로도 묵은 빚을 갚을 수 있고, 그 영혼을 거둘 수가 있고, 아래로도 햇빛을 줘서 햇뿌리를 잘 간수해서 잘 이끌어 줄 수 있는 그러한 자유스러운, 즉 말하자면 '사람'이라 이런 소리죠.

그래서 사람이 된다면, 도심으로 중용을 할 수 있는 그런 도리가 된다면 그냥 여여하게 굴릴 수 있으니까 팔수레공법을 그대로 무난히 하실 수 있다고 봅니다. 거기에서 더 공부를 열심히 하셔서 증득하신다면 칠활궁공법을 또 하실 수도 있고요. 여러분이 그것을 할 양으로 노력을 하지 말고, '내가 그 법을 꼭 알아야겠다.' 하지 말고, 무상시 때에 그냥 살아나가면서 자식한테나 남편한테나 부모한테나 형제들한테나 그저 나쁜 마음을 내지 말고 좋은 마음으로, 보태 주진 못해도 마음은 잘 써 주라 이런 소립니다. 미운 사람이 있더라도 항상 미운 것은 아닙니다. 예뻐도 항상 예쁜 것이 아닙니다. 부부지간으로 살아도 미울 때가 있고 예쁠 때도 있지, 항상 예쁘거나 항상 밉거나 그런 게 아닙니다. 그러니까 고정됨이 없는 거죠. 그러니까 항상 마음을 잘 내서 좋은 인연을 짓고, 항상 좋은 인연을 짓게 되면 모두가 부드러워지고 모두가 선 공덕이 되는 것입니다.

우리가 잠시 이렇게 살다가 이 육신이 없어지면 아주 그냥 없어지는 줄 알지 마시고, 육신이 없어졌어도 그 혼백, 의식은 세상에서 살던 그 의식을 그대로 가지고, 이 세상에 다시 나온다 해도 그 차원을 그대로 가지고 또 그렇게 나오지, 금이 고철이 될 수도 없고 고철이 금이 될 수도 없는 것입니다.

그래서 여러분한테 일러 드리는 겁니다. 육신은 아무것도 아니니 육신 속에 들어 있는 그 의식들이 전부, 모습, 생명들 모두가 한데 합쳐서 한마음이라. 한마음으로 뭉쳐진다면, 선은 뭉쳐야지 흩트리면 안 되는 것입니다. 뭉쳐서 놔야 된다. 그럴 땐 바로 그것이 각자 주인공이다. 그 주인공에다 모든 것을 입력을 하고 놨을 땐 앞서 입력이 없어지면서, 이게 입력이 되면 바로 두뇌로 통신이 돼서 두뇌의 통신이 바로 사대로 통신이 되는 것입니다. 사대로 통신이 돼서 모든 의식들에게 전부 내가 생각했던 마음으로 그냥 전부 이끌어 줍니다, 하나로. 그러니까 마음도 편안하거니와 몸의 병고도 없어질 수 있고 체질도 바뀌질 수 있고. 그러니까 좋게 마음을 잘 다스리는 마음, 이끌어 가는 마음, 이 마음이 투철해야 되겠습니다.

그 한마음 주인공만이 나를 이끌어 줄 수 있다. 나를 합격시킬 수가 있다. 내 병고를 낫게 할 수 있다. 가정을 이끌어 줄 수 있다. 가정을 화목하게 해 줄 수 있다. 이런 것을 다, 숨을 들이쉬고 내쉬고 이러는 것조차도, 모든 것을 다 그렇게 거기서 한다고 진짜로 믿었을 때…. 사실이거든요, 사실! 자기가 이 세상에 났으니까 세상이 벌어진 걸 알았고, 세상에 나왔으니까 가정도 있고 또 불교라는 것도 있고 모두 있는 거지, 내가 없이 뭐가 있겠습니까, 각자. 그래서 역대의 사대 성인들이 "너부터 알아라. 네가 나왔으니까 네가 나온 것이 태초요, 네가 나온 것이 화두요, 네가 나왔으니까 세상이 벌어졌다. 그러니 너부터 알고 너부터 믿고 너부터 찾아라. 이 세상에 들이고 내는 것은 너로 인해서 들이고 내는 것이다." 이런 말씀들을 다 했죠.

지금 얘기한 바와 마찬가지로 여러분은 지금 당장 모든 것을, 괴로움을 가져오셨을 때 그걸 재료로 삼고 바로 그 재료로 공부를 하세요. 스님은 왜 정성을 들여라, 뭘 해라 그러지 않고 이런 소리만 만날 하느냐고, 이렇게 또 나쁘게 생각할지도 모르지마는 우리가 이 몸 없어지기 전에 이 도리를 알지 않으면 안 됩니다. 그리고 여러분한테 정성을 들이라고 해서 잘못 인도를 하면서까지 돈을 받아서 뭐 하겠습니까? 그걸 뭣에다 쓰느냐고요. 인도를 잘해 가면서 여러분한테 스스로 자기가 알고 시주하게 하는 거, 가끔 가다가 때에 따라서는 이런 수가 있습니다.

어느 부인이 여기를 왔을 때 내가 시주를 하라고 그랬습니다. 시주를 하래서 안 하면 안 하는 거고 하면 하는 거지 어떡하겠습니까? 그런데 그 남편이 얼마 안 가서 돌아가셨습니다. 왜 그러면 그런 말을 안 해 줬느냐 이러겠죠? 그런 말을 해 줘서 되는 게 아닙니다. 사람은 믿음에서…. 저 사람이 잘못 가르치나, 잘 가르치나 그것도 봐야 하고, 뜻도 봐야 하고 행도 봐야 합니다. 바깥으로 끄달리면서 바깥으로 길을 인도를 하나, 안으로 정신계로 인도를 하나. 그거를 한번 검토해 봐야 될 것입니다. 그래서 자기를 믿으라는데, 자기를 끌고 다니는 자기 주인의 자성신을 믿으라는데 어찌 안 믿습니까?

어느 때엔가 딸이 어린애를 못 낳고 병이 들어서 친정집으로 쫓겨 왔다고 합디다. 그래서 부처님께서 다시 남편이 찾아오게끔 이끌어서 어린애를 갖게 하고 이래서 잘 살게 해 줬습니다. 잘 살게 됐는데 그 다음에 왔는데 보니까, 저기 문간에 들어오는데 보니까 이거는 큰일 나겠단 말이야. 그때 그러니까 한 10년 전인가요, 그렇게 됐어요. "아이, 보살님! 두말 말고 빨리 가서 삼만 원만 해 가지고 빨리 오세요." 이랬단 말이야. 들어오는 사람을 돈 가지고 오랬다고 아예 그냥 돌아가선 안 오는 거라. 이런 노릇이 어디 있느냐 말이야, 나는 급해서 저거 했는데. 얼마 있더니 와 가지고는 아들이 사고를 내 가지고는 열 사람을 전부 죽였다는 거라. 그러니 집도 팔고 뭐, 뭐도 다 팔아 디밀고 사글세 얻을 돈도 없어서 인제 병이 들어 가지고 왔더라고요. (녹음 안됨)

육신은 장갑과 같다

선실 법회

1991년 11월 26일

여러분은 '나'라는 것을 세우고 권세에 또는 부자에, 또는 나라는 거를 한 치도 놓지 못하고 끄달리는가 하면 착에 끄달리고 욕심에 끄달리고 매사에 끄달리는 거야. 그러니 한 치도 벗어날 수가 없이 부착이 돼서, 내가 항상 콩깍지 얘기를 하죠. 콩깍지가 잘 익었으면 건드리기만 해도 탁 튀어져 나오지마는 설익은 거는 콩깍지가 속살하고 겉껍데기하고 붙어서 이 껍데기 까기가 상당히 어려워요. 죽을 때도 그와 같은 겁니다. 얼마나 힘이 듭니까? 속껍데기가 겉껍데기에 붙어서, 이렇게 딱 터져야 할 텐데 속껍데기가 붙어 가지고, 덜 익은 거는 까려니까 그냥 속껍데기가 알맹이에 붙고, 알맹이도 작은 데다가 그 씨가 씨 노릇을 할는지 그것도 모르지 않습니까?

그 씨가 익어야 활딱 까져서 또 심으면 또 되나오고 이러는데, 그 표현을 어떻게 했느냐. 빵 한 개를, 밥 한 그릇을 놓고 이 일체 중생을 다 먹이고도 그 밥 한 그릇이 되남느니라. 우리가 해마다 콩을 심든지 뭐를 심든지, 벼를 심든지 이래서 쌀을 먹어도 그 씨는 항상 남겨 놓고 먹죠. 그 씨는 언제든지 남겨 놓죠, 무슨 씨든지. 남겨 놨다가 되심어서 일체를 다 먹이고도 되남고, 일체를 다 먹이고도 되남고. 이와 같이 인간의 마음의 그 뿌리도, 씨도 역시 마찬가집니다. 씨가 익지 않으면 저 길바닥에 아무렇게나 부서진 깡통 이런 거, 그냥 발끝에 탁탁 채는 거, 이런 거밖에 될 수가 없죠. 씨가 잘 익어야 이듬해 봄에 또 심어서 싹이 되고 열매가 열리고 또 남을 먹이고 이렇게 무주상 보시를 할 수 있을 텐데 그러지를 못합니다.

그래서 50%의 물질세계만 추구하고 관념을 두고 관습을 가지고, 모두 그 50%에 얽매여서 해결을 못하고, 정신계에 진출을 못하고 정신계에 있는 모든 걸 커버를 못하고, 물리가 침체돼서 가고 오는 길을 작용을 못하고, 우리가 마음으로 생활을 들이고 내고 하는 작용을 못 한다 이겁니다. 모든 사람이 영원한 생명의 근본과 마음 내는 거와 육신이 움죽거리는 삼합이 같이 합해서 작용을 하고 돌아가지 그냥 돌아가는 사람 봤습니까? 이름은 다 각각이지만 "영원한 생명의 근본이다. 마음 내는 거다. 몸이 움죽거리는 거다." 이러듯이 눈은 눈대로 눈이고 귀는 귀대로 귀예요. 하지만 저기서 악 쓰는 소리가 왁짜하게 나 보세요. 귀가 먼저 가고 눈이 가고 통틀어 오관이 다 갑니다. 그리고 누가 잘못해서 이렇게 됐는지 판정까지 내리고 있어요. 허허허…. 아, 이러는데 어떻게 각각 붙어 있습니까?

그 말을 왜 하느냐 하면 우리가 종교를 믿는다고 하는 그 마음들이 그저 산신이다 하면 산신이 따로 있는 줄 알고, 독성이다 하면 독성 따로 있는 줄 알고, 지신이다 하면 지신 따로 있는 줄 알고, 용왕신이다 하면 용왕신 따로 있는 줄 알고, 관세음 따로 있는 줄 알고 지장 따로 있는 줄 알고, 약사 따로 있는 줄 알고 부처 따로 있는 줄 알고, 칠성 따로 있는 줄 알고 아, 이건 죄 따로따로 들어간단 말입니다. 항상 이 말은 귀가 아프도록 했지만 안 들은 사람은 좀 듣는 것이 좋을 것 같습니다.

여러분이 그걸 비교해서 한번 생각해 보세요. 엄마 노릇 할 때 아버지 노릇 할 때, 형님 노릇 할 때 언니 노릇 할 때, 며느리 노릇 할 때 딸 노릇 할 때, 아내 노릇 할 때 남편 노릇 할 때 이게 이름은 따로따로 있는데 작용은 전부 한 놈이 하는 거야, 한 놈이. 천연덕스럽게 작용을 하죠. "여보!" 하고 부르면 "예." 그러고 아내 노릇을, 뭐, 행과 뜻과 말을 동시에 아주 자연스럽게 그렇게 행동을 하시죠. 그럴 때에 "아무개 어멈아!" 그러고 부르면 아, 며느리 노릇 하느라고 뜻과 말과 행이 또 거기에 접하는 거예요, 순식간에. 찰나에 돌아가는 거예요, 찰나에, 자동적으로. 그렇듯이 약사도 칠성도 관세음도 따로 있는 게 아니에요. 모든 게 합해서 한마음 속에서 나가는 겁니다.

여러분의 마음이 아프면 아픈 것에 끄달려서, 만약에 병원에서 "이 병은 고치지 못할 병이다." 그랬을 때 심정이 어떨까요. 그때는 아무것도, 다른 거 다 진짜 욕심이 딱 떨어지고 '에이, 쯧!' 이렇게 되죠. 허허허. 그 심정 내가 죽지 않아 봐도 다 알겠어요. 사람의 심정이라는 게 그렇게 요사하고 그렇게 찰나찰나에 바뀐다는 그 사실을. 만약에 내 몸뚱이를 장갑이라고 생각했을 때는 죽든지 안 죽든지 그런 거를 '죽을 때 되면 죽는 거고 살 때 되면 사는 거고.' 이렇게 마음이 될 겁니다, 그 장갑 벗는 요량과 같다는 것을 안다면. 그게 뭐 그렇게 대단합니까? 장갑을 꼈다가 더러우면 벗어서 다시 빨아서 끼는 거는 사실이죠. 그리고 또 정히 빨아도 안 될 것 같으면 다시 새 장갑을 낄 테죠. 그와 같은 겁니다.

그런데 뭐가 그렇게 죽는 게 두렵습니까? 그렇게 말하면 "아이고, 자식들이 아직 안 커서…." 허허허 "아유, 다 길러 놓고 다 그냥 장가보내고 시집보내고 할 거 다 하고…." 이렇게 얘기합니다. 그러나 그거는 자기 생각이죠. 내가 어저께, 그저께도 얘기했지만 저 길을 지나가다 보니까 강아지도 차가 요기서 오나 저기서 오나 하고 잘 보고 쏜살같이 건너가더라고요. 차를 타고 가면서 보니까 차에 치일까 봐 세

살 네 살 먹은 아이들도 세발자전거를 타고 쏜살같이 달아나가요. 누구나가 다 자기 주인공이, 자기를 이끌고 다니는 자기가 있어요. 그거를 안다면 거기에다가 부착을 시켜 놓고 떠나도 능히 살 수 있는 겁니다. 사람이 붙들고 늘어지고 이러는 거보다. 그런데 불쌍하다고 붙들고 늘어지고 온통 야단법석들을 하고 거기에서 불쌍하다고 덮어 쥐고 있으면 놔주질 못해서, 외려 극난에 처해서 한 발짝도 떼어 놓지를 못하게 되는 이치가 많죠.

사람뿐만 아니라 일체 사생이 다, 날아다니든 걸어 다니든 기어 다니든 하여튼 사생이 전부 연쇄적으로 사는 것이, 그저 차원대로 사는 것이 다 똑같다 이겁니다. 그런데 이 공부를 하려면 "당신이 이 세상에 나왔으니까 이 세상이 벌어졌고 당신이 나왔으니까 태초지 거슬러 올라갈 것도 없고 내려갈 것도 없다. 당신이 있으니까 모두 상대가 있어서 종교도 있고 모든 게 있는 거지 자기가 없는데 뭐가 있느냐." 해도 그 소리는 어디로 도망을 가고 허, '저이가 뭐라고 그랬는지….' 이렇게 생각을 해요. 자기가 나왔으니까, 있으니까 자기부터 알아야 되고, 자기가 어디서 왔는지 자기부터 알아야 될 거 아닌가.

그리고 자기가 장갑을 낀 거지 장갑이 자기를 낀 게 아니지 않습니까? 이 세상에서는 배낭에다가 고액(苦厄)을 다 집어넣고 끼고 다니는 거나 똑같아요. 항상 어머니 아버지를 빌려서 몸을 받으나 과거에 지은 업보라든가 악업 선업이 다 인연이 돼서 그 몸에 다 같이 뭉쳐서 사람 하나가 된다는 얘깁니다. 인연에 따라 선업만 지어서, 공덕이 있어서 이 세상에 태어난다면 정말이지 그건 자유권을 갖고 모든 일체 중생을 다 이렇게, 말을 해도 말을 안 해도 이끌어 주는 길잡이가 되고 이러겠지만 그렇지 못하다 이거죠. 그렇게 해서 여기에서 성도 나게 하고 도둑질도 하게 하고 또는 남을 원망하게도 하고 별의별 짓이 다 나오는 거를, 그걸 왜 간섭을 하느냐 이거죠.

과거에 살던 인연으로 인해서 맺어진 그 악한 인연들, 선한 인연들이 다 뭉쳐서 있는 대로 자꾸 입력이 돼서 나오듯이 자꾸 나오는 것을 다시 거기다가, 한마음 주인공에다가, 전부 다시 거기다 맡겨 놓고 '거기서만이 해결을 할 수 있다. 거기서만이 병을 낫게 할 수 있다. 거기서만이 물리가 터지게 할 수 있다. 거기서만이 내가 있다는 거를 증명할 수 있다.' 이러고 관하라는 겁니다. 그렇게 관하면 앞서 입력돼서 나오던 게 되입력을 하니까 앞서 입력됐던 건 없어지면서 새로 입력하는 것이 들고 나면서 홀연히 자기를 볼 수가 있다 이런 말이죠. 그런데 자기를 끌고 다니는 자기 주인공을 믿으래도 그 한마음이라는 게 뭐 말라빠져 죽은 거며 주인공이라는 게 뭐 말라빠져 죽은 거냐고 그래요. 그런다면 허공을 믿을 수도 없고 형상을 믿을 수도 없고 이름을 믿을 수도 없는데 자기를 직접 끌고 다니는 자기 주인을 그렇게 무시하고 모르니 어떡하겠소. 자성불은 영 볼 수가 없겠죠. 정신계의 50%는 작용을 해 보지도 못하고 맛도 못 보겠죠.

신도1(여) 스님! 저는 한 석 달 전에요, 저희 거사가 굉장히 위급했었거든요. 병원에서는 한 20일 남았다고 그러데요. 그래서 평소에는 뭐, 믿음도 없다가 너무 급한 바람에 제가 부산지원에 가서, 도저히 병원에서는 안 된다고 그러는데 큰스님 좀 뵈올 수 없느냐고 그러니까, 저 지원의 스님이 그래요. 모든 현상을 바로 보라고. 바로 봐서 바로 받아들이라고 그렇게 저를 일깨워 주시데요. 그래서 참, 그 말씀에 제가 마음을 잡고 그랬는데 며칠 있으니까 고통이 오기 시작하더라고요. 거사가 고통이 너무 심해서 병원이나 저나 해 줄 수 있는 거는 아무것도 없고 이래서 제가 새벽에 지원에 전화를 해서 "스님, 이왕 가야 된다면 고통 없이 가게 해 주세요." 이렇게 말씀을 드렸거든요. 다른 식구들은 아무도 모르죠. 저는 옆에서 이렇게 지켜보니까 그때부터 거사가 서서히 고통이 없어지는 거예요.

그래서 한 열흘 뒤에 이제 결국 가기는 갔는데, 저도 그 사이 선원에 왔다 갔다 하면서 뭔가 마음의 준비를 하고 스님께 늘 가르침을 받아서 뭐, 그런 대로 담담하게 잘 견뎌 냈습니다.

나중에 제가 일 다 치르고 지원 스님께 말씀을 드렸더니 큰스님께 전화를 하셨답니다. 그래서 제가 감사의 인사를 좀 드리러 가야 되겠다 싶었는데 저번에 와서는 제가 못 뵙고 그냥 내려갔었거든요. 근데 그렇게 보내고 참, 지원의 두 분 스님이 힘이 돼서 참 잘 지내고 있습니다.

그런데 아까 스님께서 처음 말씀하실 때 장갑이 더러워지면, 낡고 떨어지면 그거는 새로 끼어야 된다 그렇게 처음 말씀하시는 게 꼭 저를 위한 법문 같아서…, 제가 새로 말씀을 드리려 해도 부끄럽지만 해답은 다 나왔는데요, 제 생각은 그래요. 그동안에 49재도 올리고 또 천도재도 따로 한 번 지냈는데 제가 보기에는 저희 거사가 사람 노릇하려고 무던히 애를 쓰고 간 사람입니다. 자수성가는 했지만 어렸을 때 못살던 사람이 돼서 잊어버리려 해도 자꾸 뭔가 제 느낌에….

큰스님 그런데 그거는 댁의 생각이지.

신도1(여) 그렇습니까?

큰스님 네. 모든 사람들이 상대방의 생각은 제쳐 놓고 자기가 판단하고 생각하고 성도 내고 또 좋아하기도 하고 그러거든요. 그러니까 남의 생각을 대신 그렇게 생각하려고 애쓰질 마세요.

신도1(여) 거사가 살았을 때 제가 할 노릇을 너무 못하고, 가고 나서 보니까 사실은….

큰스님 수십 년을 이렇게 지켜보니까 부모가 일찍 돌아가시고 자수성가한 사람이 보통 고생들을 많이 했고, 또 자수성가한 사람이 그렇게 오래 사는 사람이 드물어요. 물론 부모가 일찍 돌아가셔서 고생을 한다 하면 벌써 그건 알조죠. 그만큼 그 업보가, 인과의 업보가 그렇게 많았다는 애기겠죠. 그렇다면 그 고비를 넘겨 줄 수 있는 뭐가 있어야만 할 텐데 그 고비를 넘겨 주지 못해서 한 철 더 살지 못한 거죠.

그러니까 모든 게 그렇다 할지라도 그저 일찍 가고 늦게 갈 뿐이지 그 분은, 전화를 해서 그 고생한 거를 다 잊어버리고, 나흘 전에 벌써 그 혼백은 다른 데 가서 천도가 됐습니다. 그러니까 죽기 나흘 전입니다. 그러니까 너무 그렇게 남의 생각을 비약해서 생각하지 마십시오.

그거는 자기 생각이지, 하여튼 이렇든 저렇든 모든 사람들이 과하게 욕심을 갖지 말고, 없으면 남을 위해서 생각해 줄 수 있는 거…. 일부러 생각을 내라는 건 아닙니다. 닥쳐온 거 또 행하는 것도 남이 손해 보게 행하지 말고, 또 자기를 위해서라면 가리지 않고 하는 사람이 있는데 그렇게 해서는 아니 된다는 겁니다. 한 가정에서도 어떠한 일이 있더라도, 남편과 자식과 부모 이런 사람들이 속을 썩이더라도 모든 걸 내 탓으로 돌리고 내 주인공에다 맡겨 놓고, '거기서만이 해결할 수 있다.' 하고 맡겨 놓고 부드러운 말을 해 주고 부드럽게 행을 해 준다면 그것이 바뀌어집니다.

그래서 인간의 체질도 바꿀 수 있다는 공부입니다, 이게. 마음 자체가 넓어지고. 이 마음 자체는 체가 없는 거라 이 우주 전체를 한 찰나에 갈 수도 있고 올 수도 있는 그런 공부입니다. 그렇기 때문에 여러분이 한 가정이다 할지라도 한 방에 전등은 이렇게 많지만 전력은 다 똑같듯이, 전력을 끌어 쓰는 거는 여러분의 마음대로 자유자재할 수 있는 그런 여러분이 돼야, 정신계와 물질계가 서로 상통하면서 작용을 해야만이 사람이 살기가 편리하고 좀 자유스럽고, 또 죽어도 죽은 사이가 없고 살아도 산 사이가 없고 이렇게 작용을 할 수 있는 대인이 될 수 있는 겁니다. 여자라고 못 되고 남자라고 못 되고 이런 게 아니라 여자와 남자가 모습은 각각이지만 마음이야 각각일 수 있겠습니까? 그 생명도 각각이 아닙니다. 그러니 여러분이 열심히 공부들 하십시오.

여기에서는요, "그저 이렇게 이렇게 됐으니까 한마음 같이 내 주세요." 하는 그런 용도의 얘기는 할 수 있지만 일일이, 내 아들이 장가를 못 들었네, 시집을 못 갔네, 뭐, 이렇게 가난한데 뭐가 안되고 나가서 안 들어오고 공부를 안 하고, 온통 이렇게 자꾸 바깥으로만 해 나간다면 그게 시험 도구가 될 수가 없어요. 실험도 할 수가 없고요. 체험도 할 수가 없고요. 알았죠?

신도2(여) 스님, 저희 아들이 간암이랍니다.

큰스님 여직껏 얘기했는데요, 허허. 자기 이 몸뚱이 속에 수억이 들어 있어요. 그 몸뚱이 속에 또 들어 있고 또 들어 있고, 그렇게 많은 마음들이 좋은지 언짢은지 그걸 모르고 있어요. 그렇기 때문에 사람은 고등 동물이라고 하죠. 사람의 마음이 다스려야 해요. 한마음으로 묶어야 하고, 그 한마음으로 묶는 것을 한생각으로 돌려야 하고 이렇게 해야만이 몸속에 있는 그 생명체들이 모든 것을 자기가 마음먹는 대로 운행을 해 줘요. 움죽거려 준다 이거예요. 그러니까 그렇게….

신도2(여) 한약을 써도 될까요?

큰스님 아, 쓰든지 말든지 그거야 나는 알 필요 없죠. 허허허. 옛날부터 대낮에 등불을 들고 사람을 찾느라고 헤매듯이 사람 만나기가 그렇게 어렵다고나 할까요. 이렇게 가르치느라고 길을 인도해도 그걸 믿지 못하고, 믿는다고 하면서도 믿지 못하고, 아까 장갑 얘기를 했는데도 불구하고 살 생각만 앞에 딱 막혀서 하지 좀 그렇게 놓을 생각은 안 해. 딱 장갑을 그냥 꽁꽁 쥐고. 그거 장갑 벗어질까 봐 그냥 꽝꽝 쥐고선 하기 때문에 그 장갑이 싱싱하게 될 수가 없다는 얘깁니다.

항상 마음을 다스리며 살아라

선실 법회

1991년 12월 7일

큰스님 … 가난한 그분이 먼저 돌아가셨단 말이야. 그런데 아, 인제 이분이 또 돌아가시게 됐단 말이야. 이분은 같은 친군데 살아 있을 때도 놀부 노릇을 하다 돌아가셨어. 돌아가시니까 자식들이 그냥 우왕좌왕하고, 야, 지금도 그렇지마는 재산을 자기 앞으로 다 놔두고 죽었으니 그 뭐, 어떻게 해요. 인제 자기들 앞으로 올려야지, 전부. 그래서 형제들이 쌈박질이 나고 재산 싸움이 나는 거죠. 지금은 부모의 재산을 자식이 물려받을 때는 세금으로 많이 나가지만 예전에야 어디 그랬나요?

그래 돌아가신 뒤에 자식들이 재산 싸움을 하고 그랬는데 아, 예전에는 칠일장을 지냈거든요. 그래서 칠일장을 지내는데 아, 돌아가시고 난 뒤에 삼 일 만에 살아났거든. 다시 살아났어요. 다시 살아나서 뜬금없이 말하는 소리가 아이고, 옆에 살았던 아무개 친구가 자기 자식들한테 '심즉시불(心卽是佛)' 이라는 이 말만 꼭 전해 달라고 그러더라는 거예요. 내가 죽어서 갔더니 그 친구는 죽어서 아주 잘돼서 있더라는 거야. 그래서 재판관이 서류를 놓고서 체크를 하는데 자기더러 아, 당신이 좀 가서 그렇게 일러 주고 오라고, 그렇게 보냈다는 거야. 보내면서 체크를 하는데, 재산이 얼마고 얼마고 그러는데 자기한테는 옷 한 벌 입을 게 없더라는 거야. 세상에, 누구한테 뭐 하나도 준 예가 없어. 하다못해 어린애 낳게 짚 한 단을 달래도 안 줬어. 하하. 죽어서 가 보니까 자긴 이 세상에 나온다 하더라도 그렇지마는 나오지도 못하게 생겼고, 나온다 할지라도 맹전 한 푼 없고.

그러니까 이제 그런 거를 알고, 살아생전에도 항상 그랬는데 죽어서도 그 친구가 인권을 해서, 잠깐 나갔다가 다시 들어오라고 하고는 그 말만 우리 자식들한테 일러 주라고, 그래서 다시 깨어났단 말이야. 깨어나서는 하는 소리가, 아무개 자손들 좀 오라고 그러라고. 그래서 오니까 아버님이 이렇게 이렇게 일러 주시더라. 아무렇게나 이 세상을 살지 말고 모든 거는 마음으로, 그저 잘못되는 일은 마음으로 다스려서 거기에 맡겨 놓고 마음을 항상 다스려서 살라고, 그렇게 일러 주라고 그랬다고 그렇게 얘기를 하니까 아이고, 아버님이 그렇게 해서 그 뜻을 따르려고 그랬는데 그런 소리를 들으니까 더 한층, 죽을 먹으면 어떻고 밥을 먹으면 어떻겠느냐고 하면서 마음을 잘 다스려 나가겠노라고, 그 집 아들은 그러는데 이 집의 아들은 지금 다시 살아난 게 또 원망이야. 그냥 그거를 서로 찢고 뺏고 그러다가 다시 살아났으니까 말이야. 그러니까 이 노인네가 거기에서, 죽었다 살아나서 눈을 뜬 거야. 그래 가지고 학교가 없어서 공부를 못 하는 지역에 학교를 세우게끔 아예 돈을 내놨어. 자기는 무식하고 모르고 그래서 죄를 짓고 그렇게 해서 이렇게 됐다고 하면 학교를 짓게 반을 끊어서 내놓고 반은 아들들 8형제가 있는데 전부 나눠서 주고, 이러고선 가셨다는 거예요. 그 먼저 돌아가신 분의 옷 한 벌을 해서 싸 달라고 그래서 가지고.

그랬듯이 세상은 그냥 거저 사는 게 아니에요. 우리가 벌레를 보고도 그 생명을 내 생명같이 아끼라 한 거는, 그것도 땅에 붙어서 사는 것이고 우리도 땅에 붙어서 사는 거 아닙니까, 말하자면. 크고 작을 뿐이지 그 생명이야 어찌 다르겠습니까? 그런 데다가 그저 천년만년 살 줄 알고 그냥 남의 원망을 하지를 않나, 또 가정에서 살면서도 그저 서로 잘못했네, 잘했네…. 이거 다 욕심입니다. 이걸 보면 다 내 욕심에 의해서 모든 게 벌어지고 일어나고 모두 갈라지고 이렇게 되는 거죠. 그러니까 그런 일이 없도록 하고 사시다가 이 몸뚱이 옷을 벗을 때…, 옷 벗는 거나 같으니까요.

엊그저께 얘기했듯이 손 위에 장갑 꼈다 장갑 벗는 거나 마찬가지거든요. 그렇다고 내 영원한 생명의 근본이 없는 게 아닙니다. 그건 영원한 겁니다. 그 영원한 것이 옷을 벗었다고 그래서 아주 죽는 줄 알지만 연결해서 다시 돌아가는 거거든요. 그래서 부모들이 벌어 놓고 돌아가시면, 그 부모들이 그러한 경력이 없고 그러한 시주가 없고 그렇다면…, 자식들이 예수재를 지내 드리지 않습니까? 돌아가시지 않았어도 살아 계실 때에, 공부시키느라고 손발이 터지도록 돈벌이하고 자식들 기르느라고 돈 모아 놓고 쓰지도 못하고, 돌아가실 때가 되면 자식들이 요다음에 다시금 나오실 때 가지고 나오시라고 예수재를 지내 드리지 않습니까, 부모가 한 예가 없으면. 그리고 천도라는 게 그래서 생긴 거고요, 또.

그러니까 남의 부모가 따로 없고 내 부모가 따로 없고요, 남의 자식이 따로 없고 내 자식이 따로 없어요. 돌다 돌다 보면 어느 자식 내가 안 돼 본 예가 없고 어느 부모 안 돼 본 예가 없고 그러니까 알고 본다면 전생 부모가 바로 내 자식이 될 수도 있고 딴 집의 자식이 될 수도 있고 또 자식이 딴 집 부모가 될 수도 있고, 이렇게 엉걸려서 돌아가는 거거든요.

그러니 우리가 이 산다고 하는 게 몇 푼어치나 되겠습니까마는 이 몸뚱이가 없으면 모든 게 부딪침이 없고 아무 연관성이, 인과나 이 모든 게 없기 때문에 공부를 못 합니다, 또. 그래서 아무것도 모르고 누가 죽었는데, 어느 스님이 보시니까 까치 둥우리로 올라가더라는 겁니다. 그리고 독사 굴로 들어가고. 스님이 보시는 그것도 인연이 닿았으니까, 그래도 스님한테 시주 한 번이라도 내 마음 깊이 넣고 했던 까닭에 그 인연을 만난 거지. 그러니까 그냥 탁 막았지. 막아서는 인도를 했지. 사람으로서 인도를 했는데, 가난하고 모르고 도둑질하고 아주 악의적으로 나가는 사람네 집으로 인도한 게 아니라 아주 선의적이고 모범이 되는 사람한테 자식이 되게끔 이렇게 인도를 해 줬다는 얘기가 있습니다.

우리가 인연 짓지 않은 거는 인연이 돌아오지 않아요. 그래도 그런 인연을, 악의 인연도 악을 지었으니까 올 거고 선의 인연도 선을 지었으니까 올 겁니다. 그러니까 모든 것이 내 할 탓이란 말입니다, 내 할 탓. 우리가 이렇게 살다가 보면 늙고 병들고 머리가 허옇게 되고 이 몸 체질까지도 다 바뀌어서 모두 몸뚱이도 이상스럽게 돼요. 그렇게 되는 그 자체가 옷을 벗고서 나오게 되면…. (녹음 안됨) … 사람도 천차만별로 돼 있고 생김생김이도 천차만별로 돼 있고 가정 살림도 그렇고 뭐, 잘되겠다고 아무리 뛰어 봤자야 잘되지 않고 그림자처럼 따라다니고, 인과가 말입니다. 그러니까 사람사람이 그저 나그네의 길을 걷는 것과 같고, 배우들이 영화를 하다가 막 내리는 것과 같고 우리가 그런 셈이죠. 지금 우리가 배우들이 영화하는 장면이에요, 전부. 그런데 영화에서도 그렇죠. 배우들도 자기가 잘하는 역할에서 그리로 풀리지, 그리고 주인공이 되기도 하고 이러지 자기가 그 역을 잘 못하면 머슴 역이나 뭐, 이런 역을 하지 다른 역을 못 하지 않습니까?

그와 마찬가지로 우리 인간도 살아나갈 때 길을 잘 걷고, 남의 탓을 안 하고 남의 원망을 안 하고 남을 이익하게 생각을 해 주고 항상 이렇게 가는 분들은 죽어서 다시 이 세상에 나올 때 밝은 태양빛과 또는 그 공덕을, 네 가지 공덕이든 일곱 가지 공덕이든, 일곱 가지 보배라고 했죠. 일곱 가지 공덕이든 다 공덕을 타고 이 세상에 출현을 할 때 모두 한마음으로서 보이지 않는 데서 장엄하게 꽃을 내려 준다고 했습니다. 그리고 또 이 세상에 태어나도 이렇게 고생들을 안 하고 그냥 아주 편리하게 살겠죠. 그런데 과거에 그렇게 살아왔기 때문에, 마음이 그렇기 때문에 그 의식은 항상 같이 돌아가니까요. 그러니까 과거의 그 자기의 영원한 생명이 그렇게 했으니까 지금 또 태어나도 그 마음이 어디 가지 않거든요, 그 마음이 그대로. 그래서 남에게 또 주고 살게 돼 있거든요. 모두 먹여 살리게끔 돼 있고요. 그러니까 '아유, 저 사람은 저렇게 저거 한데 나는 왜 저렇게 안 되고, 나는 이렇게 공부를 하고 이렇게 똑똑한데도 왜 못사나.' 이렇게 한탄 마시고 미리미리 그렇게 해 놓으셔야 이 세상에 나와서도 그렇게 된다는 얘깁니다.

사람이 보살행을 한다 하지만 보살이 따로 없어요. 내 가정이나 자식들한테나 형제들한테나 남한테나 모두 포괄적인 한생각을 항상 누리면서, 원에서 돌아가면서 항상 이렇게 이익하게 마음을 내 주고…. 글쎄, 자식들을 끼고 살면 몇몇 해나 끼고 살겠습니까? 백 년입니까, 천 년입니까? 그 자식을 보려야 얼마 못 봅니다. 그러니까 차라리 뿌리를 길러 주는 게 얼마나 손색이 없겠습니까? 그러니까 그 자식들은 모르더라도 항상 여기에다가, 그 자식의 주인공이나 내 주인공이나 뿌리는 마찬가지야. 다 같은 뿌리란 말입니다. 그러니까 항상 거기다가 넣어 주는 게, 거기다가 맡겨 주고, '그 주인공은 둘이 아니니까 그저 내 마음이 밝으면 그 마음도 밝겠지.' 이렇게 생각하고 모든 걸 거기다 맡겨 넣어 주는 것이 그 마음의 뿌리에 물을 주는 거나 같습니다. 물을 주는 거와 같아서 가지와 잎새가 시퍼렇게, 청청하게 잘되죠. 그와 같습니다. 그러니까 이다음에 죽어서 또 태어난대도 부모의 그런 인연으로 그렇게 또 길이 되거든요. 뭐, 그거는 에누리가 없어요.

괜히들 절에 다니면서 밥이나 놓고 떡이나 놓고 빌고, 나 좀 잘되게 해 달라고 이렇게 하지만 그거는 공덕이 없다는 겁니다. 그렇다고 해서 부처님 앞에 가서 공양미를 안 놓고 시주를 안 하고 이러라는 게 아니라 꽃 시주는 내 그 아름다운 자태를 가지고 나오기 때문에 꽃을 항상 그렇게 시주하는 거고, 불을 켜는 거는 내 마음이 항상 밝으라고 하는 거고, 공양은 내가 굶주리지 않고 항상 두루 먹이고도 남을 수 있게끔 하는 겁니다. 지금 보세요. 이 세상에 지옥도 있고 천당도 있습니다. 남들은 남에게 줘 가면서 사는데, 남 먹이면서 사는데 나 하나 직원으로 들어가서 자기 먹기 위해서 그 애를 써도 못산다니 그건 무슨 연고입니까? 남 날 때 나고 남 달린 것도 다 달렸고 그랬는데 왜 안됩니까? 과거로부터 전생으로부터 지어 온 그 길이 있기 때문입니다. 그것이 바로 몸뚱이 안에서 지금 모두, 천둥 번개 치듯 아무것도 모르고 그냥 이 생각 저 생각 막 나게 만들거든요.

그래서 옛날 말마따나 '선비는 굶아 죽어도 남한테 들어가서 도둑질 안 한다.' 이런 말도 있듯이 곧 죽어도, 굶어 죽어도 훔쳐서 먹는 법은 없을 겁니다. 그런 반면에 굶주리지 않게끔 돼 있어요. 자기가 그런 마음인데 자기 몸뚱이 끌고 다니면서 어째 헐벗고 헐입게 하겠습니까? 그런데 모두 자기 자신의 그 주인공을 모르기 때문에 부처도 모르지 법신도 모르지, 화신도 모르지 약사도 모르지 관세음도 모르지, 전부 모르는 거 투성이죠. 하여튼 모두가 우리 마음먹기에 달렸다.

내가 이런 말 안 하려 해도, 엊그저께 외국으로 나가려고 건강진단서를 떼러 갔다가 소변에 뭐가 좀 나온다고 안 떼 주데요. 그런 걸 보고서 온통 야단이 난 겁니다. 그런데 인제 이가 닳아서 그걸 다시 좀 해 달라고 가니까 그냥 진찰이나 좀 해 보시라고 병원으로 끌고 가는 거예요. 그것도 모르고 뭐, 그냥 어청어청 갔죠. 아, 가서 보니까 그러는 거예요. 아, 자기네들도 고치지 못하는데 무슨…. 그리고 여러분한테 말을 그렇게 해 놓고 또 실천과 진실, 행, 뜻 이것이 맞지 않는다면 여러분이 여기 와서 배울 게 아무것도 없어요. 코웃음이 나는 거야, 코웃음이 나. '남들은 그렇게 가르치면서 자기는 그것 좀 그렇다고 병원엘 가서 뭐 진찰을 하고 그래?' 그러고는 확 뿌리치니까 의사들도 나와서 눈이 벙그래서 "우리 돈 좀 벌게 해 주십시오." 그러는 거야. 허허허….

그런 걸 하고 안 하고가 문제가 아니야. 정신이 문제야, 정신력. 아니, 오늘 살다 내일 죽으면 어떻고 모레 죽으면 어때! 안 그래요? 그래요, 한번 죽기는 마찬가진데 누구 말마따나 이판사판이지. 이판사판이란 말이야. 이판과 사판이 둘이 아니야. 허허, 여러분은 살 양으로 바둥바둥하기 때문에 죽는 법이에요. 이 돈도 쫓아가려고 바둥바둥하기 때문에 달아나가는 거지 가만 두고 그냥 저절로 오게끔 해 놓으면 저절로 '아, 이 집에 들어가면 구순하겠구나.' 이러곤 들어오는 거지 쫓아다니면 안 와요. 붙들리지를 않아요.

이 마음의 묘법이라는 게 그래서 그렇게 광대무변한 겁니다. 이 마음의 법이라는 게 얼마나 중요하고, 얼마나 광대무변하고, 얼마나 묘한지 여러분도 자꾸자꾸자꾸 경험을 쌓으세요. 왜냐하면 과거에 지은 업보가 지금 그냥 없어질 리는 없어요. 그러니까 어떠한 고통이 오더라도 모든 거는 거기서 오는 거니까 거기다 맡겨 놓고 죽든 살든, 죽어도 살아도…. 뭐, 죽지 않는다는 법은 없어요. 그렇게 하면 육신이 망가졌다가도 다시 소생할 수가 있고, 더 안 살려고 그러면 더 살아지죠. 더 살 양으로 바둥거리면 더 안 살아져요. 또 '이렇게 살 양으로 하면 더 안 살아진다더라.' 이러고 또 생각을 내진 마세요. (대중 웃음) 그냥 천연적으로 그렇게 돼야지, '에라! 그냥, 쯧! 이판사판….' 하고 그냥 놓는 그 마음이라야지 생각을 해 가지고 놓는 거는 그건 가(假)마음이죠.

이건 거짓말이 아니에요. 변소에 가나 길을 걸으나 밥을 먹을 때나 한시도 여러분의 생각을 떠나 본 예가 없어요. 정말입니다. 이 몸체는 집과 같은 거고 나를 끼워 가지고 다니는 장갑과 같은 거예요, 장갑. 그러나 장갑 속에서 생각하는 거는 장갑하고는 상관이 없죠. 그렇지만 장갑하고 같이 붙어 있기 때문에 추우면 손도 시리답니다, 장갑을 꼈어도. 그러니까 장갑 속의 손이 시리더라도 모든 걸 장갑 탓을 하지 말고 모든 거를 자기로 돌릴 때에 손이 뜨듯하게 녹는답니다.

어느 때 내가 사흘 동안을 나갔다 돌아왔는데, 어느 절로다 이렇게 이렇게 다녀 봤는데 하나 없이 내남직없이 공부는 한다고 하면서도 뭘 그렇게 많이 차려 놓고…, 그냥 보이는 데서 끄달리느라고 열났어요. 여러분 중에 공부하는 신도 한 분을 가지고 중 열을 준대도 바꾸지 않으리만큼 말입니다. 허허허…. 참선하는 방을 구경하시라고 그래서 나는 그 방을, 육신의 방을 구경하러 온 게 아니고 마음의 방을 보러 왔노라고 그랬어요. 허허, 이 세상 모두가, 그러니까 그 고생을 면치 못하죠, 모두가.

여기서 부모들 중에 한 분만 잘 믿어도 그 자식들과 일가친척까지도 다 건질 수 있다는 사실을 아셔야 합니다. 어차피 몰라서 받아 가지곤 이 세상에 나왔으니까 어쩔 수 없이 받아야 하기는 하지만 이 공부를 하다 보면 받는 것도 아주 즐겁게 받을 수가 있죠. 고통을 받아도 공부로 돌리면서 즐겁게 받을 수가 있죠. 허허허….

하여튼 오래간만에 만났지만 여러분 마음속에서는 한시도 떠난 예가 없습니다. 그거를 진실히 아시고 그렇게….

한마음, 내 영원한 친구

선실 법회

1991년 12월 18일

큰스님 … 이기는 것입니다. 그게 이기면 그 영혼과 그 인연들의 의식이 첨부돼서 거기에 삼합이 한데 합쳐져야, 즉 어머니 아버지가 준 몸과 내 영혼과 내 과거로부터 온 인연들이 같이 혼합이 돼서 거기에 투입이 되는 것입니다. 그렇게 해서 인간 하나가 출생이 되는 거죠. 거죽의 몸, 모습이 자라면서 이 속의 인연들도 다 자라서 그 인연들로 인해서 이 몸뚱이가 움죽거리게끔 돼 있단 말입니다.

그러니까 어떠한 병이다 하고 병원에서 이름을 지어 주더라도 이름에 속지 마시고 이름에 관여하지 마시고 철저하게 내 몸속의, 내면세계의 몸속의 그 의식들이 내 마음에 의해서 따라 줄 수 있는 한마음이 되시기를 바랍니다. 그래야만이 간 공장이나 장 공장이나 소장 공장이나 방광 공장, 위 공장, 식도 공장, 심장 공장, 이 모두 어떻게 말로 다 하리까마는 그렇게 여러 군데군데에서 한데 합쳐진 마음속에 통신이 되면 두뇌로 통신이 돼서 사대로 통신이 되게 돼 있어요, 내 마음 먹는 것이. 그렇게 됨으로써 그게 작용을 해 준단 말입니다. 한마음으로서 자기가 자기를 죽일 수는 없다는 말입니다. 둘이 아니게 생각을 하기 때문입니다. 누구든지 주인공이 주인공 죽이는 법 없죠. 자기 손가락이 자기 손가락 꺾는 법이 없죠. 자기가 자기를 죽일 수 없다. 자기 손가락이 자기 손가락을 꺾을 수 없다. 자기가 자기를 이끌어 가지고 가는 이 몸뚱이를, 자기 몸뚱이가 없어지면 자기도 부닥침이 없는데 어떻게 그 자기가 자기를 죽이겠습니까? 모든 게, 의식이 한마음 자체로 됐을 때 말입니다. 흩어지면 죽고 뭉치면 산단 말이 있죠. 외부의 모든 생활도 그래요. 한 가정이 뭉치면 복이 오고, 한 가정이 뭉치지 않고 흩어지고 서로 뜯고 싸우고 하면 오히려 복이 나간다 이겁니다. 이와 같은 원리입니다.

그러니까 내 한마음 속에서, 한마음이 뭉치면 주인공이 되는 거죠. 한마음 속에서 병도 나온 거니까 한마음 속에서 해결할 수밖에는 없는 거죠. 그렇게 믿어야지 지금 바깥의 형상을 믿습니까, 또는 모습을 믿습니까? 허공을 믿습니까? 뭐 믿을 게 있습니까? 나를 이익하게 하는 사람 하나도 없습니다. 모두 자기를 위해서 자기 위주로 사는 사람들이지. 그러니까 천만 뜻밖에 부처님께서 "자기 자성신의 불성을 진실히 발견하라. 진실히 그거부터 찾아라." 했던 것도 그 뜻입니다.

그러니까 하여튼, 병도 거기서만이 해결할 수 있어. 지금 여기에 오시는 분들도 별의별 병 증세가 다 많습니다. 머리가 안 자라는 애들이 있는가 하면 백혈이다 뭐다 뭐, 말로 다 할 수 없지만 자기 자신이 수많은 부하를 자기라고 이끌어 갔을 때 자기네들이 자기네들을 살리는 겁니다. 자기네들이 자기네들 집을 고치는 겁니다, 얼른 쉽게 말해서. 자기네들이 자기네들 그 집을…. 이게 집이죠, 말하자면. 집이기도 하고 시자기도 하고 종이기도 하고. 그러니까 자기 집을 자기가 고치지 딴 타인이 고쳐 줄 리는 없죠. 허허허…. 그거 알았으면 됐어요.

그러니까 하나도 겁낼 것 없고, 의기양양해서 떳떳하게 살아나갈 수 있는 그런 것이 바로 내면세계의 자유스러운, 쥘 수도 없고 볼 수도 없고 빛깔도 없는 거지마는 이 우주 전체의 근본이 될 수 있고, 이 세상살이에 가설이 된 근본이 될 수 있는 것이 바로 여러분의 마음입니다. "마음, 마음" 하고 가볍게 생각하지 마시고 마음이라는 것은…, 마음도 공했다는 그 사실이 어떠한 거냐. 고정됨이 없이 찰나찰나 시간과 공간을 초월해서 돌아가는 그 자체를 바로 블랙홀이라고도 하고 불바퀴라고도 하는데 불바퀴 그 뒷면의 타지도 않는 그것, 그것이 바로 영원한 것이며, 영원한 길은 마음속에 들어 있는 것입니다. 길이 진리니까요.

그래서 이 인생이, 장갑 더러우면 벗어 버리듯 이 몸뚱이는 벗어 버리되, 즉 장갑은 벗어 버리되 손은 건재하고 영원한 거다 이거야. 손이 움죽거려서 장갑이 움죽거리듯. 동시에 움죽거리듯. 요다음에 새 장갑을 끼워도 손은 아주 항상 건재한 거야. 그와 같이 인간의 영원한 생명의 근본도 그렇게 건재한 것이죠. 그거를 모르고는 부처님 도리를 알았다 할 수도 없고 배웠다고 할 수도 없고 진리를 파악했다고 할 수도 없는 것입니다. 그리고 이 세상에서 살아가는 사람이라고 인정할 수도 없는 겁니다.

그리고 눈을 똑바로 뜨고 활기를 찾고 얼굴상을 쭉 펴, 인제. 내 마음속의 모든 한마음이 내 영원한 친구요, 바로 나인 것이다. 나와 그 모든 의식들이 한마음으로 뭉쳐서 둘이 아닌데 내가 이리저리 노예처럼 마음이 약해서 끌려다니는 이런 이치는 없어야 될 것입니다. 허허허. 그래, 그렇게 해 봐. 그렇게 함으로써 건재해지고 활달해지고 당당해지고 건강할 것이니까.

나는 말할 게 하나도 없다가 여러분을 만나면 말할 게 생겨요. 허허허….

진실한 보살행

전국 신도회 회장단 법회

1991년 12월 18일

큰스님 … 오시는 반면에 결국은 여러분으로 하여금 여러분을 개척해 나가는 데 있어서 게을리 하지 않는다는 그 점도 되죠. 우리가 한마음선원을 위해서가 아니라 개개인의 자기 길을 닦는 데에, 물론 진실한 극치적인 문제에 있어서는 그러합니다, 자기 길을 닦기 위해서. 둘째는 자기 가정과 자기 모든 것에 있어서 둘이 아닌 까닭에 남과 나를 자비로 이끌어 가는 점이 대두돼야 된다고 봅니다. 말로만 '이렇게 하고 이렇게 하란다' 이렇게 생각지 마세요. 말로만 '저 스님이 저렇게 하라니까 한다' 이런 건 생각지도 마세요. 나 자신이 스스로서 지극하게 실천하는 데 문제가 있는 겁니다.

누구든지 혼자 왔다가 혼자 갑니다. 그리고 벗고 왔다가 벗고 갑니다. 가지고 나오거나 가지고 들어가거나 이런 점이 없습니다. 아무리 금은보화라도 죽어 갈 때는 안방 문턱을 넘지 않습니다. 아무리 고래 등 같은 집이라 할지라도 바로 대문 밖까지도 배웅하지 못합니다. 아무리 자식과 부부가 있다 할지라도, 부모가 있다 할지라도 그건 동구 밖밖에는 배웅을 못합니다. 아무리 권세가 많고 그렇다 할지라도 말입니다.

그런데 여러분이 남을 이끌어 주는 것도 그렇고 나를 이끌어 가는 것도 그렇고, 내가 항상 말씀드리죠. 부드럽게 말하고 부드러운 행동과 남을 이익하게 생각하는 그런 마음씨로, 무조건 자비로, 너는 업이 많이 붙었으니까 뭐가 어떻고 어떻고 이런 것을 속 심에다가 넣지 말고 방편으로, 거죽으로만 얘기해 줌으로써 선행의 길을 인도하도록 이렇게…. 왜냐하면, 보세요. 이 세상 이치가 어느 씨앗이든지 심으면 심는 대로 그 모습을 가지고 나옵니다. 콩씨면 콩씨대로 콩이 나고 팥씨면 팥씨대로 팥이 납니다. 그와 같이 업이라는 이 자체도 자기 생각에 의해서 짓는 그 행과 말, 뜻이 모두 종합돼서 업이 되는 것입니다. 모든 게 그래서 선한 생각, 부드러운 말, 또는 부드러운 행, 자기라는 그 아만과 아상을 갖지 말고…. 하다못해 벌레 하나도 나 아님이 없는데 거기서 자만과 아상을 가져서야 되겠습니까.

그럼으로써 한 번에, 한 생각에 잘못 생각이 된다면, 그 생각에 남이 잘못됐다면 결국은 내가 잘못되는 일입니다. 내가 그 업을 꼭 짓는 거니까요. 아주 무서운 도립니다. 내가 한 대로 지어 받고, 내가 한 대로 선행 업을 지을 것이고 내가 지은 대로 악행 업을 지을 것입니다. 그러니 내 마음 하나 잘못 둬 가지고 남을 해롭게 한다면 그 업보가 이만저만이 아닙니다. 지금 이끌어 가는 사람들이나 또는 중들이나, 내 코앞에 닥치지 않았으니까 그저 금방금방 닥쳐오는 거를 모르고 그냥 아무렇게나 남이 돈 가져 오는 거, 남이 물건 가져 오는 거 우습게 생각하고 함부로 쓰고 함부로 봉창에 넣고 함부로 하는 거, 이것도 바로 업이 되는 것입니다. 이 모두가 그런데 하물며 여러분이…. 그래서 중도 말 한마디 잘못하면 모든 사람이 구덩이에 빠지니까, 모든 사람이 구덩이에 빠지면 나까지 첨부해 들어가는 겁니다. 그러니까 여러분도 될 수 있으면 남에게 이익하게 생각을 내시고 이익하게 이끌어 주는 데에 역점을 두셔야 될 것이라고 생각합니다.

우리가 한마음 이 도리를, 선의 길을 인도하는 이런 업을 짓는 것도, 그러니까 자신이 짓는 거다 이거예요. 벌써 여러분이 그렇게 할 때는, 그런 마음을 가지고 내가 진행할 때는 내 몸속에 있는 중생들도 악이다, 선이다 이렇게 끌고 가는 이 중생들의 마음이 벌써 융합이 돼서 보살의 행을 하게끔 진화가 되니까요. 이렇게 이 길을 밟아서 아래로는 남을 이끌어 가고 위로는 모든 보이지 않는 데의 일체제불과 조상들과 더불어 모든 한마음 속에 그저 진행해 나가는 것입니다. 여러분이 중심이 있다면, 이것이 주인공이라면 이거는 불기둥과 같은 겁니다. 그래서 모든 중생들의 의식들이 양 옆에서 '이럭하면 안 된다' 이러고 끌고 '이럭하면 된다' 하고 끌고 이러는 것을 몽땅, 양면의 것을 다 그 한가운데다, 불기둥에다 모든 걸 일임하고 거기에서만이 해결을 할 수 있다는 그런 사실을 알아야 합니다.

공부하는 사람들은 이렇게도 생각이 됩니다. '이럭하면 될 거 같다.' 이러고 안에서 생각이 나고 '아이, 그럭하면 안 돼.' 하고 생각이 나기도 하고, 이런 마음이 두루 생기죠. 이렇게 나오는 것을 전부, '이렇게 된다'는 생각도 거기서 하는 거, '이렇게 안 된다'고 하는 것도 거기서 하는 거니까 모든 걸 거기다 놓고 잘, 즉 말하자면 남을 이익하게 생각하는 거, 무조건 부모가 자식을 생각하는 자비와 같이 말입니다. 계산을 하고 자식들을 사랑하나요? 계산이 없죠. 뭐를 줘도 계산이 없고, 잘 먹여도 계산이 없고, 자식들이 아무리 잘못해도 계산이 없이 사랑하는 거는 바로 부모가 자식을 생각하는 그 마음, 그 자체가 바로 자비입니다. 계산이 있는 사랑은 사랑이 아니에요. 자비가 될 수가 없어요.

여러분은 이끌어 가는 사람이기에 이런 말을 합니다. 될 수 있으면 잘 이끌어 주시면서 나를 안에서도 잘…, 내면세계에서 화가 불끈 일어나고 불끈 일어나는 걸 또 가라앉히고 할 수 있는 그 작용은 바로 이 인간의 마음에 있습니다. 이 인간의 마음에 있는 것이지 이 몸속에 들어 있는 의식들, 중생들 의식 속에 있는 게 아닙니다. 중생들의 의식은 악업을 지었든 선업을 지었든 지은 대로 그냥 나오지 '잘 생각을 해서 이렇게 해야겠다.' 이런 생각이 없습니다. 그래서 독 안에 들어도 못 면한다 그런 겁니다. 한 대로 하니까. 그러니까 콩 심은 데 콩 나고 팥 심은 데 팥 나는 것처럼 그대로, 그대로 나오는 겁니다. 그러니까 체 없는 마음이 그 중생들을 다 다스리는 데 묘미가 있다는 사실은 바로 마음이기 때문입니다. 인간의 마음은 더할 수도 있고 덜할 수도 있고, 잘 다스릴 수도 있고 화가 나게 할 수도 있는 그 자유권을 가졌으니까요.

옛날에 나도 '야, 저 사람은 꼭 죽을 사람이다. 이 사람은 꼭 망할 사람이다.' 이렇게 마음이 들 때 내가 어떻게 생각했을 거 같습니까? 때로는 조심조심해서 그렇게 안 하고는 안 될 때 "정성 좀 들여요." 이렇게 했고 또 그렇게 "정성 좀 들여요." 했어도 그것을 커버해서 넘길 수 있는, 돌릴 수 있는 그런 것이 바로…. 죽을 사람, 망할 사람, 잘될 사람 다 이렇게 본다면 이건 선의 길이 아니에요. 그건 무꾸리쟁이나 할 일이지. 무꾸리쟁이도 다 알고 그러는 건 아닙니다.

그래서 "오신통을 다 알아도 도가 아니니라." 했던 것이 바로 그런 점에 있습니다. "다 보고 다 듣고 알아도 도가 아니니라." 이랬어요. 그건 왜냐? 자유권이 없기 때문이야. 이렇게 갈 사람 저렇게 가게 하고, 저렇게 가는 사람 이렇게 가게 해서 이익을 줄 수 있는 자유권이 있어야 그것이 보살행이요, 그것이 바로 미해지지 않을 수 있는 자유인이 될 수 있다 이런 소립니다. 이게 칠활궁공법에 속하는 겁니다. 사람 사람이 누구나가 과거에, 내가 나오기 이전에 업을 지은 게 있기 때문에 지금 현실에 이런 거니까. 안 오지는 않죠. 그러나 올 때 오더라도 용도에 따라서 닥치는 대로 거기에다가 맡겨 놔서 다시금 믹서기로 갈아서 다시 먹게 내놓을 수 있는 그런 여건이 필요합니다.

회장이다 하는 이름이 회장이 아니라 이름 아닌 진실한 행을 하는 데서, 실천을 하는 데서 진실한 보살인 겁니다. 그렇기 때문에 보살 아닌 보살이 돼야 하고 회장 아닌 회장이 돼야 하고 이런 도리를 우리가 깨닫고 알고 자꾸자꾸 그렇게 양면을 다 '이것도 거기서 하는 거, 이것도 거기서 하는 거' 이렇게 모든 것을 다 거기다가 일임하고 생각을 돌려서, 이익하게 생각을 해서 거기다 놓는다면, 감사하게 또 놓는다면 이게 공부하는 데도, 나를 깨닫는 데도 지름길이 될 것이요, 남을 위해서도 봉사가 될 것이요, 또 보살행으로 실천이 될 것이요, 이게 모두에게 이익한 겁니다.

여러분이 이 사람 저 사람을 끌고 가고 끌고 오고, 또 내 이 심 안에 들어 있는 중생들을 이끌어 가고 이러는 겁니다, 지금. 심 안에 들어 있는 중생들은 이끌어 가면서, 타의의 중생들은 또 이끌어 오면서 이렇게 하는데, 여러분이 그렇게 착한 일 또는 이익한 일, 모두가 그렇게 해 나갈 수 있는 좋은 일, 부드러운 말, 부드러운 행, 이익한 마음 이런 거를 다 가지고 나가는 데는 얼음판에서 꺼질까 봐 한 발 한 발 아주 조심조심해서 딛고 나가는 거와 같습니다.

그럴 때는 아무도 안 보는 게 아닙니다. 우주 전체에서 내려다보고 있으면서 '아유, 저거….' 하고 그냥 가게 내버려 둡니다. 꺼지게 되면 그때 발을 들어 줍니다. 내려다보고 그렇게 기뻐하고, 모든 마음들이, 한마음이, 그냥 그 음파가 이 법계를, 우주 법계를 두루 하면서 꽃향기를 뿜는 격이다 이거야. 그러고는 '아유, 저거 잘 걸어가야 할 텐데, 잘 걸어가야 할 텐데….' 모든 그 한마음 법계에서 그렇게 하고 계시다 이겁니다. 우리들이 하나하나 하는 걸 모른다고 생각해선 안 됩니다. 하나하나 하는 거를 허, 여러분이 아시기 때문에 그 아는 마음이 우주 법계에 직결돼 있다 이겁니다. 이 불기둥, 이 주인공 불기둥이 우주 법계와 연결돼 있고 직결돼 있다 이겁니다. 그리고 이 삼라만상의 모든 세상살이가 모두 인연줄에 얽히고설켜서 가설이 돼 있다는 얘깁니다, 보이지 않는 인연줄에.

과거에 어머니가 됐던 분이 아주 어린애가 돼서 여기 이 자리에 와 있어도 여러분은 모르지 않습니까? 지금 어머니만 어머닌 줄 알지 마시고, 이 모습은 작고 크고 늙고 병들고 죽고 살고 이러는 모습이 왔다 갔다 돌아갈 뿐이지만 그 마음은, 영원한 그 마음은 그저 여기도 심어지고 저기도 심어지고, 모두가 이렇게 고정됨이 없이 찰나찰나 바꾸어지고 심어진다는 사실을 알아야 합니다.

그러니 가만히 생각해 보세요. 중들도 어리석은 중들은 그저 하나라도 움켜쥐고 그냥, 잘 입으려고 하고 구경이나 다니고 모두 허비하지만, 그게 몰라서 그래요. 어리석어서. '아, 내가 짊어지고 가?' 그러고 함부로 쓰거든. 그래서는 안 되죠. 쓸 데다가 딱 쓰는 것이 옳은 일이요, 쓰지 않을 데는 안 쓰는 것이 옳은 일입니다. 그래야만이 여러분의 땀을 온전히, 피가 없을 때 피로 넣어 주고. 허허허…. 안 그렇습니까? 땀과 피니까 말이야. 피가 없는 데는 피로 넣어 주고, 당장 피를 생기게 할 수 있는, 먹지 못하는 덴 먹지 못하는 대로 넣어 주고, 또는 여러분이 이렇게 오고 가는 데에 불사를 해야만 할 때는 하고, 또 여러분을 이끌어 가는 중들은 뭐, 하다못해 뭐라도 해야만 될 테니까 또 하고. 깔축없이 이렇게 써 드리는 그 실천, 마음. 그 마음이 문제입니다.

보세요. 여러분 가정에서도 절약하고 이러는 것을 '에이유, 왔다가 허무하게 그냥 간다는데 아끼고 자시고 할 게 뭐 있어!' 이렇게 생각해서는 안 됩니다. 먹을 거를 두고 내가 요다음에 또 나오면 또 먹을 것인데, 영원히 먹어야 할 문제인데도 불구하고 그렇게 생각해서는 아니 됩니다. 그렇게 함부로 쓰고 그러는 것이 어리석지 않은 게 아니라 내일 죽고 이따 죽는다 하더라도 아주 들일 때는 들이고 낼 때는 내고 적당히 할 수 있어야 올바른 살림살이라고 봅니다. 모두가 다 그렇죠. 너무 굳세게 쥐고 안 내놔도 안 되고 너무 헤피 내놔도 안 되고. 그래서 눈으로 보고 듣고 행할 때에 모든 것을 이렇게 적합하게 중도로서….

여러분이 살림살이하는 게 다 도입니다. 도를 무질서하게 하고 무질서한 생각으로 해 나간다면 그거는 도도 아니요, 그건 중생들이 영원히 벗어날 수 없는 마구니 짓이라고 봅니다. 또 우리가 회장이라고 해서 덮어놓고 무슨 천도를 시켜야 된다 뭐, 어쩐다 이런 말도 삼가서 하시는 게 좋을 것 같습니다. 그건 왜냐. 부모를 위해서 스스로 마음에서 우러나와서 해야 하는데, 살아생전에 어느 부모가 자식 못되라고 하겠습니까. 그런데 조상이 잘못돼서 뭐가 잘못되는 줄 아는 그런 생각을 없애 주기 위해섭니다. 하여튼 부모를 위하면 그냥 자기가 저절로 위해지는데 그거를 모르고 부모 탓을 하고, 부모를 잘못 탓을 하니까 그렇게 해서는 안 된다 이 소립니다. 부모 탓을 하면서 천도를 해서는 아니 된다 이 소립니다.

세상에 누구 탓 할 게 뭐 있습니까. 우리가 한 발 한 발 걸어가면서, 인간으로 태어났어도 한 발 한 발 뛸 수 없는 이런 시점에서 우리는 지금 정신세계로 한 발 한 발 뛰고 있습니다. 세상에서는 보지 못하고 듣지 못하고 먹어 보지 못한 그런 까닭에, 정신계의 그 보이지 않는 무심으로서의 그러한 것은 보지도 못하고 그랬기 때문에, 모두 물질로 돌아가는 이 세상만 보고 이 세상만 생각하고 이 세상만 들었고 그랬기 때문에 그게 쪼자리 쪼자리 묻어서 그냥 관습으로 돼 버려서, 이럭하면 아니 된다는 그 고집, 그 마음에 매여 있지만 마음은 창살도 없고 사방이 탁 터졌어요, 그냥. 그러니까 그런 고집도 참, 너그럽게 벗어날 줄 알아야 되고, 우리 회장님들은. 허허허….

그러니까 한 달에 한 번씩 이렇게 여러분을 만나는 것도, 우리가 이렇게 만나서 같이 앉았을 때는 여러분과 나와 다른 게 아니라 그냥 같은 도반입니다. 그게 무슨 까닭인 줄 아십니까? 이 전기, 만날 얘기하죠. 불이 들어오게 하려면 전기선을 이어야 된다고. 그렇죠? 그게 이어져야 되죠. 그래서 전깃줄이라면 댁의 전깃줄과 내 전깃줄이 한데 이어져야 이게 마음이 생기죠. 그러니까 한데 이렇게 같이 앉았을 땐 그냥 같은 도반이지 너 나가 따로 있지 않다 이 소립니다. 그래서 이 세상의 모두가 찰나찰나 붙었다 떨어지고 붙었다 떨어지고 이렇게 돌아가는, 이 세상천지 만물이 다 그러한 살림살이를 하고 있습니다.

그저 부드럽게 가정을 이루어 나가십시오. 싸움하지 마시고요. 모두, 모두 내가 여기다 맡기고 조금 양보하면 되고, 화가 이런 게 치미는 것도 여기다 맡기고 양보하고 이럭하고선 부드럽게 그냥 말을 해 주고 이렇게 하면, 자식이나 부부지간이나 따뜻한 데로 고이게 돼 있습니다. 물은 깊은 데로 모이게 돼 있고요. 그러니 그렇게 하다 보면 어떤 땐가는 회개를 하게 됩니다. '아, 저 사람이 내가 이러는데도 이렇게, 이렇게….' 아이, 한 번 두 번은 모르다가 줄창 그렇게 하니까 '아, 저 사람이 저렇게 달라질 수가 있나. 아이구, 내가 너무 이렇게 했구나.' 하는 생각에 바로 회개를 하는 거죠. 스스로 내 속의 중생들이 회개를 하고 내 몸속의 중생들이 전부 화해서 보살이 되듯이, 저기하고 이쪽 줄하고 항상 붙었다 떨어졌다 하니까 전기가 켜졌을 때 같이 불이 들어오거든. 그러니까 환한 밝음을 알게 되는 겁니다. 아셨죠?

사회자 지난번에 강릉에 신행회가 하나 생겼는데 오늘 회장 임명장을 드리게 됐습니다.

큰스님 강릉에도 생겼습니까?

사회자 예. 제가 읽어 드리겠습니다. (중략)

큰스님 이렇게 잘하시면요, 이다음에 돌아가실 때도요, 하얀 세단차에다가, 하하하…, 그 영혼을 싣고, 마크가 탁 붙어 있으니까 아주 청와대 드나들듯 그냥 들어가는 겁니다. 이것도 아무 이름이 없는 게 아닙니다. 이거를 잘 생각하셔서 진실한 행을, 실천을 잘해 주십시오. 그래야 그러지 실천을 그렇게 안 하시면 또 안 되죠. 허허허….

심봉이 되라

법사단 법회

1991년 12월 18일

법사님들에게 내가 부탁할 것은 첫째에 신도들이 이렇게 있으면, 예를 들어서 우리 중이든 부처든 모두 심봉이 되라는 거야, 심봉이. 어떤 거를 내가 착을 두고서 '이 신도는 내가 좋으니까 이렇게….' 이런 마음은 절대 갖지 말아요. 또 화목하게 이끌어 주고…, 그냥 모든 걸 화목하게 이끌어 주는 데에 역점이 있죠. 그리고 모든 거를 이익하게 이끌어 줄 수 있는 그 마음을 내서 모든 거를 이끌어 주고….

그래서 정신병 환자든지 어떠한 문제들도 그저 걸리지 말고 내가 마음을 던져 주는…. 마음은 수만 개로 이렇게 내놔도 줄지 않고 또 오므려도 늘어나지 않는다. 그러니까 자유자재권이란 얘기지. 그러니까 모든 거를 한번 마음을 내 주면 그저 그 뒤는 애탄지탄하지 말라고, 또. 그리고 마음들을, 우리가 어떤 사람은 어떻게 해야 되고 어떤 사람은 어떻게 해야 되고 하는 것은 그 근기에 따라서, 사람 마음에 따라서 이렇게 이끌어 주되 모든 거를, 즉 말하자면 신행회에다가 모두 인도해 넣어 주는 작업과, 또 딴 사람들은 모이게 만들고 신행회 이름을 줘서 내주고, 이렇게 다복하게 하나라도 떨어질 새라, 하나라도 떨어질 새라 하고 이렇게 인권을 해 줘야 돼요. 길잡이가 돼야 돼요.

왜냐하면 하나도, 내가 나까지도 다 버렸기 때문에 하나도 버리지 말라 이 소리죠. 나까지도 다 버리는 그 뜻을 알아야 돼요. 그게 실천이 어렵겠죠. 이 실천이 어려운 게 뭐냐 하면 가만히 보면, 내 자식이 어떻게 됐다 하면 벌써 거기에 부르르 하고 또 가슴이 우르르 끓고 그러죠? 허허, 그것만 보더라도 벌써 천 년 차이야. 또 친척이 저거 하면 또 그렇고, 무슨 일이 벌어지면 또 그렇고. 내가 항상 그 소리를 하죠. 사람이 한 번 죽지 두 번 죽지 않는다. 나를 버렸다면 아예 그런 마음조차도 없어야 돼. 어떻게 내 자식이 다르고 남의 자식이 다르냐 이 소리야. 뜻으로 둘이 아닌 까닭에, 행도 둘이 아닌 까닭에 그렇게 나가는 거야, 마음이 저절로.

그렇게 함으로써 한 자식을, 남의 자식이 내 자식이고 내 자식이 남의 자식인데, 자식 하나가 학생들 틈에 끼어서 친구를 잘못 만나서 만약에 공부를 못 하고 자꾸 나간다고 해. 그런다고 이 애만 가지고 야단법석을 해서는 안 된다 이 소리야. '이 애는 내 애고, 그 애는 남의 애니까.' 이렇게 해서는 절대 안 돼. 이 하나를 건지기 위해서 전부 돌아가야 돼. 이쁘고 밉고 잘하고 잘못하고, 거죽으로만 모두 이렇게 하지, 속으로는 그게 아니야. 속으로는 없고 거죽으로 너 나가 이렇게 뚜렷해야 되는데, 속은 그렇고 거죽은 너 나가 없이 하려고 그러니 그게 되느냐 이 소리야. 이건 거꾸로 된 거라, 그러니까.

이 공부를 하는 데에 법사로 이렇게 낸 것은 우리가 그래도 맷돌 심봉을 알고 들었고 봤고 잡았고 그랬기 때문에 했는데 실천이 그렇게 안된다면…. 나도 그렇게 십 년이 넘게 둥글리면서 내 공부를 했어요. 십 년이 넘게가 뭐야? 근 이십 년, 삼십 년이 되도록 그렇게 그 공부를 한 거지. 깨달았다고 해서 다가 아니야. 깨달은 것은 갓 어린애 낳아 놓은 거나 똑같아. 그걸 키우고 교양, 교육 또는 질서, 도의, 의리 모두 이런 도리를 은연중에 가르치려면 얼마나 그 기간이 걸리는데요. 그렇게 해 가지고 사회에 나가서 진짜 사람 노릇 할 때까지 그 과정이 필요한 겁니다.

그런 말을 안 들어도 될 사람이 있는가 하면, 그런 말을 꼭 들어야만 될 사람도 있고 그래요. 그래서 이런 말을 하는 거예요. 이 자리에 그런 말을 안 들어도 될 사람이 있지요. 없는 건 아냐. 하지만 모든 것이 똑 고르질 못하고 들쑥날쑥 들쑥날쑥해서 하는 말입니다. 그러니까 잡음이 생기고 그러지 않도록 해요. 그저 다른 거 없다고. 모든 거를, 남을 이익하게 하는 마음과 이익하게 행동을 해 주는 거야. 내 식구도 바로 내가 아니야, 내 식구도. 내가 아니기 때문에 나인 것이야. 내가 아니기 때문에 나야. 이것을…. (녹음 안됨)

이러면 어떠리 저러면 어떠리!

법사단 법회

1992년 3월 4일

큰스님 … 인연에 따라서 발생이 되고, 인연에 따라서 계발이 되고 발전이 되고, 인연이 없다면 같이할 필요도 없고, 허허허…. 묘하죠, 인연들이? 한군데서 악의 인연을 지으면 악으로 인연이 되고 선으로 인연을 지으면 선의 인연이 되고. 인연이라는 것이 우주 법계에 모두 가설이 돼 있다는 그 자체가 인연줄이죠. 이렇게 한 생에 인연이 돼서 이 도리를 배우고 나간다면 그 인연줄이 어디로 가나? 콩 심은 데 콩 나고 팥 심은 데 팥 나겠지.

여직껏 지내 온 얘기나 좀 들려줘. 어디 가서 이럭하고 있는 데는 이렇고 저렇고 그런 얘기지, 뭐. 그런 얘기를 하는 동안에 또…, 사람이 듣고 보고, 그 자리를 보고 환경을 보고, 그러고 생각하는 점이 있겠고, 그 생각 하나가 잘 돌아가면 역대 인연에 따라서 자비로 귀결이 날 거고, 그 생각 하나 자체가 자비의 귀결을 짓지 못하는 생각도 있고요. 그 생각이라는 게 참 묘하기도 하고 화살 같기도 하고 검 같기도 하고. 그래서 오늘도 신도들이 편지를 써서 모두 외국에서도 오고 그랬지만 그걸 듣는 순간에, 또 줄창 이렇게 만나는 순간에 '뭐, 이러면 어떻고 저러면 어떠리. 한 생 거쳐 나가는데 무슨 일인들 어떠리.' 그 마음 가운데는 화살 같은 광명의 불길이 솟아오르면서도 태연하게 '이러면 어떻고 저러면 어떠리.' 이렇게 놓는, 쉬는 반면에 화살을 가서 막을 수도 있고 또 맞힐 수도 있고, 오는 거를 또 되받아서 넘길 수도 있는 법이지. 그 마음이 아니라면 그렇게 할 수도 없지. 한생각에 검이고 한생각에 활구법이라고 하는 것도 다 그런 뜻이지, 뭐.

일체 궁 안이라는 것은, 일체 모든 우주 삼라만상의 천체를 한 궁이라고 그러지. 그래서 옛날에는 궁술이라고도 했는데 활궁도 바로 그런 뜻에서 활구법도 있는 거지. 이 마음의 도리, 천차만별로 된 마음이 자체가 때로는 이 생각이 나고 때로는 저 생각도 나고, 보는 대로 생각이 달라지고 듣는 대로 생각이 달라지는 이 자체 그대로 내 마음을 내가 다스려서 '이러면 어떠리 저러면 어떠리.' 하기에도 무척 그게 수련이 잘돼야 된다고 보죠. 수련이 잘되지 않았으면 벌써 이 소리를 들으면 분기가 일어나고 저 소리를 들으면 그냥 마음이 가라앉고, 이렇게 되는 거죠. 그러나 아주 궁극적으로 들어가 본다면 '이러면 어떠리 저러면 어떠리. 이렇게 해도 그 안에서 나오는 것, 이렇게 저렇게 되는 것도 그 안에서 나오는 것. 무엇을 탓하랴. 무엇을 행하랴. 무엇을 잘못됐다 잘됐다 하랴.' 하고서 다 그냥, 그저 온 바닷물이 잔잔하게 가라앉듯 그냥 가라앉아 버리는 그 마음….

그런 데다 저승 천자와 이승 천자를 둘 아니게 하려면 얼마나 힘이 들겠나. 둘이 아닌 도리를 알면 실천을 해야 하는 것이고 그 실천을 하려면, 나투면서도 실천을 그대로 해야 되는 것이 뭐냐 하면 모든 그 마음이 각종으로 틀어지고 일그러지고 하는 것을 바로 잡아서 한군데 딱 말뚝을 박는 것이, 그게 모두 일체 만물만생을 한 발로 디뎠다는 뜻이고 한 땅을 디뎠다는 뜻이지. 이 세상의 이런 도리 속에서 발전을 안 하면 언제 하누? 내 마음의 발전, 행동의 발전, 말의 발전, 그리고 현실의 실천의 발전, 이것들이 다 돌아가는 것은 생명의 인연에 따라서 지어지는 것이니까, 어떤 것을 보면 불쌍하고 어떤 것을 보면 좀 그렇고.

그런데 예전에 공자도 유(有)의 법을 그렇게 설하고 또 발전을 위해서 유교로 그렇게 나갔지마는 그것이 둘이 아닌 까닭에, 아주 미거한 거는 내버려 두고 타이르지를 않았다는 거야. 그 뜻이 뭐냐 하면 우리가 만남의 인연, 말의 인연, 행동의 인연 이것이 그대로 주어지는 까닭에 인연에 따라서, 인연이 안 되면 인연이 안 되는 대로 할 수 없다는 거야. 그러나 이 부처님 법에는, 이 선법에는 먼지 한 알갱이라도 우리가 크게 볼 수 있는 거, 들리지 않는 데서 크게 들을 수 있는 거, 이것이 마음 궁 안에 완벽해야 된다는 거야. 그러기에는 우리가 지금도 무지하게 부족한 거야.

왜, 병원에서도 먼지, 세균 그런 거를 보느라고, 그 보는 거 있잖아? 이름도 모르지만….

대중 가운데서 현미경요?

큰스님 음, 현미경. 입에서 안 나와요. 현미경으로 보는 거보다도, 그 현미경으로 보는 거는 백분지 일밖에는 안 돼. 옛날에도 이 공부를 시키기 위해서 소 눈을 크게 그려서 매달아 놓고 "그것만 보면 그 안에서 다 나오느니라. 소 눈깔이 얼마나 큰가 좀 봐라." 하고선 관법을 거기다가 맞추어서 그렇게 해서 나중에는 싹 들여놔 줬단 말이야. 들여놔 주는 건 스스로 들여놔지는 거니까. "그것도 네 마음 안에 있느니라. 저것이 크게 보이고 작게 보이는 것도." 그래 나중에는 매달아 놓고 보는 소 눈이 너무 커서, 그냥 황 뚫려서, 허허허…, 그 소 눈에 소가 이같이 보이더라 이거야. 허허. 얼마나 크게 봤는지. 그러니까 "눈으로 들을 줄 알아야 되느니라. 그리고 귀로 봐야 된다." 이 소리가 거기서 나오는 거라고.

그러니 그렇게 한다면, 예를 들어서 과거의 인연과 미래의 인연이, 우리가 과거의 인연들이 어떻게 돼서 나오는 거라는 거를 알면, 생각하기에 따라서 인연들이 지어지는 거기 때문에 과거에 지어 온 인연들에 따라서 연방 지금 나오는 거니까 그걸 알면 뭐, 이건 이렇고 저건 저렇고 할 필요가 없어. 처음에 공부할 때는 바닷물이 치켜 올라가는 공부를 했다가 나중에는 다시 바닷물이 순수하게 내려가는 도리를 알아야 된다. 이 세상 만물 중에, 만생 중에 물질 관습에 의해 젖어서 가던 거를 활딱 버리고서 그리로 가다가, 다시금 이 자리에 돌아와 보니까 그 물결이 그렇게 순수하고 당연하고 여여하더라는 얘기지.

우리가 이런 인연이 이렇게 되는 것도 벌써 전자에서부터 인연이 됐으니까 이렇게 된 거야. 왜냐하면 금은 금방에 모이지 절대로 넝마전에 금이 가는 법이 없어. 헌 쇠든지 새 쇠든지 쇠전으로 가지 금방으로 가는 법 없지? 그러니까 아등바등하고 쇠가 금방으로 가려고 애를 써도 소용이 없다 이거야. 마음은 체가 없다고 그랬으니 순수하게 그냥 그 자리에 놓고 금이 되게끔 만드는 거지, 계발하는 거지, 그거를 버리고 그냥 금이 되는 게 아니거든. 이 땅속 깊이에서 보석이 되는 기간도 그렇지만 금이 되는 과정도 그래요. 처음부터 금이 되는 게 아니거든.

아침 쇳송에 '오종대은 명심불망(五種大恩 銘心不忘)' 이라고 있지? 오종대은 명심불망. 우리가 나오면서부터 모든 은혜를 알아라 이거야. 처음에는 국왕의 은혜, 사장의 은혜, 이 민간의 은혜, 이걸 조목조목 해서 다섯 가지를 넣었지만 그건 다섯 가지가 다섯 가지가 아냐. 이 오종대은이라는 건 일체 모든 것을 다 말하는 거야. 하다못해 바람의, 공기의 은혜에도 감사해야지. 그래서 그 모든 일체의 은혜를 갚기 위한 목적이다 이거야. 부모로부터, 모든 게 다. 그렇게 되면 일체제불의 마음도 한마음이고 일체 만생 만물도 하나다 이거야, 그 은혜를 갚고 보면. 세상에, 똥을 싼 거를 갈아 뉘고 한 은혜도 보통 은혜가 아니야. 허허허…. 또 네가 있고 내가 있기 때문에 사는 은혜가 바로…, 이 국왕이 없으면 나라가 없고 토지가 없고 민중이 없어, 도대체. 그러니까 모두가 은혜로운, 그런 은혜를 입은 거지.

지금도 이 나무 속에 공기를 저장해 놨다가 우리에게 주고 우리는 또 탄소를 주고 이렇게 해서 서로 은혜를 갚는 거지. 그 뜻을 알아서 우리가 전부 할 때, 어렵고 가난한 사람이든 부자 사람이든 내가 있기 때문에 상대가 있고 상대가 있기 때문에 그것도 은혜라는 얘기야. 잘못된 것도 보고 내가 생각할 수 있고, 잘된 것도 보고 생각할 수 있으니까 그것도 은혜라 이거야. 그러니 스승 아닌 게 어디 하나라도 있느냐 이 소리지. 생각하면 생각할수록 세상에…. 내가 눈물을 찔찔 흘린다고 비약하고 그러는 사람도 있겠지만 알고 보니까, 이게 간단하게 말을 하는 거지만 그렇게 간단한 말이 아니라고. 내 부모 아님이 없고 내 자식 아님이 없고 내 형제 아님이 없더라 하는 걸 말이야. 이게 간단한 말이지만 간단한 말이 아니에요. 온 누리의 피를 씹어서 내뱉는 말이라고 해도 되지.

세상에는 간악한 사람도 많고 강도도 많고 그렇지만 '인연 없이는 건질 수 없다' 하는 것도 나는 왜곡되다고 봐. 그건 왜냐하면 강도라도 내 마음과 둘이 아니게 내가 그 마음을 준다면 언젠가는 벗어나게 돼 있어. 그러니 보이는 중생들이나 안 보이는 중생들이나 다 똑같아. 모든 사람들이 어떻게 말을 해 놨는지, 인연 없는 중생은 어찌해 볼 수가 없다고 한 말, 그건 어떻게 생각하면 어긋난 것 같기도 하고 지금 당장은 인연이 없으면 어쩔 수가 없지만…, 모르는 게 죄니까. 뭐, 다른 건 죄 없어. 모르는 게 죄지. 언젠가는, 그 한 점 없는 한 점을 주면 언젠가는 그렇게 다시금 돌아올 것을…. 그래서 "그것도 자비지 어째서 인연이 없느냐?" 이 소리를 하고 싶다 이 말이지. 그러니까 원수고 은인이고 그 두 가지도 다 없단 얘기야.

나는 아휴, 참 감사한 걸 느끼는 게 많아요. 부처님께서 얼마나 나를 사랑하고 가르치려고 애를 쓰셨나 하는 거. 그렇게 실험해 보지 않았다면 내 자식 아님이 없다는 도리를 몰랐을 거다 이거야. 그리고 또 한 가지는, 그것들이나 저것들이나 다 똑같아, 아주. 이거 비면한 말이 아니야. 그리고 그것이 더하고 덜함도 없어. 그렇기 때문에 내놓고 그저 물결 흐르는 대로, 그네들 가는 대로 그냥, 그냥 가는 대로 지켜보는 거뿐이지, 내가 이래라 저래라 이러고 싶지를 않아. 통 그러고 싶지를 않아. 이 세상에 언제 적에 내 자식이고 언제 적에 내 자식 아님이 있더냐 이거야. 내가 이 세상에 나와서 그러한 걸음을 걷지 않았더라면 그것을 말로만 이렇게, 이론으로만 알았겠지 실질적으로 내 가슴에 와서 닿지는 못했을 거다 이거야. 그래서 자식들을 기르더라도 말로 하지 말고, 내 의견대로만 끌고 가려고 하지 말고 그냥…. 이 전력은 다 똑같다 이거야. 그러니까 저이도 늙어서 죽어서 또 나온 거지, 허허, 젊어 있는 게 젊어 있는 게 아니고 늙어 있는 게 늙어 있는 게 아니더라 이거야. 그러니까 그냥 그렇게 가는 거죠, 이러든 저러든. 허, 이건 또 모를 거야. 내가 이런 말만 한다고 생각을 할는지도 모르지. 이러든 저러든, 죽을 쑤든 밥을 쑤든 어차피 똑같이 본 이상에, 그리고 모든 게 나 아님이 없는데, 하다못해 기어 다니는 곤충 하나도 불쌍하기가 짝이 없는데 그 또한 우리네 살림살이와 뭐가 다르냐 이거지.

인생살이 하면서 위로는 그 은혜에 감복했고 아래로는 그 인연에 따라서 건지는 것도 마음먹기에 달렸다는 거를 그렇게 느끼고 알고, 소 눈도 눈이 아니요, 소도 소가 아니요, 세상도 세상이 아니라는 거를 알았기 때문이야. 나는 그네들도 모두가 스승이고, 잘못하는 거를 봐도 스승이고 잘하는 거를 봐도 스승이고, 어기고 싶지도 않고 '이게 옳다 저게 옳다' 이렇게 말하고 싶지도 않고…. 그것도 이런 게 있지. 들을 줄 아는 사람 앞에는 들을 줄 알게 얘기를 해 줘야 하고 들을 줄 모르는 사람에겐 들을 줄 모르는 대로 하지 말아야 되겠지. 모두가 그렇지 않아? 들을 줄 모르는 거를 억지로 얘기를 하고 억지로 끌다간 부러지니까, 오히려 잘 이루어 놓으려고 하다가 외려 부러트리는 수가 있고 그런 일들이 허다히 많지. 이 세상 법이 다 그렇지, 뭐.

그래서 누가 이러든 저러든 탓을 하지 말고 원망하지 말라 이거지. 알고 보면…, 인제 차차로 더 알아질 거야, 내가 왜 이런 소리를 하는지. 왜냐? 그 뜻이 그 속에 다 있으니까 말이야. 과거에 산 사람들이나 현재에 사는 사람들이나 미래에 살 사람들이나 똑같이 둘이 아닌 까닭이지. 연방 과거로부터 현실로 나오고 현실로부터 과거로 가는 길이 미래니까. 그래서 아미타를 찾고 미륵을 찾고 이러는 거지. 미륵은 과정을 말하고, 아미타는 과정을 거쳐서 나옴을 말하고, 관세음은 아주 이 세상 법을 말하고. 그렇게 순위롭게 따라가면 하늘이 다 우러러본다고 그랬다. 마음이 파동이 없이 잔잔하게 흐르는, 흘러 도는 물은 젖지도 않는다고 그랬다.

어떻게들 야무지게 아는 것들이 많은지, 사람만 가지고 그런 게 아니야. 짐승들도 어떻게 그렇게…, 눈만 봐 봐. 얼마나 영악한가. 허허, 강아지를 봐도 그렇고 고양이를 봐도 그렇고, 하다못해 곤충이 기어가는 걸 봐도 그렇고. 알고 보면 우리가 꼭 해야 할 것이 오종대은 명심불망, 그 은혜를 다 갚을 줄 알아야 둘 아닌 도리가 되고, 둘 아닌 도리가 돼야 네가 따로 있고 내가 따로 있는 것이 아니라 그 나툼이, 그대로 나투는 대로 내가 될 수 있다는 그런 요지가 된다. 이것이 바로 활궁법이 아니냐. 이것도 이름해서 말이야. 도권법이나 활궁법이나 둘이 아니게 가지만, 악한 거를 제치고 선한 걸로 이끌어 주는 그러한 눈이 있고 귀가 있듯이 이게 그러한 일이지마는 이거는 둘이 아닌 까닭에…. 예를 들어서 어느 길을 걸어가는데 돌이 이렇게 있으면 차가 못 가잖아. 그러니까 돌이든지 나무때기든지 다 치우고 차가 가야지. 그렇지? 도권법은 치우는 걸 말하고, 가는 거는 활궁법이라. 그래서 이게 둘이 아니라는 거야. 한군데서 다 하는 거니까.

그러니까 변화무쌍하다 하는 것은 하나에서 아빠 노릇도 하고 남편 노릇도 하듯이 치우는 것도 그놈이요, 가는 놈도 그놈이다 이거야. 그래, 치우는 놈이 따로 있고, 물론 이름은 그렇게 청소부라고 이름이 따로 주어져 있고, 쓰레기 쳐 가는 사람이라고 이름이 따로 주어져 있고, 쳐 가면 또 말갛게 그냥 다니는 사람이 따로 있지마는 사람은 다 똑같고, 또 치워 주는 사람이 있기 때문에 그냥 다닐 수 있고, 다니는 사람이 있기 때문에 치워야 되는 거고, 이렇게 서로 주고 먹는 거기 때문에 쌍방을 다 넓게 본다면 하나도 다를 게 없다는 얘기지. 청소부 아저씨로 이름을 지어 놓고, 또는 청소부가 치우면 또 거기를 다니는 사람들 이름을 지어 놨듯이 그렇게 지어 놨을 뿐이지, 그거를 한데 합쳐서 모든 경계를 본다면 둘이 아니다라는 얘기야. 일체 만물만생이 다 둘이 아니라 이거야.

그런데 어떤 거는 내 자식이고 어떤 거는 남의 자식이 돼서 요건 요렇고 저건 저렇고…. 어떤 때는 중학생이 와서 저거 하는데 세상에, 이거를 한번 생각해 보라고. 그 부모가 그 자식을 생각할 때, 돈이 없어서 학교를 못 보낸다고 할 때 그 심정이 얼마나 기가 막히겠나 이거야. 그러면 그게 바로 내 마음이란 말이야, 내 마음! 나도 자식이 있어서 그렇게 못 보낸다면 그 마음이…. 그게 부처의 마음이요, 보살의 마음이요, 그것이 바로 자비의 마음이라 이거야. 이익을 생각 안 하고 무조건 주는 것이 자비라 이거야. 물질만 준다고 해서 공덕이 되는 것도 아니야. 뒤가 없이 물질을 줘도 줘야 되고 그게 공덕인 것이지. 뒤가 하나도 없어야 돼. 이유가 붙지를 않아야 하고. '내가 이렇게 줬으니까 나를 저거 하진 못하겠지.' 하는 생각이 있다면 그건 무주상이 될 수가 없고, 또 뇌물을 준다고 해서 그게 공덕이 되는 것도 아니야. 그건 사욕이 있기 때문에 뇌물을 주는 거니까. 모든 걸 남에게 줄 때 내가 입을 만한 거를 주고 먹을 만한 거를 주고, 씻어서 먹을 거는 내가 씻어서 먹고 해야만이 그것도 공덕이 된다고 할 수 있지, 그렇지 않으면 그것도 공덕이 될 수 없지.

마음의 공덕이라는 것은 물질의 공덕보다도 더하지. 그래 마음의 공덕이 물질의 공덕으로 갈 수도 있고, 없으면 그냥 마음의 공덕으로 크게 이룰 수가 있는 것이, "차별 없이 공덕을 베풀어라. 내가 이익이 없더라도 그냥 무심 도리로서, 그냥 무주상으로 해라." 이런 도리가 아니고는 보살이 될 수가 없다는 얘기지. 이름만 아무리 높아 봤던들 행이 그렇지 못하고 진실이 없고 그 도리가 막살 되는데 어떻게 그게 높아지겠나. 이름은 이름일 뿐이야. 그 이름을 가지고 절대로 남용하지 말고 외려 밑을 씻겨 주는 청소부가 되라 이거야. 내가 이런 말을 할 때는 내 가슴속에서는 눈물이 나오는 말이야. 청소부가 되지 않고는 아니 된다 이거야. 마음 자체가 말이야. 그리고 행 자체도 그래야 하고. 물론 마음 자체가 그러니까 행도 여여하겠지.

그렇다고 내가 먹을 게 없는데도 먹을 거를 그냥 갖다가, 내가 먹지도 못하면서 갖다 주라는 게 아니야. 그것도 또 아니 돼. 내 중생도, 이 중생도 중생이요, 그 중생도 중생인데 똑같이 먹어야지 어떻게 이 중생은 굶기고 저 중생만 갖다 먹이나? 이것도 나로 봐서는 아니 돼. 이것들도 이 중생이라 이거야. 그런데 부처 중생이 둘이 아니다 하는 거는 이 모든 의식이 한데 합쳐졌을 때 얘기야. 이 중생들이 어마어마하다고. 이 중생들이 먹을 걸 달라 그러는데, 한두 개도 아닌데 저 중생만 갖다가 먹일 수는 없잖아.

그런데 손바닥 다르고 손등 다르다 하는 건 인연에 따라서, 앞에서 보채는 것이 더 빠르지 저 멀리서 보채는 거는…, 그러니까 앞에서 보채는 것부터 해결하고 간다 이거지. 그래서 우는 애 먼저 입을 막으려고 준다 하는 이치가 있는 게 바로 그 말이라고. 언제 적의 나냐 이거야, 이게. 응? 수억겁으로 거쳐서 나오면서 이게 됐다 저게 됐다, 이 부모가 됐다 저 자식이 됐다 이렇게 돌아서 나왔는데 이 속에, 작용하는 수많은 것들을 한 몸에 두고도 어떤 게 나냐고 할 수밖엔 없는 도린데 허, 한 부분을 따져 놓고 어떤 게 나라고, 내 공장이라고 할 수 있겠어? 응? 내 간장이라고 그러겠어, 내 소장이라고 그러겠어? 그거는 어떻게 내 거라고 할 수 없으리만큼 수효가 많다 이거야. 그러니 내 몸에 있는 것도 어떤 게 나라고 할 수 없는데, 하물며 이 우주 천지 삼라대천 세계의 모든 것을 볼 때에 어떻게 나라고 하겠느냐. 나라고 할 수 없는 그 도리를 알게 되면 둘 아닌 도리도 알 수 있을 거요, 나툼의 도리도 지혜 있게 알 수 있을 것이요, 뭐, 하늘이 무너져서 지금 금방 죽는다, 칼이 목에 들어온다 이러더라도 '그 모두가 이렇구나' 해서 눈 깜짝 안 할 수 있다 이거야. 이 세상에서 내 몸을 쳐서 가루를 만든들 내가 어찌 가루가 되며 내가 어찌 죽는단 말인가. 물질 아닌 거는 치려야 칠 수도 없는 거니까. 물질 아닌 거는 물질 아닌 데서만이 해결할 수 있는 거니까.

또 한마디 할 것은, 어떤 때는 감사함을 얼마나 느끼는지 모릅니다. 내가 감사한 것이 따로 있어서 감사한 게 아니라 모두 한 길을 걸어가니까 감사한 거죠. 얘길 들어 보니까, 어느 스님네들이 설법을 하는데 "절에 와서 정성을 들이고 시주를 하고 가면 고스톱도 이기니까, 이렇게 하든 저렇게 하든 돈을 벌어야 하니까 돈 벌어서 시주하면, 자기가 와서 시주를 할 수 없으면 딴 사람을 시켜서라도 하면 돈을 벌 수 있다."라고 한다니 그거는 도대체…, 그런 중들을 다 주워 모아도 여러분 하나하고도 바꿀 수가 없다 이 소리야. 그러니까 감사하지 않겠어?

그거뿐이 아니라 안하무인으로 그냥, 불조가 망조가 들든지, 조계종이 헌 갓쟁이가 되든지, 자기 몸이 넝마가 되든지 아랑곳없이…. 이번에 가서 설법할 때 떠듬떠듬 그렇게 나오길래…, 그것도 법이니까. 그 모든 걸 여직껏 내가 해 왔나? 응? 잘한 것도 내가 없고 못한 것도 내가 없고, 아무것도 내가 없는데 뭐, 이러면 어떻고 저러면 어떠리. 못한다고 다 간들 어떠리? 안 올까 봐 걱정할 것도 없고 온다고 좋아할 것도 없어. 이건 내 눈물을 씹은 말이야.

이 세상에 나와서 모든 거를 해 보게 한 그 자체가 너무도 자상하게 가르치기 위한 그 방편이었더라 이런 거지. 안 할 거, 할 거 그냥 다 하게 해 가지고서 딱 귀결을 지어 놓는데 너무나 엄청나고 너무나 이거는 기가 막힌 도리다 이거야. 그러니 앞으로 요다음에 나오실 때는 뚜껑만 열면, 이거다 저거다 없이 대장부로서, 자유인으로서 이 길을 모두 걸어가게끔 할 것이오. 하여튼, 한 철 나기에 복잡지 않게 잘들 하시오. 이렇게 해도 한 철 저렇게 해도 한 철인데, 잘 먹고 잘살고 한 철 나나 이렇게 고생들 하고 한 철 나나 마찬가지니까요.

제주도에는 인제 자주 가 줘야 되겠죠. 왜냐하면 OO 스님인가는 토굴에 있는 다른 스님의 지시를 받아서 했던 모양이야. 이게 탁 드러났어요. 세상에, 아무리 모른다 모른다 하더라도 인연 만나기가 얼마나 어려운데, 이런 인연 만나기가. 그런데 엉뚱한 짓을 해서 문란하게 만들고 온통, 그거는 말로 형용을 할 수가 없게끔 서슴지 않고 모든 행동을 해서 내보냈으니까, 어쩔 수가 없는 거죠. 들어오는 것도 법, 나가는 것도 법이니까. 왜, 떡방아를 찧어서 채로 칠 때에 무꾸리는 무꾸리대로 있고 가루는 가루대로 빠지지 않소? 이게 다 과정에서 비롯되는 문제들이니까요, 모두가.

우리 정말이지 그 스님만 빼고는 하나같이 어디 가도, 모르는 것이 있으면 있었지 진실하고, 그 진실하게 구하는 것은 여지없이 진실하다 이거야, 하나같이. 그런데 그렇게 해 가지고 끄트머리가…, 끄트머리 없는 거를 어떻게 그냥 나가라고 할 수는 없지. 그런데 끄트머리가 꼭 생겨. 생겨 가지고 제 발로 나가게 돼 있어. 그것도 부처님 법이야. 내가 그러는 것도 아니야, 그거. 자신들이 그렇게 만드는 거지. 그러니까 비밀이 그렇게 많고, 법사들이 올까 봐 벌벌벌벌 떨고, 비밀리에 저거 하는 걸 다 얘기할까 봐 입을 막고 온통 그래 봤던들 그 쉰내가 안 나느냐 말이야, 바깥으로. 글쎄, 이렇게 좋은 법을…. 하이, 참 내, 기가 막혀서. 역대 조사들에게 없던 문제를…, 어이구 참, 세상에! 그런 잡동사니 무꾸리쟁이, 그런 게 없어!

그리고 예삐 고양이를 찾으라고 그런대, 허허허…. 그러니까 자기가 고양이인지도 모르고 고양이를 찾으라고 그런대. 에이그, 그렇게 하면 자기가 고양이가 되는 걸 모르고…. 이 모든 게 참, 인연 없으면 어떻게 할 수 없다 하는 것은 그럭해서 그렇게 되는 거지마는 그게 언젠가는 회개할 때가 있겠지요. 내내 회개를 못한다면, 마음과 마음이 끊어지면 참 어려워요. 마음과 마음이 끊어지면 소생의 길이 상당히 더디지. 이거는 평범한 평민들하고는 또 다르지. 이 세상에서 아무리 못났든 잘났든 저희 부모를 배척하면서까지 남의 부모를 똑똑하다고 섬긴 그 죄업이 얼마나 크냐 이런 문제지. 그래서 옛날 선지식들도 은사는 은사대로 두고 법사를 정하는 거지, 이 공부를 하려니까. 입산을 할 때에 육신의 부모를 놔두고 이렇게 입산을 해서 은사를 삼듯이 말이야.

내 얘기만 쭉, 내 입만 빌려서 얘기를 듣고…, 얘기 한마디들 안 해?

대중 가운데서 너무 가슴 벅차게 스님께서 말씀을 하시니까…. 부모 잘 섬기고 이 공부 열심히 하겠습니다.

큰스님 그래, 아무리 원수가 졌대도 부모는 부모고, 그거를 알면 또 내 부모만 내 부모가 아니라 모두를 그런 마음으로…. 알고 본다면 마음 하나 잘못 써서, 잘못 쓰는 거보다도 자기의 그 생명의 근본을 망각하고, 그 진실된 거를 망각하고 그냥 아무렇게나 해 버리는 행동과…, 그렇기 때문에 그 모든 죄업이 되는 거지, 뭐.

나는 전에 우리 아버지를 좀, 원망은 안 했지만 괘히 그렇게 좋게는 생각 안 했어요. 허허허…. 왜냐하면 어떻게 그 얘기를 다 하리까마는 '하다못해 국민학교라도 넣어 줬으면, 또 그렇게 집안에서 미워하질 않았으면 바깥으로 돌지도 않았을 거고, 그랬더라면 그 모진 고생을 안 했을 건데….' 하는 생각에, 아주 그 애틋한 아픔에 말입니다. 그런 탓으로 어머니는 더 고생을 했다 이거지, 마음의 고생을. 두 번 세 번 봐도 어머니의 가슴을 너무 갈갈이 찢어 놨어, 내가. 그래서 마음의 거리를 항상 이렇게 두었는데 어느 때인가 '아, 태양이 씨라면 씨 하나를 던져 줬을 뿐이지 기르는 건 어머니지. 산하대지에서 기를 뿐이지. 씨 하나 던져 줬을 뿐인데 무엇이 그르고 옳을 게 있느냐. 그 씨 하나 던져 준 감사한 은혜를 생각해야지 어찌 그렇게 용렬하고 옹졸하냐.' 하는 생각에서 그냥, 그냥 다 합쳐져 버려지더라고. 옛날 얘기지만 말이야. 그래서 아버지도 인제는 여기 내 마음에 계시고 어머니도 여기 계시지마는 무뚝무뚝, 그 갈갈이 뜯어 놓았던 그 생각을 아니 할 수가 없어요.

그래서 생일이다 뭐다 하는데 생일이 무슨 내 생일이냐 이거야. 모두 각자가 다 그럴 거야. 남을 껍데기로 그냥 밀어 던지고선 그렇게 아픔을 주고 나온 그 날을, 자기가 뭘 그렇게 저거 했다고 생일이래? 그저 생일이라는 것은 내가 맛있는 거를 먹을 때 모두 한마음에서, 모두 한 부모로, 한 자식으로 이렇게 귀결 지어서 그저 "감사합니다." 하는 그것이 생일이야, 응?

인제, 우쭐우쭐하죠? 이거, 하하하…. 모쪼록 속상하는 일이 있더라도 참고, 도량에서 때에 따라서는 좀 부자연하고 어떤 때는 그냥 화도 나고 그러지마는 어디 갈 길이 그렇게 바쁘다고 화를 내겠소. 하하하…. 그렇게 그냥 바쁘게 가야 할 길이 어디 있다고. 무엇을 구해야 되겠소! 허허. 내가 중들이 오면 그전에는 그랬는데 요즘은 안 그러지. 그런데 엊그저께는 내가 그랬다고. "중들이 갈 길이 어디가 그렇게 바빠서 노비를 얻으러 다니시오? 하늘 밑이 전부 잘 자리고 전부 내 집인데 어디 정망해 놓고 갈 자리가 중들이 어디 있소? 바쁘게 말이야." 그랬듯이 우리가 뭐가 그렇게 갈 길이 바쁘다고, 어디 정망해 놓고 갈 길이 있다고 그렇게 더디다고 화내고 속상해하고 그러겠소? 역대 조사들의 말씀마따나 두두물물이지. 그러니 성내고 살지 맙시다. 허허허…. 어떠한 일이 있더라도 성내지 말고 오감 갖지 말고 원망하지 말고 그렇게 삽시다.

사랑하면 화목이 오고 화목하면 재물이 온다

본원 신도회 임원단 법회

1992년 3월 14일

우리 선원의 발전이 나라의 발전이고 나라의 발전이 세계적인 발전입니다. 우리가 큰 것만 찾으려고 애쓰지 말고 쪼그마한 거로부터 한 발 디뎌 나갈 때에, 어떻게 해야만이 될 수 있나를 알아야 껑충 한 발짝을 떼어 놔도 손색이 나질 않아요. 생활 속에서 선이라는 것이 어떤 건지, 생활 속에서 또 어떻게 걸어가야 하는지, 그리고 생활 속에서 어떻게 앉아야 참선이 되는지 아, 이게 세계 우주를 집어먹을 수 있고 발전을 시킬 수 있는 그런 얘긴데 아이, 그게 틀렸단 얘기야?

(아기 옹알거리는 소리) 애가 설법 다 하네. (대중 웃음) 애가 지금 설법하는 게 그거야. "아무 말도 할 게 없느니라." 하하하…. "이 세상에 모두 돌아가고 움죽거리는 게 인연 따라서 필연적으로 돌아가는 법칙이니라."라고 애가 그러잖아.

하여튼 잘 걸어가시다가 멈추지 마시고요. 그냥 잘 걸어가는 얘기와 못 걸어가는 얘기가 같이 이렇게 상응되면 얼마나 재밌겠습니까. 그러니 말씀들 좀 하세요. 오늘은 여러분이 말씀하라고 내려온 거예요.

(잠시 사이) 모두 도인들이 되셨나?

질문자1(남) 스님, 저는 항시 여러 가지를 감사하게 생각….

큰스님 그냥 앉아서 하세요, 그냥. 마음 편안하게.

질문자1(남) 근데 좋은 일이든 나쁜 일이든 또 어떤 일을 성취하든 간에 반드시 감사하게 생각하는데 언제든지 주인공보다도 큰스님한테 먼저 감사를 드리고, 또 어려운 일이 생기면 큰스님한테 먼저 의지하게 되고 그러고 나서 큰스님께서 법문 주신 대로 주인공한테 또 맡깁니다. 순서가 항시 큰스님한테 먼저 가게 됩니다, 저는. 그래서 좋은 일도 그렇고 나쁜 일도 그렇고 항시 감사하게 생각하고 있는데 그런 문제에서는 관계없는 건지요?

큰스님 필연적인 인간의 인연이, 인연줄이 있습니다. 그런데 이쪽에서 끌어 잡아당길 수도 있고 또 저쪽에서 끌어 잡아당길 수도 있는 겁니다. 그래서 내가 끌어 잡아당겨서 하나가 되느냐, 끌어서 그쪽으로 줘서 하나가 되느냐 하는 문제입니다. 그러니까 사용하는 사람들이 끌어 잡아당기겠죠. 응용하는 거니까. 그러니까 내 마음이 먼저니까, 먼저 생각하는 사람이 먼저입니다. 그러니까 끄는 거죠. 끌어서 하나가 되는 거지, 스님 따로 있고 주인공 따로 있고, 자성불 따로 있고 법신 따로 있고 그런 게 아닙니다. 어느 용도에 따라서든지 벌써 '스님!' 하면…, 스님도 객으로 보지 말고요. 이 몸뚱일 찾는 게 아니니까. 위패를 써 놓고선 제사들 지낼 때에 이 위패에다 절합니까, 어디? 네? 위패에다가 절하는 사람 못 봤죠? 반드시 그 부모를 생각하고 하는 거지, 위패는 껍데기로서 그냥 아무 저것도 없이 하죠. 그와 같이 되는 겁니다, 그게. 그러니까 '주인공!' 할 때는 내가 그리로 가서, 아들이 그리로 가서 하나가 돼 주고, 예를 들어서 얘깁니다. '스님!' 하고 먼저 찾을 때는 그냥 스님으로 하나가 되는 겁니다. 그러니까 이리로 가도 하나, 저리로 가도 하납니다.

질문자1(남) 근데 어려운 일인 경우에는 '큰스님도 계시고 주인공도 있으니까 나는 걱정이 없다. 신경 안 쓴다.' 이래 버리면 마음도 편하고 결과적으로 일도 잘 이루어지는 거 같습니다. 그래서 주인공만 찾지를 않고 큰스님하고 동시에, 제 나름대로 이렇게 해 가는데 그럭하니 제가 편하고 또 하는 일도 괜찮고 해서 항시 그렇게 하고 있습니다. 또 어렵더라도 어려운 나름대로, 열 가지가 어려운데 뭐, 세 가지밖에 이루어지지 않았다 하더라도 '주인공과 큰스님이 계시니 이만하게라도 이루어지지 않았느냐.' 하고 이렇게 제 나름대로 생각을 하니까 마음이 편해요. 그렇게 저는 지금 생활을 해 나가고 있는데 좀 전에 말씀드린 대로 큰스님이 자꾸 먼저 찾아지고 그래서 큰스님한테 여쭈었습니다.

큰스님 그러니까 큰스님을 찾아도요, 댁의 마음이 있으니까, 생명이 있으니까 그 생명의 근원을 찾아도, 이건 체가 없는 거니까 영에다 영을 집어넣어도 둘이 두드러지지 않는다는 얘깁니다. 그래서 부처님께서도 이렇게 말씀하셨죠. 일체 만물을 다 집어넣어도 두드러지지 않고 일체 만물을 다 꺼내도 줄지 않느니라. 그거를 감안해서 가만히 생각해 보세요. 스님을 넣으면 항상 스님이 가지고 있는 것이 전부 가거든요. 예를 들어서 스님의 몸뚱이만 가는 게 아니라 스님의 모든 것이, 하나만 얻으면 전부 얻는다 이런 격으로, 댁에서 '주인공!' 하면 이 돌아가는 전체를 갖기 때문에 모두가 하나가 되는 겁니다. 하나가 되니까 걱정하지 마시고 주인공 찾을 때에 나에게도 뜻이 가지 않습니까? '주인공!' 할 때 벌써 선착으로 내 생각이 나면 그냥 주인공에 같이, 댁의 주인공과 댁의 마음과, 얼른 쉽게 말해서 댁의 마음과 내 마음이 한데 합쳐진다 이 소립니다.

또 말씀하실 분 있으면 하세요. 체험하고 가시는 것을 얘길 해도 좋아요.

질문자2(남) 공부해 나가다 보면 가끔 부딪치는 점도 있고 또 어떤 가르침을 주는 그런 기회가 있는 거 같아요. 제가 일본 여행을 했을 때 그런 경험을 가끔 했습니다. 저녁에 호텔에서 혼자 잠들었는데 꿈도 아니고 완전히 생시 같은 건데 한번은 양쪽에 두 사람씩 서 가지고 시골의 시퍼런 날이 있는 작두 있죠? 그 작두를 목 위에 걸치고 두 사람이 서 있었어요. 그냥 생시 같아요, 눈 뜨고 있는. 그래서 인제 물어봤죠, 지금 뭐하는 거냐고. 지금 내 목을 자르는 거냐고. 그러면서 그때 피가 조금 맺혀 가지고 있는 것도 느꼈거든요. 그러면서 속으로 그렇게 생각했습니다. '하여튼 이걸 놓으면, 완전히 눌리면 죽는 거구나.' 그렇게, 말하자면 피가 맺혀 가지고 있을 때 생과 사의 그 어떤 경계라고 할까요? 그런 것을 느꼈습니다. 그래서 이것이 꾹 눌렸는데 또 조금 가니까 고통이 없고 말입니다, 그 이후에는 아무런 느낌이 없었습니다. 그런 것도 하나의 공부하는 과정에서 가르침이라고 할까….

큰스님 그러면요, 그 현상이 나오는 거는 자기죠, 모두. 다 자기 환경이죠. 그런데 이 형상을 완전히 죽이는 공부거든요, 형상을. 형상을 죽여서 다시 그게 살아나야 되는 거죠. 그렇기 때문에 그걸 아주 죽이면 자기가 자기를 죽이는 거죠. 그래서 사람 이 자체가, 이 모든 형상이 형상 아님을 알아야 한다. 우리가 지금 한마음 주인공에다 놓는 작업이 죽는 작업이거든요. 모든 것을 죽이는 작업이거든요. 그러니까 두 가지를 동시에 하는 겁니다. 죽이면서 살아나가는 거라고. 그래서 옛날에 선지식들도 이런 말씀을 하셨지만 지금 현상세계도 그렇습니다. 정신세계와 물질세계를 같이 작용을 하게 할 줄 아는 사람이 몇이나 되겠느냐 이겁니다. 그러니까 양면이 다 작용을 해서 사는 사람이라면 넉넉하게 살 수 있을 텐데 양면이 다 동시에 작용을 못하니까 넉넉하지 못하다 이겁니다.

그런데 그 작업은 해야만 되겠으니까…, 잘된다는 이론과 못된다는 이론을 다 놓는 것이 그 작업이죠. 그런데 놓는다는 것이 작업인데 거기서 다시 돌려 내는 겁니다, 돌려 내는. 그래 두 가지가 다 동시에 들어 있다 그럽니다. 그렇게 지금 가르치는 겁니다. 이게 안 되는 게 나왔다면 되는 것도 거기서 나올 수 있지 않느냐는 얘깁니다. 길을 걸어가다가 엎드러졌으면 길을 짚고 일어나야지 딴 데는 짚고 일어날 자리가 없죠. 그와 마찬가지로 그 자리에서 나온 거니까, 한생각을 돌려서 그 자리에다 되놓는다면 죽었다가 다시 탄생하는 거나 마찬가지죠.

이것 참 묘한 도립니다, 이게. 그냥, 하하하…, 그냥 얼버무려 넘긴다면 안 되는 공부예요, 이게. 내가 몸뚱이가 벗어지고 죽어서 다시 탄생을 하는 거나 마찬가집니다, 그 한 찰나에. 그러니까 안 되는 것이 거기서 나왔다 이럴 땐, 이게 시공을 초월해서 돌아가거든요. 모든 거를 이렇게 표현하는 겁니다. 그냥 안 되는 건 안 되는 것대로 있고 되는 건 되는 것대로 있는 게 아니고 이 업식에 따라서 안 되는 것이 나오고 선업에 따라서 또 되는 게 나오고 이러는 거거든요. 그러니까 이 도릴 모르는 사람들은 이렇게도 될 수 있죠. 딴 사람한테 먹혀들어서 노예가 된다는 얘기죠. 아는 사람들한테 노예가 될 수도 있다는 겁니다. 잘돼 나가는 걸 안되게 딱 집어넣으니까. 걸리는 수도 있죠. 그러나 주장자가 완벽한 사람들한텐 걸림이 없죠.

그래 선지식들이, 다른 게 문제가 아닙니다. 말로다가 이기고 지는 게 아니라 '방망이가 들어갔느냐. 방망이를 어떻게 막느냐. 철퇴가 들어갔느냐. 철퇴를 어떻게 막느냐.' 하는 데에 따라서 그거는 현 실천이니까. 멀고 가까움이 없이 철퇴가 들어가거든. 그것을, 즉 말하자면 커버해 내지 못하면, 하다못해 내 주장자의 몽둥이가 있으면 몽둥이로라도 막아야 될 텐데 몽둥이가 없으면 그거를 막질 못하죠. 그렇기 때문에 도로 그냥 쓰러지거든요. 몸뚱이가 쓰러지는 게 아니라 그거 한 번 잘못 맞으면 아주 좋지 못한 현상이 일어날 수도 있는 거죠.

그래서 동시에 도권법이라고 하고 활궁법이라고 합니다. 그런데

도권법은 잘못되는 것을 치고 나가는 것이고, 활궁법은 평등하게 돕는 겁니다. 그런데 이게 이름은 도권법 다르고 활궁법이 다르다 이러지마는 선과 교가 둘이 아니듯이 이게 동시에, 예를 들어 한 찰나에 잘못된 걸 치고 나가니까, 치고 평전을 만드니까 이건 둘이라고 할 수가 없죠. 그래서 활궁법과 권법이 둘이 아니라는 얘기죠. 그런데 이걸 말을 해드리기도 어려운 거죠, 사실은요. 약삭빠르게 저거 한다면, 괜히 저거해서 남을 해치게 되고 그러면 큰 모순이 되니까요.

그러니까 어떠한 화살이 들어오든, 몽둥이가 들어오든, 철퇴가 들어오든 그것을 막아 낼 수 있어야만이 이 도량도 유지가 되는 거거든요. 사람들이 좀 안다고 하더라도 증오와 미움과 질투와 이런 것이 그냥 돌아가거든요. 거기에 걸리면 잠시 잠깐이라도 혼란이 일어나니까 그렇기도 하고, 또 여러분이 가져온 업식이, 이 세상에 나올 때 모두 가져온 업식이 있습니다. 그것이 실질적으로 몸뚱이 속에 지금 있습니다. 그래서 자꾸 나오는 겁니다, 그게. 그래서 과거는 지나갔으니까 없고 미래는 오지 않았으니까 없고 현실에는 공해서 없다 이 소리가 나오죠.

이것을 배우려면요, 아주 살림하는 것도 여여해야 합니다. 하늘이 무너진다 하더라도 여여해야 돼, 믿음이. "이런 공부 하는 사람이 한번 미쳐 보지 않고 공부할 수 없다." 이런 말까지 나오잖아. 정말이지 알고 보면 아주 쉽습니다. 여러분이 이 세상에 나왔으니까 모두가 있는 거지 여러분이 이 세상에 나오지 않았더라면 무효죠. 뭐, 딴 데 가서 찾을 게 없어요. 가까운 데 있으니까요. 그런데 여러분이 나와서 벌어진 일을 항상 들이고 내면서 돌아가거든요. 돌아가는데 어떤 놈이 돌아가게 작용을 하느냐는 얘깁니다. 그놈이 작용을 하는 거를 좀 알았으면, 믿고 알았으면 '죽든지 살든지 너 알아서 해라.' 하고 그냥 하고, 예를 들어서 하늘이 무너져서 내가 지금 죽게 됐습니다. 제가 지금 선원이고 뭐고 다 이제 떠나게 생겼다 합시다. 그렇더라도 내 마음

같이 '쓸모가 있으면 조금 더 둘 테고, 또 쓸모가 다 됐다 하면 가져갈 테고….' 그냥 그렇게 여여해야 되죠. 내 생명이 죽는다 하더라도 그냥 여여해야 되겠죠. 그 생명의 인과가 바로 발전 요소입니다. 우리가 생명이 없으면 모두 인연들이 되질 않습니다. 생명이 있기 때문에 인연들이 되는 거죠. 그래서 인연들이 되니까 발전도 되는 거죠. 잘못됐다 하더라도 그 잘못을 계기로 해서 바로 발전을 이룩하거든요. 잘못해 보기도 해야만이 그 잘못된 것을 '아, 이거 이렇게 해야 되겠구나.' 하고 다시금 추진할 수가 있거든요. 그러니까 위로 가는 것도 법이요, 내려가는 것도 법이다 하는 것이 거기에 있다는 얘기죠.

그래서 자식들이 아무리 잘못하더라도 여기다가 맡기고 태연하게 그냥, 그 자식이라는 생각이 없어야 됩니다. 자식이라는 착이 있으면 발발 발발 발발 떨어집니다, 이게. 너도 네 삶이 있어서 나온 거, 나도 내 삶에 의해서 걸어가는 거. 모습은 각각 돌아가더라도 이 마음의 주인공의 돌아가는 근본은 하나입니다. 하나니까, 네 근본이 너를 그렇게 가지고 돌아다니는 거니까 '너 알아서 해라.' 하고 그냥 맡겨 놔 두는 거죠. 그렇지 않으면 사람이 못 됩니다, 또. 전자의 업보로서, 유전이나 업보로나 인과로나 이렇게 나왔으면 그것이 꼭 자기 앞에 오거든요. 그것도 저절로 그렇게 된 게 아니에요. 와도 거기다 놓게 되면 다 이게 뒤로는 녹아지면서 경험을 쌓게 됩니다, 이게. 그래 가지곤 어느 때 가다가 '어이쿠, 이런. 에이, 이거….' 이런 마음이 자연적으로 들어서 그게 끊어지고 녹아지면 '에이!' 그러고 돌아서게 됩니다. 마음이 돌아서면 몸도 돌아서게 되는 거니까요. 그렇게 고치는 거지 "야 이놈의 새끼야, 너!" 허허허, "이럭해서 쓰겠느냐. 너희를 어떻게 길렀는데 이러느냐?" 이렇게 해 가지고 되는 게 아닙니다.

우리가 생활 속에서 모두 찾아보자고 이렇게 앉은 것은 그 생활을 어떻게 하느냐에 따라서 그게 여러 가지죠. 그러니까 업도 없어지지 않아요. 그렇게 거죽으로 끄달리고 착을 두고 그러면. 업도 없어지지 않는 반면에 또 그 끄달림으로 인해서 생활 속에서 화목지 못하고 만날 불화가 일어나죠. 그런 데다 영원히 그 불화는 끊어지지 않을 겁니다. 그러면 첫째는 나에게 손해요, 둘째는 가정에 손해요, 셋째는 나라에 손해요, 넷째는 세계적으로 손해요, 다섯째는 우주적으로 전체 손해예요, 이게.

이 모든 게 우리가 한마음을 알았을 때에, 이 공부를 틀림없이 했을 때에 여지없이, 멀고 가까움이 없이 나라를 다스릴 수도 있는 것입니다. 내가 항상 얘기하지만, 나라의 국민들이 다들 업을 짓고, 나라에서도 업 짓는 게 얼마나 많습니까? 모두 업신여기고. 옛날에는 더 탄압이 많았죠. 불교도 탄압하고 또 서출이니 뭐니 하고 탄압, 또 못 배운 사람들에 대한 탄압, 정치적으로 또 탄압, 이게 모두 문제가 되는 것이 다 업입니다, 그게. 그러니까 지금도 업 짓는 사람들이 얼마나 많습니까. 이 나라에서 업을 짓고 국민들이 업을 짓고 그러면요, 나라가 망해도 부처님이 그거를 어떻게 해 줄 수가 없는 겁니다. 자기가 난 자기 나라를 왜 구제를 못했느냐 이겁니다, 부처님께서. 그거는 어찌해 볼 수 없지 않습니까? 그렇게 어찌해 볼 수 없기 때문에 서산 대사나 사명 대사도 그거를 건지지 못하고 그냥 부분적으로만 이렇게 했지, 번연히 알면서도 그렇게 못했지 않습니까? 믿지를 않고, 국운을 믿지 않고 그러니까. 그런데 전부 군사를 훈련을 시켜서 다 이렇게 준비를 해 놓고 그런 불상사가 없이 평등하게 화목하게 이끌었더라면 그런 난리도 받지 않았을 거다 이겁니다.

우리 가정에도 그래요. 자기네들이 번연히 저질러 놓고선 와서 이러니저러니 하거든요. 첫째는 사랑하고 화목해야만이 복도 있는 거지 사랑 없이는 화목하지도 못할 뿐 아니라 복이 들어오다가도 '이크, 이 집은 싸움터구나.' 그러고 나갈 겁니다, 아마. 그리고 이쁘면 좀 어떻고 미우면 좀 어떻습니까, 또. 허허허…. 한 철 살다 갈 것을 이럭저럭 한 철 살면 됐지 뭐, 이쁘니 미우니 하고…. 이것이 거기에 그냥 돌아가서 '에이그, 저거 보기만 해도…, 아이그.' 그러고 딴 데 보면 좋아 보이고. 그걸 비유해서 "우리 집 보리밥보다 남의 집 쌀밥이 더 좋으냐 하면 우리 집 보리밥만 못하다" 이런 말이 있습니다.

그 전에 배가 고팠을 때 수수쌀이나 그런 걸 갈아서, 그것도 우거지를 많이 넣고 쑤면 그놈의 그게 어울리기나 잘합니까, 어디? 그래서 어려서 밥이 먹고 싶어서 "아무개네 집은 밥을 해 먹는데…." 그러면 어머니 말씀이 "우리 집의 이 우거지 죽보다, 우거지 풀떼기보다 그 쌀밥이 못하니라. 너 이 엄마가 배우지 못하고 추하게 생기고 가난해서 이렇게 잘 이끌어 가지 못하는 이런 엄마지만 부잣집 엄마, 잘생긴 엄마하고 잘 배운 엄마, 그런 엄마하고 바꿀 수 있겠느냐?" 이러는 거죠. 그걸 못 알아들으니까. 그래서 바꿀 수 없다고 그랬죠. 허허, 그거나 마찬가지다 이거야.

그거와 같이 우리가 화목하려면 나, 내 집, 내 가정 이거부터 알아야 한단 얘기죠. 글쎄, 또 모습을 바꿔 가지고 나올 거고 모습을 바꿔 가지고 또 서로 만나든가 이럴 텐데 이거는 그저 못났느니 잘났느니…. 아니, 거죽으론 어쩔 수 없이 살면서도 속으로 '어이그, 그냥….' 하고, 이런 집도 많을 거예요. 하하하…. 그러니까 사랑이 지극하게 담아지지 않는 가정에 뭐 그렇게 웃음꽃이 피겠습니까. 그러니까 뚱하고 그냥 그저 "밥 먹었어?" "밥 먹었어." "밥 잡쉈소?" "밥 먹었어." 허허허…, 이러고 말죠. 이왕지사 한 철 나시려고 나왔는데 그냥 간판은 보지 마시고 마음만 보면 되지 않습니까?

이렇든지 저렇든지 손이 들이굽지 내굽진 않으니까요. 내 집사람이 내가 쓰러지면 "아이구, 아무개 아빠!" 하고 아무리 못났더라도 걷어잡고, 똥에 빠졌으면, 급하면 이빨이라도 들이대고 찢지, 딴 집에서 딴 부인이 그렇게 하지 않습니다. 그러니까 내 집부터 사랑할 줄 알아야 되는 거고 내 집을 사랑하면 화목이 또 옵니다. 화목이 오면 또 재물이 붙습니다. 하하하. 아주 얼마나 좋은 줄 아십니까? 이 사랑이라는 게.

그리고 이 부처님 자비라는 것은 조건 없이 주는 사랑이 자비입니다. 조건이 붙으면 그건 자비가 못 됩니다. 부모가 자식을 생각할 때 조건 없이 사랑하지 조건이 있습니까, 어디? 그래서 부처님 마음과 부모의 마음이 똑같다는 얘깁니다. 한 가정에서만 그런다 하더라도 조그만 자식이나 큰 자식이나 자식은 똑같다 이 소리죠. 그런데 이 공부에서는 큰 자식이나 작은 자식이나 같이 붙여 놓으면 크다 작다 할 게 없죠. 그와 똑같은 공부를 하는 겁니다, 지금.

그러니까 가정에서 식구가 업이 있다 할지라도 웬만큼 이 공부를 해 나가는 사람이 단 한 명만 있어도 그 집안은 훨씬, 반 이상이 나아집니다. 그러니 식구들이 다 하는 집이야 얼마나…, 세세생생의 그 궂은 업을 다 그냥, 지금 다 녹일 수 있는 거죠.

이거, 나만 자꾸 얘길 하래요, 왜? (대중 웃음) 허허허. 그럼 얘기 좀 하세요. 또 얘기해 보세요.

사회자 오늘은 새로 2년 동안 한마음선원의 살림을 맡아 주실 회장과 이렇게 다 함께 큰스님께 인사를 드렸습니다. (녹음 안됨)

큰스님 … 의해서 이렇게 소임이 뽑아집니다. 아무리 위대하신 분이라 할지라도 적극 힘을 안 쓰면 어쩔 수가 없는 도리죠. 그렇기 때문에 한마음이 그렇게 위대하답니다. 그래서 여러분 몸속에도 그 의식들이 제가끔 놀게 하지 마시고 수십억 개의 의식들을 한데 모아서 다스리라는 얘깁니다. 이게 작업의 첫 번째입니다. 하여튼 이날까지 살아오면서 얼마나 어중이떠중이로 이것도 하고 저것도 해서 그 업을 지었겠습니까. 그러니까 모든 것을 한데 그냥 귀합해서 녹이도록 하시는 게 좋겠습니다.

남에게 무조건 이익을 줄 수 있는 지혜

법사단 법회

1992년 4월 2일

신도들을 접할 때마다 때로는 순조롭게, 때로는 어깨가 무겁게 될 때가 있어요? 그런 때도 많겠지. 만약에 그렇게 되면 그럴수록, 하늘이 무너지는 그러한 문제가 닥쳤을수록 더 편안하게 놔져야 되겠죠. 사람의 마음이 발전이 되는 것도 역시 작고 크고 간에 부닥치는 그런 계기가 있어야만이 아마도 발전이 있으리라고 봅니다. 그 천차만별의 말과 행이 얼마나도 많은지 헤아릴 수가 없겠죠. 시시콜콜 닥치는 거나, 내가 경험해 본 일도 아니건만 그 닥치는 일들에서 내가 해 놓고 내가 배울 수 있는 그런 계기도 많이 있으리라고 봅니다. 상대를 만나면서 배우는 일이 있고 또 느끼는 점도 있고. 그러니까 내가 높다란 법사가 되기 이전에 모두가 같이 도반이며 같이해 나가는 거죠.

그래서 첫째에 "겸손함을 가져라" 하는 그 말의 뜻에는, 전후사가 다 그 한마디에 담겨 있죠. 고개가 숙여지는 일도 거기 있고, 또는 평탄하게, 평등하게 마음을 가지고 평등한 도리로서 행하는 것도 아마 그런 데서 올 거라고 봅니다. 이 세상에 모두 살아나가는 데는 내남직

할 거 없이 모두가 장애자의 길을 벗어나기 위해서 사는 겁니다.

우리가 법사라는 이름 하나 얻기도, 사실은 보살이라는 이름과 같은데 이 보살이라는 이름도, 이름이라고 하지만 행을 얼마나 겪어야만 보살이라는 그 이름 아닌 이름을 하나 갖겠습니까? 그 보살이라는 중대한 책임을 모두 어깨에 짊어진 채 짊어짐도 없이, 모두 그르침이 없이 평등하게 이익을 줄 수 있고 자비를 베풀 수가 있다면 그 보살행이 보살이라는 이름과 맞먹어서 우주 전체의 법계에서 다 알게끔 되는 겁니다.

사람들이 장애자를 볼 때 장애자라 하는 표가 나지만 육신이 멀쩡한 장애자는 표시도 나지 않습니다. 장애자는 진짜 자기 육신에 장애가 있으니까 장애자라는 그 육신을 버리고 마음공부를 하고 들어갑니다. 눈 아닌 눈으로, 귀 아닌 귀로 들음으로, 행하지 않으면서 행하는 거, 그러한 일들을 절반은 해 들어간다고 봅니다. 그런데 육신이 멀쩡한 장애자는 그것도 모릅니다.

그렇기 때문에 부처님께서는 말씀하시기를 "너에게 붙어 있는 그 중생들이 하고많아서 말로는 헤아릴 수 없느니라. 그런데 그 한생각, 네 마음에 따라서 전체가, 그 중생이 움죽거리게 되고 화하게 되고 법을 설하게 되고, 이런 관계상 하나같이 화해서 보살의 행으로 되니 그 보살은 몇 개나 되느냐?" 허허허…. "여래의 집이 이렇게 크고 여래의 시자가 그렇게 많으니, 그것을 개수로 따진다면 헤아릴 수가 없는데 마음으로 따진다면 한생각에 모두 이끌어 나갈 수 있는 그런 자비가 있느니라." 하셨습니다.

내가 나를 모르고는 절대 남한테 무조건 이익을 줄 수 있는 그런 지혜가 나오질 않죠. 이거는 잘못한다고 이익을 줄 수 없다는 마음이 들고, 이거는 잘한다고 이익을 줄 수 있는 마음이 생기고 이런 것은 아직 보살이 되지 못한 견해가 많다는 겁니다. 이 모두가 '공했다, 고정됨이 없다' 이런 것은, 몸이 장애자라면 몸이 성하게, 마음도 성하게 한순간에 될 것이고, 잘못했던 사람도 잘하게끔 될 수 있고, 잘했던 사람도 못하게 될 수 있고 그러니 어떤 거를 잘못한다 잘한다 할 수 있겠느냐. 내 몸 안에 들어 있는 중생들도 때로는 이렇게도 나오고, 때로는 몸을 괴롭게도 하고 마음을 괴롭게도 하고, 찰나찰나에 솟아오르는 그 수많은 문제들을 어떻게 말로 다 해서, 어떻게 생각으로 다 해서 그놈의 거를 다 이끌어 나가겠습니까? 그 생각 아닌 생각이라는 건 믿는 그 투철한 마음이요, 그것이 바로 전체를 이끌어 나갈 수 있는 그런 대표자가 되죠. 불자가 된단 말이죠. 자(子)나 불(佛)이나 둘이 아니기에, 즉 말하자면 아공(我空)이다 법공(法空)이다 하는 것도 둘이 아닌 것입니다.

이 몸의 장애자는 웬만하면 고칠 수가 있습니다마는 이 육신 멀쩡한 정신 장애자는 고칠 수가 없습니다. 그래서 수없는 나날을 이렇게 거듭거듭 돌아가면서 우리가 정신적인 장애자를…, 백 년이 가든지 천 년이 가든지 만 년이 가든지 언젠가는 깨달아서 자기가 불성이 있다는 것을 알게 될 날도 있겠지마는, 천 날이나 만 날이나 이렇게 미루어 나갈 수가 없는 단계입니다. 부처님께서는 어느 거 하나 건지시지 않는 게 없습니다. 그러나 잘못 가는 사람은 잘못 가는 대로 또 한번 놔둬야 하겠기에 그냥 만 년이 가든 천 년이 가든 자기한테 맡겨 놓고 그냥 가는 겁니다.

하지만 우리가 그렇게 맡겨 놓고 갈 수가 없으니까 제도를 한다는 말이 있습니다. 제도를 한다. 교화를 한다. 포교를 한다. 한마디를 잘 들어서…. 여기 신행담을 보니까, 지금 읽으라고 그래서 몇 구절 들어 보니까 너무들 갸륵해요. 10년, 20년, 30년 수도 생활 한 사람보다도 더 갸륵한 문제가 대두되고 있으니 그 한 사람의 깨침이 수십억의 깨침이 되는 거예요. 바깥으로만이 아니라 안의 내 중생들이 깨쳐지니까 말이에요. 악업 선업을 다 놓으면서 내가 내 부처를 위해서 그저 자나 깨나 작용을 하는 그런 보살들이 되니까 말이죠. 그러니 위로는 그렇게 하지마는 바깥으로는 또 아래로 제도를 하는 쪽이 되니까. 원망과 미움과 분노와 그 모든 것은 다 버리시고, 지금 내가 다시 한번 얘기하는 거죠. 그런 건 다 놔서 버리시고…. 순간순간 다가오는 일인데 그걸 뭘 애들처럼 끼고 돌겠느냐 하는 겁니다.

옛날에 그런 일이 있었죠. 내가 산길을 걷다가 보니까 촉촉하게 이슬비가 왔어요. 그러다 빗방울이 조금 굵어지면서 가랑비가 오기 시작했죠. 땅은 질겠다, 옷은 젖어들겠다, 옷 입은 것도 변변치 않고 아, 신발 끄는 것도 한 짝은 없어지고 반 짝만 남은 거를 한 짝으로 끌고 가다가 그것도 땅이 지니까 귀찮더군요. 마저 그냥 벗어 버리고 맨발로 걸어가다 보니까 내 스승께서 이렇게 말씀하시더군요. '내 발은 이렇게 큰데 네 발은 아주 작아서 똑같이 자라야만이 비가 오나 눈이 오나 또는 길 아닌 길을 걸으나 그냥 무난히 걸어갈 수 있는 것인데, 발 한 짝이 자라질 못했으니 뒤뚱거려서 어떻게 걸어가겠느냐?' 그 속에는 무진 법문이 설해져 있는 말이지만 그때 당해서는 '허 참, 이상도 하지. 발을 내가 내려다보니까 똑같은데 발 한 짝은 크고, 엉뚱하게 이만하다고 하거든. 그런데 발 한 짝은 요만하다 하니 도대체 이게 무슨 엉뚱한….' 그런 생각을 하면서 '내가 도대체 미친 건가? 미친 게 아닌가? 도대체 뭐 때문에 이러한 말이 나왔고 이러한 채찍질이 나왔는가?' 하는 데서 나도 모르게, 비가 오는지 땅이 진지 뭐, 비를 홀딱 맞아서 졸졸졸졸 흘러내리는지 그것도 모르고 어딘가를 걸어갔다고.

그렇게 가다 보니까 '길 아닌 길을 걸어간다, 발을 더 키워야 된다' 하는 것은 본래 모든 사람들이 다 발 한 짝은 크다 이거야, 본래는. 그런데 즉 말하자면, 표현을 하자면 아들의 발이 작다 이거지. 허허. 그것이 아마 한 석 달 열흘은 가서 터득을 했을 거야. 누가 튕겨 주는 사람도 없고.

그걸 어떻게 말로 다 하리까? 시공이 없는 도리를 가르치기 위해서 물 한 모금을 제대로 못 먹게 했던 그 시절. 또 둘이 아닌 도리를 가르치기 위해서 남의 거, 하다못해 내버리는 고추 쪼가리 하나 집어먹지 못하게 한 거. 그게 어떻게 생각하면 내가 잘못 나갈 수도 있었을 텐데, 그렇지 않고 똑바로 행을 하고 그거를 담아서 자꾸 무뜩무뜩, 잊어버렸다가도 무뜩 생각이 나면 그런 걸 또 생각을 하게 되고 또 생각을 하게 되고, 이래서 일체가 둘이 아닌 도리를 터득하고, 실천 실행을 하는 데도, 상원사 토굴에 있으면서 한바탕 실천을 해 보는 데도 게으름 없이 해 왔고요. 그러니까 내가 경험, 체험을 해 봤기 때문에 아주 떳떳하게 여러분한테 말할 수 있고, 조금도 어색하고 아리송한 게 없이, 이거는 이렇다는 것이 또렷하게….

그렇게 우리가 정신 장애자로 사는 것이 부처님 법이 아니라는 게 아니라 부처님 법을 모른다는 겁니다. 모두가 곤충 하나도 부처님 법 아닌 게 없는 것이 평등한 진리요, 평등한 생명인데 어찌 부처님 법이 아니겠습니까마는, 부처님 법을 모르니까 모두가 죄가 있는 거지, 모르니까. 알면 무슨 죄가 있겠습니까? 죄가 붙을 데가 어디 있겠습니까?

그러니까 평소에 가정에서나, 내 자식을 기를 때나 남의 자식을 만날 때나 남의 부모를 만날 때나 남의 형제를 만날 때나 보통 모든 사람을 만났을 때, 헐벗었든 잘 입었든 잘생겼든 못생겼든 그런 거를 막론하고 베풀어 줄 수 있는 그 마음을 내시기를 빕니다. 그래야 그런 마음이 안 나오더라도, 내가 이런 말을 할 때 무뜩 생각을 하시고 한번 생각을 돌린다면 내 중생들이 벌써 돌리게 돼 있어요, 안의 내 중생들이. 모두가 남의 일이 아닙니다. 그저 모두 앞으로 대대적으로 성공하시길 바라면서….

마음을 금(金)으로서 들이고 내라

법사단 법회

1992년 12월 4일

큰스님 … 이 사람마다 다 천차만별이라고, 그 모든 문제 등등이. 그저 될 수 있으면 남의 말을 조심하고. 그리고 우리가 눈이 뜨이고 귀가 뜨이고 하는 대로 그 밑의 사람들은 본받게 돼 있거든. 그리고 또, 가만히 보면 중들도 말이야, 어느 스님이나 누구나 몇몇 이렇게 보면 꼭 자기 가깝게 있는 스승을 그냥 따라가. 아예 그냥 물이 들어 버려. 그래서 중들이 나쁜 짓을 하고 그러면 "아이, 그 밥에 그 나물이지. 스승이 그러니 그 제자가 오죽하랴." 이렇게 말이 되게끔 나가. 그러니까 모든 것을 우리가, 누가 자기를 뭐랬다 하고, 누가 또 잘못한다 하더라도 내 모습으로 보고 내 탓으로 보고 내가 저거 해야지, 남의 탓을 하고 남을 원망하고…. 우리 신행회 회장이나 또는 법사들이나 또 포교하는 사람들 모두가 다 그렇지.

우리가 부모의 은혜를 갚는 이런 얘기나, 또는 아래로는 재산을 물려주기보다도 뿌리에 현명하게 내려 줄 수 있는, 햇빛을 줄 수 있는 그 긍지, 이런 거를 얘기해 주면서 갈 뿐이지, 너는 죄를 지었으니까 이 죄를 면하기 위해서 정성을 들여야 한다든가 또는 뭐, 때에 따라서 저쪽 상대방에서 물어 온다면 "아이, 그런 건 정성을 좀 들여 줬으면 좋겠네." 하는 말은 할지언정 "얼마를 시주를 해라." 또 "천도를 시켜라." 이런 거는 아주 친밀하게 알아서 그런 말이 저거 하지 않거나 웬만큼 아는 사람한테나 그런 말이 먹혀 들어가지, 그렇지 않을 때는 나조차 절대 그런 말은 하지 않아. 내가 저기서 신도를 만나도 한 번이라도 그런 얘기 하는 거 봤어? 무엇을 어떻게 해야 된다, 뭐, 그러지 않으면 안 된다든가, 그렇게 하지 않으면 너희 쫄딱 망한다든가 뭐, 이러한 언사를 논의한다면 아주 그거는 천부당만부당한 소리거든.

왜 내가 이런 말을 하느냐 하면, 사람은 위로 올라갈수록 조건 없는 사랑을 해야 된다, 조건 없는 사랑. 여북하면 부처가 있고 법신이 있고 보현신이 있고 신장이 있고, 모두가 철 따라서 이렇게 있겠나. 그러니 '법사' 또는 '회장' 하면 그래도 위로 올라갈수록 이 범위를 넓혀서 조건 없는 사랑을 할 수 있어야 된다 이거야. 우리가 조건 없는 사랑을 하되 상대방이 지어서 자기가 받는 거는 어쩔 수 없는 거라고, 이거는. 그래서 법사들을 욕을 한다 하더라도, 스님네들을 욕을 한다 하더라도 이거는 스님네나 그 상대방은, 욕을 먹은 사람은 상관이 없어요. 상관이 없고 자기가 해서 자기가 받는 거고, 자기가 해서 자기 업보가 되는 거고, 자기가 해서 업보가 무너지는 거고 이렇지, 그거는 어떻게 할 수가 없는 거라.

예를 들어서 '아휴, 저거는….' 보면 그럴 때가 있어요. '아휴, 저러니까 저렇게 저러지.' 하고 벌써 그렇게 생각이 들어요. 그러나 그 생각을 그냥 밀쳐 버리고, 그냥 한데 합쳐 버리고 불쌍하게 생각을 하고 그냥 조건 없는 마음을 내 줘라. '죄가 있으니까 너는 못 살고, 너는 그러니까 못 살고, 그렇게 모순되니까 못 살고 너는….' 이렇게 하는 거는 조건 없는 사랑이 못 된다, 이거는. 너는 나한테 잘하니까 이렇게 잘해 줘야 하고, 이런 것도 넓어지지 못한 탓이다 이거야. 나도 한 20

년 전만 하더라도, 30년 전만 하더라도 '요건 요거고 요건 요거고, 법이. 잘못하는 건 잘못한 대로 저희가 해서 저희가 받는 거지.' 이렇게 그냥 밀쳐 버렸는데 그 후로 생각하니까 모두가 나 아님이 없어. 내가 모자랐던 그 시절의 모습, 내가 전부 그 모습이야. 본래 잘난 사람이 없어. 본래 애당초부터 잘난 사람이 하나도 없고 본래부터 똑똑한 사람이 없더라고.

그러니까 모자라도 내가 모자랐을 때 내 모습이요, 아주 망하고 그냥 더럽고 지저분하고 이렇게 사는 사람도, 입이 아주 저거 하고 그런 사람도 바로 전자에 그러한 환경 속에서 나도 그렇게 살았을 때가 있었다는 말이야. 그러면 '그 모습이 바로 내 모습이다' 하고 그냥 모든 거를 이렇게 넣고, 넣는 반면에 우리가 주의해야 할 거는 아까도 얘기했지만 절대로 "너는 이렇게 하지 않으면 안 된다." 이 소리를 절대 하지 말라 이거야. 이거는 한순간에 없어지고 있어지고 하는 거기 때문에 그렇게 못을 박아 놓으면 안 된단 얘기야. 그러면 그때는 그만큼 해야만 되지 그러지 않으면 안 된단 얘기야. 이게 얼마나 치명적인 문제를 신도들한테 주는 건지 알기나들 아느냐 이거지. 이거를 "너는 이렇게 해야만 된다." 이런다면, 그렇게 해 놓으면 그게 그 사람 본인 자체도 빼고 낄 수도 없는 거다. 저쪽에서는 저쪽대로 이 공부를 처음부터 몇십 년을 한 것도 아니고, 처음 나오든가 중간이든가 또 얼마 나왔다고 하더라도 이거는 100% 잘못 생각해서 돌아갈 수가 있다. '아, 이게 이런 거라면 둘 아닌 도리를 왜 얘기할까? 이렇게 못 박아지고 이렇게 법이 정망돼 있다면 낮고 높고 둘이 아니라는 소리가 왜 나오나.' 벌써 이걸 계산을 하게 돼요.

그러니까 둘 아닌 도리라면 그것도 둘이 아니어야지, 응? 때에 따라서 이럴 수는 있지. 아주 친밀하고 마음도 통하고 그런데 볼 때 딱 하고 이래서 "아이구, 그것 좀 하면 어때? 그렇게라도 한번 좀 해 봐." 이럴 수도 있지. 그거는 있어. 하지만 제일 나쁜 거는 뭐냐 하면 "너는….” 스님네들 생각을 하고 또 여기 불사 생각을 하고, 그건 좋아. 그러나 그것도 불사를 못하면 어떻고 하면 어떠냐 이거야, 응? 우리가 언제 적에 재산을 저거 해서 영등같이 불사를 해서 끼고선 불법으로 교화시켰느냐 이거야. 그러니까 그건 천연적으로 부처님이 알아서 하게끔 만들어야지. 그러니까 그런 생각을 하고 '이렇게 해 드려야만 되겠다.' 이런 생각을 하고 정말 "아이, 이건 이렇게 하지 않으면 넌 안 돼. 그렇게 하지 않으면 넌 낫질 않아. 그렇게 하지 않으면 넌 잘 안될 거야." 이런 말들을 한다면 이거는 그냥, 그냥 이거는 아주 역대 부처님부터, 나로부터 그냥 이 승단을 그냥, 그냥 들넘어 마셔 버리는 거야, 이거는. 금요일 날 사람들이 오면 나는 어느 사람이든지, 권세가 높든지 돈이 많든지 돈이 없든지, 아주 가난하고 그래서 정말 천 원짜리를 꽁치꽁치 이렇게 해서 가져오거나 그렇잖으면 그것도 못 가져오는 사람에 한해서 외려 더 그냥 마음이 그리로 쏠리는데, 어떻게 돼서 그러느냐 이거지. 나쁘게 하든 좋게 하든 그걸 보고 따르라 했다면 나 같은 사람도 좀 따라 줘야 될 것 아니냐 이거지.

난 이 세상에 잘 먹고 잘살고 잘 입고 그러기 위해서 아무거라도 걷어서 불사하는 거가 다라고 생각 안 해. 그 집도 내 집이야. 내 가정이고. 바로 둘이 아닌 까닭이라고. 안 그래? 잘났든지 못났든지 내 모습이요, 내 살림이라 이거야. 그 사람 마음이 아프면 내 마음도 아파. 그렇기 때문에 불사를 하면 하고 말면 말지, 그렇게 해서 불사를 한다면 뭘 하겠느냐 이거야. 그러니까 이건 불사하고 차이가 있는 거야. 아무 상관이 없는 거라 이거야. 각자 자기네들 마음이 옹졸하고 넓지 못해서, 그냥 모두를 내 모습으로 보고 내 아픔으로 봐야 될 텐데, 요거를 꽂아 놓고 윗사람들이, 회장이나 법사들이나 때에 따라서는 그럴 수가 있단 말이야. 그래서 그런 얘기가 자꾸 귀에 들린단 말이야. "너는 이렇게 안 하면 망해." 하든가 이렇게 안 하면 넌 필 수가 없다고 하든가 이런 등등의 말로 인해서 흐려진다는 거…. 그러면 사람들이 왔다 가도 때에 따라서는 '돈만 내라는 집, 그 집에 가 봤자 그래.' 그러고선 자기가 이 마음공부를 할 양으로 왔다가 고만 다시 돌아서는, 그런 일이 없어야 된단 얘기야. 사람이 떨어져서 문제가 아니야. 또 중들에게 누가 될까 봐서 그런 것도 아니야. 단, 자기가 그렇게 해 놨으면 그렇게 말을 한 사람도 그걸 자기가 끼고 뺄 수가 없어. 이건 세세생생에 문제야.

그러니까 "평등, 평등" 하지만 평등이라는 걸 실천을 하는 사람이 어디 몇몇 되느냐 이거야. '둘 아닌 공이다' 하는 것도 실천을 하는 사람이 몇몇 되느냐 이거야. 다른 거는 다 좋다 이거야. 잘하든 못하든, 말을 잘하든 못하든 그게 문제가 아니다 이거야. 진실된 조건 없는 사랑. 이렇게 생각을 해 봐. 언제나 손을 폈다가 오그리고 오그렸다가 펼 수 있어야만이 자유자재권이지, 어떻게 내가 남들한테 "너는 그렇게 안 하니까 안 되지.", "그렇게 하니까 아이구, 잘한다." 이러는 것도 아니 되고 이거를 "안 하니까 아니 된다." 이러는 것도 아니 되고 이거는 참, 삼가서 남에게 폐단이 없도록 하는 것이 자기 조절과 같은 거야.

하여튼 우리가 이 발을 이렇게 들여놓은 것도 어떻게 생각하면 아주 극히 좋은 일인지도 몰라요. 우리가 평생, 아주 그냥 영원하게 이 모습을 가지고 사는 게 아니에요. 쳇바퀴 돌듯 또 돌고 또 돌고 또 돌아도 영원히 변치 않는 게 되는 것이지. 이게 그렇게 돼야지, 그냥 이게 됐다 저게 됐다 이게 됐다 저게 됐다 이렇게 하면 안 된다. 변치 않는 게 돼 가지고 변하는 것들을 잘 보살피고 내가 될 수 있는, 내가 돼 줄 수 있는 그런 사람이 되라 이거지. 지금 뭐, 절 짓고 이러는 게, 뭐 하는데 급급해서 쓸 게 없고…, 그래서 그렇게 좁은 생각들을 하지는 마라. 불사하는 거는 부처님이, 아이, 빨리 해 주려면 빨리 해 주고 늦게 해 주려면 늦게 해 주는 거지, 억지로 그게 되는 게 아니다 이거야.

사람들은 '이것을 잘 지어서 빨리 남들처럼….' 이러는데 난 욕심이 없어. 욕심이 없다는 것도 뭐냐. 난 그래서 이렇게 불사가 늦는지도 모르지만, 이게 사부주가 딱 맞아야 되거든. 여기 이 터가 좁은데, 집을 짓고 사는 사람들이 잘돼서 스스로서 집을 바꿔 가지고 나가도록 기다리니까 그렇게 그런 거야. 조금 더디면 어떻고 빠르면 어떠냐 이거야. 집을 그냥 영등같이 불사를 해서 몇 해를 걸려서 지어 놓고 이렇게 해도 그거 하나도 탐이 안 나요. 좁으면 좁은 대로 넓으면 넓은 대로 와서 닿는 대로 하는 거지. 얼른 쉽게 말해서 신도들이 자청해서 감사해서 내놓는 시주하고, 정성 들이는 거하고, 용돈이라도 쓰라고 갖다 주는 거하고, 이거는 자청하지 않고 강제로 "넌 이렇게 해라, 넌 이렇게 해라" 해서 갖다 놓는 거는 그건 천부당만부당한 일이야. 물론 윗사람들이 가만히 볼 때 '이 집은 정말이지 좀 이렇게….' 마음에 '이 집은 꼭 이렇게 좀 했으면 필 텐데….' 하는 그런 집이 있겠지, 더러는. 그럼 그거는 운만 살짝 이렇게 띄워 주지 얼마를 해라, 어째라 이러질 말라 이거야. 운만 띄워 주는 거지. 아주 없으라는 법은 없겠지만 제일 문제가 "너는 이럭하면 되고 이럭하면 안 된다. 이렇게 안 하면 안 된다. 이렇게 해라. 저렇게 해라." 이러는 거를 금해라 이거지.

우리가 세세생생 안 볼 사람도 아니잖아. 왜냐. 모습은 없어질지언정…. 이렇게 금방에 말이야, 금이 반지로 돼 나가든지 목걸이로 돼 나가든지 나가서 돌다 돌다 결국은 거기 또 오게 돼 있어, 금은. 그러나 금이 아니라면, 깡통이라면 돌다 돌다 또 그냥 깡통으로 갈 수밖에 없잖아. 그러니 왜 인간의 탈을 쓰고, 마음을 가지고, 이목구비를 다 가지고, 오장육부를 가지고 이렇게 하고 돌아가는데 왜 금이 못 되느냐 말이야. 본래 금을 가지고 있는데. 왜 그걸 발견 못하고, 또 그거를 발견했으면 그대로 그냥 금으로 내보내고 들여보내고 하지 왜 깡통을 거기다가 붙이고 넝마를 붙이고 온통 그렇게 해 가지고 외려 금을 사금이 되게 만드느냐 이 소리야.

그리고 만나면, 이 공부하는 데 토론, 이게 중요한 거지 무슨 다른 게 중요한 게 아니다 이거야. 공부하는 데 법사들끼리 모이면 법사들끼리 공부하는 걸 중요시해야지, 무슨 개별적인 딴 사람 얘기, 이런 거 할 그런 장소가 아니지 않으냐 이거지. 그리고 여기에 나를 발견해서 나를 키우는 작업을 지금 하고 가는 사람도 많고 그런데 우리 법사들 틈에서 이런 문제가 있다면, 내가 그것을 항상 얘기하지. 나를 깨쳤다면 모든 것이 거기에 부착돼서 돌아가야지, 이거는 이것대로 있고 그냥 나오는 대로…. 이거는 두 가지 여건이 있다고. 나를 발견하기 이전에는 나를 발견하기 위해서 그냥 들이 해야 하고, 나를 발견해 가지고는…. 그래서 "귀신 방귀털을 먹여서 기르는데 더 먹여도 안 되고 덜 먹여도 안 된다." 이 소릴 한 거야. 이것이 뭐냐 하면 모든 것을 그냥 거기다가, 인제는 둘 아닌 도리를 배우려니까, 전에는 그냥 거기다 놓기만 했는데 둘 아닌 도리를 알려니까 상대방이 어떤 걸로 나툴는지도 모르거든. 거지로 나투는 사람도 있고 뭐, 말을 막 하는 사람으로 나투기도 하고 별사람이 다 많거든. 또 눈에 보이는 게 그런 것만 보이거든.

그런데 그게 둘 아닌 도릴 가르치려고 자꾸 보이는 걸 모르고, 들리는 거를 모르고, 그 행동하는 걸 모르고, 그냥 자기를 공부시키려고 자꾸 상대방으로 해서 저거 하면 또 그렇게 말린다고. 그러니까 거기에 그냥 나투어서 나에게 오는 건데 그거를 모르고선 자꾸 상대방으로 보게 되면 안 된다고. '아하, 이거는 나를 가르치기 위해서, 둘 아닌 도리를 가르치기 위해서 여기에서 공이 튕겨서 저쪽으로 해서 저쪽의 행동을 나한테다 보이게 하는구나.' 하는 걸 알아야 돼. 진작 그렇게 알아채야 된단 말이야. 이거는 뭐, 별짓을 다 해서 그렇게 오는 거니까. 그러니까 그렇게 해서 나한테 오는 거를 나한테 오는 거대로 거기 놓고 '아, 그렇구나.' 하고선 감사하게 생각하고 놓고 가야 나투는 법이 또 나오지.

이게 그렇게 되면 바깥으로 끄달리는 거지. 아, 여기서 나오는 대로, 여기서 시키는 대로 그냥 해 나가면 자재하는 게 뭐 있느냐 이거야. 아니 소가 그냥 아무 데나 들어가도 상관이 없느냐 이거야. 자기 마음이 나와서 저쪽으로 갈 때는 탁 잡아채고 '이래서는 안 되잖아.' 하고 거기다가 놔야지. 왜냐하면 자기가 어떡하나 보느라고, 어떠한 행동을 하나 보느라고 그렇게 자기 속에서 나오는 것을 거기에 속는단 말이야. 그러니까 자기 속에서 나오는 대로 중간 자기가 한번 보라 이거야. 자기 속에서 나오는 거를 자기가 한번 보라 이거야. 봐서 이것이 적합하다면 그냥 여기서 나오는 대로 밀고, 여기서 적합지 않게 나온다면 '아이, 그럭하면 안 되잖아. 이렇게 이렇게 해야지.' 하고 거기다가 다시 맡겨 놓는 게 다스리는 거라고.

예를 들어서 잘하는 사람이 있고 잘못하는 사람이 있는데 잘못하는 사람에게 '잘못하니까 저렇게 될 수밖에 없지.' 이렇게 해 놓는다면 이건 자재법이 될 수가 없어. 자재법을 할 줄 모르는 사람이야. 평등법, 자재법, 이 활궁법을 할 줄 모르는 사람이야. 어쨌든 간에 내 모습으로 보고 그냥 평등하게, 잘하는 사람이나 못하는 사람이나 평등하게 그냥 거기다 맡겨 놓고 '에이그, 저것도 몰라서 저런 거지 알면 저럴 수가 없지. 모르는 게 죄지 알면 저렇게 할까.' 하고선 그냥 '저것도 둘 아닌데….' 하고선 맡겨 놓으면 그 사람이 완연히 달라져요.

이 꽃나무도 물을 주고 밥을 주고 이렇게 해서 키우는 거하고 그냥 '에이, 저거는 못됐으니까.' 하고 그냥 물도 안 주고 약도 안 주고 밥도 안 주고 이렇게 하는 거하고는 차이가 나지 않습니까. 그와 같은 겁니다. 자식도 '저놈의 새끼는 저렇게 하니까 꼭 저렇지.' 하고선 그렇게 해 봤자야 자기 손해지 딴 사람 손해가 하나도 없어요. 모두가 다 그래요. 내 자식이라서만 내 손해가 아니에요. 우주 천지가 다, 자기가 한바탕씩은 다 돌고 온 사람이기 때문에, 수십억 년을 같이 돌아가면서 왔기 때문에 그거는 공동 죄지 다른 거 없다고. 모두가 같이 돌아가. 여기 부모가 됐다 저기 자식이 됐다가, 여기 부모가 됐다가 저기 자식이 됐다 이렇게 돌아가는데 어떻게 그게 내가 아니겠소. 그러니까 모든 것을 그렇게, 나 자체가 그렇게 밀어 던지지 말고 다 그냥 마음으로 넣어 준다면…. 왜, 내가 “아무리 아무리 넣어도 두드러지지 않고 아무리 아무리 꺼내도 줄지 않는 것이 그거다.” 했잖아. 줄어드니 걱정이야 또 늘어나니 걱정이야? 천, 만을 갖다 집어넣은들 두드러지지 않는데 왜 그거를 못하느냐 이거야. 너그럽게 왜 못하느냐 이거야. 우리가 점점점점 지혜가 넓어지고, 그래서 계, 정, 혜, 해탈향, 해탈지견향 했단 말이야. 그러면 계율도 우리가 우리 마음으로 다스리는 게 계율이거든. 계율도 정에다 놓고 지혜도 정에다 놓고 이렇게 해서 굴려 가면서 하는 게 바로 수레공법이 아닌가.

이 도리를 모두 알아야지 만약에 신도들한테 그러면, 신도들이 그런 거를 다 알고 저거 한다면 뭐, 별문제지. 자기가 흔들리지 않고 가면 고만이지만, 그렇게 해 놓으면 흔들리게 되고 어깨가 외려 무겁게 되는 거야. “시주를 안 하면 너는 이렇게 된다.” 그렇게 되면 어깨가 무거워지니까 외려 탈피를 하게 되지. 외려 달아나가게 돼 있어. 그러니까 옹골게 이렇게 아주 따뜻하고, 어깨의 짐을 탁 내려놓은 거와 같이 그냥 걸음을 사뿐사뿐 걷게끔 만들어 줘야 하는 것이 우리들이 모두 해야 할 일이라 이거야. 그런데 외려 짐을 지워 주고, 외려…. 그래서 난 그러는 거야. 없든 있든 마음이니까 “당신, 정성을 이렇게 많이 들여.” 이러지 않아. 왜냐하면 당장 어깨가 무거울 테니까. 이게 병이 있어도 “병 붙을 자리가 없어. 없어.” 이렇게 하는 거는 마음을 가볍게 해 주기 위해서 방편을 쓴 거야. 가벼워야 병도 나으니까 말이야. 그런데 오히려 모르는 사람한테 한 짐 지워 주는 것은 이건 있을 수가 없다 이거야. 어린애한테 짐을 지워 주는 거나 똑같단 얘기야. 다 큰 어른한테 지워 주는 거야 아, 지고 가려면 지고 가고 말려면 말고 이렇게 하겠지만 어린애들은 지워 주면 지워 주는 대로 “너, 이거 안 지고 가면 안 된다.” 할 때에 그거 치명적이다 이거야. 모습만 보고 저거 하지 말라 이거지.

그러니까 그런 거는 스님네들도 상당히 조심하고 나가는데, 말을 이렇게 또 조신하게, 남의 말 안 하는 조심을 해야 된다 이거야. 이 말 갖다가 이 말 하고 이 말 갖다가 이 말 하고 이렇게 되면 이거는 다된 사람들이야. 쉽게 말해서 깡통이 서로 맞대기만 하면, 부딪치기만 하면 소리가 나듯이, 그러한 문제들이 일어나는 거지. 가만히 보면 스님네들도 신도들의 등을 쳐 먹고, 집을 몇 개씩 사 놓고 그냥 암암리에 재산을 모으면서 신도들을 그냥 골탕을 먹이고 이렇게 하는 사람이 있어 가지고, 집을 뺏기고는 와서 그냥 울고불고하는 사람이 있으니까 그러는 거야. 그래서 내가 그냥 하라고 그랬어. 그래서 집을 찾게 만들었어. 세상에, 그럴 수가 있어? 머리를 깎고 승려로서? 그러니까 그것이 닮아 가서 그래, 닮아서. 위에서 하는 것을, 그렇게만 하는 거를 봐서. 그런데 여기에서는 내가 그렇질 않은데 어째서들 그렇게 말들이 돌게끔 하느냐 이거지.

우리가 몇백 년, 몇천 년 먹고살려느냐 이거야. 죽어질 때에, 내가 색경을 보면 머리가 하얗게 됐을 때 '하, 고맙구나. 까맣던 머리가 하얘졌으니. 더 하얘진다면 더 좋겠지.' 이 모두가 하얗게 되는 것은 너 사는 대로, 어떻게 살았든 사는 대로 살면서 몸뚱이도 놓고 가야 한다 하는 신호다 이거야. 그런데 무엇 때문에, 무엇 때문에 그런 업을 짓고, 뺄 수 없는 업을 짓느냐 이거지. 이것이 누구에게, 얼른 쉽게 말해서 누가 된다는 것은 둘째라. 첫째는 자기가 빼고 낄 수가 없는 도리가 된단 얘기지. 누가 되는 건 둘째다 이거지. 셋째는 양면이 다 가난해진다 이거야. 마음이 가난해진다는 얘기지. 또 자꾸 달아나가니 그건 인연을 지어 줄 수가 없고, 나중에 차 지나간 뒤에 버스 타려면 얼마나 힘들어. 기다려야 하니까. 그러니까 한번 달아나갔으면 또 거기서 지키고 있을 그런 처지가 못 된다 이거야. 그러면 내 한마디를 잘못해서 아주 구덩이에다가, 남을 건져 주는 게 아니라 구덩이에다 오히려 빠뜨리는 격이 되니 그것은 있을 수가 없지 않으냐. 꼭 그래서만이 아니라 참고적으로 이렇게 얘기하지. 우리는 가면 갈수록 제일 첫째는 자기다 이거야. 누구를 떠나서 다 자기야. 둘째에 누가 되고 뭐 어쩌고 그러는 거고, 셋째는 아예 그냥, 자기가 빠질 수가 없어. 그런 마음을 가지고 그런 행동을 하고 그런 말을 했는데 어떻게 빠질 수가 있느냐 이거지. 그냥 입력이 고대로 되는데. 자동적으로 컴퓨터에 입력이 된다고 안 그래? 내가 생각하는 대로 이게….

미국에서 어떤 신도가 어린애만 들어섰다 하면 떨어진다는 거야. 여기도 그런 사람 많지만. 그러니까 도대체 어린애를 가질 수가 없어. 그냥 떨어지니까. 그런데 애를 하나 데려다 기르더라고, 인제는 포기하고. 병원에서도 그냥 포기하라고…. 그런데 뉴욕에 가니까 새벽이면 와서 내 밥을 하고 그냥 그렇게 해. 그래서 "딸을 이쁘게 잘 기르는구먼." 그랬어. 그랬더니 "아이고, 스님. 이러이러해서 포기하고 데려다 길러요." 하기에 "포기하지 마라. 인제는 들어서게 해라. 들어서고 저거 하면 절대로 떨어지지 않는다. 병원에 가서 알아보고 그러지도 마라. 그래서 아들을 낳아라." 이랬어. 좋은 일은 그렇게 얘기해 주는 것도 좋잖아. 좋아할 일은 얘기하고 좋지 않은 일은 얘기할 필요가 없어. 그리고 내가 여기서, 가슴속에서 아는 소리가 나오더라도 그냥 좋은 말은 해도 좋지만, 남이 언짢게 들릴 말은 하지 말라 이거야, 여기서 나오더라도. 그게 다스리는 마음이다 이거야. 그걸 다스리지 못하면 자유인이 못 돼. 그랬더니만 어린애가, 내가 거기서 두 달인가 있었지? 그래 내가 오고 나서 바로 어린애가 들어섰는데 어린애가 들어서니까 또 떨어질까 봐 그냥 애절복절을 하고 그랬는데 벌써 근 낳을 달이 돼도 까딱없이 그냥 자라고 있는 거야.

그러니까 이 세상에 남을 잘되게 하는 일에만 열중해야지 너는 요거는 잘못했으니까 요거 잘못한 값을 받아야 하고, 요건 네가 잘했으니까 잘한 대가를 받아야 하고, 이걸 따지면 안 된다 이거야. 무조건, 무조건, 과거의 죄가 있든지 없든지 무조건, 잘못했든지 잘못 안 했든지 무조건 사랑하라 이거야, 무조건. 무조건 조건 없는 사랑을 해라 이거야. 그거하고 그거하고 무슨 상관이 있어? 자기가 과거에 어떠한 빚을 졌든지, 어떠한 문제를 일으켰든지 자기하고 무슨 상관이 있느냐 이거야. 그 당시에 인연이 돼서 만났으면 만난 대로 좋게 해 줄 뿐이지. 하나라도 무너지게 만들고 하나라도 가볍게 만들고 하나라도 지고 가는 것 털어놓게 만들고, 이럴 수밖에 없는 우리의 가르침이 아니야? 그리고 법사 노릇을 하니까 또 내가 이렇게 때에 따라서는 야박한 말도 하고 그러지. 야박한 말이 아니라 이런 말을 하게끔 해서 들을 만치 된 것도 다행으로 생각하라고. 더 넓어지면, 더 그릇이 커지면 더 큰 말을 해 줄 테니까. 지금 우리가 조건 없는 사랑을 하라 하는 것도 이유가 있는 거야, 다. 만약에 그러지 못한다면 자기도 자기가 빼고 낄 수가 없어.

허허, 그래서 여기에서 자기를 못 찾은 사람이 있으면 찾기에 열중하고 그래야지, 또 끄달리지 말고. 여하간에 내 말에도 끄달리지 말고 거기에다가 쓸 만한 건 다 자기 걸로 만들어서 거기다가 놓고 그렇게 자유스러운 자유인이 되라 이 소리야. 좀 더 넓어지고 넓어지고 나중에는 바다가 되고, 나중에는 우주 전체가 되고 나중에는 삼천대천세계가 돼야지. 그렇지 않으면 무슨 본의가 있느냔 말이야. 오히려 빼고 낄 줄 모르는 사람이 된다면, 자유인이 될 수 없다면 수레공법이든 활궁공법이든 어떻게 하느냐 이거야. 수레공법 하나 할 줄 모르는데 활궁공법을 할 수 있어, 글쎄?

이건 자유스럽게…, 따로따로 있는 게 아니야. 평등공법은 자연스럽게 평등공법이요, 자연스럽게 활궁공법이요, 자연스럽게 수레공법이지. 그것도 따로따로 있는 게 아니라 환경에 따라서, 용도에 따라서 자주자주 이렇게, 이걸로도 변하고 저걸로도 변하고 저걸로도 변하는 그런 거지. 그렇게 할 수 있는 것은 자유스럽게 빼고 낄 수가 있어야만 된다 이거야. 아주 그게, 마음의 그 한 치에 의해서인데 말이야. 그거 한 치를 넓히지 못해서 그냥 그렇게 빼고 낄 수 있는 자유인이 못 된다면 그건 안 되잖아. 남한테 짐을 지워 주고 남을 세세생생에 건져지게 하질 못하고 낙오가 되게 만들고. 그게 얼마나 죄야? 그 말 한마디에. 말 한마디 잘못해서 모두…. 흥부가 자기가 가난해도, 자기가 입을 게 없어도, 자기가 그렇게 지내 보니까 너무도 뼈가 저려서 남이 거적을 쓰고 있는 거 보면 솜이불 갖다가 주고, 또 벌거벗고 있는 거 보면 자기 윗도리라도 하나 벗어서, 해어진 거라도 벗어서 입히고 했듯이 이렇게 만나는 사람마다 이익을 줘야지 해를 줘서 되겠느냐 이거야.

"내가 저 불사를 하니까 당신 돈 좀 시주하쇼." 이렇게 하는 거 들어 봤어요? 허허허. 부처님이 있으면 할 거고 없으면 고만인 거지 아니, 사람이 이루종차 말로 해서 그런 거는…. 예를 들어서 예전에 원님이 되고 도지사가 되고 이렇게 해서 국민들에게서 기름을 짜서 위로 상납을 하고 자기네도 흥청망청 쓰고 그렇게 악하게 한 사람들, 지금 어떻게 사는 줄 알아요? 돼지로 살지 않으면 개로 살고, 개로 살지 않으면 송아지로 살고, 송아지로 살지 않으면 독사로 살고 이런다고. 그 껍데기를 못 벗고. 나는 그렇게 사는 게 겁나서 그런 소리 하는 게 아니에요. 그 무명을 벗지 못하고 자기 하나로 인해서 대대손손 그냥 그 껍질을 못 벗게 만드는 그 자체가 문제지.

나만 그냥 들입다 말을 하고 한마디도 못하게 만들었으니 어쩌지? 하하하.

말 없이 말을 전달하는 도리

금요 친견 법회

1993년 2월 5일

절을 한 배씩만 합시다. 금요일 날 이렇게 같은 한자리를 하면서 눈동자를 마주 대고 서로 마음과 마음을 전달하면서 통신을 하는데, 제일 중요한 것이 뭔가? 진실함입니다.

옛날에 얘기했죠. 어느 사람이 다릴 자르게 돼서 정성을 들이고 갔는데 부인이 고맙다고, 남편한테 25만 원을 주면서 갖다 드리고 인사를 하고 오라고 그랬단 말입니다. 그런데 다리를 자르지 않게 됨으로써 고마워서 준 돈이니까 그냥 진실하게 정성을 들이고 갔더라면 좋을 걸 그게 아까워서 말입니다, 5만 원을 떼고 20만 원만 갖다가 놓고 갔죠. 그랬는데 5만 원어치가 마저 낫질 않고, 발목에 걸려 가지곤 영 낫질 않더랍니다. 하하하….

그런데 말입니다, 그것이 뭐, 덜 내고 더 내고 이게 문제가 아니라 그, 갖다 드리라고, 정성 들이라고 한 돈을 그렇게 아까워서 떼고 갖다 낸 그 마음이 문제란 말입니다, 그 마음이! 그 마음이 그렇기 때문에 오장육부의 이 세포 하나하나 전부 내가 지니고 온 업식에 의해서 다 알고 있게 됐죠. 내가 마음먹으면 이 오장육부의 몸속에 있는 의식들이 다 알고 있으니까요. 내가 마음먹는 대로 이거는 알고 있으니까요. 잘못 생각을 하면 잘못 생각을 하는 대로 알고 잘못되게끔 하고, 잘되게끔 생각을 하면 잘되게끔 이렇게 이끌어 갑니다. 이것은 거짓이 아닙니다. 진짜입니다.

예를 들어서 부부가 어린애를 낳으면 꼭 닮아서 나오거든요. 자기 간판이 좀 모자라는 듯하면 남의 간판이라도 생각해서 거기다가 넣어서 이렇게 짬뽕을 만들어서 내놓는 것이 좋지 않겠습니까, 그것도. 그게 다 유전이거든요. 어느 거든지 유전이 되는데 우리가 이 공부를 시키고 공부를 하는 것은 유전성이든 업보성이든 세균성이든 영계성이든 모든 거를 타파하고 자기 마음대로 할 수 있는 그 여건을 기르는 겁니다.

그런데 아까도 얘기했듯이 지난번에 저기서 한번 시도를 해 봤죠. "마음으로 전달을 하고 가거라." 하고요. 그랬죠? 그런데 마음으로 전달을 하고 가는 사람도 많이 있었겠지만 마음으로 전달을 하지 못하고 간 사람이 절반이나 돼요. 그건 왜냐하면 믿지 못하니까. 자기 주인공을, 자기 끌고 다니는 자기 마음의 주인을 믿지 못하면 맡길 수가 없고, 맡길 수 없는 반면에 전달이 안된단 말입니다. 마음으로 마음을 전달을 하려면 자기한테로 거쳐서 전달이 되거든. 전달을 하려면 전화를, 수화기를 들어야 전달을 하죠? 그와 같습니다. 그런데 첫째, 나를 못 믿으니까, 나 주인공을 못 믿으니까 전달이 안되는 거죠. 포함해서 한마음으로 전달을 하고 가야 할 텐데 그러지 못하니까 절반 이상이 낙오자가 됐어요. 이 공부하는 데는, 너무나 이것이 무한의 도리고 묘한 도리기 때문에 이 공부는 단연코 해야만 되는 공부입니다, 여러분이.

그런데 내가 살펴보니까 또 한 가지 문제가 있습니다. 한 푼이든지 두 푼이든지 여기 운영비로 쓸 수 있게 정성을 들이는 돈인데, 서로 대화를 하고 이렇게 그냥 마음으로 전달하랬다고 그냥 가져가는 분들이 또 있단 말입니다. 그것은 물건을 사러 가게에 갔다가 물건을 안 주는 줄 알고 물건값을 그냥 가져가는 거나 똑같습니다. 그러면 물건은 가져가지 못하듯이, 이 보이지 않는 거라고 해서 그렇게 차이가 난다면 공부는 다했습니다. 여러분이 말을 마음으로 전달을 할 때, 전체 그냥 한데 모아서 전달을 할 때는 더 세밀히 전달을 할 수가 있는 겁니다. 그런데 그거를 무시하고, 모르고 '이렇게 내가 뭐, 나한테다 마음속으로 전달을 해서 전달이 돼?' 이러는 겁니다. 어떻게 이 세상 만물이 다, 배나무도 그렇고 사과나무도 그렇고 서로 떨어져서 있고 말을 안 하는데 어떻게 서로 전달이 돼서 사과가 열리고 그럽니까? 예? 은행나무도 같이 서서 사랑을 어떻게 전달을 합니까. 말 없이도 전달을 하는 사랑이 있기 때문에 열매가 열린단 말입니다.

그런데 말 없는 거는 여러분이 무시하는 거예요. 말을 하는 데는 한계가 있지만 말 없이 말을 하는 거는 한계가 없단 말입니다. 이건 무한대입니다. 여러분이 그 도리를 아신다면 참 재밌을 법도 한데, 이렇게 길잡이로서 인도하기가 참 어렵습니다. 내가 만약에 여러분한테 돈이나 받아서 그냥 구경이나 잘 다니고 아무 데나 쓰기나 하고 그저 봉창에 넣어서 모으기나 하고 이러는 사람 같으면 어떡하든지 만나서 우려내려고 하겠죠. 그러나 그게 아닙니다. 우리는 살다가 죽으면 끝이 아닙니다. 마음은 체가 없어서, 즉 말하자면 이 육신이라는 옷을 벗고 또 갈아 입고 이럴 뿐이지 여러분의 그 영원한 근본은 바로 이 자리에서 온 곳도 없고 또 갈 곳도 없는 겁니다. 이 의복, 이것만 벗었다 입었다 벗었다 입었다 하면서 쳇바퀴 돌듯 끝 간 데 없이 이렇게 도는 겁니다. 어떻게 사느냐에 따라서, 어떻게 살았느냐에 따라서 주어지는 대로 입력이 돼서 여러분이 차원이 있게 못 살고 잘 살고 또는 못하고 잘하고 이런 게 있을 뿐이고 그렇죠.

그러니 우리가 한 가정을 이루고 사는데 천리만리 떨어져 있어도 인연이 돼서 같이 부부가 되고 자식이 되고 부모가 되고 이러는 원인은, 이 세상 돌아가는 걸 잘 보세요. 사과는 사과대로 놓고 배는 배대로 놨습니다. 어느 물건이든지 다 끼리끼리 놓아져 있습니다. 금은 금방에 있고 말입니다. 콩 심은 데 콩 나고 팥 심은 데 팥 나듯이 말입니다. 그러니까 한 가정이 모여도 인연에 따라서, 차원에 따라서 끼리끼리 만난다 이 소립니다. 그것이 바로 인연줄이란 말입니다. 과거의 인연줄은 현실의 인연줄이고 현실의 인연줄은 미래의 인연줄이고.

그런데 여러분이 이 모든 것을 그저 말하고 행동하고 이런 것만 세우지 마시고 말없이 진실하게 행동하고, 진실하게 내 마음으로 내 마음을 다스리면서 나갈 수 있는 그런 여건이 바로 심력을 기르는 것입니다. 항상 얘기해 드리지만 부처님 법이 따로 있는 게 아니라 우리들 생활이 부처님 법입니다. 그리고 부처님의 법이 아니라 우리들의 법입니다. 여러분이 부처라면 부처님 법이다 이 소립니다. 여러분 육체 속에 들어 있는 그 생명체들은 전부 여러분의 중생들입니다. 많은 중생들 속에 한마음이 들어 있으니 그 또한 부처가 아닐 것이냐 이겁니다. 그러니까 부처 속에 중생이 있고 중생 속에 부처가 있으니 그 중생과 부처가 둘이 아니다 이 소립니다.

여러분 몸속에 있는 그 생명들이 여러분 아닙니까? 여러분 몸뚱이 속에 있는 생명체들이 한 부분만 작용을 안 해 줘도 여러분은 송장이 되죠. 그러니 어찌 둘이라고 볼 수 있겠습니까? 즉 하나로 돌아가는 겁니다. 그래서 나 하나로 돌아가는 거를 터득해야 바로 나 하나가 돌아가는 반면에 우주의 근본도 내 마음의 근본에 직결이 돼서 돌아가는구나 하는 걸 알게 됩니다. 이 세상살이 만사가 다 그렇게 인연줄에 의해서 만나고 헤어지고 이럴 뿐이지 죽는 게 아닙니다. 그리고 서로서로가 하다못해 벌레에서부터 인간까지 서로 전달을 하고 서로 공생으로서 공용을 하고 돌아갑니다. 하나도 없어서는 안 될 존재들이죠. 우리 몸속에 든 걸 잘 보세요. 우리가 그런 데서부터 진화돼서 인간까지 올라왔다는 걸 알 수 있을 거니까요.

그러니 그 애고와 병고, 유전성 업보성 영계성, 이 모두를 누가 바깥에서 줬다고 생각을 하겠습니까. 준 것도 아닙니다. 누구한테서 온 것도 아닙니다. 반드시 자기가 어떻게 살았느냐에 따라서 업을 지은 대로 자기가 짊어지고 다니는 겁니다. "그 업식을 벗어나야 됩니다." 하는 말입니다. 그 업식을 벗어나려면…, 모든 사람들이 살아나가면서 관습에 의해서 "인간은 이런 거를 못해! 못해! 못해!" 못하는 것도 많고 하는 것도 많고 이럽니다. 절대적으로 못한다는 건 인간으로선 못한다는 것을 전제하기 때문에 못하는 거죠.

마음은 체가 없다고 했습니다. 체가 없는 마음은 바로 원자에서 입자로, 분자로 분리가 될 때, 비유를 하자면 여러분이 자식을 낳아서 기르면, 그게 자라면 도로 원자가 되는 겁니다. 그렇듯이 분류가 돼도, 분류되는 법이 따로 있는 게 아니고 모두 우리가 마음먹는 대로 그것이 작용을 하니까 자기가 마음을 한번 잘 써라 이겁니다. 꿈을 꿔도 이거는 '아이구! 이건 아주 언짢은 꿈인데.' 이거 생각하랴, 또 생시에 닥치는 것도 '인간은 이거를 못해.' 하는 마음이 또 생기고, 우리가 이사를 가려도 '아이구! 이사 잘못 가면 안 된다는데.' 이게 앞선단 말입니다. 또 고사를 지내야만 되는데 '이거 만날 지내는 걸 안 지내서 무슨 탈이나 있으면 어쩌나?' 이게 앞서니까 탈이 꼭 생기죠. 이 속의 의식들도 그렇게 생각을 하니까.

체가 없는 이 마음세계는, 정신세계의 50%는 보이지 않는 세계입니다. 보이지 않는 데서 보이는 데로 나오는 겁니다. 나왔다가 들어가고 들어갔다 나오고 연방 그렇게 돌아가는 것이 인생살입니다. 여러분이 살다가 죽으면 보이지 않죠? 보이지 않는 것이 죽은 게 아닙니다. 다시 옷을 입고 생산이 돼서 다시 나오니까요.

요새 쓰레기를 병은 병대로 찌꺼기는 찌꺼기대로, 타는 종이는 타는 종이대로 안 타는 건 안 타는 것대로, 깡통은 깡통대로 이렇게 모으라고 그러죠? 그렇게 끼리끼리들 모아지는 거예요, 자동적으로. 그것을 누가 "이렇게 해라. 이렇게 해라." 하는 게 아니라, 병은 병대로 병이니까 병들끼리 모으는 거예요. 여러분이 인연 따라서 생활을 하는 것도 그렇게 병들끼리 모여서 살고 깡통끼리 모여서 살고 그런단 말입니다. 그러니 그것이 누구 탓입니까, 다. 자신들의 탓이지.

그러니 모든 것을 그저 깡통이든지 뭐든지 연방 용광로에다가 넣으라 이겁니다. 용광로에다 넣으면 어떤 거든지 다 녹을 수 있는 겁니다. 또 새삼스럽게 '용광로에다 넣으면 쇠나 무슨 이런 거나 녹지 뭐, 다른 것도 녹아?' 이런 생각은 하지 마시고요. 뭐든지 들어가면 다 녹는 것이 용광로입니다, 마음의 용광로. 거기다 넣기만 하면 뒷걱정은 할 필요가 없는데 뒷걱정을 해 가지고, 외려 붙들고 있어 가지고는 그게 제대로 생산이 돼서 현재에 나오지 못하게끔 만들어요, 외려 여러분이. '아이구, 이거 넣기는 넣는데 아이휴, 이게 뭐, 그런다고 나아? 그런다고 돼? 그런다고 해결이 나?' 아이, 요렇게 생각을 하니까 그놈의 게 용광로에 들어가지도 못하죠. 들어가기만 한다면 재생이 돼서 나가는 거를요.

왜 못났든 잘났든 자기를, 몸뚱이를 끌고 다니는 자기 원동력을 못 믿어요, 네? 별의별 말 다 해 주잖아요, 테레비로도 비유하고. 테레비 화면 그 자체가 바로 육신이라면 그 테레비 속에 모든 기능이 모여 있는 그 자체가 바로 마음이라고 그렇게 해도…. 그러니 육신이 없어도 아니 되고, 마음 내는 게 없어도 아니 되고, 생명이 없어도 아니 되는 거죠. 이래도 아니 되고 저래도 아니 되는 겁니다. 삼합이 한데 합쳐져서 바로 공해서 돌아가는 거니까요. 그 공해서 돌아가는 자기, 못났든 잘났든 자기를 이끌어 가는 자기가 중요하지, 잘나고 잘생기고 멋있고 똑똑하고 이런 딴 사람이 중요한 게 아닙니다.

진짜 부처가 중요한 게 아니라, 부처 이름이 중요한 게 아니라 못났든 잘났든 그 여러분의 마음이 문제입니다. 그 마음이 부처기 때문입니다. 부처님도 가르치실 때에 "네 마음부터 봐야 내 마음을 볼 줄 안다. 네 마음부터 들을 줄 알아야 내 마음을 들을 줄 안다. 또 내 마음을 서로 둘 아니게 들을 줄 안다면 일체 만물만생의 그 모든 것과 통신을 하고 전부 전달이 되고 천백억화신으로서, 응신으로서 대응을 할 수 있다." 하셨습니다. 내 몸뚱이 속의 중생들부터 제도를 못하면 바로 내가, 맨 끄트머리의 내가 성불을 못해요. 내 중생이 성불을 못했는데 내가 어떻게 성불을 합니까?

그러니 여러분이 참, 한 푼 한 푼 벌어서 먹고살랴, 또 절에 정성을 들이느라고 가져오랴 해도 가정살이를 하면서 아쉬운 게 있으니까 '이런 것이 없으니까 이건 꼭 필수품으로 사야 되겠다.' 하듯이 여기 올 때에 그걸 가져오는 겁니다, 살 양으로. 냉정히 판단을 한다면. 살려고 가져온 것을 서로 말로 말잡이를 하지 않고 마음으로 대응을 한다고 그거 대응하는 걸 모르고 그냥 넣어 가지고 가시는 분들이 있다면 그 물건을 사 가지고 갈 수가 없는 겁니다.

여러분이 이렇게 앉아 계시지만 난 나대로 하느라고 하는 겁니다. 왜냐하면 둘로 보질 않기 때문에 아픔을 봐도 내 아픔으로 생각하고, 어려움을 봐도 내 어려움으로 생각하기 때문입니다. 그렇기 때문에 내가 남모르게 도와주는 돈만 하더라도 아주 많습니다. 그것을 남이 알게끔 할 게 아니라 바른손이 하는 거 왼손이 모르게 하랬다고 하는 거는 바로 자기와 상대가 둘이 아닌 까닭에 자기가 자기 것 먹었는데 뭘 줬다 안 줬다 할 수 있겠느냐 하는 도립니다. 아무리 불쌍하고 그렇다 하더라도 때에 따라서, 인연에 따라서 그것도 그렇게 서슴없이 나갈 때가 있습니다.

이런 예도 있죠. 또 "주는 것만이 좋은 일은 아니다."라는 얘기가 있습니다. 일러서 말을 듣는 사람은 야단을 쳐서라도 그걸 고치지마는 일러서 안 듣는 사람은 인연이 없는 사람입니다. 그래서 공자는 한길 가운데서 똥 누는 놈은 피해서 가고, 가장자리에다 똥 누는 놈은 불러서 야단을 막 쳤단 말입니다. "저 아래 내려가서 누지 그러느냐!" 하고. 정말 똥을 누어서 누는 게 아니라. 그래서 공자는 "거지가 오더라도 줄 놈은 주고, 주지 않을 놈은 아니 줘야 그 사람한테 이익이 된다." 하는 얘기도 했습니다. 누구나 없는 사람이라고 해서 다 도와주는 게 아닙니다. 도와주지 않아서 이익 될 분은 도와주지 않고, 도와줘서 이익 될 분은 도와줍니다.

여기에서 공양들을 해내고 또 여기를 운영하는 데에 비용이 어지간히 들어갑니다. 그러면 그것이 나 살자고 하는 게 아니지 않습니까. 그거는 둘째 쳐 놓고도 마음과 마음이 절대적으로 서로 상응을 하고 서로 전달이 되는데도 불구하고 못 믿고 그렇게 하신다면 당장 급할 때는 힘듭니다. 진실하게 해 나가는 사람에 한해서, 저 외국에서 전화가 뜨르륵 와도 "알았어!" 이렇게 선뜻 대답이 나갑니다. 또 와서 말을 해도 그냥 "응, 알았어." 이렇게 말이 나가죠.

그런데 그렇게 마음을 이중 삼중으로 자꾸 가지고 가는 사람에 한해서는 진짜로 진실하게, 관하는 도리를 진실하게 배우고 정성을 지극하게 하라고 이렇게 일러지지, 알았다는 소리가 안 나옵니다. 이 모든 거를 잘 생각하셔서 하시도록 하는 게 좋을 겁니다. 이 말 없이 말을 전달을 한다는 것이 여간 현명하고 여간 좋은 도리가 아닙니다. 우리가 이 마음 도리를 배워서 과학자들한테 전달을 한다면 그 과학자들이 능력이 더 우수해져서 발달이 돼 가지고 우리가 이 지구에서만 살 게 아니라 딴 데서도 동네를 만들어 놓고 살 수도 있는 여건이 됩니다. 여러 가지로 좋은 일만 벌어지는 거죠. 우리 마음 쓰는 데 하나하나가….

이 공부라는 것은 어떤 거든지, 달마 대사가 구렁이를 끌고 가서 저기다가 팽개치고 왔듯이, 이 인명에 해가 되고 내 앞에 용도에 따라서 닥쳐오는 것을 얼마든지 해결할 수 있고 타파할 수 있는 겁니다. 여러분이 이 공부를 하는 데에 첫째, 나로부터, 생활로부터, 식구들로부터 모두, 위는 조상으로부터 끝끝내 세세생생에 돌아가면서 이 금은 변하지 않습니다.

절에 다니면 중들이 먹물 옷을 입고 머릴 깎고 목탁을 치고 염불이나 하고, 여러분이 음식 가져오는 거 놓고 빌고 이러는 것이 불교인 줄 아시죠? 하하하, 그게 불교가 아닙니다. 일체 만물만생이 다 풀포기 하나라도 생명이 있는 거는 다 불입니다. 그리고 마음과 마음이 전달이 돼서 서로 공생하는 것이, 그리고 말하고 돌아가는 것이 바로 교입니다. 불교라는 것은 그렇게 이름을 가지고 불교라고 하는 것이 아닙니다. 가톨릭교니 기독교니 원불교니 하는 이름은 이름일 뿐이지 진리는 어느 종교든 불교 아닌 게 하나도 없습니다. '왜 중들이 이렇게 입고 있느냐?' 라는 생각도 한번 해 보실 점이 있습니다. 마음이 검지도 않고 희지도 않고, 무의 세계와 유의 세계를 같이 합류화시켜서 중용을 하는 것이 바로 순색입니다.

또 이 목탁을 치는 거를 한번 보십시오. 네가 입산을 했으면, 입산한 동기를 다지려면 네 머리를 쳐 봐라. 네 머리를 봐라. 한 번 치고 두 번 쳐서 그 소리가 어떻게 나나. 그것이 자기가 목탁을 치면 자기 머리를 치는 거와 같습니다. 그리고 목탁 치는 손잡이는 바로 자기 주장자예요. 그러니 하나서부터 열까지 전부, 법당에 오시면 저 부처님의 형상은 내 형상이요, 부처님의 마음은 내 마음이요, 부처님의 생명의 근본은 내 근본이요, '모두가 둘이 아니게 하나로 돌아가는 원리가 바로 이렇게 심오하구나.' 하고 한마음으로, 하나로서 꼭 믿고 원을 하면 수없는 부처님들, 법신들, 칠성부처 또는 미륵부처, 용신, 지신, 지장, 관세음 뭐, 할 거 없이 다 한꺼번에 여기다 넣어도 두드러지지 않는다 이겁니다.

그 이름은 이름일 뿐입니다. 여러분이 아버지 노릇 하고 엄마 노릇 할 때, 부인 노릇 하고 엄마 노릇 하고 할머니 노릇 하고, 또는 형 노릇 하고 아우 노릇 하고, 며느리 노릇 하고 딸 노릇 하고 이럴 때에 악을 쓰고 "난 이 노릇 한다." 하고 합니까? 그것은 모두가 이름일 뿐입니다. 어머니라는 이름, 아내라는 이름, 할머니라는 이름. 그렇듯이 지장, 관세음 또는 칠성부처, 독성부처, 산신부처, 용신, 지신 하이구! 이름도 한두 건이 아니지 않습니까? 그런데 우리가 살아나가는 그 이름도 한두 건이 아니죠. 사회에 나가도 이름이 또 붙어 돌아가고 여러 가지로 붙어 돌아가듯이, 그 이름을 믿으라는 게 아니고 실체를 알라는 얘깁니다. 그 실체 속에 바로 마음들이 전달이 되고 있다는 사실을 우리가 알아야 합니다.

여러분이 처음에는 몇 분 몇 분 이렇게 오시니까 그냥 응해 드렸지마는 이렇게 많이 오실수록 제가끔들 자유스럽게 전달을 하고 가신다면 얼마나 좋겠습니까. 그리고 나하고 대화를 하든 안 하든 자기가 마음먹고 가게 물건을 사러 왔으면 물건을 사 가지고 가야 될 거 아닙니까? 도로 움켜 놓고 물건을 안 사 가지고, 급해서 그 물건을 꼭 써야 할 텐데 그 물건을 사 가지고 가지 않는다면 애로는 어느 사람에게 있겠습니까? 이치로 따지자면 그렇다 이 소립니다.

그 대신에 좋은 일이 있습니다. 길에 나갔든지 외국에 나갔든지 멀리 나갔든지 급해서 오지 못할 때, 이런 때는 전화만 하나 터억 해도 심부름꾼이, 진실로 심부름꾼이 돼 주지 않습니까? 그만큼 신임을 하고 그만큼 나와 너가 둘이 아니라고 생각하기 때문에 그런 것입니다. 그 전화를 하는 사람도 그렇게 믿기 때문에 전화를 하고요. 부처님께서도 "인연 없는 중생은 어찌할 바가 없느니라." 한 것은 모두가 마음과 마음이, 이게 이 줄과 이 줄이 한데 합쳐져야 불이 들어오죠? 그런데 합쳐지지 않고 제가끔 떨어진다면 인연이 없는 거지 인연이 있는 겁니까, 어디?

이 모든 게, 세상 돌아가는 게 마음의 놀음입니다. 이 마음이 아니었더라면 지금 이렇게 과학적으로 발전이 되지도 못했고, 지금 세상 돌아가는 것이 과학이라는 원리도 몰랐을 겁니다. 생활 속에서 살아가면서 자꾸자꾸 지혜가 생기고 또 발전이 되고 이러는 거 아닙니까? 처음에는 몰라서 요런 거를 샀었는데 아이, 알고 보니까 요건 외려 쓰기가 거북하고 얼른 망가지고 녹이 슬고 못 쓰겠더라. 그러니까 아주 요긴하게 쓸 물건을 돈을 덜 주고도 그런 거를 살 수 있는 그 영력이 생기는 거죠. 그게 바로 발전입니다. 마음의 발전!

처음에 마음의 발전이 되지 않았을 때는 수억겁 광년 전으로부터 인간 되기도 어려웠는데, 인간이 돼 가지고도 처음에는 다 나무때기로 썼습니다. 그러다가 그게 나무때기로 하니까 부러지고 여의치 않게 됨으로써 돌을 갈아서 또 도구로 썼습니다. 이렇게 발전을 하는 겁니다. 살아가면서 발전을 하는 거예요. 이게 그냥 발전하는 게 과학입니다, 그냥. 내가 마음에서부터 머리로 싹이 터서 열매가 맺는 거지, 남이 이론적으로 '이렇다' 하면 그냥 '그렇다' 하고 이렇게 듣는 그것이 발전이 아닙니다.

그러니까 여러분이 마음과 마음의 전달이 이렇게 될 수 있다는데 그렇게 해 봐야 알 수 있을 거 아닙니까. 내가 해 보지 않고는 실험을 할 수도 없거니와 체험을 할 수도 없습니다. 내가 해 보지 않으면 신임도 할 수 없고, 내가 해 보지 않으면 믿어지지도 않고, 내가 해 보지 않는다면 소고삐를 쥐고 자유껏 자재할 수가 없습니다. 그러니까 아무리 어렵더라도 "흥!" 콧방귀 탁 뀌고, 아무리 병원에서 어떠한 문제가 생겼더라도 콧방귀 탁 뀌고 '그건 이름일 뿐이야. 내 이 속의, 이 육체 속의 한마음에서 나온 거니까 한마음에서 바로 작용을 해서 너만이 이끌어 갈 수 있고 건강하게 할 수 있는 거지, 그 이름이 뭐 말라빠져 죽은 거냐!' 하고 콧방귀 뀔 수 있어야 된다 이겁니다. 어떤 것도 두렵지 않아요.

그래서 죽는다 산다 하는 것도, 죽는 것도 내일 죽는다 이따 죽는다 해도 나는 두렵지 않아요. 여러분도 두렵지 않게, 생각하실 수 있는 대로 해 보세요. 왜냐? 아까도 얘기했죠. 마음은 죽는 게 없고 마음은 온 곳도 없고 마음은 갈 곳도 없다고. 그 마음이라는 것이 영원하게 자기의 근본입니다. 그러니 선덕을 쌓고 악덕을 행하고 이러는 거를 우리가, 악덕이 나오걸랑은 마음으로 다스려서 악덕을 할 수 없게끔 만들고, 악행을 하면 바로 그것이 연결돼서 악한 일만 생기고…. 그러니까 내 몸속에 그 수효가 얼맙니까, 알고 있는 수효가. 그러니 그것이 없어지려야 없어질 수 없는 것이 얼마나 참, 기가 막힙니까? 그래서 옛날의 선지식들이 말했지 않습니까. 악한 일을 하면 악덕이 오고, 선한 일을 하면 선업을 쌓는다고요. 악한 일을 하면 악업이죠. 선한 일을 하면 선업이고요. 그러니 콩 심은 데 콩 나고 팥 심은 데 팥 난다는 말 있죠. 그러니 누가 갖다 준 것도 아니요, 뺏어 갈 것도 아니란 얘기죠.

어느 사람이 하도 가난하고 하도 애고가 많이 닥쳐서 집안이 구순하질 못하고 항상 싸우고 이러니까는 부처님한테 가서 물어봤대요. "저는 이 세상에 나와서 마음을 그렇게 악하게 쓰지도 않았는데 어찌 이렇게 악한 일만 닥칩니까?" 하니까 "얘, 너희가 지금 앞에 닥치는 걸 가만히 보면 너희가 과거에 어떻게 했다는 것을 알 수 있느니라. 그리고 지금 너희가 살아나가는 거를 잘 보면 미래에 어떻게 올 것이라는 걸 알 수 있느니라." 아주 빤하죠, 뭐. 자기가 자기한테 거짓은 못하니까요. 자기가 알고 있는 것을 우주간 법계에서 다 알고 있으니까요. 그래서 보이지 않는 데 마음이 그렇게 전달을 해서 돌아간다 이 소립니다.

그러니 여기 앉아 있는 분들은 아주 실수 없이 정성스럽게, 마음을 먹었으면 그대로 변치 말고 그대로 하면서 자기부터 믿고 바로 자기부터 '너만이, 너만이 나를 이끌어 줄 수 있고, 너만이 병고를 낫게 해서 건강하게 끌고 다닐 수 있고, 너만이 가정을 화목하게 할 수 있고, 너만이 물리가 터지게 할 수 있고, 너만이 위로는 조상들의 묵은 빚을 갚게 하고, 너만이 아래로는….' (녹음 안됨) 중생들이 다 천백억 화신으로 화해서 끝끝내는 내가 마지막으로 성불을 하게 되는 것이 바로 원칙입니다. 그냥 만날 창살 없는 감옥에 갇혀 가지고 노예처럼 '잘 되게 해 주시오.' 이렇게 빈다면 끝끝내 노예가 돼서 한 발짝도 벗어날 수 없는 그런 고(苦)에서 허덕일 겁니다, 아마.

그러니 오늘도 내가 나가더라도 한 5분 동안 앉아서 모든 거를 고(告)하고 가십시오. 내가 천 리에 있다 하더라도 여러분이 고하는 거는 틀림없이 듣고 있을 테니까요. 그러니까 여러분이 행동하는 거를 알고 있죠.

또 한마디만 하죠. 옛날에 저 상원사 절에 있을 땝니다. 아, 남편이 각혈을 하고 그냥 뭐, 개선일 매는데 정성을 들이라니까, 정성 들일 돈이 없다는 겁니다. 아니, 부인이 요러지 않습니까? 그런데 옷도 그냥 후줄근하게 입고 남이 볼 땐 정말 가난한 사람으로 보게끔 생겨 있어요. 그런데 제가 보니까요, 통장이 몇 개씩 되고, 버선목 속에다가 통장을 해서 꼼꼼히 넣어 놓고 돈이 있는 거는 잔돈은 잔돈대로 굵은 건 굵은 것대로 버선목에다 넣어서 장롱 밑에다가 딱 넣어 놓고 있더라 이 소립니다. 그러면서 자기 옷 하나도 제대로 입고 다니지 못하고 그러는 거예요. 그게 죽으면 따라갈 줄 알고 그러는 모양이죠. 허허허…. 죽어도 대문 밖도 안 내다봐요. 하하하…. 죽어서 아무리 간다 하더라도 대문 밖도 안 내다보고, 자기가 어떻게 살았느냐에 따라서 업식만 쫓아가는 거예요.

아, 그래서 "여보, 보살!" 그러니까 지금 남편은 그냥 피를 세숫대야에다 막 쏟고 이런 판국인데 아휴, 그렇게 지독할 수가 없어요. 그 말을 하는데요, 난 너무 놀란 거 있죠. 어떻게 10년, 20년 살아오면서 그렇게…. 자식도 못 낳았어, 참! 하하하…. 근데 그렇게 그럴 수가 있어요? 참 기가 막히더군요. 그래서 "보살!" 그러니까 "예?" 그래서 "돈 없어서 정성 못 들이겠어?" 그러니까 "돈이 없는데요. 그렇게 할 수 있는 거는 한 푼도 없는데요." 그래요. 그래서 "그 장롱 속의 버선목에 든 거는 뭐야? 아무짝에 못 쓸 거라면 그건 그냥 태워 버리지." 그랬어요.

깜짝 놀라면서 손바닥을 치면서 뭐라고 그러는 줄 아세요? 하하하…. 어떻게 남의 장 속까지 보느냐고, 하하하…. (대중 웃음)

이건 내 자랑이 아니라 여러분도 다 그렇게 보실 수 있다는 겁니다. 이 보는 것만이 또 도가 아니라고 그랬죠. 이거를 봤으면, 컵에 물이 담긴 걸 봤으면 꼭 먹을 수도 있고 줄 수도 있어야 한다 이겁니다. 그랬더니 깜짝 놀라면서 "아이구!" 이러면서 입을 딱 벌리고선 아무 말도 못해요. 그러고는 내버려 뒀죠, 인제. 그랬더니 그날로 내려가서 그 이튿날 아침 새벽에 그 몇십 리 되는 데를 또 거창하게…. 그러니까 얼마나 고생을 해요, 글쎄. 조금 가지고 올라왔으면 될 거를, 하하하, 아이구 참. 그래 가지고는 또 거기 몇십 리를 걸어 내려가야 되거든요. 가서는 또 그거를 가져오느라고 얼마나 힘들었겠습니까? 그렇게 해서 갖다 놓고는 그 병이 나으니까 인제 그때서야 쪼금 눈을 뜨기 시작하는데 내가 그냥 왔죠. 허허허….

그러니까 모든 게 이 세상 사람들이, 하다못해 꽃나무 기르는 것도 "아이, 이까짓 거, 뭐." "이까짓 거" 이럭하면 그게 별로예요. 요거를 잘 다듬으면서 기르면 아주 기름이 잘잘 흐르는 게 잘 자라죠. 그것도 알아듣고, 어떻게 마음을 먹는지 속 내용을 알고 있어요. 개들도, 강아지들도 다 알아요. 강아지가 귀찮게 군다고 어느 사람이, 요새 얘기예요. 그냥 주먹으로 볼탱이를 질렀단 말입니다. 하하하…. 집안에서 기르는데 개가 막 그냥 죄 풍비박산을 만들어 놓고 그러니까. 아, 그래서 한 대 때렸더니 말입니다, 깨갱하곤 그냥 저거 하더니만 며칠을 그걸로 인해서 앓고 일어나서는 그 때린 사람 앞에 가기도 싫어하는 거예요. 뭐를 줘도 안 먹고 돌아서는 겁니다. 야, 강아지도 알지 않습니까? 하다못해 강아지도 그런데, 하하하….

이렇게 애타게 내가 여러분한테, 이렇게 같이하면서 이 도리를…, 내가 대신 먹어 줘서 될 일이라면 얼마든지 대신 먹어 줄 텐데 대신 먹어서 될 일이 아니기 때문에, 이거를 그냥 본인이 배부르게 먹으라고 이렇게 혹사를 하고 애를 쓰는데도 이거를 못 알아듣는다면 어쩝니까, 글쎄? 그래서 그 개가 본 척도 안 하고, 밥을 줘도 먹지도 않고, 이름을 부르면서 오라고 그래도 오지도 않고 아, 이러는 걸 보더니 "이 개 좀 보게!" 이러는 겁니다, 인제. "이 개 좀 보게. 개도 이렇게 아네! 아네!" 이래요, 글쎄. 그러니까 뭐든지 그렇습니다, 뭐든지.

그래서 옛날에, 내 이런 얘기도 또 했죠. 시아버지가 너그럽고 지혜로워서 농사를 지으면 항상 싸래기 두어 섬씩 이렇게 해서 광에다 그냥 내놓고 쌀은 쌀대로 놓고, 아무것도 없는데 "서생원!" 하고 불러서는 "딴 데는 건드리지 말고 당신네들 준 것만 먹어." 그러고선 싸래기 두어 섬을 광에다 놔두더랍니다. 그런데 그 소릴 알아듣고 하나도 건드리지 않고 그 싸래기만 물어다 먹는 겁니다. 해마다 그렇게 해서 조금도 뭐, 갉아서 쌀이 쏟아지게 하거나 그런 예가 없었어요. 근데 어느 날 하루는 아, 쥐란 놈들이 그냥 있는 대로 수십 마리가 나와서 마당에서 춤을 추거든요. 마당에서 막 춤을 추니까, 찍찌거리고 뭐, 짹째거리고 춤을 추니까…, 그러니까 찍찌거리는 소릴 못 알아들어서 그렇지 빨리 나오라고 그러는 소리거든요, 빨리 나오라고. 주인님들 빨리 나오라고. 그냥 악을 악을 쓰고 온통 그냥 팔팔 뛰는 게, 우리 인간이 볼 때는 춤을 추는 걸로 보이죠. 짹째거리는 소리로 들리고.

그러니 인간이 볼 때는 그게 미거하고, 그게 볼 때는 인간이 미거한 거예요. 아이, 얼마나 악을 쓰고 얼마나 그냥 펄펄 뛰고 그냥 모두 야단들을 했던지, 방에서 찍찌거리는 소리가 나니까 모두 나가서 "어머! 어머!" 저 쥐들이 나와서 춤추는 거 구경하라고 그러니까 애들이고 어른이고 다 나와서 마당에 죄 그냥…. 옛날의 시골집은 이렇게 마당이, 뜰이 넓지 않습니까? 마당에 다 나오자마자 집이 그냥 홀딱 내려앉은 거예요, 너무 오래돼서 썩어서. 예전에는 지붕을 하려면 진흙을 두껍게 얹어 놓고 하지 않았습니까? 그런데 그냥 뭐, 인명 피해가 하나도 없이 그렇게 쥐들이 살렸대요.

그러니까 쪼금도 에누리가 없어요. 내가 누구를 따귀를 때렸으면 꼭 따귀로 대항하러 오고, 좋은 일을 했으면 언제든지, 어려워서 갚지 못한다 하더라도 속으로는 '아이구! 그분 참 고마웠는데 내 언제고 이걸 갚아야 할 텐데….' 하고 생각이라도 하고 있고, 또 되면 갖다 갚고, 아, 딴 걸로라도 갖다 갚고 이렇게 하죠. 쪼금도 에누리가 없습니다. 이 세상은 남을 속으로, 속마음으로 욕을 하고 '저거 급살이라도 맞아야지.' 하고 이러는데, 아니, 급살 얘길 하니까 말이죠, 옛날에 어려서 들으니까 자식들한테 욕을 하는데 "이 염병을 할 년!" 그러든가 뭐, "급살을 맞을 놈!" 이러고 아, 그렇게 욕을 하데요.

근데 그때는 그 욕하는 거를 그렇게 뭐, 대수롭지 않게 생각을 했는데 이 공부를 하면서 생각을 하니까 그 욕한 그대로 그게 반영이 되는 거예요. 그러니 얼마나 그 입 놀리는 게 무섭습니까? 생각 한 번, 입 놀리는 거, 이게. 그래서 여러분 중에 젊은 사람이 키가 작은 사람이 있걸랑은 요다음에 시집가고 장가들걸랑 어린애를 배기 전에 항상 키가 좀 웬만큼 크고, 누구의 본을 따서 그 몸집과 그 얼굴을 생각하고 거기다가 맡기고 이렇게 해서 간판을 좀 충실하게 이렇게 낳을 수 있는 그런…. (대중 웃음) 아닙니다. 체질도 바꿀 수 있는 거니까. 이 공부가 이렇게 중요한 공부예요.

그러니까 그런 줄 아시고 아, 넉넉지 못하든 넉넉하든 그것은 모든 게 여러분의 자유에 달려 있으니까 그저 정성스럽게 하고 또 정성스럽게 믿고 그리고 또 정성스럽게 '거기서만이, 너만이 할 수 있다. 너만이 할 수 있다.' 그게 부처라고 한다면 또 부처를 위에다가 마음으로 이렇게 올려놓을 테니까 '주인공' 이라고 한 겁니다. 그러니까 '주인공!' 이게 고정됨이 없거든. 보는 거, 듣는 거, 말하는 거, 가고 오는 거, 먹는 거 전부 고정된 게 없으니까 공했어요. 시공을 초월해서 돌아가는 거를 공이라고 하거든요. 그러니까 '주인' 이자 '공' 이란 말입니다. 그러니까 주인공을 진실히 믿고 '너만이 할 수 있어!' 잘못돼서 돌아가면 '너만이 잘 인의롭게 돌아가게 할 수 있어!' 마음은 체가 없어서 못 하는 게 없어요. 더디고 빠르고 그럴 뿐이지.

그러면 오늘 제가 내려간 뒤에 그대로 앉아 계시면서 마음속으로 한 5분 동안만 묵념을 하고 그렇게 전달을 하고, 싱긋이 전달을 하고 웃고, 하하하, 즐거워서 웃고, 또 즐겁지 않은 마음이 생길 때는 '아니, 즐거운 마음이 생기게 해야지. 즐겁게 살게 하지 왜 찌푸리고 살게 해!' 하고 거기다 맡기고 그렇게 즐겁게 살도록 하세요.

아, 일어나지 마세요. 일어나지 말고 마음을 차분히 딱 놓고 이 우주의 전체를 그냥 넣든지 또 이 내 몸뚱이 속에 있는 의식들을 다 한 마음으로 모으든지, 또 어떤 바깥의 생활 속에서 무슨 일이 있든지 그런 걸 다 집어넣고….

대중 감사합니다.

돌려서 맡겨 놓아라

금요 친견 법회

1993년 2월 12일

큰스님 … 예를 들어서 길을 가다가 엎드러지면 그 자릴 짚고 일어나야 하듯이 모든 일은 자기가 이 세상에 생겨났으니까 상대적인 애고가 생기고 병고가 생기고 영계성이나 유전성이 생기고 그런 것이지, 자기가 없다면 아무것도 없습니다. 근본 자기가 태어난 게 탓입니다.

그런 고로 여러분은 죽든 살든, 하늘이 깨지든, 어떤 애고가 생기든, 가정에 어떠한 부패 있는 일이 생기든, 배신을 당하든 배신을 안 당하든 하여간에 그 자리에다가, 나오는 그 자리에다가, 모든 것을 거기에 맡겨 놓고 '너만이 그렇게 애고가 닥치지 않게 할 수 있고, 너만이 유전성이 없게 할 수 있고, 너만이 영계성이 닥치지 않게 할 수 있고, 너만이 세균성이 오지 않게 할 수 있고, 너만이 병고가 생기지 않게 할 수 있고, 어떠한 애고 어떠한 용도에 따라서든 너만이 할 수 있고, 너만이 변경을 시킬 수 있다.' 하는 믿음을 진실하게 가져야 하는 것입니다. 여러분이 수억겁을 거쳐 오면서 여러분을 형성시켰고 또 여러분이 살아왔고, 잘못 살았으면 잘

못 산 대로 업식이 남아 있고 잘 살았으면 잘 산 대로 그 선(善)의 업식이 있다 이겁니다.

그럼으로써 어느 이름을 믿으려고 하지도 말고, 형상을 믿으려고 하지도 말고 또는 허공을 믿으려고 하지도 말고, 먼 데 것 찾아가려고, 잘하려고 마음으로 좇아가려고 애를 쓰지도 말고, 우선 내 앞에 닥치는 것마다 그렇게 돌려서 놓을 수 있다면, 돌려서 맡겨 놓을 수 있다면…. "돌려서"라는 소리는 뭐냐 하면 한마디로 표현을 한다면 안에서 화가 일어나는 것을, 즉 '화가 일어나는 것도 네놈 속에서 일어나는 거니까 화가 안 나고 싱그럽게 해 줄 수도 있는 것도 바로 너 아니야?' 하고 거기다 놓을 수 있는 거, 거기다 맡길 수 있는 것을, 그렇게 돌려서 거기다 맡길 수 있는 것을 돌린다고 합니다. 그렇게 하게 되면 누구나가 엎드러졌어도 거뜬히 그 땅을 짚고 일어날 수 있는 것입니다. 여러분이 실험을 안 해 보고 그냥 '나는 그렇게 할 수 없다' 는 결론이 앞에 서면 안 됩니다. '죽든 살든 너가 형성시켜서 너가 끌고 다니는 거니까 너가 알아서….' 모르는 건 알아서 하라고 그러고 아는 건 잘 생각해서 거기다 맡겨 놓고, 이렇게 하는 게 돌리는 겁니다.

왜 그러냐 하면 나사가 녹이 슬어서 삐걱삐걱하고 안 돌아갈 때는 다른 나사를, 새 거를 끼워 넣으면 잘 돌아갑니다. 그와 같이 과거에 마음으로 지은 대로 나오는 것을, 녹슬어서 나오는 것을 녹슬지 않은 부속으로 끼우듯이 내 마음으로 '너가 그렇게 한 거니까 너가 해결할 수 있다. 아주 녹슬지 않게 할 수 있는 건 너밖에 없다.' 하고 거기다 맡겨 놓는다면 바로 새 부속을 끼우는 거와 같은 겁니다.

마음은 체가 없어서 무한량입니다. 그래서 이리저리 바꿀 수도 있는 것이 바로 마음입니다. 내가 항상 말씀해 드리죠. 여러분이 가정에서 자동적으로 아버지가 됐다가 자동적으로 남편이 되고 그런다고. 그 마음이라는 게 그렇게 묘해서 누가 일러 주지 않아도 자동적으로 아버지 노릇 잘하고 남편 노릇 잘하고 아들 노릇 잘하고 사위 노릇 잘하고 형님 노릇 잘하고 아우 노릇 잘하고 이렇게 합니다. 남편 노릇 할 때에, 아버지 노릇 할 때에 보십시오. 금방 아버지 노릇 하다가도 "여보!" 하면 금방 뭐, 지체 없이 한 찰나에 그냥 남편 노릇을 하지 않습니까?

그와 같이 모든 것을, 그렇게 나쁘게 나오는 것을 좋게 해서 거기다가 맡겨 놓는다면 새 부속을 끼우는 거와 같고, 구정물이 나온다면 아주 새 물이 나오게끔 할 수 있는 것이 그겁니다, 바로. 그러니까 내 자유대로 살 수 있는 것인데 자유대로 살 수 없는 것은, 바로 과거에 자기가 어떻게 살았느냐에 따라서 업식이 주어져 있기 때문에 그런 것이니까 그 업식이 나오는 대로 잘 생각을 해서 뒤집어 놓는다면, 뒤집어 놓고 또 뒤집힌 거는 바로 놓고 이렇게 잘해 나가실 수만 있다면 그거는 아주 정말이지 앞으로 자유자재할 수 있는 능력을 얻을 것입니다.

지난번에 한 번, 두 번인가 그렇게 했죠. 여러분이 마음과 마음으로 전달을 해서 체험을 하고 그렇게 실험을 통해서 잘 심력을 길러 가라고요. 그랬는데 오늘은 이런 생각이 듭디다. '에이, 그분들이 다 된 분 같으면 여기 오지도 않았을 거고….' 하하하…. 그러니까 내가 좀 고달프더라도 두어 번 경험한 거를 듣기도 하고 또 급한 분들만, 꼭 급한 분들만 얘길 하시도록 하고…. (녹음 안됨)

이것도 전기 들어올 수 있는 줄이고, 이것도 전기 들어올 수 있는 줄입니다. 그런데 이것이 합쳐지지 않으면 불이 안 들어오거든요. 그러니까 이것이 '네가 있고 내가 있고' 이렇다고 생각을 하고 말을 하면 이건 붙질 못해서 불이 안 들어오게 돼 있습니다, 예를 들자면. 그러니까 마음과 마음을 한마음으로서 결부를 시켜서 급한 얘기를 그냥 하면 얘기를 해도 얘기한 새가 없이 한 것이 됩니다. 상대를 놓고 항상 이렇게 하신다면, 이 세상의 모든 종교들이 기복으로 믿는데 우리라서 기복이 아니라고 할 수가 없거든요. 상대를 놓고 하지 마시라 이겁니다.

여러분이 이 세상에 났으니까 모든 세상이 벌어졌는데 그게 공생

· 공용 · 공체 · 공식화한다는 것은 모두 말없이, 마음먹으면 벌써 마음먹는 대로 이 속 안의 중생들이 다 알고 퍼뜨립니다. 하하하…. 그렇기 때문에 내가 혼자만 알고 있는 게 없어요. 마음으로, 속으로만 알고 있고 이래도 다 퍼집니다. 좋은 일을 해도 속으로만 알고 있는 것이 퍼지고, 나쁜 일을 해도 속으로만 알고 있는 것이 다 퍼집니다. 이 마음이라는 건 체가 없어서 원자라면, 근본이라면 근본에서 수없이 그 마음의 의식이 나갑니다. 나가서 전달이 되고 전달이 되고 이렇게 하고 또 들고 전달이 되고 이렇게…. 태양이 작용을 하듯이, 인간의 정맥 동맥이 작용을 하듯이, 오르고 내리듯이 모든 일체 만물만생이 다 그렇게 작용을 하고 갑니다. 그렇기 때문에 나 혼자만 알고 있으니까 뭐, 속여도 괜찮다 이러지만 그게 아닙니다. 속이는 것도 남을 이익하게 하고 누가 되지 않도록 거짓말하는 건 거짓말이 아닙니다. 그것은 지혜라고 보겠죠.

그러니 여러분이 될 수 있으면 이 공부를 열심히 하셔서 앞으로는 자라 나가는 애들한테도 뿌리를 성성하게 키워 주고, 위로 조상들에겐 바로 한마음이 돼서 묵은 빚을 갚을 수 있는 그런 지혜가 있기를 빕니다. 그리고 여러분이 나만 이렇게 생각하지 마시고요, 여기 스님네들도요, 작은 스님 큰스님이 따로 없습니다. 왜냐하면 이건 모습이 작고 큰 거지 그 마음의 결정적인 문제는 바로 작은 스님이나 나나 똑같이 가지고 있는 겁니다. 이 작은 스님네들이 큰스님의 뜻을 받아서 마음으로 새겨서 딱 믿고 지니고 행을 하기 때문에 아무 스님한테다가 얘기를 하고, 급하면 얘길 하고 가도 그것은 반드시 됩니다. 이루어집니다. 그러니까 그저 선후를 가리지 말고 스님네들이라면 다 될 수 있다는 거를 아셔야 됩니다. 여러 소리를 들으려고 하지 마시고 얘기만 하고 가시면 됩니다. 모르시니까 그것도 그런 거죠. 알면 얘기 안 해도 되겠는데 모르시니까. 그러나 알고 본다면 얘기를 아주 재밌게 잘하고도 얘기한 사이가 없이 하셔야 됩니다.

내가 아까 얘기했듯 상대를 아주 위로 올려놓거나 아래로, 예를 들어서 업신여겨서 밑으로 내려놓거나 이래도 안 됩니다. 그저 내 마음과 그 스님의 마음이 동일하게, 우리를 생각해 주는 마음이 100%가 되고 또 우리는 스님을 생각하는 마음이 100%가 되고, 그래서 한마음으로 그냥 서슴없이 간단하게 용건만 얘기하시고 가신다면 그것으로써 족합니다. 모두 여러분이 마음에서 '작은 스님이다, 큰스님이다' 라는 사량이 붙어 있기 때문에, '작은 스님한테 말을 하면 효력이 없어.' 이렇게 생각하기 때문에 효력이 없는 겁니다. 거지도 깡통을 가지고 밥을 얻으러 가야 밥을 주고, 깡통도 둘을 가지고 가야 반찬은 따로 담아 주거든. 이치가 그렇습니다. 내가 깡통도 가져가지 않고 '에이, 저 사람은 밥을 안 줄 거야.' 이러면 안 주는 거죠, 뭐. 그렇게 돼 있지 않습니까? 안 줄 거라고 깡통도 안 가지고 그냥 갔으니 뭐, 손바닥에다 줍니까, 어떡합니까? 그러니까 모든 이치가 그러하다 이겁니다.

여러분한테 내가 수십 년이라면 수십 년이고 몇십 년이라면 몇십 년이고 이렇게 쭈욱 내려온 것은 여러분을, 육체 속의 중생을 다 진화시켜서 바꿔야 천백억화신으로 화하게 됩니다. 그래야 맨 나중에 여러분께서 견성을 하고 성불을 하게 됩니다. 그러니까 내 중생들, 내 업식이 들어 있는 그 자체를 먼저 다 제도를 해야 된다는 얘깁니다. 그러니까 그걸 제도하려면 내가 마음을 잘 써서 거기다가 되돌려 놓고 나쁜 것은, 흙탕물은 맑은 물로 바꿔 놓고 녹슨 거는 또 새 걸로다가 바꿔 끼고, 이렇게 연방 닥치는 대로 해야 이것이 나중에는 다 바뀌지죠. 안 그럽니까? 그래도 이해가 안 갑니까? 하하하….

그렇게 해서 우리가 이 세상에, 나처럼 간판을 예쁘고 잘생기게 지니고 나오지 못했어도 이 얼굴이야 못생겼든 말았든 마음이 아리따우면 이 세상에 끝 간 데 없이 정말 잘생기고 잘나고 똑똑하고 그래서 이 만 중생을 더불어 둘이 아니게 제도한다고 그랬습니다. 그러니 여러분이 관상을 중요하게 생각하지 말고, 말하자면 심상을 중요하게 생각을 하시라 이겁니다. 우리 이 못생기고 잘생긴 거는, 잘생겼어도 조금 있으면 얼마 안 가서 바뀌지고, 또 못생겼어도 얼마 안 가서 잘생긴 놈으로 바뀌질 수도 있고 이런 것이지, 잘나고 못나고 그런 걸 탓하지 마세요.

그런데 모두 사람들 살아나가는 데 보면 면접시험 본다고 벌써 간판부터 보거든. 하하하…. 그것도 첫째 문제라고요. 그러니 젊은 분들은, 앞으로 애기들 생산할 분들은 잘 생각하셔서 잘난 사람을 한번 봐서 생각했다가, 간판으로도 그렇고 마음도 아리땁게 만들려면 마음으로 해서 거기다 맡겨 놓으면 속의 중생들이 다 그냥 한마음으로 응해 준단 말입니다. 그리고 작용을 해 주고. 그리고 임신이 되더라도 그 의식들이 다 그렇게 생각을 하고 작용을 하기 때문에 아주 건강하고 튼튼하고, 잘나고 똑똑하고 지혜롭게 낳을 수가 있다 이 소립니다. 그러니 모든 게 체질도….

원주에서 이런 일이 있었죠. 몸뚱이에 흰 반점이 생겨 가지고, 그걸 뭐라고 그러더라? 그렇게 생겨 가지고 몸뚱이가 전체 그냥 그렇게 되는 거야. 그러니 이거를 어떻게 하면 좋겠느냐 이거야. 시집도 못 가고 장가도 못 가고. 그래서 정성을 지극하게 하면서, 그때는 이렇게 알뜰하게 공부를 못 시켰어요. 그런데도 그렇게 정성스럽게 그 자기 주인공을 믿고 정성을 지극하게 들이더라고요. 그러더니만 그게 씻은 듯 부신 듯 하게 다 나았죠. 나아서 지금은, 즉 말하자면 아기를 생산하는 데도 그런 이(利)가 없어요. 왜 유전성으로 그런 예가 있지 않습니까? 자식에게도 그런 문제가 생긴다고. 그러나 그런 것도 없이 아주 출중하게 잘 낳아서 잘 기르고 있어요. 대학까지 가고요. 그러니까 우리의 한생각이 그렇게 중요하다는 겁니다.

그리고 또 애기할 것은 많지만 말입니다, 아주 요것만 애기하죠. 자손들 기르는데요, 자손들이 여러분의 의향에 따라서 가 주질 않는다고 욕을 하거나 나쁜 놈이라고 하거나 또는 "개새끼, 소새끼" 하거나 그렇게 해서는 안 됩니다. 그 또한 늙어서 죽어서 젊어진 거지 항상 애로 있었던 게 아닙니다. 본래 지혜가 제 나름대로 다 들어 있습니다. 그러니까 자기 범위 내에서 자기를 따라가지 않는다고 해서 잘못됐다곤 보질 않습니다, 저는. 외려 더 발전이 돼서, 전자에서부터 살아오던 습을 가지고 사는 사람들보다 외려 더 영리하게, 지혜롭게 나가는 애들도 많으니까요. 그거를 부모가 마땅치 않다고 내 고집대로만 이것이 옳다고 내밀고 "개새끼, 소새끼" 한다면 그건 말도 안 됩니다.

어린애는 어린애대로 지킴이가 있습니다. 자기 주인공이 지켜 주고 나갑니다, 애들 적에. 그러니까 그런 것도 걱정하지 말아야죠, 거기다 맡기고. 그러면 오히려 튼튼하게 되죠. 그러니까 장가를 들고 시집을 간다고 하거나 또는 이거를 이렇게 했으면 좋겠다고 나가는 애들이 있어도 자기 의향대로 해 보도록 조곤조곤히 "얘, 너는 어떻게 했으면 좋겠느냐?" 이렇게 해서 "나는 이렇게 했으면 좋겠다." 하면 "그러면 그렇게 해 봐라." 하고 좀 달작지근하게 다 밀어주는 사랑을 해야 합니다. 그래야만 그 애가 정서적으로도 아주 지혜롭게 해 나갈 수 있게 모든 머리 두뇌가 발전이 된단 말입니다, 지혜롭게. 그런데 압박을 주니까 이건 발전커녕 아예 그냥 무디게 돼 버려요. 이러지도 저러지도 못하게요. 그러니까 자식을 외려 망가뜨리는 수가 한두 건이 아닙니다. 내가 여러분을 볼 때 어떤 땐 답답해서 싱긋이 웃고 말아 버립니다마는 여러분이 여기 와서는 그렇지 않은 척하면서도 집에 가면 "야, 이놈의 새끼야! 뭐, 어쩌고…." 조금만 저거 해도…. 그거 자유롭게 좀 놔두면 어떻습니까? 네? 이래도 한세상 저래도 한세상일 거. 그러면 오히려 더, 잘못 가다가도 '어휴! 이거 이럭하면 안 돼.' 하고서 도로 돌아온단 말입니다.

"이 마음, 이 마음 뿌리를 길러 줘라." 하는 것은 마음으로 '너와 나와 둘이 아닌 한마음인데, 그 한마음 주인공 속에서 나오는 건데 어련하랴. 다 네 주인공이 지켜 주리라.' 아, 이럭하고선 다 맡기면 될 거를 그냥 입으로, 말로, 행동으로 발발 발발 발발 떠니 그놈의 애가 성장을 할 수가 있어야죠. 아주 참, 오늘서부터는, 줄창 그렇게 하셨겠지만 오늘서부터는 더욱더 좀, 자녀들의 마음도 애들로서 보지 말고, 또 경험한 나로서 경험 못한 애를 내 기준에서 보려고 애쓰지 마시고요. 항상 어른 기준에서 애를 보니까 애가 만날 잘못하는 것만 보이죠? 여러분이 걔를 보려면 그맘때 그때 시절로 자기가 돌아가서 걔를 한번 보세요. 그럼 외려 자기 어려서보다 더 영리할 테니까요. 아셨죠? 하하하….

그러니까 오늘은 급한 분들만 말씀하시고 가세요. 그리고 급하지 않은 분들은 그냥 마음으로 전달하고 가시고요. 또 평소의 날도 있으니까 정 급하면 평소의 날에 오셔도 되고요. 이게 얼마나 자유스럽습니까? 나는 여러분의 마음을 좀 섭섭지 않게, 여러분이 몰라서 섭섭한 건데, 그래도 모르는 편에 서서 섭섭지 않게 해야지 하는 생각에서 이렇게 하는 겁니다. 그러니까 급한 분들만…. 또 급한 분들도 그다지 그렇게 급하지 않으면 평소 날에 오시고요. 아셨죠?

대중 가운데서 예. 감사합니다.

큰스님 예. 하하하…. 공부들 열심히 하세요. 이 세상에 모두 자기가 났으니까 뭐, 불행한 것도 닥치고 모두 닥치죠. 그러니까 남의 탓 할 게 하나도 없어요. 자기 할 탓이지.

착(着) 없이 진짜로 놓아라

금요 친견 법회

1993년 2월 19일

금요일에 이렇게 많이 오셨네요. 여러분께서 주인공에 모든 것을 놓고 간다고 하시는데, 처음에는 무조건 놔야 한다니까 알지 못해서 잘 놓지 못하고, 또 웬만큼 알아 가지고는 놨다고 하면서 붙들고 다시 나오는 경향이 있습니다. 우리가 걸음 걸을 때에 한 발 놓고 한 발 딛고 그렇게 놓고 가듯 해야 하는데 그냥 처음에는 놓지 못해서 문제가 되고, 나중에는 체험을 쪼금씩 하고 가다 보니까 '아, 이런 거구나!' 하고 놓고선 다시 붙들고 나와요. 이런 경향이 없도록 하시는 게 좋을 겁니다. 그러면 "처음에는 좀 실험이 되고 그러더니 아, 나중엔 안됩니다." 이러거든. 그 원인이 어딨나를 한번 잘들 생각해 보세요.

예전에 공부하는 사람들이 이런 경우가 있었죠. '네가 있다면 손을 들어 봐라.' 하니까 손이 아무 뭐, 기척이 없더랍니다. 그런데 '손을 들어 봐라' 하는 그 뜻이, 생각이 없어지니까 손이 번쩍 들리더라는 겁니다. 사람의 마음이라는 것이, 마음과 내 영혼의 근본이 같이 부합이 돼야만이 이게 불이 켜지게 돼 있거든요. 그런데 줄을 갖다가 대려고 하다가 도로 들고 나오니까 불이 안 들어올 수밖에 없지. 그걸 가지고 일컬어 착(着)이라고 하는 겁니다. 거기서 맛을 보니까 아, 맛을 본 사람은 본 사람대로 인제는 착을 갖게 돼 있어요. 그러니까 되다가 이게 중동무이하는 수가 많죠. 알지 못했을 때는 무조건 그냥 놓고 가다가 좀 알고 나니까 착이 붙어서 도로 그걸 완전히 놓질 못하고 그냥 들고 다시 나오는 거나 똑같죠. 그렇게 하게 되면 상당히 그, 나의 심력을 기르는 데에 모순이 있다고 봅니다.

그리고 또 한 가지, 모르는 사람은 무조건 믿어야 한다는 소리는 뭔 뜻이냐 하면, 내가 종교를 믿든 안 믿든 이 세상에 나왔으면 나오기 이전도 나를 끌고 왔고, 나오고 나서도 나를 끌고 가고, 내가 죽고 나서도 끝이 아니라 또 끌고 갈 겁니다. 그러니까 죽으나 사나 '네가 일체 만법을, 모든 거를 들이고 내고 작당을 하는구나.' 하고 믿어야죠. 항상 거기 있는 거니까 믿고 편안하게 그냥 놓고 주인이 하게끔 자기는 물러섰으면 좋겠는데 외려 붙들고 나오니까, 맡겼던 걸 다시 붙들고 나오니까 이것이 문제가 되는 겁니다.

여러분에게 내가 이렇게 간곡히, 가정생활 하는 사람들에게나 또 입산을 한 사람에게나 똑같이 이렇게 열심히 가르치려고 하는 뜻은 무엇인가? 우리가 공부하는 도중에, 어떻게 생각하실지 모르겠지만, 물론 잘 생각하시리라고 믿습니다마는 한번 생각해 보세요. 우리 마음이라는 이 자체가 무척 소중한 겁니다. 이 마음이라는 근본은 전력과 같아서 이렇게 끌어다 쓰든 저렇게 끌어다 쓰든 전력이라는 그것뿐입니다. 그런데 우리 마음에서 어떻게 생각을 하느냐에 따라서 끌리는 겁니다. 용도가 말입니다.

요 가까운 이웃을 한번 봅시다. 옛날에는 일본도 가난했고 우리 한국도 가난했습니다. 그랬는데 사명 대사로 인해서 일본이 아주 혼구멍이 났죠. 그러고부터 거기 사람들은 은연중에 어떤 걸 생각을 했느냐 하면 '아하! 부처님 법이라는 게 우리가 할 탓이로구나.' 하는 걸 생각했단 얘깁니다. 사명 대사도 사람인데, 사람이 저렇게 할 수 있다는 것을 증명을 해 준 거나 똑같죠. 그런데 한국 사람은 무르고 인정 있고 게으르고 그렇다는 거나 한가지죠. 그렇다고 그거를 단정 지어서 말을 할 수가 없죠. 왜냐하면 남의 나라에 끌려서 그렇게 고생을 하고 짓눌려서 짓밟히고 그랬으니까 말입니다. 무슨 생각할 여유가 없었죠.

그러나 일본 사람들은 그걸 계기로 해서, 물론 아주 악하게 생각하면 악하다고 볼 수 있지마는 그렇게 단결을 하려면 모순된 일이 없을 수 없겠죠. 그럼 단결을 했으면 무엇을 하느냐? 어떡하든지 남이 하는 걸 좇아가는 게 아니라 남이 안 하는 거를 좇아갔다 이겁니다. 악랄한 수법으로 모든 개발을 하고 또는 사람으로서 할 짓 못할 짓 다 하면서까지 나라를 위하고 다지고, 또 사람의 마음들을 그렇게 단결 지어서 모든 일을 마음에서부터, 즉 말하자면 계발을 해 가지고 그렇게 성장한 게 아니겠습니까? 마음의 발전이 있어야 현실의 물질세계에서 살아남습니다. 마음의 발전이 없다면 현 생활을 유지할 수가 없습니다.

우리 이 공부하는 것은, 한마디로 말해서 어느 나라를 막론하고, 일체 만물만생을 막론하고, 세계를 막론하고, 우주를 막론하고, 천체 천지를 막론하고 전체에, 모두 여러분 주먹 안에 직결이 돼 있다는 것입니다. 그런데 알지 못하고 보지 못하고 먹어 보지 못하고 그렇기 때문에 문제가 되고, 또 한 가지는 자기가 어디서 왔는지 어디로 가는지 그걸 모르기 때문입니다. 자기가 어디서 온 줄 알았으면 자기가 과거에 어떻게 살아왔다는 거를 알고 현실의 모든 것을 제자리에다가 진짜로 놓을 수 있을 텐데 말입니다.

여러분, 그것을 가만히 생각해 보세요. 남 달린 데 다, 눈 달리고 코 달리고 귀 달리고 인간으로다가 다 생겼는데, 똑같이 생겼는데 왜 나는 이렇게 고생을 하느냐고 그러죠? 그리고 부모가 장애아를 낳아서 한생전 죽어도 살아도 응어리가 되고 그러는 고생들도 하죠. 여러 가지로, 천차만별로 그 고생을 하는데 그게 어디서 온 거겠습니까? 요만큼도 에누리가 없습니다, 자기가 한 거는. 지금도 여러분이 살아 보시죠. 자기가 잘못했으면 자기가 한 것대로 자기 앞에 닥치고 자기가 잘했으면 잘한 것대로 닥치고, 에누리가 없죠. 그러니까 모르고 지은 죄는 모르고 또 지금 받는단 말입니다. 물론 알고 지은 거는 알고 받게 마련이죠. 어떤 분들은 집을 은행에다 담보로 줘 가지고는 집도 뺏기고 그렇게 되니까 울고불고 그러는 분들이 많은데 알고 있을 테죠, 그거는. 자기가 그렇게 잘못했으니까 내가 집도 뺏기고 이렇게 고통이 온다는 거를.

그러니까 그 업보를 받는 거는 알고 받지만 그 업보를 지을 때, 짓지 않을 수도 있는데 지었다 이겁니다. 부처님이 그렇게 가르친 게 아닙니다. 그렇게 무능하게 가르친 게 아닙니다. 철두철명하게 가르친 겁니다. '잘 살지 말라, 잘 살아라' 이런 게 아닙니다. "너희가 맘먹고 행동하고, 그 뜻을 깊게 가지고 지혜롭게 사는 사람에 한해서는 그렇게 주어질 거다. 콩 심은 데 콩 나고 팥 심은 데 팥 나느니라. 악업을 지으면 악업대로 올 것이고 선업을 지으면 선업대로 올 것이다." 그랬으니 지금 현실의 여러분한테 닥치는 거를 가만히 볼 때에 그렇게 남한테 아무 생각 없이 줄 때도 그게 얼마나 어리석고 얼마나 몰랐으면 그렇게 됐겠느냐 이겁니다. 이럴 때 그 성격 자체도 그렇지마는 과거로부터 머리 자체가 차원이 낮기 때문에 그렇다고 봅니다. 태어나기 이전부터 철두철명했으면 태어나고도 그렇게 철두철명했을 텐데 말입니다.

그래서 무 씨를 심어도 예전에는 배기무 씨를 만들려고 무를 한 해 겨울을 두면서 거기다가 짚단 같은 거를 다 이렇게 얹어 놨습니다. 그래서 봄이 되면 싹이 나 가지고 그때 씨를 받아야 종다리가 서지 않고 씨가 배기무 씨로 나오는 거죠. 그렇듯이 사람의 씨도 말입니다, 그런 경향이 천차만별로 많은가 봅니다. 자기가 웬만큼 물을 마실 수 있을 때에, 자기가 한 모금 마시고 한 모금이 남으면 남한테 한 모금 줄 것을 생각해야지, 내가 지금 어린 자식들하고 다 먹을 게 없는데 그냥 퍼 주는 것도 문제가 있는 거죠. 그러니까 은연중에 그렇게 되는 거죠. 그 얼마나 어리석습니까?

부처님이 49년 설할 때 그렇게 어리석게 가르치지는 않았을 겁니다. 그러니까 네 마음이 지혜롭게, 모든 거를 네 탓으로 돌리고 거기다 집어넣어서 다시 생산을 해서 써라 이런 겁니다. 잘못된 거를 잘되게 다시 굴려서, 즉 말하자면 지난번에도 얘기했지만 구정물을 말갛게, 독이 없이 말갛게 해서 다시 먹어라 이 소립니다. 그런 걸 자유자재하게끔 모두들 들이고 있습니다. 본래부터 그렇게 너희 맘대로 자유껏 해 먹어라 이런 겁니다.

그런데 여러분은 그렇게 믿지들을 못하고 또 믿을 만하게 되면 착이 붙어서…. 그놈의 거, 사는 게 뭔지 말입니다. 아니, 사는 걸 누가 살질 말래요? 사랑을 하지 말래요, 돈을 갖지 말래요, 응? 행복하게 살질 말래요? 자녀들을 잘 가르치고 위로는 부모 섬기고 잘 살라고 하는 거 아닙니까. 그런데 왜 그렇게 겁겁하게 하나하나 차근차근히 해 나가지 못하곤 덮어놓고 그냥 겅충 뛰어서 그걸 쥐고 늘어집니까?

난 어떤 때는 참, 기가 막힐 때가 많이 있어요. 내가 좀처럼 해서는 화가 나지 않는 사람입니다. 그런데 요즘 2, 3일 내로 말입니다, 한쪽으로는 슬프기도 하고 한쪽으로는 화도 나고 한쪽으로는 기가 막히기도 했습니다. 왜냐하면 여직껏, 여직껏 했는데도 올라와서 뭐라고 그러는 줄 아십니까? 하하하…. 조은번 조은번 그냥그냥 늘어놓는 겁니다, 응? 그렇게 모를 수가 없어요, 세상에. 용광로에 넣듯이 넣고 돌아서면 그거 뒷걱정은 하지 말고 놔라. 하늘이 무너져서, 깨져서 가루가 된들 그냥 죽고 사는 거를 걱정하지 말고 거기다 맡기고, '죽이는 것도 너고 살리는 것도 너고' 그렇다고 그냥 놔라. 이거 보세요. 말하다가 나한테로 돌아옵니다, 지금.

예전에 공부할 당시에 말입니다, 계율을 지켜라, 뭐를 해라, 뭐를 해라 이렇게 모두 압박을 주는데요, 거기서 뭣을 생각을 했느냐 하면 '허! 나 하나 죽으면 다 무(無)일진대, 나 하나 죽으면 그뿐인 것을….' 하고 나 하나 죽기로 맹세했단 말입니다. 그래서 처음에는 죽는 거를 몰라서, 죽지 않고 죽는 거를 몰라서 차 바퀴에도 들어가고 온통 별짓을 다 했단 말입니다, 죽으려고. 밤중에 새벽같이 떠나는 큰 트럭 가운데 가서 그냥 턱 깔고 꺼멓게 입고서 드러누웠는데 누가 알겠습니까? 그런데 그날 따라 그 차가 안 가요, 또. (대중 웃음) 세상에! 거푸거푸 몇 차례를 그렇게 했는데도 그게 그렇게 안돼요. 말로 어떻게 다 하리까. 그런데 그렇게 수없이 3년을 그럭하다 보니까 순간 '아하! 이게 아니로구나.' 하는 걸 알았어요. 그런데 제가 그거 아는 데 3년을 갔는데 여러분이 무조건 믿지 않고 그렇게 한다면 3년커녕 몇 년이 흐를 겁니까, 응? 그러니 내 생명이라는 착을 붙이지 말라 이겁니다. 어차피 살다가 죽는다고 끝나는 게 아니니까 말입니다. 지속적이란 말입니다, 우리의 삶은. 그러니까 이 몸뚱이의 죽음에 애착을 두질 말고 모든 것을 해야 모든 것을 놓을 수 있습니다. 살고 죽는 데 애착을 둔다면 놓질 못합니다. 매사에 거기 끄달려서, 붙어서.

그래서 죽는 거에 애착을 두지 말아야 그게 다 될 수가 있고, 그게 다 될 수 있어야 그때는 '허허! 죽는 것도 죽는 게 아니요, 사는 것도 사는 게 아니로구나.' 이걸 알게 돼요, 또. '여여하게 끝 간 데 없이 우리가 삶을 이렇게 지속하고 이어 가는구나.' 하는 거를 느끼고, 또 마지막에는 야, 내가 이 몸으로 거추장하게 태어나 가지고 나오지 않아도, 그건 자유죠. 태어나 가지고 나오지 않아도 모든 게 나 아님이 없으니 나 한 몸뚱이 개별적으로 나오기보다도 전체 모두, 풀 한 포기도 내 생명 아닌 게 없으니 뭣 때문에 구질구질하게 또 이 몸뚱이를 붙이고 나오겠습니까? 붙이고 나오지 않아도 그 몸뚱이들이 다 내 몸뚱이들이요, 내 마음이요, 내 아픔이요, 내 자리인 것을. 그렇게 부처님, 일체제불의 그 한자리에 함께하기를 원한다면 그렇게 하십시오, 꼭!

죽고 사는 거를 개널럴래같이 생각하세요. 나는 솔직하게 얘기해서 오늘 죽고 내일 죽는다 하더라도 겁 안 냅니다. 그런 게 겁나면 나질 않았게요? 그러니 여러분이 '아이, 이게 안되면 죽는데….' 이런 착을 버리시란 말입니다. '우리 식구가 다 죽는데' 이런 걸 버리시란 말입니다. '다 죽는데' 하는 거는, 지금 심부름꾼 자기가 걱정할 게 하나도 없어요. 그건 주인이 걱정할 거죠. 주인이 알아서 하는 거지 내가 일일이 걱정을 한다고 그게 되는 게 아니거든요.

그냥 급하다고 허덕지덕 허덕지덕 한단 말입니다. 그럴 땐 어떤 때는 "급하면 좀 참아라." 그러고 어떤 땐 좀 기다리라고 그럽니다. 좀 기다리는 시간에, 절을 천배를 하고 삼천배를 하고 이러기 이전에 내 마음 한생각을 잘 돌려서, 죽고 사는 거를 다 그냥 거기다 포기해 놓고 '너만이, 살릴 수 있다면 너만이 살릴 수 있고 또 이 몸을, 옷을 벗게 하려면 벗게 해라. 네 손에 모든 게 달려 있다.' 하고 맡겨 놓고, 또 그렇게 맡겼는데도 안돼서 진짜 식구들이 죽게 됐을 때도 '어, 죽게 하는 것도 너야!' 이러고 놔 봐요, 좀. 패기 있게, 용맹하게!

사람이 기술을 배워도 한 고비가 있다고 했습니다. 그랬는데 하물며 만사 만생을 다 이끌어 가지고 나갈 공분데 그런 고비도 없겠습니까? 또 착을 붙이지 않고 잘하는 사람일수록 이런 게 붙습니다. 나를 발견을 해 가지고 나가는 사람들에 한해서 하는 얘깁니다. 발견을 했어도 어떻게 이게 흐리마리하게 발견이 됐는데 인제는 자꾸 안되는 겁니다, 또. 그렇게 솔솔 되다가. 그걸 어떻게 생각하십니까, 모두? 되다가 안되는 거 말입니다. 그것이 딴 데서 또 안되는 게 나온다고 생각하십니까? 나는 수천 번 수만 번 그런 경험을 했어요. 아하! 처음에는 안되는 게 물론 '아, 내가 이거 잘못해서 그런가.' 하고 의심을 하고 또 부르르 뛰어오겠죠. 그러나 그걸 한번 뒤집어서 잘 생각을 해 보신다면 어, 딴 자리에서 팥죽 방울이 나올 리가 없어. 팥죽 솥에서 팥죽 방울이 나오지, 딴 데서 들어와서 팥죽 방울이 생길 리가 없다 이거야. 그러니까 그 속에서 나오는 거니까 '아, 요 안되는 것도 바로 내가 어떻게 생각하나 볼 양으로 테스트하는 거로구나.' 하고 '아하! 요거를 뒤집어서 또 나를 가르치는구나.' 하고 그거를 딱 집어서 거기다 되돌려 놨을 때 세상만사가 태평하고 껄껄거리고 웃음이 날 정도로 되는 겁니다. 이렇게 자꾸자꾸 하다 보면 그게 진짜로 바로 들어가는 길이라고 봅니다.

그런데 이거는 하다가 조금만 안되는 기색이 있으면 부르르해선 그냥 저거 하고 '아휴, 인젠 그냥 주인공도 믿을 게 없어. 아유! 믿어 봐도 그런 걸, 뭐.' 하고 그렇게 생각하거든요. 그 생각 하나가 얼마나 중요한지 모릅니다. 그래서 악한 일을 해도 악한 끝이 있고, 선한 일을 해도 선한 끝이 있다고 했습니다. 그러니까 우리가 악하다고 해서 이 주인공에서 에너지가 안 나오는 게 아니라, 선한 일을 한다고 해서 잘 나오고 악한 일을 해서 안 나오는 게 아니라, 그것은 그냥 우리 마음에서 끌어 쓰기에 달려 있다 이 소립니다. 그러니 이왕이면 선의, 사람을 살리는 칼이 돼야지, 사람을 죽이는 칼이 돼서는 아니 된다. 이런 거를 부처님께서 말씀하신 거죠.

오늘도 여러분이 급한 분들만 이렇게 얘기하고 실험하고 체험을 하실 분들은 웬만하면 그냥 인사를 하고 마음으로 전달을 하고 가시는 게 공부하는 데에 아주 지름길이 될 겁니다. 그리고 모르시는 분은 아예 그냥, 이게 급한 것만 알았지 뭐, 아무것도 생각을 못하시니까 그냥 용건만 말씀하시고 가세요.

신도1(남) 부산에서 왔는데요, 저희 아들이 2년 동안 정신이….

큰스님 그러니까 정신계에서 그렇게 된 건 정신계에서 해결을 해야죠? 그거는 물질계에서 해결이 될 일이 아닙니다. 그러니까 정신계에서, 예를 들어서 "내가 아무개다." 이러고 들리거나 내가 뭘로 보이거나 여기서 시키거나 이런 거를 다 내 주인공에서 나온다고, 내 영혼,

즉 말하자면 영혼의 근본에서 나온다고 생각을 해야 돼. 알아듣겠어? 모든 건 영혼의 근본, 내가 태어나기 이전 내 영혼의 근본에서, 마음은 체가 없기 때문에 이걸로도 보이고 저걸로도 보이고, 화해서 이걸로도 바뀌어 보이고 저걸로도 바뀌어 보이고, 이걸로도 들리고 저걸로도 들리고, 이렇게도 하라고 그러고 저렇게도 하라고 그러고 이러거든. 그런 것을 각각 듣고 각각 보면 안 돼. '모든 걸 한 놈이, 내 주인공 한 놈이 그런 짓을 하는구나.' 하고 거기다가 맡겨야 돼. '네가 그럭하는 거니까 네가 안 그렇게 할 수도 있잖아.' 하고. '너만이 그렇게 안 하게끔 할 수 있어. 정상적으로 해 줄 수 있는 건 너밖에 없어.' 하고 거기다 맡겨. 알았어?

신도2(여) 스님, 며느리가요, 유방에 뭐가 생겨서요, 그래서….

큰스님 그것도 그렇습니다. 먹고사는 게 뭔지 말입니다. 일을 하루 종일 24시간 하더라도 편안한 마음으로 해야 되는데 바글바글 끓고 그렇게 하니까 이 피가 제대로 돌지 못해서 암도 생기는 거거든요, 모든 게.

지금 얘기한 거 들었죠? 그대로 해. 지금 얘기한 거 들었지? 이 사람한테 얘기한 거. 개개인 어떻게 한 사람 한 사람 얘길 다 합니까? 들을 때 똑바로 들어야죠. 알았으니까 관하시면서 그렇게…. 또 오세요.

지금은 마음의 발전이 필요한 시대

전국 신도회 회장단 법회

1993년 2월 20일

각 지원 여러분께서 이렇게 한자리를 하게 된 것을 기쁘게 생각하며 또 각 지원의 간부님들, 그냥 간부님들이라고 하겠습니다. 우리는 기초를 단단히 다듬어서 해 나갈 수 있는 기반을 마련하고, 나아가서는 마음의 발전을 위해서 나가는 것입니다. 우리가 이 공부를 하는 데에 위로나 아래로나 이끌어 주시는 여러 간부님들은, 한마디로 말해서 철저하여야만이 또 맑아야만이, 진실해야만이 모든 아랫사람을 이끌어 나갈 수 있다는 그런 사실을 여러분이 모두 아시겠지만 말입니다. 그래서 여러분한테 할 말은 아니지만 저는 자나 깨나 앉으나 서나 여러분과 더불어 같이 한마음을 내면서 한시반시도 끊어뜨리는 날이 없습니다. 그건 사실입니다.

우리 한국 나라든지 세계를 막론해 놓고 볼 때 우리 마음의 공부가 아니라면…, 즉 정신계에서부터 발전을 해서 물질계로 발전이 돼서 나오는 것입니다. 그렇기 때문에 모든 일체가, 즉 영의 세계와 지금 현상 세계가 더불어 같이 혼합이 돼서 같이 익어 들어가야 되는 것입니다. 그런 공부이기 때문에 우린 철저하지 않으면 안 됩니다. 예를 들어 말하자면, 철과 황을 가루로 해서 한데 합쳐서 아무리 해 놔도 합성이 되지 않습니다. 반드시 그것을 구워서 놔야 합성이 돼서 모두 성사가 된다고 봅니다. 그와 마찬가지로 우리 마음도 같이 혼합이 안 되면, 자기 영혼과 자기가 둘이 아닌 도리를 완전히 터득을 하지 않는다면 거기에 불이 들어올 수가 없다는 사실을 아셔야 됩니다. 우리가 "불이 들어와서"라고 할 때 일체 만물만생이 다 둘이 아니라고 말로만 그렇게 알고 있어서는 안 됩니다. 하나하나를 모두 귀중하게 생각을 하고 하나하나 모두 내가 실험을 해 보지 않는다면 그것을 도저히 가늠할 수가 없는 것입니다.

그래서 한마디로 말해서 "내 마음부터 닦아라." 하는 것은 뭐냐 하면 모든 것이 내 마음에 그, 이끌어지는 진실로 인해서 내 몸속에 들어 있는 중생들이 다 화해서, 내 보살 마음과 더불어 같이 하나가 돼서 돌아가는 것을 말합니다. 내 몸속에 들어 있는 중생의 의식부터 화해서 내 마음과 더불어 혼합이 되지 않는다면 급한 일이 있어도 그냥 그것은 제각기 돌아갑니다. 그리고 또 둘째는 내 마음속의 주인공 자체가 바로 그 수많은 중생들의 의식과 같이 혼합이 돼서 돌아가지 않는다면 그 중생들의 마음이, 악업 선업이 된 그 마음들이 바꿔지지 않아서 보살이 될 수가 없죠. 천백억화신의 보살이 될 수가 없는가 하면 법신이 될 수가 없고, 응신이 될 수가 없고 보현이 될 수가 없고 부처가 될 수가 없고, 용신이나 지신이나 칠성이나 지장이나 관세음, 모두가 될 수가 없는 것입니다. 시시각각으로 나투면서 찰나찰나 화하는데 어찌, 화해서 그렇게 돌아가는 도리를 내 마음속의 중생들이 몰라서 되겠습니까?

그래서 보살 정신을 가진 분들은 내 마음속의 중생들부터 다 제도하고 나서 나중에 스스로서 내가 해인을 받고 스스로서, 즉 말하자면 모든 일체에 권위를 가진 자유인이 될 수 있는 그런 분들이 된다고 봅니다. 그것을 일컬어서 '성불'이다, '견성'이다 또는 '부처가 됐다' 하는 것입니다. 그렇게 됐다 하더라도 익어진 사람은 '견성을 했다, 성불했다, 자유인이 됐다' 이런 소리를 안 하고 그냥 실천만 하는 그런 자세가 됩니다. 그리고 항상 이런 말씀을 드리지마는 유마 거사가 왜 자기 몸뚱이 병든 것을 중생들이 다 나아야 내 병이 낫겠다고 했는가를 한번 깊이 생각해 보시면 알 겁니다. 내 몸뚱이 속의 중생들이 작용을 해서 병이 나아야 내 몸뚱이가 건강하지, 내 몸뚱이 속의 중생들이 건강치 못한데 내 몸뚱이가 어찌 건강하겠습니까? 그와 마찬가지로 그 제도하는 법도 역시 똑같습니다. 내 몸뚱이 속의 중생들이 다 제도가 돼야 내가 성불을 한다고 합니다.

그와 마찬가지로, 지금 전 세계를 본다 하더라도 마음공부를 안 한다면 헛겁니다. 지금 부족한 것이 뭐냐 하면, 지금 시대에 부족한 것은 바로 마음의 발전입니다. 마음의 발전을 채 이룩하지 못해서 나라든지 국민이든지 모두가 허탈지경에 빠져서 돌아가고 있는 것입니다. 가만히 생각해 보십시오. 옛날에는 일본도 가난했고 우리 한국도 가난했습니다. 그러나 일본에서는 사명 대사가 혼쭐을 냈는데도 거기에서 밉다고 하고 원망하고 그런 게 아니라, 그리고 원수로 생각을 한 게 아니라 그걸로써 깨쳤다는 얘깁니다. 한 가지 무엇을 생각을 했느냐 하면 '아, 부처님 법이 따로 있는 게 아니라 사람이 저렇게 할 수가 있는 거로구나.' 하는 거, 그거를 터득했단 말입니다. 그래서 자립적인 생각과 더불어 조직적인 생각과, 조직을 해 놓으면 그 조직에서 무엇을 할 것인가 하는 생각을 아주 강렬하게, 잔인하게 이루어 나왔던 것입니다. 그 성취를 하려고 안하무인으로 어떠한 일이든지, 어떠한 악질적인 문제든지 서슴지 않고 저지르고 서슴지 않고 체험을 했습니다. 그렇게 해서 그래도 바탕이 올라가고 우리보다 다 낫게 된 것입니다. 그런데 지금 보면 좀 더 그런 정신이 해이해졌다고 볼 수 있겠죠. 일본에서도 말입니다, 지금까지 그렇게 해서 나왔는데 인제 조금 더 문란한 점이 있으니 해이해졌다고 볼 수 있겠죠.

그러니까 이 마음의 정신이 투철하지 않다면 우리는 물질적 세상에서도 발전을 못합니다. 이 부처님 법이라는 것이 꼭 부처님 법이 따로 있는 게 아니라, 이 나라에서 국민으로서 더불어 같이 돌아가고 살고, 발전하고 창조하고 이렇게 나가는 것이 부처님 법입니다. 그러니만큼 우리가 윗사람으로서 아랫사람을 이끌어 줄 때에는 반드시 그 관(觀)하는 도리를 아주 세심하게 일러 주셔야만 될 겁니다. 당장 생활 속에서도 해 나가야 하고 타파해야 하는 문제들이 많으니까요.

또 둘째는 내 몸속의 중생들을 제도하기 위해서도 나는 공부를 해야 하고 모든 것을, 악한 것도 선한 것도 다 내 마음속에서 일어나는 거라고 놓고, 상대가 어떻게 속을 썩인다 하더라도, 망한다 하더라도, 하늘이 무너져서 쪼개진다 하더라도 그것을 거기다 놓고 '너만이 할 수가 있어. 너만이 굴려서 구정물을 새 물로 할 수 있어.' 하고 그냥 거기다 놓고 가는 거죠. 그래야만이 그 몸속에 들어 있던 중생들이 다 제도가 됩니다. 업보, 운명, 팔자가 다 무너집니다. 그러니까 유전성이나 영계성, 비리비질한 애들이 나오는 것도, 장애자가 나오고 이런 험한 병 증세가 돌아가고 이러는 것도 역시 그런 처지에서 오는 겁니다. 그러니 그런 유전성을 타파할 수 있는 것도 이 공부 아니고는 타파 못합니다.

그러니 내 중생들을 제도를 하기 위해서도 그렇고 또 둘째는 모든 가난과 업보를, 유전성을, 영계성을, 애고를, 이 모든 거를 타파하기 위해서도 그렇습니다. 내가 살다가 죽으면 끝나는 게 아닙니다. 어떻게 살았느냐에 따라서 또다시 무명을 쓰고 이 세상에 나오는 거니까요. 이렇게 사람 사는 것이 너무나 철두철명하고, 그냥 자유스럽게 사는 것 같지만 그렇질 않습니다. 여러분, 여기서 자유스럽게 내 맘대로 살 수 있다고 말씀하실 수 있겠습니까?

그 모든 마음, 마음의 발전이라는 것은…, 부처님께서도 "가만히 있으면 그대로 부처인 것이고 생각을 내면 법신이로다." 하셨습니다. 법신인데 법신이게끔 자기가 생각을 잘 낼 수 있어야만이, 능통하고 지혜롭게 낼 수 있어야만이 '말씀'이 되고 한데 떨어지지 않기 때문에 '법신'이지, 망발을 하고 아무렇게나 그저 남에게 해롭게 말을 하고 해롭게 행동을 하고 그런다면 그대로 그것이 망발이요, 한데 떨어지는 그냥 업식으로 돌아가는 거죠.

그러니 아랫사람을 이끌어 주는 여러 간부님들로서는 철저히 하지 않으면 안 될 것입니다. 왜냐하면 여러분이 선원에 절대적으로 이익만 주는 게 아니라 바로 공부할 수 있는 대상들을, 재료들을 여러분 앞에 줬다고 생각을 하십시오. 재료! 여러분 앞에 말 탄 양반도 오고 소 탄 양반도 오고, 애고가 있는 분도 오고 애고가 없는 분도 오고, 어떤 사람이 오든지 그 말을 들어 보고 또 생각할 점이 생기고, 보고 생각하고, 듣고 생각하고, 행동하는 거 보고 생각하고, 생각하는 것마다 모두가 공부입니다. 내 집안에서 일어나는 거, 몸속에서 일어나는 거, 상대성에서 일어나는 거 모두가, 한꺼번에 내 앞에 닥치는 것마다 공부입니다. 그거를 재료로 삼고, 우리가 아랫사람들을 이끌어 주는 데는 모두 지혜롭게 이끌어 주셔야만 합니다. 그거 하나하나가 그냥 거저가 아닙니다. 자동적으로 자기 하는 것마다 입력이 돼서 이 우주간 법계에 통신이 되고 전달이 됩니다. 정말입니다. 악하게 하면 악하게 전달이 되고 선하게 하면 선하게 전달이 되는 것입니다.

그래서 악한 것도 놓고 선한 것도 놓고, 즉 말하자면 모든 게 인연, 인연입니다. 이 불도 켜려면 성냥의 인연, 초의 인연, 심지의 인연, 모두가 인연이 종합해져서 불이 켜지는 거지, 인연이 종합되지 않으면 불이 켜질 수가 없지 않습니까? 쉽게 얘기하면 "아주 캄캄하면 불을 켜고 밝게 살아라." 이 말이 그냥 대충 하는 말 같지만 아주 철두철명한 말입니다, 그게.

첫째, 애고가 닥쳐오면, 이 애고라는 거는 체가 없습니다. 물질적으로 하나 해 놓으면 이거는 도저히 다시 바꿀 수가 없고 또다시 바꾸려면 이걸 또 구워서 다시 만들어야만 하는 거지만, 우리 마음이라는 건 체가 없어서…, 그리고 어떠한 용도에 따라서 오는 괴로움이라는 건 체가 없는 겁니다. 그렇기 때문에 체가 없는 것은 체가 없는 데서만이 해결할 수 있는 것입니다. 그래서 어떤 애고가 닥치든지 '어, 너만이 할 수 있어.' 하고 거기다 놔야지, 놓고 가야지, 놓고 간다고 거기다 놓고도 그걸 다시 끌고 나오면 안 됩니다. 못 믿어서 도로 끌고 나오는 거죠. 가만히 여러분을 본다면 끌고 나오는 일들이 허다히 많습니다. 놨다 하면서도 그 놓은 거를 못 믿어서 다시 끌고 나와서 또 쥐고 있습니다. 여러분이 걸어오실 때에 뒷발자취를 생각하고 착을 가지고 또 끌고 나와서 '내 뒷발자취. 아휴, 내가 걸어왔지. 걸어왔지.' 이런 생각합니까? 그냥 놓고 오셨죠? 그렇게 걸어오시듯이 그냥 놓고 왔으면 그대로 되는 건데…. 예전에 내가 공부할 당시에 '네가 있으면 주먹을 한번 들어 봐라!' 했더니 안 들려요. 내가 여러분을 위해서 이런 말을 하는 겁니다. 그래서 그 마음이 딱 가라앉고 다 헤쳐지니까 손이 번쩍 그냥 들리더란 말입니다. 그러니까 이 마음이 완전히 놔지지 않는다면 끌고 나오게 되는 것이고, 완전히 놔졌다면 그냥 불이 켜질 뿐입니다.

그러니 이 아랫사람을 가르치는 데도 그렇지마는, 여러분이 진행해 나가는 마음공부라는 그 이름에 팔리지 마시고 진실하게 하나하나, 한 걸음 한 걸음 나가 보십시오. 그런다면 바로 내 몸속의 중생들이 제도가 될 테니까요. 그 중생들이 제도가 되면요, 우리가 아이를 생산을 해 가지고 그 아이가 자라서 어른이 돼서 사업계에 나가고 이렇게 된다면 도로 어른이 됐죠? 어른 속에서 아이가 돼 가지고 아이가 다시 어른이 됐죠. 그러니까 이 원자 속에서 나가서, 분자로서 나갔지만 그 분자가 자라서 다시 원자가 되듯이요. 그러면 그 분자가 수십억으로 발전이 되고 진화가 돼서, 이 내 속에 중생들의 분자가 전부 보살로서 등장을 했을 때, 원자로서 등장을 했을 때 털구멍을 통하고, 그저 벽도 없고 봇장도 없이 좋은 말 좋은 뜻으로만 모두 한 뭉치가 돼 가지고 했기 때문에 모두 천백억화신이자 응신이 되는 것입니다. 응신이 돼서 어떠한 데든지 다 나투어 주시고 응해 주시고 그럭한다면 거죽은 비록 사람이지마는, 속의 그 중생들의 그, 분자가 원자가 돼서 천백억…, 그러니까 천백억화신이라고 그랬지 않습니까? 때로는 부처가 되고, 그 근기에 따라서 다 응해 주시고 말입니다.

그러니까 이 마음의 공부를 해서 벗어난다면 구질구질하게 내 몸뚱이를 끌고 이 세상에 또 나오지 않아도 되죠. 왜냐하면…, 이게 말을 하자면 길어서 지금 간단간단하게 하려고 그럽니다. 이게 한 소식 얻었다고 해도 그냥 그대로 하던 사람들은 다시 또 몸을 쓰고 되나와서 또 공부를 해야 됩니다. 둘이 아닌 도리를 알면서도 행을 못할 땐 또다시 나와야 합니다. 완전히 이 세상에 모두가 나 아님이 없고 내 아픔 아님이 없고, 내 자리 아님이 없고 아주 그냥 통틀어 삼계가 다 통해야, 그때서야 인제 정신계의 어버이가 되는 것입니다. 정신계의 어버이! 이 육신계의 어버이가 아니라 정신계의 어버이가 되는 것입니다.

그러니 차차로 생각을 해 보십시오. 우리가 지수화풍으로써 그렇게 인연이 되지 않았으면, 각각 헤어져서 돌아갔다면 이렇게 우리가 여기 앉아 있지도 못할 겁니다. 그러나 그게 한데 합쳐서, 즉 말하자면 '이렇게 각각 돌아가니까 우리가 될 수가 없어. 그러니까 한데 모이자.' 해서 모여서, 자연적으로 자동적으로 모여져서 생물이 생기고 참, 이렇게 만물의 영장이라는 사람까지 진화가 돼서 여기까지 오지 않았습니까? 듣기로는 모든 무정물이나 모든 일체 만물이 다 나고 사람은 맨 마지막에 됐다고 합니다. 그게 원인이 어디 있겠습니까. 조그만 데서부터 인간까지 그 틈에서 진화가 됐기 때문에 인간이 맨 나중에 된 것처럼 돼 있죠.

그러니 인간이 돼 가지고도 인간 속에서 인간을 벗어나려면 어떻게 해야만 벗어나겠습니까? 사람으로 태어나 가지고 그냥 막다른 골목이 돼 버리고 그냥 거기에서 용납을 못해서는 아니 되지 않습니까? 사람이 됐으면 그래도 이름해서 허공 가운데 꽃 한 송이라도 돼야 되지 않겠습니까? 우리가 쳇바퀴 돌듯 이대로만 고통 속에서 헤매고 돌아서 쓰겠습니까? 벌써 나 하나가 고통 속에서 벗어난다면 내 육체 속의 중생들이 다 그냥 제도가 되는 거고, 육체 속에서 제도가 되는 것도 그 수효를 말할 수가 없습니다. 그만큼 수효가 많은 반면에 또 바깥의 중생들이 다 제도가 됩니다. 왜냐하면 그 마음의 부처는 항상 남의 몸속에 들어가서 항상 들고 나고 들고 나고, 찰나찰나 들고 나기 때문에 그 본을 받아서 중생들도 인젠 제도가 되게 돼 있죠.

그런데 여러분은 '아, 선원 일을 좀 하려니까 그것 참! 에이, 속상하는 일도 많고, 원! 내가 고달프게 그런 일은 왜 하려고 그래?' 이러죠? 천만의 말씀입니다. 누구를 위해서 합니까? 한 번이라도 자주 아랫사람들을 만나 보고, 한 번이라도 자주 윗사람을 만나 보고, 하루라도 빠지지 않고 참, 오고 가는 사람을 다 만나 볼 때, 비로소 소를 타고 자기가 피리를 불고 다니는구나 하는 거를 알게 되는 것입니다. 그러니 여러분은 외려 얼마나 좋습니까? 남들은 입산을 해서 몇십 년씩 이렇게 해도 어렵다는 공부를, 살림을 하고 부인과 더불어 사랑을 해 가면서, 자녀를 사랑을 하고 길러 가면서 이렇게 공부를 하는데 얼마나 영광입니까? 포집어서 더불어 같이하는 게 되니 말입니다.

중노릇이 별다르게 따로 있는 것이 아닙니다마는 우리 입산하는 중들은 속세에 있는 여러분과 또 다릅니다. 생각이 벌써 다릅니다. '나는 입산해서 수도자다. 수도자의 할 일이 무엇인가. 수도자가 하는 일은 이러이러한 일이다.' 라는 것을 아예 명철하게 갖고 나갑니다. 아쉬워서 요 말 한마디 더 하겠습니다. 전 세계는 아니더라도 지금 전국의 자라나는 새싹들도 그렇고, 지금 노인네들이 죽어서 아무 쓸모가 없다고 그러지만 노인네들이 죽어서 도로 젊어집니다. 그러니까 알고 가는 것이 좋겠죠. 그래도 고삐라도 잡고 가면 요다음에 나와서도 또 그 고삐를 쥐고 있을 테니까요. 그러니 모두, 이 마음의 발전이 돼야만이 우리나라도 이루어진단 말입니다. 말로는 형용을 할 수 없지만 그렇게 마음먹고 강렬하게 한마음으로 뭉쳐서 남이 안 하는 거…. 가만히 세계적으로 보세요. 일본이나 미국이나 저 영국 같은 데도, 서독 같은 데도 가만히 보세요. 아니, 그런 나라에만이 있는 게 아니라, 우리도 남이 안 하는 걸 먼저 해서 앞장서야만이 그게 빛이 있지 남이 해 나가는 거 기껏 해 먹고 인젠 다 떨어지다시피 하는데 인제 뒤꽁무니 쫓아간다면 그거는 팩팩 망하고 맙니다.

그러니까 우리가 마음의 발전을 해야 남한테 속지 않고 눈이 어둡지 않고 귀가 어둡지 않고 그래서 망하는 일이 없다 이겁니다. 그리고 새 발전을 해 나갈 수 있다. 그리고 나만이, 우리 가정뿐이 아닙니다. 여러분이 그렇게 발전을 해서 과학자들한테 한마음만 내 줬다 하더라도 그건 수확이 뭐, 말도 못합니다. 또 우리가 "우리 가정에서 무얼 할 게 있어?" 이러지만 그게 아닙니다. 어떠한 문제가 생겨서 폐단이 오고 급한 일이 생길 때는 우리가 그냥 다 커버할 수 있는 것입니다.

지난번에도 얘기했지만 태양계든지 은하계든지 별성이든지 어떤 유성계든지 이 혹성이 돌아가는 사이사이에 그런 유성 같은 것이 돌아간다 하더라도, 이 혹성이 돌아가는 것도, 우리가 살아나가는 데도 정도를 걷는 그런 사람만 있는 게 아니라 외도를 걷는 사람도 있듯이 또는 나그네도 있듯이, 이 혹성계도 역시 마찬가지입니다. 그러니까 그런 것도 우리가 어떠한 말을 들었을 때, 테레비에 나와서 어떠한 말을 들었을 때도 그렇고, 어떠한 문제를 퍼뜩 알았을 때는 재깍 대치할 수 있습니다. 정부에서 하는 일들도 이것이 좀 잘못됐다고 그런 생각이 들 때, 이것도 자기 사량으로 판단하는 게 아닙니다. 여기로부터 또 눈으로 봐서, 들어서 이게 합일이 돼야 이것이 옳다고 생각이 들 때 재깍 대치할 수 있습니다. 그게 대치를 하게 되면 인제 은은히 돌아가면서 대치가 되겠죠.

예전에도 그런 애기를 했죠. 전 세계가 평등하게 돌아가려면 대치가 필요하다고요. 중공이나 물론 소련이나 미국이나 일본이나, 모두 높은 거는 좀 내리고 얕은 것은 조금 올리고 이렇게 해서, 평등하게 모두 서로 의논이 되고 서로 전달을 하고 서로 합일이 돼서 이렇게 해서 좀 편리하게 사는 세계가 됐으면 좋겠다고, 그런 말을 한 적이 있습니다.

그러니 우리 여러 간부님들이 이렇게 정성스럽게, 진실하게 애를 써 주시는 데 대해서 감사하지만 더욱더 한 발 더 내디뎌서 정신계를 계발하고 정신계가 발전되게끔 이루어 주는 데에 역점을 두시는 것이 훨씬, 어떤 보시보다도, 어떠한 무주상보다도 더 큰 보시입니다. 그것을 중점으로 이끌어 주십시오.

그럼 이것으로써, 대충 그냥 얼버무렸으니까요, 저보다도 여러분이 오히려 더 잘 배운 지식이나 학식이 모두 많으실 거라고 생각이 됩니다. 그러니까 인제는 그것을 반영해서 잘 보고 듣고 잘 타파해 나가시도록 노력하시리라 믿습니다.

종교가 필요한 이유

금요 친견 법회

1993년 2월 26일

여러분이 다 아시다시피 전 세계로 볼 때에 종교라는 이름을 가지고 많은 종교가 있습니다. 별의별 종교가 다 많죠. 하지만 여러분이 이 생활 자체와 진리, 세계적으로 돌아가는 문제들을 가만히 생각해 본다면 어느 종교를 내가 따라야 한다는 것은 정한 이치로 정확하게 정해야 된다고 봅니다.

그전부터 생각해 온 거지마는 부처님이 가르치신 법은 어떠한 종교의 이름을 가지고 가르친 게 아니라 전체 사람들이 살아나가고 행하고 또는 진화되고 창조력을 기르고 창조해 내고 발전하고 이러는 걸 가르치셨습니다. 이 세상에 태어났으면 실상의 근본을 알고 그 근본으로 인해서 세상살이가 다 돌아간다는 자체, 그 생활 자체를 떠나고는 종교가 있을 수가 없습니다.

그런데 어떠한 종교는 부당하게, 가정에서 이것도 못한다 저것도 못한다 하는 종교가 너무도 많습니다. 여러분이 다 생각하시겠지만 별 종교가 다 많아요. 이름은 다 말할 수 없지만 너무도 많아서 거기에 휩

쓸리면 빠져나가기 힘듭니다. 내가 왜 이런 말을 하느냐 하면 어떤 분이 말입니다, 선생님으로 계셨습니다. 그랬는데 알라신교던가 그리로 들어갔어요. 그러다가 또 딴 종교를 택했단 말입니다. 그런데 군대도 못 보내게 하고 뭐, 공부도 하지 말라고 하고 여러 가지로 그렇게 한다고 그래요. 그래서 나는 그럴 리가 있느냐고 그랬는데, 시집을 가서 어린애를 낳아서 어린애를 들쳐 업고 빨랫비누 요만한 거를 넣고 기저귀를 넣고 이래 가지고 그, 암죽 끓여 먹일 거를 들고 그러곤 돌아다니더라고요. 그래서 무슨 종교가 저런가 했습니다. 그 뒤에 보니까 가정이 다 파괴가 되고 이리저리 애하고 돌아다니는데 그것도 교화한다고 그러면서 돌아다니더라고요.

그런 걸 가만히 볼 때에 내가 있고 내 가정이 있고 내 사회가 있고 내 국가가 있고, 그러면서 그것이 있는 것이지 내가 없고 무슨 종교가 있습니까? 그거를 잘 생각하셔야 돼요. 모든 게 행복하고 자유스럽게, 고통 속에서 벗어나기 위해서 종교를 믿고 또 따르고 이러는 거지 그렇지 않으면 뭣 때문에 합니까? 오늘 없는 것은 내일도 없어요. 어제 없는 일이 오늘 어떻게 있으며, 오늘 없는 일이 내일 어떻게 있겠습니까? 오늘 차원이 높아서, 참 지혜로워서 모든 걸 해 나갈 수 있는 그런 마음의 발전을 해야지 정신계에도 조금도 손색이 없고 물질계에도 손색이 없고…, 정신계에서 생각하면 물질계로 그대로 반영돼서 나올 수 있는 그런 영력을 기르라는 거지 그런 파괴주의자로 파괴를 하라는 게 아니거든요. 될 수 있으면 말로만 사랑하지 말고 진실로 사랑하는 법을 배우라 하는 거죠.

그런데 그 여자는 어린애를 데리고 다니더니 병들어서 그냥 죽었어요. 그 어린애도 병이 들고 엄마도 병들고 그렇게, 남편은 남편대로 그냥 화병으로 죽고. 그러니까 식구가 다 몰살을 한 거예요. 그러니 죽지 않았어도 오죽했겠습니까. 왜 너는 그런 것만 보느냐고 하겠지만 말입니다. 그런 게 눈앞에 띄는데 어떡합니까?

사람이라는 것이 평화롭게 살라고 하는 거고, 내 몸속의 중생들을 제도하라고 하는 거고, "내 마음이 내 몸속에 있는 중생들을 제도하면 그대로 나중에는 바로 견성하고 성불하느니라." 이런 겁니다. 내 몸속에 든 업식들을 다 융화시키고 지혜롭게 판단을 잘해서 다스리면 그대로 천백억화신이 되고 보신이 되고 법신이 되고, 지장이 되고 관세음이 되고 이러는 도리란 말입니다. 그런데 이것은 자기 정신을 길러주고 발전을 시키는 게 아니고 이거는 미리 파괴…. 젖소에서 젖을 짜서 모든 사람들을 먹여서 살리려면 젖소는 내버려 두고 젖만 짜서 먹일 수 있는 그런 요량이 돌아야죠. 그렇죠? 젖소까지 파괴시켜 버린다면 어떻게 젖을 짜서 먹입니까? 자기 공부는 어떻게 하며, 자기로 인해서 생긴, 형성된 자기 몸뚱이 속의 모든 세포 하나하나에, 오장육부에 생김생김이 작든 크든 상관이 없이 의식은 다 들어 있단 말입니다. 하다못해 지렁이도 생명이 있듯이.

그러니까 우리가 마음의 발전을 위해서 이러는 겁니다. 하나하나 살아가면서 다가오는 것이 아주 곤욕스럽고 그렇다면 요걸 바꿀 수도 있는 생각이 드는데, 거기에 묘미가 있는 겁니다. '아, 이런 거는 이렇게 하면 어떨까? 이런 거는 이렇게 하면 좀 어떨까?' 하는 생각이 바로 마음의 발전을 위해서 나가는 길입니다. 그러면서도 그것이 감응이 되고 체험이 되고 그런다면 그거는 참선으로 나가는 거고요.

덮어놓고 앞뒤 재지도 않고 가게만 얻고 돈만 취해서 장사만 하면 붇는다고 생각을 하고 벌어먹고 살 수 있다고 생각하셔서는 안 됩니다. 그와 똑같이 종교도 앞뒤를 다 볼 수 있고 판단할 수 있어야만이, 그것도 믿으라는 게 아니라 따르라고 했습니다. 세 가지가 합일로, 전체 하나로 손색이 없어야, 뜻과 말과 행이, 따르라고 하는 사람들의 행과 따르라고 하는 사람의 말과 따르라고 하는 사람의 뜻이 일치가 돼야, 그때서야 판단하고 따르라고 그랬어요. 따르라고 그랬지 믿으라고 그런 건 아닙니다, 또. 고깃덩어리 모습을, 형상을 믿으라는 게 아니니까. 자기를 끌고 가는 자기 근본, 영원한 근본을 믿으라고 그런 거니까 말입니다.

그것도 잘못 판단하고 잘못 따른다면…, 보세요. 한마디로 표현을 해서 장님이 장님을 끌고 간다면 어떻게 되겠습니까? 목적지까지 잘 갈 수 있을까요? 눈뜬 사람이 장님을 끌고 갈 때는 목적지까지 갈 수 있습니다. 그렇기 때문에 옛날부터 일체 선지식들께서 "눈뜬 사람을 따르라. 그러지 않는다면 장님끼리 만나서 장님끼리 걸어가다가 구덩이에 같이 빠지느니라." 하고 말씀하셨습니다.

그러니 내가 이런 말을 왜 하느냐 하면 오늘 여기 오신 분들이 어떠한 애로점이 있고 또 서로 인연에 따라서, 그분을 한번 만나보고 싶다든가 또는 한번 얘기라도 듣고 싶다, 또는 병고가 있으니까 가야지 또는 애고가 있으니까…, 이런 문제들을 가지고 왔습니다. 근데 그 문제들이 전부 여러분이 공부할 수 있는 재료입니다, 재료! 그거를 고, 집, 멸, 도 이렇게 할 때는 사제법에 속하지만 고라는 것을, 첫 번에 고라는 것을 고로 생각지 마시고 '이거는 내가 인생으로 태어나서 제일 가는 공부의 재료다' 한다면 그거는 싹 없어지는 겁니다, 고라는 게.

지난번에도 얘기했죠. 아주 추울 때에 그, 뭐라고 그러지? 물 끓여 놓은 거, 보리차! 엽차! 하하하…. 이렇게 좀 모르는 점도 있어야 재밌죠? (대중 웃음) 추운데 엽차를 펄펄 끓여서 오고 가다가 한번 마셔 보십시오. 얼마나 시원한가. 그런데 우리가 고를 고로만 생각하지 그걸 모르면 해결이 안 나요. 뜨거운 걸 모르면 시원한 줄 모른다. 고를 모르면 고를 해결할 수 없다. 이 세상에, 얼른 쉽게 말해서 어디서 나를 견주고 때리러 오는 거를 알아야 방패를 해서 막죠? 그런데 때리러 오는 것도 모른다면 그냥 어디서 맞았는지도 모르고 죽는 거죠.

그렇기 때문에 더욱더 정신계의 50%를 진실로 믿고, 믿으면, 믿어서 굴려 놓으면 물질계에 50%로 그대로 생산이 돼서 나온다. 그러면 그것을 가지고 체험을 하고 다시 또 굴려서 놓고 굴려서 놓고 자꾸 이렇게 하니까 생활 속에서 어떠한 문제든지 어떠한 용도든지 그것이 공부할 수 있는 재료가 되죠. 이거는 정말이지 묘한 도립니다. 여러분이 경험해 보신 분들은 아실 겁니다. 때에 따라서 경험을 해 보고 가다가 딱 막혀서 안될 때가 있습니다. 그건 정한 이치죠. 왜냐하면 안되는 거를 모르면 되게 할 수가 없어요. 그렇기 때문에 그것은 가는 것도 옳고 오는 것도 옳고, 가지 못하게 되는 것도 옳고 가는 것도 옳다. 이 양면의 도리, 즉 말하자면 밀물과 썰물을 다 알아야 그걸 조절을 할 수 있단 얘기죠.

예를 들어서 여러분이 아파서 약을 먹는데 약이라고 다가 아니라 약을 먹어서 좋은 것도 있고 약을 먹어서 그 약이 언짢은 것도 있고 그런데, 언짢은 것도 알고 좋은 것도 알아야 조절을 하죠. 그렇죠? 그와 같이 우리가 이 정신계와 물질계를 완전히 터득을 해야만이 되겠으니까 모든 생활에 오는 거를…, 내 앞에, 가정에 닥치는 것이 얼마나 갖가지로 많습니까? 금방 속이 후련하다가도 쪼금 있다 보면 갖은 생각이 또 다 나와 가지고는 또 흐리게 만들고, 그냥 또 흐리게 만들어서 속이 부럭부럭 괴고 사람이 겁이 나고 두근거리고 이런 점이 생기죠. 그뿐이 아니죠. 닿다가도 "엄마!" 하고 들어오면 일이 벌어지기도 하고, 이 모든 게 여러 사람들이 살아나가자면 별의별 일이 다 닥치는데 그거를, 양면을 다 알아야 커버를 하죠.

그렇기 땜에 진짜로 믿어라. 진짜로 믿어라. 믿는데, 진짜로 믿고 해결하고 실험하고 체험하고 돌아가다 보면 재미가 나는데 나중에 알다 보면 그렇게 해도 인제는 안될 때가 있더라. 그러면 '이거 내가 뭘 잘못해서 이런가? 주인공이 말을 안 들어 주는데 이거 뭐, 찾으나 마나지, 이러면.' 이렇게 생각하기가 십중팔구 쉽죠. 그러나 사람이, 보세요. 손을 폈다가 오그리지 못하면 병신이요, 오그렸다 펴지 못하면 병신이란 말입니다. 그런데 오그릴 줄만 안다면 펴는 도리를 어떻게 가르쳐야 됩니까. 예? 군인들이 전진하다가 후퇴를 해서 이기는 법도 있고, 전진하면서 이기는 법도 있습니다. 후퇴를 한다고 해서 다 죽는 게 아니거든. 후퇴라는 것은 전진을 하기 위한 후퇴다 이거죠.

그렇기 때문에 안되는 것도, 허! 안되면 한번 하늘을 쳐다보고 껄껄 웃어라 이겁니다. 왜냐? '허허! 내가 어떻게 생각을 하고 어떻게 진행을 하나 보느라고 테스트하는 거로구나.' 하고 감사하게 생각을 하고 거기 되돌려 놓는다면 얼마나 좋겠습니까? '야, 이렇게 찔러도 먹혀 들어가지 않고 저렇게 찔러도 먹혀 들어가지 않는구나. 야, 이거는 완전히 굳었잖아.' 하고서 물러설 수가 있다 이 소립니다. 이 가르치는 채찍이라는 것은, 여러분이 영원한 근본 그 자체 주인공을 가지고 있는 것이 바로 여러분의 채찍입니다. 여러분을 이끌어 나갈 수 있고 마음의 발전을 시킬 수 있고 물리가 트게 해서 지혜롭게 살게 할 수 있는 채찍입니다. 그런데 옹졸하게 그렇게만, 한 병 속에서만 살게 할 수는 없지 않겠습니까? 그러니까 그러한 일들이 종종 있을 법도 하다고 생각합니다. 사실입니다, 그게.

나도 공부할 때 그런 일이 많이 있었으니까요. 하다못해 강인데 그냥 그게 길이라고 가라고 그러는 겁니다. 그럼 어떻게 해야 옳겠습니까? 그냥 가야 옳겠습니까? 어떤 생각으로 그걸, 천 대 만 대의 그 모든 것을, 아군을, 적군을 물리쳐야 되겠습니까? 하여튼 여기 말대로 시키는 대로만 한다면 강을 건너가야 되겠죠. 빠져 죽더라도 말이에요. 하지만 그게 아닙니다. 물리가 트게 하고 지혜를 내게 하고 마음의 발전을 위해서 바로 그렇게 던져 보는 겁니다. 던져 보는 겁니다. 던져 볼 때에 어떠한 생각을 하고 있나. 그러면 거기서 빵점을 먹으면 도루묵이 되죠. 도루묵이 돼 버려. 그거 시도를 한 것이 무효가 돼 버려, 그냥.

그런데 여기서 만약에 틔었다면, 쪼금 감응이 됐다고 '너 나가서 춤 좀 춰 봐.' 이러면 춤추겠습니까, 또? '응, 내가 어떡하나 보느라고 그러는 거지. 당신의 모든 게….' 첫째는 부처님에 누(累)가 되고, 둘째는 선원에 누가 되고, 셋째는 자기에 누가 되는데, 가정에 누가 되고 모두에게 누가 되는데 그 짓을 하겠습니까? 누가 되는 일이라면, 그것을 인제 다스리는 겁니다, 마음을. 거기서 나오는 대로 좋은 거는 하고 언짢은 거는 '아, 이럭하면 안 되잖아, 누가 되는데.' 하고 '나를 테스트해 보려고 이러는구나.' 하고 거기다가 되놓고 '나를 가르치려고 그러니까 감사하구나.' 하고 놔야지, 제자리에다 되놔야지, 그것을 안된다고만 하고 온통 주인공이 시키는 대로만 또 쫓아간다면 이거는 죽도 밥도 안 돼.

그래서 사람의 생각이 중요하다 이거야, 응? 이것도 아니고 저것도 아닌 그 가운데에 사람이 잘 생각해서 판단하는 것이 제일 으뜸이다 이거예요. 그래서 여러분이 "아휴, 우리는 도저히 판단할 수가 없어서 스님한테 왔습니다." 이럴 때가 있거든요. "판단은 자신들이 해야지, 왜 내가 해!" 이럴 때가 많죠. 아, 자기네 가정 살림살이에 대한 문제의 판단을 사는 사람들이 더 잘하지, 어떻게 내가 더 잘하겠습니까? 주인공이 시킨다고 나쁜 걸 시키든지 좋은 걸 시키든지 다 하라는 게 아니에요. 나쁜 걸 시키는 거는 뜻을 보려고 하는 것이고 좋은 걸 시키는 거는 그렇게 그냥 하는 겁니다. 그러니까 이 양면을 다 놓고 그 가운데서 마음을 잘 내서 생각을 잘해라 이겁니다.

그러니까 이래도 믿는 거고 저래도 믿는 거죠. 자기를 가르치는 채찍이니까. 가르치기 위해서 자꾸자꾸 뜻을 보는 거니까. 가르치는 스승이니까. 자기 마음의 스승이니까. 자기 마음의 스승도 됐다가 친구도 됐다가, 때에 따라선 부처도 됐다가 법신도 됐다가, 때에 따라선 부모, 조상도 됐다가 자기 조상도 됐다가 자기 영혼도 됐다 별놈의 게 다 돼서 돌아가요. 아내도 되고 남편도 되고 온통, 엄마도 되고 아버지도 되고 아들도 되고 모두 이렇게 돌아가듯이. 이 묘한 법을 여러분이 잘 채택해서 잘해 나갈 수 있어야만이 그대로 무심에서 나가는 그 모든 도리가 법이 돼서 현실로 작용이 돼서 현실에 그대로 반영이 되는 거니까요. 만약에 이 병을 못 쓰게 되면 재생을 해서 다시 병을 쓰기까지 한참 걸리듯이 사람이 죽어서 또 한 번 다시 돌아 나오기도 상당히 걸리니까, 시간이.

우리가 지금 당장 급한데 어떻게 해야만이 모든 급한 환경을 타파할 수 있겠어요? 마음이라는 건 체가 없기 때문에 그대로, 그대로 마음으로부터 물질로다 나오는 거니까 마음으로부터 이렇게 바꿔서 구정물이 있더라도 자꾸 새 물로 바꿔 놓고, 이거는 마음이니까 얼마든지 바꿔 놓을 수 있지 않겠습니까? 바꿔 놓으면 바깥으로 바꿔진 게 나와요. 여러분이 이 세상에 인간으로 태어났다면 이런 공부를 안 하고는 도저히 이 고(苦) 속에서 벗어날 수가 없습니다.

그러니까 은을 주고도 못 사고 금을 주고도 못 사고 이 세상을 다 준대도 바꿀 수가 없는, 못났든 잘났든 여러분의 영혼 근본입니다. 여러분이 어느 종교를 믿든지 상대를 놓고 빌면서 아무리 애원하고 불러봐도…. 내가 그 표현을 이렇게 했죠. 여러분이 전화를 놓지 않고선 전화 올 때를 아무리 기다려도 안 온다고요. 내 집에 전화를 놓지 않고 어떻게 전화 올 때를 바라고 전화 하기를 바랍니까? 내 집부터 있어야, 내 집부터 내 주인이….

그래서 옛날에 선지식들이 이런 말을 했죠. 너희 집에 주인이 없다면 객인이 들어가서 막 그냥 집을 망가뜨려도 되고 들락날락해도 누가 왔다 갔는지도 모르고 이러느니라. 그래서 네 주인이 있다면, 즉 '너희 주장자가 있다면' 하는 소립니다. 네 주장자가 있다면 내가 너한테 주장자를 줄 것이로되, 즉 '한마음을 내 줄 것이로되' 하는 소립니다. 마음과 마음이 찰나에 들어서 같은 한마음으로 돼 준다 이 소리죠. 그러되 네가 주장자가 없다면, 즉 그릇이 없다면 내 마음을 담을 길이 없느니라. 네 주장자가 없다면, 주인이 없다면 내가 주장자를 줄 수가 없느니라 이거야.

그래서 여러분도 아무리 내가, 정말이지 우주 천하를 다 쥐고 있다 하더라도 여러분이 그릇을 만들지 않는다면 담을 길이 없습니다. 믿고 따르는 마음, 그리고 그 마음이 철두철명하게 진실하게 믿어야 합니다. 그건 왜냐하면 내 고깃덩어릴 믿으라는 게 아니니까요. 마음이 지혜로우면 '내 주인공' 하면 벌써 일치가 되는 거니까. 일치가 되는 그 뜻을 알아야죠. 뜻을 모르면 어떡합니까? 곧이곧대로 그냥, 이게 곧이곧대로 하나만 돌아가는 게 아니기 때문입니다. 공해서 돌아간다고 그랬죠? 고정됨이 없다고 그랬죠? 찰나찰나 바뀌어서 돌아간다고 그랬죠? 먹는 것도 고정된 게 어디 하나라도 있습니까? 빵 먹을 땐 빵 먹고 밥 먹을 땐 밥 먹고 과일 먹을 땐 과일 먹고, 온통 그저 자기 먹고 싶은 대로 먹지 않습니까? "너 요거 먹어라." 한다고 한 가지만 딱 먹고 사는 사람이 어딨습니까? 듣는 것도 그렇고 보는 거, 만나는 거, 말하는 거 다 그렇죠. (녹음 안됨)

그러니까 어떤 거 할 때 내가 했다고 할 수 없고 어떤 거 먹었을 때 내가 먹었다고 할 수 없느니라. 그렇기 때문에, 즉 말하자면 중심! 중심이 이렇게, 심봉이 꽂혔으면 기계가 이렇게 돌아가듯이, 우리 살림살이가 모두 고정됨이 없이 돌아가는 거와 같고 우리 영원한 근본은 이 중심과 같다 이거야. 그 중심이 바로 채찍도 되고 거기서 일체가 다 나오는 거니까 거기서 일체가 나온다면 약사도 나오고, 하하하…, 의사 박사도 나오고 말입니다. 아, 거기서 칠성도 나오고 지장도 나오고 관세음도 나오고, 물에 갔을 때는 용신도 나오고 들을 걸었을 때는 지신도 나오고, 이거는 어디 가든지 자기가 그렇게 걸어가기 때문에 만나는 대로 그렇게 바꿔져서 된다 이 소립니다. 그러니 정말 얼마나 편리하고 좋은 법입니까? 자기가 그 재료와 더불어 다 그 능력을 가지고 있으니까 말입니다. 그런데도 그 능력을 제대로 쓰지 못하고….

또 과학적으로 말한다면 지수화풍이…, 부처님 말씀이 그냥 과학이에요. 지수화풍이 바탕으로 돼 있기 때문에 너희에게 그 재료가 전부 주어져 있다. 그 지수화풍으로 인해서 광력이니 전력이니 자력이니

통신력이 나온다 이거야. 그러니까 그 재료가 충만하지, 모두. 그런데 이게 보이지 않는 데서부터 보이는 데로 나오는 거거든. 그러니 얼마나 충만한, 광대무변한 일입니까? 그리고 묘한 겁니까?

그리고 이것을 믿는 데는, 여러분의 주인공을 믿는 데는 근본적으로 죽는다 산다를 떠나서 믿는 겁니다. 왜냐? 죽어도 살아도 영원히 끝 간 데 없이 자기의 영혼의 근본은 그대로 있는 거니까요. 내가 일이 안된다고 안 믿고 일이 된다고 믿고 그러는 존재가 아닙니다. 여러분의 자성은 영원한 겁니다. 진짜 영원하죠. 그래서 죽어도 옷만 벗을 뿐이지 그 영혼의 근본은 그대로 있다. 그래서 천당이니 지옥이니 하는 것도, 바로 죽는 자리도 이 자리고 사는 자리도 이 자리고, 천당 자리도 이 자리고 지옥 자리도 이 자리다. 네가 맘먹고 네가 행동하고 네가 말하고 그러는 대로 바로 업식이 돼서 그대로 너한테 반영이 돼서 닥쳐오니까 그대로 지옥이고 그대로 천당이니라.

이렇게 올바로 가르치고 올바로 배우기도 힘든데, 얼마 기간이 남지도 않았는데 그렇게 허탕하게 별의별 종교를 다, 이름을 가지고 그냥 온통 뛰고 바깥으로 매달려서 '날 좀 잘되게 해 주시오! 내 죄를 좀 사하게 해 주시오.' 이러고 돌아다니니 그게 될 겁니까? 자기한테 자동적으로 입력이 돼서 나오는 거를 어디 가서 그거를 해결을 하려고요? 입력을 자기가 해 넣은 거니까 자기가 입력을 풀어야죠. 길을 걸어가다가 엎드러지면 그 땅을 짚고 일어나야 일어나지지, 허공을 허우적거려서 일어나지는 게 아닙니다.

나는 어떤 때는 슬며시 한심스럽고 눈물이 흐를 때가 많습니다. '어쩌면 저렇게, 그렇게 똑똑하고 그렇게 배우고 그렇게 정말 이 세상을 다 줘도 마다하지 않고 다 우그려 안을 사람들이 세상에, 이렇게 답답할 수가 있을까?' 하는 생각에서 말입니다. 어쩌면 이렇게 반쪽으로, 다리 절름발이로, 눈도 한쪽이고, 허허허, 반쪽으로 사나 하고 말입니다. 어떤 때는요, 하늘을 보고 씁쓰름하게 웃었다가 허어, 그냥 고개를 푹 떨어뜨리고, 기가 막혀서 그럴 때가 있어요. 그거를 본체만체하고 생각도 안 하고 그냥 나만 편안하게, 그냥 편리하게 살았으면 좋겠는데 그게 아닙디다. 허허, 그게 아니더라고요.

이 세상에는 전부 일체 만물만생이, 전부 교환되고 전부 전달하면서, 통신하면서, 말하면서 이렇게 전부 이게 됐다 저게 됐다 하고 돌아가는데 어떤 거 될 때 나라고만 할 수 있겠느냐 이겁니다. 그러니 내 부모 아닌 게 하나도 없고 내 자식 아닌 게 하나도 없고 내 형제 아닌 게 하나도 없더라고요. 그러니 도둑놈을 본들 도둑이라고 할 수도 없고 강도를 봐도 강도라고 할 수가 없어요. 왜? 그것은 업식이 그런 거지 그 사람이 그런 게 아니에요. 자기가 지어 놓은 업식이 그런 거죠. 그렇기 때문에 그 업식을 다스리고 바로 나간다면 그것이 그냥 무효로 돌아가는 거죠. 그러면 그런 생각이 싹 가시고 없어지죠.

그래서 가정에서 남편과 자식 모두, 부부지간에도 그렇고 잘못이 있더라도 내 탓으로 돌리고 그것을 부드럽게 말해 주고 부드럽게 행해 줘라. 그럼으로써 그 업이 다 무너진다. 그것은 마음으로써 지은 거니까 마음으로써 해결을 해 줘야지 그렇지 않으면, 칼로 물을 끊어 봤자야 도저히 끊어지지 않습니다, 그건. 또는 물로 물을 씻으려고 해서 씻어지는 게 아닙니다.

그러니까 제가 오늘 여러분보다 잘나고 똑똑하고 그래서 이렇게 여러분 앞에서 말하는 게 아닙니다. 나는 지금 현재의 심정으로선 여러분과 쪼끔도 다른 게 없습니다. 그런데 한 가지 뭐가 좀 다르냐 하면 무심과 유심, 무의 세계와 유의 세계, 정신계와 물질계, 이것을 한데 합쳐서 작용하는 그 법을 먼저 알았다는 것입니다.

그러니까 내 생각에, 어떤 때는 그렇습니다. 여러분이 지극정성으로 이렇게 한마디라도 들으려고 그러고, 하나라도 배우려고 그러고 이렇게 오실 때는요, 그리고 아파서 오시는 분들도 어떻게 생각하면 여기가 병원인가 하지마는 어떻게 생각하면 실오라기라도 잡아 볼 양으로 애를 쓰는 그 믿음, 그런 생각을 할 땐 그건 무조건 평등한 마음이다 이거야. 여러분이 어떻게 생각하면 반은 그렇게 생각하고 반은 그냥 그저 아무것도 모르고 그냥 그것만 나을 양으로 오는 분들이 있거든요. 그런데 그렇게 왔다가 인제 서서히 그게 다 동일하게 되는 거죠. 처음부터 잘 알고 그럭하는 게 아니니까요.

그래서 정성이 지극하게 설법을 들으러 오시고, 각처에서 그럴 때마다 내 마음은 아주 탁 고개가 수그러집니다. 왜? 여러분이 다 나보다도 더 위대하고 부처야. 부처로 보여요. 세상에, 그렇게 부처님으로 보일 수가 없고 그렇게 정성스럽게 보일 수가 없어요. 그러니까 나로서는, 이거는 진실입니다. 저절로 고개가 숙여져서 내가 한시반시도 이분들의 마음을 떼어 놓고 있을 수가 없더군요. 자나 깨나 자나 깨나예요. 세수를 할 때도 생각이 나고, 그냥. 그러니 어떻게 보면 바보 병신, 미쳤다고 볼 수도 있죠. "허! 저거 자나 깨나 만날 저기, 노이로제에 걸렸나?" 그러기도 하겠죠. 그러나 난 노이로제에 걸린 사람은 아닙니다.

단, 사랑이라는 게 어떤 것이 사랑인지…. 사랑이라는 것은 주고받는 게 사랑이 아니라 조건 없는 사랑, 주고도 준 사이가 없는 사랑이 조건 없는 사랑입니다. 만약에 이유를, "너는 사랑을 받을 만한 자격이 없어." 하고 조건을 붙일 때는 사랑을 줄 수가 없죠. 그렇죠? 사랑할 수도 없어요. 그러니까 여러분이 가정에서도 조건 없는 사랑을 행동으로 실천해 보십시오. 어떠한 잘못, 어떠한 여건이 있다 하더라도 조건 없는 사랑을 할 수 있는 행을 그대로 하십시오. 그런다면 그대로 이 물질계의 생활로 반영돼서 바뀌집니다.

그러니까 오늘도 이렇게 여러분 앞에 진실하게, 말은 여러 마디 안 했지마는 오직 내 가정에서 내 몸과 내 몸속의 중생들과 내 가정의 식구들과 사회로 나가서 일할 때의 내 식구들과 또 사회적인 문제들, 국가적인 문제들…. 국가를 위하려면 세계를 볼 줄 알아야 하고 들을 줄 알아야 하고 행할 줄 알아야 하듯이, 내 가정을 위해서도 모두 상대를 다 타파하고 조절할 줄 알아야만 하듯이, 첫 번에 우리가 지혜롭게 한바다에 나가서 춤을 추려면 그 도리를 알아야만이 되겠으니까 모든 걸 조건 없는 사랑! 예? 아시겠죠?

그리고 또 한 가지 끝으로 말할 것은 '주인공! 너만이, 너만이 나를 이끌어 줄 수 있다. 네가 이렇게 나를 가르치기 위해서, 지혜를 풍부하게 갖게 하기 위해 안되게 했으니 그것도 감사하구나.' 또는 '아픈 것도 너만이 낫게 해서 끌고 다닐 수 있다. 나는 관리인일 뿐이야. 내 것이 하나도 없고 내 몸뚱이도 내 게 아니야.' 하는 그 뜻을 가져라 이거야. 사실이니까.

어떤 가정이든지 용도에 따라서 어떠한 거든지 그저 시간 시간이 닥쳐오죠. 그런 걸 몽조리 닥치는 대로, 용광로에 넣으면 재생이 돼서 나가듯 그저 닥치는 대로 거기다가 맡겨 놓을 수 있는 믿음이라야 됩니다. '너만이 할 수 있어. 너만이 낫게 할 수 있고, 너만이 이끌어 줄 수 있고, 너만이 너가 있다는 증명을 해 줄 수 있고, 너만이 물리가 터지게 해 줄 수 있고….' 뭐든지! 가정에서 불화가 있어서 속상하면 '불화가 있지 않게 하는 것도, 그리고 화목하게 살게 하는 것도 너밖에 없어.' 하고 거기다 놓을 수 있는 그러한 믿음이라야만이 될 수 있어요.

대중 감사합니다.

큰스님 그러면 인제 믿고 그렇게 실천을 하실 수 있고, 실천을 하는 반면에 마음의 발전이 되고, 심력이 튼튼하게 길러지는 까닭에 여러분은 진짜로 웃고 살 수 있는 그런 계기가 생길 겁니다.

흙물을 맑은 물로 바꿔 써라

금요 친견 법회

1993년 3월 5일

여러분과 이렇게 한자리를 하고 앉아서 말로도 안 되고 행동으로도 안 되고 마음으로서…, 마음이 제일 중요합니다. 우주 삼라만상 대천세계의 모든 물질들과 더불어 정신계로 들고 나고 하는 작용을 그대로 하고 있습니다. 항상 말씀드리지마는 제일 중요한 게 뭐냐? 여러분은 때에 따라선 화두를 가지고 하는 사람들도 있을 테고 때에 따라서는 좌선한다고 웅크리고 앉아 있는 사람도 있을 테고 여러 가지로 많으리라고 믿습니다. 그런데 제일 중요한 게 뭐냐? 한마음에서 모두 규정돼서 마음이 잔잔하게 가라앉아야 일을 해도 좌선이 되는 거고 서도 좌선이요, 앉아도 좌선이요, 누워도 좌선입니다. 이 좌선이 완전히 될 때 비로소 참선이 되는 것입니다. 그런데 여기서 이끌어 주는 방편, 그거는 방편이 아니라 실천이기도 하고 바로 실천궁행이기도 합니다.

여러분, 잘 생각해 보세요. 정신계에서 물질계로 나오고 물질계에서 또 정신계로, 정신계에서 물질계로 나오는 것입니다. 집을 지으려고 마음을 먹었다면 집이 올라가듯이. 그러니까 우리가 마음을 어떻게 해서 놓느냐는 문제입니다. 이건 시시각각으로 다가오는 문제들을 환경에 따라서, 용도에 따라서 주어지는 대로, 때로는 여러분께서 가늠을 못할 때 '주인공! 알아서 해!' 하고 놔야 되지마는 가늠을 할 때는 '너만이 이끌어 갈 수 있어!' 하고 놔야 됩니다. '너만이 해결할 수 있어!' 하고 놔야 됩니다. 또 '너만이 낫게 할 수 있어!' 하고 놔야 됩니다. 가난이 닥친다 하더라도 그 원리를 몰라서 그렇지 산 입에 거미줄 치는 법은 없어요. '너만이 먹고살게 할 수 있어.' 하는 것도 말입니다.

그런데 굶게 되는 때에도 우리의 마음이 그걸 바꾸어서 먹게 할 수 있는 그 자력이 모두 여러분한테 있습니다. 병도 나온 자리가 자기 몸뚱이 속에서 나온 거니까 몸뚱이 속에서 해결을 해야죠? 그러니까 병난 것도, 지난번에도 얘기했지만 구정물이 닥쳤다고 합시다. 그런데 내 마음으로 하여금 아주 맑은 청수로 만들어서 바꿔서 나오게 할 수 있는 그런 심력이 여러분한테 다 있습니다. 그러니까 이거 한 가지만 얘길 해도 천 가지 만 가지를 다 그렇게 할 수 있다는 것을 증명할 수 있는 것은 바로 여러분이 인간으로서, 대인간으로서 자유스럽게 살 수 있다는 사실 때문입니다. 수억겁을 거쳐 나오면서 그 업식, 즉 말하자면 의식이 관습이 돼서 그냥 빼고 낄 줄을 모르니까 그런 문제를 해결치 못하는 겁니다.

우리가 그대로 여여하게, 자유스럽게 삶의 보람을 느끼면서 살 수 있는 그 기본적인 모든 것이 다 자유스럽게 여러분한테 주어져 있으며, 가지고 있으며, 할 수 있으며 그래서 사람은 만물의 영장이란 말도 있습니다. 수많은 생명들 중에도 최고의 인간입니다. 최고의 동물이고요. 만물만생을 다 거쳐 나오면서 인간으로 등장을 했던 거죠. 그 수없이 쫓고 쫓기면서 오던 그 경험을 여러분 내면에 다 가지고 있는 겁니다. 그런데 여러분이 그 관습에 의해서, 살아오던 관습에 의해서 '이건 못한다, 한다'가 아주 머리에 그냥 사무쳐 있기 때문에 마음을 그렇게 크게 굴릴 수가 없는 것이죠.

참 이것이 중요하다고 봅니다. 이것은 별의별 설법이 다 필요하지 않습니다. 오로지 내가 나를 굴릴 줄 알고, 내가 내 몸속에 있는 자생 중생을 굴릴 줄 알고, 그 자생 중생을 굴릴 줄 알아야만이 바깥의, 외부의 모든 만 생명들의 그 의식을 같이 굴릴 수 있는 것입니다. 마음을 조절할 수 있습니다. 그러니 악하게 마음을 먹는 자는 그게 미해지지만 악하지 않고 조건 없는 사랑을 할 수 있는 마음의 지혜가 넓은 사람은 반드시 자유스럽게 실천에 옮겨질 겁니다. 악한 자에게는 열쇠가 돌아가지 않지만 진실하고 착한 자에게는 열쇠가 돌아갑니다. 내 마음을 쓰는 거는 우주간 법계에까지 전달이 되는 거니까요, 통신이 되고. 이걸 거짓으로 알아서는 안 됩니다. 나무 한 그루도 풀 한 포기도 바로 여러분의 마음을 알고 있습니다.

그래서 전에 내가 공부할 당시에 여우가 뭔지 늑대가 뭔지 그것도 모르니까 여우나 늑대가 나한테 해코지를 하지 않았습니다. 그건 왜냐? 마음이 순박하기 때문입니다. 상대는 벌써 마음을 봅니다. 마음을 보고 앞에 와 앉기도 하고, 날아다니는 새들도 날아와서 앉습니다. 자기를 해코지 안 하니까, 안 하는 걸 알고 있으니까 말입니다. 뭇 중생들이 죽게 되면 마음을 알고 있으니까 그 알고 있는 사람에게 호소를 합니다. '나 좀 살려 줘!' 하고. 딴 사람은 못 들어도 그 사람은 들을 수 있습니다. 그건 왜냐? 남을 해코지 안 하는 마음과 더불어 넓게 생각을 하고 내 생명같이 아끼고 내 마음같이, 항상 같이 나눌 수 있는 지혜로운 마음이 바로 듣게 해 주는 겁니다.

그러니 여러분이 지금 선원에 오고 가고 하지만 요 도리를 몰라서 때에 따라서는 "아휴! 주인공을 찾아도 그래. 뭐, 별도리가 없던데, 뭐." 이러거든요. 이러는 사람도 아마 10분의 3, 2는 될 겁니다. 진정으로 믿고 자기가 실험하고 체험하고 가는 사람이 30%, 40%라면 그 중간에 어떤지도 모르고 그냥 믿고 다니는 사람이 30%, 또 30%쯤은 이건 우왕좌왕하고 다니는 사람일 겁니다.

사람은 과거의 나, 내가 생기기 이전을 찾는데 생기기 이전은 없습니다. 왜냐하면 바로 여러분으로 화(化)해서, 싹으로 화했으니까 말입니다. 그 뿌리의 씨가 싹으로 화했어요. 이 세상에 태어났다 이 소립니다. 싹으로 화해서 그 열매를 바로 그 싹이 가지고 있거든요. 그러니 과거 씨가 현재에 화해서 싹으로 변해서 씨가 앉았는데 과거에 내가 나기 이전 씨를 어디 가서 찾습니까? 자기 있는 데서 찾아야죠. 그래서 자기가 이 세상에 생긴 게 그대로 화두요, 그대로 바로 공전하는 주인공입니다. 자기 주인공이 없다면 모두가, 이 세상에 벌어진 일도 없을 거고 상대성도 없을 거고 만물만생이 서로 전달하면서 말하고 돌아갈 수도 없습니다.

우리가 제일 중요한 게 지금 얘기했던 거와 같이 병이 나면 병이 난 걸 바꿔서 건강하게 돌려서 활용하고, 즉 말하자면 그런 데에 활용하는 건 중용입니다. 활용이 아니라 중용! 정신계와 물질계를 한꺼번에 넣어서 바로 작용을 하는 거기 때문에 중용입니다. 닥치는 대로, 용도에 따라서 닥치는 대로 바꿔서, 마음으로 바꾸면 바꾸는 대로 현실에 바뀌어서 나온다는 그 사실을 여러분이 잘 아셔야 될 겁니다. 예를 들어서 내가 항상 이런 말을 하죠. 용광로에다가 헌것들을 다 넣으면, 넣는 작업만 해도 바로 그 쇠는 헌쇠가 새 쇠로 재생돼서 나간다고요. 안 그렇습니까? 연탄도 뭉그러진 거를 다시 개서 다시 넣으면 새 연탄으로 나옵니다. 연탄뿐만 아니라, 헌쇠뿐만 아니라 인간은 만물의 영장이라고 했기 때문에, 고등 동물이라고 했기 때문에 그렇게 고도로 발전이 돼서 인간으로까지 등장이 된 겁니다. 그렇기 때문에 그 일체 만법의 근원이 인간의 마음에 직결이 돼 있습니다. 그러기에 어떠한 용도든지 보이지 않는 데 정신계에서 바로 물질계로 나오는 거니까 정신계에서 굴려서 새 물로 만들어서 현실로 나오게끔 해서 그 생수를 먹을 수 있는 그런 작용과 더불어 중용을 하는 것이 제일 필요합니다.

내가 항상 얘기하지만 우리는 지수화풍으로 바탕이 돼 있기 때문에 광력이나 전력 자력 통신력이 충만히 여러분 앞에 주어져 있다는 사실입니다. 주어져 있기 때문에 자기의 지혜대로, 능력대로 용도에 따라서 끌어 쓸 수 있다 이 소립니다. 그거를 끌어 쓰려고 애를 쓸 필요도 없다 이겁니다. 왜냐하면 생활에 그냥 자연적으로 닥쳐오는 거를, 과거에 어떻게 살았느냐에 따라서 지금 자동적으로 입력이 돼서 현실에 나오는 거니까 그 나오는 데다가 다시 입력을 하는 것과 같습니다. 자동적으로 닥쳐오는 거를 자동적으로, 이 천차만별의 다가오는 문제들을 똑같이 타파할 수는 없습니다. 지혜롭게, 어떤 거는 흙물을 맑은 물로 돌려서 쓰기도 하지만 때에 따라서는 자기가 가늠을 못할 때가 있습니다. 그럴 때는 '너 알아서, 잘되는 방향으로 너 알아서 해!' 하고 또 거기다 놓으면 철두철명하게 다 정리를 합니다. 또 어떠한 문제가 닥쳐온다 하더라도 그것은 제 안에서 병고가 난 거니까 제 안에서 해결을 할 수밖에 없는 거죠. 내가 항상 얘기하죠. 길을 가다 엎드러지면 땅을 짚고 일어나야지 허공을 허우적거려서 일어나지느냐고.

이 마음의 도리라는 게 이렇게 기묘하고 묘하고 광대무변한 법입니다. 인간으로서 모든 사람들이 다 자체적으로 가지고 있으면서도 해결 못하고, 쓰지 못하고, 끌어 쓰지 못하는 이 자체가 바로 모르고 먹어 보지 못하고 맛을 모르기 때문입니다. 그리고 좌선합네, 단전호흡하네, 뭘 하네 뭘 하네, 기도하네 하고 쫓아다니면서, 그래도 살 양으로 미숫가루라도 해 가지고, 먹을 걸 해 가지고 기도하러 다닙네 하고 다니는 사람들은, 즉 말하자면 모래성을 쌓는 거와 같습니다. 그리고 도깨비장난이지. 그렇게 하다 보면 마음의 노예로서는 빼고 낄 수도 없어요. 보이지 않는 데에 창살도 없건만 자기 마음으로 창살을 만들어 놓고 그 속에서 벗어나지 못하는 법이죠.

여러분이 지금 어떠한 급한 일이라든가 어떠한 애고도, 유전성 영계성 업보성 세균성, 이런 걸로 인해서 모든 것이 안에서 벌어집니다. 이 벌어지는 문제들을 어떻게 타파를 해야만 옳겠습니까? 말을 하고 몸뚱이가 움죽거리고 그래서 되는 게 아닙니다. 마음으로 지은 죄는 마음으로 해결해야 됩니다. 이 모두가 마음으로 지은 죄지, 지은 업보고, 마음으로 지어서 유전이 된 거고, 인과성도 마음으로 인해서 인과가 된 거고 그런 거지 다른 게 아닙니다. 그러니까 다가오는 대로 그거를 타파할 수 있는 것은 바로 궂은 거를 말갛게 해서 쓰라는 얘깁니다.

이 굴림도 갖은 각색으로 굴려야 됩니다. 예를 들어서 아버지가 됐다가 아들이 됐다가 사위가 됐다가 남편이 됐다가 아버지가 됐다가, 자동적으로 이렇게 살고 있지 않습니까? 그와 마찬가지로 한 사람에게 여러 가지가 갖은 각색으로 닥쳐올 때에 그냥 여여하게 자동적으로 그렇게 타파할 수 있는 문제는, 꿈이 나빴다 이런다면 진실로 믿어서 좋게 바꾸어서 진실로 생각하고, 마음은 체가 없어서 이렇게 바꿔 놔도 바꿔지고 저렇게 바꿔 놔도 바꿔지기 때문입니다. 둘이 아닌 까닭에 이것이 말갛게 될 수가 있다 이겁니다. '너만이 말갛게 할 수 있잖아.' 하고 진짜로 둘 아닌 도리에서 맡겼을 때는, 예를 들어서 이 바다의 물이 그렇게 어마어마하지만, 수많은 빗방울이 떨어져서 골짜기로 흘러서 막 바다로 들어가도 그건 바다의 한 물이지 여러 가지 물이 아닙니다. 그렇듯이 마음은 체가 없어서 체 없는 마음이 수만 개가 들어온다 하더라도 그냥 무입니다, 무! 그러니까 그것을 한마음으로 중심을 세워서 주장자로서…, 그 주장자는 어디라도 살리는 칼이지 죽이는 칼은 아닙니다. 왜냐하면 사람의 마음이 나빠서 죽이는 칼로 쓴다면 죽이는 칼이 되고 살리는 칼로 쓴다면 살리는 칼이 되는 겁니다.

그러니 다가오는 거를 마음과 마음으로 전달을 하면서 여러분이 길잡이인 나를 생각을 하신다면 여러분의 마음과 찰나에, 어떠한 애고가 있다 할지라도 그것은 틀림없이…, 즉 망을 보는 놈도, 도둑질하는 놈도 다 도둑놈입니다. 알았죠? 그래서 이런 말을 해 준 놈도 듣는 놈도 다 도둑놈이죠. 그렇죠? 허허허…. 그러니까 날더러 봐 달라 안 봐 달라 하기 이전에, 생각을 내 달라 안 내 달라 하기 이전에 벌써 자기가 생각하고 한마음 이 도리를…, '주인공!' 이렇게 하면, '주인공' 하면 바다를 연상할 수가 있죠. 천체 돌아가는, 시공을 초월해서 돌아가는 우주 삼라만상 대천세계의 일체 만물만생이 같이 돌아가는 한마음이라는 사실을요. 전자도 후자도 현자도 모든 마음들이 한데 합쳐서 돌아갈 수 있는 그런…, 뭉치면 살고 흩어지면 죽는다 이런 말이 있듯이, 이게 뭉쳐서 하늘을 받칠 수 있는 기둥이라면, 그 기둥의 심봉이라면 모든 힘은 바로 거기서 나오는 겁니다. 그 심봉으로 인하여 일체 돌아가는 이 작용, 자체 살림살이들이 모두 환란을 일으키지 않고 애고를 진압시키고 병고를 진압시키고 어떤 환란을 진압시키고…. 그것을 진압시킨다고 해서 누적이 되는 게 아니라 바꿔서 자꾸자꾸 돌아가는 겁니다.

썰물이 있으면 밀물이 있고 밀물이 있으면 썰물이 있듯이, 주먹을 폈다 쥐었다 할 수 있어야 이게 정상이죠? 우리에게 어떠한 고난이 들어온다, 어떠한 애고가 들어온다 하더라도 그걸 바꿔 쓸 줄만 안다면 바로 새 물을 항상 먹을 수가 있는 거죠. 이게 넣기만 하고 꺼낼 줄 몰라도 아니 되고, 병신이 되는 거고 꺼내기만 하고 넣을 줄을 모른다면 또 병신입니다. 이건 작용이 막혀 버리고 말아요. 항상 그릇이 빌 수 있는 그 작용의 중용은 아주 신란하고 아주 가볍고 환희롭고 그렇게 너그러울 수가 없습니다.

여러분이 아무것도 모른다고 하시더라도 여러분이 본래 가지고 있는 재료는 못살든 잘살든, 못났든 잘났든 다 가지고 있는 겁니다. 그래서 지금 모르고 고집하는 그 마음이 바로 업식입니다. 그러니까 모든 거를 다 맡겨 놓고 그릇을 비우는 데서 바로 그 업식이 녹아져 버리는 거죠. 그리고 굴려서 바꿔서 자꾸 쓰는 거.

내가 그때도 얘기했죠. 어떤 사람이 꿈을 꿨는데 소쿠릴 하나 얻었단 얘깁니다. 그랬는데 아, 어느 스님한테 가서 물어보니까 "초대를 받아서 먹을 게 생기겠구나." 그러더라는 거야. 그런데 그 소리를 듣고 야비하게 친구 하나가 또 가서 얘길 했어요. 꿈도 꾸지 않았으면서 꿈을 꿨다고 "소쿠릴 얻었습니다." 그러니까 "아휴, 너는 오늘 매를 죽도록 맞을 꿈이로구나." 이랬단 말이야. 그랬는데 그 본인이 생각을 하기를 '에이그, 나는 꿈도 안 꿨는데 무슨 맞고 자시고가 있어?' 아, 이랬단 말이야. 근데 그날 말입니다, 태평하게 친구들하고 술집엘 갔는데 그냥 물씬 얻어맞았단 말이야. 그래 그 이튿날 엉금엉금 기어가다시피 해 가지고 그 스님한테 가서 물었어요. "나는 꿈도 안 꾸고 스님이 어떻게 하시나 볼 양으로 그랬는데, 꿈도 안 꿨는데 어떻게 이렇게 맞았습니까?" 하니까 "네가 생각한 것이 바로 꿈이니라." 네가 거짓말을 하려고 생각한 것이 꿈이니라 이거야.

그래서 우리 살아나가는 게 다 꿈입니다. 꿈을 잘못 꿨다 할지라도 생각을 잘해서 꿈을 잘 꿔야 되는 겁니다, 응? 억지로 올라가려고 애를 쓰지도 말고 내려가려고 애를 쓰지도 말고, 스스로 오는 거를 커버할 수 있고, 스스로 오는 거를 달게 받을 수 있고, 스스로 오는 것을 감사하게 생각할 줄 알고 이러는 그 마음! 그 어질고 착한 마음, 진실한 마음, 지혜로운 마음. 이것이 여러분의 가정을 다 포용력 있게 이루어 나갈 수 있는 그런 능력입니다. 그러니까 그러한 야비한 생각을 했던 것도 그걸 가르치기 위해서 그 사람이 그렇게 야비한 생각을 한 그대로 그냥 일이 생긴 거죠. 만약에 그분이 그랬다 할지라도 그냥 묵인하고 매를 안 맞게 했더라면 그 사람은 그걸 고치지 못합니다. 그 야비한 생각을 고칠 수가 없습니다.

그러니 여러분이 생각하시는 거처럼 그렇게 어려운 일도 아닙니다. 자기가 못났든지 잘났든지 자기를 형성시켰고 정자, 난자, 영혼 그리고 자기가 어떻게 살았느냐에 따라서 업식이 바로 결부돼서 형성되는 것이 인간입니다. 그러니까 모두 여러분이 마음과 마음으로 전달을 하고, 마음과 마음으로 타파를 할 수 있는 그런 능력을 기르시려면, 그리고 기르려고 하기 이전에 우리가 당장 가정에서 해결을 할 수 있는 해결사가 되려면 그렇게 하셔야 됩니다. 언제까지나 남한테 기대고 한 됫박 얻어서 먹고는 또 그것 없어지면 또 달라고 그래야 하고, 언제까지 그러겠습니까? 영원토록 세세생생에 벗어나서 참, 정신계의 어버이로서 다 묵은 빚을 갚을 수도 있고 햇빛을 줄 수도 있고, 내 몸속에 있는 모든 중생들도 제도해서 모두 보살 부처도 되게 하고, 그렇게 된다면 외부의 모든, 하다못해 초목들까지도 아마 합장을 하고 숭배할 겁니다.

그러면 처음 오신 분들은 여기에서 스님네들한테 관하는 법을 배워 가지고 가시고요, 또 관하는 법을 아시는 분들은 지금 내가 얘기한 대로 그대로 하십시오. (법회를 마치는 목탁이 울린 후) 그럼 지금 얘기한 대로 그대로 하십시오.

대중 네. 감사합니다.

생활의 고(苦)를 타파하는 지혜

금요 친견 법회

1993년 3월 12일

금요일 날 왜들 이렇게 많이 모이셨습니까? (대중 웃음) 어휴! 지난번에 말씀드린 거 잘 경험해 보셨습니까? 여러분은 하루아침에 하려고 하지 마시고 심사숙고해서 마음을 항상 근면하고 아주 차분하게 가라앉혀서 인생을 살아나가는 데에 어떠한 것에 역점을 두어야 하는지, 어떤 것이 중요한지 그것을 아셔야 합니다. 인생은 어저께도 아니고 내일도 아닙니다. 바로 이 시간이 아주 중요합니다.

사람은, 모든 사람들이 지혜로 살아나갑니다. 그래서 내가 하는 말을 말 그대로 그냥 곧이듣고, 요거 아주 똑 찌르면 그거 빼서 그냥 쓰려고 생각하지 마시고 그거를 불려서 좀 더 지혜롭게 쓰시기 바랍니다.

아까 시간이 중요하다고 했죠? 오늘 이 시간이 중요하다. 내일 시간은 아직 돌아오지 않았으니까 그렇고, 어저께 시간은 바로 가 버린 시간이기 때문입니다. 인생도 오늘이라는, 지금 현실이라는 이 자체가, 자기가 몸체를 가지고 움죽거리고 생각하고 하는 이 자체가 제일 중요하다고 생각합니다. 씨앗도 작년의 씨앗을 올해 심어서 싹이 나듯이, 그 열매로 인해서 미래에 또 심어서 싹을 내서 또 영원토록 이어져 가는 이 자체의 영원한 시간들, 오늘 시간을 완전히 알아야 내일 시간도, 어저께 시간도 삼세가 합해져서 여여하게 굴릴 수 있는, 그런 여러분의 심력으로서 지혜롭게 살 수 있을 겁니다. 그러니 어저께 일을 모르고 내일 일을 모르는 것은 오늘 일을 모르기 때문에 내일 일도 어저께 일도 모르는 겁니다.

우리가, 접때도 얘기했지만 정신계를 발전시키지 않는다면 앞으로는 살아나가기가 점점 곤란해지는 시대입니다. 그것도 생각해 보시지 못했죠. 시대가 바뀌어서 자꾸자꾸 변천해 돌아가는 이 시대에서 어떻게 해야만 살아나갈 수 있나 하는 것을 말입니다. 부모들이 마음과 몸을, 그리고 두뇌로써 지혜롭게 쓸 수 있는 그 심력을 기르지 않는다면 우리가 정신세계를 모르는 거와 같아서 앞으로 자녀들한테도 연관이 되지 않습니다. 마음과 마음이 전달이 되고 모두가 통신이 되고 움죽거리는데….

뭘 적으려고 그래? 적어서 말만 배우는 것이 아니야. 이거는 마음속으로 진실하게, 말을 모르더라도 마음속으로 진실하게 해서 내 생활을, 모든 거를 타파해 나갈 수 있는 지혜를 써야 되는 것이 바로 머리야. 그렇기 때문에 이것은 적어서 될 일도 아니고, 또 아니 적어서 될 일도 아닙니다. 우리가 때로는 이게 되고 때로는 저게 되듯이, 때로는 이게 닥치고 때로는 저게 닥치듯이, 어떠한 거든지 언짢은 일들이 고정되게 요 일만 닥치는 게 아니라 이 일 저 일 포함해서 여러 가지로 가정에 닥치죠. 그러는 것을 생각해 보십시오.

날아다니는 새들도 그렇고 저 들에 핀 꽃들도 그렇고 모두가 말을 합니다. 말을 하고 주고받고. 은행나무와 은행나무가 멀리 있어도 서로 사랑을 하고 말을 합니다. 사과나무끼리도 그렇고 배나무들끼리도 그렇습니다. 그거뿐이 아니죠. 모든 만물들이 다 그렇죠. 그런데 우리가 마음 씀씀이를 어찌 모르겠습니까? 만물이 말입니다.

그래서 병고가 나도 만물의 그 약초는, 즉 말하자면 마음의 약으로서 등장을 하게 되죠. 이게 아무것도 오지 않고 되는 게 아닙니다. 그러니까 주인공 이 자체의 마음에서 벌써 '이것이 이렇다' 하면 모든 게 알고 있으니까, 모든 일체 만물들의 그 의식들이 알고 있으니까 모두 자기라고, 둘이 아니라고 생각했기 때문에 그 약은 저절로 자동적으로 옵니다. 그렇기 때문에 약을 요거 조거 찾지 않아도 자동적으로 컴퓨터에 입력이 돼서 저절로 딱딱 나오듯이 이것도 역시 자동적인 컴퓨터와 같기 때문에, 아주 영원한 자동적인 컴퓨터죠. 그 컴퓨터에 다 입력이, 모든 것에 입력이 되기 때문에 마음으로 그 액이 스스로서 와서 닿습니다.

그렇기 때문에 마음이라는 것이 제일 중요해서 마음을 잘 쓰고 지혜롭게 쓴다면, 넓게 둥글려서, 모가 나지 않게 둥글려서 쓸 수만 있다면 모든 일체 만물이 다 한마음이 돼 준다. 한마음이 돼서, 물질적으로다가 약초를 갖다 주는 게 아니라 바로 그냥 그 액체 자체, 에너지를 갖다가 준단 얘깁니다, 용도에 따라서. 이 병이면 이 병대로 저 병이면 저 병대로 약이 아주 순조롭게 자동적으로 그 에너지가 와 닿는단 얘깁니다.

그뿐이 아닙니다. 생활에 대해서도 그렇습니다. 여러 가지 생활에 의해서 천차만별로 닥치는 그 애고, 모든 거를, 예를 들어서 유전성이라면 유전성을 제거하는 그런 에너지가 올 것이고, 바로 내 몸뚱이 속의 모든 생명들이 천백억화신으로 화해서 조달을 합니다. 또 영계성이면 영계성대로 조달을 하고 또는 연결이 되고, 이러기 때문에 바로 영적인 그 자체가 내 몸속에 들어와서 살림살이를 한다 하더라도 차츰차츰 그게 바뀌져서, 그게 화해서 바로 한 사람의 집이 됩니다. 애고가 닥칠 땐 세 사람의 집이 되고 열 사람의 집이 되고 뭐, 백 사람의 집이 돼 가지고 이거는 이렇고 저건 저렇고 이렇게 산란을 피우지만, 이것은 한마음으로 구성된 구성체기 때문에, 모두가 마음은 체가 없는 거기 때문에 백 개라도 하나가 됩니다. 그리고 내가 살아 있는 마음이기 때문에 그것도 하나가 되는 거지, 내가 살아 있는 마음이 아니고는 그렇게 하나가 될 수 없습니다. 그 하나에서 나고 들고 이렇게 하는 것이 하나의 일뿐만이 아닙니다.

그러니까 그 만 가지, 천 가지를 타파해 내는 데는 바로 한마음 속에서만이 할 수 있는 겁니다. 헤아릴 수 없이 수효가 많은 그 의식들이 다 보살로서 화해서 약사도 되는 게 있고, 또는 칠성이 되는 것도 있고, 지장이 되는 것도 있고, 관세음이 되는 것도 있고 여러 가지가지가 다 됩니다. 이런 것이 닥치면 이렇게 나가고 이런 것이 닥치면 이렇게 나가고. 그래서 그 한군데서 다 나고 드는 도리를 알아야 한다 이겁니다. 그렇듯이 날아다니는 새들도 기어 다니는 벌레도, 하다못해 풀포기도, 하다못해 식물에까지도 모두가 다 전달이 됩니다. 이 안에서 이 모든 의식들이 바로 전달을 하고 이렇게 하면, 예를 들어서 내 집의 아버지가, 내 집이 망가진다 또는 무슨 일이 닥쳐서 급하다 이럴 때는 여기에서 바로 연결을 합니다. 다 연결을 해서 급하지 않도록 만드는 작업을 합니다. 병고가 있으면 낫게 하는 작업을 하고, 이렇게 하기 때문에 그 도리를 알려면 말로 해서는 도대체 이게 씨가 먹히지 않는 말입니다.

그러나 여러분이 한 가지 한 가지 조그만 것부터 큰 것까지 체험을 하시고 자꾸자꾸 맛을 본다면 그 맛이 어떤 줄 아실 수 있다 이겁니다. 그렇기 때문에 마음과 마음이 전달을 하는 도리를 알아야 하고, 내 몸속에 있는 그 의식들과 내 마음이 통하면 전체에서 그렇게 알고 있다는 그 사실을 알아야 하고, 일체 만물이 다 연결이 된다는 거를 알아야 합니다. 그렇기 때문에 이 마음과 마음을 전달시키는 둘 아닌 도리….

우리 선원의 어느 스님이 이런 말을 해요. 소년원에서 법회를 하고 그 소년들을 가르치고 있는데, 아주 공부를 얼마나 잘하는지 모른다 이겁니다. 그런데 그 잘하는 사람들을 일주일에 두 시간씩 가르치는데 석 달이 되면 또 다른 데로 옮기고 그러기 때문에 졸업장을 줘야 된다 이겁니다. 그랬는데 그 스님의 말이 "이거를 그냥 나가게 해서는 도루묵이 되니까, 도로 일을 저지르고 그러니까 일 년만이라도 제가 숙식 제공을 하고 데리고 있으면서 가르쳐서 내놓으면 어떠할는지요?" 하더라고. 그래서 "나는 고깃덩어리 이거뿐이지 돈도 없고 아무것도 없는데…." 이렇게 얘길 하니까 "돈은 걱정하지 마십시오. 스님이 가르쳐 주신 보배가 있지 않습니까? 생각을 그렇게 내면 그렇게 됩니다." 이러더군요.

그러니 이 정신적인 관계가 얼마나 귀중한가를 여러분이 톡톡히 아셔야 됩니다. 지금 세상에는 정신계를 밟지 않고 정신계의 발전을 안 하고는 도저히 살 수가 없습니다. 지금 물질계 50%만 가지고 산다 하면 자꾸자꾸 막히고 자꾸 끄달리게 되고 자꾸 걸리게 되고, 그러니까 안되게 되고 이렇게 되면 사람 살기가 첫째 곤란하지 않습니까? 얼마나 곤란합니까?

난 어떤 때에 생각을 하면 '아휴, 과거에도 그 전 과거서부터 그 도리를 모르고 이렇게 쌓아 왔기 때문에 현실에 자꾸 그렇게 한 대로 나오는데, 저렇게 천차만별로 나오는 저거를 타파를 못하고….' 타파를 못한다 하는 것은, 거기다 맡겨 놓아서 그 업이 지워지고 무너져야 되는데, 무너져야 새로 다가오는 것이 타파가 되는 겁니다. 그런데 전자에, 과거에, 내가 나기 이전에 지은 것이 지금 나오는 것을 왜 이렇게 나오느냐고, 주인공을 찾아도 이렇게 나온다고 이러거든요. 그게, 그게 말이나 될 법한 일입니까? 버스가 부산엘 갔으면, 타고 가지 못했으면 벌써 부산으로 간 겁니다. 그러니까 다시 와서 또 부산엘 갈 수 있을 때에 또 타는 거지, 이미 간 거를 어떻게 한단 말입니까?

그러니까 죄업이 있다 해서 만약에 판사나 검사가 징역을 내렸을 때, 십 년을 내리든지 오 년을 내리든지 내렸을 때 이미 내린 겁니다, 그거는. 앞으로 어떠한 문제가 다가와도 타파할 수 있는 능력이 있다면 앞서의 그것도 무너뜨립니다. 그러니까 이미 징역이 주어져 있기 때문에 주인공에 이렇게 맡기고 그래도 그것이 쉽게 돌아갈 뿐이지 그것을 면할 수는 없습니다. 그러나 그렇게 쉽게 돌아가면서 이게 무너지는 거죠. 그러니까 '주인공을 아무리 불러도 그런 것도 무죄로다가 석방이 되지 않더라.' 이렇게 한다면 이게 말이 순서가 되질 않습니다.

그러니까 여러분이 마음과 마음을 전달해서 서로가 한마음으로 돌아갈 수 있다면 안팎이, 안에도 천차만별의 그 의식들이 다, 업식, 악업 선업이 다 한데 합쳐서 한마음으로 돌아갈 수 있게 하고, 외부의 모든 마음들이 한마음으로 조절이 되고 한마음으로 돌아가서 유이하게 그, 싱그럽게 돌아가서 좀 더 유하고 인의롭게 돌아가면 살기가 좀 쉽지 않습니까? 그렇게 해서 갈 수 있는 것이 여러분이 농사를 자작으로 지어서 자작으로 먹는 게 됩니다. 그러나 농사를 짓지 않고 한 됫박 한 됫박 얻어다 먹으려면 감질이 나고, 영원토록 얻어다 먹어야 하는 그런 위치가 되죠.

그리고 그뿐입니까? 그 도리를 모르고 그냥 살아가다 보면, 예를 들어서 '오간지옥이다, 칼산지옥이다' 이러는 게 뭔 줄 아십니까? 이게 벌레로 태어나기도 하고 짐승으로 태어나기도 하고 날아다니는 새들로 태어나기도 합니다. 우리가 그렇게 돌아가기 때문에 살아 있는 모든 생명들을 죽이지 말라 했습니다. "네 생명과 둘이 아니니, 또 네가 돌아서 토끼가 될지 닭이 될지 돼지가 될지 모르니 절대로 산 짐승을 죽이지 말라. 또 죽이되 봄과 여름을 가려서 하고 쓸 일이 있어서 먹는다면 네 먹을 만치만 하지, 그 외에 욕심 많게 더 하지 말라. 봄과 여름에 산 짐승을 죽이지 말고 좀 더 금해라." 하는 것은 새끼들을, 알을 낳고 새끼들을 낳아서 키우는 시기이기 때문에 그렇습니다.

이 모두가 생각을 해 보면 우리와 다른 데가 하나도 없습니다. 그것도 역시 생명들이고, 그것이 살아가려고 애를 쓰는 것도 역시 우리와 똑같고 자식을 생각하는 것도 우리와 똑같고 자식을 낳아서 기르는 것도 우리와 똑같습니다. 그리고 연어나 그런 것도 새끼들을 위해서, 새끼들을 낳고 자기는 그냥 껍데기로 변해 버립니다. 그런가 하면 살모사나 또는 다른 것들도 여러 가지가 자기 몸을 바로 새끼에다 바칩니다. 그러니까 보통 그냥 그렇게, 예를 들어서 새끼를 낳으면 이건 벌써 껍데기가 돼서 죽는다는 건 사실이죠, 모두. 인간은 쪼금 다르다 뿐입니다, 쪼금. 그러니까 고등 동물이라고 했고 만물의 영장이라고 했습니다. 만물의 영장이라고 한 것은 마음과 마음끼리 서로 전달을 하고 통신을 하고 말을 하고, 이 정신계라는 50%가 거기 부합이 돼 있기 때문에, 더군다나 더 사람은 그것을 알게끔 돼 있기 때문에 만물의 영장이라고 그랬습니다.

그런데 자기가 자기 끌고 다니는 거를 모르고 자꾸 타의에서 상대방을 찾고 상대방의 하느님을 찾고 부처님을 찾고 뭐, 별의별 걸 다 찾죠. 아이, 누가 무꾸리를 해서 명이 짧다고 하면 칠성부처님한테 가 빌어야 하고, 병고가 있다 하면 약사보살한테 빌어야 하고, 또 좋은 데로 못 간다 하면 지장한테 가 빌어야 하고, 이거는 일일이….

그러면 요거를 한번 비교해 보세요. 식구가 열 사람이라고 해도 가정을 이끌어 나가는 어머니 아버지한테만 얘기하면 되지, 이거를 일일이 그냥 어린애한테까지 얘기를 해야 되는 건 아닙니다. 윗사람들한테 의논을 하면 전체가 같이 돌아가죠. 그와 같이 우리는 마음이기 때문에, 체가 없는 마음이기 때문에 그 마음과 마음은 천차만별로 바꿔 가면서 돌아갈 수가 있다 이겁니다. 이거를 아주 싱그럽게 증득하려면 자꾸 작업을 해 봐야 압니다.

그러니까 마음과 마음으로 전달을 하시면서 틀림없이 우리는 내 한마음과 더불어 부처님과…, 부처님과 이 스님이 다른 게 아닙니다. 또 스님과 여러분이 다른 게 아닙니다. 그러니까 '한마음' 하면 뜻으로

다가 그냥 몽땅 하나로 세워서 전달을 오고 가게 하고 그렇게 뜻으로 알고, 그거를 못 믿으면 못 믿는 거만치 그게 한마음으로 주어지지 않을 겁니다. 내가 한 거만치고 내가 믿은 거만치이고 내가 생각하는 거만치입니다. 그러니까 마음과 마음으로 전달을 하시라는 그 말을 말로만 그냥 귓가에 흘려 버리지 마시고 진실하게 행동으로 실천을 하시는 것이 정당하다고 봅니다.

그리고 새로 온 사람들은 스님네들한테 관하는 법을 알아 가지고 가셔서 아주 열심히 하신다면 무엇이든 우리가 개혁이 아니 되는 게 없습니다. 그래서 여러분 가정에 꽃이 피고 열매가 맺어서 그냥 여러분한테 영원토록….

신도(여) 스님, 가시기 전에 한 말씀만 드렸으면 합니다. 저는 이렇게 아파 죽겠어요.

큰스님 그러니까 관할 줄 모르시는 분들은 스님네들한테 관하는 걸 알아 가지고 가시라 이겁니다.

신도(여) 다닌 지가 한 삼 년이나 됐는데….

큰스님 삼 년! 말도 마세요. 지금 말씀하시는 거 보니까 삼 년 아니라 삼 일도 안 되는 거 같습니다. 그러니까 삼 일이 삼 년이요, 삼 년이 바로 사백 년도 되고 삼백 년도 됩니다. 여기 오고 가고 이렇게 하는 그 기간이 길다고 해서 잘 배우고, 오신 기간이 짧다고 해서 잘 배우지 못하는 공부가 아닙니다, 이거는. 몸이 아픈 것도 그, 여직껏 얘기해 드렸지 않습니까? 여직껏 얘기해 드렸는데도 그거를 납득을 못해서 이러시는 것 아닙니까? 그거를 납득한다면…, 허허!

뉴욕에서 어떤 사람이 20년을 병고로 인해서 도저히 살 수가 없다고 여기까지 찾아왔습니다. 그래서 "병고가 그렇게 있어서 못 견디겠걸랑은 그 병고를 내놔 봐라. 내놓으면 내가 말짱히 고쳐서 주마." 이랬어요. 하하하…. 그랬더니 눈을 번쩍 뜨고선 가만히 있더니 싱긋이 얼굴에 웃음빛이 나면서 그 소릴 알아들었어요. 그래 가지고선 그 즉시 차 타고 가면서 나았어요.

그런데 보살님 말대로 삼 년이 됐다는데도 그냥 그렇게 해요? 아픈 거를 자기가 타파를 못하고 저렇게 하는 거니까 그것은 만날 노예밖엔 될 수가 없는 거죠. 이 세상에서 노예 노릇을 한다면 저 세상에서 다시 이 세상으로 올 때, 또 태어나서 또 그럴 거란 말입니다. 그러니 위로 조상들한테도 이미지가 또 그럴 테고 아래로 자녀들한테도 그럴 테고.

그러니까 여러분이 알아야 마음의 금광은 아주 그 빛이, 에너지가 그저 자식들한테로 내려가고 위로는 부모 조상들한테로 올라가고 연방 이렇게 돌아치는데 아니, 여러분이 진짜로 빨리빨리 하셔야 될 거 아닙니까? 그 아픈 게 뭐가 그렇게 그렇습니까? 아픈 것도 '너만이, 그저 네 몸뚱이니까 너만이 낫게 할 수 있다.' 하고 진득하게 그렇게 진짜로 믿는다면 그거는 진짭니다, 정말! 믿질 못하니까 그렇습니다, 모두가.

그러니까 여러분이 마음과 마음으로 전달을 하면서, 마음과 마음으로 내 주인공에다 전달을 하면 나도 전달이 되고 다 됩니다. 내 주인공, 즉 말하자면 내 집에 전화를 놔야 전화가 오기도 하고 전화를 하기도 할 수 있는 겁니다, 여기에. 여길 통해야만이 전화가 됩니다. 그렇게들 해서 체험들을 꼭 하시도록 하세요.

업의 굴레에서 벗어나는 길

금요 친견 법회

1993년 3월 19일

금요일은 급해서 찾아오는 분들이나 모이도록 돼 있는데 인젠 법회 장소가 돼 버렸으니, 허허, 어떡하죠?(대중 웃음)

우리가 태어나서 살아나간다는 게 상당히 중요한 시깁니다. 어떤 사람은 과거가 어떻고 미래가 어떻고 이러지마는 현실 자체가 아주 중요한 겁니다. 현실 자체로 인해서 과거도 미래도 모두가 결정 나는 것입니다. 모든 사람이 "악업을 짓지 마라. 선업을 지어라." 이렇게 말들을 하죠? 근데 그 소리가 그렇게 무의미하고 그저 그냥 들리는 소린가 보다 하고 이렇게들 모두, 그냥 흘러가는 말로다가 들을 수도 있어요. 그러나 한 가지를 잘못하거나 두 가지를 잘못하거나, 쪼그만 거를 잘못하거나 큰 것을 잘못하거나 하여튼 나쁜 일을 하고 악한 일을 하고 좋은 일을 행치 못하고 이렇게 해서는 그대로 반영이 돼서 자기가 나쁜 업을 짓게 돼 있죠. 내가 태어나기 전에만 악업이다 선업이다 하는 게 아니라 지금, 쪼금 아까도 과거가 됩니다. 지금 잘못 말을 하고 잘못 행을 하고 또는 번연히 알면서도 행하지 못하는 그런 모든 문제들을 나쁜 업이라고 합니다. 그리고 그저 남이 잘되는 거 싫어하고 못되는 걸 좋아하고 악한 일을 많이 하는 사람들, 그것이 악업이 된다는 거는 사실 그대로입니다. 선업을 짓는다, 좋은 일 하고 착한 일 하고 모든 일을 착하게 생각을 하고 내 아픔으로 돌리고 이렇게 하는 분들은 선업을 짓게 돼 있죠. 콩 심은 데 콩 나고 팥 심은 데 팥 나듯이 말입니다. 그렇게 정확하죠.

그런데 내가 지금 인도하는 그 뜻은 '악한 것은 잘 생각해서 돌려서 굴려 거기다가 놓고, 내면에다 놓고 악한 것도 한생각 잘 돌려서 놔라' 이 소립니다. 잘못되게끔 돼 있다 하는 생각이 들걸랑은 잘되게끔 마음을 돌려서 그 자리에 다시 놔라. 악이든지 선이든지 한군데서 나오는 거니까 말입니다. 그리고 또 선의로 잘 나오는 것은 그대로 하면서 감사함을 뜻해서 놔라. 이러면 그대로 우리가 콩 심은 데 콩 나고 팥 심은 데 팥 나는 게 아닌, 모든 거 한데 합해서 종결이 되기 때문에 무효가 되는 겁니다. 함이 없이 하게 되는 겁니다. 앞서의 악업은 무너지고 선업 자체가 그대로, 선업이다 악업이다 할 게 아니라 그냥 여여하게 모든 게 무너지고….

항상 얘기해 드리지만 악업이다 선업이다, 이 업 때문에 모두 여러분이 고생을 하거든요. 그러니까 그런 모든 것을 놔라. 놔라. 거기다 맡겨 놓으십시오. '거기서만이, 너만이 할 수 있다.' 하고 놓으십시오. 그리고 자기를 자기라고 생각하지 마시고요. 공해서 돌아가니까, 찰나 찰나 화해서 돌아가니 어떤 거 할 때 나라고 할 수 있겠느냐. 그러니 나도 공했으니까 모든 걸, 이 몸뚱이는 그 마음의 주인의 심부름꾼으로 알아라 이러는 거죠. 그래서 그 업을 지은 거를 '너만이 할 수 있다.' 라는 것을 생각하고 모든 걸 거기다 맡겨 놨을 때에 마음의 발전도 이룩할 수 있고 또는 업식도 무너지는 겁니다. 지금 여러분이 그렇게 받는 원인이 나쁜 일 좋은 일 다 섞어 가면서 했기 때문에 어떤 때는 기쁘고 어떤 때는 슬프고, 어떤 때는 애고가 닥치고 어떤 때는 병고가 닥치고,

이별이 닥치고 만남이 닥치고 온통 이렇게 어우러진 거죠. 그러니까 어우러진 것대로 모든 걸, 하나는 감사하게 놓고, 하나는 '그렇지 않게 하는 것도 너다.' 하고 바꿔 놓고, 이렇게 해서 그 업을 다 녹이고 유전성이라든가 애고, 업보, 영계성 이 모두를 다 놓고 해야, 즉 말하자면 업식의 바퀴 속에서 벗어날 수 있다는 겁니다.

이 마음이라는 것은 그렇게 짓기도 쉽고, 즉 말하자면 나쁜 것을 만들기도 쉽고 지우기도 쉽습니다. 마음은 체가 없기 때문입니다. 화가가 그림을 그릴 때에는 잘못 그려져서 찢어 버리기도 하고 그러지마는, 마음으로 그림을 그리는 것은 화가가 그림을 그릴 때같이 찢어 버릴 것도 없고 그릴 것도 없고 지울 것도 없다는 사실입니다. 그러니까 잘못된 거를 빨리 돌려놓으면 그건 찢는 것도 아니고 그린 것도 아니고 아주 잘 그려서 현실로 나오게 돼 있죠.

그러니 줄창 말씀드리지마는 여러분이 지금 아무리 아프거나 애고가 닥치거나 업보가 닥치거나 영계성으로 고생을 하는 분들이나 모든 분들이 알고 본다면 이렇습니다. 항상 말씀드리지만 그 속에서, 마음속에서 잘못한 거니까 마음속에서 해결을 해야 된다. 걸어가다 엎드러지면 꼭 땅을 짚고 일어나야 일어나지지, 허공을 허우적거려서 일어나지는 건 아니다. 마음으로 빚어진 문제들은 마음으로 풀어야지 말로, 육신으로 잡아서 "너는 왜 그럭하느냐. 이럭하느냐. 이렇게 잘못됐으니 잘되게 해 줘야지." 이런 건 아무 쓸 데 없는 일입니다.

그러니까 여러분이 많이 느끼시며 체험하고 가시는 분들도 많이 있으리라고 믿습니다. 쪼그만 거든지 큰 거든지 여러분의 마음에 달려 있습니다. 큰 것은 큰 거라고 여러분이 생각을 하기 때문에 어려운 것입니다. 여러분이 '아휴! 이거는 인간으로선 도저히 할 수가 없어.' 하기 때문에 할 수가 없는 겁니다. '이거는 쉬운 거니까.' 하고 아주 쉽다고 생각이 되는 거는 그냥 아주 쉽다고 생각을 하기 때문에 되는 겁니다. 여러분의 생각에 달렸습니다. 수억겁을 살아오면서 그 습이 누적이 돼서 지금도 하지 못하는 게 있고 하는 게 있단 말입니다. 일반 상식으로는 도저히 할 수 없는 것이죠.

그러나 마음으로부터 빚어진 일이니까 마음으로부터 이 모든 업보가 녹아져야, 순간에 녹아져야 순간에 나오죠. 달리 돌아갈 수가 있죠. 그러니 여러분이 때로는 아휴, 스님이 이런 것 좀 해 주시지 안 해 주신다고 이러지만 여러분이 배고픈데 내가 밥을 대신 먹어 줄 수 있겠습니까? 내가 아무리 여러분의 밥을 먹는다고 해도 여러분이 배고픈 거는 여전히 배가 고플 겁니다. 물론 부처님의 법으로서, 둘 아닌 도리로서 내가 당신이 되고 당신이 내가 돼서 그렇게 할 수 있다고 볼 수는 있겠죠. 하지만 그 업보는 자신들이 해결해야 하는 거기 때문입니다. 내가 여러분의 업보를 없애 줄 수는 없습니다.

왜냐하면 여러분이 그 도리를 모른다면, 느끼지 못하고 체험하지 못한다면 도저히 그거는 안 되는 겁니다. 진실로 믿고 물러서지 않는 그 마음으로, 진실히 너밖에 없다는 믿음으로 거기가 감응이 되고 '아하! 이런 것이구나. 아! 네가 이렇게 하는 거로구나.' 하고 느끼고 알아야, 이게 느끼고 아는 순간에 그 업은 녹아지는 겁니다.

그러니 이 업보라는 것을 대수롭지 않게 알지 마시고, 우리가 죽으면 끝나는 게 아니라고 항상 말씀드리죠? 인간으로서 인간의 무명을 쓰고 나왔는데 요다음에 또 나올 때는 이런 도리를 모르기 때문에 딴 무명을 쓰고 나올 수도 있습니다. 개나 소나 뭐, 말이나 이런 걸로도 나올 수 있으니, 그러면 또 개 습이나 소 습이 담기면 사람 되기가 상당히 또 어렵습니다. 사람이 되면 부처 되기가 어렵고, 중생으로서 습이 붙어서 부처 되기 어렵고 짐승들은 사람 되기 어렵습니다. 그렇게 무서운, 결정적인 우리 삶입니다. 사람이 이 모습을 가지고 사는 것이 길다고 하지만 아주 짧습니다. 자는 거 빼고 이거 빼고 저거 빼면 남는 게 얼마나 남겠습니까?

그러니 그렇게 치욕스러운 문제들을 모두 여러분의 마음으로 짓는다니 그 얼마나 괴상하고 얼마나 그게 무서운 도립니까? 마음을 편안히 가지시고 겁내지 말고 믿고 물러서지 않는 마음만 있다면 '아! 내 몸뚱이가 차와 같구나. 그 차 속에 운전수가 있어야 운전수가 차를 끌고 다니고 고장이 나도 몰고 가서 고쳐서 끌고 다니지. 운전수와 같구나. 운전수가 위로는 기름을 넣고 아래로는 끌고 다니는구나.' 하고 알게 됩니다. 이런 거를 진짜로 알아야 합니다. 누가 자기 몸을 이래라 저래라 하는 게 아닙니다. 자기가 이래라 저래라 하죠. 저기 가고 싶으면 저기 가게 하고 여기 오고 싶으면 여기 오게 하고, 이거 먹고 싶으면 이거 먹게 하고, 만남도 그렇고 모든 일체가 돌아가는 게 다 그렇습니다.

그러니 아주 귀중한 설법이라고 해도, 지금 현실에서 내가 그렇게 하고 가는 작용이 제일 시급합니다. 그리고 어떠한 문제가 있든지 진실히 믿고 맡길 때에는 진실히 믿고 맡겨야 합니다. 진실치 못하면, 엊그저께도 얘기했지만 줬다 뺏었다 줬다 뺏었다 하는 데서 이루어지지 못하는 경향이 너무도 많습니다. 하늘이 무너져도 한번 믿고 맡겼으면…. 아니, 맡기는 것도 그렇습니다. 바깥 형상 부처에다가 맡깁니까, 허공에다 맡깁니까? 이름을 찾아서 맡깁니까, 네? 얻다 맡깁니까? 자기를 끌고 다니는 자기 주인공만이 자기를 이익하게 할 수 있는 거지 딴 데서 오는 게 아닙니다. 그래서 자생 부처가, 자생 중생이 즉 마음이다. 그 마음이라는 이름과 부처라는 이름과 중생이라는 이름이 동일하다 이겁니다.

그래서 여러분한테 부탁할 것은, 지금 현재 이 자리에서, 또는 가정에 어떤 요변이 생긴다 하더라도 자기가 지혜로우면 어떠한 용도든지 닥치면 닥치는 대로, 병이 났다 하면 '낫게 해 주는 것도 너밖에 없다.' 하는 거고요, 애고가 생기면 '애고를 없애는 것도 너밖에 없다.' 하고, 이렇게 다르죠, 전부. 굴려서 놓는 법도 다르죠, 닥치는 대로니까. 그렇게 천차만별의 닥치는 문제들을 타파하고 모든 것을, 나를 발견하고 또는 지혜롭게 물리가 터지게 할 수 있는 그런 여건이 바로 그 믿고 맡기는 데 있는 겁니다.

예를 들어서 밤새도록 어린애가 보채고 우는데, 나면서부터 영 쉬지 않고 울고 그런다면 이거를 어떻게 했으면 좋겠습니까? 잠도 못 자고, 그냥. 낮에는 또 쌕쌕 잔답니다. 이거 예를 들어서 얘깁니다. "그래? 관하는 거 알아?" 그러면 "관해도 안됩니다." 이러거든요. 그런데 그렇게 전화를 걸고 나서 그날부터 잠을 잘 자더라는 겁니다. 그러면 어떻게 해서 그런가를 한번 실험해 봐야 될 거 아닙니까? 다 같이 눈 달리고 코 달리고 그랬는데, 스님 다르고 자기 다른가요? 그 생각들의 차원 때문에 그렇죠. 알지 못하고, 경험해 보지 못하고, 체험해 보지 못하고, 도무지 돌아가는 도리를 모르기 때문입니다. 그래서 카세트도 듣고 책도 보면서 지혜를 넓히고 돌아가는 이치를 알고, 진짜로 믿고 맡겨라. 그러면 한 가지만 맡겨서 하라는 게 아니라 닥치는 대로, 그래야 과거의 업보도 무너지고 앞으로 미래에 밝은 날이 오지 않겠느냐. 내일도 미래고 이따가도 미래니까 말입니다.

그래 여러분이 마음과 마음으로 전달하라는 것도 역시 멀고 가까운 게 없습니다. 천 리 밖에서도 요 문 앞에 앉아서 맡기는 거와 같습니다. 맡긴다 맡긴다 하니까는 자기 고통을 뚝 떼어다가 나한테다가 턱 맡기지 마시고, 허허허…. 내 고통이 있으면 내 주인공에다…. '주인공!' 했으면요, 우리가 공양을 한 그릇을 올려도 공양입니다. 삼라대천세계의 일체 만물만생에게 다 한 그릇으로 올리는 것이 공양입니다. 그래서 공양이라고 한 겁니다. 즉 말하자면 밥 한 그릇을 놓고, 열 사람이 먹을 거라면 숟가락이 열 개가 그 한 그릇에 들어갈 거고 천 사람 만 사람이 먹을 거라면 천 사람 만 사람이 숟가락을 꽂아도 부족지 않다 이겁니다. 그렇기 때문에 공양입니다.

그렇듯이 우리가 '주인공!' 할 때는 벌써 공심으로서 맡기는 겁니다. 공심에다가, 즉 자기 마음을 첨보시키는 겁니다, 더불어 같이. 그렇기 때문에 내 마음까지, 역대의 조사들 마음까지, 부처님 중생들 다 거기에 한데 합쳐서 들어가는 겁니다. 그러니 자기의 몸속에 들어 있는 악업 선업 이 자체도 첨보되는 겁니다. 그렇기 때문에 모든 것을 '주인공' 하면 뜻으로 '어! 여기는 스님네들이나 부처님이나 이 업식들, 중생들이나 다 포함되는 거로구나.' 하는 걸 인식해야 되겠죠.

여러분은 그렇게 생각을 안 하고 그냥 둘로 보고 '아이구! 나는 힘이 없어.' 그러면서 스님한테다가 그냥 불쑥 내미는 그런 마음새들을 모두 가지고 계신단 말입니다. 죽으나 사나 자기가 벗어나야 할 지경인데도 불구하고. 남이 자기를 벗겨 주는 게 아닙니다. 그러니 자기가 나올 생각을 해야지, 벌써 첨보돼서 돌아간다 하는 것은 여러분이 다 잘 아시지 않습니까? 개미 소굴에서는 개미들끼리 서로 전달이 되고 사람들 소굴에서는 사람들끼리 전달이 되고, 새들 소굴에서는 새들이 서로 한 번만 지저거려도 서로 통신이 되고, 전부 그렇게 통하고 일체 만물이 다 통하고 돌아갑니다.

그런데 어디가 저거 하면 나 주인공을 믿고 아주 진실하게 그렇게 관한다는 분들이 이렇게 둘 아닌 줄을 모르고, '주인공!' 이러다가 그게 급하면 "스님!" 그러면서 스님한테 그냥 이렇게 하고…. 또 그뿐입니까? 아이고, 이래도 안되고 저래도 안되고 급하니까 무꾸리한테로 갑니다, 또. 그래서 또 그것도 시원치 않으면 딴 데로 또 갑니다. 이렇게 해서 그 업식이 무너집니까?

지금도 여기 노인분들이 나와 더불어 모두 이렇게 앉아 있지만 육신이 죽어지면요, 아무것도 가지고 가진 못해도, 내 몸뚱이도 가져가진 못해도 자기가 어떻게 살았느냐에 따라서 업식은 꼭 그림자처럼 따라섭니다. 그래서 태어날 때도 자기 영혼과 업식은 항상 그림자처럼 따라다니니까 부모의 정자 난자를 통해서 들어가는데도 같이 들어가게 돼 있기 때문에 현실의 마음속에, 이 속에서 그 업식이 자꾸자꾸 화를 일으키게 하기도 하고, 바깥에서 화가 나서 들어오게도 하고 또 안

되게끔 해서 들어오게도 하고 망하게도 하고 흥하게도 하고 병도 일으키게 하고, 모든 걸 다 그놈들이 그러는 겁니다.

그러니 내 몸속에 벌써 업식들이 모두 들어 있는데 내가 그 업식들의 중생을 다 제도를 해야 내가 제도가 된다는 겁니다, 결국은. 여러분 몸속에 있는 중생들이 다 제도가 돼야 결국은 그 사람 하나가 제도가 된다는 겁니다. 그러니만큼 내 중생부터 제도를 하기 위해서는…, 그게 '제도를 한다' 하는 소리에 아주 몇 가닥이 붙어 돌아가는지 모릅니다. 업식도 거기에 붙어 돌아가지, 유전성이니 뭐, 영계성이니 세균성이니 업보성이니 아, 이런 게 다 거기 붙어 돌아가지 않습니까? 그뿐이 아닙니다. 그거를 살아생전에 제도를 못하면 죽어서 요다음에 그 쳇바퀴를 또 돌아야 하니까 말입니다.

그러니까 우리가 지금 현실에 이렇게 공부할 동안에, 이 몸뚱이가 떠나기 전에 우리가 잘되고 못되고 이걸 떠나서, 굶고 잘 먹고 이런 걸 떠나서, '주인공에다 맡기면 잘되더라.' 이걸 떠나서 모든 거를 '죽으나 사나 너밖에 없다.' 하고 그냥 해서 나를 발견하는 도리를 아셔야 됩니다. 나를 발견하면 그 발견하는 즉시 나 주인공에서 나를 채찍질을 해서 잘 지혜롭게 끌고 갑니다. 그러니 여러분이 내막을 모르는 분들은 '내 속에 뭐가 있기에 그러나?' 이렇게 하지만 그게 아닙니다. 반드시 자기 보물은 자기가 지니고 있는 겁니다. 자기 보물이 없으면 지금 이렇게 몸이 움죽거리고 이렇게 할 수도 없는 겁니다. 그리고 요 생각 조 생각도 할 수 없는 거죠.

그래서 생명이 없어도 아니 되고 생각을 내는 게 없어도 아니 되고 몸뚱이가 없어도 아니 된다 이 소립니다. 생명의 근본이 있기 때문에 마음을 낼 수가 있고, 마음을 내기 때문에 육신이 움죽거리니까 모든 게 마음으로 빚어지는 일들, 한마음으로 모든 것을, 들이고 내는 그 작업을 모두 여러분이 그렇게 하고 있는 겁니다. 그러니까 진실히 믿고 진실히 거기다 놓을 때는, 어떠한 죽을 일이 생겼다 하더라도 '죽이는 것도 너고 살리는 것도 너다.' 하고 맡길 줄, 태연하게 맡길 줄 알아야 됩니다.

사람이 죽고 사는 거야 누구에게나 다 있는 겁니다. 죽는 거를 원통하게 생각하고 또 내가 죽는 것이 무섭고 두렵고 이렇다면 자기 육신 끌고 다니는 자기 주인을 발견할 수가 없습니다. 그래서 첫 번도 죽어야 하고, 두 번도 죽어야 하고, 세 번도 죽어야 한다는 얘깁니다. 마음이 죽지 않는 이상에 죽은 세상엘 어떻게 가 봅니까? 이거는 여러분이 죽어서 죽은 세상에 가는 게 아니고, 몸뚱이를 살려 놓고 죽은 세상을 구경하는 겁니다. 새삼스럽게 어디 딴 데서 빼져서 나오는 게 아니라 현실에 그렇게 속 눈으로 볼 줄 알고 속 귀로 들을 줄 알고 속마음으로 맛을 알 수 있고 속마음에서 그 냄새도 맡을 줄 알고 느끼고, 그리고 어디서 왔는지도 알고 어디로 가는지도 알고, 이 모두를 안다면 얼마나 신비하고 좋은 일입니까? 알기만 해서 되는 게 아닙니다, 또. 진짜로 믿고 행을 그대로 한다면…, 알면 행하라 이거지 아는 걸로 그쳐서는 또 안 됩니다.

여러분이 어떠한 애고가 있든지 실험하고 체험해 보십시오. 지금 그게 제일 시급합니다. 어떠한 고통이 따르더라도 '고통스러운 것도 네가 있으니까 네 시자가 있는 거지, 네가 없다면 이 몸뚱이도 없고 몸뚱이가 없다면 너도 없을 거다.' 아, 이렇게 막 들어가란 말입니다. 안 그렇습니까? 몸뚱이가 없으면 주인공도 없을 거고, 주인공이 없으면 몸뚱이도 없을 거고. 어째 둘입니까? 어떻게! 그러니 "그 자리에서 찾지 못하면 안 되느니라." 하고서 부처님께서도 말씀하신 것이 그런 겁니다, 응? 마음이 즉 부처니라. 중생도 따로 있는 게 아니라 중생이 즉 부처고 부처가 즉 중생이니라. 그러나 부처 중생도 그 마음에서 났느니라.

그러니 오늘부터 또 가셔서 열심히 실험해 보십시오. 정말입니다, 이거는. 이거는 금은을 주고도 살 수 없는 공븝니다. 이 세상을 다 주고 바꾼대도 바꿀 수 없는 공부입니다. 쪼그만 거라도 내가 실험해서 느끼고 알아야 됩니다. 나중에 그렇게 느끼고 알게 되면 같이 한마음으로서 기쁨을 서로 맛볼 수 있지 않겠습니까? 처음 온 분들에 한해서는 내려가서 관하는 거를 여기 스님네들한테 잘 알아 가지고 가십시오. 거기다 얘기하고요.

어리석은 사람은 부처를 구하지만

금요 친견 법회

1993년 3월 26일

여러분이 알기 쉽게 여기서 말을 하고 책을 내고 이러는데, 이론적으로 모든 걸 배우려고 하지 마시고 마음의 말을 해 놨으면 마음으로 그 말을 새겨서 자기 걸로 소화를 시켜서 활용하는 것이, 그것이 바로 자성법이에요. 욕심 많게 부처를 구하려고 애를 쓰지 말아요. 어리석은 사람들은 부처를 구하지만 지혜로운 사람은 마음을 구해요. 그리고 지혜로운 사람은 마음을 다스리지만 어리석은 사람은 몸을 다스리죠.

우리가 알고 본다면 생활 자체가 그대로, 우주 삼라만상이 움죽거리고 돌아가는 이 자체가 그대로 부처님 법이다 이러는 것은, 부처님은 부처님이 없는 것을 부처님이라 그러거든요. 이 공전해서 돌아가는 그 자체를, 바로 너다 나다 할 수가 없는 자체를 부처라고 하거든요. 그렇기 때문에 '부처님 법이다' 이러는 것은 여러분이 간단히 생각할 땐 부처님 법이 따로 있는 것처럼 돼 있지만 부처님 법이 즉 여러분 법이에요. 중생이다, 부처다, 마음이다 이러는 것이 세 가지가 따로따로 있는 것처럼 돼 있지만 바로 동일해요, 이름이. 마음이 부처요, 부처가 중생이라. 중생이 부처요, 부처가 마음이라.

그래서 미거하고 어리석은 사람들은 온통 상대를 두고 믿고 상대를 두고 찾고 지장보살이다 관세음보살이다, 용신이다 지신이다, 칠성이다 독성이다 하고 찾지만 지혜로운 사람은 이것저것 따로따로 찾는 게 아니라 한군데서 나고 든다는 사실을 압니다. 일체 만물만생이 다 한군데서 나온 거고 한군데로 드는 거고, 우주 삼라만상 모든 일체 만물이 다 마음으로부터 만들어진 겁니다. 그러니 마음이라는 것이 얼마나 귀중한가를 여러분이 잘 체험을 하고 아셔야 할 것입니다.

여러분이 해 보지 않으면…, 즉 말하자면 요만한 나무 끄트머리를 딛고 건너서는 것도, 그것도 해 봐야 되는 거지 남이 한 발짝 두 발짝 건너가서 뛴다고 해서 나도 그렇게 뛰라는 법은 없어. 모두 그거를 실험을 하고 체험을 하고 튼튼하고 완고하게 자기가, 이만하면 됐다고 하기보다도 모자라면 모자라는 대로, 잘하는 건 잘하는 것대로 욕심 없이…. 믿는 힘이 아주 강하고 물러서지 않는 믿음이라면 작으면 작은 대로 한 그릇이 되고 한마음이 되고, 크면 큰 대로 한마음이 되고 한 그릇이 되고, 이럴 줄 알아야 바로 우리가 자유스러운 삶을 살 수 있다고 봐요.

그러니까 마음부터 구하라! 마음이 즉 부처니까. 부처를 구하려고 생각한다면 마음을 구하라. 그러면 부처가 구해진다. 마음이라는 것이 총으로 쏴도 죽지 않는 것이요, 불에 들어가도 타지 않는 것이요, 물에 들어가도 빠져 죽지 않는 것이요, 또 변하지 않는 것이요, 움죽거린다 움죽거리지 않는다는 언어도 붙지 않는 자리요, 여러분이 생각하는 대로 힘, 밝음, 능력이 배출해진다는 것을 잘 아셔야 합니다. 이것도 마음을 전달하고 바로 마음으로 통하고 실천한다는 그 사실을….

우리가 예전에는 무술도 육신 무예가 필요했지만 지금은 정신 무예라야만이 가늠할 수가 있고 타파할 수가 있고 자유스러울 수가 있어요. 지금 물질이라는 건 허망하기도 하지마는 영원하지도 못해요. 그래서 생활 속에서 어떠한 거든지 닥치는 것대로 진짜로 자기 내면의 주인공을 진실히 믿고 물러서지 않는 마음이라면 어떠한 게 닥쳐도 눈 하나 깜짝하지 않아요. 어떠한 급한 일이 닥친다 하더라도 그대로 굴려 놓고 반영이 돼서, 그냥 굴려 놓는다 안 놓는다도 없이 바로 반영이 돼서 이 세상 바깥에 나오게 되고 또는 타파되고 모든 게 이루어지고, 이렇게 스스로서 그렇게 되는 거지 억지로 그렇게 되는 게 아니에요. 그러니까 자기가 믿음이 진실하다면 콩 튀듯 팥 튀듯 안 해도 된다 이 거예요.

사람이 그냥 평상시에 생각하는 것처럼 한번 생각해 보세요. 죽을 때는 아무것도 가져갈 수가 없어요. 부처님의 말씀처럼 금은보화는 방문 안에서 배웅을 하고 말입니다, 이별을 하고, 좋은 집이다 할지라도 대문 안에서 배웅을 하고, 아무리 친하고 죽을 둥 살 둥 하는 친구다 하더라도, 부모자식지간이다 하더라도 동구 바깥에서 배웅을 하게 되죠. 그 동구 바깥이라는 것은 뭐냐 하면 묘지로 가면 묘지에서 이별을 하게 되고 또는 화장터에 가면 화장터에서 이별을 하게 되는 거니까요. 따라갈 수가 없죠.

여러분이 과거에 어떻게 살았느냐에 따라서, 앞으로 어떻게 사느냐에 따라서 그 업식이 짊어져지고 과보가 짊어져지고, 유전성이 짊어져지고 세균성이 짊어져지고 영계성이 짊어져지고, 이렇게 하는 것은 어떻게 사느냐에 따라서 짊어져지거든요. 자동적으로 말입니다. 그거를 인과응보라고 했죠. 이 모두가 자기가 한 대론데 그것을 어떻게 벗어나서, 그 안에서 벗어나서 몽땅 집어서 공 굴리듯 굴릴 수가 있느냐 이 소리예요. 그러면 생활이 어떠한 용도에 따라서 천차만별로 다가오겠죠. 딴 사람 가정을 볼 필요도 없이 자기 가정을 한번 봐 보세요. 그저 웃을 만하면 울게 되고 울 만하면 조금 느긋해지고, 요 변경이 되고 조 변경이 되고, 밥 좀 먹을 만하면 또 망조가 들고, 이렇게 하는 것은 여러분이 얼마나 악업을 지었느냐 선업을 적게 지었느냐, 선업을 많이 지었느냐 악업을 적게 지었느냐 이것대로 나오는 거죠.

그러니 그것을 '있다 없다' 하는 것으로 '나는 업이 많아서….' 이렇게 걸려도 아니 되죠. 모든 생활에서 천차만별로 다가오는 거, '어, 네가 모두 일체를 한 거니까 네가 알아서, 이것도 네가 타파해야만 되는 거고, 너만이 할 수 있고, 너만이 아픈 것도 낫게 할 수 있고, 슬기롭게 가게 할 수도 있고, 물리가 터지게 할 수도 있고, 자기가 근본 자기를 발견하게도 할 수 있다.' 모든 거는 그 속이에요. 잘못되는 것도 그 속이요, 잘되는 것도 그 속이니 마음을 다스려서 잘못되는 거는, '잘못됐다, 이거는 좋질 않다' 할 때는 마음을 좋게 내서 거기다 놓고, 좋게 됐다 싶으면 감사하게 놓고, 이렇게 해야만이 자기가, 즉 살면서도 죽은 도리가 되고 죽었으면서도 산 도리가 되는 것입니다.

그래서 생활 속에서 모든 걸 그렇게 놓고 돌아가면 거기서 체험이 되고, 어떤 거는 안 되기도 하지만 어떤 거는 되기도 한다. 그래서 되는 거를 볼 때, 잘 돌아가는 거를 볼 때 체험을 하고, 체험을 하면 그 줄을 잡는 것이 바로 소고삐 쥐는 거나 한가집니다. 자기 마음을, 자기 마음의 줄을 자기가 쥐고 잘못 나가면 잘못 나가는 대로 마음을 잘 내서 바로 거기다 놓는 것이 마음을 다스려서 놓는 겁니다.

아까도 얘기했지만 마음을 구하는 사람은 마음으로 마음을 다스려요. 그러나 부처를 구하고자 해서 찾는 사람들은, 즉 마음을 다스릴 줄 모르고 그저 형상만 보고 좇아다니는 거죠. 그리고 형상만 보고 살고 있으니 '이거는 요렇고 조거는 조렇고, 요거는 잘못됐고 조거는 잘됐고' 하다 보면 세월이 다 가죠. 그리고 점점 엉키고. 마음에서 고장 난 거는 마음으로 풀어야 풀리는 거지, 옹쳐매진 것은 아무리 말을 하고 아무리 제사를 지내고 금은보화를 갖다 놓고 시주를 하고 온통 잘해도 그것은 아무것도 풀어지는 경향이 없고 공덕이 되지 않고 이익이 하나도 없어요. 그리고 나를 타파 못하고 내 가정을 타파 못하고 이끌어 갈 수가 없어요.

체험한 분들이 쪼금 말씀 좀 해 보세요. "나는 어떠한 점에서 체험을 하고 갑니다." 하고 말입니다. 그러면 또 잘못됐으면 올바로 일러주기도 하고…. 생활 속에서 그냥 우리가 체험하면서 믿고 가시는 거를, 모르는 사람이 들어도 공부도 되고 그러니까 말입니다.

질문자(여) 저의 언니도 스님이십니다. 그리고 제가 저의 언니를 만난 지 12년이 되었습니다. 어머니는 제가 16살에 돌아가셨습니다. 그리고 21살 때부터 전신 관절이 와 언니가 한 5년을 꼬박 대소변을 받아 내셨습니다. 그래서 제가 언니한테 받은 그거는 누구보다도 뼈저리게 잘 압니다. 요즘에 저의 언니가 지금의 금산 진산이라는 데로 이사를 가셨습니다. 그런데 저는 언니만 보면 자신도 모르게 화가 납니다.

그래서 언니하고 모든 걸 풀어 보겠다 하는 결심으로 백일기도를 했습니다. 그런데 백일기도를 한 지 3일 만에 어마어마한 큰 뱀이 제 앞에 나타나더라고요, 스님. 저는 어렸을 때부터 너무너무 많이 아파서 그런지 뱀이 유난히도 눈에 자주 띄었어요. 그런데 제가 아픈 것은 6·25사변 때부터 계속 아팠거든요. 그때부터 계속 뱀만 눈에 띄면 제가 사경을 헤매고, 그래서 결국 어머니는 제가 16살에 저 때문에 갑자기 돌아가셨습니다. 그랬는데 지금에 와서 또 언니한테도 역시 마찬가지가 되었습니다. 그래서 뱀이 왜 눈에 보이는지, 왜 보고 나면 힘이 드는지 그거를 알고 싶습니다.

큰스님 허허! 이 뱀이라는 것도, 짐승이라는 것도, 벌레라는 것도 다 공생하는 겁니다. 그런데 왜 뱀이 싫습니까? 예를 들어서 뱀이라는 거 한번 생각을 잘해 보세요. 뱀이라는 게 똘똘 뭉치고 있으면 원이 되죠? 네. 또 대가리를 하나 딱 들었다 하면 백 자가 되죠. 또 길게 늘어졌다 하면 한 일 자가 되죠.

질문자(여) 네.

큰스님 그런데 그거를 뜻으로 새기질 못하고 왜 보이는 그 물질을 보고서 그렇게 질색을 합니까? 그것이 '너는 그 오온의 진리를 네 일심으로, 네 일심에서 일체가 다, 악도 업보도 윤회도 다 거기서 나오는 거다. 좋은 것도 거기서 나오는 거고 나쁜 것도 거기서 나오는 거니 거기에서 네 생각을 잘해서 타파해라.' 하는 뜻에서 그렇게 보이는 거를 당신네들이 잘못 생각을 하니까 자꾸 일이 벌어지잖아?

질문자(여) 그런데 스님, 제가 너무 많이 아프니까, 아플 적마다 그게 보이거든요. 지금도 제가 몸이 많이 아프면 그게 반드시 보여요. 그러면 그냥 사경을 헤매고 정신을 잃어요.

큰스님 이거 봐요!

질문자(여) 예.

큰스님 이 세상에 사람이 사람으로 태어나기가 참 힘들다고 합니다. 세 번 사람으로 태어나야 부처님 법을 다 안다고 했습니다. 그런데 어떠한 모습이 인간으로 태어났든지, 예전에 당신이 태어나기 이전에 살생도 많이 했고 또 남을 궁색하게 만들기도 했고, 사람도 물어서 아프게 했고 여러 가지 그런…. 사람도 그래요. 사람을 따귀를 때리고 사기를 쳤으면 꼭 자기가 그 응보를 받게 돼 있어요. 그런데 누구의 탓을 하리까? 탓도 할 수 없고 자기 탓으로 돌려야 하고 자기한테서 그 얽힌 실을 풀어내는 수밖엔 없습니다. 그런데 왜 거기에다 애착을 두고 모든 거를, 물질을 보고 듣고 하는 대로 애착이 붙고 산만한 게 붙고 마음이 어지럽고, 그러니 언제 당신은 소고삐 쥐듯이 당신을 보겠소? 당신이 어디서 나왔는지 알아야 지금 어디로 가는지 알 수 있지 않겠소?

질문자(여) 그래서 저는 지금요, 너무 많이 아프고 또 아픈 생활도 많이 했기 때문에 현재 제가 간병인 생활을 하고 있습니다. 그런데 그 간병인 생활을 하면서 환자들한테 모든 것을 받아 보고 또 언니한테 말씀 들은 것을 비교해 보고…. 저는 이런 설법전에도 처음 나왔습니다. 그리고 또 제가 모든 것을 알지 못하고 깨닫지 못했기 때문에 내 눈에 이것이 보이는 것이라고 생각하고요, 그래서 저는 이 장소에….

큰스님 하여튼 관하는 법을, 부처님이 가르쳐 주신 그 뜻을, 그대로 관하는 법을 잘 알아 가지고 가세요. 기도를 하고 절을 하고 그런다고 해서 그 업보가 사라지는 게 아닙니다. 자기한테서 자동적으로 입력이 돼서 나오는 거는 반드시 그 자기한테다, 입력이 돼서 나오는 데다 되입력을 해야 앞서 게 없어집니다. 그렇게 되는 거니까 한군데서 나오는 거 한군데다 입력을 해서 도로 놔야 되는 거죠? 그러니 관법을 여기서 잘 알아 가지고 가세요.

질문자(여) 네, 감사합니다.

큰스님 뱀도 보이지 말라 하면 보이지 않을 테니까요. 하하하….

질문자(여) 저는 지금 제가 언니 속을 썩이는 것이 너무 가슴 아프고 간절해 가지고….

큰스님 속 썩이는 것도 누가 속을 썩이고 누가 받고 하는 것도 아닙니다. 왜냐. 모두 차원대로, 깡통은 깡통대로 모여요. 그러니까 만나면 소리가 나고 얼그렁거리고 그러죠?

질문자(여) 저는 언니한테 가면요, 그게 딱 비치면서 요번에는요, 이 머리 정수리부터 이 척추가 수수깡 소리가 나면서 맥이 전혀 안 뛰더라고요.

큰스님 이거 봐요. 그렇게 그런 것이 얼그렁덩그렁이에요.

질문자(여) 아픈 게요?

큰스님 참, 내 원! 하여튼 고만 놔요, 인제. 관법을, 처음 왔으면 여기에서 관하는 도리를 잘 알아 가지고 가요. 육신은 아무리 놀려도, 살려 달라고 아무리 기도를 해도 몸 떨어지고 입 떨어지고 말 떨어지면 다 없는 거지 뭐가 남겠어요?

그러니 여러분은 지금 저 사람이 하듯 저렇게 하지 마시고 절대, 어떠한 업보가 있어서 원수를 져서 보이지 않게 온다 하더라도 '오, 너하고 모두 둘이 아닌데 무슨 그렇게 원수가 있겠는가. 네 손가락이 네 손가락을 어떻게 자를 수 있겠는가. 너만이 해결할 수 있어, 너니까.' 하고 모든 것을 놔 버린다면 인과응보라든가 유전성이라든가 영계성이라든가 업보성이, 오간지옥이 그냥 몽땅 무너져 버려요. 그러니까 오늘, 모든 생활 속에서 놓고 가는 그 관법을 여러 모로 잘 아셔서 다 놓고 그렇게 '너만이 할 수 있다' 고 할 때 비로소 체험을 하게 되고 그런다면 바로 나하고도 이 마음과 마음이 전달이 되고 연결이 되고 그럽니다.

열심히들…, 혼자라는 생각을 하지 마세요. 혼자 사는 게 아니니까요. 내 몸속에도 수억, 수천이 있어요. 혼자 사는 게 아니니까 항상 '한마음 속에서 해결할 수밖에 없다' 는 그 믿음을 진짜로 가지실 때 전달이 되는 겁니다.

진짜로 믿어라

금요 친견 법회

1993년 4월 2일

여기 나와서 한마음 법을 배우고 가는 분들에게 바로 생각을 하시게끔 항상 얘길 해 드리지마는 오늘부터 더 확고히 심사숙고해서 생각을 하시길 바랍니다.

이 마음이라는 그 자체는…, 여러분이 태어나기 이전에도 사셨고 그 후에도 사셨고 지금도 사시고 계시고, 그렇기 때문에 살아나가는 그 방식에 의해서 관습이 돼서 영 놓으려야 놓을 수가 없이 찌들고 겹겹이 눌어붙은 거와 같아요. 그런데 여러분이 어떻게 하면 눌어붙은 거를 다 제거할 수가 있을까?

내가 생각하는 바로는…, 여러분이 찾아올 때마다 가슴이 미어지는 거와 같고 어떤 땐 나도 짜증이 날 정도로 화가 일어나요. 진짜 가슴에서 화가 일어나는 게 아니라 슬픔에서요. 너무, 나와 더불어 가엾은 생각이 들고요. 왜냐하면 한 집이 때에 따라서는 이 병 저 병, 이 애고 저 애고를 가지고, 다섯 식구가 사는데 네 식구가 다 그러니 한 사람이 배겨 낼 수가 있나요, 또. 이런 것도 그렇지마는 때에 따라서는 어떠한 사람은 이렇기도 해요. 전자에, 돌아가시기 전에 엄마가 무당이었는데, 돌아가시고 난 뒤에 자기가 무당 노릇을 안 하면 식구가 다 병이 들어서 죽게 되고 그러니까 할 수 없이 한다는 얘길 들었습니다.

그 원인이 어디 있을까요? 어머니로부터 그 습과 착과 타신을 믿는 의식이 남아 있기 때문에 자식들까지도 못살게 만들어 놓는 거죠. 그러니 줄창 얘기해 드리지만 그 애고라든가 그런 것이 심각한 겁니다, 이게. 직접적인 살림살이, 가정, 내 삶, 여기에 다 있으니까요. 그러니 그런 유전성이나 영계성, 아까 얘기하던 무당 노릇을 안 하면 식구가 다 그냥 입원을 하게 되고 아프고 그러니까 도저히 안 하려야 안 할 수가 없어 이렇게 하노라고 그랬는데, 원주에 있을 때 그렇게 해서 그거를 처리해 준 것은 바로 그분이 주인공을 진실히 믿고 거기다 다 맡겨 놨기 때문에 그것이 해당됐습니다. 그런 걸 다 없애고 보니까 자식들이 그때서야 시집 장가를 가는 데 걸림이 없었답니다. 그게 좀처럼 있을 법한 일입니까? 이 영계성이란 게 얼마나 기가 막힌 문제고, 유전성이라는 게 얼마나 기가 막힌 일입니까?

그래서 부모 뿌리와 자기 뿌리가 동일하게 엮어져 간다는 거, 내가 항상 얘기하듯 "저 전기가 가설이 돼 있는 데는 다 불이 들어올 수 있다." 이런 말, 즉 어머니다 아버지다, 자식이다 형제다 이렇게 생각하고 있기 때문에 연결이 되는 겁니다. 그게 연결이 되는 그 자체가 바로 가설이라고 할 수 있는 거죠. 좋은 인과를 가졌다면 선덕이 그렇게 연결이 될 거고, 악행을 했다면 악행이 연결이 될 겁니다. 그러니 이 가정 살림살이를 하면서, 즉 말하자면 지금 사시다가 돌아가시지 않습니까? 돌아가시고 난 뒤에 본다면 지금이 과거죠? 그래서 현실로 무명을 쓰고 다시 이 세상에 나올 때는 미래자 현실입니다. 아시겠어요? 그러니 삼독 속에서 벗어날 줄 모른다 이 소립니다.

그 삼독을 제거하려면 여기에서 관법을 가르치는 대로 열심히 해야 하고, 그다음에 이차적으로는 관법을 하되 묘하게 해야 된다 이 소립니다. 진짜로 믿는다면 죽고 사는 걸 개의치 말고 해라 이거야. 잘되고 못되는 걸 개의치 말고 해라, 믿는 거는. 예를 들어서 부모가 자식을 믿는데 잘되든지 안되든지 내 자식이지, 잘되면 내 자식이고 못되면 내 자식이 아닙니까? 안 그렇습니까? 또 자식이 부모를 생각할 때 부모가 잘났든지 못났든지 내 부모지, 잘나면 내 부모고 못나면 내 부모가 아닙니까?

그와 같이 내 주인공이라는 것은 수억겁 광년 전으로부터 진화시켜 가면서 온 바로 선정이니까요. 선정의 근본이니까요. 그러니 잘되면 '주인공, 아이고! 감사하다.' 그러고, 안되는 거는 '아이고! 내가 주인공을 찾았는데 왜 이렇게 안돼?' 이러고 등한시하게 되죠. 그게 등한시할 일이 아니죠. 그러니까 죽고 사는 걸 개의치 말고 믿어라 이러는 겁니다. 사람은 한 번 죽지 두 번 죽지 않아요. 믿는 거를 잘되면 믿고 안되면 안 믿는 거는, 그건 믿는 게 아니에요. '딴 사람들은 믿으면 잘된다는데 왜 나는 안되나? 안되는데 그까짓 건 믿어 뭘 해?' 이거는 도대체 말이 안 되죠. 안되든 되든 가난하든 부자든 간에 자기를 이끌고 가는, 진화시키면서 화해서 돌아가는 그 장본인의 근본이 바로 자기한테 있는데 그거를 안 믿으면 어떡합니까?

그게 자부처자 부처님입니다. 부처님 가운데에 중생이 있다. 이 내 몸속에 의식들이 수십억의 의식들이 있죠? 내 마음이 부처라면 그 육신 속에 들어 있는 의식들이 얼마나 많습니까? 그게 다 딴 사람입니까, 어디? 그 한 사람의 작용을 하기 위해서, 살리기 위해서, 끌고 다니기 위해서 모든 의식들이 작용을 해 줘야 다니죠. 그러니 아주 심사숙고해서 진짜로 믿어야 한다. 첫째, 믿어야 한다.

둘째는 믿는 반면에 안되는 거는 잘 생각을 해서 '너만이 할 수 있는 거, 응? 과거로부터 이렇게 끌고 가는 당신만이 할 수 있는 거.' 이렇게 생각을 해서 거기다가 맡겨 놓고 진짜로 믿는 겁니다. 잘되는 건 감사하게, 진정으로 감사하게 거기 맡겨 놓고, 셋째는 모든 것이, 자식들이나 형제들이나 부모자식지간이나 부부지간이나 상대가 잘못해서 아주 원망스럽고 그렇더라도 상대를 원망하지 말라 이겁니다. 상대를 원망하지 말고 상대를 증오하지 말고 내 탓으로 돌려라 이거야.

왜냐하면 그렇게 받는 사람이나 듣는 사람이나 당하는 사람이나 똑같은 깡통이기 때문에, 똑같은 넝마기 때문에 그렇습니다. 그러니 제가끔 자기 탓이지 누구 탓이 아닙니다. 그래서 '선행을 해라. 악행을 하지 마라.' 하는 것은 악행을 하면 악행이 오고 선행을 하면 선덕이 온다. 콩 심은 데 콩 나고 팥 심은 데 팥 나느니라. 그와 같이 콩은 콩끼리 만났고 팥은 팥끼리 만났기 때문에, 당하는 놈과 그렇게 하는 놈이 없으면 당하질 않게요? 그럼 고통이 없게요? 그렇게 자기네들이 지어 놨기 때문에…. 이 세상 천지를 다 보세요. 넓게 보세요. 넓게 보신다면, 항상 내가 얘기하죠? 상점에 가도 끼리끼리 놔져 있고, 사람들을 봐도 끼리끼리 살고 있고, 하하하…. 산은 산대로고 물은 물대로란 말입니다. 천차만별이 다 끼리끼리 놓여 있습니다. 사람은 다섯 식구가 살든 인연이 돼서 이렇게 살아도 자기가 왜 이렇게 가난한지, 왜 이렇게 업보가 많은지 그거를 모르고 있어요. '왜 저놈은 저렇게 속만 썩이고, 저 애는 왜 저렇게 나를 잡아먹지 못해서 애를 쓰나.' 이렇게만 생각하지, 과거에 그런 인연으로 인해서 같이 만난 거를 모르거든요. 그래서 박씨에서는 박이 꼭 나고 호박씨는 호박을 이루죠?

그와 마찬가지로 이 세상 돌아가는 게 천체가 다 팔만대장경입니다. 천차만별로 그렇게 돌아가는 것이 누구의 탓입니까, 다. 자기가 벌여 놓고 자기가 거둬야 합니다. 선행을 하면 선덕이 오는데, 선덕을 하고 가다가 보면 악행도 할 수 있게끔 되기 때문에 부처님께서는 다 가르친 뒤에 끄트머리에 가서 "악과 선을 다 놔라." 이랬어요. 선덕을 하게 되면 악행도 하게 되고 악행을 하게 되면 선덕도 하게 되니까, 이 양면을 다 놔야 그 굴레에서 벗어나느니라. 이 길로 가기만 하는 게 아니라 길로 갔다가 되돌아오는 길이 있으니까, 돌아오는 길과 가는 길을 다 놔라 이 소립니다.

그래서 이 끄트머리에 셋째로, 자기가 자기 탓으로 돌리고 모든 걸 묘미 있게, 지혜 있게 해야 됩니다. 왜냐하면 이거를 감사하게 놓고 돌려서 놓고 이러란다고 그냥 고것만 또 그러지 말고 내 스스로서 마음을 발전을 시켜라 이겁니다. 내 마음은 스스로서 발전을 이룩한다 하더라도 넉넉하고…. 놓을 때도 사람이, 때에 따라서는 그냥 한생각 내란다고 그냥 생각을 좋게 해서 놓는 거는 놓는데 그 시기가 익어지면, 익어지면 그대로 아주 생각이 상쾌하게 그냥, 그냥 저절로 여기서 나옵니다.

그런데 마음들이 그 관습에 젖어 가지고 사람이 살아나가는 데는 요것도 걸리고 조것도 걸리고 죄 걸립니다. 왜 걸리는 줄 아십니까? 모두 그 습들을 떼지 못해서 그럽니다. '아, 이사를 가려면 날을 봐야 간다는데….' 요런 관습이 있기 때문이고, '날짜를 봐야만 산소도 만진다더라.' 또 '날짜를 봐야만 장을 담근다더라.' 이런 게 많죠? 그냥 자기가 좋은 날, 노는 날, 하는 일이 없고…. 그런데 뭘 하려면 그 생각부터 벌써 떠오르는 겁니다. 이게 관습입니다. 사람이 살아오는 동안에 나쁘고 좋은 걸 따지면서, 자기가 따지지 않아도 될 거를 따져 가지고 생각을 내 가지고 긁어서 부스럼을 만들기 때문에 일이 그렇게 벌어지는 겁니다. 자기 생각이 그렇게 만들어 벌여 놓고선 '아이고! 그냥 하니까 일이 생기더라.' 이러는 겁니다, 이제. '예방을 안 하고 날짜를 보지 않고 그냥 했더니 일이 생기더라.' 이런 거는 자기 생각이 먼저 그렇게 들어갔기 때문입니다. 이 생각이라는 게 얼마나 중요한지 모릅니다.

그래서 내가 지난번에도 얘기했죠. 한생각을 잘하면 모든 거를 다 얻게 되고, 한생각을 아주 몽땅 쉬게 되면 역대의, 과거 현재 미래, 삼세의 모든 삼독을 그냥 제거시킨다 이겁니다. 내가 간절한 거는, 어떤 때는 여러분이 그냥 용건만 얘기하고 그냥 돌아갔으면 좋겠는데 아무리 얘길 해도 그 도리를 모르니까, 갈팡질팡하면서 얘기를 조은번 내놓는데 "이것도 그렇고 이것도 그렇고 이것도 그렇고…." 이러는 겁니다. 벌써 그런 걸 보면, 몇 달 안 됐다고 그러기는 해요. 하지만 아무리 몇 달이 안 됐다 하더라도 그럴 수가 없죠. 그렇게 뭐, 목이 아픈 거를 비켜 놓고, 나 피곤한 거 다 비켜 놓고 여러분이 애처롭게 그렇게 하는 것이 너무나 아파서 앉으나 서나 생각하고, 앉으나 서나 얘기를 하고, 앉으나 서나 행을 하고 있는데 어쩌면 태평하기가 그렇게 만사태평입니까?

그리고 나를 위해서 하는 게 아닌데, 응? 그렇게 시급한, 불덩이 속에서 타면서 돌아가는 거와 같은 살림살일 하면서, 말이 그렇지 다가오는 애고가 한 가지 뿐입니까, 어디? 시시때때로 다가오는 문제들, 그걸 어떻게 말로 다 하리까. 여러분이 말 안 해도 잘 알죠. 그런데 대신 밥을 먹어 줄 수가 없어요. 그 업보를 제거하려면, 본인이 밥을 먹어야만 배가 부르듯이 본인이 해야 된단 말입니다. 본인이 알고 진짜로 믿고 물러서지 않는 마음을 가지고 진짜로 해야만이 그게 녹아진다 이겁니다. 그러니 애탄지탄 여러분한테 이렇게 말을 하고 이러는 게 이 중이 먹기 위해섭니까, 살기 위해섭니까, 옷을 잘 입기 위해섭니까? 네? 그리고 좋은 집에서 잘 쓰고 살기 위해섭니까? 인생이 짧다면 짧고 길면 깁니다. 짧은 거는 이 무명이 짧다 이 소립니다. 이 고통 속에서 모두 허덕대는 것을 보면서, 보는 것도 죄입니다. 내가 아무리 벗어났다 하더라도 보는 놈과 당하는 놈이 마찬가집니다. 나만 혼자 돌아가는 게 아니거든요. 전체가 더불어 같이 돌아가기 때문에 역시 나도 마찬가집니다.

그러니 처음 오신 분이 있건 줄창 오시던 분이 있건 자꾸자꾸 지혜를 넓혀서 마음을 계발하고 마음의 발전을 위해서 나간다면 현실에, 바로 생활 속에 나옵니다. 그 발전하는 마음이 현실 속에 나옵니다. 지난번에도 얘기했지만 삼라만상 대천세계에 이 일체 만물만생이 다 어디서 나온 겁니까? 마음으로부터 나온 겁니다. 이 마음, 마음!

옛날에 이런 예도 있었습니다. 신라 때 어떤 젊은 화랑이 둘이 의형제를 맺어 가지고 절친하게 지냈답니다. 그런데 그 두 사람은 지식과 학식을 풍부하게 배워서 아주 내로라하는 사람들이었답니다. 그러나 둘이서 앉아서 이렇게 생각들을 했답니다. "우리가 지식과 학식은 충분하지만 정신계의 발전을 못했으니까, 우리 둘이 결심을 하고 결사적으로 나라를 위해서 하려고 했던 것은 우리가 이 정신계의 발전을 시키지 못해서 방향을 모르니 할 수가 없어. 그 소원을 이룰 수가 없다. 그러니까 우리 산으로 다니면서 또 들로 다니면서 좋은, 아주 능가할 수 있는 스님을 만나 뵙도록 하자." 해서 나섰습니다. 나서서 돌아다니다 돌아다니다 보니까 아이, 어느 노스님 한 분이 밥을 바가지에다가 얻어서 자시고 계시더랍니다.

그래서 "아이, 스님! 목도 마르실 텐데 물도 없이 이렇게 노인네가 잡수십니까?" 하니까, "젊은 자네들이 올 때를 기다리고 있었네, 물 떠다 주길 바라고." 허허, 그러더랍니다. 그래 한참 내려가서 물 한 그릇을 떠다가 드리니까 "잘 먹었다." 하면서 다섯 가지 말씀을 해 주더랍니다.

"지금은 세월이 세월이니만큼 다섯 가지 계법을 너희한테 내가 일러 줄 테니 그대로 진행하면 되느니라. 이 마음속에, 이 지금 내면 속에 선을 세워 놓고 나라에 충성하는 마음을 딱 담고 너 아닌 너한테 맡겨라. 부모한테 효성하는 마음도 또 맡겨라. 네가 그 집 아들이 아니라 네가 그 집 아들이니라." 그렇게 해 놓고 "셋째는 친구들을 만나되 도의, 의리, 진정한 마음으로 사귀어라. 진정한 마음으로 사귈 수가 없다면 한데 뭉칠 수가 없다. 그리고 넷째는 화랑이니까 모으는 반면에 모든 일들을 하되 딴 사람 탓을 하지 말고, 사람이 잘못하는 일도 있고 그러면 너그럽게, 모른다 할지라도 네 탓으로 생각하고, 모를 때 네 모습으로 생각하고 진정으로 사랑하면서 이끌어 가거라. 다섯째는 너희들이 먹을 수가 없으면 싸울 수도 없고 살 수도 없고 그러니까 어떠한 짐승들을 죽이되, 말이나 돼지나 개나 닭이나 뭐, 이런 거는, 인간들 가깝게 있는 거는 죽이지 마라. 그리고 죽일 때에, 어쩔 수 없이 죽일 때는 너희가 먹을 만치만 죽여라. 그리고 살생을 하되 봄 여름은 지나서 살생을 해도 해라."

그렇게 다섯 가지를 줬답니다. 그랬는데 그 두 화랑은 나중에 다시 여쭤 봤더랍니다. "네 가지는 다 알아듣겠는데 다섯째는 어떻게 살생을 하되 먹을 만치만 하고, 살생을 하되 여름과 봄은 제해 놓고 하라 합니까?" 이러고 물었단 말이야. 그러니까 "여름과 봄은 새끼들을 낳아서 모두 기르는 때가 아니냐? 그러니 청심하고 살생을 하되 새끼들 없을 때, 새끼들 없는 걸 먹을 만치만…." 이렇게 다섯 가지의 계를 주면서 하시는 말이 "시대에 따라서, 시대의 환경에 따라서 너희들의 그릇을 봐서 계를 주는 거지, 계가 고정돼 있는 게 아니니라. 시대에 따라 맞춰서, 너희들이 어떠한 일을 할 줄 알고 내가 너희들한테 계를 주느니라." 이렇게 말씀을 하셨답니다. 그 두 화랑은 거기에서 조금도 스님의 말씀을 헛되이 듣지 않고 실천을 하면서 모든 사람들을 모으고 또 훈련을 시키고 이렇게 해 나가면서 삼국을 통일하는 데 아주 여러모로 다양하게 기여했다는 말이 있습니다.

우리가 이 마음을 아주 진실하고 정직하게, 정직하란다고 끼었다가 빼서만 먹는 게 아니라 좀 넓고 지혜롭게, 이익하게만 거짓말하는 거는 이익한 지혜지 그건 거짓말이 아닙니다. 그렇기 때문에 여러분네 가정에서 모든 지혜와 그 진실된 믿음, 그리고 요량, 그리고 남을 증오 안 하는 그 마음, 그 마음이 제일 중요합니다. 그래야만이 남도, 모르는 사람도 내 모습으로 알고, 악한 사람도 내가 전자에 살 때 악했던 그 모습으로 본다면 모두 가정이 화목하고 형제가 화목하고 아마 다 화목을 가져올 겁니다. 이렇게 해 나간다면 국가 질서도 그렇고 사회 질서도 그렇고 아마 세계도 그렇게 나갈 겁니다, 평등하게. 그렇게만 하신다면 자녀들도 그렇게 남한테 가서 폭력을 하려야 하지도 않을 거고 나쁜 일을 하려야 하지도 않을 거고, 나쁜 일도 당하지 않을 거고 폭력을 당하지도 않을 겁니다.

보이지 않는 데서부터 보이는 데로 일체 천차만별이 다 나오는 겁니다. 안 보이는 데서 나오기 때문에 막을 수가 없는 거죠. 여러분이 내일 일을 어떻게 알고…, 있다가 일 모르지 않습니까? 근데 모르는 길을 가면서도 내가 여기를 진짜로 믿는다면, 나를 이끌어 가는 나 자체의 주인공을 진짜로 믿는다면, 선의 주인공을 진짜로 믿는다면 자기가 죽을 데로 끌고 가질 않습니다. 그러나 그렇게 죽기를 원하는 사람은 죽을 데로 또 끌고 갑니다. 그러니까 자연적으로 그대로 믿어야 되겠죠.

진짜로 믿어야 마음의 발전도 이룩할 수 있고, 내 가정도 이룩할 수 있고, 세세생생에 이룩할 수 있어서 항상 마음이 밝아서 자식들의 뿌리에도 밝게 불을 켜 줄 수가 있고, 부모 조상들에게도 불을 켤 수 있어서 이 세상에 다시 천도가 돼서 나올 때도 조금도 어김없이 선행과 그 모든 보살행을 그대로 적절히 해 나갈 수 있는 그런 사람으로 이 세상에 탄생을 할 것이며, 더 나아가서는 여러분이 공부를 진짜로 해서 돌아가신 부모들도 둘 아니게끔 생각을 하신다면 바로 정신계의 어버이로서 이 세상에 출현할 겁니다, 아마.

그러니 여러분이 '스님한테다가 곧장 대놓고 이것저것 얘기 안 해서 어쩌나!' 이러지 마시고 이 스님은…. 이 삼독을 면하면 말입니다, 삼세의 부처님의 마음이 한마음이 됩니다. 한마음으로 모아서 됩니다. 그러니 한마음인데 어찌 여러분의 마음이 개별적인 하나라고 하겠습니까? 모두가 같이 마음을 전달하면서, 같이 찰나찰나 전달을 하며 돌아가는데 어찌 이게 불가사의한 법이 아니라고 볼 수 있으며 묘법이 아니라고 볼 수 있겠습니까? 그러니까 어떠한 말이라도 아주 생생히 진짜로 믿고 얘기할 데는 거깁니다, 거기! 닿다가도 얘기할 수 있고. 아이, 얼마나 좋습니까, 응? 빽이 여기 있고, 항상 부처님 마음에

다가 진짜로 할 수 있는 거는 바로 자기 선 주인공입니다. 거기다가 그렇게 얘기를 해 놓으면 일체제불의 그 한마음이 동시에 나투어 주신다 이겁니다. 동시에 나투어 줘.

동시에 나투어 줄 때 천백억화신으로서 나투어 주신다 이런 뜻은 뭐냐 하면, 하나의 보살이 하는 게 아니라 하나의 마음이 보살로 화해서 약사도 돼서, 아픈 사람은 약사가 돼서 한마음이 돼 주고 또는 무슨 일이 벌어졌다 하면 독성이나 산신이 그냥 한마음으로 돼 주고 또 죽는데 좋은 데로 못 가면 거기다가 고하고, 그냥 '너밖엔 할 수 없다.' 하는 그 마음이, 진실하게 믿는다면, 믿고 그렇게 행해야 되겠죠? 그렇게 하는 사람은 삼독이 다 없어지는 거니까. 그렇게 해서 거기다 놓으면 지장의 마음이 거기 한마음이 돼 주고 이러니까 뭐, 궁색할 데가 하나도 없어요. 궁색할 게 하나도 없죠, 모두가.

그렇게 해도 죽는 거는 받아들여야죠. 왜냐하면 과거에 자기가 태어날 때 벌써 그렇게 태어났으니까. 그거는 우리가, 이런 게 있죠. 법에서 10년 징역을 받았든 20년 징역을 받았든 일단 받은 거는 채워야 되는 거니까. 그와 똑같습니다. 그리고 그럭하다가도 진실하게 잘, 어디에도 모범적이고 어디에도 잘할 수 있다면 그 징역 20년 받았던 게 15년으로도 될 수 있고 10년으로도 될 수 있는 거죠. 그러니까 앞으로 또 다가올 수 있는 문제들을 해소하려면 전자의 묵은 빚을 다 갚아야 된다 이거야. 유전성을 다 없애고 영계성 세균성 업보성, 이 모두를 다 그냥 몽땅, 삼독을 다 제거해야 되는 거 아니겠습니까?

우리가 살아생전에 죽은 세상 산 세상을 마음으로다가 오고 감이 없이 오고 가면서 작용을 하는 것이 바로 자유인이다 이 소립니다. 그러니 그 어떠한 고통이 있다 하더라도 진실히 믿고 진실히, '저 스님, 저 거짓말 아니야?' 이렇게 생각하지 마시고, 허허, '내가 스님을 꼭 만나서 얘길 안 해도 스님의 마음, 일체제불의 마음이 다 내 한마음으로 응해 주시니까 될 수 있다.' 라는 것을 신임하고 믿고 그냥 밀고 나가는 그 힘이 바로 여러분을 자유스럽게 만드는 겁니다. 여러분이 스님한테 말을 해야 갈 수 있다 하는 건, 여러분이 힘이 없으니까 나한테 얘길 해야만 되죠. 그러나 여러분이 힘을 기르려면 그렇게 실험을 해 봐야 되는 거다 이 소립니다. 육신은 있다가도 없어질 수 있고 그런 거니까 길지가 못해요. 그러니 여러분의 육신이나 내 육신이나 없어지기 전에 열심히 해서 우리가 영원토록…. 하하하, 그렇게 하십시다, 우리.

대중 감사합니다.

큰스님 그래서 우리는 고통 없이, 이 하늘이 깨지고 뭐, 지붕이 갈라지고 온통 자식이 그냥 죽고 남편이 급사를 하고 그런다 해도 능히 눈 깜짝 안 한다면, 그거는 다 헛거예요. 그렇게 될 수가 없죠, 또. 허허. 그런 마음이라면, 그렇게 믿을 수 있는 마음이라면 항상 밝아서 걸림이 없이 물들지 않을 겁니다, 아마.

신도(여) 스님, 여기 결혼한다고 인사 왔습니다.

큰스님 그래요. 아주 행복하게 살아요. 하하. (대중 박수) 이게 결혼도 그래요. 그저 처음 만났을 때만 좋아서 이러지 말고 꾸준히, 네가 잘못했으면 내가 돌보고 당신이 잘못했으면 내가 돌보고 감싸고, 서로 이 말을 해서 의가 상할 것 같으면 저 말을 했다고 하고 이렇게 연결하고 좋게만, 그저 못하는 내 모습으로 보고 감싸고, 이렇게 이익을 보지 않는 사랑을 할 수 있다면 정말이지 잘 살 수 있는 겁니다. 그리고 행복할 겁니다. 그런데 이건 부부지간에도 이익을 생각한단 말입니다. '네가 잘하면 내가 잘하지만 네가 못하는데 내가 잘할 줄 알고?' 이러거든요.

그러니 그런 생각일랑 아예 마시고, 우리가 이 무명을 쓰고 살면 얼마나 산다고 그렇게 독하게 삽니까. 이 세상에 독하게 살지 맙시다. 그러니 꼭, '나는 모르니까, 처음 왔으니까' 뭐 어쩌고저쩌고하는 이유가 붙지 않고 그대로 밀고 나가는 그 관법, 그대로 밀고 나가면서 해 보신다면 뭐, 이렇든 저렇든 알 바가 있을 테니까요. 내 거짓말 안 해요!

마음으로 내 주인공에 맡겨라

금요 친견 법회

1993년 4월 9일

이 마음으로부터, 천차만별의 일체 법이 한마음으로부터 나가는 겁니다. 한마음으로부터 나쁘게 나가는 거냐, 좋게 나가는 거냐. 좋은 일이 다가오게 하는 거냐, 나쁜 일이 다가오게 하는 거냐. 이것도 바로 마음으로 빚어내는 겁니다. 생각으로 말입니다.

여러분은 관습에 의해서 '이것은 못한다, 한다'가 그렇게 많아요. 그래서 그 '못한다, 한다'에 걸려서 꼭 그렇게 만들어 놓고 말죠. 상당히 그것이 애매하기도 하고 어떤 땐 슬프기도 하고 어떤 땐 참 참혹하기도 해요. 다리를 못 쓰거나 뇌염 환자라든가 뇌성마비 환자라든가 이런 분들뿐만 아니라 다 그렇겠지만 말입니다, 그런 사람이 올 때에도 그냥 씁쓰름하게 생각이 들어요. 왜냐하면 100% 받아들이질 않기 때문입니다.

이 세상에 누구를 믿을 게 있습니까? 상대를 믿습니까, 허공을 믿습니까, 이름을 믿습니까? 내가 이런 소릴 잘하지만, 고깃덩어리인 중을 믿겠습니까? 중은 공부를 해서 해탈을 해서 길잡이, 즉 눈을 뜨고 귀를 떠서 밝게 여러분을 이끌어 가는 데에 그치는 거지, 이 고깃덩어리를 믿으라고 한 게 아닙니다. 마음입니다. 이 마음이 한데 합쳐서 시공을 초월해서 돌아가는 것이 즉 개개인의 마음도 되지마는, 개개인의 마음은 즉 불(佛)이요, 불인 고로 바로 체가 없는 거라, 천차만별로 광대무변하게 나투기 때문에 바로 “공(空)이요” 했습니다. 불이 공이다. 색이 바로 불에서 형성되는 겁니다. 그래서 공에서 형성되기 때문에 그 형성되는 색이 공이요, 공이 색이니라 했습니다. 둘이 아닌 까닭이죠. 그래서 ‘모든 한마음이다’ 이럴 때는 천체 삼천대천세계의 모든 일체 그 마음이 한데 합쳐서 돌아가는 것이 바로 예전에 부처님께서 말씀하신 불바퀴입니다. 이 불바퀴 속에서 우리 모든 만사가, 만물이 다 형성되는 겁니다.

그런데 사람으로 태어났다면 좀 자유가 있죠. 죽는 날도 조금 물릴 수가 있고, 그럴 수도 있죠. 삼분의 일은 말입니다. 수명을 조금 길게 할 수도 있고, 이 공부를 하게 되면 말입니다. 빨리 벗고 갈 수도 있고. 어린애를 낳고 싶으면 낳고 낳기 싫으면 안 낳는 것도 자유죠. 인간은 자유가 있어요.

그런데 곤충 큰 거나 작은 거나 이러한, 즉 말하자면 물질은 더하고 덜함이 없이 딱 규정된 사실 그대로, 예를 들어서 어머니가 자기를 낳고 죽었으면, 죽으면서까지 자기를 낳았으면 자기도 꼭 자기가 죽으면서도 자식을 낳아야 하는 그런 결정적인 게 조금도 에누리가 없습니다. 그래 두꺼비도 구렁이한테 자기 몸을 던지는 것은 자기가 희생해서 자기 그 본분을 꼭 지키려고, 자식들을 낳아야만 되니까 자기 몸을 희생시켜서 바로 자기를 만드는데, 수효가 하나가 희생했으면 백 개 천 개가 될 수 있게끔 하든가 또는 스무 개가 되든가 삼십 개가 되든가 그렇게…. 이것이 하기 싫으면 안 하고 하기 좋으면 하고 이런 게 아니고 아주 빼도 박도 못하게 철칙으로 그렇게 돼 있단 말입니다, 법칙이. 그러니까 자기 몸을 그렇게 희생시켜서 자기 새끼들이 전부 그 구렁이의 뼈 끝 마디마다 그냥 그 새끼가 되죠. 그전에도 얘기했지만 살모사나 이런 것도 꼭 자기 새끼를 낳고 그 엄마는 새끼 입으로 다 들어가야 되죠. 번연히 알면서도 그렇게 안 하면 안 되게끔 돼 있거든요.

연어도 그렇고 모든 게, 가만히 보세요. 모두가 그렇게 해서 자기 몸을 희생시켜서 그 속에서 또 생명이 살아서 까고 나오게끔 만들었거든요. 또 어떤 물질은 그냥 잉태를 하면 부부가 다 죽어요. 허허허…. 곤충도 부부 아닙니까? 그러니까 부부라고 하는 거죠. 그러니까 인간의 삶과 같지만 인간은 그래도 좀 자유가 있는데 그런 것들은 자유가 없단 말입니다. 사마귄가 그것도 그렇죠. 부부가 다 죽죠. 잉태를 하기 위해서 접촉을 할 때 벌써, 끝나기도 전에 남편을 머리서부터 다 먹어 치우죠. 먹어 치우고서 그 힘으로…. 그게 법칙이 그렇게 돼 있기 때문이죠, 법칙이. 그렇게 먹고는 알을 낳아서 다 해 놓고서 그냥 자기도 죽어 버리는 거죠, 지쳐서.

지금 내가 왜 이런 말을 하느냐 하면, 사람은 그래도 이럴 수도 있고 저럴 수도 있는데도 불구하고, 마음을 이렇게 쓰기도 하고 저렇게 쓸 수도 있는데, 그건 자유 아닙니까. 그런데 왜 이렇게 쓰지 못하고 꼭 그 관습에 의해서 따라갑니까? 그 고(苦)의 굴레에서 좀 훨훨 벗어나야 될 텐데 벗어나지 못하게 가로막는 것이 자기의 마음입니다, 결국은. 억지로 못해요, 그거. 내가 생각할 때는 개천을 그냥 훌떡 뛰어넘으면 될 것을 '아이고! 요건 못해.' 하고 그냥 뱅뱅 돌면서 남의 마음을 안타깝게 합니다. 대신해 줄 수만 있으면 얼마나 좋겠습니까마는 말입니다. 그래서 애고라든가 그런 것은 내 마음으로 한마음이 돼 준다면 그렇게 이룰 수가 있지만 자기 업보는 면할 수가 없습니다. 벗어날 길이 없습니다. 자기 자신이 그걸 느끼지 못하고 그거를 실험 안 하고 체험을 안 한다면 말입니다.

그렇기 때문에 어떠한 물체든지, 인간 이하의 동물이나 동물 이하의 곤충이나 식물들이나 이런 것도 다 그렇게 연결이 돼 있습니다,

몰라서 그렇지. 그런데 인간은 부모가 임신을 해서 낳아서 애를 쓰고 길러서 이렇게 해 주는데도 부모를 버릴 수 있겠지만 곤충이나 인간 이하의 동물들은 그렇게 못합니다. 아주 그렇게 못하게끔 돼 있죠. 그런데 그런 것보다도 인간은 더 망발을 하고 자식이 부모를 배신을 하고…, 자유스럽게 해 준다는 것이 말입니다. 인간은 99%가 부처가 될 수 있기 때문에 자유스럽다는 얘깁니다. 자유스럽게 해 놓은 고로 오히려 죄, 업보가 더 많이 얽혀서 다시금 저 지하로 떨어지거나, 즉 말하자면 인간 이하로 떨어지거나 이러죠. 그런 고초를 겪어 보지 않고는 인간 될 자격이 없다 해서요.

그런데 마음을 맘대로 쓰라고 했는데 왜 좀 탕탕하게, 좀 믿고 자기의 주장자를 탁 세우고, 주인공 주장자를 딱 세우고 '죽게 하는 것도 너고 살게 하는 것도 너고, 되게 하는 것도 너고 안 되게 하는 것도 너고, 심부름하는 이 육체를 건강하게 해서 이끌고 가야 네 심부름을 하지 않겠는가.' 이렇게 진짜로 믿어야 할 텐데….

우리가 종교를 믿으면서 '그저 이렇게 하는 것이 종교인가 보다' 이렇게 생각하는 모양이에요. 종교라는 건 이름이지, 자기가 진실로 믿고 들어가는 그런 게 아니에요. 진실한 것은 자기 마음이에요. 그래서 슬픈 일이 생기면 자기도 우는 반면에 자기 속의 자기도 울고 있죠. 자기 속의 자기가 울고 있기 때문에 자기도 우는 겁니다. 자기 영혼 근본이 말입니다. 수없는 나날을 쫓고 쫓기면서 살아온 그것을 알거든요, 자기 영혼의 근본은. 아니까 비통해서 울면 더욱더 속에서부터 울음이 터지게 되죠. 그러니까 둘 아니게 울게 되죠. 그런데 그 우는 사람은 그걸 느끼지 못하죠. 그냥 자기가 있고 자기가 슬프니까 자기가 울고, 자기가 자기를 불쌍하다고, '이렇게 살 수밖에 없었던가.' 하면서 자기가 있는 것처럼 자기를 불쌍하게 생각하죠.

하여튼 그렇게, 하다못해 그런 곤충에 이르기까지, 인간 이하의 동물까지 그렇게, 부모가 하고 간 것을 연달아서 자기도 부모처럼 그렇게 줘야 한다고 자기 몸을 내던지면서 그런 본받는 일을 하는데, 하물며 인간으로서 그런 본받는 일을 못해서 어떡합니까. 조건 없는 사랑이다 하는 것은 부모가 잘하든지 자식이 잘하든지, 부모가 잘못하든지 자식이 잘못하든지 그것을 떠나서 우리가 이렇게 인연을 맺었으니까 어떠한 조건이 있는 사랑이 아니라는 것입니다. 예를 들어서 여러분은 자식이 잘되게 하기 위해서 하다 보면 욕도 하고 때리기도 하고 내쫓기도 하고, 온통 별 욕을 다 하죠. 그거는 조건 없는 사랑이 아니에요. 외려 사랑을 하려면 편안하게 해 줘야 하는 것이 사랑이죠.

"그러면 욕 안 하고 말 안 하고 어떻게 잘되게 할 수 있겠느냐?" 이런 말을 하겠죠, 또. 그런데 그게 아니에요. 아주 편리하게 여기다 맡기면서 부드럽고 인의롭게 "얘, 배울 시기에 이러면 안 되잖아?" 유하게! "네가 지금은 이렇지만 너도 장가를 들거나 시집을 가거나 자식을 낳고 살 때에 어떠한 상황이 네 앞에 다가올는지 그것을 네가 미리 내다보고 산다면 이렇게 이렇게 해야 하지 않아? 엄마 같으면 그렇게 생각해." 또는 "아빠 같으면 그렇게 생각해." 이렇게…. 그렇게 하면서 나가면 아무리 괴상한 자식이다 하더라도, 그 앞에서는 들은 척 만 척한다 하더라도 돌아서서는 그걸 곰곰이 생각합니다. 부모도 자식이 잘못하면 그냥 야단을 치고도 돌아서서는 생각이 어때요? 안됐죠? 그거나 똑같아요.

그렇기 때문에 야단을 쳐도 편리한 야단, 인의로운 야단, 야단이 아니라 서로 대화, 토론을 해야 합니다. 지금 야단칠 그런 것이 아닙니다. 늙어서 죽어서 애가 되는 거니까요. 애가 자라서 또 엄마가 되고 아버지가 된 거니까요. 그러니 그 속의 자기가 천연적으로 가지고 있는 개성이 있단 얘깁니다. 그러면 거기에 맞추어서 그 사람 성질이라든가 마음 쓰는 거라든가 그런 거를 잘 알아서 요렇게 요렇게 잘 틀고 나가는 그러한 사랑을 할 수 있는 그런 지혜를 가져야 우리가 쪼금 삐뚤어졌다 하더라도 올바르고 곧게 만들 수가 있습니다. 이 삐뚤어진 나무를 그냥 펴려면 부러지죠? 그러나 요거를 잘 요렇게 해서 매 놓으면 은근히 펴지죠. 나무가 펴지는지도 모르게 펴지죠. 그거와 마찬가지로 이끌어 갈 수 있는 어머니나 아버지가 돼야 된다는 얘기죠.

우리 인간은 곤충과 또 인간 이하의 동물과는 달리 마음을 마음대로 쓸 수가 있지 않습니까? 자기 마음으로 자기를 진실로써 똑바로 이끌고 가는 것도 마음에 달려 있는데 그렇게 못하신다면 안 되죠. 이 마음이라는 게 얼마나…. 오늘도 미국에서 전화가 왔습니다. "어린애가 열이 펄펄 나고 다 죽게 됐습니다. 병원에 가서 아무리 해도 낫질 않고 아무리 관해도 낫지 않습니다." 그럽디다. 그런데 만약에 의사가 가깝게 있다면 그냥 가기도 하겠지만, 여러분이 가만히 생각을 해 보세요. 마음이라는 게 얼마나 묘하고 얼마나 광대한가. 마음이라는 건 빛보다도 더 빠르죠. 배가 없어도 되고 강을 건너지 않아도 되고 말입니다. 하하하. 그 말하는 순간에, 전화를 놓기도 전에 벌써 미국행을 하지 않습니까? 이 도리는 가깝든 멀든 똑같습니다, 마음과 마음의 전달은.

어느 땐가 꽃나무가 시들시들하고 비틀어져요. 그래서 이렇게 생각을 한 겁니다. '아이, 꽃은 아름다움을 모든 인연에 따라서 보게끔 하는 건데 네 몸이 그렇게 시들시들하고 그렇게 구부러져서 되겠니? 꽃도 피고 몸 체격이 아주 곧바르고 예뻐서 정답게 볼 수 있고 아주 아름답게 볼 수 있고, 이런 인연을 가져야 너도 좋지 않아?' 그런 생각을 했는데, 그럭하고 잊어버렸는데 그 꽃이 삼 일 만에 딱 섰어요. 하다못해 꽃들도 알아듣는데, 응? 사람으로서 그렇게 진실한 마음을 못 알아주고, 진실하게 이끌어 가려고 하는 그 마음을, 즉 말하자면 받아 줄 수 없느냐 이 소리죠. 둘로 본다면 이렇게 안 할 겁니다, 아마. 그러나 둘이 아닌 까닭입니다. 구름이 한데 모였다가 흩어지고 또 딴 구름하고 모이고, 딴 구름하고 모였다가 또 흩어지면 또 딴 구름하고 모이고 이렇게 지속되는 이 살림살이 생명들 말입니다. 그러니 네가 따로 있고 내가 따로 있을 수가 없죠.

옛날에 어느 할아버지가 돌아가시기 전에 자기가 태어날 이름을 써 놓고서 "나는 할아버지가 됐지만 다음에는 9대 손으로다가 태어나겠다." 이럭하고선 손주로 태어났다는 말입니다. 자기가 할 일, 그런 거 다 얘기해 놓고 말입니다. 그러나 그렇게 얘기해 놓고 그렇게 한 것은 방편으로 세상의 인간의 모든 것이 쉴 사이 없이 돌아가면서 진화되면서 바뀌는 거를 가르치느라고 그랬겠죠. 그래서 그 자손들은 '아, 할아버지가 손주가 되고 손주가 할아버지가 되는구나.' 하는 거를 그때서야 알고, 이 도리를 이렇게 가르쳐 주신 할아버지가 얼마나 감사했던지 대대손손으로 그걸 잊지 않고 가르쳐서, 내려가면서 정승도 하고 판사도 하고 그렇게 집안 내력이 아주 잘 나갔답니다.

여러분이 마음 한번 잘 쓰는 데, 자손들이 대대손손 잘되느냐 안 되느냐도 여러분의 마음에 달렸어요. 지금 공부하는 데에 달려 있어요. 그러니까 마음, 마음, 이 마음! 마음으로 전달을 하고 마음으로 내 주인공에다 모든 것을 맡기고 '너만이 할 수 있고, 너만이 이끌어 갈 수 있다'는 그 마음 자체를 둔다면 모두 일체제불의 마음이 같이 찰나찰나 해 주시죠. 지금 아쉬워서 이렇게 오신 분들이 모두, 여러분이 자유자재하면서 자유스럽게 사셔야 되죠. 남들은 머리 깎고 수도하면서 이 공부를 하려고 노력을 하는데 여러분은 살림을 해 가면서 이 도리를 공부하는 겁니다, 지금.

그러니 꼭 실험하고 체험하면서 남한테 전장을 하지 말고…. 예를 들어서 중은 중대로 있고 나는 나대로 있으니까 그게 안되죠. 중과 내가 몸은 각각 있어도 마음은 항상 찰나찰나 나투면서 같이 '내가 생각하면 꼭 같이 한마음이 될 수 있다.' 라는 믿음을 갖는다면 그대로 마음과 마음을 전달할 수 있죠. 때에 따라서는 같이 만나서 자기 고충을 용건만 얘기할 수도 있겠지만 그런 거를 알면서 얘기를 해야 이게 100% 들어맞죠. 모르고 묻는 것보다 말입니다. 모르고 이러이러하다고 얘기하는 것보다 말입니다.

하여튼 여러분이 자재로이 그렇게, 진실하게 믿고 그렇게 놓고 꼭 하나하나 경험을 하고, 하나하나 마음의 발전을 하고, 하나하나 그렇게 체험을 하고 가시도록 하십시오.

'왜 오늘은 그렇게 말씀을 쪼금 하고 말아 버리나.' 이러지 마세요. 얼마나 볼 게 많습니까, 이날까지. 알아서 하세요.

대중 감사합니다.

큰스님 그, 같이하시는 마음들이, 마음이 얼마나 기쁜가 한번 해 보세요. (대중 웃음) 정말 하늘을 쳐다보고 웃고 땅을 치고 울어야 할…. (녹음 안됨)

세계적인 발판을 세우라

본원 신행회 회장단 법회

1994년 8월 24일

큰스님 … 그대로 갈 수는 없고 또 지금 차원에서 그냥 갈 수도 없고요. 그렇기 때문에 이 신문사와 사전과 연구실과 방송실과 통신실과 이 모두를 합해서 우리가 해 나가려고 계획한 것은, 앞으로 세계적으로 통신도 돼서 우리가 재료를 해 놓으면 모든 사람들이 재료를 빼서 공부할 수 있게 만드는 법, 또 통신을 해서 말로 또 듣고 서로 교섭을 하면서 또 서로 토론하면서 이렇게 해서 하는 법도 있고, 또 재료를 빼다가 자기네들끼리 공부하게끔 해 줄 수도 있게 하기 위해서입니다. 그래서 여러 가지로 우리가 생각을 하고, 한 팀은, 또 한 가지는 방송실이라 하면 우리 절에서만 비디오나 뭐를 하는 게 아니고, 우리가 전부 재료를 구비해서 해 나가는데 다른 절이나 딴 데서도 해 달라는 대로 다 해 줄 수 있는 여건을 마련하기 위해서고, 또 셋째는 우리 이 법이 정신계로…, 지금 현재는 물질적인 컴퓨터가 역할을 하고 있지마는 앞으로는 정신계의 컴퓨터로 치닫는 세계가 돌아온다 이 소리야. 그러면 앞으로 앞장서야 될 사람들이 여러분이기 때문에 우리가 그렇게 하지 않으면 안 되리만큼 됐어요. 그래서 발판을 먼저 세운 거예요.

그러니까 세계적인 발판을 세우기 위한 방편이라고도 볼 수 있고 실천이라고도 할 수 있어요. 그러니 여러분이 이 도리를 따라서 하기 위해서는 요전도 아주 능란하게 읽어야 하고, 그래야 내 양식이 되죠. 누가 한마디 묻더라도 척척 대답을 해 줄 수 있고, 안과 밖이 둘이 아니게끔, 정신계와 물질계가 둘이 아니게끔 말을 해 줄 수 있고, 그러게끔 우리가 발전이 돼야 되지 않겠어요?

여러분이 그렇게 해야만이 그 밑의 사람들을 이끌어 갈 수 있고 새로 들어오는 사람들을 이끌어 갈 수 있어요. 그렇기 때문에도 그렇고, 우리는 그냥 남들이 하는 대로 뒤쫓아 가는 형이 아니에요. 앞장서서, 불을 들고 앞장서서 가면서 밝혀 주고 이끌어 주고, 또 피안의 세계, 자유인의 세계로 이끌어서 알려 주는 동시에 우리가 깨닫게 해 주는 문제를 가지고 있어요. 그뿐이 아니에요. 한 가정에서 한 몸으로 인해서도 그렇고 한 가정도 그렇고, 우리 국가도 그렇고 모든 것을 다 이끌어 나가기 위한 방편이면서도 실천이에요.

우리는 마음으로 함이 없이, 한다 함이 없이 아쉬우면 그대로 해 나갈 수 있는, 국가적으로나 세계적으로나 모든 거를, 아쉬우면 그렇게 실천을 할 수 있다는 사실을 모두 알고 가셔야 돼요. 그럼으로써 이 공부 하는 사람은 물론이거니와, 장사하는 사람이든 회사를 나가는 사람이든 모든 사람들한테 신문을 보게 해서 모두 전달하게끔 해야 되지 않나. 그리고 그 사람네들에게 이익이 갈 수 있게끔 신문도 내야 하지마는 그 신문을 누구나 다 볼 수 있게끔 하는 것이 우리의 보살행이기도 해요. 그렇게 해서 우리가 세계적으로 발판을 세우게끔 만들어야 하기 때문에. 또 그것도 자기 일이자 전체의 공덕이며 세세생생에 자기가 한 일을 자기가 받을 수 있는 공덕을 우리가 쌓는 거죠.

어떻게 생각하세요? 우리가 고대로, 가만히 떠다 놓은 대로 항아리에 그냥 있으면 그게 붇지도 않고 새 물이, 생수가 돼서 내가 마실 수도 없죠. 그러니까 저절로, 스스로서 생수가 나와서 세계를 먹이고도 남음이 있게끔 하는 것이 우리의 도리라고 생각해요. 여러분이 다 보살행으로서 위로는 일체제불의 마음을 한마음으로 쥐고, 아래로는 중생들에게, 모든 사람들에게 이 묘법을 전달을 해서 이끌어 나갈 수 있는 보살행을 하시라고 하는 겁니다. 알아들으시겠죠?

대중 예.

큰스님 하여튼 여러분만 다 믿고 지원에도 전부, 지원 스님네들한테도 이 얘기를 그대로, 회장단들한테도 카세트를 만들어서 전달을 하시도록 하세요. 우리가 신문을, 신문사를, 왜 이렇게 어려운 불사를 하면서도 그거는 내고 그러느냐. 남의 계획도 모르고 그러는 분들이 더러 있으리라고 봅니다. 그러니까 그런 사람들에게 이해가 갈 수 있게끔 해 드리는 데도 목적이 있습니다. 우리가 집을 짓고 불사를 하는 데만 목적이 있는 게 아니고 집은 공부하는 모든 사람들이 와서 공부할 수 있게끔 만드는 것뿐이고, 우리가 계획을 세우고 앞으로 세계적으로 발판이 되고, 세계적으로 무대가 되고, 세계적으로 전부 전파가 돼서 누구든 정신세계에 눈을 뜨고 귀가 뜨여서 정말 자유로이 그, 정신의 컴퓨터를 응용할 수 있도록 만들어 주는 게 우리의 길이 아닌가 생각을 해요. 어때요?

대중 네.

큰스님 그리고 내가 하는 일을, 여러분이 공부를 해서 내 비밀을 알 수 있다면, 부처님의 뜻의 비밀을 모두 여러분이 알 수 있다면 더더욱 좋겠는데, 내가 그렇다고 자처해서 말할 수도 없고 여러분이 생각을 깊이 하시고 공부 열심히 해서, 내가 때로는 뭐가 되고 때로는 뭐가 되고 때로는 뭐가 되나, 한번 깊이 살펴보시도록 하세요. 그러면 여러분을 믿겠어요. 하하하….

무조건 돌봐 주는 것이 부처님 자비다

본원 신행회 회장단 · 동대표 법회

1996년 5월 29일

사회자 신행회 회장단과 새로 동별 책임자를 맡은 사람들이 오늘 모임을 가졌습니다. (중략)

큰스님 그럼 여러분이 다 앞으로 길잡이가 되시는, 허허허…, 모두 보살님들이라 이거죠? 우리가 길잡이가 따로 있는 게 아니라 한 가정에 살면서 이웃집에 일러 줘도 길잡이인 것입니다. 근데 이 길잡이 노릇 하는 것이 여러 갈래고 여러 가지로 있습니다. 우리가 보편적으로 불법에는 길잡이가 모두 따로 있다고 생각하죠. 여러 가지로 생각합니다. 허나 불법은 하나이기 때문에, 우리 생활이 불법에 속해 있기 때문에 여러분이 생활 전체에서 불법을 리드해 나가는 것입니다.

그래서 불법을 해 나가는 데는, 여러 사람을 이끌어 나가는 데는 항상 조심할 게 있습니다. 바깥으로 찾게 해서, 노이로제에 걸려서 정신의 병으로 확장되지 않게 조심해야 합니다. 바깥으로 끌리고 바깥으로 붙들고 나가게 하면 절대적으로 이거는 아니 됩니다. 모든 거를 다스리는 내 주처의 선장이 내 몸뚱이 속에 있는 이 모든…, 만날 얘기했죠? 자동적으로 컴퓨터에 입력이 된 것과 같이 과거에 어떻게 살았느냐에 따라서 여기에 다 주둔해 있다고요. 얼마만큼 있느냐의 문제지. 누구나가 다 한 가지씩 두 가지씩, 여러 가지 있는 사람도 있고 한 가지 있는 사람도 있고 세 가지 있는 사람도 있고, 보편적으로 적으냐 많으냐 하는 것뿐입니다. 그런데 그 모든 걸 무너뜨리는 것도 역시 안으로 해야 무너지지 안으로 하지 않는다면 무너질 수가 없죠. 수없는 겁을 거쳐 오면서 안에서 벌어진 일이니까요. 그러니까 안에서 자동적으로 컴퓨터에 입력된 것처럼 됐는데 바깥으로 찾아서 어떻게 그게 해결이 납니까? 절대로 바깥으로는 그 해결이 안 납니다. 그렇기 때문에 안으로 관하는 것만 일러 줘라. 그리고 어떻게 하는가를 지켜봐라. 지켜보고 어떻게 그거를 리드해 주느냐를 생각해 봐라.

자기 몸으로나 가정으로나 모두가 화목하게 만들어야 하고 고통을 제거해야 하고 또 마음이 흥락해서 즐겁게, 없으나 있으나 즐겁게 사셔야 하고, 그렇게 하는 거를 아주 생각을 깊이 해야 될 겁니다. 또 자식들도 지금 젊은 애들이나 또는 아주 어린애들서부터, 이것을 교육이라고 할 거는 없지마는 '전체의 그 정신계를 리드해 나간다' 이런 건 어머니께서 더더욱 이렇게 잘해 나가야 됩니다. 그래야만이 삿되게 바깥으로 떠지지 않고 아주 잘 리드해 나갈 수 있다고 봅니다. 그러니까 거기까지도 미쳐야 합니다, 이끌어 주는 사람께서.

오늘 11시면 오는 사람들이 있지 않습니까? 그거를 고만두고 여기 나오라는 겁니다. 그게 첫째다 이거야. 죽느냐 사느냐의 문제가 달린 사람도 있다 이거야. 우리는 나중이라도 되지만 그게 첫째다 이거야. 순서가 어떤 것이 먼저인지 그것부터 알아야 된단 얘기야, 단 한 사람이라도. 아무렇게나 남의 물질만 받고 내가 성실하게 하지 않는다면 그건 귀신도 반대를 해. 귀신도 화목하게 되는 것은 거짓 없는 양심이라야 돼. 모든 것은 그 양심에 달려 있어. 산 사람들은 모르겠지만 일체제불과 영신들은 다 알고 있기 때문에 그것을 거짓으로 할 수가 없지.

그렇기 때문에 여러분도 그 뜻을 잘 아시고 해 나가시길 바라고 또 한 가지는 아, 짤막하게 하겠는데, 여러분이 하시는 일이 이 선원을 위해서 하신다고 생각은 절대 하지 마세요. 제가끔 자기가 행복을 만들어서 행복한 거지, 누가 행복을 뺏어 가는 게 아닙니다. 내가 한 번 했으면 한 번의 대가가 있고, 두 번 했으면 두 번의 대가가 있는 것입니다. 그 뒷면에 내가 이득을 취해서 착을 두고 남을 짓밟는다거나 용심이 생겨서 '나를 미워하니까 저건 저렇게 해 줘야겠다.' 이런 마음을 갖는다면 잘하는 것이, 열 번 잘해도 그게 다 무너지는 겁니다. 절대로, 리드해 나가는 사람들은 절대로, 너를 죽이겠다는 말을 하고 잘못된 말을 하더라도 또 잘못된 행동을 하더라도 '너도 좋지 않을 거다. 너는 꼭 벌을 받아야 되겠다. 너는 꼭 잘못될 거다.' 하는 그러한 마음을 가져도 아니 됩니다. 그 마음은 절대적으로, 부처님 법에는 무조건이지 잘못되고 잘되고 이걸 보는 게 아닙니다. 잘못하고 잘하고 이거를 보는 게 아니고 상황에 따라서 무조건 돌봐 주는 것이 바로 부처님의 법입니다. 그리고 무조건이 아니더라도 상황을 보면 여러분이 볼 때도 '딱하다, 참 안됐다' 이런 거는 그게 이해가 가서 그렇게도 할 수 있겠죠. 그러나 자비라는 것은 그렇질 않아요. 남이 나를, 우리 식구를 다 죽인다 한다면 '네가 우리 식구를 다 죽이면 너희 식구는 아주 처참할 거다.' 이런 생각이 들 겁니다. 누구나가 다 그런 생각이 들 거예요. 그러나 그런 생각도 없어야 된다는 얘깁니다.

넓게 생각을 해 보세요. 우리가 천차만별에 가지각색입니다. 그러나 원 불성은 하나인 것입니다. 하나로 돌아갑니다. 근데 수없이 거듭거듭 거치면서 진화되면서, 기어 다니다가 네 발로 다니다가 두 발로 다니다가 이날까지 이렇게 진화된 겁니다. 그 동안에 얼마나, 부모가 되고 자식이 되고 얼마나 바뀌었습니까? 그래서 끝에서부터 나중에 회향할 때까지 보면 하나도 끝도 없고 먼저도 없고 내 부모 아닌 것도 없고 내 자식 아닌 것도 없고 몽땅 그냥 내 식구예요, 몽땅. 그런데 만약에 그런 말을 하고 그래서 그게 잘못되거나 그런다면 자기한테 또 그게 옵니다, 다시 돌아서. 그러니 그거는 자기 망하게 하고, 자기가 부처님 법에서 벗어나게 되고, 하 중생으로 떨어지게 되고, 그거는 말도 못합니다. 그래서 부처님께서는 잘못하고 잘하고 그것을 아무리 알아도 말 안 합니다. 네 양심에 맡기고 네 행동에 맡기고 네가 다 알아서 하는 것이고, 네가 알아서 한 차원에 따라서 바로 진화되고 어떤 모습을 가지고 또 나오고 이러는 거고, 또 잘했으면 자유자재하고, 몸도 받아 가지고 나오려면 나오고 말려면 말고, 이렇게 자유자재권을 얻고 이러는 거죠.

그리고 또 한 가지 말을 할 텐데요, 이 선원에 오는 분들이 다 마음이 100% 흥락한 것이 아닙니다. 어떤 사람은 밉고 어떤 사람은 이쁘고, 어떤 때는 좋고 어떤 때는 나쁘고 그럽니다. 그렇죠? 중들도 보기 싫은 사람이 있고 보기 좋은 사람이 있고 그렇죠? 하하하…. 보기 좋은 한바다가 쭉 돌아가면서 물이 흐르고 있습니다. 그런데 그 바다가 그렇게 곱게 보이고 아주 광대무변하게 보여도 때로는 폭풍이 일어나고 소용돌이가 일고 파도가 일고 사람을 범접을 못하게 하는 수가 있습니다. 그것은 왜 그러느냐? 그럴 때는 사람이 좋다고 가서 서 있을 수가 없죠. 그럴 때는 여러 식구를 먹이고 여러 식구를 살리기 위해섭니다. 아주 누적돼서, 물속 밑바닥에 누적이 돼서 태양 빛도 못 받고 또 먹을 것이 없어서 애를 쓰는 생명들을 위해서 뒤집는 겁니다. 뒤집어서는 길을 찾아서 다 먹을 거를 제대로 먹고 태양력을 쏘여라 이겁니다.

그런데 우리가 미운 중도 있고 이쁜 중도 있고 그렇다고 그래서 중을 보는 게 아닙니다. 중을 볼 사이가 없습니다. 우리가 딴 중들 볼 사이가 어딨습니까? 지금 우리가 앞을 다투면서 나가야 될 문젠데. 제가끔들 지금 자기가 자기 과제를 벗어나려고 나가는 길에 거기서 돌부리나 차고, 이 돌 차고 저 돌 차면서 장난하고 나가렵니까? 미운 생각을 하면 한없이 밉고 이쁜 생각을 하면 한없이 이쁜 겁니다. 그건 왜냐? 물론 서로가 이쁜 짓을 못했기 때문에 이쁘게 보이지 않겠죠. 허나 그거는 상관없이 그 사람의 일이지, 어떤 중이든지 사람이든지 보살님들이든지 자기가 잘못했으면 자기가 대가를 받는 거지, 제삼자가 그것을 미워할 필요는 없다 이겁니다. 그리고 여러 사람들이 나간다 하더라도 그거 볼 여지가 없다 이겁니다. 남이 잘못하고 잘하고 그거 볼 여지가 없다. 그거 볼 여지가 없고, 그 잘못되는 거를 볼 때 '아, 저게 예전에 내가 몰랐을 때 내 모습이로구나.' 또 저 말을 들었을 때, 불쾌한 말을 들었을 때는 '아, 나도 전자에 저렇게 무식하고 저렇게 참 불순했겠지.' 이렇게 자기한테로, 자기 탓으로 돌려야 공부가 되는 거지, 남의 탓을 하고 바깥으로 끄달린다면 절대 남을 리드할 수도 없고 내가 벗어날 수도 없는 것입니다.

이 공부가 무슨 공부인 줄 아십니까? 죽어야 하는 공부입니다. 왜냐? 산 사람만 보고 하는 게 아니라 산 사람을 건지려면 죽은 소굴에 들어가서 죽은 사람부터 봐서, 죽은 사람부터 나하고 친구가 돼서 '이 사람이 얼마만큼 잘못한 차원에서, 어떠한 차원에서 들어갔는가?' 또 '그 사람들이 어떠한 차원에서 모습을 가지고 나오는가?' 이거를 상세히 공부해야 되는 겁니다. 이것을 모르고는 절대로 사람을 한 명도 건질 수가 없어요. 말로만요? 천만에요. 말로만 할 수가 없습니다.

여러분이 이 공부를 한다고 하시면서도, 주인공에다 맡긴다고 하시면서도 살아온 습이 있기 때문에 때로는 그냥 몰팡스럽게 말을 해던지고 몰팡스럽게 그냥 "너는 그렇게 하면 좋지 못해." 이렇게 하거든요. 때로는 자식들이나 부부지간에도 "어휴! 저거 죽지도 않아." 이런 수도 있습니다. 또 "무슨 원수로 태어나서 나를 이렇게 속을 썩이고 죽게 만드나!" 하는 그런 울부짖음도 있습니다. 내가 너무 잘 알아요, 아주. 허허허. 그러나 그것을 다 없애려고 든다면 그 속에서부터, 과거에서부터 나와서 그게 인과성으로 온 업보인데 그걸 바깥으로 말로 하고 그래서 없애려고 하면 그게 됩니까? 거기다가 넣어서, 자꾸 새로운 입력이 들어가면서 앞서의 입력이 없어져야만이 그게 없어지고 착해지고 그럽니다. 공부하는 법을 대충이나마 이렇게 해 드린 겁니다.

우리도 그렇습니다. 중이라고 그래서 다 역심이 없고 다 잘하는 것만은 아닙니다. 중도 공부하는 승려기 때문입니다. 그러니까 머리 깎은 중이라고 해서 100% 그냥 하늘 사람처럼 잘해 나가는 법만 가지고 있는 게 아닙니다. 그러나 양심껏 노력하고 그렇게 하려고 애를 쓰고 공부하고 있는 겁니다. 그러나 여러분 앞에서, 여러분 앞에뿐이 아니라 하늘을 보고 내가 맹세하겠는데, 난 하나도 양심에 뒤떨어지거나 그런 게 없어요. 가르치기 위해서 이렇게 하고 저렇게 하고 이렇게 방편으로 쓸 뿐이지 마음은 그렇질 않아요. 내가 잘못하더라도 그렇게 잘못한다고 보지 마시고 한번 '아하, 저렇게 하시는 것도 나의 뜻을 보려고 그러는 건가 보다.' 하고 한번 자기한테로 돌려 보세요. 그러면 좋은 큰 뜻이, 한번 파도가 지나가면 매끈하게 씻어지듯이 그럴 수가 있을 겁니다.

지금도 여러분이 선원의 일을 하시면서 이끌어 주시고 또 선원에서 좋은 일을 하시면서 남도 이끌어 주시고 그렇게 하시는 것이 뭐냐? 위로는 자기 자부처를, 수없이 거쳐 나오면서 자기를 형성시킨 자기 주인공을 진짜로 붙들고 믿는 거고, 아래로는 자기와 더불어 같이 인연이 돼서 살던 그 인연들을 다 이끌어 주는, 보필해 주는 자며 길잡이며 그렇습니다. 보이지 않으니까 그렇지, 그걸 믿으세요. 내가 이 세상에 살면서 조금도 에누리가 없다는 거. 누가 갖다 주거나 뺏어 가는 게 없다는 거. 내가 악한 일을 했으면 악한 게 들어오고 선한 일을 했으면 선한 일이 들어온다는 것. 그러나 우리가 지금 가르치는 건 "선하고 악한 거를 다 놔라." 이러는 공부입니다. 악한 게 있으면 선이 붙고 선한 게 있으면 악이 붙으니까 도대체 이 신란한 지금 중세계를 벗어날 수가 없거든요. 우리가 지금 이 중세계의 인간까지는 왔으나 인간에서도 차원이 헤아릴 수 없이 많습니다. 진짜 인간으로 사느냐…. 껍데기는 인간이지만 속은 인간이 아니게 사는 사람들도 허다합니다. 그러니까 차원에 따라서 천차만별이죠, 사람 하나만 가지고도.

그래서, 옛날에 내가 얘기했을 거예요. 어느 중이 말입니다, 어느 사찰에서 살았는데 이 중이 이 뜻을 몰랐던 모양입니다. 그래서 시줏돈을 받아서 불사를 하지 않고, 가난하고 어려운 사람들에게 나눠 주지도 않았고…, 나눠 주는 것도 불사거든요. 모두 불사를 하면서 살아나가고 자기 껍데기까지도 다 버려야만 되는 건데, 버리고 살아야 하는 건데 그러지 못하고 항아리에다가 그냥, 예전에는 돈이 엽전 아닙니까? 항아리에다가 묻어 두고서는 그냥 살았더랍니다. 근데 그 중이 죽었는데 큰 구렁이가 돼 버렸어요. 그 자리를 떠나질 못하게 된 거죠, 그러니까. 그 자리를 떠나질 못하게 돼서 있는데, 이끌어 나간 사람이 그렇게 하고 가니까 그 신도들이, 시주한 자까지도 거기에 구더기가 돼서 한데 얽힌 겁니다. 그래 가지고 비늘마다 그냥 구더기가 들먹거리니 그 구렁이가 살 수가 있어야죠. 구렁이의 몸을 가지고만 있어도 이건 기가 막힌데, 그 시주자가 다 그리로 덤벼선 그냥 야단법석이니 살 수가 있어야지.

그래서 선지식을 기다리기를 수년을 기다렸단 말이야. 참회를 하면서 기다리고 기다렸는데 아, 선지식이 앞에 지나가거든. 죽은 사람은 선지식인지 아닌지 다 알거든요. 그래서, 이거 하다 말고 얘기 한마디 하고 가요. 동네 사람이 죽었는데 동네 죽은 사람이 신도 꿈에 와서, 가서 나 말 좀 해 달라고, 스님한테 얘기만 해 달라고 그러더랍니다. 얘기만 하면 되니까. 그러니까 영가가 그렇게 잘 알고 있다는 얘기죠.

그래서 붙들고 늘어지니까 "아이, 이게 왜 이래?" 이러고선 "물러서지 못할까!" 하니까 아, 그냥 다리를 감고선 "저를 천도를 해 주지 않고는 못 나가십니다." 하고선 그냥 "자비하신 당신이신데 나를 살려 주십시오. 제가 영 못 견디겠습니다." 하니까 "그러면 어떠한 일을 그렇게 잘못했는고?" 하고 물었어요. (녹음 안됨) 뜻으로는 다 말이 연결됩니다. 우리 산 사람들이 이렇게 말하듯 뜻으로는 말이 됩니다. 그러니까 그 말을 다 했어요. 시줏돈을 받아서 그렇게 하고, 또 시줏돈을 받아서 우리 가족을 다 살리고 그런 얘기를 하니까 "그러냐. 그러면 그 독의 돈은 다 어려운 사람들에게 나눠 주고 절의 불사를 해서 메운다 하지만 가족들에게 분별없이 넘치게 줘서 남의 돈을 그렇게 축낸 거는 어떻게 하려느냐?" 하니까, "저만 살려 주신다면 이 세상에 다시 나가서 제 몸으로 다 해서 갚겠습니다." 하니까 "그럼, 좋다." 그러고선 그 즉시 그냥 벗겨 준 겁니다. 벗겨 주는 반면에 그 시주자들도 전부 벗어난 거예요. 그냥 다 착한 인도환생이 되고 이 구렁이는 다시 중노릇을 하게끔 천도가 되고요. 그랬는데 마지막에, 그 벗을 때에 반쯤 벗겨지면서, 잊어버렸던 모양입니다. "내 이 허물은 스님께서 마지막 회향으로 태워 주십시오." 하고 그냥 가더랍니다. 그래서 껍데기만 벗어 놓은 거를 홀랑 태워 줬답니다. 이렇게 잘못된 것도 무조건 그렇게 해 주는 것이 부처님 자비다라는 얘깁니다. 사랑이 아닙니다. 사랑이라는 건 이쁘면 사랑을 하고 미우면 배척하는 게 사랑이지만 자비라는 것은 밉고 이쁘고를 떠나서 자비입니다.

그래서 아까도 내가 말씀드린 게, 단 한 명이라도 내가 들어서 그 사람이 살 수 있는 거라면 더 귀중하다 이거야. 아주 제일 첫 번 간다 이겁니다. 암만 가난하지 않아 천에 없어도 돈 많은 사람과 더불어 똑같이 귀중한 겁니다. 내 양심을 속여서 이런 말 하는 게 아닙니다. 말은 속일 수 있지만 양심은 못 속입니다. 양심이 부처인 것입니다. 그러니까 여러분도 우리 스님네들이 좀 잘못한다 이런 게 보이더라도 '아, 이건 나 공부하라고 이렇게 보이는구나.' 하고 뒤바꿔 자기한테로 돌려야지 스님네들의 탓을 하고, 또 스님네가 잘못하면 스님네 탓이지 왜 자기가 이러고저러고 해요? 자기네들이 이러고저러고 할 게 하나도 없어요.

그러니까 하여튼 모두 각자 인생길은 험하기도 하고 허전하기도 하고 외롭기도 한 길이랍니다. 혼자 왔다가 혼자 가는 길에 먼 산 바라기처럼 먼 산만 보지 말고, 먼 산을 보되 세상을 봐라. 물을 보되 흘러가는 세월을, 끝없는 세월을 봐라. 산을 보되 산을 보지 말고 이 세상의 모든 일체 관직들을, 즉 말하자면 관직이라는 건 뭘 뜻하느냐 하면요, 주산신을 말하고 주해신을 말합니다, 간편하게 말할 때. 그러면 그 관리인입니다. 관리인을 만나 보고 '어떠한 상황이 이 산에 벌어졌는가.' 그거를 알아보는 겁니다. 주해신을 만나 보는 거는 '전체 바다의 소용돌이에 어떻게 상황이 돌아가는가.' 그거를 알아보는 것입니다. 간략하게 말하는 겁니다. 그러니 알아보는 것도 천차만별이 아니겠습니까? 그러나 쫓아다니면서 알아보는 게 아닙니다. 저절로, 일이 있으면 저절로 통신이 옵니다. 서로 접촉이 되고. 그렇게 해서 접촉이 됐다 하면 뭐, 그 즉시죠.

우리 동국대학에서 애로점을 두는 것이 남산 밑에 많은 영가들이 있다는 거를 지적해서, 그거를 생각하고 계시죠. 그런데 나는요, 우리 스님네들이 동국대학을 들어가면서 생각을 한 겁니다. 불교 대학이라는 건 그거 하나밖에 없는데, 그래서 접촉이 되니까 그걸 생각하게 되는 거예요. 참 이상하죠, 그거. 그래서 '잘돼야겠구나. 모든 게, 하다못해 길거리에 다니는 귀신도 도와주게 만들어야겠구나.' 이래서 그 영혼들을 다 수습하고 나니까, 요새 좀 괜찮은지 안 괜찮은지 몰라도 너무 껄끄럽지는 않다고 그럽디다. 내가 잘해서 그런 게 아니라 내가 한 사이도 없지마는 내가 했다고 그러면 그거 하지 못합니다. 내가 한다고 그래도 그거 못합니다. 바로 제불께서 하시는 거니까 하여튼 나는 그 소리를 듣고 그저 생각을 그렇게 했을 뿐이지 하시는 거는 부처님이 하시는 겁니다. 법신들이 하시는 겁니다, 이게. 따지고 보면 부처님의 바른팔이 하는 거죠. 왼팔은 창조를 시키는 거고요. 그래서 아, 별로 걱정이 없으리라고 믿습니다.

하여튼 여러분도 자기네들 일이니까, 자기네들 자손들을 위하고 위로는 조상을 위해서 하는 일이니까, 또 중간으로는 자기 자신을, 요 다음에 홀로 나올 때 어떠한 인연을 가지고 나오느냐는, 어떠한 모습을 가지고 나오느냐는, 어떠한 일을 맡아 가지고 나오느냐는 그런 거 때문에 자기가 자꾸 쌓는 겁니다. 지금 여러분이 탑을 쌓고 있는 겁니다, 하나하나. 무영탑을 말입니다. 여러분이 무영탑을 쌓고 있는 거지, 중들을 위해서 하는 게 아니고 선원을 위해서 하는 것이 아닙니다.

그러면 이걸로써 마치겠습니다.

삼배 올리시더라도요, 저한테, 고깃덩어리한테 한다고는 생각지 마세요. 저는, 이 한 개의 고깃덩어리는 그저 언제 갈지도 모르고 언제 올지도 모르고, 그냥 사대가 흩어져서 왔던 데로 도로 갈 뿐이에요. 가서 도로 여러분한테…, 물이 있어야 살고 불이 있어야 살고 이런 것이죠. 흙이 있어야 살고 또 바람이 있어야 살고. 그러니까 나도 역시 여러분과 더불어 같이하고 있는 고깃덩어립니다. 그러니까 그저 같이 한마음으로 부처님한테 감사하고 이렇게 일을 합시다.

그럼 같이 길을 걸어 봅시다. 허허허…. 가만히 생각하면요, 여러분과 저와 더불어 같이 이 길을 걸어가는 것만 해도 행복한 일입니다.

자기 주인공이 자기 육체를 리드한다

심용회 법회

1997년 4월 12일

나는 머리 깎은 스님네들이나 여러분이나 똑같이…, 우리가 머리를 깎는 거는 방편으로 깎지만 공부하는 거는 머리 깎고 안 깎고가 없거든요. 그런데 이 자기 몸뚱이가 자긴 줄 알거든요, 모두가. 몸뚱이를 이끌어 가는 자기 주처를 주장자라고 한다면 이게 바로 종자의 뿌리인데, 즉 근본, 생명의 근본 뿌리예요. 그래서 수억겁 광년을 거치면서 자기를 수없이 진화시켜서 생성시킨 장본인이거든요. 그런데 그걸 못 믿는 거죠. 못 믿고 자기가 물질세계에서만 반복해서 보던 거, 듣던 거 여기에 감지돼 가지고선 그냥 그렇게만 생각하는 거죠. 그러니 이 물질세계 50%에서 정신세계 50%를 감당하면서 이렇게, 알아서 굴려서 넘어가야 되는데 그 50%는 까맣게 모르는 거예요. 그러니까 수억겁 광년을 거치면서 자기를 미생물에서부터 진화시켜서 형성시켜 왔다는 거를 까맣게 모르는 거예요. 자기를 형성시키려면 가공이 돼야 되듯이, 정자 난자를 빌려서 삼합이 맞아야 되거든요, 그게. 그렇게 형성시켜서 지금도 끌고 가는데도 불구하고 끌려 다니는 차가 자기래요. 끌려 다니는 자동차와 같거든요, 이 몸이. 이건 생명의 근본이 빠지면 송장이 되는 거거든요. 한계가 있고. 그러나 자기 영혼의 근본은 한계가 없거든요. 그 때문에 아주 그, 보물이라고 할 수밖엔 없죠. 보배 중의 보배죠, 아주.

그런데 거길 못 믿어요. 아니, 형상과 이름 이런 거는 믿어도 자기를 리드해 가는 자기 자체를 모르는 거예요. 그리고 그냥 어리석게 딴 사람더러, 딴 그림자를 보고 기도를 하면서 해 달라고 그러니, 그게 돼요? 안 되죠, 그건. 우리가 지금 병이 나도 여기다가 진짜로 믿고 관해야, 이 의식들이 모두 그 마음을 먹고 그렇게 해야 통신이 돼요. 통신이 돼야 대뇌로 해서 사대로 통신이 돼서 그냥 공장장한테로 다 통신이 되거든요. 이것도 한 개체의 세계와 같은 거니까요. 그래서 통신이 되면 '어느 부분, 어디가 왜 이렇게 됐느냐. 수문장이 잘못한 거냐, 안에서 일어난 거냐, 바깥에서 들어온 거냐.' 자동적인 컴퓨터에서 증명서가 나오듯 그렇게 나오는 거예요, 그게. 그렇게 나와서 부서에서 저거 하면 그냥 모두 서로서로 통신을 하면서 작용을 해 주죠.

그렇게 하는 것처럼, 인간이 살아나가는 데도 전부 자동적인 정수의 컴퓨터가 있어요. 그렇기 때문에 입력이 항상 되는 겁니다, 항상. 그대로 우리가 마음먹는 대로, 이 속의 생명들은 다 자기가 마음먹는 대로 따라 주거든요. '내가 저 집 가서 도둑질하겠다.' 그러면 도둑질하게끔 따라 줘요. 그리고 또 '아, 이건 뭐, 시간이 돼야만 될 텐데 시간이 안 돼서 안 된다.' 이러기 이전에 '이 도리에서는 시간도 공간도 없다.' 이러곤 그냥 밀고 나가면 그대로 따라 주죠. 즉 얼른 쉽게 말해서 내 이 자부처의 마음을 그대로 듣고 그대로 통신이 돼서 작용을 함으로써, 지금 시쳇말로 한다면 원자에서 입자가 나가서 조절을 한다. 즉 말하자면 헤아릴 수 없단 얘기죠. 지금 그 입자를 뭐라고 이름을 부를까. 비천상이라고도 보고요, 또 그렇지 않으면 보살들을 입자라고 해도 방편이 됩니다. 입자가 다시 원자도 될 수 있고 또 원자에서 떨어질 수도 있고, 그렇게 되는 거거든요. 그렇기 때문에 상당히 이게 깊은 공부입니다. 자기를 리드하고 자기 보디가드가 돼 주고 자기 해결사가 돼 주고 자기 의사가 돼 주고, 때로는 관세음이 돼 주고 때로는 해신이 돼 주고 산신이 돼 주고, 그냥 그 용도에 따라서 말이에요. 그렇게 자기한테 닥친 것대로 작용이 되는 거거든요. 그 작용을 작용이라고 하질 않고 공법이라고 그러죠. 용무의 공법. 그런데 모두 주인공은 진짜로 찾으면서, 믿고 찾으면서도 아주 가긍하질 못해요, 진짜로.

어떤 사람이 이렇게 말하더군요. 병원에 갈 돈도 없고 그래서 죽게 되니까 '죽이는 것도 너고 살리는 것도 너다. 나는 지금 돈도 없고 아무것도 없어. 없게 한 것도 너고 있어서 살게 하는 것도 너니까 죽게 하는 것도 너 아니냐. 그러니까 죽이든지 살리든지 네 맘대로 해.' 하고 너무 지치니까 그냥 팽개쳤더래요. 그래선 툭툭 털고 일어났더래요. 그 모든 게 그렇게….

그래서 이게 '교화를 한다, 선과 교가 둘이 아니다' 이렇게 하는 건 문 없는 문, 법문이라고 그러죠, 왜. 그럴 때 공법의 문 없는 문을 발견하라. 문이 있는 데를 찾아다니는 사람은 선 공부에선 그냥 아주 망친 거죠. 문을 찾아서 다니는 사람은 지금 현실 세계밖에 더 있습니까? 이 공용이라는 것도 그렇지만 공심이 문을 찾아서 다닙니까? 문도 없고 봇장도 없고 벽도 없고 아무것도 없죠. 아무리 은산철벽으로 막혔다 할지라도 그냥 지나가죠, 체가 없으니까. 물 깊이가 아무리 깊다 하더라도 그냥 지나갈 수밖에 없죠. 그러니까 이 법을 배우려면 이것부터 철저하게 믿어야 된다는 말입니다.

더군다나 의사들 또 과학자들, 이러한 분들이 더 알아야 되는 문제죠, 이거는. 우리가 마음의 차원이 높지 않다면 앞으로는 높은 데에 있는 에너지를 꺼내 쓸 수도 없고, 높은 데 있는 그 에너지의 질량을 어떻게 방침을 세워서 할 줄을 모르기 때문에, 그거는 얼른 쉽게 말해서 죽게 되면 죽는 거죠. 이북에 지금 배고파서 죽는 사람이 많다고 합디다. 그거와 같거든. 우리나라뿐만 아니라 지구가 홀랑 그냥 한 주머니밖에 더 돼요? 한 주머니의 공기 주머니죠, 쉽게 말해서. 그런데 그 공기 주머니를 뭐라고 했느냐 하면, 오신통이라고 생각을 한다면 그 오신통에서 벗어나야 모두를 굴릴 수 있지 않겠느냐 이런 말이죠.

이것도 한 개체니까 만약에 지구가 버스라면, 이 몸뚱이라고 해도 되죠. 버스라면 버스는 어디로 가는지도 모르고 그 버스 안에서 우리들은 같이 백 년 천 년 살 줄 알고 그냥 악머구리 끓듯 하는 거죠. 네 거 내 거 찾고. 이 물질세계로만 자꾸 치달았기 때문이죠. 진리가 낮고 높고 중간이고 간에, 과거든 미래든 현재든 삼계가 그냥 같이 돌아가는 거거든요, 지금. 따로따로 돌아가는 게 없어요. 삼계가 그냥, 그냥 같이 돌아가기 때문에 삼계가 공했다는 얘기예요. 그런데 우리는 지금 내 개체 안에서 벗어나야 지구 안에서도 벗어날 수 있고, 지구 안에서 벗어나야 전 우주로 향하지 않느냐는 얘기지요.

알뜰하게 하는 거는 본인들이 해야지, 내 속을 그냥 펼쳐 보일 수도 없고, 허허, 참…. 어떤 땐 슬프기도 하고요. 진리가 그러하지, 뭐. 불쌍하고 모두 눈물 나고 아프고 그냥 뼈저리고 이런 문제들을 가지고 모두 살 때에, 벌레도 그렇고요, 모두 잡아먹히고 잡아먹고 그러는 걸 보면 누구의 잘못이라는 것도 없이 '그냥 진리가 뭐, 그러하지.' 이러곤 그냥 하다 보면 순간 그냥 슬퍼요.

우리 지구에만 생명들이 산다고는 생각지 마세요. 차원에 따라서 우리가 이 지구를 벗어나느냐도 문제지요. 이 몸을 벗어나느냐. 자기 마음대로 자유자재권을 가지고, 내가 모습을 어떻게 해 가지고 나오든지 자유자재로서의 자기 모습을 해 가지고 나오는 것도, 그것도 아주 그대로지요. 그러게 자기가 자기를 모르면 자기가 하천세계로 떨어지기도 하고요, 사람도. 팔자 운명이 따로 있는 게 아니에요. 모습을 어떻게 해 가지고 나오느냐에 따라서 팔자 운명이 정해지죠, 차원에 따라서. 왜냐하면 개로 모습을 가지고 나왔으니까 개 대접밖에 못 받거든요. 그리고 사람도 그래요. 아주 못나고 가난하게 내가 받아 가지고 나온다. 그거 억지로 못하거든요. 영화배우들이 어떠한 역할을 자기가 맡았다면 그대로 거기밖에는 해당되지 않듯이. 그러니까 자기가 어떻게 살았느냐에 따라서 나오는 거거든요, 자동적으로. 그렇기 때문에 어떻게 살았느냐에 따라서 모습을 해 가지고 나왔으면 그 모습으로 나온 까닭에, 자기가 그냥 닭으로 나오든 개로 나오든 돼지로 나오든 소로 나오든…. 그래서 소도 일거수일투족을 다, 몸과 마음을 다 바쳐서 사람에게 요만한 거 하나 버리지 않고 주지 않습니까. 다 바쳐서 일차적으로 사람으로 태어난다고 해서 소를 조상으로 생각하게 된 거죠.

그러니까 얼른 쉽게 말해서 어떠한 모습으로 나오느냐에 따라서 모든 걸 인간에게 바치느냐, 육까지도 피까지도 바치느냐 이런 것도 있는 거지만 사람은 정신을 뺏기고 정신을 먹고 이렇게 살거든요. 정신을 뺏기는 율이 3분의 2는 아마 뺏기고 살 거예요. 우리는 지금 뭐가 뭔지 모르고 그냥 살거든요. 자기 방어를 자기가 못하고 살거든요. 그래서 이 마음공부 하는 사람들은 자기 주인공이, 그러니까 자기 몸뚱이는 보이는 거지만 안 보이는 기사가 바로 그 보이는 몸 속에 있거든요. 못났든 잘났든 내가 태어났기 때문에 상대가 있는 거고 세상이 있는 거고 종교도 있는 거지, 내가 없는데 뭐가 있어요? 아무것도 없죠. 그러니 나로부터예요. 가톨릭교든지 기독교든지 불교든지 막론해 놓고 주처는 자기한테 있다는 얘기죠. 그래서 사대 성인들이 말하기를 "야, 이놈아. 너부터 알아라. 너부터 알고 너부터 믿고, 너를 이끌어 나가는 데는 너밖엔 없다. 누가 대신 똥 눠 줄 수도 없고 잠자 주지도 않고 또 먹어 주지도 않고 아파 주지도 않고 죽어 주지도 않고 깨쳐 주지도 않는다. 인간이란 홀로 와서 홀로 살얼음판을 걸어가는 것과 같다. 누가 행복을 갖다 주는 것도 아니고 빼앗아 가는 것도 아니다.

그러니 자기가 행복을 만들어서 행복하게 사는 거고 걱정 없이 사는 겁니다. 진짜로 자기를 리드하는 자기 보디가드가 되는 것은 바로 보이지 않은 데 자기가 그대로, 마음은 체가 없기 때문에 아프면 약사보살이 돼 주고, 즉 말하자면 아픈 걸 관하면 그렇단 말입니다. 관하면 약사보살이 돼 주고, 또 일이 안돼서 자꾸 거기다 관하면 관세음보살로서 응신이 돼 주고, 자기가 용도에 따라서 다 그렇게 돼요. 그리고 또 명이 짧아서 그렇게 관하면 칠성부처가 돼 주고, 좋은 데로 못 가서 관하면 지장보살이 돼 주고, 물에 빠져서 허덕이게 될 때에는 바로 주해신이 돼 주고, 산에 올라갔다 잘못돼서 관할 때는 바로 산신이 돼 준다. 갖은 각색으로 자기에게 닥치고 안에서 일어나는 모든 것에 의해서 용도에 따라서 다 그렇게 해결사…, 해결사라면 이름 자체가 우습지마는 알아듣기 쉽게 하느라고 그럽니다.

부처의 마음은 둥글기 때문에, 너 아님이 없고 나 아님이 없고 이렇게 모두가 둥글기 때문에, 둘이 아닌 까닭에 둥글죠. 그러니까 가만히 있으면 둥글고, 마음을 냈다 하면 법이고, 몸을 움죽거렸다 하면 화신이다 이거야. 그러니까 부처님, 법신, 보현신 이런 게 따로 있는 줄 아는데 그게 아니라고요. 그래서 우리 절에는 부처님 한 분만 딱 해 놨잖아요. 부처님 한 분이면 이 세계뿐만 아니라 우주 삼천대천세계로도 다 이게 일체제불이거든요. 일 불이란 말입니다. 일체 법이 한 법이고 한 법이 일체 법이고.

그런데 생각해 보세요. 앞뒤가 끊어진 자리에서 지금 터덕터덕 걷고 있는 겁니다, 지금. 보고 듣고 하는 것도 고정된 게 없이 보고 듣고 하시죠, 모두. 그리고 걸음을 걸을 때에 뒷발은 점점 없어지면서 앞발은 떼어 놓지 않았으니까 없고 그냥 뛸 뿐이죠. 아주 현명하고 정당하고 적절하고, 그거는 조금도 에누리가 없는, 공법이라고 할까요?

그러니까 부처가 여기 있어도 여러분 대신 깨달아 줄 수가 없는 거예요. 이 나와 내가, 지금 현상의 나, 그게 지금 유체죠. 무심과 유체. 이 유체가 무심을 믿고 유체와 무심이 둘 아니게 콤비가 된다면, 지금도 콤비가 돼서 돌아가고 있는데 본인들이 콤비가 돼서 돌아가는 줄 믿지를 않아요, 그렇게 항상 살면서도. 자기 주인공으로 인해서 자기 육체가 리드가 되고 돌아가는 줄 모르고 그냥 자기가, 그냥 육체가 자긴 줄 알아요. 그냥 인식을 그렇게 하고 있어요.

그래서 회사를 하더라도 한마음으로 운영을 하려면…, 이게 참, 말로 해서 되는 게 아닌 것이, 자기를 깨달아서 자기 앞에 닥치는 대로 해결을 할 수 있는 그런 요건이기 때문입니다. 여기 계신 분들도 자기가 체험을 하고 자기가 걸어가면서 여기 가슴에 닿는 그것을 누구한테 얘기를 해서 상대방이 아는 게 아니거든요. 그렇기 때문에 말 못하실 때가 있죠. 나도 말 못할 때가 얼마나 많다고요. 아니 지금 이렇게 말을 하면서도 겉 덧갱이로 말하는 것과 같은 거예요, 지금. 이것을 안으로 받아들인다면 아주 최고의 자유자재권을 얻는 거고요.

그래서 어떤 의학 박사님은 이렇게 말씀하시더군요. 자기가 실험을 해 보니까 이것은 너무나 현실적이고도 극치적이기도 하고, 약은 방편으로 쓰되 진짜로 자기가 생각해서 하면 된다 이겁니다. 그런데 남은 모르는데 이렇게 자기만 아는 게 너무나 답답하다는 거죠. 그리고 산부인과 의사는요, 또 이런 말을 해요. 애를 많이 유산시켰지 않습니까. 처음에는 그 유산시킨 애들, 또 때에 따라서는 잘못해서 벌어진 예전 일들, 그게 인제 모두 걸리죠. 의사의 마음에 걸려서, 그리고 집안에 분란이 많이 나고 그러니까 걸려서 하루는 그 애들을 천도를 시키려면 어떻게 시키느냐는 거예요. 그래서 내가 그랬어요. 야단을 쳤어요. 미치광이가 되고 싶으냐고. 도깨비 같은 미치광이가 되고 싶으냐고. 남을 도와주고 의사로서 생명을 건지는 사람이 그렇게 마음을 약하게, 그렇게 모르게, 그렇게 어리석게 하고 간다면 누구 하나 의사 노릇 할 사람 있겠느냐고. 그러니까 이 허공에 영이 꽉 찬 거를 영 속에다 넣는다면 그릇이 작아서 못 담기지 않는다 이거야. 다 그냥 영이기 때문에 수만 개라도 영은 영이다 이거야, 하나의. 그러니까 내 주인공 하나면, 거기다 다 관해서 넣으면 그냥, 그냥 없어지는 거죠. 그런데 뭣 때문에 그렇게 그러느냐. 그러한 도리를 모르는 사람이면 그냥 뭘 하나 죽여도 살생이 되지만 이렇게 배우고 아는 사람들은 살생이 되는 게 아니라 진화시키는 과정이다 이거야.

그래서 오히려 재생을 시켜서 내놓고 그렇기 때문에 뭐, 큰 고기를 죽인다 이러더라도…, 그냥 무턱대 놓고 죽이는 거 말고요, 어쩔 수 없이 죽여야 할 땐 관하고 했을 때 그렇다는 거죠. 어떤 중이 자기 스승이 죽게 됐더래요. 그래서 지렁이를 한 바가지씩 갖다가 소금에다 넣어서 흘러가는 물에 말갛게 씻어서 고아 가지고 쭉 짜고서 찌꺼기는 묻어 버리고 스승에게 먹이니까 딴 제자들이 말하기를 "너는 지옥밖에는 못 가겠다. 그렇게 살생을 많이 하고 어떻게 지옥을 안 가겠느냐." 하더랍니다. 그러니까 그 사람이 하는 소리가 "지옥을 가도 내가 가는데 네가 무슨 참섭이냐. 은사를 위해서 내가 지옥에 간다면 구더기로 태어나도 나는 하등 상관이 없다, 내 스승님만 살릴 수 있다면. 그러나 그것도 그거지만 모두가 둘이 아닌 까닭에 내 몸도 지렁이고 지렁이도 내 몸인데 지렁이를 만 개를 죽였으면 만 개가 한데 합쳐서 한 영이 될 때 바로 재생이 돼서 인간으로 환토를 할 거야. 그래도 내가 살생을 했느냐." 이러더라는 거야. 그러니까 꼼짝 못했대요. 그래서 은사는 은사대로 살리고요. 그 은사는 뭔지도 모르고 "얘야, 구수하다." 허허허…. 이 땅 끝에서 허리도 일으키지 못하던 사람이 "아이고, 그게 무슨 물인데 그러느냐." 그러기에 "저 산에서 자라는 뿌리입니다. 그걸 고았더니만 그렇습니다." 그랬대요. 그렇게 갖다 먹여서 건강하게 해 놓고선 그참, 보이지 않는 부처님한테 칭찬을 얼마나 받았는지 모른답니다. '선자야, 선녀야! 참 착하고 착하구나!' 이러면서 말이에요.

그러니까 융통성이 제일 첫째다 이거야, 융통성이. 곧이곧대로 하다가는, 때에 따라서 형제들이 많다면 이쪽 형제가 "으이그, 저 형님은 뭐 어쩌고 어쩌고…." 욕을 했을 때 고대로 갖다가 일러바치면 어떻게 되겠어요. 그러니까 그런 거는 이쪽에서 이런 말을 했으면 저쪽에 가서는 "아, 이렇게 이렇게 형님을 칭찬을 합디다." 얼른 쉽게 말해서 그렇게 얘기하고, 저쪽에서 그러면 이쪽에 와서 그러고, 이래야 이게 화목이 이루어지고 '야, 나는 그렇게 생각 안 했는데 재는 그렇게 생각했다니 내가 참 미안하고 그렇구나.' 하고, 이렇게 마음이 바뀌질 텐데 그대로다가 옮기면 그냥 살인 나죠. 의절을 하게 되고요. 그래서 거짓말을 해도 융통성 있게 남을 위해서 거짓말을 한다면 그건 거짓말이 아니니라 이거야. 지혜이니라. 지금 겅중겅중 뛰어서 무슨 말을 어떻게 하고 있는지도 몰라요. 하하하…. 그러니까 진짜 믿고요, 진짜 시도하세요, 그냥.

자기 생명의 근본이 있기 때문에 자기 몸뚱이가 나왔으니까 내가, 몸뚱이가 지금 리드가 된다는 얘기죠. 자기 영혼의 근본이 없으면 이 몸뚱이가 움죽거리지도 못해요. 송장이 되죠, 그냥. 어느 때 한번 가다 보니까 사람 죽은 걸 봤는데요, 산에서 굴러서 죽은 건지 뭔지 모르죠. 그랬는데 글쎄, 그 영령이 그걸 알면 착이 없이 훌훌 그냥 떠날 텐데 말이에요, 자기 집이라고 착을 갖고 거기 웅크리고 그냥 있는 거예요. 내 집이라고요. 산산조각이 났는데. 이게 사고가 나서 오래 되면 그 영이 빠져나가질 못하죠, 대신 누구를 갖다 놓질 못하면. 알면 아무것도 아닌데 모르니까요. 그래서 그렇게 말한 거기가 그냥 사고가 맨날 난다고 그렇게 어느 신도가 말하던데 그것만, 영만 저거 하면 아무 일 없는 거예요.

그래서 보이지 않는 중생도 보이는 중생도, 중생이라는 건 이 중세계에서 우리가 살고 있죠, 허리띠 매고. 그러니까 이 중세계에 사는 사람들, 보이지 않는 것이 50%라면 보이는 것도 50%거든요. 그래서 저는요, 보이는 여러분이나 보이지 않는 여러분이나 똑같이 생각합니다. 측은하고 불쌍하고…. 그래서 어떤 때는 '진리이기 때문에 영원히 끝 안 나고 영원히 이렇게 돌아갈 거다' 이럴 땐 씁쓰름하고 슬프고 그래요. 화성처럼 그렇게 끝났으면 좋겠는데. 화성에도 사람이 살던 데

인데 그렇게 됐거든요. 그래서 지금 생명이 또 살아나고 있지만 말이에요. 이 무심의 종자를 갖다 넣으면 또 종자에서 싹이 나거든요. 그건 이런 공부 한 사람들이나 그렇게 할 수 있는 거예요. 그 요량도 큰 지혜거든요. 이게 똑같이 주인공을, 이름을 알아도 요량이 문제예요. 우리가 반찬을 해도, 똑같은 음식 가지고도 맛있게 하는 사람 있고 맛이 없게 그냥 하는 사람 있죠, 간도 안 맞게 하고. 그러니까 그거나 마찬가지예요.

그런데 아, 자기 싹이 자기 뿌리를 믿으라는데 왜들 그렇게 그러는지 몰라요. 누구 딴 사람을 믿으래야 억울하다든가 난 믿지 못한다든가 이러지, 자기를 끌고 다니는 자기 영혼의 근본을 믿으라는데, 자기 주장자, 중심을 믿으라는데 어찌 안 믿어요? 그런데 부처님한테 가서 빌라면 그거는 뭐, 천지가 망해도 빌고 그러거든요. 아, 나 참! 그게 도깨비장난과 같다고 그런 거예요. 그래서 "너부터 알아라. 도깨비장난 하지 말고." 그랬던 거죠.

그래서 이 지금 화엄경을 내가 이렇게 편집을 좀 하려고 보니까요, 안으로 된 거를 전부 바깥으로 이렇게 표현이 돼 있어요. 천수경도 우리가 읽는 천수경은 안으로 구부려서 넣었죠. 그런데 바깥으로 빌게끔 해 놨단 말이지, 전부. 그러니까 우리 불교만 그러는 게 아니에요. 기독교도 그렇고 가톨릭교도 그렇고, 전부 이거는 그냥, 바깥으로 돌게 만들어 놨어요, 자긴 빼놓고. 이 껍데기가 껍데기한테 아무리 빌어보세요, 통신이 되나. 통신은 뿌리끼리만 통신이 되거든요.

그래서 예전에 서산 대사가 날아가는 새도 떨어뜨렸다 하는 말이 있죠. 왜냐하면 자기가 새가 된 거죠. 새가 됐기 때문에 자기가 내려오려고 그러는데 어째 안 내려와지겠습니까. 만일에 지금 비행기를 운전하고 가는 운전수가 예전의 서산 대사처럼 그렇게 서산 대사가 됐다면, 그 서산 대사가 '아휴, 땅으로 떨어져야겠다.' 그러면 땅으로 떨어지는 거죠. 그러니까 그것만 그런 게 아니라 모든 일체가 다 그래요,

보이지 않는 영령들이나 보이는 사람도 역시.

그렇기 때문에 부인은 남편한테 부드럽게 말하고 부드러운 행동을 하고, 남편한테로 그 탓을 하지 말고 원망하지 말고 또 남편도 부인에게 그러고, 그렇게 내 탓으로 생각하고 잘했든 못했든 내 탓으로 생각해라. 잘했으면 '감사하구나.' 하고 잘 안될 것 같으면 '되게 하는 것도 너 아니냐.' 하고 놓고, 분이 나걸랑 '왜 분이 나게 하니? 분이 안 나게 하는 것도 너 아니냐.' 이렇게 일거수일투족 다 닥치는 대로 여기다가, 그게 그놈이 하는 거니까 다 놓아야죠. 자기를 보게 하고 듣게 하고 말하게 하고, 가고 오게 하고 만나게 하는 게 전부 그놈이 하는 거지, 그놈 빼놓고 자기 껍데기가, 송장이 하는 게 아니거든. 그러니까 그렇게 하는 대로 고놈이 하는 줄 알고 믿어라 이거야. 믿고 해라 이거야. 믿지 않으면 통하지 않아요.

그래서 과거의 자기를 부(父)라고 했고, 조상이죠. 자기 조상이죠, 그러니까. 일테면 자기 조상이에요. 그래서 살아 있으면서 자기 조상을 알아라 이거죠. 그게 열반이다 이거야, 진짜. 지금 살아 있는 분들이 자기 조상을 모르고 있죠. 자기 조상 말이에요. 허허허…. 그러니까 자기 조상만 알면 자기 육을 낳아 준 조상도 알고 있다는 얘기죠. 알게 되죠. 이게 통하니까. 항상 같이 통하니까. 그러니까 여기 닿는 사람이 있으면 아주 좀, 모든 용도에 따라서 경험을 얻을 수가 있죠, 닿는다면. 그러면 그걸 좇아서 열심히 그걸 실험을 해 보고 통해 보는 거죠. 어떤 거든지 다 그렇게 하다 보면 뭐, 테레비 보면서도 하고 남하고 얘기하면서도 하고, 그냥 모든 게 그런 거죠. 그럭하다 보면 인정을 받는 거죠. 그래서 바다 가운데서 해인을 받는다고 그러죠. 자유권이죠.

나는 이렇게 얘기하다 봐도요, '팔자 운명이라는 게 다른 게 아니구나. 여러분의 성격과 그 마음먹기에 달린 건데 어떻게 하느냐에 따라서 팔자 운명이 정해지고 모습이 정해지고 차원이 정해지고 그러는구나.' 하고 생각합니다. 그렇다면 자기만 그런 게 아니라 허, 자기가 뿌려 놓은 것도 그렇고, 자기를 뿌린 것도 그렇고, 똑같은 거예요. 그러니까 한 사람이 공부를 그렇게 하면 위의 조상들도 그렇고, 밑으로 자식들도 거기 한 염주에 꿰어진다는 얘기죠.

그래서 부처님께서 이 몸뚱이는…. (녹음 안됨) … 주인공 자체는 선장으로 비유를 했어요. 그래서 "인생은 파도치는 바다를 건너감과 같으니라. 그런데 파도가 일고 비바람이 친다고 해서 바깥으로 그냥 아우성치면 그 배는 뒤집히고 만다. 그러나 한마음으로, 우리가 마음 공부 하는 대로 선장한테로 맡기고 다 가만히 조용히 앉아 있으면 가는 데까지 다 갈 수 있다, 배가 뒤집히지 않고." 그렇게 비유를 했어요. 인간 한 몸뚱이, 사는 몸뚱이를 봐요.

시간이 많이 갔죠? 집에들 가셔야죠.

신도(남) 아까 저희들이 큰스님께 일배를 드렸는데 딴 스님들께도 일배를 드릴까요?

큰스님 절을요?

신도(남) 여쭤 보고 싶어 가지고요.

큰스님 네, 이거 보세요. 예전에 부처님들이 쭉 앉으셨는데 신도들이 쭉 같이 절을 하니까, 똑같이 또 가서 하고 또 가서 하니까, 어떤 부처님이 앉아서 하는 소리가 "일 불이다 일 불이야. 만 불이 일 불이다." 그러면서 "법당에 들어가서 저, 신장한테 하고 또 돌아서서 절하고 돌아서서 경 읽고 돌아서서 사방에 대고 그렇게 한다면 너는 다 틀렸어. 차 한 잔도 주지 말고 내쫓아라." 했답니다. 그리고 그저 공손히 손을 합장을 하는 것이 전부 우주 삼천대천세계를 한데로 모으는 거거든, 이게. 그리고 또 작게 생각하면 내 마음을 한데 모으는 거고요. 내 마음도 한 마음이 아니죠, 의식들이 많기 때문에. 혼자의 한 마음이 아니고 한마음이죠. 컵의 물을 먹어도 혼자 먹는 게 아니라, 내가 먹는 게 아니라 '목마르니 다오.' 하면, 말없이 '다오.' 하면 줘야지 배겨요?

하하. 배고프니 밥 좀 달라 그러면 그냥 거기에 맞는 대로 비위를 맞춰서 먹여 줘야 되거든요. 하하.

그러니까 이 먹는 것도 혼자 먹는 게 없고, 보는 것도 혼자 보는 게 없고, 듣는 것도 혼자 듣는 게 없고…. 아, 냉철하게 생각해 보세요. 돈을 버는 것도 혼자 버는 게 없고, 사랑하는 것도 혼자 사랑할 수가 없고, 미워하는 것도 혼자 미워할 수 없고, 이게 전체가 한 개체가 다 그런 거예요. 그러니까 어떤 놈을 미워할 때 내가 미워한다고 하랴. 이럴 때에 미워한 사이가 없죠. 또 내가 한 사이도 없고 내가 말한 사이도 없죠. 그러니까 부처님께선 "나는 이날까지 한 마디도 하지 않았느니라." 하셨던 거죠. 그리고 우리가 지금 저 아래에서 이리로 올라올 때 걸음을 걸어왔다면 걸음 걸어온 게 있습니까? 짊어지고 여기 앉으셨습니까, 모두? 걸어오신 발자취를 짊어지고 계시냐고요. 하나도 없죠? 그런데 걸머지고 오지도 않으면서 그냥 걸어왔거든요. 그래서 그 의식으로…. (마치기를 청하는 시봉 스님에게) 왜 자꾸…. (대중 웃음) 이게 우리가 말뿐인 거 같지만, 말 이외에 또 있다고. (대중 웃음) 너, 말하는데 가서 툭툭 치면서 그래 봐라.

네가 그러는 게 아니고, 너 자체 아닌 네가 용납을 안 해. 예전에 어느 부처님께서 구름 말을 타고 이렇게 가시는데 자꾸 성가시게 하거든요. 그러니까 그냥 탁 쳐서 버린다는 게 무명을 그냥 꺾어 버렸어요, 다. 그것도 다 건진 거지만 말이에요. 그렇지만 만약에 둥글지 않았다면, 법이라면 그냥 가차 없이 그냥…. 그래요. 이게 그렇게 무서워요.

대중 가운데서 저희들 보기에는 시봉 스님께서 큰스님을 굉장히 지극하게 위하시는….

큰스님 위하는 것이…, 이게 갈 때가 되면요, 그냥 내가 벌떡 일어나요. (대중 웃음) 이 몸을 끌고요. 몸을 끌고 일어나요. 근데 그렇게 안 해도 되거든요. 아주 그, 밥을 하는데 생쌀을 그냥 남에게 줄 수는 없죠. 뜸을 들여서 먹게 돼야 줄 수 있죠. 그거나 마찬가지지. 뜸이 채 들지도 않아서 아, 이젠 맘대로 자기네들끼리 먹게 그냥 가자고 이런다면 “뜸이나 들여 놓고 가자.” 이렇게 하는 거나 마찬가지인데, 그게 그렇지 않거든.

대중 가운데서 스님, 저희들 지금 잘 먹고 설거지까지 다 했습니다. (대중 웃음)

큰스님 아니에요, 그게 말이 그렇지. 여기에 계시는 분들은 정말 최우수상을 줘도 아깝지 않은 마음이에요. 이제 그걸 어떻게 말로 다 배우리까. 그 말이 아닌 자기의 지혜로 체험을 하시고 진짜로 믿고 자꾸 굴려 보시는 것이 진짜 공부입니다. 그러면 나중에 가서는 어떠한 거든지 닥치는 대로 집어삼킬 수도 있지 않겠느냐.

아휴, 난 이 집이 망가지면 어떡하나 생각 중이에요. 아휴, 끝이 없는…. 뭐, 모습이 없다고 그래서 내가 없어지는 건 아니니까요. 수천 수만으로 돼서 어떻게 해야 되나 하고요. 쯧! 아이고, 만날 심부름을 잘해야 할 텐데….

정신계의 계발을 위해

전국 신도회 임원단 법회

1997년 7월 20일

항상 제가 이런 말씀 드리죠. 인간의 두뇌는 무한대라고, 무한이라고요. 내가 생각하고 연구해 내는, 생각하고 하는 것을 한 생각으로 하라는 거지 두 생각으로 하라는 게 아니거든요. 오늘은 녹음을 하지 않고 그냥 하려고 합니다. 우리의 한마음 집에서 이렇게 하지 않으면 안 될 거 같아서요.

내 가슴에서 벅차오르는 그 정신계의 뜻은 무한대로 벅차게 올라오는데 여러분의 작은 그릇에다가 퍼부어 놓기만 하면 뭘 합니까? 다 흘러져 버리죠. 그래서 부처님께서 "말 한마디를 하되 한데 떨어지지 않게 해라." 이런 말을 하셨죠. 그것은 '객쩍은 말을 해서 한데 떨어뜨리지 말라. 남이 먹지도 않는 음식을 하지 말라. 남이 맛있게 먹든지 또 배가 고파서 먹든지 먹게끔 하라.' 이런 뜻이죠.

그렇게 하려면 우리가 더불어 같이 힘을 써야 되지 않나. 즉 말하자면 같이 하나로 뭉쳐서 우리는 개혁을 해 나가야 하고 또 개발을 해 나가야 하고, 그러려면 물리가 터져야 하고, 이렇게 해 나가야 된다고 봅니다. 때에 따라서 답답하면 무꾸리하러 가고, 답답하면 딴 데도 가고 또 정히 답답하면 병원에 가고 이렇게 하는 분들이 많다고 봐야죠. 근데 이 공부라는 것은요, 예를 들어서 병원에 가는 것도 이건 병원에 가서 될 일이 있고 안 가도 될 일이 있거든요. 다 병원에 가라는 게 아니라 병원에 갈 거면 병원에 가야 하고 병원에 안 가도 될 거 같으면 병원에 안 가야 된다는 말입니다.

그건 왜냐하면 정신적인 해탈 속에서, 그러니까 나를 내가, 내 가족을 내가 지킨다는 것을 진짜로 믿어야 되겠죠. 그 믿는 것은 뭐냐. 하여튼 마음이, 그건 이 의식에서 나오는 마음이 아니고 총괄, 즉 기둥에서, 불기둥에서 나오는 그 에너지 배출이란 말입니다. 그렇기 때문에 모두가 그런 거를 한 번쯤 생각해야 되는 것은 뭐냐 하면 거기서 나오는 생각이라야 아들이고 부모고 다 이렇게 연결이 돼요. 그렇지 않으면, 연결이 되지 않는다면 문제는 그냥 물어보지도 않고 병원에 그냥 쭉 가려고 하는 마음, 그런 마음이기 때문에 병을 고칠 수가 없다 이런 문제도 있고요, 갈 때 가더라도 한 번쯤은 얘길 하고서, 자기의 힘이 모자라면 힘을 빌릴 수도 있죠. 그래 서로 얘기를 하고 가면 또 거기에서도 이 손 없는 손이 의사의 팀으로 들어가서 할 수 있는…, 그런 능력이 바로 정신계의 능력이거든요. 그런다면 모두가 좋을 텐데 그러지 못해요.

그리고 내가 지금 하려고 하는 말은, 우리 연구팀들이 계세요. 연구팀들이 계신데 여러분이 이날까지 살아오면서 체험을 하고 또 좋아지고 낫고 이러한 문제, 모든 거를 전체 하나도 빼놓지 말고, 연구 재료로 쓰게끔 다 자세히 적어서 지원 스님네들이나 본원 스님네들이나 스님네들한테 꼭 전달하도록 하는 거요. 그래서 우리가 증명하는 것은 무얼 증명하느냐? 정신과학이라는 거를 증명하기 위해서예요. 그리고 또 이차적으로는 그것을 보고 의욕이 생겨서 연구를 더 잘할는지도 모르고요. 그걸로 인해서 우리가 2년이 걸릴 거 1년밖에 안 걸릴 수 있는 문제도 있죠. 그러니까 그 재료들을 모두 부탁합니다. 그 재료가 있어야만이 우리 연구진들도 그렇고, 여러분이나 스님네들도 다 좋은 겁니다.

물질적으로 무엇을 꼭 만들어 놔야만이 과학이라고 그러는데 지금 모두 가르칠 것은 '정신계에서 자동적으로 그걸 할 수 있다' 하는 겁니다. 정신계에서만이 자동적으로 할 수 있는 능력이 있으니까 바로 그런 거를 봐서, 그런 거를 들어서 '내가 이만한 걸 할 수 있다' 하는 의욕이 생기고 패기가 생기는 겁니다. 그래 가지고 거기에서 나가면, 이 지금 전 세계가 정신계에 그렇게 발판을 세운다면 그렇게 고통스럽게 살 필요가 없죠. 그런다면 사기성이나 강도성이나 또는 폭력성이나 폭행성이나 이러한 문제들이 점차적으로 줄어들지 않나 하는 생각입니다.

우리가 이런 말을 안 할 수가 없는 게 요즈음 아주 더한층 그런 일들이 생기고, 이거는 세계적으로 겁나는 일들이 벌어지고 있습니다. 그러니까 우리가 한 철 사는 동안에라도 내 자식이고 남의 자식이고 둘이 아닌 까닭에 모두가 그렇습니다. 자식이 그렇게 되면 부모도 역시 똑같이 침해를 받습니다. 그러니까 여러분이 서로가 합동을 해서 이것을 우리가…. 어떤 분은 아까도 얘기한 것처럼 꿈에 나타나서, 영 고치지 못하던 병인데 거기를 손만, 물체는 보이지 않고 손 하나가 와서 거기를 딱 만지고 난 뒤에는 그 자궁이 다 나았더라 이런 일이 있었습니다. 그러니까 손은 이 허공에 꽉 차 있죠. 없으려면 아주 없고 꽉 차려면 차 있는 것도 우리네 마음먹기에 달린 거죠. 그러니까 마음으로 얼마든지 전쟁도 점차적으로 막아 들어갈 수 있는 그런 마음의 원력입니다. 그러니 아까 청소년이나 학생에 대해 말한 것도 바로 그런 뜻입니다. 헛된 게 하나도 없어요. 그러니까 헛된 게 하나도 없고 우리 마음먹는 대로라는 거를 알리기 위해서, 모두 이 정신계의 공부를 하게끔 하기 위해서 방편으로 여러분이 꼭 그것을 체험한 대로, 그대로 적어오시면 되겠

습니다. 어떻습니까? 언짢습니까? 하하하…. (대중 웃음)

"그렇게 해서 안 되는데요." 하는 사람이 있으면 말씀하세요. 그리고 사람이라는 건 꼭 자기가 했으면 책임을 질 줄 알아야 합니다. 말을 했으면 책임을 지고 법을 행했으면 바로 진실이 현실로 나타나야 되는 거 아니겠습니까? 그러니까 우리가 현실로 나타나는 그 자체는, 한번 이렇게 보였다가 한번 보이지 않는 세계로 들어가서 보이는 세계로 다시 나오는 거죠, 그 뜻이. 그렇기 때문에 요 가운데 과정을 여러분이 몰라서 그렇지, 다 그렇게 한다는 사실을 아셔야 합니다.

그래서 부처님께서는 보살들의 이름을 각각 해서 그렇게, 이거는 어느 용도에 쓰는 보살, 이건 어느 용도에 쓰는 보살, 용도대로 다르게 이름을 붙여 놨죠. 여러분께서도 그런 용도의 이름을 쓸 수 있는 자격이 있는 겁니다. 인간이 아니더라도 사람의 마음을 너무나 잘 꿰뚫어 알고 사는 짐승들도 여간 많지 않죠. 다 알아서, 자기를 해하지 않을 사람은 그것도 해하지 않고 자기를 해하려고 마음을 먹는 사람은 해코지하죠. 그것이 증명되는데도 불구하고 우리는 보이는 물질만 과학이라고 이렇게 말하죠. 그러니까 "우리는 심성과학으로 들어갑시다." 이런 소리죠.

여러분께서 한 철 공부를 하면서…, 생각해 본다면 이 한 철 공부가요, 세세생생에 끝없이 돌아가는 자기의 원력에 대응할 수 있는 그런 여건이 됩니다. 우리 육신이 잠시 잠깐 보이지 않았을 뿐이지, 그 종자는 항상 차원에 따라서 배 종자라면 배로 나올 것이고 오이 종자라면 오이로 나갈 것이고, 권세가 뚜렷하고 공한 도리에서 물리가 터진 차원이라면 그대로 또 나올 것이고, 여러 가지가지로 나와서 한 세계를 살리고 우주를 살리고 또는 만물을 살리고 이렇게 하죠. 그러니까 우리가 그러한 사람이 됐으면 하는 그런 바람이죠.

그러니까 여러분이 조그마한 거든지 큰 거든지 그 느낌을, 알았다는 느낌을 부처님께서도 말씀하셨는데 "둘이 아니게 아는 사람은 그대로 이미 성불한 것이다." 이런 말을 하셨어요. 이런 모습을 보면 만날 '이게 아니다' 이렇게 생각하죠. 나를 해코지하는 사람, 사람뿐만 아닙니다. 짐승들도 모든 게, 예를 들어서 내가 닭 한 마리를 잡아먹는다 그럴 때 둘이 아니게 생각하면 그 살도 내 살이요, 그 마음도 내 마음이요, 그 생명도 내 생명이니 닭은 닭대로 인간으로 천도가 되고, 그 마음은 한마음이 돼서 자기를 해코지할 수가 없다. 왜? 인과응보가 안 되니까, 둘이 아닌 까닭에. 생각이라는 게 그렇게 중요해요.

그래서 옛날에도 까마귀 떼가 부둣가의 뱃사공 있는 데로 몰려들어서 사람의 눈을 다 빼 먹고 그러는데요, 어느 한 뱃사공이 그랬대요. "너희들도 참 영리하구나. 그런데 나와 너와 둘이 아닌데, 사람과 둘이 아닌데 어찌 사람을 해코지하는가?" 하고선 시름없이 쓰러졌는데, 모두 그렇게 쓰러졌는데도 그 사람한테는 전체가 아니 오더랍니다. 아니 오더랍니다. 그래서 그 사람 하나가 살아서 그 얘기를 했다고 합니다. 그런 소리를 언젠가 들은 거 같습니다. 그러니 얼마나 영리합니까? 마음과 마음이 통하는 거거든요. 우리는 말을 해서 통하고 살지만, 모든 일체 만물들은 전부 마음과 마음으로 통합니다. 그렇게 마음과 마음이 통하는 걸 알고 있단 말입니다. 이 감각으로만이 아니라 촉각으로나 시각으로나 이러한 점들이 아주 영리하게 다 잘돼 있어서 그렇게 사람하고도 통하고 자기 동료들하고도 통하고 그러는 걸 생각할 때 우리가 인과응보라는 것을 어찌 생각 안 하겠습니까?

이 마음공부 하는 사람들은 둘로 보지 않는 까닭에 인과응보가 없다고 하는 겁니다. 그리고 이 공부하는 분들은 유전성도 없고요, 업보성이라는 것도 없을 거고, 영계성이라는 것도 없단 얘깁니다. 아까도 말했지만 영과 영이, 타의에서 들어왔든 자의에서 일어났든 유전으로 일어났든 둘로 보지 않는다면 그것은 대치가 됩니다. 그러니까 어떤 사람이라도 그런 사람이 있으면 의식 속에서 나오는 마음에 속지 말고 "거기서 나오는 거라면 다 네 주인공 불기둥에다 놔라. 거기다 맡겨라." 이런 말이죠.

그러니까 여러분이 회장님들이나 부회장님들이나 총무님이나 신도들을 이 개개 지원에 다, 한 분도 빠지지 말고 오시라고 그래서 그것들을 다 적어서 이럭해서 지원 스님네한테 드리도록 하세요. 그러면 그것을 가지고 연구팀도 그렇고 앞으로 이 정신계의 계발을 하고 정신계의 계발을 시키고 하는 데에 도움이 될 것 같습니다. 그러니까 그렇게 모두 신경 쓰셔서 지원마다 그렇게 하시고 본원에도 그렇게 하셔야 되고요. 회장님들이 서둘러야 그렇게 될 겁니다. 스님하고 같이 말입니다.

그리고 또 한 가지 이런 게 있습니다. 내 애로를 여러분한테 얘기하고 싶습니다. 지금 신문사의 모든 일들을 이 한마음선원에서 하고 있는 것입니다. 내가 회장으로 돼 있고, 또 이사들이 전부 스님네들로 돼 있고, 전자에는 명예 회장이라고 돼 있었지만 지금은 그렇지 않습니다. 회장으로 돼 있습니다. 그리고 거기에 적자가 나는 것은 모두 우리가 한마음이 되질 않았기 때문입니다. 우리 스님들은 특히 더, 한마음선원 스님들은 조금도, 한 푼도 한데 쓰고 가는 스님네들이 없습니다. 난 믿죠. 왜? 자기 양심이, 부처님이 아는 거니까요. 모든 거를 봐도 너무나 기특하고 너무나 사람으로서의 됨됨이를 가지고 그대로 길을 걷기 때문에 나도 정말 상당히 좋게 생각을 하고 또 이것이 바로 부처님 법인가 보다 합니다. (녹음 안됨)

그러니까 딴 데 회사들도 모두 적자들이 많지만 우리는 적자가 나지는 않아야 되지 않겠느냐. 거기서 빼서 거기서 해야 되는데 적자가 나니까 내가 다 부담을 해야 하거든요. 그래서 가만히 생각을 하니까 우리 신도님들이 한 부씩만, 한 부씩 받는 분은 그냥 하시고 신청 안 하신 분은 한 부씩 해서, 우리가 공부하면서 이거 몇 푼 되지 않는 거니까 한 달에 뭐, 4천 원씩이라나? 4천 원씩이면 한 집안에 아무리 저거 해도 한 부씩은 쓸 수 있지 않으냐. 그래서 얘긴데 그렇게 해 주신다면 여러분한테 더 이익이 갈 수 있는 혜택이 있습니다. 부처님께서는 거저먹는 게 하나도 없죠. 여러분이 어디다가 했든 남을 거저 준 게 하나도 없어요, 또. 그러니까 하여튼 거기에 대해서는 있다가 저 사장님한테 들으시고요.

전국에서 우리 신도님들만 확고부동하게 한 분도 빠지지 않고 해 주신다면, 그리고 앞서 이렇게 받아 보던 분들도 고만두고 안 보고 이러는 분들도 많답니다. 한도량에서 한마음으로 지켜 가면서 공부하는 우리 도량의 친구들입니다. 한 친구가 죽는다면 여러 친구들이 그거 봐 주셔야 되지 않겠습니까? 하하하…. 그리고 또 지금 우리 사찰에 회비가 있습니다. 회비가 얼마라고 그랬죠?

사무장 칠천 원입니다.

큰스님 칠천 원씩. 신문값이나 칠천 원 회비나 그것은 우리가 할 수 있다고 생각합니다. 그런데 삼분의 일밖에는 그 회비를 내는 분들이 없다 합니다. 그러니 우리가 딴 절처럼 "기도를 드려라. 정성을 들여라." 이런 말을 안 하는 대신…, 그런 말을 하면서 이 마음공부를 시킬 수는 없습니다, 절대로. 그게 아니기 때문에. 그러니까 여러분 스스로 '이 스님네들도 운영하는 데에 좀 필요하지 않겠나.' 하는 생각으로써 회비 칠천 원씩을 한 분도 빠지지 않고 내 주신다면 우리가 서로 공부하는 도반으로서, 한마음으로서의 긍지를 가졌다고 봅니다.

여러분이 또 말씀하실 거 있으면 하세요, 지금. 이게 나쁘다든가 이게 좋다든가, 이럭하면 좋지 않겠느냐 하고 말입니다. 제가 말씀드린 거 이외에 또 잘할 수 있는 거 뭐 없겠습니까? 하여튼 정신을, 우리가 무슨 일을 하는데, 아무렇게나 그냥 생각하고 하면 그거 아무렇게나 됩니다. 정신을 똑바로 갖고 작은 거든지 큰 거든지 회향을 잘해야 됩니다. 우리는 우습게 생각하고 살아서는 안 됩니다. 하나하나 우리가 사는 거 우습게 보고 상대방을 볼 때도 우습게 봐서는 안 됩니다. 여러분이 전부 우리 스님네들의 스승이니까요. 여러분이 아니라면 내가 없고, 내가 없어도 여러분이 없는 겁니다. 여러분이 있기 때문에 내가 있고 내가 있기 땜에 여러분이 있는 것이니까. 얼른 쉽게 말하면 공한 진리가 어디고 두루 꽉 찼다고 하고 또 스승 아님이 없다고 하는 원리가 여기에 있습니다. 그러니만큼 여러분이 어떠한 문제를 가져온다 하더라도 상을 찌푸려서도 아니 되고, 마음으로 싫어해서도 아니 되고 항상 내 아픔같이 받아들일 수 있는 그러한 스님네들이 돼야 하고 그러한 회장님들이 돼야 되겠죠.

그러니까 그 마음이 말입니다, 옛날에 그런 얘기 했는지 모르겠습니다마는, 뱀한테 물렸는데 말입니다, 나중에 얼마 안 있으니까 이렇게 붓고 그러는데 그 뱀이 뭐를 전부 뜯어다가 갖다 놓고 가요. 그래서 그거를 돌에다 놓고 돌로다가 짓찧어서 붙였더니 금방 낫습디다. 그 원인이 어디서 생겼나 하고 생각하니까, 미처 그 뱀이 그 마음을 읽어 보지 못했던 모양입니다. 그러니까 뱀뿐이 아니라 모든 짐승들도 우리가 마음먹는 대로 읽고 알아요.

처음에 그것을 어디에서 읽었느냐 하면 내가 가재 얘기를 가끔 했죠. 도랑을 이렇게 가는데 가재가 앞에 나서서 앞발 두 발을 다 들고선, 하하하…, 쏘아보는 거예요. 밟힐까 봐 두려워도 했지만 몸뚱이는 작아도 마음은 그래도 자기가 살 방어를 하느라고 그게 두 손을 반짝 든 거죠. 그래서 그땐 너무 웃었어요. 우스워서 "아이유, 그 꼴에 살려고 방어를 하는 거 보니까 참 기특하다. 너의 생명이나, 네 방어하는 그 마음이나 내 마음이나 뭐가 다르겠니? 그러니까 사람 다니는 데로 이렇게 나오지 말고 저 도랑으로 들어가." 그렇게 했는데 그게 도랑으로 그냥 가요. 들어가서 물로 들어가는 거예요. 그러니 못 알아듣는다고 말할 수 있겠습니까? 우리가 무시하고 보니까 그런 걸 발견해 내지 못하지만 유심히 볼 수 있다면 그런 것도 많이 발견할 수가 있습니다. 그래서 거기에서 '아! 저 가재까지도 내 스승이로구나.' 하하, 그래서 모두 스승인 줄 알았습니다. 스승 아니 되는 게 없어요, 산에서나 들에서나 물에서나.

그럼 여러분한테 부탁한 말 꼭 들어주시는 거죠?

대중 예.

큰스님 회비, 신문사, 하하! (대중 웃음) 그거를요, 보실 분들은 이름을 적어서, 주소 적고 그렇게 해서 지원장 스님한테 주십시오. 스님들도 다 이사들이니까요. 또 나는 덧붙이기로 회장이니까 그 뭐, 여러분이 안 주시면 집어치울 수밖에 없죠, 뭐. 하하하….

그러니까 아, 꼭 신도들만 봐서 되는 게 아니고 신도들 아니더라도 좀 권해서 그렇게 하도록 하시는 게 좋을 것 같습니다. 그건 왜냐하면 한마디를 배워서 이익이 된다면 얼마나 좋은 일입니까? 사천 원을 가지고 볼 때에 네 번 들어가나 이러는데, 네 번 중에 그 정성으로 인해서 거기에서 물리가, 한 줄을 보고도 물리가 터진다면 그 이익은 말도 할 수도 없죠. 그러니 한 집에 하는 거, 한 집 식구가 살고 가야지 어떡합니까. 그리고 꼭 지금 연구진들의 교재가 될 수 있고 또 연구진들이 연구하는 데에 좀 좋게 하고 또 여러분한테도 앞으로 그런 게 잘되면 좋을 거 아닙니까?

그리고 또 한 가지 말할 거는 세계적으로 이 정신계는 아주 무시해 버리고 말았거든요. 그런데 이 정신계를, 여러분의 팀들이 그렇게, 즉 말하자면 체험을 하시고 그런 거를 다 책으로 내서, 만약에 영어로 다 번역을 해서 미국으로나 이런 데로 다 보게 하면 그 사람네들이 그걸 보고 의욕이 나서 정신계를 공부하려고 할 겁니다. 우린 너무나 무지하게 지금 살고 있어요. 우리가 그렇게 하지 않는다면 이 지구도 보장 못합니다. 나는 그렇거든요. 여러분이 촛불을 켜고 앞장서야지, 아니, 촛불이 아니라 아주 큰 자동적인 전등을 들고 가야 되지 않나. 왜, 밤에도 밝히는 거 있죠, 군대에서? 그런 걸 들고선 앞장서야죠. 여러분은 '아유, 우리가 그렇게 할 수 있나.' 그러겠지만 여러분의 차원이라도 지금 얼마든지 좋은 일을 하고 가십니다. 하다못해 지나가다 말 한

마디를 해도 좋은 일이 되니까. 그거 자기도 모르는 반면에 바로 좋은 일이 되는 이치가 많습니다, 아주. 그럼 부탁드리고 사장님이 또 그런 얘기를 하실 겁니다.

정말 죄송합니다마는 죄송치 않습니다. 허허, (대중 웃음) 우리가 한 식구이기 때문에. 감사합니다. 그러니 지원마다요, 신도들을 다 지원에 모아 놓고 그런 거를 결단성 있게 좀 조치를 취해 주십시오. 같이 하는 거니까. 네, 감사합니다.

그럼 몸은 가시더라도 항상 한마음입니다. 그래서 전화만 해도 "알았어." 하지 않습니까? 한마음입니다. 감사합니다.

함이 없는 실천

본원 신도회 임원단 법회

1999년 8월 15일

오늘 뭐, 별로 할 말도 없는데 시원한 데 앉아 계시라고…. 허허허. 항상 대기(對機)로 이렇게 하다 보니까 진실하게 여러분의 속에 있는 거를 얘길 못해 드리고 그래서 이렇게 토론 비슷하게 해 봤으면 하는 생각이 항상 들어가요. 얼른 쉽게 말해서 몇 사람들이 질문을 하게 되면 모든 사람들이 다 같이 하는 게 되니 앞으로는 좀 그렇게 하면 어떨까 하고…. 그것도 저기 가 보니까 질문을 해서 토론하는 것이 제일 빨리 수긍이 되고 빨리 저거 된다고 그렇게 얘기를 하더군요. 아마 그래서 예전에도 그런 문제들을 가지고 했나 보다 하는 생각을 합니다.

우리가 지금 사람 차원에 따라서 길을 걸어가는데 어디만치 갔고 어디만치 갔다는 것이 그 질문에서 나오는 거거든요. 그래서 자기가 모두 아는 거라도 이렇게 남들을 위해서, 이 위 몇 사람들이 그렇게 했으면 어떤가 하고요. 나도 질문입니다, 이게. 물론 이 공부를 처음에 할 때는 말을 하지 않고 묵묵히 가야 되지만 좀 어느만치 자리가 잡힌 사람들은 그거 해도 함이 없거든요. 해도 함이 없기 때문에 상관이 없는 거죠. 참 묘한 거죠, 모두가.

어떻게 하면 더 이익이 있고 어떻게 하면 여러분에게도 짐이 안 지워지고 더 좋을까 하는 생각이죠. 이렇게 하던 사람만 꼭 하란 법도 없고요. 그런데 그 질문을 어떤 차원에서 하느냐에 따라서 더 빨리 신도들을 진행시킬 수가 있고, 서로 협조하고 서로 신경을 좀 써야 모든 사람들을 하나도 빼놓지 않고 다 이끌어 갈 수가 있지 않겠느냐는 얘깁니다. 여기 절에 다니고 안 다니고를 떠나서 말입니다.

로마에 가서 이렇게 거닐다 보니까 조그만 애들서부터 그냥 몰려 다니면서 그룹 그룹 지어 가지고선 소매치기, 그냥 빼는 거 그런 것들을 해요. 그런 것들도 그러는가 하면 여러 가지로 볼 때 사람들의 성격이요, 아주 한국 사람 성격 같지가 않아요. 그러니까 천주교 교황이 왕권한을 아직까지도 가지고 있다는 문제로 인해서 지금 그 속에서 마피아 정권이 돌아가는 그런 이치가 있기 때문에, 종교다, 천주교다 이러면 그래도 자비가 있어야 되는데 자비가 아니고 그냥 어떠한 법이라는 얘기죠. 얼른 쉽게 말해서, 이게 나쁘고 이게 좋다 그러면 나쁜 건 쳐서 없애기도 하지마는 좋은 거는 주장하는 거죠. 주장하는 반대의 문제들은 난폭해지고, 아니 딴 사람은 모르지만 제가 볼 땐 그랬어요, 마음에. 그런 생각이 들어요. 그래도 우리 한국 사람이 사람으로 진화된 지가 오래돼서 그래도 많이 괜찮다고 본다고요. 한국 사람이 잔잔하잖아요. 침착하기도 하고 잔잔하기도 하고.

그래서 우리가 공생으로 가면서 공용으로 해서 공식으로 뭐든지 걸림 없이 할 수 있는 그것만 배우면 그건 뭐, 누가 '하라, 말라' 할 게 없이 그대로 저절로 되는 게 아닌가 이렇게 보죠. 많은 책에 많은 말씀들을 써 놨겠지만 그 많은 말씀들이 다 필요 없는 거거든요. 방법에 따라 이름이 있고 이름에 따라서 방법이 있는데, 이름이나 하는 방법 이런 거를 다 치울 수 있고 함이 없이 그냥 여여하게 살 수 있는 그 도리까지 갈 수 있나 하는 것을 지금…. 그렇게 될 때는 내가 말할 수 없는 것까지, 천지가 막 뒤집히고 가루가 되고 우주가 가루가 되고 이렇게 해서 다 없는 그런 때까지 이르러서…, 허허. 그러니 그 뜻을 스스로 이렇게 알게 되는 원인이 있다는 얘기죠.

여러분이 예전부터 해 오신 거를 생각할 때, '사람이 예전에는 그래도 많이 났는데 지금은 사람이 안 나나?' 하고 생각을 해 보니까 예전에 하던 말씀들을 자꾸 되풀이해서 다 가르쳐 준단 말입니다. 다 가르쳐 주니까 그걸로써 그냥 다 하고 가요. 말로 그냥 떨어지게 되는 거죠, 그냥. 진짜 실천에 옮겨지지 않고. 진짜로 믿어서, 둘이 아니게 믿어서 이게 일어나는 건데…. 우리가 죽을 때, 여러 가지 복잡한 일을 놔두고 못 죽는다, 난 죽지 못한다 할 때에도 그런 거를 떠나서 그냥 무엇이든 다 버려야 되는 이런 이치에 도달할 때, 그때 어떻게 생각이 되느냐는 얘기죠. 뭐, 하던 것도 다 끊어야 하고, 그냥 뭐, 저절로 끊어지는 거죠, 어떡합니까. 그런 때를 한번 생각해 보시란 얘깁니다.

그런데 그 도리를 알면 그대로, 지금 현재 돌아가는 이 세상이 그대로 여여하게 걸림이 없다는 얘기죠. '지금 이 세상이 정신계로부터 물질계로 이럭해서 돌아가는 거기 때문에, 정신계와 물질계가 둘 아니게 그냥, 그냥 둘이 아니기 때문에 여여하게 돌아가는구나.' 하는 거를 알게 되고, 그런다면 그대로 편리하게 살 수 있고, 문 아닌 문이 열릴 때까지 편안하게 될 수 있고, 또 문 아닌 문을 그냥 스스로 자기가 나가고 싶으면 그냥 열고 나가게끔 될 수 있는 그런 이치가 된다는 얘기죠.

본래 할 때는 말이 없는 게 진짜거든요. 근데 말을 해야만 하거든요. 근데 지금 웬만한 분들은 그래도 말을 안 해도 그 뜻은 알고 계시거든요. 그렇기 때문에, 알고 계시기 때문에 말없이 그냥 행할 수 있고 뜻이 이루어질 수 있는 그 방향을 알아서 길 없는 길을 걸어라 이거죠. 그래서 화엄경이나 다른 경에도 "법문" 이렇게 말을 하지만 법문 아닌 법문이지 "법문" 하면 벌써 그거는 법문이 아니죠.

이게 말하기 전에 있던 그 마음 속에 바로 실천으로 옮겨질 수 있는 길을 걷는 건데 말을 하고 나서 또 움죽거리고 이렇게 하거든요. 근데 생각을 했으면 생각을 한 대로 그냥그냥 하는 거죠, 뭐. 하는 건데 그게 함이 없이 하는 것이다. 즉 말하자면 자기는 모습이 보일 뿐이지 한 것이 없다. 한 것은 바로 영상으로 자기 자신 아닌 자기가 하는 것이다.

지금 여기서 볼 때 그런 분이 더러 많이 계세요. 그런데 꼭 무슨 그렇다 이렇다 없이 그렇게들 하고 계시거든요. 그래 마음이 아주 참, 비록 없고 가난하고 이걸 떠나서 편리하고 좋은데, 그래도 그냥 허덕허덕하고 따라오는 사람을 위해서 어떡하면 좀 쉽게 할 수 있을까 하는 것도 생각해 봤고요, 또 제가 생각해서 말씀해 드리는 거하고 본인들이 생각하는 거하고 항상 다른 점이 많거든요. 그러니까 본인들의 생각으로써 질문을 하면 토론이 되지 않겠느냐는 얘기죠. 만날 대기설(說)을 하는 거보다 말입니다.

그래서 그 고비를 탁 넘어서면 그냥 우리가 안 하는 거 없이 하고 살아도 함이 없이 하게 되는 것이다라는 얘기죠. 그렇다고 뭘 하나 빼고 끼고 이러라는 게 아니에요. 첫째는 이 공부 할 때 둘로 보지 않는다. 둘로 생각하지 않는다. 둘로 행동하지 않는다. 이거면 다 그냥, 이 다섯 가지의 공식으로 넘어갑니다. 날아가는 새도 그렇고 벌레도 그렇고 다 알아들어요.

어느 병원 식당에서 무슨 벌레가 많이 나오니까 하루는 약을 죄 뿌리라고 그러더래요. 그래서 여기 다니다가 간 사람이 뭐라 그랬느냐 하면 그냥 썼대요. "여기는 너희들이 놀 데가 아니다. 내일이면 단박에 약을 뿌려서 너희들 종자가 다 없어진다. 그러니까 너희들이 살려면 너희들 살 곳으로 가. 내가 말하는 거, 이거 써 붙이는 거는 하루의 기간이야, 24시간. 그러니까 이건 명령이라 어떻게 할 수가 없어." 내일은 꼭 사다가 뿌릴 거니까 오늘 밤에 생각해라 이거지. 딱 그냥 다 써 붙였단 말이야. 그런데 그 이튿날서부터 싹 없는 거지. 그러니까 딴 데는 약 뿌리고 온통 그래도 되나오는데 여기 이렇게 써 붙인 사람한테는 그냥 하나도 안 나오더라는 거죠.

그러니까 진짜 그렇게 그냥, 아주 절대적으로 그렇게…. 믿는다는 말은 믿는 게 아니죠. 왜? 그런 게 있죠. "나도 믿어." 이거하고 그냥 말없이 실천할 수 있는 그 마음 말이에요. 그러니까 그 벌레들도 뭐, 바퀴벌렌가 그것들도 고맙게 생각할 거란 말이에요. 그것이 생명만 유지하려고 나온 게 또 아니거든요. 그걸로 인해서 딴 놈이 또 살 수 있으니까요. 그래서 그 사람의 이름을 부르면서 "저 사람은 바퀴벌레도 말을 듣고 그 글씨를 본대." 하하하…, 이렇게 해 가지곤 상장까지 탔다고 그러더군요. 또 돈도 얼마 탔다 그러면서 조금 주데요. 그게 조금이든 많이든 얼마나 기쁜 일입니까. 그 사람은 한번 그렇게 경험하는 반면에 앞으로 살아나가는 데 얼마나 도움이 될까 하는 생각이 들더군요. 일체 만물은 다 둘 아니게 알 수가 있구나. 그 깊은 믿음에 의해서는…. (녹음 안됨) 이 부처님 법에서는 '말을 하고도 함이 없이 할 때까지 말을 하지 말라' 이런 게 바로 '영상의 길에 이를 때까지는 절대 말하지 말라' 이게 그렇게 돼 있거든요. 근데 진짜 이렇게 말해도 함이 없다 하는 것을 알게 되면 되죠.

하여튼 바쁘실 텐데, 오늘 또 이렇게 왔다 갔다 하시느라고 힘드시기 때문에 빨리 오셨다가 빨리 가시라고…. 오늘 광복절이라죠?

사무장 예. 오늘 지금 조계사에서 남북한 동시 법회를 한 시 반부터, 조계사 스님들이 이북에 있는 스님들하고 만나 가지고 합의를 했대요. 경축사를 동시에 똑같이 북쪽에서도 같은 시간에, 한 시 반에 하기로 하고, 그래서 신도들도 많이 오고 스님들도 많이 오라 했는데 저희들은 참석을 못했습니다.

큰스님 사람이 무조건 사랑하고 무조건 줄 수 있다면 되는 거죠. 그게 되기가 쉽겠습니까, 그 마음들이. 더군다나 칠석, 백종 그거를 떠나서 우리가 마음으로 진실하게 하는 날이니 오늘 했던 거죠. 그냥 더데기가 앉은 걸 이렇게 들춰만 놓고 그만두고 그만두고 그러죠, 저는 항상. 하하하….

사무장 스님! 그전에는 스님 법문 시간에 질문들을 많이 받아 가지고 했는데 처음엔 좋은 질문도 하고 그러더니 나중에 가서는 전부 자기 신상에 관한, 병을 낫게 해 달라는 그런 청이 많아서 참 그게 하기가 어려웠습니다.

큰스님 우리가 신상의 병을 낫게 하는 것도 급하죠. 또 사는 것도 급하고요. 그런데 급하면 자기가 그렇게 믿어서 하는 것이 그게 실행이거든. 그런데 11시서부터 한 시간씩 이렇게 문을 열어 놨지 않습니까. 그럼 그때 와서 그런 얘기는 하고, 이제 자기네들이 할 생각을 하고서 그렇게 이루어진다면 '내가 모자라서 그랬겠구나. 내가 한번 또 해 봐야 되겠구나.' 하고 또 하기도 하고, 이렇게 해 나가면 되겠죠.

사무장 스님 말씀대로 신상에 관한 거는 친견 시간에 별도 친견하도록 권하고 있습니다. 오늘도 그런 분이 한 분 계셨는데 질문하겠다고 해서 물어보니까 신상에 관한 급한 사항이라 그래서 스님한테 말씀드리든가 친견하든가 그렇게 했으면 좋겠다고 했습니다.

큰스님 근데 이런 게 있어요. 신상에 관한 그런 거를 거기서 말을 한다고 해도 이렇게 짝 들어가 맞는 그런 문제가 있고 짝 들어가 맞지 않는 문제가 있어요. 그건 왜냐하면 아무리 빼 주려야 빼 줄 수 없는 지경에 있는 사람, 그런 사람은 그 문을 한 번 두들겨서 되는 게 아니라 세 번, 네 번 두들겨야 된다는 뜻도 있듯이 그렇게 한 번에, 단숨에 문이 열리겠느냐. 그럴 거 같으면 죄가 있다고 누가 말을 하겠느냐는 거죠.

그러니까 그런 문제들은 와서 얘기를 하게 되면 인제 어떻게 어떻게, 즉 말하자면 부모를 위해 한 번도 저거하지 않았다…. 어떤 사람은 부모에게 한 번도 하질 않았는데 어느 날 꿈에 그러더랍니다. 교회를 다니는데 아버지 어머니가 오셔서 "나 십만 원씩만 다오." 이러더라는 거죠. 그런데 십만 원을 못 드리고 깼다는 겁니다. 그래서 여기 와서 십만 원씩 봉투에 넣어서 저 함에다 넣고 갔대요. 그래서 "진짜 받았겠구나." 내가 그랬어요. 허허허. "진짜 받았겠구나." 정말이에요.

이게 '말을 하면 안 된다' 이런 게 있기 때문에 또 그럴 수도 있거든요. 그러니까 꼭 말을 하면 안 된다 하더라도 그 사람이 말한 그 자체를 생각하는 거지. 그 사람의 차원은 알고 있거든요. 그러니까 함이 없는 걸로 그냥, 함이 없이 그냥 남들을 위해서 하라 이거지.

임원1(남) 큰스님께서 이 기회에 신도들이 단합하게 하고 승속 간에도 서로 좋은 발전이 있도록 독려의 말씀을 한번 해 주십시오.

큰스님 좋은 말이야 뭐, 내가 이날까지 말해 왔고 또 여러분이 그 말 자체는 다 아시는 거지만, 우리가 지금 함이 없이 하는 실천이 문제예요. 말도 문제가 아니고 지금 하고 사는 것도 문제가 아니란 얘기죠, 내가 말하는 건.

나가서 이렇게 듣고 보고, 직접 이렇게 다니면서 보고, 신발 큰 거를 질질 끌면서 걸어다니면서 보기도 하고 그랬어요, 며칠을 돌아다니면서. 그랬는데 '참, 사람 사는 것이 이런 데도 있구나. 이런 데도 있기 때문에 부처가 필요하구나. 부처라는 이름이 필요하구나.' 하는 거를 느꼈어요. 죽는다는 것 때문에 안 죽으려고 우리가 공부하는 것도 아닌데 그렇다. 근데 그걸 알면 그대로 삭아지는 것도 아니고 그대로 자기가 그냥 공용으로 할 수가 있는, 살 수가 있는 문제거든. 우리가 아들이 됐다가 남편이 됐다 이렇게 바꿔서 쓰듯이 그 모습이 달라지면서 모두 쓸 수 있는 그런 문제들이 있는 거라고. 살아생전에도 있지만 그걸 알면 그대로 훌훌 털고 여길 벗어나는 거지.

뭐, 그렇게 어렵게들 생각하지 마세요. 그냥 마음 편안하게요, 앞에 뭐가 닥쳐도 겁내지 말고요, 내가 앞에서 그냥 죽게 된다 하더라도 겁내지 마시고요. 겁내지 말고 그냥 버리세요, 나를. 나를 그냥 동댕이쳐서, 동댕이치지 않아도 버리기만 하면 되죠. 버리기만 하면, 허허허….

사무장 법당이 준공법회도 하기 전에 자리가 모자랍니다. 꽉 찼어요. 그전에는 큰 집만 지으면 사람 들어오는 데 복잡하다는 근심은 좀 잊겠구나 하고 생각했는데 지금 준공법회도 안 했는데 벌써 다 차 가지고 모자랍니다.

큰스님 어디 어디 들어가는데요?

사무장 층마다 다 모자라는데요, 지하1층부터 5층까지 다 찼습니다.

큰스님 나는요, 그래서 그랬어요. 이 집을 짓는다고 할 때에도 그랬어요. 아유, 참 지어 봤자야 요 손바닥만 한 데 여러 개 해 놓고는 또 그 손바닥만 한 데 들어가고…. 그래도 하여튼 조금 낫기는 하겠죠.

임원2(남) 근데 새 건물에 거처를 두셔야 하는데 저희들이 아주 송구스럽습니다.

큰스님 제가요? 저는 저기 고쳐서 저기로….

사무장 스님, 여기 새 집에 5층을 잘 해 놨는데 거기로 좀 옮겨서 계시죠.

큰스님 아니죠. 새 집에 우리가 들려고 그러는 게 아니죠. 새 집에 들려고 그 새 집을 지은 것도 아니에요. 이게 왜 우리 집입니까. 여러분이 다 권리가 있는 집이죠. 인제 저 위를 고쳐서 밑에는 주지가 쓰고 위는 내가 쓰고 그러려고요. 근데 나만 이렇게 잔다면 또 별문젠데 딴 스님네들이 놀러 와서 그래요. 스님네가 자는 방이 이렇게 따로 있어야지 어떻게 그렇게 계시느냐고. 그래서 이번에 그렇게 하려고 그러잖아요. 방 두 개를 해서 하나는 쓰고 하나는….(녹음 안됨)

사무장 독일서 말씀이십니까.

큰스님 네. 무척, 세 군데서도 다루고 어떤 성당은 성당 밑이 전부 묘지예요. 그래서 다뤘는데 참, 그게 말이니까 그렇죠.

사무장 유태인들 학살 말씀이죠?

큰스님 네, 네. 이 당한 사람들도 어느 그룹에 있는 사람들, 이쪽 나라에 있는 사람도 그냥 일러 가지고 붙잡아 와서 이쪽으로 와서 죽고, 그냥 모두. 그러니까 한 수용소에 삼만 명이 있었다니까요. 삼만 명 중에서 다 죽고 한 사람만 남았대요. 다 죽고요. 그것도 어떻게 어떻게 숨어서요.

임원3(남) 유태인들, 유대교인들이 종교에 아주 투철한 사람들이거든요.

큰스님 투철해도 가만히 지금 있는 걸 보니까요, 전부 거죽으로 믿어요. 속으로 믿는 게 아니에요. 다른 종교인도 딴 신을 열 신도 더 찾는데 아, 주인공 하나에다 믿으라면 어떡하느냐고 그런 사람도 있었는데요, 신을 열 신을 더 믿는데 어떻게 하느냐고. 그래서 자신이 신인데 자신한테다가…. 그러면 그 열 신이 따로 있고 당신 따로 있느냐고 그랬어요. 그러니까 그렇게 모자라요. 그러니 그런 국난을 면할 수가 있나요? 하여튼 기시든지 뛰시든지 뭐, 어떻게 하든지 한 발짝도 뛰지 말고 또 걸을 수 있다든가 이런 점도, 하여튼 어떡하든지 털고 나설 수 있는 그런 기반을 하기 위해서 노력들 좀 해 주세요.

대중 감사합니다, 스님. 열심히 공부하겠습니다.

한 송이 눈 속에 뿌리 내려

날짜 미상

큰스님 … 그렇게 절실하게 나지. 내가 늙고 병들고 그러면 모든 게 여러 가지 다 생각나지, 지나간 일들이나 지나간 세월이나. (녹음 안 됨) 가을이 오고 막 몸이…, 아주 바람이 불고 차더라고. 무뜩 생각나는 게, '사람이 가을이 오면 마음이 좀 허하지.' 이런 생각을 하면서 가정 살이 생각을 가끔 하게 되고 자식들 생각을 하게 되죠. 옛날에 자기가 지내 온 생각도 나고요. 그래서 노래로 한마디….

가을바람 차디찬데
높은 산 하얀 눈 내려
골짜기마다 덮이고
눈 속엔 칡넝쿨 각색으로 퍼져
눈 위로 칡꽃이 피어 만발하니
앞뒤 없는 대피리 온 누리를 누비며
여러분의 가슴속에 사무치며

한마음으로서 소원을 이루더라

대중 감사합니다.

큰스님 노래했죠, 인제. 노래가 별다른가, 뭐. 한 송이 눈 속에서 뿌리 내려 이 세상 덮고 향기 높여 두루 하면 그것이 노래지.

싱긋 웃고 넘어설 수 있는 믿음

선실 법회
날짜 미상

허허허…. 뒷사람 안 들릴까 봐 그럽니다. 뭐, 설법을 대단하게 하는 건 아니지만. 우리 어머니 아버지들의 자녀들이 요즘 과거 보는 날이 돼서, 아마 예전의 과거보다도 더 어렵다고….

아이고, 참. 세상을 다 둘러봐도 또 사람들을 다 둘러봐도 괴로움 없는 사람이 하나도 없을 거 같아요. 잘살든 못살든, 권세가 세든 권세가 얕든 하여튼 괴로움은 크고 작은 것이 그냥 용도에 따라서 다 가오는 것만은 사실이에요. 그러니 모두 봐도 딱하고, 모두 봐도 내 아픔 아닌 게 없으니 그렇게 그렇더군요. 그렇다고 말로 어떻게 형용하리까. 그러니 열심히 뒤를 따라서 이 길을 참구해서 간파하세요. 그래서 자유스럽게 사세요. 내가 여러분한테 항상 말하지만 이 한마음 도리를, 이 진리를, 이 길을 공부하라고 내내 당부드렸지 내가 떡을 해 놓고 밥을 해 놓고 빌라고 당부한 건 한 번도 없을 거예요. 그러나 떡을 해 놓는 것도 밥을 해 놓는 것도 우리 인간이 먹고 사는 거기에 물질이나 정신계나, 즉 말하자면 양면이 다 맞아서 작용을 할 수 있는 그런 지혜 있는 여러분이 되라고 노력을 한 거죠.

요즘 더욱더 여러분이 신경을 쓰는 것은, 다른 것도 다 있지마는 급하게 다가오는 거를 어찌할 바 없어서 앉으나 서나 그냥 마음이 건 공중에 떠서 애를 쓰시는 그 모습을 생각할 때 나도 덩달아 따라서 침착하게 앉아서 생각을 해 주지 않을 수 없는 그런 요즈음이 됐습니다. 진리는 더하고 덜함도 없이 돌아가는, 시간과 공간이 없이 돌아가는 진리지마는 그 진리 속에 법이 있고 너 나가 있고 뚜렷한 용도가 있기 때문입니다. 그래서 참견을 안 할 수가 없죠. 허허허…. 참견하지 말라 그러면 안 하고 참견을 해 달라고 그러면 참견을 하고 이러죠. 허허.

하여튼 여러분이 될 수 있으면 그 정정에 화살이, 아무쪼록 현실의 나와 과거의 내가 둘이 아니게끔 딱 맞아서 작용을 할 수 있는 그런 능력을 얻으시길 바랍니다. 우리가 제일 처음에 알고 모르고를 떠나서 괴로운 거를 해소를 시키는 데는 모든 것을 믿고 거기에 맡기는 것이 제일 수입니다. 그게 공부할 수 있는 작업이며 또 병고나 액난이 해소되는 것이 또 제일 첫째 문제니까 그것에도 제일 으뜸나는 일이요, 나를 발견하는 데도 그게 으뜸나는 작업인 줄 압니다. 여러분이 믿든지 안 믿든지 사실이 그러하니까 그렇다고 하는 겁니다.

첫째는, 항상 말씀드리죠. 지수화풍이 바탕으로 돼 있기 때문에 여러분 앞에 그 재료가 다 있노라고. 광력이나 전력 자력 통신력이 다 충만돼 있노라고. 그래서 마음 하나 잘 쓰고 다스려 나갈 수 있는 거죠. 어떤 병고가 있으면 병고가 있는 대로 몸속에 있는 그 수십억의 생명들이 한마음으로 움죽거려 줘야만이 병도 건강하게 나을 수 있고, 또 액난도 모두 소멸시킬 수 있고, 유전도 소멸시킬 수 있으며, 세균도 소멸시킬 수 있죠. 그것은 왜 소멸이 되느냐. 이 몸 안에 수억, 수십억이 있는데 그게 과거에 살던 인연들이거든요. 그래서 그 마음이, 즉 말하자면 바로 네가 나고 내가 너고 둘이 아닌 한마음이 돼야만이 자기가 자기 죽일 수가 없다는 겁니다. 자기가 자기 죽일 수 없고 자기 손가락이 자기 손가락 꺾을 수 없고, 주인공이 죽는 법이 없고. 이 모든 일에 대해서 그렇게 확고부동하게 이 몸속에는 주어져 있습니다.

이 몸속에 주어져 있는 그 마음들은 마음속에 있는 것도 아니고 바깥에 있는 것도 아니고, 꼬집어서 어느 쪽에 있다는 것을 말로는 형용할 수 없으리만큼 마음은 체가 없고 이 우주 천지를 다 한 찰나에 돌아볼 수 있어도 그거는 쥘 수도 없고 볼 수도 없고 그런 겁니다.

그렇기 때문에 여러분이 생각을 깊이 잘하셔서 어느 절에도, 절은 많지만 사람이 없으면 길잡이가 없고 길잡이가 없다면 모두 수렁에 빠지게끔 돼 있습니다. 학술로 아무리 외로 꿰고 바로 꿰고 학설을 잘한다고 하더라도 그거는 실천으로 옮겨지지 않는 도리이기 때문에 공덕이 될 수 없다는 사실을 꼭 아셔야 됩니다. 못났든 잘났든 내가 있는 곳에, 일체 만법이 바로 거기에 있다는 것입니다. 내가 하나가 없다면 전체가 없고 내가 하나가 있기 때문에 상대, 이 모두가 죽은 세상 산 세상도 다 있는 것입니다. 살아 나오는 세상, 죽어 갈 세상 또는 이 세상에 나오기 이전 세상. 그런데 그 세상들이 딴 데 있는 게 아니라 지금 우리 앉아 있는 자리에 있다 이겁니다.

항상 과거에 살던 인연들이 이 몸속에 다 주둔해 있다 이겁니다. 그렇기 때문에 과거는 없고 미래는 아직 오지 않았으니까 없고 현실에도 수십억의 생각들이 그렇게 많은데 고정됨이 없지 않습니까. 이 생각이 나오기도 하고 저 생각이 나오기도 하고, 이거를 보기도 하고 저거를 보기도 하고, 이거를 듣기도 하고 저거를 듣기도 하고, 이것을 먹기도 하고 저것을 먹기도 하고, 여기도 가고 저기도 가고 하나도 고정됨이 없어요. 꼬집어서 '이게 이렇다' 하고 내놓을 게 하나도 없다는 사실. 그렇기 때문에 공했다는 겁니다.

공했기 때문에 이 모든 몸속에 들어 있는 그 수십억의 생각들이

다 공장을 맡아 가지고 직원 노릇을 하고 있는 겁니다. 위 공장의 직원, 장 공장의 직원, 간장 공장의 직원, 소장 공장의 직원, 심장 공장의 직원, 이자 공장의 직원, 식도 공장의 직원, 콩팥 또는 방광, 척추, 척수 이런 공장이 다 있어서 이 모두를 운영해 나가는 겁니다. 이게 우주의 한 혹성이라고 해도 됩니다.

그런데 이 혹성의 도리를 알면 우주의 도리도 알 수 있는 거고 어느 혹성이든지 혹성의 도리를 알 수 있는 거고, 은하계의 별성 또는 혹성들의 그 모두를 낱낱이 알 수 있는 겁니다. 낱낱이 안다고 해도 도가 아니라고 그랬습니다. 그래서 내가 똥이 마려우면 바로 똥 누듯이, 용도에 따라서 나한테 다가오면 그냥 아무 이유 없이 시원하게 똥 누듯이 할 수 있어야 그게 도라고 그랬습니다. 보는 것도 도가 아니요, 듣는 것도 도가 아니요, 가고 옴이 없이 가고 와도 도가 아니요, 남의 마음을 다 알아도 도가 아니요, 바로 과거에 어디서 왔는지 알아도 도가 아니라고 그랬습니다. 그 바깥으로 벗어나서 그거를 모두, 오신통을 굴릴 수 있는 그런 자유자재권을 가져야 그것을 가지고 무(無)의 세계의, 즉 말하자면 자재천의 대권이라고 할 수 있는 겁니다.

허허허…. 불교가 모두 가서 떡을 해 놓고 빌고, 여기 놓고 빌고 저기 놓고 빌고, 칠성에 놓고 빌고 독성에 놓고 빌고, 부처님한테 놓고 빌고 신중당에 놓고 빌고 그저, 용왕님께 빌고 제석님께 빌고, 조왕님께 빌고 지신에게 빌고 용신에게 빌고 그러는 거를 불교인 줄 알지 마세요. 진정코 부탁입니다. 좀 깨어나시도록 하세요. 그러는 것이 불교가 아니라 이 시간과 공간이 없이 끝 간 데 없이 돌아가는 이 자체가 바로 진리인 것이며 그 진리가 바로 불교입니다. 영원한 생명의 근본이 불(佛)이요, 또는 죽은 사람들이나 산 사람들이나 또는 무정물이나 식물이나 사생이 다 서로 이심전심으로 말을 통하고 가는데 그것이 교입니다. 개미들도 통하고 가거든. 풀 한 포기도 그냥 있는 게 없이 통하고 가거든. 질서를 잃지 않고.

그런데 오히려 사람들은 질서를 잃고 용도를 잃고 자기라는 거를 잃고 그저 먹고사는 것만 알고, 먹고사는 데는 그저 아무거라도 가리지 않고 할 수 있는 그런 마음씨들을 가졌기 때문에 물질의 도는, 자꾸자꾸 물질은 달아나가게 돼 있죠. 안하무인으로 하기 때문이죠. 모두가 질서를 가지고 있는데 질서를 가지고 있지 않고 도의, 의리, 사랑을 잃고 그렇게 하니까 달아나갈 수밖에.

이 공부는 너무나 타당성 있는 공부기 때문에 이 마음에서, 한마음에서만이, 의학도 과학도 또는 물리학도 또는 천문학도 지리학도 모두가 다 거기에서 나오는 것입니다. 여러 가지를 부르기가 좀 거북하니까 그것만 불러도 잔소리가 되는데 이 모두가 그 마음 아니면 아무것도 나올 데가 없습니다. 내가 이 세상에 나온 것이 태초요, 내가 이 세상에 나와서 움죽거리는 것이 바로 화두인 것입니다, 그대로.

항상 살림살이를 하시면서 가고 오는 그런 것도 탓 안 하고, 여길 가든 저길 가든 '아유, 내가 어디로 이렇게 돌아다니나.' 이런 생각도 없이 갔다 올 데 다 갔다 오고 볼일 볼 거 다 보고, 들을 거 다 듣고 볼 거 다 보고 생각할 거 여전히 생각하면서 그런 것은 탓 안 하고, 잘 다니다가도 누가 말하면 탁 걸려서 가고 오지를 못하는 그런 마음씨들을 갖지 마세요.

어떤 문제가 있든지 마음 붉히지 말고, 어떠한 일이 있어도 마음을 괴롭게 갖지 말고 그냥 싱긋이 한번 웃고 넘어갈 수 있는 그런 지혜가 필요합니다. 그렇다면 이 마음에서 나만이 그렇게 싱긋이 웃고 넘어가는 게 아니라 이 속에 수십억의 생각들이 한꺼번에 싱긋이 웃고 넘어갑니다. 그러니 내 마음으로 아글바글해서 불편을 주지 않으니까 이 속의 의식들이 좋아서 그냥 바란스가 맞죠. 그리고 늠름하게 부담 없이 작용을 하는 거죠. 그러니 안팎이 얼마나 좋습니까. 마음 하나 잘 먹어서 나 끌고 다니는 내 시자 고치고 시자 편안하게 해 주면서 또 안에 들어 있는 마음 편안하게 하니 주인 편안하게 하고, 허허허….

전에 살던 거보다 지금 생각이, 얼마나 뼈저리게 아픈 눈물이 흐릅니까. 자기가 당해 보지 않으면 도저히 가늠할 수 없어, 모두가. 영화를 보러 가면 제가끔들 울어요. 그것은 자기하고 맞기 때문에 우는 겁니다.

모두가 살림살이해 나가는 이 세상살이가 요이하지만은 않지만 자기 마음이 자기를 다스리면서, 그 다스리는 마음 자체가 믿으면서, 믿으면서 살림을 이끌어 가십시오. 우리가 이 세상에 나와서 그저 구름 모이듯이 한번 모였다가 모두 흩어집니다. 하나하나 흩어집니다. 그런데 잠시 같이 모여서 사는 식구가, 우리가 캠핑 갈 때 다섯이면 다섯, 열이면 열 이렇게 모여서 배낭을 짊어지고 갑니다. 갔다가 거기서 놀 거 다 놀고 그러면 배낭을 짊어지고 다시 옵니다, 헤어져서. 그와 똑같은 인생살이입니다. 그래서 살아생전에 훨훨 마음을 털지 않고는…. 누가 사랑을 하지 말랬나, 의리를 베풀지 말랬나. 사랑을 모두 그렇게 하면서도 단단히 '이건 내 거다.' 하고 착을 두지 말라 이 소립니다. 내 거라는 건 하나도 없습니다. 내 몸뚱이도 내 게 아닙니다.

천만금을 줘도 이런 공부는 할 수 없습니다. 세계적으로, 내가 세계에 다 다녀 보지는 않았지만 마음으로는 다 다녀 봤다고 해도, 아니 세계만 다녀 본 게 아니라고도 볼 수 있죠. 과거도 미래도 현실도, 이것이 과거는 현실에 있으니까, 미래도 현실에 있으니까 현실만 잘 파악하면 모든 것이 간파가 되죠. 가고 오고 가고 오고.

요 한마디만 하죠. 어떤 사람이 유복자로서 어머니 배 속에 들어 있으면서 아버지가 돌아가셨더랍니다. 이것이 옛날 얘기도 아니고 미래를 미리 당겨서 얘기하는 것도 아니고 현실도 꼭 잡아서 얘기하는 것도 아니라는 겁니다. 그러나 그런 게 아니기 때문에, 빙글빙글 돌아가는 진리이기 때문에 현실에 있는 사실입니다. 삼천 년 전에 있었던 것도 현실입니다. 유복자로 들어 있다가 아버지가 돌아가시고 어머니가 애를 낳아서 양육하는데, 그저 남의 집 바느질품도 팔고 일도 해 주고 방아도 찧어 주고 이러면서 그 애를 키웠단 말입니다.

가난해도 선비의 집안이라 그래도 뭘 가르치긴 해야겠고 그래서 그렇게 노력을 하고 손마디가 으쳐질 대로 으쳐지고 피가 나고 발이 얼어붙고 이렇게 하면서 그 자식을 키워 놨는데, 장가를 들여서 손주도 보고 과거도 보라고 그 어머니가 나무도 하고 별짓을 다 하다가 고만 지쳐서 쓰러졌어요. 쓰러져서 각중에 도대체 어떻게 할 수가 없었거든.

그래서 이 아들이 절에 스님을 찾아다니다가 어느 데 한군데를 가니까 정성을 크게 들이라는데 정성 들일 건덕지가 있어야지. 또 한군델 가니까 스님이 기도를 드리라고 그러니 백일을 기도드리고 천일을 날마다 목욕재계를 하고 기도를 드리라 하니 그것도 못할 노릇이라. 당장에 자식들은 굶어 죽을 테고 또 편찮으신 노모가 하루가 저거하고. 그랬는데 또 한군델 찾아가니까 거기서는 "네 안방이 부처 자리니라." 하시면서 "사찰은 많아도 모두 사람이 없느니라. 너를 이끌어 줄 수 있는 사람은 너밖에 없느니라. 네가 일을 하면서도 마음에서 떠나지 않는다면 참선이 되느니라. 앉아서도 참선이요, 서서도 참선이요, 누워서도 참선이요, 모두가 한데 합친 것이 참선이니라. 참선은 마음에서 떠나지 않는 것이 그대로 참선이니라. 그러니 그 마음에서 자성신을 지극하게 찾으면서 그렇게 열심히 하면 괜찮아지리라." 그러는 겁니다.

아, 그래서는 집에 와서 아무리 해 봐도 서투른 짓이라 믿어지지가 않는단 말이야. 집안에서는 그렇고 믿어지진 않고 그러니까 울며불며 그냥 하다가 어머니가 덜컥 돌아가셨단 말이야. 돌아가시니까 부인한테 애를 맡기고서 산에서 그 묘지를 삼 년을 지키면서 그냥 통곡을 하고 거기에서, 집에서 갖다 먹을 게 없으니까 보리쌀, 밀 이런 거를 그 근처에다 뿌려서 그것을 훑어서 놓고 그거를 먹고 그냥 삼 년을 지내는 거야. 지내다 보니까 삼 년을 가득히 그 스님이 가르친 대로 내내 그렇게 했어. 이게 그냥 탁 터졌단 말이야.

터져서 어머니 영혼을 구하는데 세상에, 영혼을 구하는 데는 환상천…, 과거에 짊어진 이 모든 악업 선업이, 몸뚱이에 의식들이 있지 않소? 그거를 타파를 못하면 그것이 환상천이라. 타파를 못하면 그게 그림자처럼 따라다니니까. 거기서 한 발짝도 벗어날 수 없는 거라. 그래 환상천을 지나서, 타파를 했으니까 환상천을 지나서 또는 상왕천을 지나서 도리천을 지나서 자재천으로 당도를 해서 불사천을 거쳐서 이럭해서 다시 또 내려오면서 자재천에서 그 어머니의 영혼을 구제했다는 얘깁니다.

그래 구제를 했는데 그 구제하는 도리가 어떠한 도린가. 그렇게 이름이 있지만 그게 이름인 거지. 우리가 그냥 믿어서 타파를 하는 거 같으면 환상천도 없는 것이요, 즉 말하자면 쉬어서 넘어갈 게 없다 이거지. 환상천도 또 상왕천도, 법천이나 인천이나 모두 그저, 도리천이나 자재천이나 불사천이나 이런 것이 통틀어 하나로 돌아가기 때문에 이름도 없는, 즉 말하자면 불사천이라 이거지. 그 이름도 없는 불사천이기 때문에 그것이 바로 즉 자재천이라 이거지.

그러니 여러분이 이 공부를 하는 데도 지금 현재에 당장도 애로가 있는 것을 해결할 수 있는 묘법이니까 해결하면서, 나 공부하면서 나 발견하면서 이 진리를 타파하면서 가는 이런 공부예요. 만약에 이 몸뚱이가 벗어져도 그것을 뜻으로는 몰라도, 그것도 공부하는 사람들의 차원이 있겠지만 그래도 그렇다는 걸 믿고 알기만 해도 무난히 넘어갈 수 있다는 얘깁니다.

이 도리를 모르면 몸이 죽는다고 해서 죽어지는 게 아니라 그 차원 그릇대로, 즉 말하자면 넝마의 그릇이라면 넝마의 그릇대로 이 세상에 다시 출현할 것이요, 무쇠 그릇이라면 무쇠로 또 출현할 것이요,

금이라면 금대로 출현할 것이요, 이 모두가 자기 살아생전의 마음 차원의 그릇에 따라서 이 세상에 다시 출현한다 이 소립니다. 그러니 영원히 거기에서 벗어나지 못한다면 영원히 벗어나지 못하고 돌아가야 되죠. 한 가지로 비유해 볼 때 만약에 우리가 뱀 소굴에 들어가서 탄생이 됐다면 뱀의 허물을, 그 모습을 벗기가 여간 힘드는 게 아닙니다. 거기 소굴의 모든 게 배서, 뱀의 행동이 배서 그 행동을 벗고 사람 되기가 상당히 어렵습니다.

우리는 말하는 사람이기 때문에 말 안 하는 것을 못 알아듣지만 말하지 못하는 거는 말하는 걸 알아듣습니다. 마음으로 알아듣습니다. 그래서 그 어두운 데, 그 첩첩 산골 그믐밤인데도, 정말 짐승이 왔다 갔다 하는데도 이 마음이니까, 마음을 알고 모든 게 돌아가거든. 그러니까 마음을 아니까 외려 보호해 주지. 모든 거를 남을 해하게 하는 마음과 거북하게 하는 마음, 해롭게 하는 마음, 그런 마음을 가졌으면 산에서도 보호하질 않아요. 그런데 모두가, 풀 한 포기도 보호해 줘. 먹을 게 없으면 먹을 게 있는 데로 인도를 해 주고, 먹을 거 자체도 나를 먹어 달라고, 당신의 한 부분이 되는 게 원이라고 하면서 딸기 하나도 그렇게 한 몸, 한마음이 되기를 원해서 외려 자기를 먹어 주기를 원하고 빌고 있는 그런 이치가 한두 건이 아니더라 이 소립니다.

그러니 열심히들 공부해서 우리가 모든 가정의 행복을 가져오면서 가정에 어떠한 일이, 어떠한 것이 닥친대도 눈 하나 깜짝 안 하고 싱긋 웃고 헤쳐 나갈 수 있는 그런 믿음과 당당함을 가져야 됩니다. 여러분만 그렇게 하는 게 아닙니다. 가정의 남편이든지 자식이든지 돈이 들어서 못하는 건 아니니까 모두 관하는 걸 일러 줘서 그대로 해 나가야 앞으로 다가오는 데 그 어려운 고비를 다 헤쳐 나갈 수 있습니다. 미리미리 해야지 딱 앞에 닥쳐서 하려면 상당히 어렵습니다. 그럼 그런 대로 아시고요.

한 사람도 빼놓지 않고 그냥 나는 손을 뻗쳤는데…, 모르죠. 하하하.

남의 탓 할 게 하나도 없다

선실 법회

날짜 미상

여러분하고 금요일, 토요일 이렇게 만나게 되는 것은 여러분 마음이 아직 영글지를 못해서 만나게 되는 겁니다. 우리가 생각해 보면 다달이 설해 드리는 회보 하나만 본다 하더라도 그 속에 다 들어 있습니다. 앵무새처럼 말만 자꾸 시키지 말고, 거기에 써 놨듯이 진실하고 지극하게 믿는 마음으로 여러분이 여러분을 따라야 합니다. 무조건 따라야 합니다. 운전수가 차를 몰 때에 차는 운전수를 무조건 따릅니다. 여러분도 몸뚱이가 차라고 한다면 무조건 운전수에 의해서 따라지는 것이 아닐까요.

여러분이 걱정을 하든지 애고가 있든지 그거는 과거로부터 나오는 흐름에 의해서 여러분이 그대로 받고 돌아가는 겁니다. 그러니까 받고 돌아가는 그 자체를 도로 거기다가 되돌려 놓으시라는 얘긴데, 되돌려 맡기라는 얘긴데 우리가 제일 지금 시급한 문제가, 내가 말을 배워서 남보다 월등하게 말을 잘하고 월등하게 이론을 다 간파해서 내놓는다 하더라도 그게 요만큼도 실천에 옮겨지지 않음으로써 공덕이 없고 공덕이 없음으로써 이익이 없다는 겁니다.

그래서 운전수가 중간 역할을 하죠. 아래로는 차를 몰고 위로는 기름을 넣고. 그러니까 여러분이 생각할 때 '뭐, 차는 운전수가 끌고 다니는 거니까 운전수가 알아서 할 테지.' 그 차는 뭐, 그러박든지 그거 하나 떼지 않고 그냥 잘 몰든지, 무사고로 그냥 하든지 그건 운전수에 달린 거 아니겠습니까. 운전수에 달려 있는데도 지금 본다면 마음을 다스릴 수가 없으니까 자기의 모든 욕구라든가 올라오는 분기라든가 세상살이의 권태가 오는 느낌이라든가 이런 거를 자제할 줄 모르기 때문에 운전수도 사고를 내는 겁니다.

운전수로 비유했지만 여러분은 그대로, 몸뚱이가 지금 마음에 의해서 그대로 따라다니는 겁니다. 마음이 이렇게 생각하면 이렇게 움죽거리게 되고 저렇게 생각하면 저렇게 움죽거리게 되고. 이거를 자꾸 반복해서 얘기해 드리는 것은 여러분이 마음이 단정하고 진실되지 못하기 때문에, 자꾸 그런 욕구를 다스리지 못하기 때문에 더디고, 애고를 이기지 못하고 병고를 넘기지 못하고 이러기 때문에 자꾸 얘길 하는 겁니다. 지금 여러분이 가정에서 제일 바쁜 게 지금 그거기 때문입니다.

그리고 우리가 어디서 나왔는지, 지금 어디로 가는지, 내가 뭐를 하고 있는지, 세상의 모든 것이 가설이 돼서 내 마음속의 근본이 되는 건지 그걸 모르기 때문에…. 그래 여러분이 생각해 보세요. 내가 틀린가. 마음을 잘 쓰든지 못 쓰든지 하여간에 마음에 의해서 끄달리죠. 몸체가 이러쿵저러쿵하는 게 아닙니다. 마음이 이러쿵저러쿵하는 거죠. 그래서 모든 것을 참는 것이 아니라 모든 것을 다스릴 줄 알고, 다스리면서 거기에 참고 놓을 수 있는 그런 믿음이 진실하다면 기름은 항상 그저 자동적으로 넣어지는 겁니다. 자가발전소와 같기 때문에 그렇습니다. 항상 내가 어디 갈 때는 차를 끌고 다니듯이 그저 갈 데 있으면 그냥 주섬주섬 옷 입고 그냥 "나 어디 좀 갔다 올 거야." 하고 가든가 "나 어디 좀 갔다 올 테니 집에 잘 있거라." 하고 가든가 "여보, 나 어디 좀, 이러이러해서 급한데 갔다 오겠소." 하고 갑니다. 이것도 마음의 조작입니다. 마음의 작용입니다. 이 마음의 작용을 잘 파악해서 다스려서 넣을 거는 넣고 맡길 거는 맡겨야 합니다. 맡겨야 굴려서 다시 나오니까, 바깥으로.

그래서 세상에서 이 평등하게 돌아가는 거를 평등공법이라고 했습니다, 평등공법. 이 평등공법에는 더하고 덜함도 없는 것입니다. 그러나 사람의 마음이 차원에 따라서 천차만별로 돼 있기 때문에 칠활궁공법, 이 몸과 마음과 뜻이 같이 삼합이 돌아가서 내가 똥 누겠으면 똥 누고 배고프면 밥 먹고 졸리면 잠을 잘 수 있다. 이 만사 만생이 다 어디고 동서가 따로 없이 돌아가는 이치에서 생활이 팔수레공법이라고 합니다. 이 모두를 따져 볼 때 이거를 합쳐서, 삼합을 합쳐서 모두 응용하고 계십니다.

그런데 마음 하나가 넓게 보지도 못하고 넓게 듣지도 못하고 그저 좁게 들으면 듣는 대로 쏘아붙이고, 보면 보는 대로 그냥 확 내뱉어 버리고 이렇게 하니까 담길 그릇이 없어요. 그릇에 들어가서 굴려서 먹을 게 채 나오지 않는단 말입니다. 급하게 막 그냥 쏴 대니까. 말로 형용할 수 없는 것을 말로 이렇게 하려니까 상당히 힘이 듭니다. 그래서 말로만 알아서 되는 게 아니라 여러분이 그 애로점을 가져 오는 것을 실험의 도구로 생각하고 이거는, 즉 말하자면 재료로 생각한다 이겁니다. 이런 마음공부 할 수 있는 재료.

여러분이 미생물에서부터 쭉 나오면서 바뀌지면서, 즉 진화되면서, 그저 쫓고 쫓기면서 먹히고 먹으면서 이날까지 진화돼서 인간이 되기까지 얼마나…. 그건 말로 형용할 수 없을 겁니다. 그런데 그 마음이 진화돼서 올라올 때는 말을 하지 않고도 다 진화가 되고, 또 인간이 말하는 소리를 다 듣고, 동료들끼리도 암호로다가 다 말을 듣고, 이심전심으로 통해서 다 듣고 이러는데, 인간이 됐다 하면 듣는 게 있고 말하는 게 있고 보는 게 있고 그렇기 때문에, 말하는 게 있기 때문에 내면적으로 들어서는 게 아니라 외부적으로 상당히 많이 들어서죠. 말을 하기 때문에, 말을 하고 그냥 통상이 되고 상대가 그냥 되니까 내면으로 진정코 들지 못하고 이렇게 내면세계를 아예 전혀 모르게끔 되는 거죠. 평상시에 내면으로 사는 그런 삶을 살아왔는데도 불구하고 말하는 세계로 나와 보니까 말로 전부 이론이 되고 말로 전부 상의가 되고 이러니까 내면세계는 등한시한 겁니다.

그래서 아까 얘기했듯이 영원한 생명의 그 뜻과 마음 내는 거와 육신이 움죽거리는 거와 삼합이 한데 합쳐서 돌아가는 그 자체를 내면세계에 참구해 볼 수 있는 그런 여건이 희박해지는 거죠, 자꾸자꾸. 그러니 이날까지 죽이고 죽고, 밟으면 다리가 찌그러져서 부러지고, 부러진 걸 끌고 다니고 이러는 시절을 생각해 본다면 수억겁 광년이라고 해도 과언이 아닐 겁니다. 그런데도 이날까지 그걸 벗어나지 못하고 이렇게 있는 거 보십시오. 그건 왜 그러냐. 내면세계의 50%를 간파 못하기 때문입니다.

허구장창 이런 말을 해서 진저리도 날 텐데 자꾸 오세요? 허허허…. 진저리가 나든 안 나든 위기에 처해 있는 우리 상황들이니까요. 살얼음판을 건너가는 거와 같습니다, 지금. 그런데 올라올 때도 그렇게 올라와서 인간까지 됐는데 인간까지 돼서 그 첨단을 넘어서지 못한다 하더라도 4차원이니 5차원이니, 한 4차원 5차원만 넘어선다 하더라도 미해지진 않을 텐데 그 차원이 그대로 있어서 무쇠면 무쇠로 또 나오고 또 나오고, 헌 쇠 넣으면 또 새 쇠로다가 또 나오고 또 헌 쇠가 되고 이렇게 반복하다 보니까 찌꺼기가 될 대로 된 거죠. 그렇게 해서 나중에는 마음은 체가 없기 때문에 그 영혼의 차원이, 그 의식을 가진 영혼의 차원이 아주 낮으면 낮은 데로 태어나게 돼 있거든. 이런 말을 왜 내가 반복해서 자꾸 말을 하느냐 하면 지금 현시대에 그렇게 굴러가고 있기 때문입니다.

여러분이 죽으면 아무것도 모르니까 "그까짓 거 흥, 죽으면 어떻게 될지 누가 알아?" 이러는데, 이렇게 하지 마십시오. 죽은 것도 산 거고 산 것도 죽은 거니까요. 꿈도 현실이고 현실도 꿈이니까요. 마음은 영원한 겁니다. 낮으면 낮은 대로 영원한 거고 높으면 높은 대로 영원한 겁니다. 이 세상에는 모든 물질이…, 식물이라는 물질은 열매가 있고 씨가 있습니다. 씨가 있어서 되먹고 되심고 되먹고 되심고 되먹고, 영원하죠. 좁게 본다면 그건 한 해 농사지어서 그냥 먹고 나면 없어지는 거지만 넓게 본다면 그 씨가 또 들어가서 그 이듬해에 또 먹습니다. 연방 계속해서 돌아가죠.

그와 같이 인간의 씨도, 뿌리도 그렇게 계속해서 돌아가긴 하나 '악이냐, 선이냐' 또 '중세계에서 일을 많이 저지르지 않고 그렇게 잘한 것도 없이 그냥 무난히 사는 사람의 마음의 차원이냐, 악한 일만 저질러서 악한 마음의 그릇이냐, 아주 선하게 도리를 다 알고 간파하고 나가는 그러한 사람의 마음이냐', 이거에 따라서 이 세상에 생산이 되는 겁니다. 세상에 모든 물질적으로 생긴 물건들이 전부 차원에 따라서 비싸고 싸고 이런 게 있습니다. 여러분이 이 세상의 이치는 너무나 잘 아시겠죠.

이 세상의 이치가 보이지 않는 무심세계의 50% 보이는 세계 50%가 바로 둘이 아니니까요. 이 세상을 한번 둘러보세요. 사람이나 뭐든지 끼리끼리 모여 있지 않은가. 개미는 개미대로 모여 있고 개구리는 개구리대로 모여 있고 뱀은 뱀대로 모여 있고 사람은 사람대로 모여 있고, 천차만별로 끼리끼리들 모여 있는 중에 거기에서도 왕개미가 있고 직원 개미가 있고, 허허, 그렇듯이 그중에서도 대통령을 하는 사람이 있고 장관을 하는 사람이 있고, 정치를 하는 사람이 있는가 하면 상인들이 모이는 데가 있고, 공업 계통에 모이는 데가 있고 과학 계통에 모이는 데가 있고, 이거는 천차만별로 그렇게 널브러져 있다 이겁니다. 그렇듯이 인간의 마음 씀씀이대로, 차원대로 이 세상에 출현을 하게 돼 있으니 어찌 죽으면 고만이라고 하겠습니까. 제가 이렇게 말하는 것을 믿습니까? 믿어집니까?

대중 네.

큰스님 그렇죠. 시발점이 없다면 종점이 없고 종점이 없다면 시발점이 없으니까. 시발점도 종점이요, 또 종점도 종점이요. 알고 보면 타는 데서 내리기도 하고 내리는 데서 타기도 합니다. 이것이 둥글둥글 끊어지지 않는 진리죠. 작은 데서 간파해도 되고 간파하면 모든 넓은 데 세계도, 좁고 넓고 그런 사이가 없이 모든 게, 전체가 다 블랙홀 돌아가듯 그냥 불바퀴가 돌아가는 거죠. 법바퀴가 돌아가고.

여러분이 재료를 가지고 오신 것을 "'나는 이 재료를 가지고 왔습니다.' 하고 용건만 얘기하시고 가세요." 하는 것은 자기가 나와 둘이 아니라고 진짜로 믿고 맡겼을 때 일은 달라지는 겁니다. 또 한 가지는 먼 데서 전화가 오든지 뭐, 어떻게 오든지 급하게 전화가 오는 것은 재깍입니다. 왜냐? 급하니까 이유를 불문에 부치고 하니까. 아니, 그렇다고 전화하라는 게 아닙니다. 죄가 있다 없다 이거를 떠나고, 공부를 한다 안 한다 이거를 떠나서 그렇게 되는 일이 허다히 많습니다.

그러나 무조건 자비의 사랑을 할 수 있는 생각으로 내 아픔같이 생각하니까 그러하지 내 아픔같이 생각 안 하면 그렇게 안 합니다. 그렇게 못합니다. 바라는 생각이 있어서 못합니다. 안 그럴까요? 그러니까 여러분도 재료를 가지고 와서 할 때는, 또 생활을 할 때도 바라는 마음으로 사랑하지 마세요. 남편이나 자식이나 친척이나 모든 사람들한테 바라는 생각과 그 욕심이 과하고 착이 과하고 그렇기 때문에 사고가 나는 겁니다, 엇각이 되고. 모두 주는 마음과 부드러운 말과 남한테 이익한 행동과…, 그것이 필요합니다. 사람이 살면 요 모습을 가지고 얼마나 살겠습니까. 요 사는 동안에, 즉 진짜 공부인데 남에게 이익하게 행동해 주고 이익하게, 부드럽게 말해 주고 모든 것을 내 탓으로 돌리고 남의 탓으로 돌리지 말고…. 아니, 과거로부터 자꾸 그게 입력이 돼서 나오는 건데 누구더러 팔자 한탄을 하며 누구더러 갖다 줬다고 하며 누구를 원망하며 이럽니까. 원망할 게 하나도 없습니다.

그러니 누가 잘했느니 잘못했느니 하고 온통 야단을 하기 이전에 한마음, 과거나 현실이나 수억겁을 거쳐 오면서 당신이 나를 이끌어 줬는데 잘못된 것도 거기에서 된 거고 잘된 것도 거기에서 잘된 거니까 거기에서만이 이 해결은 할 수 있고, 난폭한 남편을 만났든지 난폭한 자식을 만났든지 그 상대를 원망하지 말고 나 자신을 생각하면서 거기다가 그저 맡겨 놓고 '거기서만이 해결을 할 수 있다' 는 그 믿음을 진실하고 절실하게 가진다면 그 입력됐던 것이 없어짐으로써 착하게 되고 사랑하게 되고 이런 겁니다.

이 모두가 누구를 원망을 하겠습니까. 누구 원망 하나도 할 게 없습니다. 알고 본다면 티끌만큼도 원망할 게 없습니다. 그래서 저는 그것을 알고 자신이 얼마나 울었는지 모릅니다. 그렇게 울고 있어서만이 되는 것도 아닌 내 한마음이 잘 다스려서 이끌어 간다면, 그리고 믿고 거기에 맡길 수만 있다면 위로는 묵은 빚도 갚을 수 있고 아래로는 자식들에게 햇빛을 줄 수도 있는 영원한 그 길을 인도할 수 있는 그런 에너지 광력이 그대로, 그대로 보급이 됩니다.

내 말이 거짓말이라고, 믿어지지 않걸랑은 그렇게 그 믿어지지 않는 힘, 그런 마음이 있는 그 힘을 가지고 한번 이 공부를 해 보세요. 그런다면 언젠가는 알게 될 겁니다. 그럼 오늘은 또 이걸로써 마칩시다. 마치고 용건만 얘기하시고, 또 용건 얘기하실 게 없으면 재료로 자꾸 체험해 볼 수 있는 실험을 해 보시란 얘깁니다.

이 세상 중에 이 시간이, 앞서 가는 시간도 없고 뒤쳐지는 시간도 없는 지금 이때 이 자리가 얼마나 귀중한 자리인지 모릅니다.

일체 만물 만생 만법이 다 공하다

날짜 미상

큰스님 … 그 뜻이, 모든 일체 만물 만생 만법이 다 공하였다고 말씀하셨습니다. 그 세 마디, 단 세 마디에 마하반야바라밀다심경이라는 그 자체가 다 들어 있다고 봅니다. 그렇다면 경을 봐서 우리가 아는 게 아니라 모든 것이 공하였다, 이 "공하였다" 한마디로 알 수가 없으니까 다시 한번 일체 만물 만생 만법이 다 공했노라고 말씀하신 겁니다. 거기에서 또 그 말을 못 알아듣는 사람이 많으니까 인연법이다 연기법이다, 또는 인연계다 또 연기계다 이런 말씀을 하셨습니다.

그런 뜻을 생각할 때에 우리가 옷깃을 다시 한번 여미고 반성하고, 기복으로만 흘렀다는 그 자체를 부끄럽게 생각해야 합니다. 자기 양심과 더불어 기준 또는 중심을 세워서 나침판을 돌리는 데 아주 조끄만 거 하나라도 외착이 없이 굴릴 줄 알아야 된다는 점입니다. 그리고 그대로 우리가 지금 구르고 있다는 자체를 또 아셔야 합니다. 그 말이 말꼬리를 붙들고 있다면 바로 그것은 헛가는 일입니다.

맷돌이 돌아갈 때, 그럴 때 위 맷돌짝이 그 맷돌 봉에 한데 꼭 끼워져야만이 제대로 돌아가는 것이죠. 맷돌 봉은 부동자세로 움죽거리지 않으나 그 힘으로 인해서 맷돌은 이리저리 흔들리지 않고 그대로 잘 돌아가면서 물건을 갈아 낼 수 있고 또 맛있게 먹을 수 있도록 하는 그런 문제가 있습니다. 그것을 예를 들어서 얘기하는 겁니다. 그러면 왜 "공했다"라고 얘길 했는가?

여러분이 질문하실 분이 있으면 질문해 보십시오.

질문자1 (청취 불능)

큰스님 고동이라는 것은, 즉 말하자면 지금 얘기한 거와 마찬가지로 우리의 마음을 비유한 겁니다. 여러분과 같이 이렇게 얘길 하고 있습니다마는 항상 자문자답을 하면서도 중심은 제가끔들 가지고 계신 겁니다. 우리가 지금 말을 하면서도 이 중심은 어엿하게 여기 서 있습니다. 여러분이 중심을 침착하게 하고선 말을 하는 거하고 그냥 나오는 대로 말하는 거하곤 다릅니다.

이것은 지수화풍으로 한데 조성된 물건입니다. 그러나 이것이 지수화풍으로 한데 합쳐졌기 때문에 바로 사무 사유가 한데 겹해진 거죠. 그래서 거기에서, 즉 말하자면 고동이라는 그 뜻은 자기의 그 동곳을 말하는 겁니다. 중심, 즉 말하자면 과거도 미래도 현재에 그 중심이 그대로 고동 틀고 있는 우리 이 지금 살림살이 그대로입니다. 만약에 그 고동이라는 뜻을 여러분이 모르신다면…. 우리의 과거도 미래도 함축시켜서 24시간으로 축소한다면 24시간 돌아가는 그 고동은 찰나찰나 이렇게 화해서 돌아가는 것인데 어떻게 돌아갈 때에 나라고 할 수 없는 고동이 돌아가고 있습니다.

그러나 그 고동이 나오기 이전을 말하는 겁니다, 지금. 그 고동이 나오기 이전을 말하는 거니 내가 가만히 쉬고 있으면 고동이 잔잔해질 것이고 그 마음을 냈다 하면 고동이 틀어지는 것이고 또 고동이 틀어지면 육신도 움죽거려지는 것입니다. 그렇기 때문에 그냥 생활이 그대로 법이라고 할 수 있는 말이 여여하게 나오죠. 그 고동이 고동대로 그대로 돌아가니까 그러는데, 돌아가기 이전을 말하는 겁니다. 돌아가기 이전이라는 것은 여러분이 생각 내기 이전을 말하는 겁니다. 생각 내기 이전이라는 건 영원한 자기의 그 주처인 바로 생명의 실상 근원입니다. 그 실상 근원인 그 자체를 바로 부처님께서는 "공이자 색이고 색이자 공이니라. 네가 바로 나고 내가 너니라." 그럴 때 이렇게 한번 생각해 보십시오.

하루 24시간 지내는 동안 여러분이 자녀를 만날 때에 자녀가 "아버지!" 하고 부르거나 "어머니!" 하고 부를 때에 "왜?" 하고선 대답을 하는 순간, 그 자식과 그 아버지나 어머니는 그 순간 바로 생각 나기 이전 자기는 그리로, 즉 말하자면 물방울이 두 개체가 있다면 순간 물방울이 한데 합쳐지는 거와 같습니다. 그렇기 때문에 공과 공이니까 너하고 나하고 친근하게 말은 했지만, 사랑하고 말은 했지만 그 말한 사이가 도무지 없다는 얘깁니다. 그래서 무심이란 말입니다.

그래서 보기도 여러 가지 보고 듣기도 여러 가지 듣고, 말도 여러 가지 하고 행도 여러 가지 했지만 어떤 행을 하고 어떤 말을 듣고 어떤 거를 봤을 때에 나라고 할 수 없는 것이 바로 고동입니다, 고동. 그러면 그렇게 돌아가는 고동은, 흘러감도 없고 흘러옴도 없는 고동은, 무한의 어떠한 미래라는 약속도 없고 과거라는 약속도 없고 시발점도 종점도 없이 우리가 바로 그렇게 영원하게 돌아가고 있는 것입니다.

여러분! 지금 한 분이 질문을 했는데 여러분이 다 나와 더불어 같이 질문한 겁니다. 그것은 왜 그런가? 우리는 그 원소 자체가 한데 합쳐서 집중을 지금 같이 하고 있기 때문에 한 물방울에 지나지 않는 겁니다. 여러분은 바람 부처도 몸에 지녔고 흙 부처도 몸에 지녔고, 물 부처도 몸에 지녔고 태양 불 부처도 몸에 지니고 계신 겁니다. 그렇기 때문에 일체 만물 만생이 다 그렇게 바로 지니고 있는 것입니다.

그래서 여러분 마음 가운데서, 부처를 여러 분 찾지 말고 내 부처

하나만 잘 섬기고 내 부처에, 공에다가 다 놓을 수 있고 방하착 할 수 있다면 바로 방하착 하는 기간에는 일상생활 하는 게 전부 의정이요, 전부 방하착을 하고 가는 거니까 우리가 그 도리를 안다면 하나도 버릴 게 없다는 이치가 샘솟듯 할 때에, 그때에 행을 그대로 하면서 보살행을 하는 것을 보살행이라고 일컬어 말씀드리는 겁니다. 그럼 그 보살행을 할 때는, 그때는 알지 못했기 때문에 버려야 하고 지금은 알기 때문에 버려야 한다는 점입니다. 버릴 것이 없더라는 점까지 남김없이다, '버릴 것이 하나도 없고 가질 것도 하나도 없구나.' 하고 자기까지도 몰락 용광로에 들어가야만이 '아하! 이렇게 아무것도, 가질 것도 뗄 것도 붙일 것도 없구나!' 하고선 고요하게 있을 때에 바로 그것이 자기의, 즉 말하자면 마음에 의해서 누진을 통해서 딱, 움죽거리지 않는 부동자세인 부처라고 하는 것입니다.

그러면 여러분이 자기의 주인공에 놔서 자기를 깨닫는다면 억겁 천 년 전서부터 석가세존 이전까지 내려오면서 여러 부처님들과 더불어 같이 섬기고 억겁을 거쳐 오면서 받들어 온 셈이나 똑같습니다. 그러면 그렇게 진행해 내려온 그 부처님들이 바로 오늘의 여러분입니다. 딴 분이 아닙니다.

사철 푸르른 소나무 보셨죠. 소나무를 볼 때에 누런 잎이 지면서 약간 떨어집니다. 떨어진다고 해서 소나무가 죽었다고는 안 그러실 테죠. '소나무가 죽었구나.' 이러진 않을 테지요. 생사가 바로 둘이 아니다. 생사라는 그 자체가 둘이 아닌 것이 바로 열반입니다. 그 열반이라는 것이 우리가 지금 24시간 나투고 있는 것이 그대로 열반이라 이겁니다. 모르는 사람은 윤회라고 하지만 아는 사람은 그대로 나툼이 그대로 열반인 것입니다. 그렇기 때문에 열반이 몸이 죽어서 열반이 아니라 살아 있으면서 24시간 돌아가는 그 고정된 관념 속에서 살지 않는다는 것이 바로 열반입니다. 눈이 고정되게 있습니까, 귀가 고정되게 있습니까? 입이 고정되게 있습니까, 코가 고정되게 있습니까, 몸 행이 고정되게 행합니까? 모든 것이 고정되지 않으니 그것이 바로 공함이요, 그것이 바로 열반이요, 그것이 나툼입니다.

그것이, 바닷물이 올라서 안개가 되고 안개가 이슬이 되고 이슬방울이 갖은 풀잎에 다 앉아서 그 물방울이 떨어져 다시 바다로 들어가듯이, 우리 분수대 보셨죠? 분수대와 같은 겁니다. 그러면 분수대에 물이 올라가서 뚝 떨어졌다고 해서 '저놈의 물, 죽었구나.' 이러시진 않으실 테죠. 그래서 허무함이 없는 것입니다. 우리가 허무함이나 원망이나 질투 또는 불안이나 허망감을 가지고 인생을 살면 그것은 인생이 아니고 이 우주 공간의 주인이 아닙니다.

그래서 한데 집중한 이 우주 공간에 모든 여러분이 생활 불교라는 것을 생각할 때 우리 생활이 그냥 불교이고 불교가 생활이다. 그러면 여러분이 다 가지고 있는 그 자체의 몸이, 지금 자기 몸을 자기가 건질 줄 알아야 남의 몸을 건져 줄 수도 있듯이, 상구보리 하화중생이라는 말은 딴 데 사람을 건지고 위로 부처님을 받들고, 타의의 부처님을 받들고 타의의 중생들을 건지라고 그 말씀을 하신 게 아니라 "자의의 부처님을 모시고 자의의 중생을 제도하라. 그 몸뚱이를 제도할 수 있는 그 자신의 실상이 돼야 32상이 구족하니라." 그랬습니다.

32상이 구족하면 62견이 구족하니라. 62견이라는 건 보살행을 할 때 그 경지를 말하는 겁니다. 경지가 없으면서도 경지가 있고 행이 없으면서도 행이 있는 것입니다. 그래서 그것이 62견이 구족할 때 80종호가 구족하다고 했습니다. 그럼 80종호가 그냥 80종호라고 숫자만 대지 마시고, 숫자 없는 것이 숫자입니다. 그러니 80이라고 하면 8이 없어지고 10만 남고, 10종 하면 벌써 10이라는 게 그냥 종으로 합해지고 호 하면 호로 그냥 합쳐지니 "종도 호니라" 이러거든요. "종도 호니라" 한 말이, 오늘날의 24시간을 생각해 보십시오. "종도 호니라" 한 것이 야, 여러분이 오늘 여러 가지로 행했을 때에 어떤 거를 행할 때에 나라고 할 수 없는 그것이 호입니다. 호라고 할 수밖엔 없지 않습니까?

여러분이 어린애 적이 나라고 하겠습니까, 젊었을 때가 나라고 하겠습니까, 지금 늙었을 때가 나라고 하겠습니까. 늙어 죽었을 때 내가 죽었다고 하겠습니까, 살았을 때 내가 살았다고 하겠습니까.

어떤 두 절친한 친구가 있었더랍니다. 그런데 한 사람은 중이 되고 한 사람은 속가에서 사는데 어머니가 돌아가셨습니다. 그러니까 '우리 어머니 천도를 아주 지극하게 시켜야겠구나.' 하고 그 절친한 친구가 공부를 많이 했으니 그 친구를 불러 댔습니다. "스님은 공부를 많이 하셨으니까 우리 어머니를 천도를 꼭 해 주시리라고 믿습니다." 하고선 불렀는데 들어오자마자 대뜸 하는 소리가 뭐라고 하느냐 하면 "야, 살지나 않았으면 죽지나 않을 것을…." 하고선 그냥 댓바람으로 나가거든요. 그러니 그 친구의 마음이 어땠겠습니까. '참, 저놈이 그런 줄 몰랐더니 저렇게 아주 불순하게 하고 나가는구나.' 하고 아주 뒤를 돌렸답니다.

그런데 그분은 그걸 가지고 의정을 내서 그 친구의 마음을 헤아릴 수 있었고, 그 친구의 마음을 헤아릴 수 있는 반면에 바로 역대의 부처님들의 마음을 헤아릴 수 있었답니다. 그러니 부처가 따로따로 있는 게 아닙니다. 떨어져서 다시 오르고 다시 올라서 또 떨어지고 하는 물과 같은 우리 인생살이가 그렇게 허무하지만은 않습니다. 않다고 해도 아니 되고 그렇다고 해도 아니 되는데 그 양면을 다 놓고 본다면 우리는 즉석에서 바로 일체 만물 만생, 유생 무생을 다 꿰서 자기가 될 수 있고 여러분이 또 자기가 될 수 있다는 것입니다.

그러면 거기에 대해서 또 말씀하시고 싶은 분들이 있으면 말씀해 보십시오. 우리가 살아나가는데 대화를 하고 이해를 하고 이러는 데서 모든 게 이루어지지 않습니까. 우리가 지금 초발심에서 몰락 자기가 공이자 주인이고 주인이자 공이니 그대로 주인공에 모든 것을 일임하고 아주 몰락 놔 버린다. 몰락 놔 버리지 않으면 놔 버리지 않는 것만큼 얻지 못한다는 것을 우리가 이해하고 그렇게 믿으셔야 됩니다.

그럼 말씀 또 해 보십시오. 누가 말씀하시든지요. (잠시 사이) 평소에 그냥 사시면서 느끼신 점 말씀해도 됩니다. 하나 빼놓지 않는 우리 생활이 팔만사천법문이며 또 생활이니까요.

질문자2(남) (청취 불능)

큰스님 지금 선생님이 사시는데, 선생님이 지금 얘기하셨습니다. 선생님을 떠나는 그 마음이 바로 그 소립니다. 지금 내가 얘기하지 않았습니까? 선생님이 지금 여기 앉아 있는데 지금 앉아 있기 이전에 하신 거는 과거로 돌아간 겁니다. 떠난 겁니다. 앞으로는 가지 않았으니까 떠난 겁니다. 선생님이 지금 이렇게 끄덕끄덕하시는 거조차도 공입니다. 이 말을 대비해서 그건 방편으로 쓰신 말씀입니다.

그러니까 글자대로 알아서는 안 되고 글자 뒷면을, 항상 그 뜻을 보셔야 될 것입니다. 이것을 가장 쉽게 우리 생활하는 데서 포착하기 위해서 지금 이렇게 말씀드리는 겁니다. 우린 지금 생시지마는 꿈이고 꿈이지마는 생시입니다. 그래서 꿈도 생시도 둘이 아님을 우린 명백히 지금 돌아가면서 알고 있는 겁니다.

그 외에는 선생님이 맷돌에다가 다 넣고 갈아 보지 않으면 그 맛을 모르시죠. 그러니까 다시 말해서 갖은 음식을 내 입에 넣어 보지 않는다면, 여러분이 갖은 음식을 다 먹고선 먹는 대로 하루 먹고 하루 누고 하루 먹고 하루 눕니다. 거기에도, 팔만사천법문이라기 이전에 삼천대천세계의 진리가 그냥 우리 먹고 내놓고 먹고 내놓는 데도 포함해 있는 것입니다. 그것만 알아도…, 우리가 지금 몰락 놓고 간다는 것을 아셔야 됩니다. 갖은 걸 다 먹으면서 한 입에다 넣지 두 입에다 넣는 거 못 보셨죠. 모든 것은 한 입에다가, 즉 먹으면 버리는 그 공에다가 모든 음식을 넣습니다. 생활도 마찬가집니다.

모든 거를 주인공에다 놔 버릴 때에 바로 소화가 돼서 그대로 놔지는 겁니다. 믿을 때에, 진짜로 믿고 놓을 때에 바로 놔지는 겁니다.

진짜로 우리가 음식을 먹을 때 소화가 될까 안 될까 이거 생각하고 먹습니까? 먹을 때에 맛있으니까 그냥 자기 식성대로 먹는 것입니다. 식성대로 덜 먹으려면 덜 먹고 더 먹으려면 더 먹고, 또 다른 걸 먹으려면 다른 걸 먹고 이렇게 하는 겁니다. 그러되 계획적으로 먹는 건 아닙니다. 입맛대로 그냥 먹어지는 겁니다. 먹어지면 그냥 자동적으로 싸지는 겁니다.

이 세상 지금 살림살이하고 돌아가는 것도 그렇게 하루하루 닥치는 대로 살아가는 그 자체가 바로 그렇게 먹고 싸듯, 지금 닥치면 닥치는 대로 과거로 돌아가고 또 닥치면 닥치는 대로 과거로 돌아가고 하니, 그 자꾸 돌아가고 돌아오고 돌아가고 돌아오고 하는 이 물레바퀴 같은 이 세상, 그것을 누가 그렇게 하고 있는가? 그 누가 그렇게 하고 있습니까? 바로 딴 모습 딴 모습, 갖은 각색의 모습을 가지고 억겁 천년 전서부터 우리가 이렇게 해 오고 있었습니다. 그러니 오늘날의 내가 나를 모른다면 어떻게 과거로부터 그 모습을 변경해 가면서 오던 내 주처를 알겠습니까? 내 주처를 모르면 여러분의 주처도 또 모르는 거죠. 그러니 그 주처는 바로 공하다 하는 겁니다. 모두가 공하다. 그래서 이런 말을 한마디 해 보죠.

여러분은 질문 없으십니까? 있으면 하십시오. 아무 말이라도 그건, 이 세상에 요만큼 하나 버릴 게 없는 것도 되지만 하나 가질 것도 없다는 그 점을 우리는 살아가면서 납득해야 합니다. 뭐, 얘기해 보십시오. 대화 끝에, 누가 압니까? 향기가 또 온 누리를 쌀지 말입니다. 싸고 돌면서 우리는 죽은 사람이 사는 게 아니라 산 사람이 그대로 자유인이 된다는 것을 알게 될지 말입니다.

이런 말이 있습니다. 이것은 내가 책을 읽고 하는 게 아닙니다. 팔만대장경은, 팔만이라는 것은 사무 사유를 한데 합친 팔이 만으로 돌아가니 그대로 공했죠. 만으로 돌아가니까. 아주 큰 경이라는 얘기죠. 이 세상 돌아가는 그것이 크다는 뜻이죠. 그러나 아주 작게 치면 하나도 없는 것이죠. 없기 때문에 크다고 했고 크다고 했기 때문에 없는 겁니다. 그래서 한마디 하려면 "만 강에 비친 달을 한 손에 걷어잡고, 한 손을 엎으면 도리천을 능가하고 한 손을 젖히면 도솔천을 능가하고, 한 손을 돌리면 부동한 기둥을 쥐니, 기둥을 또 돌리면 이 세상이 그대로 여여하고 성성하리라." 이런 얘기요.

여러분이 조금이라도 남김이 있다면 남긴 거만치 얻을 수가 없는 겁니다. 여러분이 생활 하나하나 하는 것에 다 걸리지 마시고 '아, 이거 망상이 또 일어나는군. 좌선을 하는데 망상이 일어나니까 이 공부 못하겠군.' 이렇게 하시지 마세요. 망상을 끊으려고 하면 안 됩니다. 모든 것을 용광로에 넣듯이 그저 놓으십시오. 그러면 고동처럼 그냥 돌아갑니다. 그대로 그대로 놓으신 사이도 없이 놓으십시오. 믿어야 놓지 자기를 자기가 믿지 못하면 놓지도 못합니다. '나는 힘이 없는데 나한테다가 놓아 봤던들 무슨 소용이 있나?' 이렇게 생각하지 마세요. 그건 자기를 자기가 학대하는 겁니다. 자기를, 자기 부처님을 학대하는 겁니다.

그래서 법당에 들어오시면 저 부처님 안으로 다 들어가시고, 놔 버리시고, 자기 몸뚱이까지 자기 모두를 저 부처님한테 놔 버리시고, 나가시면 여러분 주인공에 저 부처님까지도 다 한데 놔 버리십시오. 마음 그 자체가 공이니까요. 그러면서 항상 양면을 놓고 가는 반면에 무심으로 갈구하는 마음은 아주 간절해야 됩니다. 행주좌와 어묵동정이라는 말을 예전에 큰스님네들이 하실 때 나는 그게 무슨 소린가 했습니다. 앉으나 서나 그대로 참선입니다. 우리가 밥을 먹으나 똥을 싸나 망상을 하나 망상을 안 하나 그대로 참선이라고요.

질문하실 분 없습니까? 많이 들어서 맛이 아니라 우리가 서로 질문할 게 있으면 무상시로 오셔서 질문을 하십시오. 그리고 또 이런 계기가 될 때에 서로 질문을 하면 서로 공부도 할 수 있고 그런 거니까요. 언제든지, 글귀를 붙들고 늘어지지 마시고 말귀를 들고 늘어지지 마시고, 항상 들으면 듣는 대로 놓으시고…. 의정이 나면 의정이 나는 대로 전체 의정입니다. '흥, 이거 사람이 사는 게 이 꼴이지?' 하는 것도 의정이요, '왜 이렇게 삼시 먹어야만 하지?' 이것도 의정입니다. '왜 나는 이렇게 가난해야만 하지?' 이것도 의정입니다. '돈은 있는데 왜 이렇게 괴롭지?' 이런 것도 의정입니다. 하나 의정 아닌 것도 없고 참선 아닌 게 없고 놔 버리고 가지 않는 게 하나 없어요.

어디 실다운 게 따로 있겠습니까. 실다운 게 하나도 없다는 소리는 그렇게 찰나찰나 화해서 돌아가니까 하는 얘깁니다. 어떻게나 사람이 간사한지 말입니다, 여러분이 잘 생각해 보십시오. 아내를 만날 때에 금방 아주 점잖게 남편 마음이 들죠. 그런데 어머니나 아버지 만났을 때는 또 아들의 마음이 듭니다. 그러니 아들이 됐을 때의 나를 나라고 할 수 없고…. (녹음 안됨)

모든 걸, 아는 거 모르는 거 몽땅 주인공에 놔 버리십시오. 믿고 놔 버리십시오. 믿지 않으면 놓을 수가 없는 것입니다. 여러분, 자기도 못 믿는 사람들이 어떻게 저 불상을 믿으며 또는 하나님을 믿으며 허공을 믿으며 상대를 믿겠습니까? 여러분이 자기를, 믿을 사람을 안 믿고 항상 타의의 색을 보고 취하시는 분들이 많이 있다면 앞으로 어떻게 자기 자리를 지키겠습니까? "자기 자리를 지키겠습니까?" 하는 거는 부처님께서 다자탑에서 가섭에게 반 자리 내줬을 때에 이 삼라대천세계를 한자리로 친 겁니다. 어떻게 그 자리를 지키시렵니까?

제가 말씀드린 것이 너무 딱딱한지 모르겠습니다만 제가 좀 웃게끔 말씀 좀 하십시오. 그전에 이런 일이 있었죠. 끄트머리로 말씀드립니다. 산에 돌아다니다 보니까요, 산쥐란 놈이 있어요. 다람쥐도 있지만요. 난 그때 처음 봤거든요, 그걸. 다람쥐가 입 속에 주머니가 있다는 걸 처음 봤거든요. 아, 이 다람쥐가 땅콩을 까서는 그저 쑤석쑤석 하면 그냥 흔적이 없어요. '하이유, 거 씹지도 않고 삼키나 보다.' 하고 멀리서 이렇게 자세히 봤습니다. 아, 근데 얼마 안 있더니 두고 와서 또 그러는 거예요. 가만히 생각해 보니까 '어허, 저건 갖다가 저장을 해 놓고 오는 거로구나. 그러면 입 속에 저장이 돼 있구나!' 하는 걸 느꼈습니다.

근데 말입니다, 어느 때에 또 한번 보니까요, 산쥐가 말입니다, 고구마를 캐 가지고 가는데 '저놈의 걸 어떻게 캐 가지고 가나? 먹고 가나, 들고 가나, 굴려 가지고 가나?' 했더니요, 두 발로다가 딱 쥐고선 이마에다가 딱 대고 뛰는 겁니다. 잘 뛰어요, 아주. 그러니 말입니다, '야, 참! 하나도 업신여길 게 없구나. 저 쥐란 놈도 그렇고 다람쥐도 그렇고 모든 일체 생명들이 다 살림살이는 제대로 하고 있구나!' 그랬습니다. 우리 살림살이나 그 집 살림살이나 뭐가 다릅니까? 허허허….

참, 모두가 그 영원한 생명은 둘이 아니기 때문에 부처님께서 "불성은 둘이 아니니라. 중생 부처가 둘이 아니니라. 동서가 둘이 아니니라. 일체가 둥그니라." 하신 말씀을 한마디로써 규정지을 수 있는 그런 뜻이죠. 다른 말 다 안 들어도 "모두가, 일체 만물 만생 만법이 다 공하다." 이런 말만 가져도 팔만대장경이 그 속에 다 들어 있단 말입니다. 그러니 우리가 살아 있을 때 열반을 하고 돌아가는 거를 모른다면 죽어도, 더하고 덜함도 없으니까 또 모를 겁니다. 그러니 그저 끄달리지 않도록 우리 살아서 태평성대를 이룹시다.

그러면 오늘은 이만하겠습니다.

부처님의 빛

날짜 미상

모든 사람들은 다 공했노라고, 내가 없는데 무엇이 붙을 게 있느냐고 이렇게 말들을 하고 있죠. 알아서 그렇게 하는 사람도 있거니와 모르고 그렇게 하는 사람도 있지요. 모르는 걸 알아야지 아는 걸 안다고 해서 그게 아는 것이 아니죠.

그래서 중생과 부처님이 어떻게 해서 다른가? 부처님은 모든 것을, 악과 선을 한데 합쳐 공한 한 티끌에, 우주 삼천대천세계가 담길 수 있는 그러한 큰 뜻이 한 주먹 안에 들어 있는 그런 분이라야만이 자비라고 하고 부처라고 일컬어집니다. 그리고 자유인이라고 하죠. 그런데 깨달으면 자기 마음을 자기가 지킬 줄 알고 또 지킬 줄 알기 때문에 행도 역시 그렇게 하면서, 말도 한마디 하면 옥설이 되고 법이 되는 거죠. 모든 이치가 그러하기 때문에 한 번 숨 쉴 때에 모든 악취한 것들을 끊어 버리고 한 번 숨 내쉴 때는 태양과 같은 그 빛을 발하기 때문에 두루 산천초목이 다 비를 만난 듯이, 산천초목의 모든 생명, 유생 무생이 다 비를 만난 듯이, 그리고 또 무럭무럭 자라듯이, 그리고 즐거워하듯이 이렇게 모두 사는 것입니다.

그런데 우리 중생들은 생각 자체를, 자기를 지키지 못해. 자기를 지키지 못하기 때문에 행도 그렇고 말도 그렇고 모든 것이 방황하게 되고 들어오면 나갈 줄도 모르고 나가면 들어올 줄도 몰라. 이 이치가 우리 살아나가는 데에 여러 가지로, 자기가 자기 몸에 이익을 주느냐 안 주느냐 하는 문제입니다. 자기 마음의 부처가 자기 육신의 중생에게 이익을 줄 수 있어야 남의 육신에도 이익을 줄 수 있고 남의 마음과도 싱그럽게 오고 감이 없이 서로 통하게 되어, 에너지와 같이 이렇게 통해서 한마음으로 돌아갈 수 있는 그런 이치가 되므로 한눈에 우주가 밝았다고 하는 것입니다. 자기가 공했기 때문에 마음조차 공했고 마음이 공했기 때문에 세상이 공했고 세상이 공하기 때문에 우주 전체가 다 공한 거라. 그렇기 때문에 줄창 말한 거와 마찬가지로 우리가 하고 넘어가야 할 일은, 엊그저께도 얘기했지만 그것을 어떻게 말로 다 하리까.

하루하루 24시간 살아나가는 동안에 우리가 몰라서, 얼마나 자기를 자기가 해하는지 모릅니다. 지금만, 우리가 살아나가는 요 동안만 해쳐진다면 또 별문젠데 그렇지 않거든. 자기가 해치고 살던 그 습이 세세생생에 돌아가서 자기를 가두고 자기를 묶고 자기를 구덩이에 빠트리고, 이렇게 긁어서 부스럼을 만들어서 아프다고 우는 그러한 참혹한 일들이 한두 건이 아니거든.

옛날에 어느 고승께서 열반을 하셨거든요. 열반을 하셨어도 생시처럼 보신들이 모시고서 수레를 타고 가시는데 어디쯤 가다 보니까 한 캄캄한 암흑 구덩이에서 춥다고 떨고 아우성을 치는 소리는 나는데 그 사람네들은 눈도 귀도 뜨지 못해서 암흑 속에서 한 발자국도 떼어 놓을 수 없는 거라. 그래서 가다 보니까는 그것들이 불쌍하니까 한 번 숨 들이쉬는 데에 그만 그 업보가, 인과가 다 무너지고 다 녹아 버렸다 이거야. 얼른 쉽게 말해서 불에 타 버렸다 이거야.

어디쯤 가다 보니까 또 한생각이 들기를 '아, 그것이 녹아 버렸다면 또 여기에서는 무엇을 하고 있을까?' 하는 생각이 들어서 한번 고개 돌려 보니 모두 말 한마디 잘못해서 캄캄한 암흑 구덩이에 빠져서 허우적거리고 울면서 "스님, 스님을 뵙기는 할 수 있는데 이 말 한마디 잘못한 거에 걸려서 이렇게 캄캄한 암흑 구덩이에 빠져서 허덕입니다. 그러니 제가 물을 때에 꼭 대답 한마디만 해 주시고 가십시오." 하거든. 전자에 스님들께서는 여러분이 오시는 대로 근기가 약하든 근기가 있든 거지가 오든 마다 안 하시고 설해 주신 그 뜻을 우리는 잘 받아들여야 하고 감사하게 생각해야 하는 겁니다. 왜냐하면 인과에 떨어지지 않는다는 말 한마디 잘못해서 오백 생 여우의 몸을 가지고서, 그래서 야호라고 한 뜻이 바로 암흑 구덩이라.

그러한 것만 문제가 아니라 이 구덩이에서도 수많은 중생들이 그렇게 거기에 걸려 가지고 있거든. 그래서 거기에서 그런 말씀을 하셨어요. "인과에 떨어지는 것도 아니고 안 떨어지는 것도 아니고 매한 것도 아니니라. 네 한생각이 그 도리를 알면 밝아질 수 있느니라." 하니까 홀연히 그 자리에서 깨쳐서 그 모습을 벗고 승천을 했다 합니다. 그 한 번 숨 내쉬는 데 두루 중생들에게 모든 그 마음과 마음을 통해서 오고 감이 없이 통하는 마음으로 밝아지니 나와 남이 없이, 나 아님이 없는 그 유생 무생들이 다 밝아져서 스스로서 깨치고 스스로서 개발을 하고 스스로서 국가가 잘되고 스스로서 세계가 좀 더 질이 높아지고, 이렇게 되면 사람사람이 자기가 연구를 하게 되고 개발하게 되고 창조하게 되고 세세생생에 끄달리지 않게끔 되는 이치가 바로 내 마음이 그렇게 밝아야 된다는 것입니다.

그러면 어떤 사람이든지 지금 살아나가는 데에 이게 그르다 하면 그른 데로 쏠리고 이게 옳다 하면 옳은 데로 쏠리고, 학(學)이다 하면 '이건 도(道)가 아니다' 이렇게 끌리고, '이거는 도다' 하면 이건 도로 끌리고 이렇게 해서는 도와 학, 생활 이 모두가 천차만별로 된 것이 한데 뭉칠 수도 없거니와 그 한데 뭉쳐 있는 거조차도 놓을 수가 없어. 저 강물이 저렇게 당당하고 도도하게 흐르듯이, 그 물에서 파도가 일고 그 물에서 도도하게 저렇게 시퍼렇게 흐르듯이 이 세상에 한번 나왔다면 그냥 갈 수는 없잖아?

우리가 만법의 근원을 알아야 한다. 만법의 근원은 어디에 있는가? 내 마음먹기에 달린 거라. 여러분이 살아나가는 데도 여기에 걸리고 저기에 걸리고, 어떻게 말로 다 하리까. 사람이 살아나가자면 벌어서 먹어야 하고 입어야 하고 길러야 하고 섬겨야 하고, 윗분들은 섬겨야 하고 아랫사람들은 길러야 하고, 묵은 빚 갚으랴 햇빛 주랴…. 이건 살기가 거듭거듭 죽겠는데 거기에다가 덧붙여서, 이루종차 헤아릴 수 없이 붙여서 걸려 돌아가니 사람 살맛이 나나? 살맛도 안 나려니와 세세생생에 그렇게 끄달리고 또 어떠한 모습을 가지고 이 세상에 등장을 할까?

어떠한 모습을 가지고 배역을 맡아 나올까? 머슴으로 나올까, 대관으로 나올까? 아니면 토끼로 나올까, 뱀으로 나올까? 어떤 모습으로 가지고 나올 건지 누구도 상상 못해. 그건 자기의 마음에 달린 거야. 어느 사람이 부처님 앞에 가서 고하기를 "저는 이 세상에 나와서 나쁜 일을 안 했고 좋은 일만 했고, 배고픈 사람 밥 줬고 옷 없는 사람 옷 줬고, 모든 일을 이렇게 좋게 했거늘 왜 이렇게 가난하며 가환이 이렇게 많습니까?" 했단 말입니다. 그러니까 부처님께서 말씀하기를 "너는 이날까지 했어도, 지금만 한 게 아니라 거듭거듭 해 나왔어도 공덕이 하나도 없느니라." 여러분, 똑똑히 생각해 보세요.

우리가 언제 혼자 살았던가요? 언제 식구가 있었던가요? 언제 자식이 있었고 부모가 있었던가요? 언제 친척이 있었던가요? 이 세상 천지 만물이 나기 이전 내가 이 세상에 나왔을 때, 또는 같이 이렇게 모여서 살다가 흩어지고 흩어졌다 모이고 하는 이 식구들은 여러분이 마음 쓰는 대로 깡통끼리 모이고 무쇠끼리 모이고 이렇게, 항상 내가 말하죠? 천차만별로 돼 있는 이 차원을 어떻게 다 말을 하리까.

이 중세계에 이름 모를 것들이 너무도 많지 않습니까. 지금 앉아 계신 여러분의 육신 안에, 오장육부 안에 있는 그 생명들의 이름조차도 여러분이 헤아릴 수 없을 겁니다. 내부에 있는 것도 모르는데 외부에 있는 그 이름 모를 것들을 어떻게 다 알겠습니까. 보이지 않는 데 생명들은 또 어쩝니까? 여러분이 살아나온 그 습에 의해서 모든 생명들이 한 생각 잘못하면 수억만 개가 잘못된 생각으로써 생명들이 이렇게 소생이 되고, 잘 생각을 했다면 한 번 잘한 생각에 하나도 없이 죄 타 버릴 수 있고 또 생명이 좋게 태어나서 모든 만사 만생을 다 건질 수 있는 모습을 가지고 나오실 수도 있는 겁니다.

이렇게 지금 직결돼 있는 현실에 나와 여러분이 모두 다 있는데 우리가 같이 먹고 같이 연쇄적으로 생명이 살아나가는 것도, 또 모습을 가지고 나오는 것도, 먹고사는 것도 모두가 한마음으로서 공생 공용 공체 공식, 이 모두가 공 자리요, 이 모두가 이러한 것이에요. 그런데도 내가 했고 내가 줬고 내가 잘했고 이렇게 하면서 쪼끔만 잘못하면 '저건 저 사람이 했고, 저 사람이 했고' 하고 원망, 증오…. 또 잘한 것도 '저 사람이 잘했다' 고 이렇게 하거든요. 모두가 둘로 두니 이 노릇을 앞으로 어찌할까요.

이것은 스님네들이 살고 있는 부처님 도량에만 있는 게 아니라 전체가 도량이야. 우리가 변소에 가면 내가 있기 때문에 거기가 도량이고 길을 걸어가면 바로 내가 가기 때문에 거기가 도량인 것이라.

한 발 들면
우주의 근본에 모든 유생 무생이 다 한데 들리고
한 발 내리면 한데 딮고
한 손 돌리면 같이 돌고 있으니
우리가 천생 나와 남이 없는 거라

그래서 그 스님은 가시다가 보니까, 이거 말을 하다 또 거기로 갔습니다. 그 스님이 가시다 보니까 어떤 돼지가, 백돼지가 참으로 사람을 만나서 돼지 우리에 있으면서도 아주 그 도리를 역력히 잘했어. 그래서 눈이 밝고 귀가 밝아서 자기를 알아보거든. "어디를 가십니까?" 하고 물으니 이 스님께서 "네가 있으니 너한테 왔느니라." 그러니까 "스님께서는 저를 한숨에 삼키십시오." 하거든. 그러니까 "네 말 떨어지기 이전에 벌써 삼켰느니라." 했거든. 그러니 백돼지는 거기에서 그 껍질을 벗고서 바로 한자리를 했답니다.

모두가 나쁜 것만 있는 게 아니라 좋은 것도 있는 것입니다. 물속의 생물들도 그렇게 깊은 물속에서 사람을 해치지 않고, 자기 동료를 해치지 않고 이 마음을 잘 쓰고 지혜가 넓고 그렇기 때문에 계발을 해서, 사람의 몸으로 이 세상에 배역을 가지고 나오기도 하고…. 때로는 아주 큰 짐승으로다가 몇백 년 나갔다 할지라도 사람을 많이 해치고 마음을 나쁘게 써서 그렇게 된다면 바로 짐승의 씨를 벗질 못하는 거라.

그래서 우리 승려들이 공부하는 일들은 사람의 씨든 좋은 씨든, 악의 씨든 나쁜 씨든 짐승의 씨든 모든 걸 몰락 다 태워 버리는 것을 뜻합니다. 만약에 좋은 씨를 받았다 해서 좋은 씨에 착이 있다면 거기의 차원에서 또다시 역을 맡아 가지고 나올 테니까. 그래서 우리는 '나오지 않는다, 나온다', '구더기가 될까 봐 무섭다, 사람이 되려고 한다' 이런 것이 전혀 없이, 만약에 그런 것이 다 없다면 당당하게, 도도하게 흐를 것이다 하는 얘깁니다.

여러분이 속세에서 산다 해서 스님네들하고 여러분하고 공부가 다르다는 건 하나도 없어요. 지난번에도 얘기했듯이 승려 옷은 옷 그대로 바로 순색이라. 검지도 않고 희지도 않은 거라. 악도 선도 다 몰락 놓은 그 자체의 바로 순색! 그렇기 때문에 승려가 한생각을 하고 입산을 했을 때에 여러분보다는 거기에서 벌써 한층 계단 없는 계단이 있는 것입니다. 그리고 또 이 옷을 방편으로 입었다 하지마는 바로 실질적인 실상이며 실질적인 실지로서, 그대로 여러분을 이끌어 가지고 나가는 길잡이로서 무(無)의 법 유(有)의 법, 보이지 않는 중생들 보이는 중생들을 이끌어 가지고 나가는 데는 바로 이 옷을 입지 않으면 안 되겠기에….

옛날에 석존께서 석존이 되시기 이전에 너무도 참 극진하게 불자로서 잘했기 때문에, 산 부처님이 내려오시는데 발에 흙이 묻을까 봐, 젖은 게 묻을까 봐 웃통을 벗어서 거길 깔아 드리고 머리를 베어서 깔아 드리고…. 이렇게 그 말 한마디만 들어도 일거일동을 어떻게 했다는 걸 알 수 있겠지요. 그러니까 그 후에 그분이 하는 소리야. 그 부처님이 말씀하시기를 "너는 이담에 나가서 석가가 되거라. 그러되 지금 모든 환경을 봐서 권리가 없으면 펼 수 없으니 너는 바로 궁 안으로 가서 태어나거라." 했단 말입니다. 우리가 바로 아까 한 일, 아까 남의 따귀를 한 대 때렸다면 지금 내가 따귀를 맞을 것입니다. 아까 내가 배고픈 사람 밥을 줬다면 오늘 내가 고맙다는 소릴 들을 겁니다.

그런데 진짜 즉석으로 들어가는 이 공부는 줬다 안 줬다, 잘했다 안 잘했다 이런 논의가 없어요. 따귀를 맞았으면 맞은 대로 또 줬으면 준 대로 내가 준 것도 아니고 내가 맞은 것도 아니야. 그런데 내가 관여를 왜 해? 왜 그런가. 금방 요기서 요렇게 따귀를 때렸는데도 금방 돌아갔으면 그게 없어졌어. 여기서 잘못됐다고 꼬집고 착을 두고 그냥 애쓰지 말라 이거야. 이건 금방 또 없어져. 찰나찰나 돌아가면서 화해서 돌아가는데 어느 때에 그것을 때렸다고 하며 어느 때에 내가 줬다고 할 수 있겠는가 이거야.

그러고도 나를 부처라고 세울 수 있을까? 공부를 했다고 떳떳하게 세울 수 있을까? 이름해서 세울 게 뭐 있나? 묵묵히 걸어가면서 바로 그렇게 물 한 그릇 마시면 대장부 살림살이 족할 것을 말이야. 아까도 시를 한 수 읊었듯이,

음지 양지 없는 천지
한 손 들어 삿갓 쓰고
해와 달을 석장에 걷어 메고
푸른 산 한 발 딛고 물 한 그릇 떠 마시니
대장부 살림살이 이만하면 족하지 않을까

수많은 책을 읽어서 팔만대장경을 외로 읽고 거꾸로 읽고 이래도 이 자기의 참생명수는 맛을 못 봐. 책이 자길 보고 자기가 책을 보기 때문이야. 글자를 볼 때에 글자를 외우고 외운 채로 말을 하니, 몸 떨어지면 글자도 말도 다 떨어질 것을…. 이 선맥은 어디에서 오는 것인가? 마음으로 마음을 전달하는 데서 선맥이 오는 것이지. 여러분이 자손들을 기를 때 그 자손이 만약에 물에 빠지게 됐다거나 공부를 못해서 영 낙오가 됐다거나 이런다면 얼마나 가슴이 아픕니까. 그 사랑하는 그 마음! 그것이 꺼지지 않는 불입니다. 세세생생에 꺼지지 않는 불.

불은 있으나 이것이 남을 비춰 줄 수도 없고…. 불은 누구나가 감춰진 불이 다 있어요. 누구나가, 중생도 불이 있고 부처도 불이 있는 겁니다. 여러분이 눈이 없으니까 보지 못해서 그 빛을 발하지 못할 뿐이고 중생이라고 해서 불이 없다는 것도 아닙니다. 그것은 스스로서 자기 마음을 자기가 지키지 못하고 모르니까 자기 빛을 자기가 못 보는 거뿐이죠.

하던 말 만날 되하고 되하고 수만 번 해도 여러분의 가슴에 그것이 감응이 되고, 여러 마디를 들어서가 아니라 그 여러 마디 하는 데서 나한테, 인체에 맞는 약을 한번 먹어서 병이 낫도록 할 수 있는 그런 마음의 감응이 필요한 것입니다. 그래서 때로는 한 말을 되하고 되하고 합니다마는, 우리가 아까 스님 얘기를 했습니다.

그래 스님이 가시다 보니까, 사람이 어엿하게 가다가 그만 어느 뱀 소굴로 들어가더란 말입니다. 그래서 잡아서 다시금 또 사람 사는

데로 인도환생을 시켜 놓고 껄껄 웃으면서,

나는 천당으로 가지 않고
지옥으로 가서 건지려고 했더니
지옥도 천당도 둘이 아닐세
삼라만상 내 마음에 다 들어 있으니
나지 않는다 난다 개의할 게 없노라

그것은 보이는 모습만 가졌다고 산 게 아니거든. 모습을 안 가졌어도 나 아님이 아니니 모두 내 모습이라. 모두가 내 모습, 내 마음. 모른다 할지라도 한번 자기가 돼 볼 수 있는 아량과 지혜를 갖는다면 분단이 생기지 않고 의리가 깨지지 않고 화목하게 되고 이해가 되고 슬기로워지고 바로 이 도(道)의 심을 알게 되는 거죠.

사람사람이 누구나가 급하게 화가 나면 남을 생각할 여지가 없죠. 그러나 한번 숨을 들이쉬면서, 안으로 한번 굴려서 다시 한번 생각해 볼 때는 말도 공손하게 나가고, 또 한번 저 사람이 돼 볼 수 있는 여유도 생기고 이랬을 때 바로 화목한 것입니다. 화목을 모르고 공한 도리를 모른다면 우리가 지금 천차만별로 돼 있는 생한 도리를 모른다 이겁니다. 하나도 버릴 게 없어. 하나도 가질 게 없어서 나는 공부를 했는데 하나도 버릴 게 없더라. 그러면 가는 데마다 나고 가는 데마다 내 자리고, 가는 데마다 내 아픔이고 가는 데마다 내 웃음이고 즐거움이고 그런데, 구태여 내 몸이 어떻게 될까 걱정하고 또 어떻게 낙오가 될까 걱정하고, 내가 부처가 되려고 애를 쓰고 내가 깨달아야지 하고 애를 쓰고 그렇게 발광 안 해도 되지요.

깨달으려고 애를 쓰지 않는 마음이 있어야, 모든 것을 한데, 주인공에서 나온 거 주인공에다가 모든 거 일체 다 놓을 줄을 알아야 사방이 터지지, 이놈의 거는 문이 많은 데서 문을 찾으려니까 어렵고 문이 하나도 없는 데서 문을 찾으려니까 또 어렵다 이거야. 이 모두가 그러한 거라.

우리가 생활하면서, 뛰면서 생각하고 생각하면서 뛰는 이 자체가 그대로 참선인 거라. 앉는다고 하고 앉고, 선다고 하고 서는 그런 사람은 백 날이 가도 공부 못해.

나라고 세울 게 없는 공한 나

날짜 미상

질문자1(남) … 저의 동료 직원이 윗층에 살고 있는데 기독교인이에요. 그 집에서, 아이 눈이 좀 이상하니까 그 눈에 대해서 기도를 했답니다. 저는 그 얘기를 들었을 때 종교를 떠나서 한마음으로 저 나름대로 기도를 했는데 그런 결과가 나타났습니다. 그런데 스님이 어제 저한테 묻기를 걔 눈 때문에 병원에 가지 않았느냐고 말씀을 하셨는데….

큰스님 그래 "눈 때문에 병원에 간 것이 아니냐." 그 소리는 아주 듣기 좋은 말입니다. 걔 눈이 그렇다고 해서 접견을 하지 않았습니까, 예를 들어서?

질문자1(남) 예.

큰스님 우리가 완전히 파악을 해서 뜻을 이루었다면 모든 게 한마음으로서의 전체가 돌아갑니다. 즉 말하자면 계향, 정향, 혜향, 해탈향, 해탈지견향까지 다섯 가지를 놓고 볼 때, 이것은 어떠한 물질적인 거를 가지고 말씀하신 게 아닙니다. 마음의 향, 즉 말하자면 정에,

이 중간에 두고서 그 향기가 나갈 수 있는 거. 그래서 계정혜가 아니라 계, 혜, 정입니다. 우리가 근본적으로 생각할 땐 양면을 다, 가운데다 넣고 싹이 났을 때 해탈, 해탈향, 해탈지견향이 돌아갑니다.

그런다면, 아빠가 완전히 익어져서 터득을 했다면 한마음으로 돌아갈 수 있지만, 터득을 못한 관계상 거기에 짓눌리다 보니까 마음이 한쪽으로, 오직 마음에다가 두고 있다가 그 마음이 흐트러졌단 말입니다. 흐트러지니깐 걔가 그럴 수밖에. 전자에는 깜쪽같이 나았는데 지금에 와서 왜 또 그러느냐 이겁니다. 정신 차리세요. 예를 들어서 배를 타고 가던 도중에 배를 딱 치워 버리면 물에 빠져 죽습니다. 그러나 다 건너면 배를 내버려도 좋습니다. 그와 마찬가집니다.

그런데 지금 계향이라는 그 자체는 바로 우리 몸뚱이로 계를 지킨다는 게 아니라, 이것은 어디까지나 내 근본에서 나와서 우리가 인간으로 태어났으니까 사회 상식이나 모든 점을, 의리나 도의, 충성이나 효도 이런 것을 다 알고 있습니다. 그 알고 있는 사실에다가, 바로 근본에다 놓고 근본에서 모두 나가고 들어온다는 것을 알게 되면 정향이 되는 겁니다. 왜냐하면 그 마음의 향은 어디고 안 닿는 데가 없다는 얘깁니다. 그래서 무루의 진여의 마음과 유루의, 즉 무명의 마음, 이 양면이 다 갖추어져야 되는데 양면이 갖추어지지 않으면 이것은 한쪽으로 기울어지게 돼 있습니다.

"왜 스님은 처음부터 얼토당토않은 말을 이렇게 하고 저렇게 하고, 체계가 없는 그런 말씀을 하십니까." 그러겠지만요, 그렇지 않습니다. 옛날에 그런 예가 있었습니다. 6·25 때 요강을 새로 만들다가 찌그러지고 그런 걸 모두 내버렸습니다. 그랬는데 그릇이 있어야죠. 요강이라고 이름은 붙여 놨으나 처음에 오줌을 누지 않고 그랬으니까 이거는 깨끗하게 닦고 밥을 담아 먹어도 좋은 겁니다. 그런데 '이것이 요강이랬지.' 하는 그러한 마음 때문에, 바로 그 요강이라는 말 때문에, 이름 때문에 요강에다 담아 먹지 못했습니다. 그러나 그것은 오줌 한번 눠 본 예가 없는, 그냥 찌그러져서 내버린 그릇이었습니다. 그런데 그걸 어떻게 생각하십니까?

우리가 어떠한 컵이라고 그러면 컵에 한 가지만 담습니까? 주스도 담고 물도 담고 별거 별거 다 담는데 그것을 어떻게 물만 담는 그릇이라고 할 수 있으며 또 주스만 담는 그릇이라고 할 수 있겠습니까. 모든 게 공해서, 도가지라고 하는 이 그릇은 뭐든지 들어갈 수 있는데, 들어가면 나가고 들어가면 나갑니다. 그래서 근본적으로 놓고 가는 건데, 근본적으로 놓고 가는 거를 모르니깐 "모두 거기다 놔라." 하는 것입니다. 다 놓고 가다 보면 '아, 본래 놓고 가는 건데 놓고 가는 걸 모르기 때문에 그걸 일깨워 주기 위해서 놓으라는 거로구나.' 그런 걸 알게 되고 그때부터는 '심주'니 '주인공'이니 이름을 붙이지 않아도 벌써 그걸 알았기 때문에 거기에다가 그대로 응하면서, '주인공, 나를 이끌어 주시오.' 하지 않고도 '아, 나 이거 이렇게 가야겠어.' 하고 이렇게 직발 들어가는 겁니다. 대리의 지팡이가 없이 말입니다, 눈을 떴다면.

그래서 눈을 뜨고 안 뜨고 간에 처음부터 시작이 잘돼 나가야 되는 것이라 해서 처음부터 '공했다, 고정된 게 하나도 없다' 했습니다. 먹는 것도 고정된 게 없는데 어떻게 그게 공하지 않았다고 자부하겠습니까? 고정된 그릇입니까, 어디? 생각이라는 것도 수없이 변해 돌아가고, 생각났던 것이 놔졌다가 또 생각나고, 또 놔졌다가 또 생각나고 하는 것이지, 장구히 그 생각만 가지고 있는 건 아닙니다. 이 도가지는 이렇게 생긴 겁니다.

그리고 지금 우리의 오장육부 안에도 세상이 살고 있다 이겁니다. 얼른 쉽게 말하자면 우리는 지구라는 이 껍데기, 이것밖엔 없습니다. 그러나 이 지구 안에 우리가 살듯이 우리는 지구 벌레입니다. 이 벌레 안에 또 지금 세계가 움죽거리고 있단 얘깁니다. 세계가 한데 합쳐서 움죽거리고 있으니까 우리가 지금 궤도를 올바르게 돌고 이렇게 나가는 겁니다. 그렇다면 자기 주인 그 자체의 이름 없는 주인을 믿어야지 딴 데 허공을 믿겠습니까, 형상을 믿겠습니까. 다 믿을 곳이 못되고 따를 뿐입니다. 따를 뿐이에요. 믿는 게 아니라 따를 뿐입니다. 올바른 거에 의해서 따르고 나쁜 것은 나쁜 것에 의해서 놔 버리고. 그렇게 따르는 것이지 착을 두라는 게 아닙니다. 믿는 거는 오직 자기의, 이름해서 주인공이라고 합니다.

우리 인간의 이 마음이 은하계의 별처럼 이렇게 돼 있기 때문에 우리가 이 몸뚱이를 만든 겁니다. 또 이 속의 생명들이 우리 이 몸뚱이를 만든 거고, 우리 몸뚱이가 지금 이렇게 살고 있는 이 자체가 바로 지구를 만든 겁니다. 이 몸뚱이가 삶으로써 이게 도가지의 바탕이 돼서 주인이 이 도가지를 만들어 놓고 그 안에서 모든 걸 지배하고 있습니다. 그러니 우리가 어떻게 해야 우리의 근본을 올바르게 찾아서 앞으로 해 나가는 일체 만법에 대한 문제를 여여하게 할 수 있겠습니까. 우리 인간이래야 50%가 미완성입니다. 그래서 이날까지, 억겁 천년 전서부터 미생물로 나오기 이전에도 지수화풍이 한데 합쳐진 그 능력을 바로 우리 마음이라고 낸 것입니다. 마음이라고 냈다면, 마음의 근본이라고 냈다면, 그 마음의 근본으로 하여금 우리를 이렇게 움죽거리게 하고 있는데, 예전에 부처님께서 말씀하시기를, 천안통이다 이런 것도 도가 아니고 오신통을 다 도가 아니라고 했습니다. 그건 어마어마한 소리죠. 아니, 이 지금 물질과학으로 천체망원경이나 천체레이더망이나 탐지기나 영사기, 무전기, 컴퓨터 다 달아 가지고 뛰어도 그 속을 들어가 보지도 못하고 책정을 못하고 있습니다. 이런 판국인데 부처님께선 말씀하시기를 "천안통도, 전체를 다 본다고 하더라도 도가 아니니라." 했으니 얼마나 무서운 소립니까, 그게.

그러니까 우리 마음으로써 지금 무전을, 무전이라고 하기 이전에 법계에 이 거미줄같이 엉키고 허공에 있는 것을 지금 시쳇말로 바로 무전이라고 한다면 여러 가지로 우린 통하고 있는 겁니다. 한생각을 하면 같이 통하고 있는 겁니다. 그래서 내 한생각으로 인해서 이 오장육부의 공장장들이 전부 통해서 돌아가는 겁니다. 그래서 죽고 사는 거는 한생각에 달린 거다 이겁니다. 몸을 잘 끌고 다니는 것도, 세균이나 영계나 모든 것이 들이덤비는 것도 막아 낼 수 있는 것이 이 세포의 모든 망입니다. 이것이 아니라면 안 되겠기에, 어떠한 혹성에도 다 이 머리는 있습니다, 머리. 이게 안테나처럼 이렇게 서 있는 겁니다. 그래서 안테나처럼 이렇게 서 있으면서도 거기에 누구든지 들어가도 아무 일이 없는데 속도가 빠른 겁니다. 그러면서 밀어냅니다. 그래서 들어가지 못하는 이유가 바로 물질로서는 한계가 있다는 얘깁니다.

그러니 내가 말하기 이전에 여러분이 질문을 하고 그래서 우리가 서로 토론하는 데에 더 흥미가 있다고 봅니다. 이것은 어디까지나 내 말이기 때문입니다. 내 말 네 말은 없지만 만약에 이 혀를 빌려서 부처님께서 말을 하신다면 여러분과 나와 지금 같이 앉아서 부처님의 말씀을 듣고 있는 거나 마찬가집니다. 내가 지어서 말을 할 수는 없습니다. 지어서 말한다는 거는 한계가 있기 때문입니다. 우리가 꼭 이 공부를 해야만 하는 이유가 어디에 있는가. 지금 시대가 말입니다, 어떻게 돌아가고 있습니까? 우리가 이 도리를 안다면 이 세계와 우주 전체를 좌우할 수가 있는 그런 능력을 다 가지고 있는 겁니다. 어디에 가도 저항력을 느끼지 않습니다.

그래서 부처님께서는 자기가 거쳐 온 길을 다시 한번 걸었습니다. 왜 다시 한번 걸었느냐. 자기가 직접적으로 벌레 속에도 들어가 보고 짐승 속에도 들어가 보고 모든 것에 들어가 봐도, 얕으면 얕은 대로 내가 얕아지고 높으면 높은 대로 내가 높아지고 이렇게 되니까 저항력을 느끼지 않는 거죠. 그렇게 해서 평등한 그 마음을 가지고서 온 누리에, 여러분처럼 몸을 받아 가지고 나오시지 않아도 몸을 받아 가지고 나오신 거나 진배없이, 여러분과 같이 지금 둘이 아니라고 봅니다. 우리가 지금 부처님 말씀을 그대로 이렇게 하고 있으니까요. 예전에도 그러했고 부처님 당시에도 그러했고 지금에도 그러합니다.

질문자2(남) 저는 지금까지 할아버님 얼굴도 뵙지 못했고 아버님 은혜도 다 갚지 못했는데 지금은 돌아가시고 계시지 않습니다. 어떻게 하면….

큰스님 할아버지 얼굴을 볼 수 있겠느냐는 얘깁니까?

질문자2(남) 은혜를, 지금이라도 은혜를….

큰스님 갚을 수 있겠느냐?

질문자2(남) 예.

큰스님 옛날에 어느 할아버지가 있었답니다. 그랬는데 그 할아버지가요, 돌아가실 때 유언을 하시기를, 요만한 상자에다가 말입니다, "9대로 내려가면 9대 손에서 급히 죽을 일이 생길 때 이걸 들고 원님한테 찾아가면 살 길이 생기리라." 그랬답니다. 그런데 그것이 어떻게 되느냐 하면 그 9대 손이 바로 자기인 것입니다. 자기가 9대 손으로 태어난 것입니다. 그걸 아셔야 됩니다. 그러니까 당신이 지금 할아버지 은혜를 갚는다고 하는데 그 할아버지의 몸만 바뀌었다 뿐이지 바로 할아버지가 과거 당신이에요. 그렇다면 당신이 올바르게 행하면서 올바르게 말을 하고 올바르게 보고 올바르게 듣고, 그것을 올바르게 들으면 '아, 감사합니다.' 하고 놓고, 또 잘못 봤으면 잘못 본 대로 놓고, 모든 것을 일임해서 놓아야 합니다. 당신이 공했기 때문에 공한 도리에서 나온 거니까 공한 도리로 다시 넣는 것입니다. 다시 놓으세요. 그러면 은혜를 갚게끔 됩니다. 당신이 그 도리를 알고 잘되면 그대로 은혜를 갚는 거죠.

그래서 은혜를 갚는다 안 갚는다가 아니라 우리 자체가 모든 게, 내 조상, 부모의 조상, 자식의 조상, 역대 부처님의 조상, 이 조상이라는 말도 없는, 즉 근본 조상이 다 바로 내 이 한마음에 있는 것입니다.

그러니까 따로따로 찾지 말라는 얘깁니다. 따로따로 찾지 않아도 스스로서 벌써 여기에서, 댁도 살림을 해 보시죠? 스스로서 여기에서, 고정되게 하는 게 없이 따로따로 그냥 나눠 가면서 뭐든지 해 가고 있지 않습니까, 지금. 때로는 조상 생각도 했다가 금방 잊어버리고, 아내 만나면 금방 남편이 된 기분에서 또 말을 하고, 자식을 만나면 금방 아버지 된 도리로서 얘기를 하고, 이렇게 금방 나투어 돌아가고 있지 않습니까. 그러니 우린 고정된 게 하나도 없어요. 나라고 세울 게 하나도 없는 도가지예요, 이게.

그럼으로써 내가, 이 도가지가 공했으니까 모든 하는 일도 고정되게 '내가 이런 일을 했다' 하고 내세울 게 없는 것입니다. 하루 종일 일을 하고 오셔서 내가 이런 일을 했다고 내놓으실 게 없습니까, 있습니까? 금방 변해서 또 다른 일을 하게 되는데. 하기는 그 사람이 했죠. 그러나 하는 일이 너무 많고 생각하는 일이 너무 많고, 보는 일이 너무 많고 듣는 일이 너무 많고, 먹는 것도 갖가지로 먹고 싸 버리고 이렇게 하는 것이, 바로 여러분이 고정된 게 하나도 없고 내놓을 게 하나도 없다는 얘깁니다. 그렇기 때문에 그 내놓을 게 없는 데서 여러 가지로 나오는 것을 되받아서, 또 상대성에서 들어오는 거를 다 그냥 거기다 놓으면, 나가는 것도 여기서 천 가지 만 가지가 나가고 들어오는 것도 천 가지 만 가지가 이리로 들어오니 그것이 바로 들어오고 나가는 게 공했다 하는 것입니다. 그래서 경봉 스님께서 돌아가실 때 뭐라고 말했느냐 하면 "야, 야반삼경에 빗장을 만져 봐라." 이랬단 말입니다. 그게 무슨 뜻이냐. 공부한 사람들은, 자기를 터득한 사람들은 콧방귀 뀔 겁니다. '아니, 대문이 어디 있어서 빗장이 있어? 빗장? 내가 공했는데, 만져 볼 것도 없는 걸 뭐 만져 볼 게 있다고….' 할 테지만 배우는 사람한테는 그것이 바로 한 가닥 던지는 말입니다.

부처님께서는 몸이 없는 몸으로 어디 아니 다니는 데가 없고, 발이 없는 발로 아니 딛는 데가 없고, 손이 없는 손으로 아니 닿는 데가 없고, 소리 없는 소리로 아니 통하는 데가 없고, 보지 않는 눈으로서의 보는 눈이 삼천대천세계, 아니 끝 간 데 없이 보고 있다는 얘깁니다. 그런데 우리는 왜 그렇게 못하느냐. 우리도 코 달리고 눈 달리고, 인체를 이렇게 다 형성시켜 놓은 자체의 근본이 누구냐는 얘깁니다. 그래서 "천지의 근본도 인간의 마음이요, 태양의 근본도 인간의 마음이니, 바로 이 지수화풍으로 묶여서 한생각으로 그 능력을 발휘할 수 있는 그 근본이 있느니라. 그것은 부동하느니라. 움죽거리지 않으면서 너희들이 무한량 써도, 갖다 넣고 쓰고 갖다 넣고 쓰고 해도 줄지도 않고 두드러지지도 않는 것이 바로 근본이니라. 항상 밝아 있는 것을 너희 마음으로 '컴컴하다, 밝다' 이렇게 짓는 것이 바로 업이니라." 이렇게 말씀하셨습니다.

우리가 생활 속에서 모든 거를 터득을 못한다면 어디 가서 찾겠습니까. 가까운 데 다 있습니다. 이것도 조그마한 혹성입니다. 아마 이 속에서도 우리가 성을 내고 막 저거 하면 여기서 '아이고, 천둥 번개를 하고 이거 야단났군.' 이런다 이겁니다. 거짓말 아니에요. 그리고 욕심이 있어서 뭘 더 먹었다 하면 그냥 여기 배 속에서도 우르릉우르릉하는데 그게 천둥 번개예요. 여기서는 천둥 번개를 한다 그러고 야단났다고 합니다. 그러나 우리 지금 지구 자체에 북극 남극이 이렇게 있는데, 모든 것이 지수화풍 이걸로다가 뭉쳐 있고 지수화풍으로 지금 돌아가고 있습니다. 지수화풍으로 뭉쳐진 겁니다. 모두가 그렇기 때문에 연결이 되는 것입니다. 그래서 물이 사람을 잡아먹는 법도 없고 불이 잡아먹는 법도 없고, 전부 친구입니다. 나인 것입니다. 그런데 우리가 마음을 조금만 불안하게 생각하면 불이 나듯이, 불이 나면 불도 점점 붙어 돌아갑니다.

이런 예가 하나 있죠. 예를 들어 말하자면 이차돈도 이런 거를 생각했답니다. 3년을 나무를 해다가 밥을 지어 먹고 불을 때고 살았답니다. 그런데 하루는 재를 이렇게 흩쳐 놓고 보니까 불씨가 하나 있더랍니다. 그 불씨를 보고서 무슨 생각을 했느냐 하면 이런 생각을 했답니다. '야, 요 불씨 하나로 불씨가 끊어지지 않고 이어지는구나.' 하는 생각과 더불어 '요 불씨로 하여금 언제나 누구나가….' 지금은 그런 예가 없지마는 예전에는 불을 가만히 놔뒀다가, 재로 덮어 놔서 잠을 재웠다가 이거를 헤쳐 가지곤 나무에 불씨를 댕겨서 활활 붙여 가지고 쓰고서는 그 불씨를 또 잠을 재웁니다. 잠을 재웠다 또 그 불씨를 꺼내 가지고는 또 불을 일구었단 말입니다. 지금도 우리가 성냥이든지 라이터든지, 뭐든지 가만히 잠재웠다가 내가 쓸 때나 탁 켜서 씁니다. 불을 이룹니다.

그런다면 우리는 지금 불이 없어도 아니 되고 물이 없어도 아니 되고, 흙이 없어도 아니 되고 바람이 없어도 아니 됩니다. 그렇기 때문에 지금 지구 자체가 바로 어떻게 됐느냐. 우리 마음이 얼면은 단단히 언 겁니다. 속이 상해서 '야! 이거….' 하고 있으면 마음이 얼어붙는 거나 마찬가지입니다. 그냥 '에이그, 그것도 다 그런 거지. 내가 있기 때문에 모두 상대가 있는 것이지 내가 없는데 무슨 상대가 있을 것인가. 예이, 나로 인해서 모든 게 생긴 거다.' 하고 놓으면 평등해지는데, 그러지 않고 뿔따구를 가지고 있으면 이게 얼어붙은 상태입니다. 그러면 이 속에서 벌써 심장 공장부터 딱 문을 닫게 됩니다. 심장부터 딱 문을 닫게 돼요. 그러면 공장이 돌아가지를 않아요. 그러면 누구의 손해냐. 바로 회장의 손해입니다. 회장 손해죠. 여기 전부 돌아가지 않으니까. 그래서 이게 한 마음을 먹는다면 전부 이리로 통하게 돼 있거든. 사장으로 통하고 그다음에는 바로 저 공장장으로 통하고 전무로 통하고 죄 통한단 말이야, 이게 그냥. 그러니까 이게 마비가 될 수 밖에. 몸도 마비가 되고 눈도 마비가 되고 머리도, 뒷골도 그냥 딴딴해지고 혈압이 오르고 이렇게 공장이 그냥 부진해진단 말입니다. 그럼 공장 망하는 거죠, 뭐. 이게 공장 집입니다, 인제.

그렇게 되듯이 우리는 잘못 생각하면 불이 사람을 집어먹기도 하고 물이 사람을 집어먹기도 합니다. 그러나 집어먹는 것이 아닙니다. 무명만 쳤지 마음은 같이하고 있기 때문에, 절대로 그것은 집어먹은 게 아니고 집어먹힌 게 아닙니다. 그래서 그 불이 아니고 물이 아니라면 지금 이렇게 어마어마하고 거대한 우리 은하계나 토성이나 목성이 없을 것입니다. 우리 혹성이, 여기 이 지구 덩어리가 있는데 다른 큰 혹성 같은 데는 이 지구 덩어리 같은 동네가 수십 개가 있거든요, 그 안에도. 그러니까 공장이 크다는 얘기죠. 우리는 요 조그만 공장 안에 부서가 있는데, 그 큰 공장에는 거기 부서로 아예 공장 전체가 또 하나 들어 있고, 전체가 또 하나 들어 있고, 그 안에 부서가 전부 있고 말입니다, 그냥 각종 부서가 전부 들어 앉아 있는 거예요. 그런 걸 한눈으로 볼 수 있는 것도 도가 아니라고 그랬으니 그게 얼마나 엄청난 말이겠습니까. 그래서 이 오관을 통해서 듣는 거, 보는 거, 냄새 맡는 거, 혀로 말하고 또는 맛을 아는 거, 이 몸으로 오는 부닥침, 이 감각으로 오는 거, 뜻, 이것을 통해서 바로 우리는 전부 거기로 통할 수 있는 겁니다.

예전에는 무척 추웠습니다. 서울만 하더라도 예전에는 오줌을 누면 그냥 막 얼어서 이렇게 올라왔으니까요. 지금은 그런 예가 없습니다. 왜냐하면 지금 지수화풍이 공급이 돼서, 바람과 태양과 모든 것을 흡수해서 우리한테 주는 그 열을, 우리가 그 열을 받았기 때문에 여기가 얼음이 좀 녹은 거나 마찬가지죠. 사람이 많지 않았을 때는 나무도 많이 무성했고 그랬기 때문에 그 모든 것을 제대로 받아서 공기가…. 공기라고 하는 거는 공해서 모든 것을 한데 합쳐서 돌아가는 능력이라고 할 수 있는 것입니다. 생명의 능력. 그래서 우리가 공급을 받고 또 주고 했던 것입니다. 지금까지도 그렇게 주고받고 살고 있고, 사는 것도 주고받고 살고 있습니다. 혼자 산다고 하지마는 혼자 사는 거 하나도 없습니다.

여러분이 밥 한 그릇을 먹을 때도 감사함을 느끼고 잡수시면 좋겠습니다. 그 밥, 그 쌀 한 알갱이 만드는 데 말입니다, 얼마나 많은 손이 들어갑니까. 태양과 물과 흙과 바람이 동시에 같이해 줬기 때문에 그 쌀 한 알갱이가 있으니, 그 쌀 한 알갱이의 근본이 어디서 나온 겁니까. 지수화풍에서 나온 겁니다, 그게. 지수화풍에서 나온 게 또 지수화풍으로 나왔으니까 그조차도 지수화풍이다 이겁니다. 내가 지수화풍이니 지수화풍이 지수화풍을 먹고 사는 거죠. 서로서로가 이렇게 먹고 사는 것입니다. 그런데 누가 내놓을 게 있으며, 누가 잘난 게 있으며, 누가 못난 게 있겠습니까마는 우리 차원에 따라서, 우리가 좀 더 차원이 있고 그래서…. (녹음 안됨)

그 새가 나이기 때문입니다. 그냥 앉아 버리죠. 그리고 죽이지 않게끔 딴 데 가 떨어질 수도 있는 겁니다. 모두가 마음 놀인데요, 뭐. 마음의 근원의 놀이란 말입니다. 마음은 육근을 통해서 이렇다 저렇다, 좋다 나쁘다 이건 알지만…. 육근을 보살행으로 비유한다면 보시, 지계, 인욕, 정진, 선정, 지혜 이 여섯 가지를 가지고 모든 것을 행할 수 있는 겁니다. 그래서 육근이 없어도 안 된다. 이것으로는 보고 바로 이 안으로 들여서 하면 벌써 우주 전체의 법계에서 알고 있는 거기 때문에, 또 그것을 바깥으로 낸다 이러는데, 그전에 이런 말을 했죠.

자식의 묘지가 있고 아비의 묘지가 있는데 이 아비의 묘지에서 아들로 가면 아들로 하나가 되고 아들의 묘지에서 아들이 아버지한테로 가면 아버지로 하나가 되느니라. 언젠가 내가 이런 말을 한 적이 있죠. 이게 왜냐. 내가 육신으로 아무 생각 없이 그냥 일을 하게 되면 자식이 돼 버리는 겁니다. 그랬다가 한순간 '아, 이게 주인공을 놓쳤구나.' 이럴 때는 벌써 아버지로 한데 합쳐지는 겁니다. 이걸 아셔야 돼요. 이 마음이, 이 마음 근본이 바로 중간에서 매개 역할을 하고 있는 겁니다. 이것도 공했고 부동한 그 근본도 공했다 이겁니다. 그리고 이건 움죽거리지 않는다는 얘기죠. 그런데 이것도 허수아비고 이것도 말하자면 뿌리 없는 기둥처럼 하늘을 받치고 있는 그 근본이란 얘깁니다. 그러니까 무한의 능력을 가진 바다와 같다 이겁니다. 그래서 중간에서 매개 역할을 하는 이 선장이 지금 문제입니다. 선장이 어떻게 육신을, 차를 끌고 다니며 기름을 어떻게 넣어 가지고 차를 어떻게 끌어야 올바로 끌고 다니느냐 이겁니다.

그러니까 그것을 올바로 알려면 무조건 이유를 붙이지 말고, 꼬리를 붙이지 말고…. 아, 내가 공한 이치는 아시겠죠? 내가 왜 공했다는지. 없어서 공한 게 아니라 너무 빠르게 돌아가니까, 어떤 거 할 때 나라고 세울 수 없으니까 공했죠. 이 공한 거를 알면, 그래 부처님께서 "사대와 오온이 공한 줄 알면 그대로 여여하니라." 그랬어요. 그러니까 여기에다 모든 거를 놓고 갔을 때 비로소 들이고 내고 하는 것이, 재산이 아무리 많아도 댁의 것들이 아니에요. 댁의 주인 거지 이 육신 게 아니란 말입니다. 관리하는 관리인이에요. 차도 운전수에 달려 있는 거지 꼬라박든 뭐, 좋은 데 아스팔트로 끌고 가든, 또 잘못해서 부딪치든 그 운전수에 달렸지 누구에게 달렸습니까. 또 딴 차가 와서 받아도 아, 그 운전수에 달렸지 누구에게 달렸습니까. 그러니까 그 차가 있기 때문에 또 그 차가 받은 거지 그 차가 없다면 왜 받습니까? 그러니까 여러분이 차를 끌고 다닐 때에 올바로 차를 끌고 다닌다면 기름도 올바로 자꾸 넣어 가면서 끌고 다닐 텐데, 그 도리를 모르기 때문에 올바로 끌고 다니지 못하는 거 아닙니까. 그러니 누구에게 항거합니까. "차가 지금 꼬라박혔으니 이걸 어떡하겠습니까." 하고 누구더러 물어봅니까? 운전수가 그렇게 했는데 운전수가 그걸 또 물어봐요.

그러니까 여기에서 우리가 한 달에 한 번씩, 두 번씩이라도 이렇게 모여서 질문, 토론을 합시다. 여기에서 여러분이 넓으면 넓은 대로 나도 넓어지고 여러분이 좁으면 나도 좁아질 것입니다. 이래서 여기서 더 큰 말은 못하지 않습니까. 더 어마어마하고 광대무변한, 그 손이 없는 손으로…. 여러분이 이런 도리를 알려면 열심히 자기 주인공에, 이름 없는 주인공에 모든 것을 놓고 바로 스스로 의정을 낼 수 있는 그런 여건으로, 남한테 물어보지 말고 안으로 굴리면서 놔 버릇하시면 그것을 근본으로 아주 참 유익한 대인이 되실 것입니다.

세계적으로 전체에 인간의 몸과 손발이 있다 할지라도, 눈이 있고 그렇다 할지라도 손이 없는 손, 눈이 없는 눈, 발이 없는 발, 몸이 없는 몸이 있는 부처님 하나만 못하다 이겁니다. 너무나 어마어마하고 너무나 기묘하고 너무나 광대무변한 것입니다. 그러니 광대무변한 그 뜻을 우리가 체험하면서 살게 되면 너무나 기막혀서 한번 하늘을 쳐다보고 웃게도 될 것입니다. 그리고 한번 내려다보고 '참….' 하고선 아마 눈물을 주르륵 흘릴지도 모릅니다. '이렇게 간단한 것을 내가 왜 몰랐던고.' 그러고 또 얻다가 어떻게 하지도 않으면서, 각각 있으면서도 하나로 돌아가는 이 원리를 '참, 한생각만 내면 그대론데 뭐 그렇게, 그렇게 가난하게 살았던고.' 하고 말입니다.

오늘 아침에 이런 일이 있었습니다. 어떤 분이 "아유, 내가 이렇게 아픈데 어떡하든지 살아야 할 테니까 어떻게 좀 살려 주시오." 이러길래 이랬습니다. "우리는 지금 죽으러 걸어가고 있는 거야. 오늘 죽든지 내일 죽든지 죽는 거는 다 똑같아." 우리는 죽으러 걸어가고 있는 거 아니냐 이겁니다. 이 세상에 났으면 벌써 죽기 위해서 난 거고 죽었다 하면 살기 위해서 죽은 겁니다. 양면을 다 놨을 때는 앞서 죽으면 어떻고 늦게 죽으면 어떻습니까. "본래 공했는데 그 공한 자리에다가 '네가 형성해 놓은 거니까 네가 죽이든지 살리든지 네 멋대로 해라.' 그러고 탁 놔버릴 수는 없겠느냐." 그랬어요. 어차피 죽으러 가는 길인데. 지금 죽으러 끌려가고 있는 겁니다. 누가 끌어가서 끌려가는 게 아닙니다. 지금 자연으로 끌려가고 있습니다. 끌려가고 있으면서도 우리가 아주 이리로도 갈 수 없고 저리로도 갈 수 없는 창살 없는 감옥살입니다, 이게. 그런데 '끌려간다 끌려가지 않는다', 그것 좀 놔 버리면 어떻겠습니까. 죽는다 산다를 놔 버렸으면 아픈 것도,

아픈 것도 그렇습니다. 내가 공했는데 아플 게 어딨어? 그것도 놔 버리고 '죽겠으면 죽어라. 나를 더 써먹을 만하면 네가 살릴 거고 나를 부려먹을 게 없다 하는 이치가 있으면 그냥 죽이든지 맘대로 해라.' 그러고 탁 놔 버려라 이겁니다. 놔 버린다면 오히려 그쪽에서 질색을 하고 말입니다, 예를 들어서 공을 치면 튀어오듯이 야, 그렇게 놔 버리니까 '으응, 이것 봐. 이랬는데도 속지 않네.' 이러고서는 '아이고, 넌 나한테 노예가 돼서 살지 않는구나.' 하고선 그때 가서는 '이거 내가 이래선 안 되겠다. 재미가 없어. 네가 벌써 다 알고 있구나.' 그러곤 그냥 슬며시 그냥 놔줘 버린다고요. 그러니 우리가 그렇게 붙들려서 살 게 아니라 아주 놓은 상태에서, 빙글빙글 돌아가는 데 걸리지 말고 돌아가시라 이겁니다. 왜냐하면 이 지구가 돌아가고 세상이 돌아가는 거는 지금 돌아가는 사이가 없이 돌아가고 있습니다. 그런데 마음으로 지어서 '어이쿠, 요거는 뭘까.' 하고 이걸 쥐고는 노냥 있는 겁니다. 벌써 어디만치 돌아갔는데 이건 여기서 쥐고 있는 거예요. 그러니 언제 그걸 따라서 돌아가겠습니까.

그래서 우리가 이 세상에 또 사람으로 태어날는지 또는 어떠한 짐승의 허물을 쓸는지 모르지만 사람으로 태어나도, 사람도 가지가집니다. 깡통 사람이 있고 무쇠 사람이 있고 또 신주 사람이 있고 사금 사람이 있고 순금 사람이 있고, 사람도 천차만별이죠. 그러나 그 마음으로 지어서 그렇게 만든 거지 따지고 보면 본래는 순금이죠, 변하지 않는. 그 금광과 같은 근본 생명선. 아주 참, 항상 밝아 있는 그 상태로 그대로 있는 거죠. 그런데 사람의 마음이 지어 가지곤 괜히 그렇게 만든 거죠, 중간에서. 여러분의 혼이, 이렇게 살아가던 습이 남아서 그 혼이 야단들을 하는 거지 생명, 근본, 그것이 야단하는 게 아닙니다. 생명은 누구나가 다 똑같으니까요. 근데 마음들이 똑같지 않기 때문에 그런 것이죠. 그래서 우리가 죽으면 혼이 그렇게 천국엘 가지 못하고 거리로 헤매고 있다 하는 거나 마찬가지로 우리가 공부를 안 한다면 고아나 마찬가집니다. 그러니 자기 아버지를 자기가 찾아야 되지 않겠습니까? 이 마음 내는 게 아들이라면 마음 내기 이전이 바로 아비입니다. 그러니 아비는 참, 물렁물렁하지도 않고 단단하지도 않고 변하지도 않고, 떠도 줄지 않고 부어도 두드러지지 않는 그런 아주 적멸한 그런 뜻이…, 우주 전체를 우린 가지고 있는 겁니다.

그러니 처음 여기 오셨든 오래됐든 무조건 주인이 하는 거고, 또 내가 뭘 가지고 있어도 내 집이 아니라 그 집을 관리하는 관리인이죠. 그러니 내버리란다고, 놓으란다고 일하던 것까지 놓고 재산 있는 거까지 놓고 그러라는 게 아닙니다. 예전에도 그렇게 많이 했거든요. 가난하게 살아 봐야 안다 해서 그냥 재산을 다 갖다가 내버리고 하는 그런 예도 많았어요. 그럭하라는 게 아니라 마음의 가난을 털란 얘기지, 그 물질적인 문제 가지고 얘기한 게 아니에요. 그러니까 될 수 있으면 그 가난을 떨어 버리셔야 이 모두가 가난하지 않습니다. 사는 것도 가난하지 않을 겁니다, 아마.

아, 여기에 코드만 꽂으면 될 거를, 남을 나무라고 남을 원망하고 남한테다가 또 기대고 이러지 마세요. 저 사람이 잘못했걸랑 여기 코드에다가 꽂으세요. 저기 저 사람이 잘못했어도 내가 내 전화에다가 다이얼을 돌려야 그 전화가 트르르륵 울리면서 거기서 그 사람이 받게 돼 있거든요. 이게 원리예요. 내가 여기 앉아서 내 전화에다가 다이얼 돌리지 않고 그 집의 전화 있는 데다가 울리게 하려고 아무리 애를 쓴들 신호가 갑니까. 그 다이얼을 여기서 돌려야만 거기 가서 전화가 울릴 텐데 자기 다이얼을 돌리지 않고 애쓴단 말입니다. 이거는 백문선이 헛문선이에요. 나한테다가, 나한테다가 다이얼을 돌려야 돼요. 뭐든지 그래요.

질문자3(남) 스님 말씀 중에서, 쉽게 비유한다면 요렇게 요렇게 하면 말을 탈 수 있다고 하시는데 과연 그런 말씀만 믿고 우리가 말을 탈 수 있는지, 아니면 진짜 스님처럼 저희도 고행을 하고 단식도 하고 그런 과정을 통해야 말을 탈 수 있는지, 거기에 대한 확신을 저희에게 좀 주십시오.

큰스님 부처님께서도 말씀하셨듯이, 고집멸도라고 그랬습니다. 그랬는데 우리가 지금 살아나가는 게 내가 고행한 거나 다름없이 여러분도 지금 고생을 하고 가시고 있습니다. 그게 고행입니다. 지금 고행을 일부러 달리 가서 찾으려고 하지 마시고 또 고행을 안 하려고 하지도 마세요. 지금 그대로 사는 것이 고행입니다. 고행이에요. 그러니까 그것이 나를 가르치기 위한 과정이라고 생각하시면 그게 바로 고행이자 과정입니다. 내가 이렇게 말씀해 드리고 이러는데, 꼭 그렇게 찾아다니며 딴 장소에 가서 '저기 혈맥이 좋고, 저기 누가 통한 분이 있고' 이런 거를 찾지 마세요. 그거는 그분이 밥맛을 아는 거지, 내가 맛을 봐서 내가 밥맛을 아는 건 아니거든요. 그렇기 때문에 "아무리 높다 한들 못난 나만이야 하랴." 이런 얘기가 있습니다. 아무리 남의 부모가 잘났다 하더라도 못난 내 부모만 하랴. 그래서 이 마음이 문제입니다.

그러니까 댁에서 지금 살아나가시는 게 바로 고행이자 우리가 선을 확고히 할 수 있고 나를 승화시킬 수 있는 과정입니다, 바로 이게. 그러니 딴 데 가서 찾지 마시고, 지금 말씀드린 대로 자기의 주인공에 모든 것을 놓고 '나오는 것도 주인공에서 하는 거고 들이는 것도 주인공에서 하는 거니까.' 이렇게 생각을 하시면서, 모든 것을 꼬집어서 이유를 붙이지 마시고 무조건 믿음을 가지셔야 합니다. 자기에 대한 믿음을 가지시는 거! 이 바탕이 아니라면 어떻게 우리가 주인이 있는 줄 알았고 세상이 있는 줄 알았겠습니까. 이 바탕으로 인해서 이 세상에 나온 것만 해도 감사하게 생각해야죠. 이 바탕으로 인해서 내가 좋은 거 나쁜 거 다 보게 됐으니, 그리고 또 이 좌석에 같이 앉아서 이렇게 토론도 할 수 있으니 얼마나 감사합니까.

지금도 이렇게 우리가 인간으로 태어나서 반쪽 몰랐던 것을 반쪽을 마저 알기 위해서 이렇게 노력하듯 전자에도 그렇게 노력을 해서 여기까지 올라온 겁니다. 아, 보시지 않습니까, 지금. 개구리가 있는가 하면 올챙이가 있고, 벌레가 있는가 하면 그냥 기어 다니는 큰 벌레가 있고 짐승도 있고 그렇듯이 말입니다. 그렇게 있다 하더라도 내가 해코지하지 않는 마음을 갖는다면 그 짐승도 나한테 달려들지 않는다는 거를 아주 정밀히 아셔야 합니다. 우리 일생을 하루로 만들어 놨으니까 하루인 것이지 그 하루살이에게는 일생이죠.

우리에게 더 중요한 게 있습니다. 이 공부를 열심히 하셔서, 아까도 얘기했듯이 내 몸을 내가 마음대로 끌고 다닐 수 있는 그 능력과 더불어, 내 가정과 내 사회, 내 국가, 이 세계를, 모든 것을 왜 그렇게 해야만 하느냐. 땅도 좁고 그러니까 모두가 조화가 돼 돌아가서 내가 저기 가서 살아도 되고 저기서 여기 와서 살아도 되고, 이렇게 될 때 비로소 땅은 좁지 않다. 이게 첫째 문제고, 또 한 가지는 내가 이 50%를 마저 찾지 않는다면 아무리 사량으로 물질과학이 능란히 도달했다 할지라도 유전자, 즉 말하자면 유전 입자에 있어서는 내가 거기에 같이 상응할 수가 없기 때문에, 우리가 절대적으로 거기에 융합할 수가 없어서 우리가 물건을 만들어 놨대도 무허가다. 우리가 거기 미리 통과를 하고서 인공위성을 띄웠다면 좋을 텐데 미리 통과도 안 하고 그냥 무작정 들어갔으니까 침입이란 말입니다, 침입. 남의 혹성에 침입을 하게 되니까 그것은 돌려낼 수밖에 없는 것입니다. 그러니 거기까지 융합해 들어갈 수 있는 그런 입장에 있어서는 바로 내 그 근본, 유전 입장에 있어서만이 거기하고 통할 수 있는 것입니다. 딴 데 모두 다하고.

그전에 어렸을 때도 '별 하나 나 하나, 별 둘 나 둘' 했습니다. 그런 거나 마찬가지로 우리가 그렇게 돼 있는 것입니다. 어느 때에는 이런 점이 있었죠. 예전에 그런 소릴 들은 거 같습니다. "화성에는 아무도 안 사는 거 같아." 하는 거요. 아무도 안 사는 게 아닙니다. 우리가 못 볼 뿐입니다. 육안으로 보이지 않는 그런 것을 볼 때 그건 자유인입니다. 자유인. 안 보이려면 안 보이고 보이려면 보이지, 그까짓 거 뭐, 그렇게까지…. 아이, 사람과 사람이 아닌 밤중에 모르는 사이에 탁 만났다고 합시다, 외진 데서. 그러면 사람끼리도 우선 겁이 나는데, 그러면 저항력을 느끼지 않습니까?

질문자4(남) (청취 불능)

큰스님 그렇습니다. 내가 만약에 암이 여기 생겼다고 합시다. 그런데 이 마음이 말입니다, '내가 공했는데 암이 어딨어?' 내가 공했는데 고정된 암이 어딨겠느냐는 얘깁니다. 예? 병도 고정되게 있지 않다는 얘깁니다. 처음에는 요랬다가 그담엔 요랬다가 그담엔 요랬다가, 요렇게 돌아갑니다. 그런다면 '이게 암이다' 하고 이름을 지을 필요도 없죠. 요 찻잔도 차만 여기다 담는 게 아닙니다. 물도 담습니다. 그러니까 구태여 왜 요걸 암이라고만, 고정되게 요렇게 생각을 할 겁니까. 그러니까 암이라고 고정되게 생각하지 마세요. 내가 공했는데, 공한 자리에 무슨 암이 고정되게 박혀 있겠느냐는 얘깁니다. 그런다면 그대로, 그 마음에 따라서 그것도 바로 이 공장에서 움죽거리게 돼 있습니다. 여기 다 통했거든. 한 생각이 잘못돼서 불이 일어나면 이 귀 뒤로 이리로 해서 머리로 해서 위로 해서 콩팥으로 해서 다 그냥 퍼지게 돼 있어요. 한 마음이 그렇게 된다면 전체가 통하게 돼 있어요. 여기는 뭐, 법계가, 무전이 없나요? 다 있는데. 세포가 이렇게 다 있는데. 백혈병이 생기면 손끝 발끝부터 벌써 시퍼렇게 피가 줄어들고 없어지지 않습니까. 혈관을 끊어 놓으니까 피가 그냥 다, 자꾸 쏟아질 수밖에.

그래서 그러한 점에 있어서 지금 의학은 천체 의학이 아니라, 자연 천체 의학이 아니라, 즉 말하자면 학술적인 의학, 한계가 있는 의학이죠. 그렇기 때문에 50% 이외에는 그것이 어디서 나왔는지, 그게 어디서 생겼는지 그걸 모르는 거예요. 생긴 거는 요 자리에서 생겼다고 봅시다. 그렇다면 '이게 왜 생겼느냐.' 이걸 모른단 얘깁니다. 지금은 발전이 많이 돼 가지고 외국에서는 속으로도 이렇게 줄을 넣어서, 망원경을 넣어 가지고 보고선 치료를 하고 이러지만 그것도 한계가 있는 겁니다.

여러분 마음속에 의사, 부처, 조상 뭐, 유생 무생이 다 한꺼번에 들어 있는데, 여기에서 또 물질과학으로 따진다면 지금 천체망원경, 탐지기, 컴퓨터, 영사기, 무전기, 레이더망, 책정기, 전화기 뭐, 이런 것이 전부 있어요, 여기. 그러니까 딴 데서 쓸 요량은 아예 하지 마세요. 여기에서 쓰세요. 그러면 저기서 막 날아와서 그냥 덤빈대도 그거 다 밀칠 수 있는 그런 여건이 되는 것이, 나하고 둘이 아니기 때문에 그 빛에 의해서 녹아지니까요.

질문자3(남) 스님, 그 마음이라시면 한 육칠백 년 사는 사람도 있어야 되고 그러는데 인간의 수명이 대개 백 년으로 있으면….

큰스님 이거 보세요. 마음이라는 거는 죽고 사는 게 아닙니다.

질문자3(남) 그 육신이 정상으로 한 삼백 년, 오백 년 끌고 갈 수 있으면 마음을….

큰스님 만약에 육신을 편안하게 이렇게 두면 좀 수를 누린다고 보죠. 백 살도 살고, 마음 편안한 분은 좀 편안하게 두니까 수를 누리는데, 또 마음을 그렇게 달랑달랑 그냥 가볍게 '이러면 어쩌나, 저러면 어쩌나' 이렇게 방황하게 되면 여기에서도, 공장에서도 방황하게 되거든요. 그렇기 때문에 공장이 마비가 된다고요. 그러면 오래 공장을 지탱할 수가 없죠. 그와 똑같아요. 인간으로 태어났을 땐 한계가 있어요. 어떤 공장을 하다가도 잘되는 거를 딱 놓고 '나는 이제 은퇴하게 됐어. 늙었으니까 다시 좀 팔팔하게 지어야겠어.' 그러고 또 공장을 헐어 버리고 다시 크게, 좋게 잘 짓는 거나 마찬가지예요.

그래서 진화력을 가져야 우리가 지금 '창조 돌연변' 으로서의 창조력을 능란하게 마련할 수 있다는 얘기죠. 아직까지 우리가 완성 인간으로 된 게 아닙니다, 인간으로 태어나서도. 그러니까 완성 인간을 하려면 살아서 해야 되죠. 죽으면 더함도 덜함도 없으니까요. 지금 살던 차원 고대로 가지고 있으니까요.

참좌란 무엇인가

날짜 미상

우리가 한마음 한뜻으로서의 참과 좌를 알기 위해서 이렇게 더운데도 모였습니다. 나도 내 말을 내 말로 믿지 않습니다. 부처님의 뜻으로서 여러분과 같이, 내 몸은 여러분 몸과 같이 부처님의 말씀을 같이 듣고 있는 것입니다. 그러니 마음을 가라앉히고, 아주 정숙하게 마음을 두시고 잠시 묵념을 하십시오. (잠시 후)

우리가 말입니다, 10년 20년 좌선을 한다 해서 깨닫는 법은 아닙니다. 결코 아닙니다. 단 1시간이라도, 단 1초라도 참과 좌가 어떤 것인지…. 참이 있음으로써 좌는, 행선지는 고요한 데만 있는 것이 아니고 시장 바닥에만 있는 것도 아니고, 고요한 데를 찾아서 내가 닦는 것도 아닌 것입니다. 오로지 여러분이 바로 한생각에 그 마음을 가라앉히고, 참으로서의 내가 마음이 안정되고 그 선 자리가 바로 좌 자리가 돼야 된다는 것입니다. 서든지 앉든지 또는 변소에 가든지, 어디를 가든지 무슨 일을 하든지 바로 참좌가 돼야 된다는 것입니다.

그러니 옛날에 이런 말이 있었죠? 예전에 마조 스님이 청정하고 좋은 자리를 찾아서 다니면서 좌선을 하는데, 남악 선사가 마조 선사님의 스승이 되죠. 그 남악 선사가 자기 제자가 좌선을 하는 거를 가만히 가서 보니 너무도 실답지 않거든요. 그저 조용한 데로 찾아다니면서 좌선하는 것이 아주 실답지 않게 생각이 돼서 "너는 좌선을 해서 뭘 하려느냐?" 하고 물으니까 마조 스님이 하는 소리가 "나는 성불을 하려고 합니다." 했더랍니다. 그러니까 "그러냐?" 하고는 아무 소리 없이 마조 스님이 좌선하는 그 옆에 가서, 기왓장을 집어서 돌에다가 싹싹 갈고 앉아 있었더랍니다. 마조 스님이 가만히 보니까 너무 어이가 없었던 거죠. "스님, 스님! 그건 뭐하시려고 그렇게 가십니까?" 하니까 "나는 이것을 갈아서 거울을 만들려고 하노라."라고 말을 했답니다. 그러니까 마조 스님이 "스님, 아무리 곱게 간다 할지라도 그게 어떻게 거울이 되겠습니까?" 하니까 "나는 그렇다 할지라도 너는 좌선을 그렇게 해 가지고 부처 되기는 아주 영 틀렸다."라고 말씀을 하셨더랍니다.

그것이 아까 내가 말씀드린 것과 마찬가지로 10년을 했다 해서, 20년을 했다 해서 그것이 참좌가 되는 것이 아닙니다. 단 일분일초라도 내가 참좌가 되는 것을 알아서, 앉으나 서나 현 생활이 그대로 참이라고 생각하고, 또 참이 있기 때문에 마음이 안정돼서 바로 그 자리가 좌인 것입니다. 그래서 모두 여러분이 도처에서 어떠한 직장을 가졌든, 어떠한 장사를 하든 정치를 하든, 과학자든 철학자든 모든 분야에 따라서 어디고 그 자리가 도장이 될 수 있다는 점입니다. 그리고 바로 참좌 자리라는 것입니다.

그렇다면 요거를 한번 또 얘기를 해 볼까요. 예전에도 그런 말을 한 것 같습니다. 소가 달구지를 끌고 가는데 마부는 말입니다, 소가 달구지를 제대로 끌고 가지 못할 때에 마부는 소를 쳐야 되겠습니까, 달구지를 쳐야 되겠습니까? 바로 소를 쳐야 되겠죠. 달구지를 아무리 쳐 봤던들 그 소는 말을 안 듣고 가질 않습니다. 바로 그 한마음으로서의 마음에 달려 있는 거지 육신에 달려 있는 게 아니기 때문입니다.

우리가, 이 일체 만물만생이 다 악과 선을 갖추어 가지고 있습니다. 서로가 상응, 상조하면서 왜 그런 양 개체를 다 가지고 있느냐. 딴데서 독을 품으면 이쪽의 풀 이파리 하나도 독을 품게 돼 있습니다. 그래서 독을 가진 자에게는 풀이 독풀이 되고, 바로 선자에게는 약풀이 될 수 있다 이런 겁니다. 독풀도 약풀이 될 수 있다. 그래서 여러분도 여러분한테 나쁘게 하는 사람 앞에서는 나쁜 생각이 들게 되고 좋은 생각을 해서 이익하게 해 주는 사람 앞에서는 이익한 생각이 든다는 얘기입니다. 그러니까 일체의 그 모든 생명과 만물이 다, 그 양 개체의 마음을 동시에 다 가지고 있다는 것입니다. 그래서 서로가 한생각이 그렇게 귀중하다고 생각이 됩니다.

그런데 우리는 불교가 어떤 것이 불교인지, 불교를 믿으러 다니면서도 잘 모르고 좌선을 하면서도 좌가 어떤 건지 모르고 하는 사람들이 너무도 많아요. 시대에 따라서 변천하면서 이렇게 돌아가는 지금 이 시대에 우리가 어떻게 해야 이 불법의 근원을 근본적으로 알 수 있겠느냐? 도심의 그 마음은 유심과 도심이 둘이 아니게 서로 상응, 상조하면서 서로 공존하고 있다는 사실입니다. 그렇기 때문에 호국 불교가 따로 있고 부처님 법이 따로 있는 것이 아니라, 우리 생활 전체가 호국 불교이자 부처님 법이자 우리 생활입니다. 그렇기 때문에 우리는 시대가 변천하는 대로 사방을 통해서 어떠한 분야든지 내가 한생각으로, 청룡도심의 행으로써 만법을 휘두를 수 있는 그 능력을 기르는 것입니다. 만법을 청룡으로서 휘두를 수 있는 능력을 길러서 행을 하실 때에 그것은, 우리가 예전에는 육신 무예로서 호국 불교의 정신을 가졌지만 앞으로 시대를 볼 때에는 정신 무예, 즉 무루의, 진여의 그 청룡, 즉 말하자면 도심의 행이라는 것입니다.

그래서 만법의 행을 그대로 할 수 있다는 그 점은 바로 우리가 참과 좌에 의해서, 우리 주인공에 의해서 모든 것을…, 만약에 어떠한 지경에 이르렀다 한다면 어느 분야고 한생각에 그것을 일으켜 세울 수도 있고, 녹여서 평등하게 할 수도 있고, 마음을 얌전하게 잘 리드해서 우리와 한마음이 돼서 한마음 한뜻으로 뭉쳐서 살 수 있는, 개발을 할 수 있는, 즉 말하자면 나와 더불어 세상을 개발할 수 있는 그런 여건이 주어진다 이겁니다. 요새도 그렇습니다.

예를 들어서 한 가지 얘기를 하죠. 태풍이 왔습니다. 이 태풍 얘기는 예를 들어서 하는 겁니다. 태풍이 와서도 아니 되지만 아니 와서도 아니 된다 이겁니다. 그건 왜냐. 우리가 극한 손해만 없다면 썩은 물은 씻어 버리고 돌창을 소제하고, 모든 것을 시원하게 소제해야만이 우리가 새 물을 먹을 수가 있고 또 새 용기가 날 수 있고 새 바람이 불 수가 있고, 새 용기를 내서 새 활용을 할 수 있는 것입니다. 우리만 생명이 있는 게 아니라 만물도 생명이 있느니만큼, 우리가 다시 조성을 해서 있는 물은 자꾸 퍼 먹으면서 새 물이 자꾸 나오고, 그래서 항상 새 물을 먹을 수 있는 여건이 되는 이치라고 볼 수 있겠죠. 그러니까 하나도 없어서도 아니 되며 모두가, 만물만생이 서로 상응하면서 서로 토하고 서로 먹고 산다는 것을 명심하면서, 항상 우리가 그렇게 하고 있다는 것입니다.

참과 좌가, 좌선이라는 그 자체가 참으로서, 우리 자체가 지금 이 자리에서도 바로 참좌를 하고 있는 것입니다. 그리고 어디에도 걸리지 않는 그런 마음을 가져야만 합니다. 자기가 하는 것처럼 일일이, 자기가 회개를 한답시고 회개를 하게 되고 또 참회를 하게 되고 이런다면 선의 도리에서는 어긋나는 얘기입니다. 애당초에 참회할 일이라면 참회하게끔 일을 저지르지 않는다. 둘째, 모든 일을 했을 때 내가 했다고 세울 게 없기 때문에 걸리지 않는다. 셋째는 모든 일체 만물의 만생이 바로 나 아님이 없기 때문에, 내 아픔 아닌 게 없기 때문에 모든 사람들이 다 내 자리와 그 자리가 둘이 아니라는 것이 직감적으로 감응이 되면서….

우리가 호국 불교 정신을 갖는다는 것은 무엇이냐. 호국 불교라는 이름도 이름인 것입니다. 우리가 여기서 살고 있느니만큼, 내가 이 세상에 태어났으니만큼 내가 할 일은 내가 해야 하겠기에 하는 것입니다. 개별적인 여러분의 마음 하나가 하는 게 아니라, 바로 '주인공!' 하면 천체 일체 만물만생의 그 마음이 한데 합쳐서 돌아가는 것입니다. 그렇기 때문에 어느 분야든지 여러분이 잘 듣고 잘 봐서, 시각적으로나 촉각적으로나 감각적으로나 오관을 통해서 볼 때에, 세계적으로 어떠한 문제가 있다면 한생각 낼 수 있는 그 마음이 바로 법이 되는 것입니다.

그래서 예전에는 육신으로 찾아다니면서 했지만 지금은 한자리에 앉아 있으면서도 한마음이 그렇게 무궁무진하게 참, 세계적으로 어느 생명이 내 생명 아닌 게 없고 내 몸이 아닌 게 없기 때문에 어느 분야에도, 만약에 과학자들의 몸이라면 바로 그 몸이 내 몸이 되는 그런 이치입니다. 그렇기 때문에 여러분의 주인공 안에는 무지하게 수많은 법신과 보신과 화신이 있으며 진여의, 무루의 그, 정말 무궁무진한 자신의 그 신들이, 무형신들이 헤아릴 수 없이 있으니 내 한생각에 무조건 법이 된다는 것을 여러분은 아셔야 됩니다. 그렇기 때문에 이 요량을 모른다면 앉아서 한생각을 내서 우주를 다룰 수는 없는 것입니다. 우주를 다룰 수 없고, 내 마음 하나 다룰 수 없다면 모든 것을 다룰 수 없기 때문에 정말이지 앉아서 호국 불교를 할 수는 없는 것입니다. 그렇지만 여러분이 그 도리를 아시게 된다면 바로 방방곡곡에 손이 안 닿는 데가 없고 발이 안 닿는 데가 없고 참, 그 마음의 향운공이 어디고 닿지 않는 데가 없고 양식이 안 되는 게 없습니다.

그렇기 때문에 그 마음 자체가 향과 같이 풍겨 나가면서 수없는 사람들을, 나쁜 사람들은, 독재는 평화스럽게 이루도록 다루어 나가고, 인색하지 않게, 풍요롭게 다루어 나가면서 사랑을 하게끔, 도의와 의리를 지켜 나갈 수 있게 하는 그 마음을 준다면, 바로 그가 내가 되고 내가 그가 돼서, 모두 한마음 한뜻으로 뭉쳐서 우리나라를 잘 다스려 나갈 수 있고, 바로 우주와 더불어 상응을 할 수가 있으니 여기는 그대로 천국이 될 수 있는, 아니 물질과학보다도 정신과학으로, 또 문명으로도 발전이 되고 아주 풍부한 나라가 될 것입니다. 여러분의 마음이 가난하면 우리나라도 가난할 것이요, 전체가 나 아님이 없다는 소리는 언감생심 말을 할 수도 없는 것입니다.

여러분 모두가 다 그 참뜻을 알아서 굴릴 수 있어야 합니다. 이 유심과 무심이 어떻게 해서 유심과 무심이라고 이름을 두 개를 지었을까. 무심은 바로 무루의 그 참자기의 마음, 예전에도 얘기했죠, 금강 자석과 같은 거라고. 그러니까 그런 금강 자석과 같은 움죽거리지 않는 능력으로, 유심으로서는 아주 어떤 분야든지 가서 일을 할 때에 끊고 맺듯이 할 수 있는 그런 여건을 말하는 겁니다. 그래서 유(有)의 법으로만 기울어져서도 아니 되고 무의 법으로만 기울어져서도 아니 되고, 양 개체를 다 한꺼번에 한 주먹에 쥐고 주먹을 불끈 들 수 있는 그러한 마음이라야만이 천국을 만들 수 있고, 천국을 다스릴 수 있고, 이 세상을 다스릴 수가 있다. 그럼으로써 그 부처는 법신의, 또 법신의 그 능력으로, 화신으로서, 보신으로서 바로 호국 불교를 다룰 수 있다는 얘기입니다.

그럼으로써 전자에는 그렇게 어렵게 했지만 지금은 이렇게 앉아서들, 누가 해라 말아라 할 게 없이 내 자신을 믿고 나간다면 그대로, 그대로 될 것입니다. 마음을 좁게 쓰지 말고 좀 더 넓게 써서 그렇게 할 수 있다면 여러분에게, 모두 전체에게 이익이 있는 것입니다. 여러분이 지금 제가 말씀드린 걸 어떻게 생각하실지 모르지만요.

옛날에 이런 일이 있었습니다. 제가 산으로 올라가다 보니까 그 돌팍 밑에 소나무가, 배배 틀려 가지고 올라간 소나무가 하나 있었습니다. 그런데 나는 그 나무를 보는 순간 말입니다, '야, 너도 배배 틀려서 나와 똑같구나.' 그런 생각이 무뜩 들면서 그 나무 한 그루가 내 몸과 같이 참 가련하게 보였습니다. 그런데 가련해서 가련한 게 아니라 그것이 둘이 아니어서 그런 생각이 드니까 "참, 너도 나와 똑같구나." 하고 빙그레 웃었습니다. 그러니까 그 소나무가 뭐라고 하는 줄 압니까. "나는 비비 틀려서 이렇게 돌팍 속에 있는 거라고 생각이 되지만 당신은 왜 그렇게 비비 틀려서 걸음을 제대로 걷지도 못하고, 그렇게 가면서도 가질 못하고 있습니까?" 했습니다. 그래서 나는 그랬습니다. "너 때문에 그렇다." 그랬습니다. 너 때문에 내가 이렇다고 하니까, 그것에는 아무 소리도 않고 있었습니다.

그렇게 말을 하고서 또 지나가다 보니까 토끼 한 마리가 깡충깡충 뛰어갔습니다. 그런데 말입니다, 그 토끼가 이렇게 가다가 이쪽으로 홱 돌아서면서 나를 이렇게 힐끔힐끔 보면서 빨리 가지를 않고 무츰무츰하면서 돌아섰습니다. 나는 그때 아무 생각 없이 가는데 토끼를 좇아가다 이렇게 돌아서면서 보니까 그 아래는 천야만야한, 즉 말하자면 덫을 놓은 자리입니다. 덫을 크게 놓고 거기에 짐승들이 빠지면 잡으려고 구덩이를 파 놓은 자리예요. 그 토끼가 아니었더라면 아마 내가 거기에 빠졌을는지도 모르죠. 토끼가 어쩌면 그렇게 영리하게, 무츰무츰 가면서 나를 돌아다봐 가면서 그렇게 가겠습니까? 그래서 나는 그때에 아차 하고 생각을 했습니다. 왜? '야, 토끼야! 너도 나하고 둘이 아니구나. 어쩌면 둘이 아닌 게 하나도 없으니 이렇게 편안하고 전부, 풀포기 하나도 내 친구 아님이 없으니 나는 참 기쁘다. 외로움도 없고 고독함도 없고 모두가 친구로구나!' 하면서 참, 너무 기뻐서 토끼를 안아 주려고 좇아가다 보니까 토끼는 토끼대로 놓치고 나는 나대로 쓰러져 버리고 말았습니다.

그런데 토끼는 갔지만 나하고 토끼하고는 항상 같이 지내고 있었습니다. 그 수많은 풀잎과 이 산천초목이 다 나와 친구고 벗이 돼서, 내 가슴에 언제나 항시 같이 있기에 나하고 항상 벗이 돼 줘서 내가 길을 잃으면 항시 일러 주었습니다. 나무도 길을 안 일러 준 나무가 한 그루도 없었습니다. '시간이 몇 시나 됐나?' 하는 생각을 하게 되면 벌써 '지금은 어느 때쯤 됐지.' 하는 그런 말을 전해 줬습니다. 그게 왜 그런가? 내가 나를 통했기 때문에 여러 사람, 여러 생명들하고 다 같이 통했다고 생각이 됩니다.

그렇다면 바로 앉은 좌가, 좌선이라는 것이 선방에만 앉아서 좌선이 아니라 앉았다 서고, 눕고 자고 깨고, 화장실에 가고 먹고 이런 것이 전부 참선이라는 뜻입니다. 선이라는 것은 모든 거, 하나하나가 선 아닌 게 없고 의정 아닌 게 없으니, 모든 것을 그렇게 해서 우리가 참선이라는 것이 감응이 되고 알아질 때, 비로소 모든 그 위력이, 천 가지 만 가지 헤아릴 수 없는 위력이 바로 자기 자신에게서 다양하게 나올 수 있다는 거를 지적하고 싶습니다.

어느 분이 또 질문을 하실 게 있다면 질문하십시오. 옛날에도 그런 점을 내가 얘기했지만 사람은, 머리 검은 짐승은 당최 남의 은공을 모른다는 말도 있습니다. 내가 그건 경험을 했는데요, 이 경험담을 한마디 얘기하죠.

산으로 다닐 때에 어느 절엘 들어가게 됐습니다. 산골의 어느 암자인데 말입니다, 거길 들어가니까 "아니, 이런 산골에도 미친년이 있나?" 하면서 내쫓았습니다. 나는 굳이 거기 들어가서 자려고 그랬던 건 아닙니다. 모두가 내 자리 아님이 없기 때문에 오히려 내 자리는 풀을 방석 삼아 그 풀과 내가 친구가, 벗이 되고 그랬기 때문에 그것이 바로 내 집이었습니다. 내 집 아닌 게 없는데 오히려 사람들 사는 데는 너무나 냉정하고 따뜻하지 못했기 때문에 나는 산을 내 집으로 알고 들에 내려왔다가도 저녁이 되어 산으로 올라가게 됐었습니다. 산으로 올라가다 보니깐 암자가 있어서 나도 배울 겸 해서 거길, 또 사람의 마음은 어떤가 하고 좀 들어가 봤더니 스님네들 셋이서 말입니다, 나에게 빨리 나가라고 그냥 호령치는 바람에 말입니다, 말도 엮어 보지 못한 채 그냥 쫓겨났죠. 쫓겨나서 가만히 생각해 보니까 나도 모르게 깔깔깔깔 웃음이 났습니다. 왜 웃었느냐 하면 '야, 사람은 부처 될 확률이 90%, 80% 된다고 하는데 오히려 저런 짐승들이나 풀잎이나 그런 친구들보다도 못하구나.' 하는 걸 느꼈습니다.

그리고 또 한 가지, 여러분이 인간으로 70%, 80%, 90% 부처님 될 가능성이 있다는 거, 이걸 참 생각해 볼 때…, 내가 한마디만 하고 일어서겠습니다. 나는 너무나 뼈저리게 느꼈습니다. 그때에 무엇을 느꼈느냐 하면 억겁을 거쳐 오면서, 내가 저런 벌레로나 풀잎으로나, 개구리 새끼로나 또는 붕어 새끼로나 나방 새끼로나 지렁이 새끼로나 수없이 거쳐 오면서 내가 한 찰나에, 죽고 산다는 찰나 속에 그 옷을 아프게 벗을 때, 얼마나 피를 흘렸으며 그 아픔은 얼마나 아팠을까. 이런 거를 직감적으로 자기가 느껴 보지 않는다면 그 아픔을 모르실 겁니다. 우리가 유의 법으로서, 우리 생활로서의 역사를 본다 하더라도 우리나라가 얼마나, 전자에 조선으로부터 거쳐 올라오면서 우리 국민이 얼마나 아프게 그 피를 씹으면서 피로 이어서 이 세상을 이렇게 걸어왔습니까? 그런데 그것보다도 더한 아픔이 있었더라는 얘기입니다. 우리가 억겁을 거쳐 오면서 한 찰나 한 찰나 옷을 벗는 순간에, 아니 그런 벌레는 찍 밟히면 그냥 옷을 벗지만 우리 인간들은 누가 벗기는 사이 없이 한 점 한 점 에어 냈습니다.

공동묘지에 가 보니까요, 핑계 없는 무덤이 하나도 없어요. 그럴 때에 물어보니까, 알아보니까요, 보이지 않는 사이에 자기가 지어 놓은 인과대로, 차원대로 낱낱이 그 옷을 벗기 위해서 그냥 한 가닥 한 가닥 이렇게 저며 내는 아픔을 겪고서 모두 옷을 벗었더라고요. 그거 실감 나십니까, 안 나십니까? 여러분은 자기가 아파서 죽게 됐다 하면 죽을 때까지, 숨 넘어갈 때까지는 아픔을 느끼고 아주, 정말 괴롭습니다. 다른 짐승들은, 생선을 도마에다 놓고도 그냥 산 채로 막 이렇게 하는 걸 우리가 볼 수 있지만, 우리 사람의 몸은 보이지 않게 도마에다 놓고 그렇게 칼로 난도질을 한다 이 소리입니다. 그러면 어디에서 그 아픔이 오느냐? 바로 혼백, 살아왔던, 이날까지 억겁을 거쳐 오면서 진화되면서 몸 바꾼…. (녹음 안됨)

모든 살림살이하는 게 의단으로, 바로 의정이 나는 것입니다, 대의정이. 세상 살아나가는 게 전부 의정이 아닌 게 없습니다. 그런데 그 의정을 붙들고 놓지 않고 있는 것도 바로 착이니까, 그것도 놓으면서 의정을 내면서 또 놓으면서 의정을 내면서 또 놓으면서, 이렇게 해 가는 것이 참좌라고 보며, 우리가 참뜻을 한마음으로 돌리면서, 그대로 여여하게 활용해 가면서 소소영영하게 우리의 그 진리를 탐구할 수 있어야 합니다.

예전에 한암 스님이 이런 말씀을 하셨어요. "좌선하고 부처님 모시고 계율 잘 지키고 잘하는 것만이 아주 참도라고 생각하지 말라. 담배 피우고 술 먹고 그런다고 해서 그것이 참도가 아닌 줄 알지 말라. 모두가 하나도 버림이 없는 것을 알고 또 하나도 가질 게 없는 것을 알 수 있다면 바로 그게 참도이니라." 이런 말씀 하신 게 있습니다. 한암 스님도 바로 몸을 받아 가지고 나오시지 않았어도 여러분이 다 한암 스님인 것입니다. 여러분이 다 바로 석존인 것입니다. 만약에 그 뜻을 모른다면…, 그래서 중생이라고 이름을 붙인 것입니다.

그러니 알른알른한 백지장 하나 사이, 한생각 돌리면 될 것을, 스스로서 그걸 돌리십시오. 누가 가르쳐 주는 것도 아니고 끌고 가는 것도 아닙니다. 스스로서 이건 감응하고 스스로서 자기가 맛을 알아야 한다는 뜻입니다. 제 나무에서 익은 열매는 제 맛이 나지만, 제 나무에서 설익은 거를 빨리 익히려고 그걸 떼어다가 아무리 뜨듯한 항아리 속에다 넣어서 익혀서 내놓아도 그거는 제 맛이 나지 않습니다. 그러니 우리가 스스로서 천천히, 지긋이, 인내 있게, 참답게 항상 참선이요, 좌선이라는 것을 아시고 이렇게 공부해 나가십시다.

이것으로써 오늘은 마치겠습니다.

찾아보기

ㄷ

ㄹ

ㅁ

ㅂ

ㅇ

ㅈ

ㅊ

ㅋ

ㅌ

ㅍ

ㅎ

예화

대행 스님 법어집

허공을 걷는 길

일반법회 4

엮은이 / (재) 한마음선원 출판부
펴낸이 / (재) 한마음선원
펴낸데 / (재) 한마음선원

1판 1쇄 2018년 9월 20일

출판등록 2000.12.15. 제 2000-16호
13908 경기도 안양시 만안구 경수대로 1282
전화 (031)470-3100 팩스 (031)470-3116
http://www.hanmaum.org

값 30,000원
ISBN 978-89-91532-23-6
ISBN 978-89-950859-0-5 (셋트)

* 이 도서의 국립중앙도서관 출판예정도서목록(CIP)은
서지정보유통지원시스템 홈페이지(http://seoji.nl.go.kr)와
국가자료종합목록시스템(http://www.nl.go.kr/kolisnet)에서
이용하실 수 있습니다.(CIP제어번호 : CIP2018028256)